개정3판

기술과 경영

Technology and Management

박용태 지음

생능출판

저자 소개

박용태

경기고등학교 졸업
서울대학교 공과대학 산업공학과 졸업, 공학학사
미국 University of Wisconsin-Madison 경영대학원 졸업, 경영학 석사/박사
삼성물산(주) Sales Engineer
과학기술정책연구원 산업혁신/국제협력 연구실장
과학기술부 장관 자문관
서울대학교 기술경영 대학원/기술경영 연합전공 주임교수
기술경영경제학회 회장
서울대학교 공학연구소 소장
현) 서울대학교 공과대학 산업공학과 교수
2009 IAMOT/Elsevier 선정 기술혁신경영(TIM) 세계 50대 연구자

기술과 경영

초판 발행 2005년 11월 5일
제3판 2쇄 2021년 7월 30일

지은이 박용태
펴낸이 김승기
펴낸곳 (주)생능출판사 / **주소** 경기도 파주시 광인사길 143
출판사 등록일 2005년 1월 21일 / **신고번호** 제406-2005-000002호
대표전화 (031)955-0761 / **팩스** (031)955-0768
홈페이지 www.booksr.co.kr

책임편집 신성민 / **편집** 김민보, 유제훈, 권소정 / **디자인** 유준범
마케팅 최복락, 김민수, 심수경, 백수정, 최태웅, 김범용, 김민정
인쇄 성광인쇄(주) / **제본** (주)다인 바인텍

ISBN 978-89-7050-904-4 93320
정가 38,000원

- 이 도서의 국립중앙도서관 출판예정도서목록(CIP)은 서지정보유통지원시스템 홈페이지(http://seoji.nl.go.kr)와 국가자료공동목록시스템(http://www.nl.go.kr/kolisnet)에서 이용하실 수 있습니다.
(CIP제어번호: 2017003445)

개정3판

머리말

PREFACE

2005년에 초판이 나오고 2012년에 개정판이 나온 지 어느새 5년의 시간이 흘렀다. 짧지 않은 세월 동안 늘 이 분야의 대표적 교과서로 과분한 지지를 받았다. 그러나 시간의 흐름을 따라, 오래된 주제는 가치가 떨어지고 새로운 주제가 관심을 모으기 마련이다. 따라서 부족한 것을 채우고, 오래된 것을 바꾸고, 새로운 것을 소개하는 작업이 필요한 시점이 되었다.

초판 및 개정판과 비교하여 책의 전체적인 구성과 핵심적인 내용이 바뀐 것은 없다. 가장 먼저 한 일은, 자료와 정보를 최근의 것으로 바꾼 것이다. 특히 통계자료는 가능한 한 새로운 정보로 바꾸었다. 다음에 한 일은, 이 책을 구성하고 있는 기술과 경영의 두 부분에서 기술 부분을 보강한 것이다. 특히 기술경영(MOT) 분야에서 폭넓은 관심을 모으고 있는 새로운 주제나 기법을 소개하려고 노력하였다. 보다 구체적으로는, 연구개발 조직, 기술획득 방식, 기술전략 수립, 기술확산 분석, 비즈니스 모델링 등의 부분을 보강하였다. 마지막으로는 기술정보 분석, 사용자정보 분석, 창의적 아이디어 수집 등 차세대 기술경영의 주제들을 수록하였다. 전문적 이론과 기법을 자세히 설명하기는 어렵지만, 빅 데이터 기반의 기술경영을 소개하는 것은 큰 의미가 있다고 믿는다.

초판 및 2판과 마찬가지로 서울대학교 기술경영연구실의 대학원생들이 3판을 준비하는 과정에 도움을 주었다. 자료를 검색하고 분석하는 과정에서 그들이 보여준 성실함과 진지함이 늘 자랑스럽다. 늘 그렇지만, 기획에서부터 제작에 이르기까지 시간과 노력을 아끼지 않은 생능출판사의 관계자 여러분께도 깊은 감사를 드린다. 이 많은 분들의 도움에도 불구하고 책의 내용과 구성에 잘못되거나 미흡한 부분이 있다면 그것은 전적으로 저자의 책임이다.

2017년 1월

저자 씀

개정2판

머리말

PREFACE

초판을 출간한 지 어느새 5년의 시간이 흘렀다. 출판되자마자 이 분야의 대표적인 교과서로 자리잡는 과분한 관심과 격려를 받았다. 저자로서는 더없이 즐거운 일이고 또 고마운 일이다. 하지만 부족한 점을 지적하는 독자도 있었다. 또한 시간의 흐름에 따라 정보와 자료가 낡거나 달라진 경우도 있었고 그 사이에 떠오른 새로운 주제들도 있었다. 독자들이 보내준 성원을 생각할 때, 부족한 것을 채우고, 오래된 것을 바꾸고, 새로운 것을 소개하는 작업을 더 이상 미룰 수 없게 되었다.

초판과 비교하여 책의 전체적인 구성과 핵심적인 내용이 바뀐 것은 없다. 모든 장(chapter)에 걸쳐 약한 부분은 단단하게 다지고 빈 부분은 새로운 내용으로 메우는 일에 초점을 맞추었다. 뼈대는 그대로 두고 피부를 성형하고 근육을 강화한 셈이다.

가장 먼저 한 일은, 책 전반에 걸쳐 설명이 모자란 부분을 보완하고 표현이 어색한 부분을 교정한 것이다. 초판을 준비할 때 여러 번 보완과 교정의 과정을 거쳤지만 다시 읽어보니 역시 손볼 데가 적지 않았다.

다음에 한 작업은 자료와 정보를 최근의 것으로 바꾼 것이다. 특히 통계치나 조사결과는 가능하면 최근에 발표한 새로운 값으로 교체하였다. 또한 값이 바뀌면서 함께 달라지는 그 값의 의미와 시사점도 제시하려고 노력하였다.

기술경영의 뿌리는 연구개발(R&D)에 있음에도 불구하고 초판에서는 연구개발 관리에 대한 내용이 별로 다루어지지 않았다. 2판에서는 기술전략, 연구개발 기획, 프로젝트 평가와 통제 부분을 보강하였다.

기술경영의 시작은 새로운 아이디어의 창출, 즉 창의성에 있다. 창의적 아이디어가 교과서로부터 얻을 수 있는 것은 아니지만, 단순한 직관이나 경험에 의존하는 것보다는 좀 더 과학적이고 체계적인 방식으로 문제를 찾고 해결방안을 도출하는 기법들을 더 많이 그리고 더 자세하게 소개하려고 하였다.

마케팅과 기술확산에 대해서도 새로운 내용을 추가하였다. 시장의 분석과 마케팅 전략의 수립에 사용되는 기법이나 절차 가운데 실무에서 많이 쓰이는 것들을 소개한 것이다. 신기술과 신제품의 확산도 새로운 주제로 다루었다. 수리적인 내용이 다소 어렵게 느껴질 수 있지만 개념에 대한 이해만으로도 도움이 될 것으로 믿는다.

기술자산의 관리 부분에서는 기술표준 문제를 추가하였다. 기술자산의 전략적 관리에서 특허 못지않게 중요한 것이 표준이다. 초판에서는 주로 특허와 기술가치 평가에 초점을 맞추었기 때문에 2판에서는 기술표준에 대한 내용도 담았다.

최근의 기술경영은 전통적 제조업 분야와 더불어 서비스 분야의 혁신을 중요하게 다루고 있다. 하지만 넓은 의미의 서비스 경영, 그리고 좁은 의미의 서비스 혁신은 그것만으로도 하나의 교과서가 만들어지고도 남을 방대한 주제이다. 따라서 여기에서는 서비스 시스템의 설계 부분만 보완하기로 하였다.

마지막으로 군데군데 경영 칼럼을 수록하였다. 저자가 지난 몇 년 동안 주요 매체에 연재하였던 테크노경영 칼럼 가운데 본문의 내용과 바로 연결되는 것들을 일부 골라 소개하였다. 교과서적 이론이 줄 수 없는 실무적 의미나 현실의 사례를 전달하는데 도움이 될 것으로 믿는다.

초판이 나온 이후에, 기술경영에 대한 관심은 더욱 높아지고 이해는 더욱 깊어지는 추세이다. 전국적으로 거의 모든 공과대학들이 관련 과목을 개설하고 강좌를 늘리고 있다. 사회전반의 분위기도 그렇고 기업들의 기대와 요구도 그렇다. 아무쪼록 본서가 그 흐름에 맞추어 공학의 관점에서 경영마인드를 제고하고 경영관리적 지식을 습득하는데 공헌할 수 있기를 기원한다.

초판과 마찬가지로 서울대학교 기술경영연구실의 많은 대학원생들이 2판을 준비하는 과정에 도움을 주었다. 자료를 검색하고 분석하는 과정에서 그들이 보여준 뛰어난 자질이 늘 자랑스럽다. 특히 박사과정의 서용윤 군은 원고의 정리와 교정에 큰 역할을 담당하였다. 늘 그렇지만, 기획에서부터 제작에 이르기까지 시간과 노력을 아끼지 않은 생능출판사의 관계자 여러분께도 깊은 감사를 드린다. 이 많은 분들의 도움에도 불구하고 책의 내용과 구성에 잘못되거나 미흡한 부분이 있다면 그것은 전적으로 저자의 책임이다.

2011년 5월
저자 씀

머리말

P R E F A C E

서로 다른 두 세계가 만나는 접경지역은, 두 세계의 중심에서 가장 멀리 떨어진 변방이기도 하다. 공학과 경영학이라는 서로 다른 두 세계가 접목되는 경계를 기술경영이라고 한다면, 기술경영은 공학의 관점에서 보아도, 경영학의 관점에서 보아도, 중심이나 주류와는 거리가 먼 주변의 영역이다. 그러나 접경은 곧 두 세계를 연결하는 교통의 요충이며, 나아가 새로운 제3의 세계를 만들어내는 창조의 기반이기도 하다.

지난 세월, 공학분야에서 기술경영이라는 새로운 주제와 영역을 개척해 온 시간은 한마디로 고단함과 즐거움의 연속이었다. 한편으로는 끊임없는 정체성의 위기에 고뇌하면서, 다른 한편으로는 학제의 실체가 조금씩 손에 잡히는 즐거움을 만끽하는 시간이었다. 아마 고단함보다 즐거움이 더 크고 강했던 이유는, 기술경영에 대한 공학도들의 관심과 기대가 갈수록 높아지기 때문일 것이다.

이제는 기술경영을 확산시킬 수 있는 객관적 여건이 무르익고 또 확산시켜야 하는 당위적 수요가 커지고 있음을 피부로 느끼고 있다. 전국적으로 거의 모든 공과대학들이 넓은 의미의 사회과학, 좁은 의미의 경영학 교육의 중요성을 인식하고 있고, 기업들도 이공계 인력의 경영마인드 제고와 경영관리적 지식의 습득을 강조하고 있다. 보다 근본적이고 거시적인 관점에서 보면, 이른바 지식기반 경제와 기술중심 경쟁은 이공계 인력이 사회의 지도자로, 조직의 최고경영자로 진출할 수 있는 더 큰 창과 더 넓은 길을 열어 놓고 있다.

공학도가 CEO로 성장할 수 있는 기회가 확대되고 있다면, 그에 필요한 자질과 지식을 제공하는 역할은 당연히 대학이 담당해야 한다. 지난 시간 동안 공학도들을 대상으로 기술과 경영을 강의하는 일을 본연의 역할로 삼아

온 저자로서는, 좋은 교과서의 집필을 통해 나름대로의 몫을 다해야 한다는 책임감을 떨칠 수가 없었다.

본서의 성격과 목적은 '공학도를 위한' 이라는 표현에 가장 잘 담겨 있다. 훌륭한 경영학 교과서는 도처에 널려있고 따라서 경영학의 기본 이론을 습득하려면 기존의 경영학 교과서 가운데 하나를 선택하면 된다. 그러나 공학도를 위한, 즉 공학도의 차별적 특성과 구체적 수요를 반영한 경영 관련 교과서는 찾기 어렵다. 본서는 공학도의 관점에서 경영 이론과 실무를 쉽게 이해할 수 있는 방식으로 서술한다는 원칙과 경영학에서 다루지 못하는 공학기술적 주제를 포함한다는 원칙에 충실하고자 하였다. 아무쪼록 이러한 원칙과 의도가 독자들에게 충실히 전달되기를 기원한다.

본서는 일반적인 경영시스템의 구성과 운영 절차에 따라, 산업구조와 기업구조(Engineer as Industry Analyst), 경영조직의 구조와 설계(Engineer as Organizational Designer), 경영전략의 분석과 기획(Engineer as Strategic Planner), 경영프로젝트의 개발(Engineer as R&D Manager), 경영프로젝트의 경제성 평가(Engineer as Decision Maker), 경영프로젝트의 통제(Engineer as Project Manager), 재무제표와 재무분석(Engineer as Managerial Economist), 원가관리(Engineer as Cost Manager), 상업화와 마케팅(Engineer as Marketing Manager), 창업과 신생기업 관리(Engineer as Venturing Entrepreneur), 인적 경영자산의 관리(Engineer as Personnel Manager), 지적 경영자산의 관리(Engineer as Knowledge Manager)로 서론을 제외한 12개의 장(chapter)으로 구성되어 있다.

강의의 진행은 위에서 제시된 순서를 따르는 것이 자연스러운 흐름이 될 것으로 생각한다. 그러나 본서는 매우 다양한 주제를 포괄하고 있기 때문에 한 학기에 모든 내용을 다루기는 어려울 것이다. 강의자의 전문성과 관심도에 따라, 또 수강생들의 성격과 수준에 따라, 한 학기 강의 분량에 맞도록 선별로 취사선택하는 것이 필요할 수 있다.

본서를 준비하면서, 교과서는 창작하는 것이 아니라 편집하는 것이라는 사실을 실감하였다. 교과서의 본질적 성격과 기능은, 어느 개인의 독창적 지식과 주관적 견해를 제시하는 것이 아니라 이미 검증된 연구결과와 실무경험을 종합하고, 정리하고, 전달하는 데 있다. 따라서 본서에서는 다양한 이론, 자료, 정보를 직접적으로 인용하거나 간접적으로 원용하고 있다. 원전을 일일이, 그리고 명확하게 제시하지 않은 부분이 있다면 널리 양해해 주시기를 부탁드린다.

교과서를 집필하면서 또다시 절감한 것은, 가까이에 준재들을 많이 두고 있다는 사실에 대한 고마움과 자랑스러움이다. 서울대학교 산업공학과 기술경영연구실 및 기술경영대학원의 많은 인재들이 이 책의 집필 과정에 참여하였다. 김문수 박사, 박광만 박사, 강인태 박사, 윤병운 박사는 교육과 실무의 현장에서 많은 조언과 정보를 제공해 주었다. 대학원 연구실의 김철현, 설현주, 신준석, 김선우, 최창우, 이승훈, 김승겸, 이창용 군과 최지원 양은 원고의 작성과 교정에 큰 도움을 주었다. 특히 이성주 양과 이학연 군은 집필의 전 과정에 걸쳐 참으로 많은 수고를 해 주었다. 이들은 공저자의 명단에 이름을 올리기에 부족함이 없다. 책의 기획에서부터 제작에 이르기까지 시간과 노력을 아끼지 않은 생능출판사의 관계자 여러분께도 깊은 감사를 드린다. 이 많은 분들의 도움에도 불구하고 책의 내용과 구성에 잘못되거나 미흡한 부분이 있다면 그것은 전적으로 저자의 책임이다.

책을 쓰는 일은 또한 가족에 대한 미안함과 고마움을 느끼는 기회이기도 하다. 주말마다 짐을 싸들고 어디 조용한 밀실로 잠적할 때마다 말없이 인내해주고 격려해준 아내와 두 아이에게 깊은 사랑의 뜻을 전한다. 마지막으로 평생을 자식에 대한 노심초사로 살아오신 양가의 부모님들께 이 책을 감사의 선물로 드리고자 한다.

2005년 10월
저자 씀

목차

CONTENTS

CONTENTS

CONTENTS

PART 03 경영활동의 기획과 통제

CHAPTER 04 경영전략의 분석과 기획

CONTENTS

CONTENTS

CHAPTER 06 경영프로젝트의 경제성 평가

CHAPTER 07 경영프로젝트의 통제

CONTENTS

CHAPTER 10 상업화와 마케팅

CONTENTS

CONTENTS

CONTENTS

CONTENTS

CHAPTER 13 지적 경영자산의 관리

책의 구성(Structure of Book)

이 책은 공학기술에 대한 이해를 바탕으로, 앞으로 기업의 CEO, 나아가 사회의 지도자가 되는데 필요한 경영지식과 관리기법을 제공하는 것을 목적으로 한다. 우리는 이미 지식기반(knowledge-based)의 경제, 기술중심(technology-oriented)의 경쟁 시대를 살고 있다. 따라서 앞으로 리더의 길을 가기 위해서는 먼저 기술에 대한 이해가 바탕에 깔려 있어야 한다. 그 다음에는 [그림 A-1]에 제시되어 있는 것과 같은 다양한 경영 기능과 역할을 머리로 이해하고 몸으로 실행할 수 있는 다기능 경영자(multi-functional manager)가 되어야 한다.

(1) 시장과 산업을 분석할 수 있는 자질과 능력(Industry/Market Analyst)
(2) 경영조직을 설계할 수 있는 자질과 능력(Organization Designer)
(3) 전략적 사고와 기획을 할 수 있는 자질과 능력(Strategic Planner)
(4) 경제성에 따라 의사결정을 할 수 있는 자질과 능력(Engineering Economist)
(5) 경영프로젝트를 관리할 수 있는 자질과 능력(Project Manager)
(6) 재무회계를 이해하는 자질과 능력(Managerial Economist)
(7) 원가관리를 할 수 있는 자질과 능력(Cost Manager)
(8) 마케팅을 이해하는 자질과 능력(Marketing Manager)
(9) 인적 자산을 관리할 수 있는 자질과 능력(Personnel Manager)
(10) 지적 자산을 관리할 수 있는 자질과 능력(Knowledge Manager)

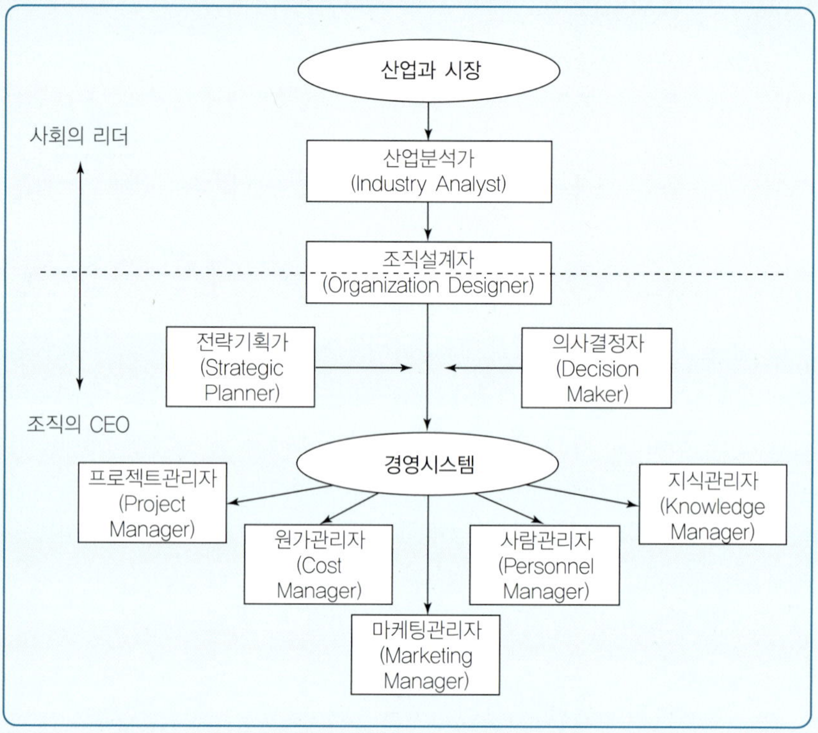

[그림 A-1] 다기능 관리자로서의 CEO

하지만 이렇게 다양한 주제들을 한 권의 교과서에 담는 것은 쉬운 일이 아니다. 이 책에서는 전체적인 구조와 구체적인 내용을 담기 전에 먼저 '기술과 경영'이라는 주제를 [그림 A-2]에 도시되어 있는 것처럼 크게 세 가지의 관점과 기준으로 설명하려고 하였다.

첫째는 경영의 활동(management activity)이라는 관점이다. 기술과 경영을 하나의 '그릇'으로 보았을 때, 경영시스템은 과연 어떤 활동과 기능으로 구성되는지를 이해해야 한다는 것이다.

둘째는 경영의 과정(management process)이라는 관점이다. 기술과 경영을 하나의 '흐름'으로 보았을 때, 경영시스템은 과연 어떤 과정과 순서로 수행되는지를 이해해야 한다는 것이다.

셋째는 공학과 경영학의 학제적 균형(interdisciplinary balance)이라는 관점이다. 기술과 경영을 하나의 '학문'으로 보았을 때, 경영시스템의 설계, 분석, 평가 등의 주제를 다루기 위해서는 경영학적 사고와 공학적 방법론이 결합되어야 한다는 것이다.

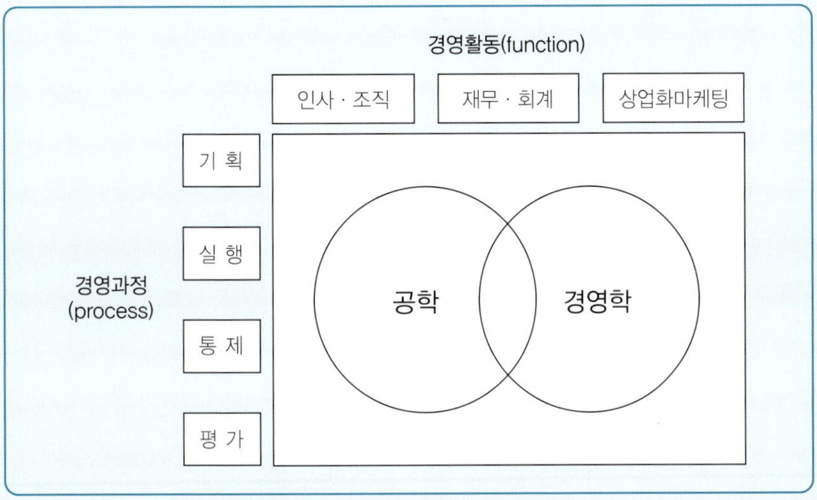

[그림 A-2] 책 구성의 전체적인 틀

이러한 관점과 기준에서, 이 책의 전체적인 구조는 먼저 설계-기획-관리의 '과정'을 따라 2부에서 5부까지 네 개의 부(part)로 구성되어 있다. 다음에는 '활동'에 따라, 각 부를 여러 개의 장(chapter)으로 나누어 세부적인 내용을 담는다. [그림 A-3]에서 볼 수 있듯이, 2부는 경영시스템의 설계라는 주제 하에 산업과 기업구조, 기업내부조직의 설계라는 두 개의 장으로 구성되고, 3부는 경영활동의 기획과 통제라는 주제 하에 전략기획, 경영프로젝트의 개발, 경영프로젝트의 평가, 경영프로젝트의 통제라는 네 개의 장으로 이루어진다. 4부는 경영활동의 관리라는 주제 하에 재무 관리, 원가 관리, 마케팅 관리, 창업 관리라는 네 개의 장으로 구성된다. 마지막으로 5부는 경영자산 관리라는 주제 하에 인적 자산 관리와 지적 자산 관리라는 두 개의 장으로 이루어진다.

각 부가 시작되는 부분에서는 '부(part)의 구성도'를 그려서 그 부에서 설명할 주요 주제를 시각적으로 제시하였고, 각 장이 시작되는 부분에서는 '장(chapter)의 배경과 내용'을 넣어서 그 장에서 다룰 주제들의 배경과 내용을 설명하였다.

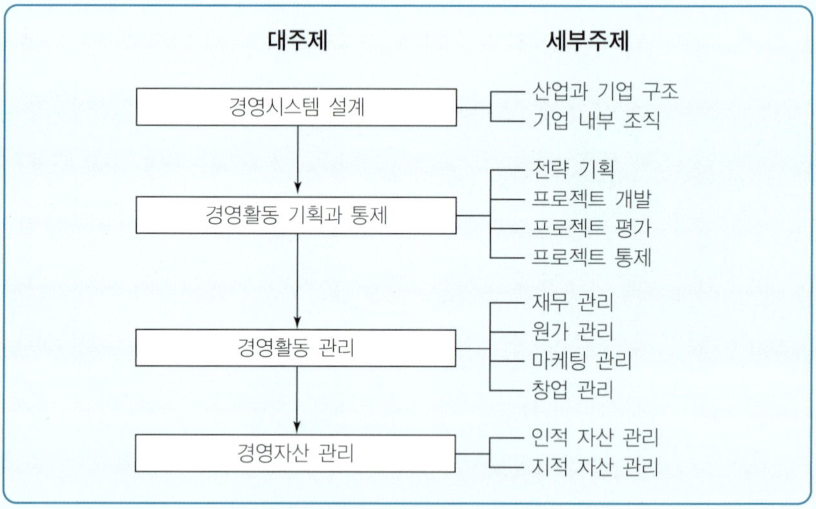

[그림 A-3] 책의 주요 주제와 순서

PART

Introduction 01

서론

서론 01 CHAPTER

구성도

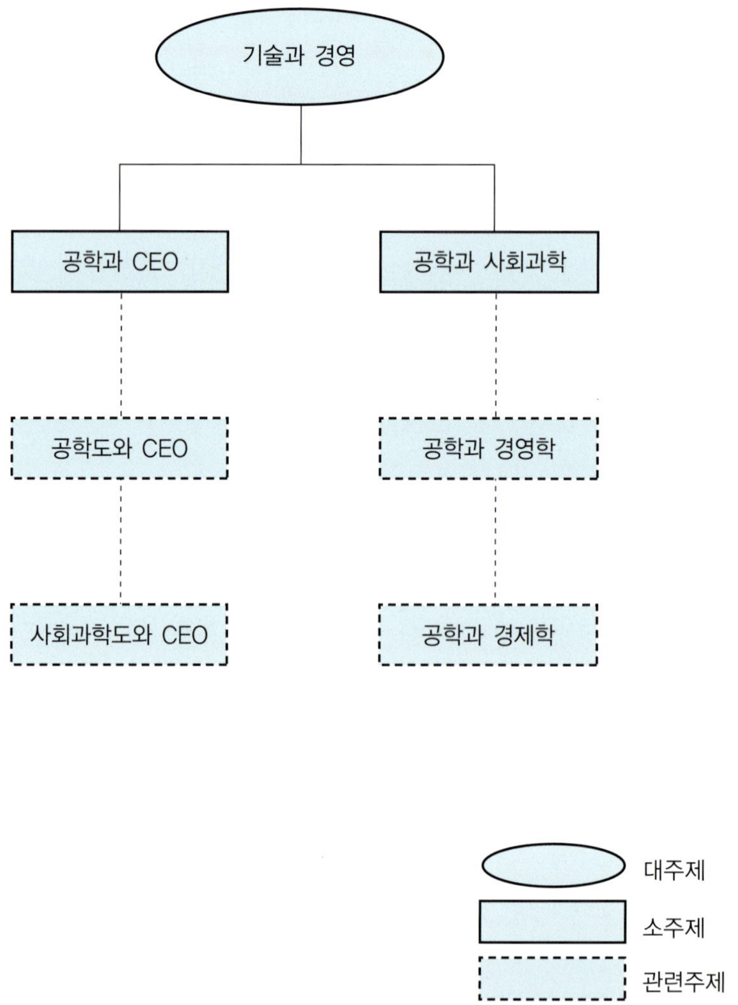

기술과 경영
공학과 CEO
공학과 사회과학
공학도와 CEO
공학과 경영학
사회과학도와 CEO
공학과 경제학
대주제
소주제
관련주제

Introduction

CHAPTER

01

서론

배경과 주요 내용

오늘날의 경제사회 시스템을 가장 짧고 명확하게 설명하는 개념은 지식기반경제(knowledge-based economy)라는 용어라고 할 수 있다. 자원(resource)이나 노동(labor)에 기반한 전통적인 경제사회 시스템의 패러다임이 지식(knowledge) 중심으로 바뀌고 있는 것이다. 이러한 변화에 따라 지식의 핵심이 되는 기술(technology)과 인적 자본(human capital)의 중요성이 갈수록 커지고 있고 기술적 전문성, 합리적 사고방식, 과학적 통찰력을 갖춘 CEO가 새로운 경제사회시스템의 주역이 되는 시대가 도래하고 있다.

그러나 전문성이나 합리성은 CEO가 될 수 있는 필요조건에 불과하다. 충분조건을 만족시키기 위해서는 넓은 의미로는 사회과학 전반에 대한 다양한 지식, 좁은 의미로는 기업경영에 대한 실무적 이해를 갖추어야 한다. 하지만 오랫동안 공학과 경영학은 서로 분리되어 독립된 세계를 살아왔다. 교육제도는 청소년들을 문과와 이과로 나누어 다른 길을 가도록 설계되어 있고, 사회에 나와서도 학문적 교류나 업무적 연계를 가로막는 많은 장애물들이 설치되어 있었다.

이제 세상은 바뀌고 있다. 이미 우리는 공학과 경영학의 연계가 시작되고 있음을 목격하고 있으며, 나아가 사회과학과 과학기술 간의 결합을 통해 아예 새로운 학제(neo-discipline)를 창출하려는 노력이 시도되고 있음을 본다. 이러한 시도들의 궁극적인 목표는 공학지식을 갖춘 인력들을 새로운 시대의 CEO로 양성하기 위한 것이다. 다양한 경영 기능과 역할을 머리로 이해하고 몸으로 실행할 수 있는 다기능 경영자(multi-functional manager)로 키우자는 것이다. 이 책도 그러한 목적에 맞추어, 대학교육의 내용과 범위를 넓히는데 도움을 주는 이론과 실무 주제로 구성되어 있다.

01 서론

1.1 기술경영과 CEO

다가올 미래를 살아갈 한 사람의 사회인으로서 또한 한 분야의 직업인으로서 여러분들의 궁극적인 목표는 무엇인가? 기업에서 전문적인 관리자나 창의적인 연구원의 위치를 넘어 조직 전체를 운영하고 관리하는 CEO가 될 수 있을까? 나아가 사회의 다양한 분야에서 중심적인 지도자의 위치에 오를 수 있을까?

이러한 질문에 답하기 위해서는 먼저 CEO라는 용어의 정의(definition)가 제시되어야 한다. 하루에도 여러 번 듣고 쓰는 CEO라는 용어는 도대체 어떤 인물이나 자리를 뜻하는가? 예를 들어 다음의 신문기사를 보자. "○○전자는 COO인 YYY 경영총괄 부사장을 CEO인 신임 사장으로 내정하였다." 이 기사에는 다음 몇 개의 용어가 동시에 등장한다: COO, CEO, 사장, 부사장. 여기에서 사장이나 부사장은 그 기업에서 설정한 공식적인 '직위' 상의 서열을 나타내는 호칭이다. '사원-과장-부장-상무-전무' 하는 직위의 사다리에서 꼭대기에 있는 자리를 가리키는 것이다. 이에 비해 최고경영자인 CEO(Chief Executive Officer)와 최고관리책임자인 COO(Chief Operating Officer)는 기업 내에서 맡고 있는 실질적인 '역할' 이나 '기능' 상의 서열을 나타내는 용어이다. 대부분의 기업에서는 직위상의 사장이 역할상의 CEO를, 직위상의 수석부사장이 역할상의 COO를 맡는 것이 일반적이다. 결국 CEO는 단순한 직위의 개념을 넘어 기업의 중요한 경영전략을 수립하고 전반적인 경영활동을 관장하는 최고경영자라고 정의할 수 있다. 또한 많은 종업원들에게 기업의 미래에 대한 비전을 보여주고 그들의 꿈을 살려주는 리더라고 할 수 있다.

그러나 최근에는 CEO의 의미를 기업조직에만 국한시키지 않는 추세이다. 민간기업은 물론 정부조직, 공기업, 비영리기관까지 경영이나 관리활동을 수행하는 모든 조직의 최상위 관리자나 중심적 리더를 흔히 CEO로 부르고 있다. 다시 말해 CEO는 오늘날 사회의 지도자를 통칭하는 개념으로 사용되고 있는 것이다. 그만큼 CEO의 위치로 들어가는 문은 다양하게 열려있다.

그렇다면 공학도의 일반적인 경력 경로(career path)는 어떠한가? 가장 전형적인 경우는 아마 다음과 같을 것이다. 생산현장으로 배치가 된다면, 머지않아 생산단위의 책임자인 SM(Shop Manager)이 되고, 또 시간이 지나 마침내 공장의 책임자인 PM(Plant Manager)으로 승진한다. 이러한 전형적인 경로는 생산직이 아니라 연구직으로 진출한 경우에도 큰 차이가 없다. 조용한 연구실에서 자기만의 공간을 형성한 후, 열심히 연구하면서 연구원, 선임연구원, 책임연구원 등과 같은 경력의 사다리(ladder)를 따라 연구조직의 책임자(R&D Manager)가 된다. 기술자산과 지식자본의 중요성이 알려지고 정보통신 기술의 활용도가 높아지면서, 이공계 인력이 CEO로 올라가는 길목에 새로운 임원 자리들도 늘어나고 있다. 최고기술책임자인 CTO(Chief Technology Officer), 최고정보책임자인 CIO(Chief Information Officer), 최고혁신책임자인 CInO(Chief Innovation Officer) 등이 그들이다. 하지만 아직도 CEO로 올라가는 길은 좁고 멀다.

반면에 사회과학도의 경력 경로는 어떠한가? 입사를 하면 주로 재무, 회계, 인사, 영업 등의 부서에 배치된다. 중간관리자를 거쳐 최고재무책임자인 CFO(Chief Finance Officer), 최고영업책임자인 CMO(Chief Marketing Officer), 최고인사책임자인 CPO(Chief Personnel Officer) 등이 된다. 더 올라가면 조직 전체를 관리하는 COO가 된다. 기업의 생명인 돈과 사람을 관리해 왔고, 경영 전반을 다룬 경험이 있을 뿐 아니라, 대외적으로 폭넓은 인맥을 형성해 놓았기 때문에 그만큼 CEO가 될 가능성이 높다.

이러한 전통적이고 전형적인 상황에서 공학에 바탕을 둔 인력이 궁극적으로 CEO가 될 수 있는 경로는 쉽게 보이지 않았다. 하지만 이제 세상은 변화하고 있다. 이른바 지식기반경제(knowledge-based economy)와 기술중심 경쟁(technology-oriented competition)은 기술을 이해하는 인력이 사회의 지도자로, 조직의 최고경영자로 진출할 수 있는 더 큰 창과 더 넓은 길을 열어 놓고 있다. 특히 국제경쟁력을 제대로 갖춘 기업과 조직일수록 그러한 경향이 더 강하다. 동시에 사회과학을 전공한 인력이 CEO가 되기 위해서도 공학에 대한 이해와 경험이 필수요건이 되고 있다. [그림 1-1]에 나타나 있는 것처럼 CEO로 올라가는 사다리의 구조는 더 다양하고 균형 있게 바뀌고 있는 것이다.

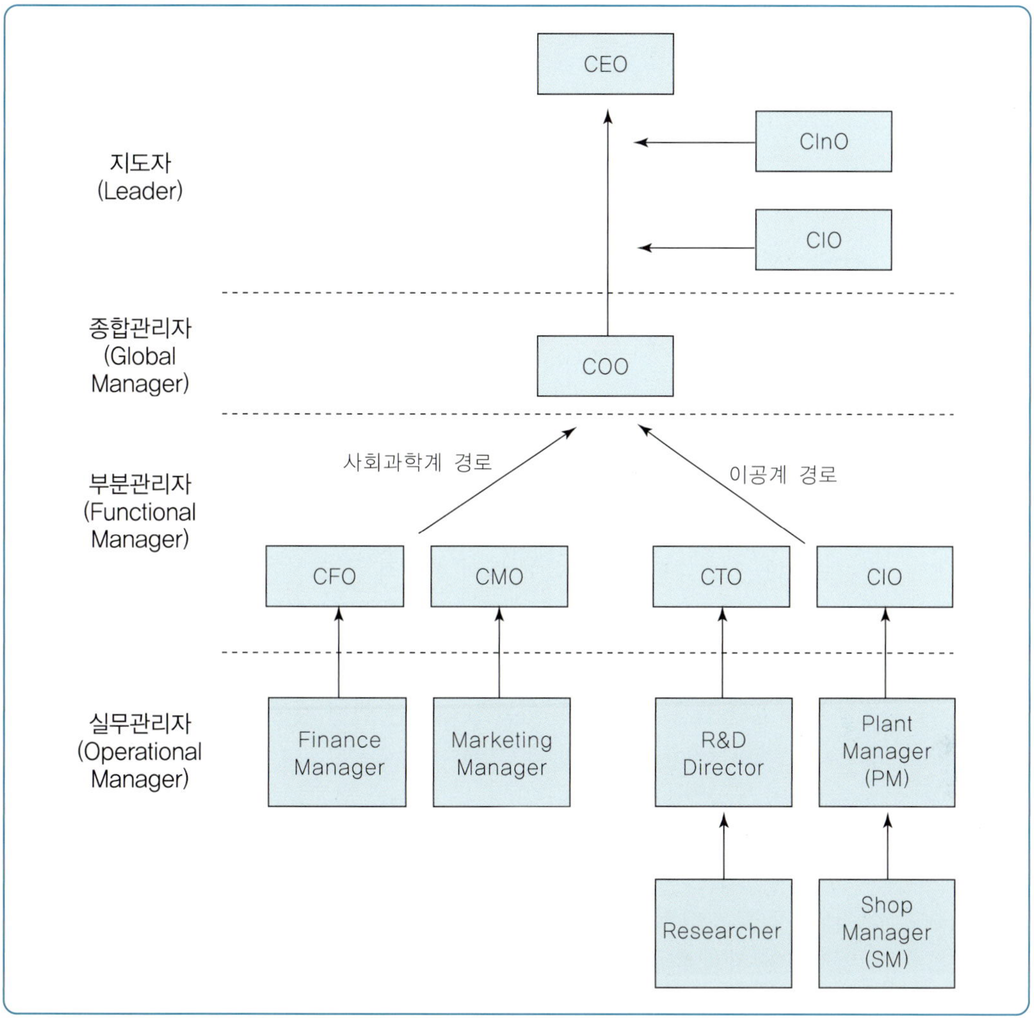

[그림 1-1] CEO 경력 사다리의 구조

최근에 새로운 길은 더 많이 생겨나고 있다. 제조업의 기술혁신이 서비스기술의 혁신으로 이전되면서 서비스 산업의 비중이 갈수록 커지고 있다. 서비스기술의 혁신은 공학의 새로운 주제를 만들어낸다. 전통적인 공학은 공장이나 실험실에서 손에 잡히고 눈에 보이는 '물건'을 만들어내는 일만을 다루었다. 그러나 과거에 공학과 무관한 것으로 여겨졌던 통신서비스, 의료서비스, 금융서비스 등이 어느새 공학의 중요한 주제로 떠오르고 있다. 스마트폰에서 제공하는 새로운 생활서비스, 의료정보기술이 열어가는 새로운 헬스케어의 세계, 금융공학이 만들어내는 새로운 금융상품 등도 얼핏 보기에는 공학과 별다른 관계가 없는 것으로 보이지만 자세히 들여다보면 그 뿌리와 가지에 모두 기술과 공학이 자리잡고 있다.

1.2 공학과 경영학

1. 공학과 사회과학의 분리

앞 절에서 우리는 공학 지식과 경영 마인드를 모두 갖춘 CEO의 중요성에 대해 알아보았다. 그렇다면 대학교육에 있어 전통적 공학과 경영학을 연계시키는 시도는 어디에서 출발하여 현재 어디에 위치하고 있을까? 공학도들에게 경영학의 이론적 지식과 실무적 경험을 제공하거나 반대로 경영학도에게 공학의 기본 이론과 공학적 사고의 틀을 제공할 수 있는 교과목은 어떤 것들이 있으며, 그 과목의 교육은 어떤 방식으로 이루어지고 있을까?

오랫동안 넓은 의미의 과학기술과 사회과학, 좁은 의미의 공학과 경영학은 서로 분리되어 독립적인 영역을 다루어왔다. 왕조시대의 유교적 가치관과 봉건적 사회제도는 문과가 이과를 지배하는 이중구조를 당연한 것으로 받아들였다. 또한 직업가치와 사회계급의 우열은 사라졌다고 해도 근대의 교육제도는 고등학교의 학생들을 문과와 이과로 나누어 서로 다른 길을 가도록 설계되어 있다. 대학에서도 학문적 교류가 거의 없고 사회에 진출해서도 업무의 연계나 인력의 이동이 매우 제한적으로 이루어져 왔다.

이러한 과거의 관습과 오늘의 현실에 대한 근본적인 원인은 크게 다음의 두 가지를 들 수 있다. 첫째는, 두 분야가 다루는 지식 자체의 성격이 근본적으로 다르다는 인식론적 전통이다. 서구의 근대과학은 이른바 데카르트적 이원주의

(Cartesian Dualism)에 뿌리를 두고 있다. 다시 말해 '자연과 인간', '물질과 정신', '자연계와 사회계'는 엄격히 구분할 수 있고 서로의 지식 자체가 본질적으로 다르다는 사고방식을 유지하여 왔다. 동양 철학에도 유사한 이론의 뿌리는 깊이 존재하여 왔다. 따라서 동서양을 막론하고 과학기술(engineering/natural science)을 hard science, 사회과학(social science)을 soft science라는 두 개의 거대한 영역(super-domain)으로 분리하는 사고가 지배적이었던 것이다.

둘째는, 두 분야의 지식 체계와 접근 방법의 차이를 들 수 있다. 이공계 학생들이 실제로 경험하는 것처럼, 공과대학의 연구 활동이나 공학적 실험은 폐쇄 시스템(closed system) 내에서 이루어진다. 즉, 과학기술 시스템은 먼저 자연현상(사회현상이 아닌)을 분석대상으로 하여 과학적 발견이 이루어지면, 다음 단계로 새로운 자연현상 또는 관련된 자연현상에 대한 분석(즉, 새로운 과학 활동)으로 돌아가거나 아니면 실용적 체계화를 거쳐 기술로 진화된다. 그러나 기술로 진화한 후의 다음 단계는 전혀 다른 외부의 세계인 사회현상을 분석하는 방향으로 옮겨가는 것이 아니라, 신기술을 이용하여 새로운 과학 활동을 수행하는 원래의 방향으로 되돌아간다. 따라서 과학기술 시스템은 내부에서 과학→기술→과학으로 순환하는 폐쇄회로의 성격을 지닌다. 반면에 사회과학 시스템은 본질적으로 개방 시스템(open system)이다. 분석대상도 내부와 외부의 다양한 주체들이 서로 유기적으로 작용(interaction)하는 사회현상이며, 접근방법도 불안정하고 복잡한 사회현상을 안정화, 단순화의 틀로 설명하는 속성을 지닌다.

이러한 의식의 차이를 가장 간명하게 설명하는 이론으로는 이른바 'black box 이론(Rosenberg, 1982)'을 들 수 있다. [그림 1-2]에서 볼 수 있는 것처럼 이 이론의 핵심은 어떤 시스템의 변화를 '투입(input)→변환(transformation)→산출(output)'의 세 단계로 파악할 때, 경제학자(경영학자)와 공학자의 관심이 각 단계에서 서로 다르다는 것이다. 즉 경제학자(경영학자)는 가시적으로 그 수준과 성과가 나타나고 따라서 정량적으로 그 크기를 측정할 수 있는 투입과 산출 과정의 분석에 초점을 맞추는데 반해, 공학자는 겉으로 드러나지 않는 내부의 변환 과정, 즉 black box를 다룸으로써 둘 사이에는 사고방식과 의식체계의 차이뿐 아니라 학문의 내용과 방법의 차이가 존재해 왔다는 주장이다.

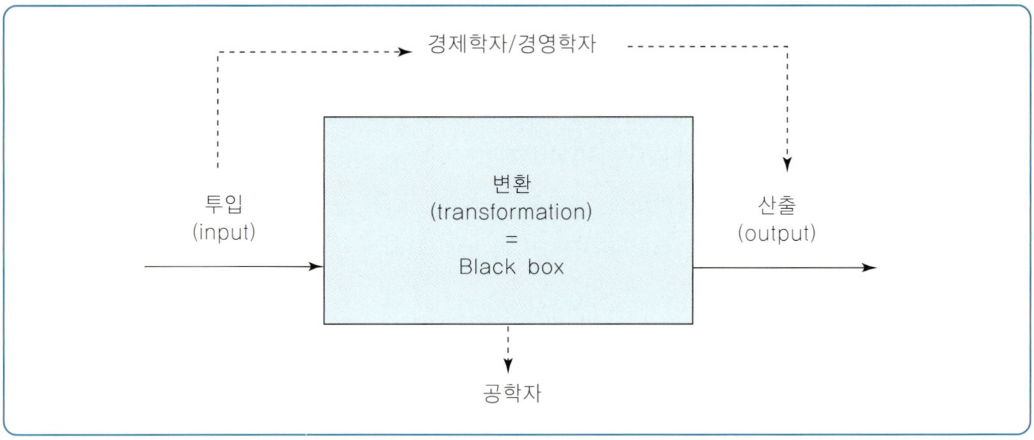

[그림 1-2] Black Box 이론의 구조

2. 공학과 사회과학의 연계

앞 절에서 살펴본 것처럼 공학과 경영학, 공학도와 경영학도는 오랫동안 본질적으로 서로 다른 생각을 하고 다른 길을 걸어온 것이 사실이다. 그러나 오늘날 공학과 경영학의 연계, 공학도와 경영학도의 교류가 활발히 일어나고 있음을 목격하고 있다.

하지만 대학의 교육과정이나 현장의 실무체계에서 사회과학과 과학기술의 학제적(disciplinary) 접목이 시도되고 있는 것은 그리 오래된 현상이 아니다. 사회과학도가 공과대학이나 자연과학 대학에서 다루는 과학기술이 경제성장과 사회변화의 원동력 내지 내생변수(endogenous variable)라는 사실을 인식하거나, 반대로 공학도가 기술활동에 있어 경영학의 가치와 의미를 진지하게 이해함으로써 두 분야의 접목을 통해 새로운 학문 영역(disciplinary domain)을 구성하려는 노력이 시작된 것은 비교적 최근의 일이다.

그러나 오랜 역사를 찬찬히 살펴보면, [그림 1-3]에 도시되어 있는 것처럼, 과학기술과 사회과학은 '일체(통합) → 분리(독립) → 확대(신설) → 연계(융합)' 의 과정을 밟음으로써, 진화론적(evolutionary)인 상호관계를 보여왔음을 알 수 있다. 지난 수세기 동안의 근대과학의 역사를 되돌아보자.

5세기 로마제국이 멸망한 이후부터 15세기에 이르는 1000년 동안의 중세는 흔히 암흑시대라고 불릴 정도로 기독교 중심 사상이 지배하였다. 모든 현상은 신의 섭리로 설명되고 모든 학문은 신학의 범주 내에서 연구되었기 때문에 과학적 사고와 방법은 무시되었다. 중세의 봉건적 전통과 속박에서 해방되어 새로운 문화를 건설하려는 인문주의 운동으로 시작된 르네상스(Renaissance)도 과학과는 거리가 멀었다. 14세기와 15세기에 걸쳐 시작되어 16세기에 절정을 이룬 르네상스 시대에서도 르네상스 휴머니스트들은 대부분 과학에 무관심하거나 무지하였던 것이다. 레오나르도 다빈치 같은 몇 명의 과학 천재가 존재하긴 했지만 이들은 역사 속에서 과학자에 앞서 예술가로 기억되고 있다.

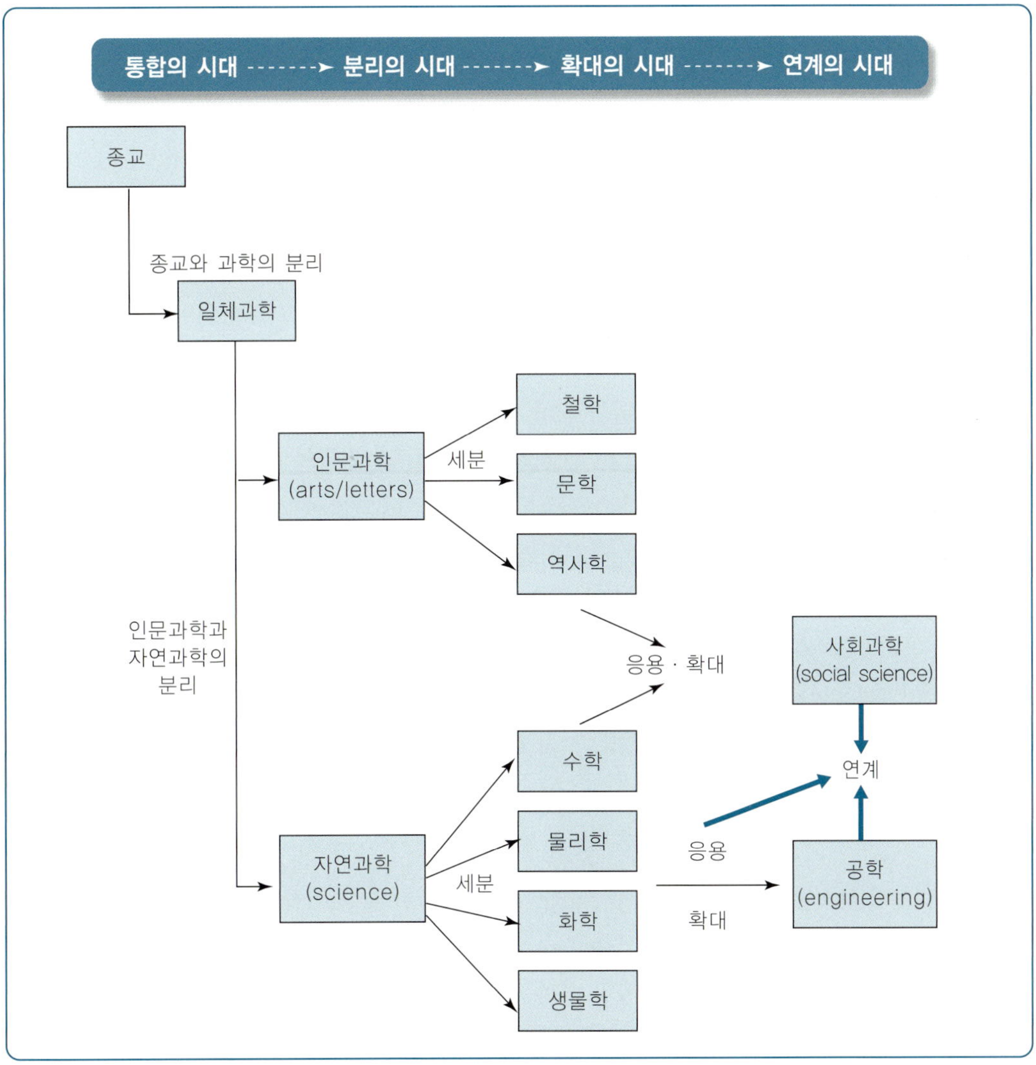

[그림 1-3] 학제의 진화 과정

근대과학은 16, 7세기에 '보편적 진리'를 찾아 종교로부터 헤어지면서 비로소 시작되었다. 초기의 근대과학은 자연과학과 인문과학의 구분이 따로 존재하지 않았다. 그러나 18세기를 거쳐 19세기 초에 이르러, 실험적 · 경험적 근거를 강조하는 자연과학은 선험적 · 관념적 사고에 기초한 철학과 분리되기 시작했고, 자연과학을 지칭하는 'science'에 대비하여 인문과학은 'arts' 또는 'letters'라는 명칭을 갖게 되었다. 특히 19세기는 사회적, 정치적 패러다임의 근본적인 변화와 더불어 학문의 분화가 활발히 일어난 시기였다. 자연과학 자체도 비경험적인 속성을 지니는 수학과 경험적인 속성을 지니는 물리학, 화학, 생물학 등으로 분화되고, 인문과학도 철학, 문학, 역사학 등으로 분리되었다.

19세기 후반에는 산업자본주의의 형성과 함께 자연과학의 산업적 응용을 위한 다양한 공학(engineering)이 자리잡게 되고, 인문과학의 사회적 연계를 지향하는 사회과학(social science), 즉 경제학, 사회학, 정치학 등이 생겨남으로써 오늘날 우리가 일반적으로 받아들이고 있는 종합대학의 학제구조(disciplinary structure)의 기본 틀이 정착되었다.

그러나 20세기 중반까지 다양한 분야로 세분화 내지 독립화의 과정과 전통을 유지하던 과학기술과 사회과학은 20세기 후반에 접어들면서 학제간의 연계를 모색하는 양상을 보이게 된다. 오늘날도 진행되고 있는 일차적인 연계의 움직임은 사회과학 내에서 독립적인 학제들간의 연계, 과학기술 내에서 독립적인 학제들간의 연계라는 제한적인 모습으로 나타나고 있다. 예를 들어 공학 내에서 세분된 학과들이 통합적인 학부로 재편되거나 관련 학과가 공동으로 연합전공을 구성하거나 하는 것은 이러한 추세의 대표적인 현상이라고 할 수 있다.

하지만 21세기에 들어서면서 최근에 일어나고 있는 이차적인 연계는 보다 근본적인 구조 조정의 모습을 보이고 있다. 그 이유는 사회구조가 근본적으로 달라지고 기술분야 간 융합현상이 활발히 일어나고 있기 때문이다. [그림 1-4]에서 보는 것처럼, 미래사회와 미래기술에 대한 예측은 한결같이 경제사회 구조의 변혁과 함께 나노(N)-생명(B)-정보(I)-인지(C) 기술과 사회과학의 융합을 제시하고 있다. 그러다 보니 사회과학과 과학기술 간의 결합을 통해 아예 새로운 학제(neo-discipline)를 만드는 가능성을 찾고 있다. 기술과 사회가 서로 상호작용을 하면서, 한편으로는 사회의 변화를 수용할 수 있는 기술을, 다른 한편으로는 기술의 변화에 적응할 수 있는 사회를 위한 학문이 무엇인가를 고민하게 된 것이다.

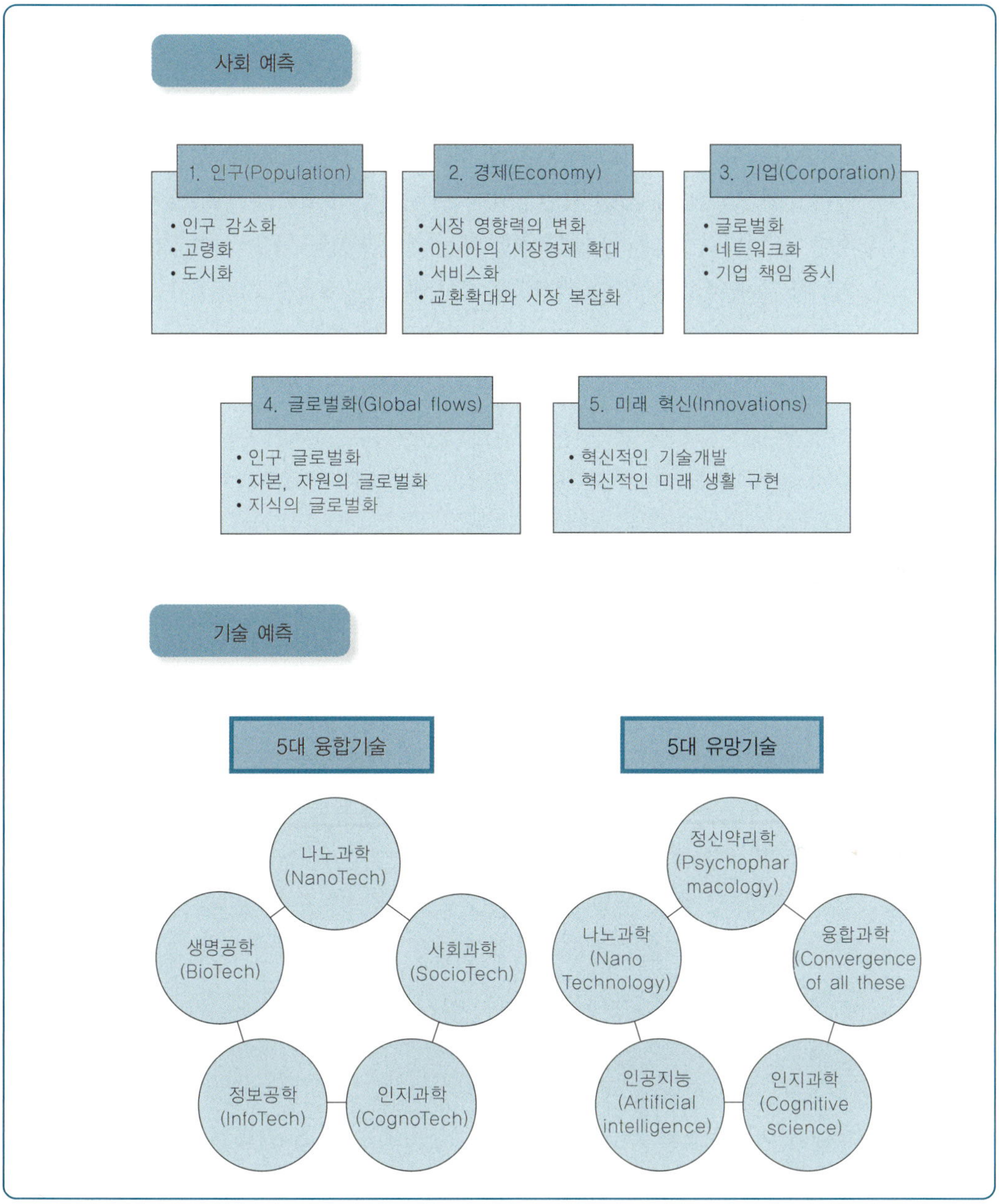

[그림 1-4] 미래사회와 미래기술 예측

자료: Future Mapping for the Global Agenda, 2008 Davos Forum; Managing NBIC Innovations, 2005 미국 국가과학재단(NSF)

이러한 흐름 속에서 새로운 학제의 가능성이 가장 구체적으로 나타나고 있는 영역은 공학과 경영학이 연계되는 이른바 기술경영이라고 할 수 있다. 기술경영, 영어로 MOT(Management Of Technology) 또는 TM(Technology Management)으로 불리는 학제의 정의는 1987년 미국의 National Research Council(NRC)이 구성한 기술경영연구팀(Task Force on MOT)이 발간한 보고서에 잘 나타나 있다. 이 보고서에서는 '기술경영은 공학, 자연과학 및 경영학의 원리를 결합하여, 기업의 전략적이고 실무적인 목표를 수립하고 달성하기 위한 기술 능력을 계획, 개발, 실현하는 것에 관한 학문(MOT links engineering, science, and management disciplines to address the planning, development, and implementing of technological capabilities to shape and accomplish the strategic and operational objective of an organization)' 이라고 정의하고 있다.

실제로 기술경영이 다룰 수 있고, 다루어야 하는 주제의 내용은 매우 다양하고 그 범위는 방대하다. 따라서 기술경영의 구체적인 주제를 일일이 제시하기는 어렵지만, 크게 나눈다면 (1) 기술 자체의 경영(management of technology), (2) 기술에 의한 경영(management by technology), (3) 기술을 위한 경영(management for technology)의 세 가지 영역을 들 수 있다. 먼저 기술 자체의 경영은 기업이 보유하고 있는 기술자산의 경영으로 특허관리, 지식경영, 정보시스템 운영 등을 포함한다. 다음으로 기술에 의한 경영은 기술력을 이용한 기업전략의 수립이나 경영 방식의 개선을 뜻한다. 마지막으로 기술을 위한 경영은 기술을 획득하기 위한 활동을 관리하는 주제로 전통적인 연구개발 관리가 여기에 해당된다.

물론 이 책의 목적과 취지는 기술경영이라는 새로운 학제의 전문교재를 만드는 데 있는 것은 아니다. 이 책은 일반적이고 평균적인 학생들을 대상으로, 기술과 경영의 연계구조를 폭넓게 이해할 수 있는 교양과목용 교과서라고 할 수 있다. 그러나 공학과 경영학이 결합된 새로운 학제가 생겨나고 커나가는 진화적 발전 과정을 이해하는 것은 오늘을 사는 모두에게 매우 중요한 의미를 지닌다.

3. 현대 경영학과 공학기술

경영학에 있어 공학기술의 의미와 역할은 무엇인가? 비록 공학과 경영학이 공식적으로는 서로 다른 학문세계를 구축해 왔다고 하지만, 그 과정과 내용을 살펴보면 양자 간에는 직접적, 간접적 상호작용이 존재하고 있음을 알 수 있다. 특히 최근에 들어서 두 학문의 연계성은 더욱 넓어지고 깊어지고 있는 추세이다.

일반적으로 경영학은 크게 독일경영학과 미국경영학으로 나뉘어진다. 독일경영학은 14세기에 형성된 이탈리아의 상학이 유럽으로 전파되어 독일에서 경영경제학으로 자리잡게 된 학문체계를 근간으로 한다. 유럽의 전통대로 독일경영학은 개념적이고 철학적인 성격이 강하다. 이에 비해 미국경영학은 유럽의 경영학과는 별개로 20세기 이후에 정착된 산업자본주의의 산물로 생겨났다. 대량생산 공장과 주식회사 기업을 과학적, 효율적으로 관리하는 실무 기법을 개발하기 위해 태동되고 발전된 미국경영학은 따라서 철저하게 실용성과 기능성을 강조한다.

현대 경영학의 체계는 독일경영학과 미국경영학이 모두 반영되어 있기는 하지만 오늘날 우리가 흔히 경영학으로 부르고 이해하고 있는 학문은 주로 미국경영학을 의미한다.

미국경영학의 발전과정은 크게 다음의 다섯 단계로 나눌 수 있다(조동성, 2004). 첫 단계는 20세기 초에서 1차 세계대전까지로 '생산관리의 시대'라고 할 수 있다. 이 시기에는 기계에 의한 대량생산 공장이 등장하면서 공정의 생산성과 작업의 효율성을 올리기 위한 이른바 '과학적 관리(scientific management)'에 초점을 맞추었다. 또한 미국의 주요 대학에 경영학부가 설치되어 학문적, 이론적 기초가 마련된 것도 이 시기의 일이다. 따라서 초기의 미국경영학에서 공학기술의 역할은 지대했다고 할 수 있다. 경영학이 태동된 배경도 그렇고, 경영학의 실질적인 내용과 방법도 그렇고, 공학은 경영학의 핵심적인 기초를 제공한 것이다.

두 번째 단계는 1차 세계대전에서 2차 세계대전까지로 '조직관리의 시대'로 부를 수 있다. 이 기간은 노동조합이 구성되고 민주화 사조가 강해지면서, 인간공학이나 조직이론이 자리를 잡기 시작한 시기이다.

세 번째 단계는 2차 세계대전 이후 1950년대 말까지로 '마케팅관리의 시대'라고 정의할 수 있다. 이 시점은 전후의 눈부신 경제성장을 바탕으로 마케팅 활동을 통해 소비자들의 구매력을 창출하는 학문적 이론과 실무적 기법이 중요한 주제로 등장한 시기이다.

네 번째 단계는 1960년대에서 1970년대까지로 '기획관리의 시대' 라고 할 수 있다. 이 시기는 경기순환, 오일쇼크 등의 요인들에 의해 전후의 지속적이고 안정적인 성장이 끝나고 불확실성이 대두된 때이다. 이러한 환경변화에 대응하여 기업은 기획관리 기능의 도입을 통해 생산, 판매, 자금 등의 관리를 보다 체계적으로 수행하게 되었다.

마지막 단계는 1980년대 이후 현재까지로 '전략경영의 시대' 로 요약할 수 있다. 이 시대는 전 단계의 기획관리 수준을 넘어 기업의 본질적이고 구조적인 문제와 연결시켜 경영전략을 수립하거나, 경영시스템을 재편하는 주제를 경영학의 핵심적인 과제로 다루기 시작하였다.

눈부신 발전과 확대를 거듭해온 경영학은 최근 크게 두 가지의 잠재적 위기를 맞고 있다. 첫째는, 정체성(正體性)의 위기(identity crisis)이다. 도대체 경영학이란 무엇인가? 엄격한 의미에서 경영학을 하나의 학문체계로 부를 수 있는가? 라는 본질적인 의문이 제기되고 있는 것이다. 사실 이 위기는 경영학에서 새삼스러운 것은 아니다. 다양한 학문들의 결합체이자 실물경제와 접목되어 있는 경영학의 성격상 항상 존재해 온 이슈이다. 다만 최근에 인접학문의 종류와 범위가 갈수록 확대되면서 경영학의 고유한 독자성이 과연 무엇이냐에 대한 질문이 더욱 부각되고 있는 것이다.

둘째는, 주제의 위기(thematic crisis)이다. 현대 경영학의 새로운 위기는 기술의 진보로 생겨난 새로운 경영기능과 시장구조에 대한 대응의 어려움에 있다. 교과서에 명시되어 있는 것은 아니지만 전통 경영학은 묵시적으로 다음 몇 가지를 기본 전제로 하는 학문이다. 첫째, 경영학은 설립된 지 상당한 시간이 경과하여 제대로의 모습을 갖춘 기업(established firm)을 대상으로 한다. 둘째, 경영학은 표준화된 제품(standardized product)을 반복 생산하는 제조기업을 대상으로 한다. 셋째, 경영학은 경영활동의 대상과 과정이 물리적이고 가시적인 형태(off-line)로 이루어진다. 그러나 최근에 이러한 기본 전제를 만족시키지 않는 새로운 기업 형태나 경영 방식이 등장하면서 전통 경영학이 이에 대한 대응을 제대로 하지 못하는 문제가 발생하고 있는 것이다.

다음의 몇 가지 과제가 이러한 이슈를 대표적으로 보여준다. 첫째, 새로운 형태의 기업을 경영하는 문제이다. 새로운 형태의 기업은 크게 다음 세 가지를 들 수 있다. 우선은 아직 준비 중이거나 생긴지 얼마 안된 신생기업(new firm)이다.

다음은 표준화된 제품을 되풀이해서 만드는 제조기업이 아니라 보이지도 않고 만질 수도 없는 서비스를 일회성으로 판매하는 서비스 기업(service firm)이다. 마지막으로는 온라인(on-line) 상에서 거래를 하는 전자상거래 기업(e-commerce firm)이다. 이러한 기업들의 경영에 대한 해답을 현대 경영학은 아직 제시하지 못하고 있다.

둘째, 새로운 경영 기능(function)을 관리하는 문제이다. 전통적으로 경영학이 다루는 중요한 경영 기능은 재무, 회계, 마케팅, 인사, 생산 등을 들 수 있다. 그러나 오늘날 새롭게 등장하고 있는 경영 기능으로 '연구개발과 엔지니어링(R&D and engineering)', '인트라넷(Intra-net)과 인터넷(Inter-net) 거래', '기술거래' 등을 들 수 있다. 이러한 새로운 경영 기능의 중요성은 갈수록 증가하고 있으나 아직 경영학은 이 문제에 대한 적절한 답을 내놓지 못하고 있다.

셋째, 새로운 경영 자산(asset)을 관리하는 문제이다. 회계학적으로 자산이라 인정받기 위해서는 다음 두 가지 요건이 만족되어야 한다. 우선은 경제적 가치가 있어야 하고 다음으로는 그 가치를 화폐 금액으로 측정할 수 있어야 한다. 따라서 지금까지 회계학에서 다루어온 경영 자산은 주로 이러한 요건을 만족시키는 물적 자원들이고, 기술(technology), 정보(information), 지식(knowledge), 특허(patent) 등의 만질 수 없고 그 가치를 측정하기도 어려운 자산(intangibles)은 경영학의 관심을 벗어나 있었다. 그러나 오늘날의 기업들이 보유하고 있는 이른바 지적 자산들은 그 가치가 무시할 수 없을 만큼 커졌을 뿐 아니라, 가치의 크기를 화폐 가치로 측정하는 것도 가능해지고 있어 명실상부한 자산이 되고 있다. 하지만 경영학은 아직 새로운 경영 자산을 관리할 수 있는 방법이나 기준에 대한 연구가 크게 미흡한 실정이다.

넷째, 새로운 시장과 거래 방식을 관리하는 문제이다. 최근 하이테크 제품과 서비스가 등장하고 거래 방식이 온라인으로 바뀌면서 시장은 근본적인 패러다임의 변화를 겪고 있다. 이른바 역시장(reverse market)이 나타나고 전자상거래에 의한 새로운 비즈니스 모델(business model)이 출현하고 있다. 그러나 이러한 현상과 주제는 아직 전통 경영학이 다루기에는 겉모습도 생소하고 그 내부의 과정을 이해하기도 어렵다.

다섯째, 외부환경(environment)의 변화에 대응하는 문제이다. 물론 기업은 시장이라는 넓은 공간에서 움직이기 때문에 내부관리뿐 아니라 시장환경이나 경쟁

환경에 대한 대응이 경영학의 중요한 주제로 자리잡고 있다. 그러나 시장환경과 경쟁환경을 넘어 사회적 환경이나 윤리적 환경 등도 이제는 기업경영과 밀접하게 연결되는 시대로 접어들고 있다. 인구구성은 어떻게 바뀌고 가정과 가족의 모습은 어떻게 변할 것이며 사람들의 의식구조는 어떻게 달라질 것인지를 모르고 기업경영을 얘기할 수는 없다. 사회적 책임을 다하는 올바른 기업윤리는 무엇이며 친환경적인 기업행동은 무엇인지도 명확하게 인식하고 있어야 한다. 따라서 앞으로의 경영학은 이런 주제들에 대해 대답도 찾아야 할 것이다.

현대 경영학이 안고 있는 주제의 위기는 다른 한편으로는 경영학의 새로운 기회(opportunity)이기도 하다. 경영학의 범위와 내용을 크게 넓힐 수 있는 가능성을 제공하기 때문이다. 또 기술경영학이라는 새로운 주제가 위에서 제기된 문제들을 모두 해결할 수 있는 해법이 될 수는 없다. 그러나 분명한 것은, 새롭게 등장한 주제들의 본질적 특성은 그것들이 예외 없이 기술진보와 직접 · 간접으로 연계되어 있으며 따라서 공학과의 결합 없이는 해법을 찾기 어렵다는 사실이다.

경영학의 과거와 현재를 정리해 보면 공학과 경영학의 연계가 의외로 깊고 강하다는 사실을 발견할 수 있다. 초기의 미국경영학이 기술혁신으로 일어난 산업혁명의 산물로 태동되었던 것처럼, 오늘날의 현대 경영학도 정보혁명과 지식혁신에 대응하는 과정에서 새로운 기회와 위협 요인을 안고 있는 것이다. 바로 이 사실 때문에 공학도를 위한 경영학, 경영학도를 위한 기술경영의 의의와 역할이 중요하다.

4. 현대 경제학과 공학기술

경영학보다 뿌리가 더 깊고 현실적으로 경영학과 가장 밀접한 사회과학의 인접 학문으로는 경제학을 들 수 있다. 그렇다면 경제학은 공학기술을 어떻게 이해하고 인식해 왔는가?

전통 경제학은 대체로 공학기술의 중요성을 진지하게 다루지는 않았다고 할 수 있다. 하지만 최근의 경제학은 방법론상으로 계량적인 이론이나 실증적 분석을 강조하고 있으며, 이러한 특성 때문에 공학과 많은 영역에서 결합되거나 중복되고 있다. 더구나 최근에 경제학의 새로운 영역과 주제를 제시하고 있는 지식기반 경제(knowledge-based economy), 디지털 경제(digital economy), 신성장 이론(new growth theory) 등은 기술과 정보의 가치, 지식 자본의 핵심적 역할을 통해 공학과 경제학의 연계를 강조하고 있다. 기술을 바라보는 경제학의 눈이 근본적으로 바뀌고 있는 조짐이 나타나고 있는 것이다.

기준과 관점에 따라 달라질 수 있지만 일반적으로 경제학은 거시 경제학(macro economics)과 미시 경제학(micro economics)으로 구분될 수 있다. 거시 경제학은 '큰' 경제 문제를 다룬다. 주로 국민경제 전체의 관점에서 경제성장과 소득, 고용과 실업, 화폐와 금융, 국가재정 등의 큰 주제를 포함하는 분야로 국민소득이론으로 불리기도 한다. 반면에 미시 경제학은 '작은' 경제문제를 다룬다. 주로 개인이나 기업의 구체적인 경제 활동을 대상으로 시장수요와 공급, 소비와 효용, 생산과 가격 등의 세부 주제를 포함한다. 따라서 기업을 다루는 경영학은 둘 가운데 미시 경제학과 더 밀접한 연계를 맺고 있다.

전통 경제학은 공학기술과 경제학의 연계를 미시 경제학 가운데 생산함수(production function)와 기술진보와의 관계에 초점을 맞추어 설명한다. 기술진보와 생산함수에 대한 토론을 구체적으로 살펴보자.

생산이론에서는 어느 기업의 생산량(Q)은 두 가지 핵심적인 생산요소, 즉 자본(K)과 노동(L)의 결합으로 이루어지는 아래와 같은 생산함수(f)로 나타낼 수 있다고 가정한다. 즉 자본과 노동을 얼마나 많이 투입(input)하느냐에 따라 산출(output)이 달라진다는 것이다.

$$Q = f(\mathrm{K}, \mathrm{L})$$

이 생산함수의 형태를 크게 단기(short-term) 생산함수와 장기(long-term) 생산함수의 두 가지 경우로 나누어 살펴보자.

단기 생산함수라는 것은 비교적 짧은 기간 내에 생산요소의 변화가 생산량에 어떤 영향을 미치는가를 보여주는 함수이다. 기간을 딱히 정할 수는 없지만 어쨌든 시간적으로 단기이기 때문에, 자본과 노동, 두 가지 생산요소의 수준을 동시에 마음대로 바꿀 수는 없고 그 중 한 가지만 바꿀 수 있는 것으로 가정한다. 따라서 나머지 한 가지는 고정되어 있는 것으로 간주한다. 이를 함수형태로 표기하면 아래와 같이 두 가지 모양으로 표현할 수 있다.

$Q = f(K, \mathrm{L})$, 자본(K)이 고정된 경우로서 K를 이탤릭체로 표기

$Q = f(\mathrm{K}, L)$, 노동(L)이 고정된 경우로서 L을 이탤릭체로 표기

여기서 반드시 이해하고 넘어가야 할 전통 경제학의 가장 중요한 전제가 수확체감의 법칙(law of diminishing returns)이다. 이 법칙의 핵심적인 가정은 자본이나 노동과 같은 생산요소의 투입량을 늘리면, 총생산량은 늘어나지만 생산량이 늘어나는 증가율은 점차로 줄어든다는 것이다. 예를 들어 100이라는 생산요소를 투입하여 1000이라는 생산량을 생산한 경우에, 투입량을 200으로 2배, 300으로 3배 늘리면 그에 따라 총생산량은 계속 증가하지만 그렇다고 증가율이 2배, 3배로 증가하는 것이 아니라, 1800, 2400 등과 같이 증가율이 낮아지면서 증가하게 된다. 따라서 결과적으로 '수확의 체감' 현상이 나타나게 되며 [그림 1-5]에서 보는 것처럼 생산함수는 기울기가 일정한 직선 형태가 아니라 기울기가 갈수록 작아지는 모습을 보이게 된다.

수확체증의 법칙(law of increasing returns)은 수확체감의 법칙과 상반되는 개념이다. 자본이나 노동과 같은 생산요소의 투입량을 늘리면 총생산량이 늘어나는 것은 물론이고 그 증가율도 갈수록 커진다는 것이다. 따라서 생산함수의 기울기도 갈수록 커지는 모습을 보이게 된다.

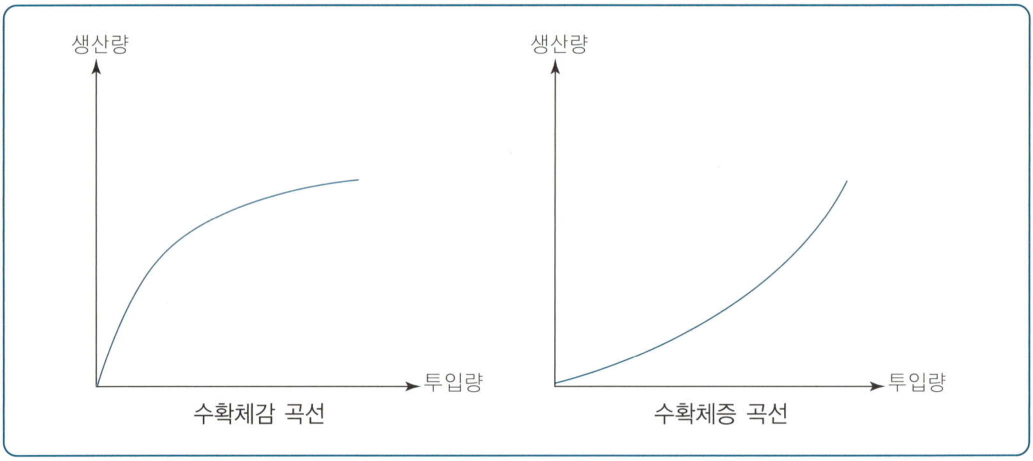

[그림 1-5] 수확체감 곡선과 수확체증 곡선

그러면 단기 생산함수에서 기술진보는 어떻게 설명되는가? [그림 1-6]에 나타난 것처럼 전통 경제학에서는 수확체감의 법칙을 따르는 생산함수를 가정한다. 여기서 기술의 진보가 일어나면 생산함수가 L_1에서 L_2로 상향 조정된다. 기

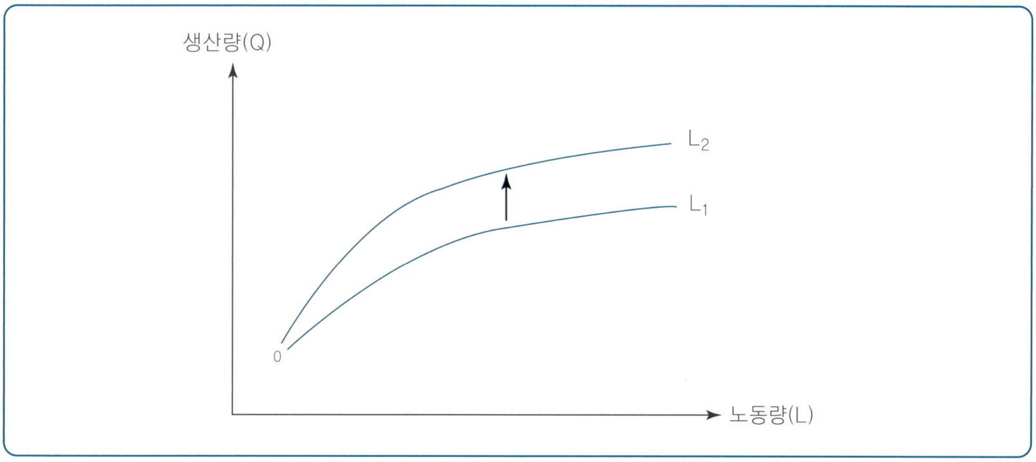

[그림 1-6] 단기 생산함수와 기술진보

술이 발전함으로써 같은 양의 생산요소를 투입하고도 생산량을 늘릴 수 있다는 말이다.

물론 기술의 진보가 제품 혁신(product innovation)의 모습으로 일어나면 신제품이 출현하고 새로운 시장이 개척될 수도 있다. 그러나 여기의 생산함수에서 말하는 기술혁신은 생산요소를 더 좋은 방법으로 결합하는 공정혁신(process innovation)을 뜻한다. 따라서 같은 양을 투입하고도 생산량은 늘어나게 되는 것이다. 이것이 전통 경제학에서 말하는 기술진보에 의한 단기 생산함수의 이동이다.

다음으로 장기 생산함수의 경우는 어떠한가? 장기 생산함수는 충분히 긴 기간 동안 생산요소의 변화가 생산량에 어떤 영향을 미치는가를 보여주는 함수이다. 시간적으로 장기이기 때문에, 여기에서는 자본과 노동, 두 가지 생산요소의 수준을 모두 바꿀 수 있다고 가정한다. 따라서 두 가지 변수 모두 가변적이며 함수형태는 아래와 같다.

$$Q = f(\mathrm{K, L})$$

장기 생산함수의 형태를 설명하기 위해서는 등량선(isoquant)과 한계기술대체율 체감의 법칙(law of diminishing marginal rate of technical substitution)에 대한 이해가 필요하다. 등량선이란 [그림 1-7]에 도시되어 있는 것처럼 자본과

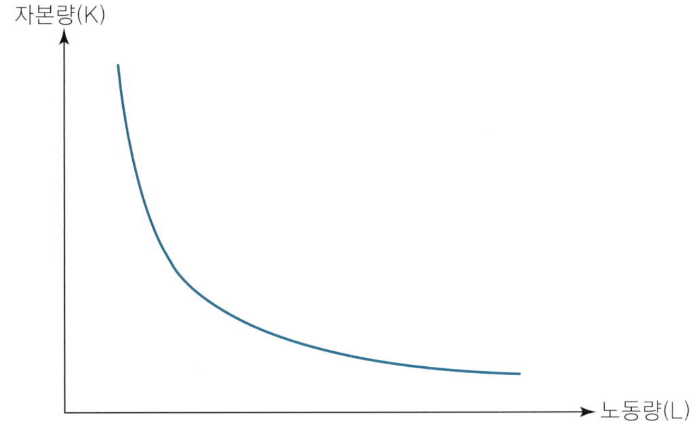

[그림 1-7] 등량선의 기본 형태

노동의 양을 두 축으로 하여, 동일한 생산량을 만드는데 필요한 자본과 노동의 결합을 뜻하는 점들을 연결한 곡선이다. 예를 들어 1000의 생산량을 위해서는 자본=100, 노동=0, 또는 반대로 자본=0, 노동=100이 필요하다고 하자. 극단에 있는 이 두 점을 양쪽 끝으로 하여 그 사이에 하나를 늘리고 다른 것을 줄이는 방식으로 동일한 생산량을 만들어낼 수 있는 무수한 점들이 존재할 수 있다. 이러한 점들을 이으면 하나의 곡선이 나타나며 그것이 등량선이 된다.

등량선은 왜 원점에 대해 볼록한 모양으로 나타날까? 등량선의 모양을 결정하는 데는 한계기술대체율 체감의 법칙이 작용한다. 앞에서 설명한 대로 동일한 생산량을 위해서는 하나를 늘리면서 동시에 다른 하나를 줄이면 된다. 이때 하나가 다른 하나를 대체하는 양의 변화는 일정하지 않다. 즉 하나의 투입량이 늘면 늘수록 그 요소의 상대적 중요도는 점차로 작아지게 되고, 따라서 대체에 필요한 다른 요소의 투입량은 줄어든다. 이것이 한계기술대체율 체감의 법칙이다. 이 법칙이 작용하게 되면, 장기 생산함수의 등량선 모양은 원점에 대해 볼록한 모습으로 나타나게 되는 것이다.

그러면 장기 생산함수에서 기술진보는 어떻게 설명되는가? [그림 1-8]에 나타난 것처럼 기술의 진보가 일어나면 등량선이 Q_1Q_1에서 Q_2Q_2로 하향 조정된다. 즉 동일한 생산량을 위한 생산요소의 투입량이 줄어들게 되는 것이다. 이때 만일 노동의 투입량은 그대로 두고 자본의 투입량을 줄이는 식의 기술진보가 일어나면

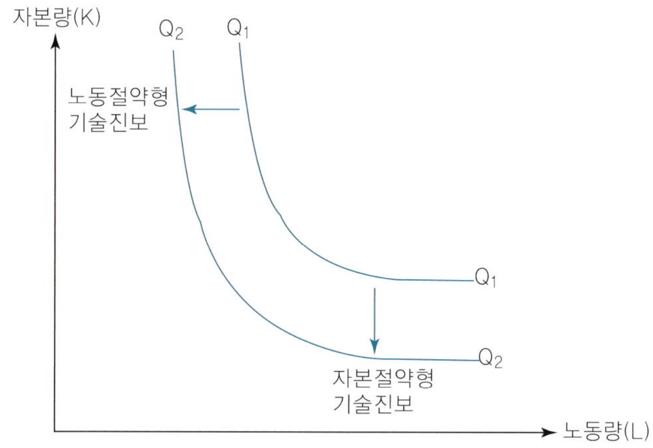

[그림 1-8] 장기 생산함수와 기술진보

자본절약적(capital-saving) 기술진보가 되고, 반대로 자본의 투입량은 그대로인데 노동의 투입량이 줄어든다면 노동절약적(labor-saving) 기술진보가 된다. 물론 자본과 노동을 동시에 조금씩 줄이는 중립적(neutral-saving) 기술진보도 가능하다.

지금까지 살펴본 것처럼, 전통 경제학에서는 기술이라는 요인이 경제성장을 끌고 가는 엔진이라고 생각하지는 않았다. 아래의 식에서 보는 것처럼, 생산함수의 구성에서 자본(K)과 노동(L)을 핵심적인 내생 변수(endogenous variable)로 생각하는 반면, 기술(A)은 하나의 외생 변수(exogenous variable)로 취급한 것이다. 내생 변수란 함수의 구성 안에 하나의 구성요소로 들어간 변수를 말하고, 외생 변수란 함수 안에 들어가지 못한 채 밖에서 일종의 계수 역할을 하는 변수를 뜻한다.

$$Q = Af(\mathrm{K}, \mathrm{L})$$

따라서 기술을 외생 변수로 취급한다는 의미는 현재의 기술수준이 올라가고 새로운 기술이 나타나면 생산의 효율성이 올라가거나 생산비용이 줄어드는 정도의 효과는 있지만 그것이 경제성장에 미치는 영향은 매우 제한적이라고 보는 것이다.

그러나 경영학과 함께 오늘날 사회과학의 양대 축을 구성하고 있는 경제학도 커다란 잠재적 위기를 맞고 있다. 현대 경제학이 맞고 있는 위기의 근본적인 이유는 오늘날의 경제시스템이 과거와는 비교할 수 없을 만큼 복잡하고 거대하게 바뀐 사실에 기인한다. 하지만 그 변화의 배경에는 급속한 기술진보와 광범위한 기술확산이 자리잡고 있다. 기술이 점점 좋아지고 기술이 폭넓게 쓰여지면서 전통 경제학이 생각하지 못했던 새로운 경제요인들이 생겨난 것이다.

여러 가지 요인들 가운데에서도 경제학이 맞고 있는 위기의 핵심은 앞에서 얘기한 수확체감의 법칙이 흔들리고 있기 때문이다. 다시 말해 수확체감이 아니라 수확체증의 현상이 일어날 조짐이 보이고 있는 것이다. 이른바 신경제(new economy), 디지털 경제, 지식기반 경제 등의 이름으로 불리는 새로운 경제원리는 전통 경제학과 그 근본적인 패러다임을 달리한다. 전통 경제학이 핵심적인 생산요소로 자본과 노동만을 얘기하는데 반해, 새로운 경제는 거기에 얹어 디지털 정보(digital information)나 암묵적 지식(tacit knowledge), 인적 자산(human capital) 등을 포함해야 한다고 주장한다. 이제는 기술혁신이 경제성장에 간접적 효과를 주는 정도가 아니라 서로 직접적 영향을 주는 관계로 바뀐다는 것이다. 즉 기술혁신이 경제성장을 가져오고 경제성장이 또 새로운 기술혁신을 일으키는 선순환 구조가 만들어진다. 따라서 아래의 식에서 보는 것처럼 지식이라는 요소(Z)가 생산함수 밖에 있는 것이 아니라 안으로 들어오게 된다.

$$Q = f(\mathrm{K, L, Z})$$

그렇다면 정보와 지식 같은 새로운 생산요소는 왜 수확체증을 가져올 가능성이 있는 것일까? 그 이유는 기술지식은 다음과 같은 특성을 가지기 때문이다. 첫째, 오늘날의 자본이나 노동 요소에는 지식과 정보 요소가 함께 존재하기 때문에, 자본과 노동 요소의 증가 효과가 과거와 비교하여 훨씬 크게 나타날 수 있다. 새로운 기계가 들어오면 단지 눈에 보이는 하드웨어만 좋아지는 것이 아니라 눈에 보이지 않는 소프트웨어도 좋아지고 나아가 기계를 사용하는 기술자의 지식도 늘어나는 효과도 생기는 것이다. 둘째, 자본이나 노동 요소는 그 양이 제한되어 있어 서로 경쟁적으로 차지하려 하며 따라서 그 효과는 차지한 일부에게만 나타나지만, 지식이나 정보는 그 양이 무한하여 경쟁적이지 않고(non-rivalrous), 따라서 외부경제 효과(externality)와 파급효과(spill-over effect)가 훨씬 크다. 직접 투자에 나서지 않은 사람도 간접적 혜택을 보게 되고 가까운 범위까지만 미치던 혜택이 훨씬 더 멀리까지 미치게 되는 것이다. 셋째, 지식이나 정보는 일단 고정비용(fixed cost)을 들여 만들어 놓으면, 변동비용(variable cost)이 무시할 수 있을 만큼 작아 거의 무한대로 재생산을 할 수 있다. 새로 만드는데 재료비나 인건비가 추가로 들지 않으니 수익성이 올라가는 것은 당연하다. 넷째, 신기술은 표준화의 영향력이 대단히 커서, 사용자가 한번 그 기술에 길들여지면 계속해서 그 기술을 채택해야 하는 이른바 잠금효과(lock-in effect)가 작용한다. 시간이 지날수록 점점 더 많은 사람들이 더 오랫동안 쓰게 되니 투자효과가 커질 수밖에 없다.

물론 기술혁신과 정보혁명에 의한 신경제 또는 디지털 경제와 같은 새로운 패러다임이 진실로 타당한 것인지, 그렇다면 그 영향은 어느 정도인지는 아직 검증하기 어렵다. 또 어느 정도의 타당성이 증명된다고 하더라도, 여전히 자본과 노동 같은 전통적 생산요소의 중요성은 남아있을 것이다. 그러나 오늘날 어느 누구도 지식과 정보가 핵심적인 생산요소가 아니라고 말할 수는 없으며 그 중요성은 앞으로 더욱 커지게 될 것이다.

따라서 이러한 관점에서 경제원리와 구조의 새로운 패러다임을 설명하고 경제활동의 변화된 과정과 관계를 분석하는 것이 현대 경제학의 중요한 과제로 제시되고 있다. 현대 경영학과 마찬가지로 빠른 기술진보와 넓은 기술확산은 현대 경제학의 잠재적 위기의 원인이면서 동시에 기회의 배경으로 작용하고 있다. 결국 경제학도 공학과의 연계와 결합을 모색할 수밖에 없는 시점에 서 있는 것이다.

PART

02 Design of Management system

경영시스템의 설계

구성도

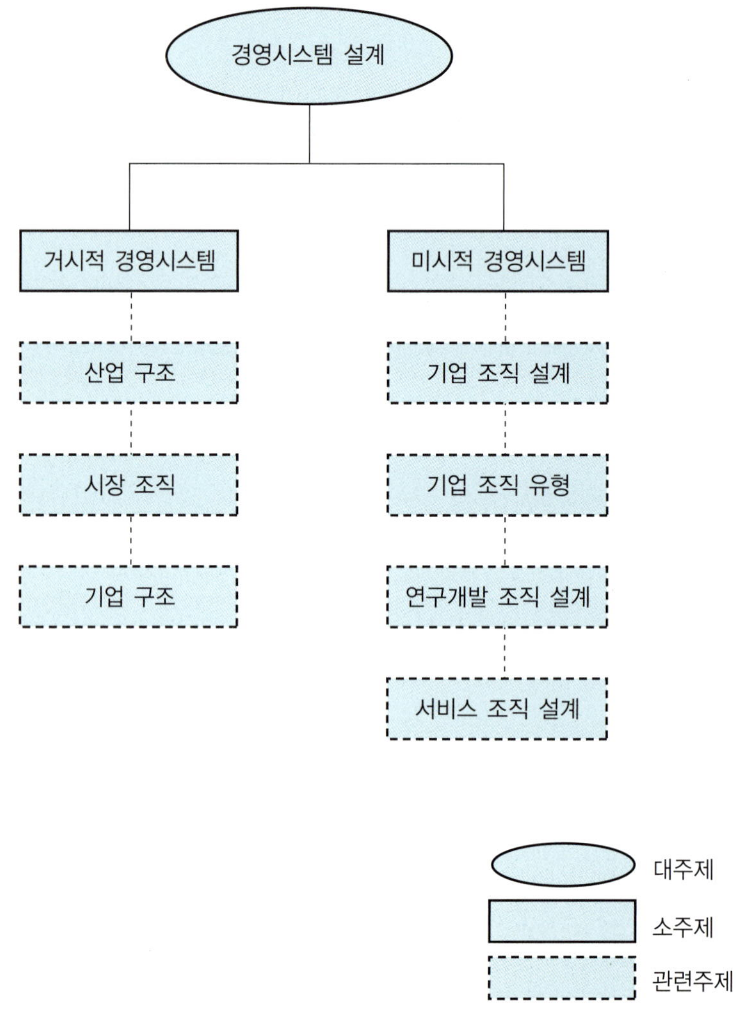

경영시스템 설계
거시적 경영시스템
미시적 경영시스템
산업 구조
시장 조직
기업 구조
기업 조직 설계
기업 조직 유형
연구개발 조직 설계
서비스 조직 설계
대주제
소주제
관련주제

CHAPTER

02

산업구조와 기업구조

배경과 주요 내용

기술혁신은 경영활동의 일부이다. 또한 경영활동은 산업활동의 일부이며, 경영조직은 산업조직의 일부이다. 따라서 기술혁신과 경영시스템의 관계를 파악하기 위해서는 먼저 산업(industry)이나 시장(market)을 이해해야 한다.

산업의 정의(definition)는 무엇이고, 산업은 어떻게 분류(classification)할 수 있는가? 전통적이고 공식적인 산업의 정의와 분류개념은 무엇이며, 수요에 기반한 경제학적 시각과 생산에 기반한 공학적 시각이 어떻게 다른가? 본 장에서는 이와 같은 문제를 다루도록 한다.

또 산업 간 구성(industrial portfolio)을 의미하는 거시적 산업구조라는 개념과 산업 내의 시장 구조(market structure) 및 경쟁형태를 의미하는 미시적 산업조직이라는 개념을 알아본다.

산업구조라는 개념의 바로 아래에는 기업구조(firm structure)라는 개념이 존재한다. 기업구조는 어떻게 정의할 수 있으며, 기업의 구조를 설명할 수 있는 관점이나 지표는 무엇을 들 수 있을까?

기업의 구조는 법률적 내지 물리적 관점에서 외형구조를 설명할 수도 있고, 관리적 내지 조직적 관점에서 지배구조를 살펴볼 수도 있다. 보다 구체적이고 실질적인 관점에서 기업의 구조를 이해하기 위해서는 기업의 규모, 기업의 범위, 기업의 연령 등을 보는 것이 필요하다. 기업이 커지는 과정, 넓어지는 과정, 경험을 축적하는 과정 등의 경영관리적 장점과 단점을 이해해야 하는 것이다.

이 장에서는 연구개발이나 제품생산의 작은 시스템을 넘어 산업과 시장이라는 큰 시스템을 바라보는 관점에 대해 생각해 보자.

02 산업구조와 기업구조

2.1 산업의 정의와 구조

기술과 경영에 대한 이해를 위해 무슨 주제부터 다루는 것이 좋을까? 물론 세상 전반에 대한 지식, 국제 관계에 대한 지식, 국가 경제에 대한 지식 등을 얻으면 더할 나위 없이 좋을 것이다. 그러나 그렇게 하기에는 너무 많은 시간과 노력이 필요하다. 그렇다고 내가 일하고 있는 기업 또는 생산현장에 대해서만 관심을 갖는 것은 너무 좁은 접근이다. 결국, 둘 사이의 중간 정도, 즉 산업과 시장에 대한 이해로부터 출발하는 것이 적절할 것이다. 넓은 의미로, 경영활동은 산업활동의 일부이며, 경영조직은 산업조직의 일부로 존재하고 운영된다. 따라서 공학의 관점에서 사회과학을 공부하고 경영시스템을 통합적으로 파악하기 위해서는 미시적(micro)인 경영조직이나 기술개발조직에 대한 이해에 앞서, 거시적(macro)인 산업(industry)이나 시장(market)에 대한 이해가 필요하다.

우리는 하루에도 수십 번씩 산업이나 시장이라는 용어를 듣고 말한다. 그러나 대부분은 산업이라는 용어의 정의에 대해 깊이 생각해 본 적이 없을 것이다. 도대체 산업이란 무엇인가? 그 많고 다양한 산업은 어떻게 나눌 수 있을까? 공학과 산업은 어떻게 관련되어 있으며, 공학기술의 분류체계와 산업의 분류체계는 어떻게 연계시킬 수 있는가? 이런 질문들에 대해 좀 더 자세히 알아보자.

1. 산업의 정의

산업의 정의(definition)는 우리가 쉽게 생각하는 것처럼 간단하고 유일한 것이 아니다. 예를 들어 통계청에서 발간한 표준산업분류(Standard Industry Classification: SIC)에서는 산업이란 '유사한 성질을 갖는 산업활동에 주로 종사하는 생산단위의 집합'으로 정의되며, 여기서 산업활동이란 '각 생산단위가 노동, 자본, 원료 등 자원을 투입하여, 재화나 서비스를 생산 또는 제공하는 일련의 활동 과정'을 뜻한다. 또한 산업활동의 범위에는 영리적 활동과 비영리적 활동이 모두 포함되지만 가정의 가사 활동은 제외된다.

그러나 위에서 제시된 산업의 정의는 매우 포괄적이고 심지어 모호하기까지 하다. 실제로 산업을 정의하는 구체적이고 실질적인 기준은 산업을 바라보는 개인이나 조직의 관점과 목적에 따라 다르다. 특히 사회과학을 공부하는 경제학자들의 견해와 기술을 공부하는 공학자들의 견해는 상당히 다를 수 있다. 두 분야에서 생각하는 기준과 정의는 어떻게 다를까? 이 차이를 토대로 산업의 정의를 살펴보자.

(1) 경제학적 정의

먼저 경제학자들이 정의하는 산업은 수요중심적이고 시장중심적이다. 경제학, 그중에서도 산업조직론이라는 분야에서는 산업을 '수요자들이 같거나 비슷하다고 느끼기 때문에 서로 바꾸어 구매하거나 사용하게 되는 제품이나 서비스를 모아 놓은 집합'으로 정의한다. 취향이나 구매력의 차이에 따라 사람들은 큰 차를 사기도 하고 작은 차를 사기도 한다. 세단형 차를 사기도 하고 SUV형 차를 사기도 한다. 하지만 이 차 대신 저 차를 사든 반대로 저 차 대신 이 차를 사든 차는 차이다. 이때, '이 차와 저 차'를 모두 모으면 하나의 시장이나 산업, 즉 자동차 산업이 만들어진다는 것이다. 따라서 이 차도 아니고 저 차도 아닌 '용도와 기능이 다른 무엇', 예를 들어 옷은 다른 산업, 즉 의류산업에 속하게 된다.

보다 구체적으로, 학술적으로 정의하면 '대체성(perfect substitute)을 갖는 동질적(homogenous) 제품, 성능(performance characteristics)이 같거나 유사한 제품, 용도(occasions for use)가 비슷한 제품, 거래되는 지역(geographical region)이 같거나 비슷한 제품들이 생산되고 유통되는 공간이 시장이며 시장의 집합이 산업'이라고 규정할 수 있다.

여기서 핵심이 되는 기준은 '유사하다' 또는 '비슷하다'라는 말이다. 그러나 유사하다든지 비슷하다든지 하는 표현은 여전히 모호하기 때문에 객관적인 정의를 위해 경제학자들은 여러 가지 개념과 지표를 도입한다. 그 가운데 가장 많이 사용되는 개념인 '수요의 대체성'과 '가격의 상관계수'를 살펴보자.

먼저 '수요의 대체성'이라는 용어는 무엇이며, 이 용어가 산업의 정의와 어떻게 연결되는지를 알아보자. 참고로 경제학에서는 모든 재화(goods)를 크게 대체재(substitute goods), 보완재(complementary goods), 독립재(independent goods)로 구분한다. 두 가지의 재화가 있다고 하자. 만일 이 두 재화 가운데 한 재화를 소비하면 다른 재화를 소비하지 않게 되는 경향을 보일 때, 두 재화는 대체재의 관계에 있게 된다. 예를 들어 밥을 먹으면 빵을 먹지 않기 때문에 쌀과 밀은 서로 대체재가 된다. 반대로 한 재화를 소비하면 다른 재화의 소비도 따라서 늘어나게 되는 경우 두 재화는 보완재가 된다. 커피를 마실 때 주로 설탕을 타서 마시기 때문에 커피와 설탕은 보완재의 관계를 맺고 있다. 만일 한 재화의 소비가 다른 재화의 소비에 아무런 영향을 미치지 않는다면 두 재화는 서로 독립재가 된다.

앞에서 쌀과 밀이 대체 관계가 있다는 것은 다분히 직관적인 판단이지 객관적이고 정량적인 분석에 의한 것은 아니다. 대체성의 정도를 정량적으로 측정하기 위해서는 '가격탄력성(price elasticity of demand)'이라는 지표가 필요하다. 우선 어떤 재화 X에 대해 가격을 P_x, 수요량을 Q_x라 했을 때, 가격탄력성은 다음과 같은 식으로 정의된다.

$$\eta_x = -\frac{\Delta Q_x / Q_x}{\Delta P_x / P_x}$$

이 식을 보면 분모의 가격 변화율과 분자의 수요량 변화율의 비율이 곧 가격탄력성이 되는 것을 쉽게 알 수 있다. 그 값이 클수록 탄력성이 올라가게 되는 것이다. 여기서 앞에 음(-)의 부호가 붙는 이유는 가격과 수요의 변화가 서로 반대 방향으로 움직이기 때문에 최종값을 양(+)으로 바꾸기 위한 것이다.

이해를 돕기 위해 [그림 2-1]을 보자. 여기에서 Y축은 가격(P)을 X축은 수요량(Q)을 뜻하며, 직선 D는 가격의 변화에 따른 수요의 변화를 나타내는 수요곡선이다. 만일 가격이 P_0에서 P_1으로 변화하면 수요량도 Q_0에서 Q_1으로 바뀌게 된다. 이때 P와 Q의 움직임이 반대 방향이기 때문에 부호는 음(-)이 되는 것이다.

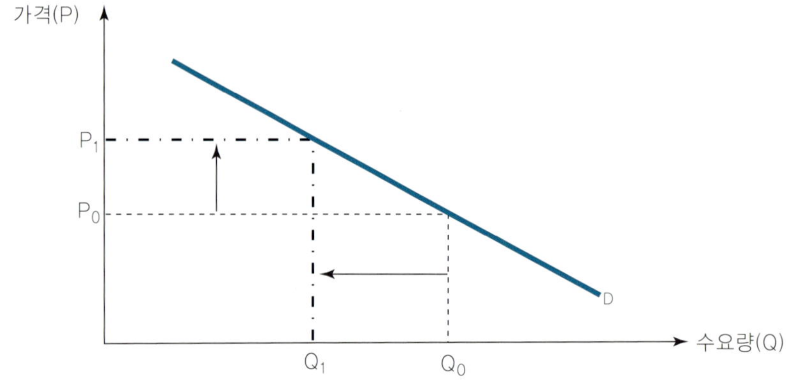

[그림 2-1] 가격탄력성 그래프

다음으로 하나의 재화가 아니라 두 가지 재화에 대한 가격탄력성을 생각해 보자. 이 경우는 한 재화의 가격 변화율과 다른 재화의 수요 변화율을 보는 것이다. 따라서 두 재화를 각각 X재, Y재라고 할 때, 두 재화 간의 가격탄력성은 교차탄력성(cross elasticity of demand)이라고 부른다.

X재의 가격을 P_X라고 하고 이에 대응하는 Y재의 수요량을 Q_Y라고 하면, 교차탄력성은 아래와 같은 식으로 정의된다.

$$\eta_{yx} = \frac{\Delta Q_y / Q_y}{\Delta P_x / P_x}$$

앞에서 살펴본 한 재화에 대한 가격탄력성의 경우에는 음의 부호를 앞에 붙이는데 반해, 두 재화 간의 교차탄력성은 음의 부호를 붙이지 않는다. 그 이유는 X재의 가격과 Y재의 수요량이 같은 방향으로 움직이기 때문이다. 예를 들어 분모인 X재의 가격이 올라가면 X재에 대한 수요가 줄어드는 대신 분자의 Y재의 수요가 늘어나기 때문에 탄력성 자체가 양의 값이 된다. 따라서, 교차탄력성의 값이 양이 되면 즉 $\eta_{yx} > 0$이 되면 두 재화는 서로 대체재가 되고, 반대로 교차탄력성의 값이 음이 되면 즉 $\eta_{yx} < 0$이 되면 두 재화는 서로 보완재가 된다.

이제 교차탄력성을 가지고 산업을 정의하는 기준과 과정을 보자. 두 재화가 서로 대체재의 관계에 있다는 말은 서로 바꾸어 쓸 수 있다는 말이다. 즉 기능이나 용도가 '유사하거나 비슷하다'는 의미이다. 또한 대체재의 관계에 있으면 당연히 가격탄력성은 높을 것이다. 따라서 어떤 재화를 중심으로 하여, 그것과 가격탄력성이 높은 재화들을 차례차례 모아 놓으면 기능과 용도가 유사한 재화들로 구성된 하나의 산업이 만들어질 수 있다. 물론 높다는 것이 어느 정도를 의미하는 것이냐에 대해서는 절대적인 값을 얘기하기 어렵지만, 어쨌든 이러한 기준으로 산업을 정의할 수 있는 것이다.

가격탄력성으로 산업을 정의하는 접근은 이론적으로도 일리가 있고 또 실제로도 어느 정도는 유용한 기준이 될 수 있다. 하지만 동시에 여러 가지 문제와 한계도 지적된다. 예를 들어 자동차 산업을 보자. 극소수의 부유층을 위한 최고급 승용차와 서민을 위한 저가의 경차가 과연 같은 산업과 시장에 속하냐고 물어본다면 당연히 그렇다고 할 것이다. 왜냐하면 자동차는 자동차이고, 자동차 산업은 자동차 산업이기 때문이다. 그러나 가격탄력성의 기준에서 본다면 두 제품이 같은 시장에 있다고 보기 어렵다. 고급차의 가격이 내린다고 서민이 구입하지는 못할 것이며, 경차의 값을 더 내린다고 부자가 경차를 사지는 않을 것이기 때문이다. 다시 말해 기능과 용도가 유사하거나 비슷하지 않은 것이다.

다음으로 '가격의 상관계수(price correlation)'라는 용어는 무엇이며 이것이 산업의 정의와 어떻게 연결될 수 있을까? 통계학에서 자주 사용되는 방법론 가운데 상관분석(correlation analysis)이 있다. 두 변수 X와 Y가 있을 때, X와 Y의 값이 같은 방향으로 움직이면 양(+)의 상관성이 높고, 반대 방향으로 움직이면 음(−)의 상관성이 높으며, 공통된 방향 없이 각각으로 움직이면 상관성이 없다고 정의한다. 이때 상관성의 크기를 정량적으로 측정하는 지표가 상관계수이다.

가격의 상관계수는 통계학의 상관분석에서 사용하는 상관계수를 두 재화의 가격을 대상으로 적용한 것이다. 다시 말해 두 재화 X와 Y의 가격이 같은 방향으로 움직이는지, 반대 방향으로 움직이는지, 아니면 아무 관계가 없는지를 측정하는 지표가 가격의 상관계수인 것이다. 만일 한 재화의 가격이 올라갈 때 다른 재화의 가격도 함께 올라가는 경향을 보이면 두 재화의 가격 상관계수는 양(+)의 값을 갖게 되고, 반대로 한 재화의 가격이 올라가는데 다른 재화의 가격은 내려가는 추세를 보이면 두 재화의 가격 상관계수는 음(−)의 값을 갖게 된다.

가격 상관계수로 산업을 정의하고 분류하는 접근의 논리는 매우 간단하다. 만일 두 재화가 같은 산업(시장)에 속한다면, 수요의 변화로부터 받는 영향의 크기나 방향도 비슷할 것이다. 따라서 같은 시장에 있는 재화들은 가격이 오르고 내리는 추세가 유사한 양상을 보일 것이다. 이런 가정 하에 두 재화의 가격 상관계수를 측정하여 그 값이 높으면 두 재화가 같은 산업이나 시장에 속한다고 볼 수 있다는 것이다.

가격 상관계수로 산업을 정의하는 기준은 이해하고 측정하기 쉽다는 장점은 있지만 수요의 탄력성과 마찬가지로 유용성에는 한계가 있다. 우선 상관계수의 높고 낮음을 판정할 수 있는 객관적 수준을 정하기가 매우 어렵다. 또 상관계수는 겉으로 드러난 추세의 유사성만을 보기 때문에 비슷한 추세가 왜 일어나는지, 그것이 두 재화의 본질적 유사성을 어느 정도 반영하는지를 알기 어렵다는 단점이 있다.

(2) 공학적 정의

그렇다면 공학자들은 어떤 기준과 관점에서 산업을 정의할까? 경제학자들과 달리 공학자들이 정의하는 산업은 생산중심적이고 기술중심적이다. 즉 공학자들의 입장에서는 제품이 유통되거나 사용되는 시장의 관점에서 비슷한 것들을 모으기 보다 제품을 개발하고 제조하는 과정에서 유사한 것들을 모아야 같은 산업이 된다고 생각한다.

따라서 공학적 정의는 1) 생산 기술이 비슷한 제품, 2) 생산 공정이나 방식이 비슷한 제품, 3) 제품 구조나 원자재 구성이 비슷한 제품들이 개발되고 생산되는 공간이 곧 산업이 된다. 실제로 공과대학에서 다양한 학과나 학부들을 나누는 기준도 기술중심적이고 공급중심적이며 이러한 기준은 산업을 정의하는 과정에도 거의 동일하게 적용되고 있다. 예를 들어 기계공학은 곧 기계산업과 연결되고 조선공학은 곧 조선산업과 연결되는 식이다.

경제학에서도 생산중심적인 기준과 관점을 도입하고 이용하기는 한다. 즉 앞에서 살펴본 수요의 탄력성과 유사한 개념으로 '공급의 탄력성'을 정의하는 것이다. 보다 구체적으로, 두 재화를 각각 X재, Y재라고 할 때 두 재화간 공급의 교차탄력성은 Y재의 가격변화율에 대한 X재의 공급변화율로 정의된다. 최종 소비재의 수요 변화가 아니라 원자재나 부품의 공급 변화를 분석하는 것이다. 이런 식으로 탄력성을 정의하면 생산 측면에서 재화 간에 이동이나 대체가 얼마나 용이한

가를 어느 정도 측정할 수 있다.

경제학적 정의가 여러 가지 한계를 안고 있는 것처럼, 공학적 정의도 문제가 없는 것이 아니다. 산업이라는 개념 자체가 시장을 기반으로 하는데 과연 시장이나 수요를 고려하지 않은 정의가 의미를 가질 수 있는가? 예를 들어 화장품 산업과 의약품 산업은 공정이나 생산방식이 유사하기 때문에 서로 인접한 산업으로 인식된다. 이것은 공학의 눈으로 바라본 산업의 개념이다. 실제로 최근에 많은 화장품 기업이 기존의 공정을 활용하여 '기능성' 화장품을 생산하여 의약품 시장의 영역을 넘보고 있고, 반대로 의약품 기업도 기존의 공정에서 '피부치료용' 화장품을 만들어 화장품 시장에 진출하고 있다. 그러나 생산과 공정의 측면이 아니라, 시장과 수요의 눈으로 산업을 바라보면 두 산업은 매우 다른 산업이다. 우선 의약품 산업의 아픈 사람과 화장품 산업의 건강한 사람은 서로 다른 고객이다. 또 의약품이 판매되는 약국과 화장품이 판매되는 대리점은 별개의 유통채널이다. 따라서 경영전략의 관점에서 두 산업을 유사한 산업으로 보기에는 무리가 있다.

(3) 표준산업분류의 정의

경제학적 견해와 공학적 견해는 서로 일치하는 부분도 있고 서로 상충되는 부분도 있다. 또 앞에서 살펴본 것처럼 모든 기준은 나름대로의 장점과 한계를 동시에 지니고 있다. 따라서 국가 차원에서 다양한 의견을 종합하여 포괄적이고 공식적인 기준으로 제시한 것이 앞에서 잠시 언급된 표준산업분류(SIC)이다.

그러면 표준산업분류에서는 어떤 기준이나 방식으로 산업과 시장을 정의할까? 우리나라의 표준산업분류에서는 산업을 정의하는 기준으로 다음 세 가지를 제시하고 있다. 첫 번째는 산출물, 즉 생산된 재화나 제공된 서비스의 특성이다. 두 번째는 산출물의 물리적 구성 및 가공단계이다. 세 번째는 투입물(원자재)의 특성이다.

표준산업분류는 위의 세 가지 기준을 모두 반영하여 유사한 제품이나 서비스의 집합을 동일한 산업으로 정의하고 있다. 이들 기준은 앞에서 설명한 경제학적 정의와 공학적 정의를 포괄하고 있다. 첫 번째 기준이 주로 시장이나 수요중심적으로서 경제학적 관점을 반영한다면, 두 번째 및 세 번째 기준은 다분히 공급중심적이고 기술중심적으로서 공학적인 관점을 반영하는 것이다.

2. 산업의 분류

산업의 정의에 주관적인 측면이 강하기 때문에, 산업의 정의보다 구체적이고 실질적인 목적으로 자주 사용되고 있는 것이 산업의 분류(classification) 개념이다.

산업 전체는 어떻게 구성되어 있으며 세부적인 산업은 어떻게 나눌 수 있는가? 산업을 나누는 것도 기준과 관점에 따라 다양한 분류체계가 가능하다. 가장 포괄적이고 고전적인 분류로는 우리가 중고등학교 시절에 배웠던 Clark(1940)의 분류를 들 수 있다. Clark은 경제발전의 단계에 따라 원자재의 생산을 담당하는 1차 산업, 원자재의 가공을 담당하는 2차 산업, 가공된 원자재의 유통을 담당하는 3차 산업으로 나누는 분류체계를 제시하였다. 이 분류체계를 확장하여 요즘에는 2차와 3차의 중간쯤에 2.5차 산업을 넣기도 하고 3차를 넘어 4차 및 5차 산업을 추가하기도 한다.

또 생산요소의 차이에 따라 자본집약적 산업과 노동집약적 산업으로 나누는 분류체계도 있다. 전통 경제학에서 생산함수(Q)를 구성하는 두 가지 핵심변수인 자본(K)과 노동(L)의 구성비율이 어떻게 나타나는가에 따라 주로 중화학공업 중심의 자본집약적 산업군과 경공업 중심의 노동집약적 산업군으로 양분하는 것이다.

그러나 여기서는 정책적, 전략적으로 가장 큰 의의와 폭넓은 용도를 갖는 표준산업분류와 기술 수준의 차이에 따라 산업을 나누는 분류를 살펴보기로 하자. 또 기술의 진보와 산업구조의 변화로 새롭게 생겨나고 있는 분류 개념도 생각해 보기로 한다.

(1) 표준산업분류

앞에서 설명한 대로 표준산업분류(SIC)는 산업관련 자료의 수집, 정리, 분석 등 주로 통계적 목적을 위하여 작성된 것으로, 통계법에서는 산업통계 자료의 정확성 · 비교성을 위하여 모든 통계작성기관이 이를 의무적으로 사용하도록 규정하고 있다. 이러한 통계적 목적 외에도 관련 법령의 제정과 시행 과정에서 그 법령이 적용되는 산업의 영역을 명확하게 지정하는 정책적 목적에도 이용된다.

표준산업분류는 UN에서 제시한 국제기준을 토대로 하고 있다. UN의 분류체계를 세계 대부분 국가들이 수용하여 오늘날에는 보편적인 분류체계로 활용하고 있는 것이다. 물론 나라마다 특성이나 여건이 조금씩 다르기 때문에 부분적으로 조정을 하기는 한다. 그래서 우리나라의 표준산업분류는 앞에 Korean을 붙여 KSIC(Korean Standard Industry Classification)라는 이름으로 불린다.

앞에서 설명한 대로 표준산업분류는 한편으로는 소비자의 관점에서 재화나 서비스의 특성이 얼마나 유사한지, 다른 한편에서는 생산자의 관점에서 산출물의 물리적 구성 및 가공단계가 얼마나 유사하며 생산에 사용된 투입물(원자재)이 얼마나 비슷한지를 모두 고려하여 산업을 나누게 된다.

〈표 2-1〉 표준산업분류의 분류도

기호	대분류	중분류	소분류	세분류	세세분류
A	농업, 임업 및 어업	3	8	21	34
B	광업	4	7	12	17
C	제조업	24	83	180	461
D	전기, 가스, 수도	2	4	6	9
E	폐기물, 환경복원	3	5	11	15
F	건설업	2	7	14	42
G	도매 및 소매	3	20	58	164
H	운수업	4	11	20	46
I	숙박 및 음식점업	2	4	8	24
J	출판, 영상, 정보 등	6	11	25	42
K	금융, 보험	3	8	15	33
L	부동산, 임대	2	6	13	21
M	전문, 과학, 기술	4	13	19	50
N	사업시설, 사업지원	2	7	13	21
O	행정, 국방, 사회보장	1	5	8	25
P	교육서비스	1	7	16	29
Q	보건 및 사회복지	2	6	9	21
R	예술, 스포츠, 여가	2	4	17	43
S	협회, 수리, 개인	3	8	18	43
T	자가소비생산활동	2	3	3	3
U	국제 및 외국기관	1	1	1	2
21		76	228	487	1,145

주: 숫자는 분류의 총수

표준산업분류의 분류구조 및 부호체계를 간략히 살펴보자. 우선 분류구조는 대분류(알파벳 문자 사용/sections), 중분류(2자리 숫자 사용/divisions), 소분류(3자리 숫자 사용/groups), 세분류(4자리 숫자 사용/classes), 세세분류(5자리 숫자 사용/sub-classes)의 다섯 단계로 구성된다. 〈표 2-1〉에 요약되어 있는 것처럼 대분류는 A에서 U까지 21개로 구성되고, 중분류는 76개, 다시 소분류는 228개 등으로 나뉜다.

〈표 2-2〉 제조업(D)의 중분류

기호	중분류
10	식료품 제조업
11	음료 제조업
12	담배 제조업
13	섬유제품 제조업: 의복제외
14	의복, 의복액세서리 및 모피제품 제조업
15	가죽, 가방 및 신발 제조업
16	목재 및 나무제품 제조업: 가구제외
17	펄프, 종이 및 종이제품 제조업
18	인쇄 및 기록매체 복제업
19	코크스, 연탄 및 석유정제품 제조업
20	화학물질 및 화학제품 제조업: 의약품 제외
21	의료용 물질 및 의약품 제조업
22	고무제품 및 플라스틱제품 제조업
23	비금속 광물제품 제조업
24	1차 금속 제조업
25	금속가공제품 제조업: 기계 및 가구 제외
26	전자부품, 컴퓨터, 영상, 음향 및 통신장비 제조업
27	의료, 정밀, 광학기기 및 시계 제조업
28	전기장비 제조업
29	기타 기계 및 장비 제조업
30	자동차 및 트레일러 제조업
31	기타 운송장비 제조업
32	가구 제조업
33	기타 제품 제조업

전통적인 공학기술과 직접적 연관을 맺고 있는 분야가 대부분 제조업이기 때문에 제조업의 분류도를 따로 살펴보면 〈표 2-2〉와 같다. 제조업은 표준산업분류의 대분류에서 C에 해당되고, 중분류로 내려가면 표에서 볼 수 있듯이 24개의 분야로 구성된다.

(2) 기술수준 분류

산업을 기술적 요인과 특성에 따라 나누는 것도 유용하고 의미있는 접근이다. 특히 해당산업의 기술적 수준에 의해 산업을 나누는 분류체계는 자주 사용된다. 예를 들어 어느 산업을 하이테크(high-tech) 산업이라고 부르는 분류는 이러한 기준에서 제시되는 용어이다. 그러나 high-tech, low-tech 하는 개념은 매우 정성적이고 주관적이어서 실제로 산업을 명확하게 분류하기는 쉽지 않은 문제점이 있다. High-tech가 무엇이냐고 물어보면 '새로운 기술', '부가가치가 높은 기술', '다른 기업들이 모방하기 어려운 기술' 등 다양한 의견이 나올 수 있지만 과연 어느 정도 새로운 것인지, 어느 정도 부가가치가 높은 것인지, 얼마나 모방하기 어려운 것인지는 대답하기 어렵다.

따라서 기술의 수준을 평가할 수 있는 객관적이고 정량적인 기준이 필요하다. 기술 수준에 따라 산업을 나누는 기준 가운데 가장 객관적이고 정량적인 기준으로는 경제협력개발기구(OECD)가 제시한 기준을 들 수 있다. OECD의 기준은 한마디로 연구개발 투자가 많은 산업을 하이테크 산업으로 보는 것이다. 즉, 연구개발 투자를 많이 하는 산업은 전체적인 기술력이 높은 산업이고, 전체적인 기술력이 높은 산업은 곧 상대적으로 하이테크 기술을 많이 개발하고 보유하는 산업이라고 가정하는 것이다.

그렇다면 연구개발 투자의 수준은 어떻게 측정할 수 있을까? 연구개발 투자의 수준을 측정하는 하나의 대용 지표(proxy measure)로서 연구개발 집약도(R&D intensity)라는 지표를 사용한다. 연구개발 집약도라는 지표는 기업의 총매출액 대비 연구개발투자의 비율로 정의된다. 따라서 어느 기업의 연구개발 집약도가 2%라는 말은 그 기업이 총매출액의 2%를 연구개발에 투자한다는 의미이다.

OECD 기준으로 산업을 분류하면, 하이테크 산업은 그 산업의 평균 연구개발 집약도가 4% 이상임을 뜻한다. 즉 그 산업에 속한 모든 기업들의 연구개발 집약도를 계측하여 평균값을 구했을 때, 그 값이 4%가 넘으면 그 산업을 첨단기술 산업으로 분류한다는 것이다. 마찬가지 방법으로 중급기술 산업(mid-tech industry)은 평균 연구개발 집약도가 1~4%인 산업, 저급기술 산업(low-tech industry)은 평균 연구개발 집약도가 1% 미만인 산업으로 정의할 수 있다.

이 분류체계는 객관적인 분류 기준으로는 유용하지만 다음 두 가지 점에 유의해야 한다. 첫째, 이 분류는 어디까지나 '산업 평균'을 토대로 한다는 것이다. 따라서 산업 전체로 보면 high-tech 산업이지만 그 안에는 얼마든지 low-tech 기업이 있을 수 있고, 반대로 산업 전체로 보면 low-tech 산업이지만 그 산업 내에는 많은 high-tech 기업이 있을 수 있다. 둘째, 이 분류는 이른바 선진국들의 모임이라는 OECD가 제시한 기준이어서 중진국이나 개도국에서 적용하기에는 무리가 있을 수 있다. 국가마다 산업구조나 기술수준의 차이가 있기 때문에 각각의 특성과 목적에 맞게 수치를 조정할 필요가 있는 것이다.

(3) 새로운 분류기준

앞에서 살펴본 다양한 산업분류체계는 모두 전통적이고 공식적인 개념이다. 그러나 산업구조의 고도화와 인구 구성의 변화 등에 따라 과거와 다른 새로운 산업 개념이나 분류가 등장하고 있다. 이러한 개념이나 분류체계는 과거의 고정관념이나 연관관계에 매이지 않고 '효용(utility)'이나 '만족(satisfaction)', 심지어 '취향(taste)'을 기준으로 쉽게 생기고 자주 바뀌는 특성을 보인다.

예를 들어 패션(fashion) 산업, 그린(green) 산업, 실버(silver) 산업, 레저(leisure) 산업 등은 공식적이고 표준적인 산업분류에는 나오지 않지만, 현실적으로는 이미 중요한 산업 영역으로 인식되고 있다. 하드웨어(hardware)와 소프트웨어(software)로 나누는 접근, 하이테크(high-tech)가 아니라 하이터치(high-touch)로 인식하는 접근 등도 모두 새로운 개념과 기준을 반영하는 용어들이다.

기술구조와 내용의 변화에 따라 산업과 '기술(technology)'을 연결시키는 새로운 산업 개념이 등장하기도 한다. IT(Information Technology) 산업은 이미 가장 핵심적인 산업분야로 자리잡고 있고, 미래의 유망산업으로 BT(Bio Technology) 산업이나 NT(Nano Technology) 산업, 나아가 ET(Environment Technology) 산업, CT(Cultural Technology) 산업 등이 등장하고 있다.

읽고 생각하기

1 : 1의 좁은 눈에서 1 : n의 넓은 눈으로

인류학자 크뢰버(A. Kroeber)가 그린 계통수(系統樹)를 보면, 생물체와 인공물은 확연히 다른 나무의 모습을 하고 있다. 생물체 나무의 경우 줄기가 독립적 가지로 분기(分岐)되고, 가지가 그 안에서 다시 새로운 종(種)을 형성하는 '자연스러운' 모습을 보인다. 반면 인공물은 한 줄기에서 여러 개의 가지가 갈라져 나오기도 하고, 분화된 가지끼리 합쳐져 새로운 가지를 형성하는 '부자연스러운' 모습을 보인다. 생물체 나무가 단순한 분화의 연속이라면, 인공물 나무는 분화와 재결합이 반복되는 것이다. 이는 인공물의 성장과 파생 과정에 '기술의 시즈(seeds)'와 '시장의 니즈(needs)'란 요인이 얽혀있기 때문이다.

시장과 기술의 복잡한 결합은 인공물의 복합체인 산업(industry)을 정의하는 경제학자와 공학자의 시각차에서 극명하게 드러난다. 경제학자들이 바라보는 산업은 '수요중심적'이다. 시장수요의 '대체성'이 높은 제품, 즉 쌀과 밀이나 에어컨과 선풍기와 같이 하나를 사면 다른 것을 덜 쓰게 되는 대체재(substitute goods)들을 모아 하나의 산업을 구성한다. 이에 반해 공학자들이 생각하는 산업은 '생산중심적'이다. 재화를 개발하고 제조하는 과정이 유사한 것들, 즉 제품구조나 원자재 구성이 비슷한 제품, 생산기술이 비슷한 제품, 생산공정이나 방식이 비슷한 제품들을 묶어서 하나의 산업을 구성한다.

산업을 바라보는 시각의 차이는 산업을 나누는 기준의 혼란을 가져온다. 화장품 산업과 의약품 산업은 '기술'이 비슷하기 때문에 표준산업분류가 코드번호 242와 243으로 비슷하다. 그러나 '시장'의 눈으로 보면 고객층이나 유통채널이 다른 별개의 산업이다.

산업 구분 기준의 혼란을 없앨 수 있는 기술전략의 해답은 기술을 매개로 시장의 경계를 없애는 것이다. 화장품 기업은 기술혁신을 통해 '기능성' 화장품을 만들어 의약품 시장을 공략하고, 반대로 의약품 기업은 기술혁신을 통해 '피부치료용' 화장품을 만들어 화장품 시장에 진출하는 것이다.

시장과 기술의 얽힘은 인공물들의 개체인 제품(product)의 분류에서도 나타난다. 흔히 제품은 시장수요에 대응하는 생산방식의 차이에 따라 크게 사전제작(make-to-stock) 제품, 주문조립(assemble-to-order) 제품, 주문제작(make-to-order) 제품, 주문설계(design-to-order) 제품으로 나뉜다. 사전제작 제품은 완제품을 미리 생산하여 바로 판매하는 표준화 제품이다. 주문조립 제품은 모든 부품을 미리 만들어 두었다가 주문(order)이 들어오면 그때부터 조립하여(assemble) 완제품을 만든다. 주문제작 제품은 일부 부품은 미리 준비해 놓고 나머지 부품은 주문이 들어오면 그때부터 만들기(make) 시작하여 완제품을 만든다. 마지막으로 주문설계 제품은 주문이 들어오면 설계(design)부터 시작하여 완제품이 생산될 때까지의 모든 과정을 주문사양에 맞추어 만들어내는 맞춤형 제품이다.

어느 제품이 어떤 종류에 속하느냐 하는 문제는 남들이 규정하는 것이 아니라 기업 스스로가 선택하는 것이다. 자동차의 예를 보자. 흔히 포드자동차의 이름을 따서 포디즘(Fordism)이라고 부르는 미국식 방식은 자동차를 전형적인 사전제작 제품으로 본다. 정해진 생산일정에 따라 대규모 조립라인에서 완성차를 찍어낸다. 고객은 그 자리에서 자동차 키를 받을 수 있지만 디자인이나 기능을 선택할 수 있는 여지(option)는 거의 없다. 자동조립 라인을 건설하여 원래 주문제작 제품이던 자동차를 사전제작 제품으로 바꾼 포드의 기술혁신은 가히 혁명적이었다.

반면 도요타자동차의 이름을 따서 도요티즘(Toyotism)이라고 부르는 일본식 방식은 자동차를 주문조립 제품으로 본다. 가능한 한 다양한 고객의 요구를 반영하여 주문을 받은 후, 동시적(concurrent)이고 병렬적(parallel)인 방법으로 빠른 시간 내에 부품을 조립한다. 흔히 JIT(Just-in-Time)로 불리는 도요타의 생산방식은 사전제작 제품이던 자동차를 주문조립 제품으로 전환시킨 전설적인 기술혁신이다.

경쟁전략을 수학적 게임이론으로 정리한 쿠프만(B. Koopman)은 41.7%의 시장점유율을 '상대적 안정치'로 설정하였다. 이 정도면 경쟁기업의 추월을 걱정할 필요없이 좁은 시장에서 안주할 수 있다는 것이다. 그러나 GE의 CEO 웰치(J. Welch)가 "시장점유율이 1등이 되는 순간 시장점유율이 10% 이하가 되도록 시장을 재정의하자"고 하자 시장이 넓어지면서 새로운 기회가 나타났다. 쿠프만은 6.8%의 시장점유율을 '생존의 마지노선'으로 제시하였다. 그러나 시장점유율 0%에서 시작한 델 컴퓨터는 PC는 사전제작 제품이 아니라 주문조립 제품이라고 생각하면서 미국 내 시장점유율을 30% 이상으로 올리는 길을 찾았다.

오늘날 성공적인 CEO의 공통점 중 하나는 산업의 정의나 제품의 분류라는 고정관념에 매이지 않는 것이다. 기술과 산업의 연결고리를 일대일의 좁은 눈으로 보지 않고 일대다(多)의 넓은 눈으로 보면 하나의 기술로 여러 시장에 들어가는 입구가 보이고, 한 시장에서 다른 시장으로 나갈 수 있는 출구가 보인다.

조선일보 경영컬럼 - '박용태 교수의 테크노경영', 2007

이러한 추세와 경향을 고려할 때, 앞으로의 산업개념과 분류는 객관적이고 명확한 기준이나 체계보다, 보다 신축적이고 가상적(virtual)인 접근을 많이 사용할 것으로 보인다. 이미 인터넷의 포탈 사이트(portal site)나 모바일 서비스 기업에서 제시하는 산업분류는 전통적인 표준산업분류와는 큰 차이를 보이고 있다. 또 기술혁신이 가속화되고 구매력 인구의 구성이 달라지게 되면, 새로운 산업이 생겨나고 오래된 산업이 사라지는 현상도 더 활발히 일어나게 될 것이다.

따라서 변화의 방향과 속도를 예측하고, 분석하고, 대응하는 작업도 공학도의 중요한 과제가 되고 있다. 실제로 1980년대, 1990년대, 2000년대, 그리고 오늘날을 비교해 보면 공과대학의 구조와 내용이 얼마나 많이 바뀌었는지를 실감하게 된다. 과거에 큰 인기를 얻었던 학과가 지금은 아예 없어진 경우도 많고, 아주 생소한 새로운 명칭의 학과가 생겨났는가 하면, 여러 학과가 모여 큰 학부를 구성하거나 다학제적(multi-disciplinary)인 프로그램을 구성하기도 한다.

이러한 변화의 배경에는 기술과 산업의 밀접한 연관관계가 자리잡고 있다. 기술의 변화는 산업구조의 변화를 가져오고, 반대로 산업구조의 변화는 다시 기술의 변화를 유인하는 순환계가 작동하고 있는 것이다. 결국 산업의 정의나 분류도 기술과 산업의 1:1 연결이라는 고정관념에 매이지 않고, 보다 신축적이고 전략적인 기준을 토대로 접근해야 할 시대가 도래한 것이다.

3. 산업의 구조

산업의 정의나 분류개념과 함께 자주 사용되고 인용되는 또 다른 개념은 산업의 구조(structure)라는 용어이다. 실제로 우리는 '산업구조가 고도화된다 또는 선진화된다' 라는 말을 자주 듣는다. 도대체 산업구조의 정의는 무엇인가? 또 시간의 흐름을 따라 산업구조는 어떤 속도와 방향으로 변하는 것인가?

산업구조의 내용과 변화에 대한 연구는 오래 전부터 이루어져 왔다. 일찍이 영국의 경제학자 Petty(1690)는 농업보다 제조업이, 또 제조업보다는 상업의 이득이 더 높다는 사실을 발견하였다. 20세기에 들어온 후, 영국의 경제학자 Clark(1940)은 노동력 인구가 농업에서 제조업으로, 다시 제조업에서 상업으로 이동하는 현상을 설명하면서, 소득이 높은 쪽으로 노동력이 이동한다는 사실을 통계적으로 보여주었다. 즉, 산업구조를 노동력의 구성비로 파악하여, 경제발전이 진행되고 산업구조가 선진국형으로 진화하면서 1차 산업에 종사하는 노동력은 점차 감소하고, 2차 및 3차 산업의 노동력은 계속 증가한다는 이른바 Clark-Petty의 법칙을 제시한 것이다. Hoffmann(1958)도 공업부문 내에서도 소비재 산업의 비중은 점차 하락하고 생산재 산업의 비중이 상승하는 규칙을 규명하였고, Krause(1976)는 수출상품의 구성에 있어 경제발전에 따라 단순 노동집약산업 → 단순 자본집약산업 → 기술 노동집약산업 → 연구개발 관련산업으로 그 비중이 커져 가는 추세를 발견하였다.

그러나 이러한 실증적 연구의 내용과 의미를 얘기하기에 앞서 보다 근본적으로 이해하고 정리하고 넘어가야 할 문제는 산업구조(industry structure)의 기본 개념(concept)과 정의(definition)이다.

넓은 의미로 해석할 경우 산업구조는 다음 두 가지 개념을 모두 담고 있다. 하나는 거시적인 '산업 간 구성(industrial portfolio or inter-industry structure)' 이라는 개념으로, 우리가 흔히 산업구조라고 할 때는 바로 산업 간 구성을 가리킨다. 이 개념은 전체적인 국가경제 시스템 안에서 개별산업의 상대적 비중을 의미한다. 예를 들어 국민총생산이나 총부가가치의 구성에서 1차, 2차, 3차 산업 간의 비중이 어떻게 이루어지는가, 제조업과 비제조업 간의 비중은 어떻게 되어 있는가, 또는 제조업 내에서 개별산업들 간의 비중이 어떻게 나타나는가 하는 문제들을 다루는 것이다. 따라서 산업구조가 고도화된다는 뜻은 산업 간 구성에 있어 농업이나 경공업의 비중이 줄어드는 반면, 지식집약적 산업이나 첨단기술 산업의 비중이 늘어난다는 사실을 뜻한다.

다른 하나는 '특정산업 내의 시장 구조(market structure)나 기업 분포(distribution of firms)' 를 의미하는 미시적 개념이다. 이 개념은 앞에서 얘기한 거시적인 산업구조와 구분하여 흔히 산업조직(industry organization)으로 정의된다. 즉, 특정산업 내에서 시장형태가 독과점시장이냐 경쟁시장이냐 하는 문제, 대기업과 중소기업 간의 구성이 어떻게 이루어져 있는가 하는 문제, 상위 소수 기업의 비중이 어느 정도인가 하는 시장집중도 문제 등을 대상으로 한다.

(1) 거시적 산업구조

앞에서 설명한 대로 거시적 산업구조는 산업 간 구성을 의미한다. 그러나 여전히 '무엇' 의 구성인가 하는 문제가 남는다. 이 문제는 크게 산업활동에 무엇을 사용하는가 하는 투입 구조(input structure)와 무엇을 만들어내는가 하는 산출 구조(production structure)로 나누어 살펴볼 수가 있다.

투입의 측면에서는 다시 고용 구조(employment structure)와 자본 구조(capital structure)로 나눈다. 즉 경제활동을 위한 핵심적인 생산요소로서 노동과 자본을 든다면, 각 산업별로 고용을 어떤 비율로 하고 있으며, 자본은 어떤 비율로 투자하고 있는지를 가지고 산업구조를 설명할 수 있는 것이다. 예를 들어 1960년대에는 많은 인력이 농업에 종사하고 있었으나 현재는 서비스업에 더 많이 종사하고 있다면, 고용구조의 측면에서 산업구조가 바뀌었다는 것을 의미한다. 또는 설비투자가 어느 산업에는 많이 이루어지는 반면 어느 산업에는 줄어들고 있다고 한다면, 이는 자본구조 관점에서 산업구조의 변화를 설명하는 것이다.

한편 산출의 측면에서는 부가가치 구조(value-added structure)와 총산출 구조(gross product structure)로 나누어 살펴볼 수 있다. 부가가치는 국민소득의 원천을 정확히 계산한다는 의미에서 산출을 설명하는 유용한 기준이 된다. 일반적으로 최종생산물이 만들어지기까지는 많은 생산단계를 거치면서 새로운 가치가 창출된다. 100원짜리 원재료를 가공하여 200원짜리 부품을 만들면 100원의 가치가 만들어지고, 다시 부품을 조립하여 300원짜리 완제품을 만들면 추가로 100원의 가치가 만들어지고 하는 식이다. 따라서 최종생산물의 가치는 각 단계에서 발생한 부가가치의 합으로 측정할 수 있는 것이다. 그러나 다른 한편으로 생각하면 부가가치는 중간생산물의 산업 간 거래를 제외하고 있기 때문에 생산활동의 총량을 살펴보기에는 적절하지 않을 수도 있다. 따라서 경우에 따라서는 총산출의 산업별 구성비를 보는 것도 필요하다.

[그림 2-2]는 전체적인 산업구조의 구성도를 보여 주고 있다. 앞에서 설명한 대로 거시적인 산업구조는 크게 투입 측면과 산출 측면으로 나누어 분석할 수 있

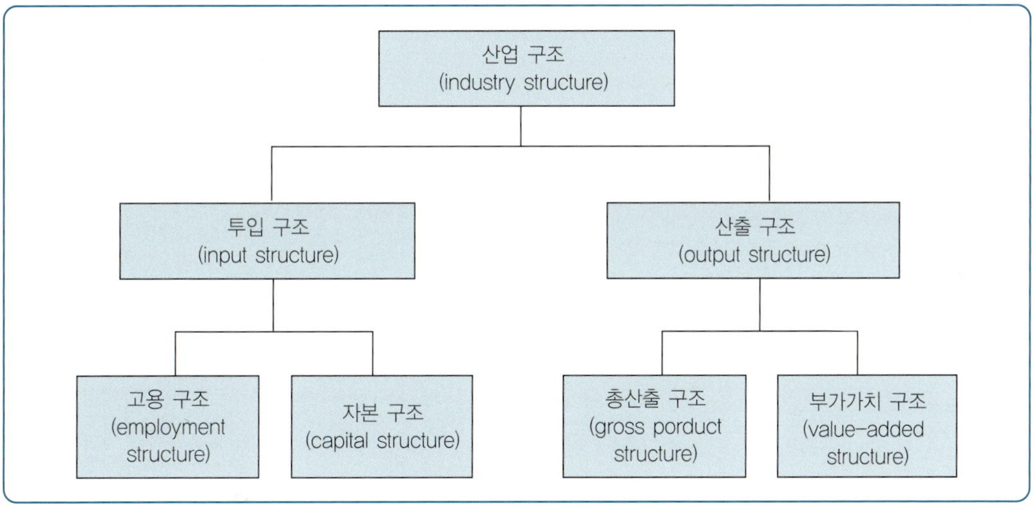

[그림 2-2] 거시적 산업구조

고, 투입 측면을 다시 고용 구조와 자본 구조로, 산출 구조는 총산출 구조와 부가가치 구조로 세분하여 살펴볼 수 있다.

아래의 〈표 2-3〉과 〈표 2-4〉를 보면 우리나라의 산업구조가 투입 측면의 고용 구조와 산출 측면의 부가가치(즉, 국내총생산) 구조에서 어떻게 변해왔는지를 알 수 있다. 표에서 알 수 있듯이 우리나라의 고용 구조와 국내총생산 구조 모두 근본적인 변화를 거듭해 왔다. 특히 우리나라는 단기간의 압축성장을 추구하는 산업전략을 선택하였기 때문에, 다른 나라와 비교하여 산업구조의 변화가 더 심하게 나타나고 있다. 한마디로, 농 · 어업 중심에서 공업중심으로, 경공업 중심에서 중화학공업 중심으로, 노동집약적 산업에서 자본집약적 산업을 지나 기술집약적 산업 중심으로, 제조업 중심에서 서비스업 중심으로 바뀌는 동태적 변화 과정을 거쳐왔다고 요약할 수 있다.

〈표 2-3〉 우리나라 고용 구조의 변화

(단위: %)

	1980	1985	1990	1995	2000	2005	2010	2015
농업, 임업, 수렵업 및 수산업	5.83	31.10	20.83	15.87	13.09	6.41	6.9	5.93
광업 및 채석업	0.62	0.66	0.40	0.20	0.14	0.06	0.09	0.06
제조업	39.42	23.01	27.43	23.79	21.26	18.12	17.75	19.76
전기 가스 및 수도사업	0.48	0.38	0.38	0.46	0.46	0.59	0.34	0.41
건설업	6.77	6.63	7.10	8.55	7.32	7.77	7.72	8.03
도 · 소매 및 음식숙박업	21.30	17.18	19.28	22.88	23.17	25.74	24.09	26.27
운수 창고 및 통신업	5.63	5.18	5.19	5.32	6.00	8.11	8.58	9.61
금융보험, 부동산업 및 용역업	4.83	3.35	5.27	7.84	9.88	5.70	5.84	5.83
사회 및 개인 서비스업	15.11	12.51	13.64	15.00	18.62	26.83	28.02	23.74
분류 불능산업	0.00	0.01	0.49	0.09	0.07	0.68	0.66	0.36
취업자(천명)	3,149	13,337	15,751	17,988	18,456	22,699	23,829	25,936

자료: 통계청

〈표 2-4〉 우리나라 총생산 구조의 변화

(단위: %)

	1980	1985	1990	1995	2000	2005	2010	2015
농림어업	15.91	13.03	8.42	5.89	4.39	3.15	2.47	2.31
광업	1.37	1.20	0.73	0.47	0.29	0.24	0.19	0.18
제조업	24.28	26.59	27.26	27.82	28.98	28.28	30.72	29.49
전기, 가스 및 수도사업	2.17	2.98	2.15	2.26	2.82	2.57	2.24	3.18
건설업	7.61	6.47	9.49	8.95	6.00	6.41	5.12	5.13
도소매 및 음식숙박업	14.68	14.86	14.22	12.52	12.60	10.98	11.38	11.01
운수 및 보관업	6.45	5.14	4.58	4.36	4.34	4.27	3.89	4.05
금융 및 보험업	5.53	3.93	5.15	5.94	5.67	6.48	6.26	5.50
부동산 및 임대업	3.90	5.19	6.36	8.38	9.39	8.72	7.95	8.12
공공행정 및 국방	7.03	6.27	6.13	5.96	6.15	6.83	6.89	7.38
교육서비스업	4.20	4.63	4.49	4.66	4.75	5.51	5.57	5.40
보건 및 사회복지서비스업	0.92	2.06	2.00	2.12	2.48	3.22	3.84	4.31
문화 및 기타서비스업	2.02	2.36	2.55	2.72	2.58	2.63	2.72	2.63
정보통신업	2.09	2.85	3.00	3.34	4.47	4.75	3.96	3.82
사업서비스업	1.84	2.46	3.46	4.61	5.09	5.95	6.81	7.47

자료: 통계청

(2) 미시적 산업구조

미시적 산업구조, 즉 산업조직은 특정산업 내에 존재하는 기업의 수와 규모, 제품의 다양성과 유사성 등을 가리키는 개념이다. 따라서 대기업과 중소기업 간의 구성, 새로운 기업의 진입 장벽, 제품의 차별성 등을 토대로, 어느 산업이 얼마나 독점적인지 아니면 경쟁적인지 가늠하는 것이 미시적 산업구조를 설명하는 핵심적인 지표가 된다.

일반적으로 시장의 경쟁 형태는 크게 네 가지 유형으로 나눈다. 첫째는, 완전경쟁(perfect competition)이다. 완전경쟁 시장은 기업의 수가 대단히 많고 거래되는 상품들이 거의 비슷한 것들이며, 새로운 기업의 진출과 기존 기업의 퇴출이 자유로운 시장을 말한다. 따라서 이러한 시장에서는 어느 특정 기업이나 소수의 기업들이 마음대로 시장을 지배할 수 없는 상황이 된다. 둘째는, 독점적 경쟁(monopolistic competition)이다. 이 시장은 완전경쟁 시장과 같이 기업의 수는 매우 많고 진입과 퇴출도 자유로우나, 거래되는 상품은 어느 정도 차별적이고 이질적이어서 개별기업 나름대로 부분적인 시장지배가 가능한 경우이다. 셋째는, 과점(oligopoly)이다. 과점 시장은 소수의 대기업들에 의해 시장이 지배되는 시장이다. 넷째는, 독점(monopoly)이다. 독점 시장은 말 그대로 하나의 기업이 시장을 마음대로 지배하는 시장이다.

그러나 어느 산업이 '경쟁적이다' 또는 '대기업 중심으로 되어 있다' 라고 말하는 것은 매우 주관적인 표현이고 상대적인 개념이다. 따라서 산업조직, 즉 산업집중도를 객관적으로 파악하기 위해서는 정량적인 지표(index)가 필요하다. 이를 위해 다양한 지표들이 개발되어 있지만, 그 가운데 가장 이해하기 쉽고 또 자주 이용되는 지표로는 집중도 지수(concentration ratio)와 허핀달 계수(Herfindahl Index)를 들 수 있다.

가. 집중도 지수

집중도 지수(Concentration Ratio: CR)는 해당 산업에서 소수의 기업이 차지하고 있는 시장점유율(market share)이 어느 정도인가를 보여주는 지표이다. '소수' 라는 표현은 애매하기 때문에 실제로는 N-기업 집중도(N-firm CR)를 사용한다. 예를 들어 상위 5대 기업의 집중도라고 하면 전체 시장에서 상위 5개 기업이 차지하는 시장점유율의 합을 뜻한다. 이 경우 N=5가 되며 흔히 CR5로 표시한다.

집중도 지수, 즉 CR 지표는 이해하기 쉽고 측정하기 용이하다. 직관적으로 해석해도 집중도 지수의 값이 높으면 시장은 독과점 형태가 될 것이고, 반대로 집중도가 낮으면 경쟁시장에 가깝다고 보면 된다. 따라서 이 지수는 시장의 형태를 간접적으로 알 수 있는 일차적 지표로 많이 쓰인다.

나. 허핀달 계수

앞에서 살펴본 집중도 지수는 매우 쉽고 유용한 지표이기는 하지만 단점도 있다. 가장 큰 문제점은 측정 대상으로 포함된 N개 기업 전체의 집중도 값은 알 수 있지만 개별기업 각각의 차이는 알 수 없다는 점이다. 예를 들어 N = 3으로 했을 때 A, B 두 산업의 집중도가 60%로 같다고 하자. 여기서 A산업의 집중도 60%는 시장점유율이 각각 50%, 5%, 5%인 세 기업으로 되어 있고, B산업은 시장점유율이 20%, 20%, 20%로 동일한 세 기업으로 되어 있다고 하자. 이런 경우 두 산업의 전체적인 집중도는 같지만 실질적인 내용은 상당히 다르다. 그러나 집중도만 보고는 이런 사실을 알기 어렵다.

이러한 단점을 보완하기 위해 제안된 지표가 허핀달 계수(Herfindahl Index: HI) 또는 허쉬만-허핀달 계수(Hirschman-Herfindahl Index: HHI)이다. 허핀달 계수(HI)는 다음 식으로 정의된다.

$$HI = \sum_{i=1}^{n}(S_i)^2, \quad \text{여기서 } S_i : \text{기업 } i\text{의 시장점유율(market share)}$$

만일 시장점유율이 각각 50%인 두 개의 기업만 시장에 존재한다면, 허핀달 계수 $HI = (0.5)^2 + (0.5)^2 = 0.5$가 된다. 일반적으로 만일 시장에 점유율이 같은 N개의 기업이 존재한다면, 허핀달 계수는 $HI = 1/N$ 이 된다. 또 허핀달 계수는 많은 경우 아주 작은 소수값으로 나오기 때문에, 1,000을 곱하여 나타내기도 한다.

집중도 지수가 소수의 대기업만을 대상으로 하는 반면에, 허핀달 계수는 그 산업에 속한 모든 기업의 시장점유율(market share)을 가지고 그 값을 측정한다. 따라서 계산과정에 많은 시간과 비용이 들기는 하지만 산업 내에서 각 기업이 갖는 비중을 좀 더 정확히 알 수 있다는 장점이 있다.

집중도 지표와 마찬가지로 허핀달 계수를 토대로 시장의 경쟁상황을 어느 정도 파악할 수 있다. 절대적인 기준이 될 수는 없지만 〈표 2-5〉에 제시되어 있는 것처럼, 일반적으로 HI가 0.2보다 낮으면 완전경쟁, 0.2 정도면 독점적 경쟁, 0.2에서 0.7 사이면 과점, 0.7보다 크면 독점 형태라고 평가한다.

〈표 2-5〉 허핀달 계수(HI)와 경쟁형태

경쟁형태	허핀달 계수 범위	가격경쟁 수준
완전경쟁(perfect competition)	0.2 미만	매우 높음
독점적 경쟁(monopolistic competition)	0.2 수준	중간 ~ 높음
과점(oligopoly)	0.2와 0.7 사이	중간 ~ 낮음
독점(monopoly)	0.7 이상	매우 낮음

그렇다면 우리나라의 산업집중도는 어느 정도일까? 〈표 2-6〉에서 보는 것처럼 우리나라의 산업조직은 시간의 흐름에 따라 전체적인 집중도가 낮아지는 양상을 보이고 있다. 모든 산업의 평균을 보았을 때, 3대 기업 집중도, 즉 CR3은 1980년의 62.4%에서 2000년에는 44.0%로 크게 낮아진 후, 2005년에는 41.7%까지 낮아지고 있다. 허핀달 계수 역시 1980년의 264에서 2005년에는 144로 낮아지고, 그 뒤에도 비슷한 수준에 머무르는 것을 볼 수 있다. 전체적으로 대기업의 독과점 구조가 약해지고 시장의 경쟁은 높아졌으며 이러한 현상이 지속되는 것을 보여주고 있는 것이다.

〈표 2-6〉 우리나라 산업집중도 평균값의 변화 추이

연도	CR3 (%)	HI (×1000)
1980	62.4	264
1990	52.8	221
1995	47.8	173
2000	44.0	153
2005	41.7	144
2008	45.4	157
2010	45	158
2013	44.5	145

자료 : 통계청

그러나 개별산업 간의 편차는 여전히 매우 크다. 〈표 2-7〉에 나타나 있는 것처럼 2011년을 기준으로 하였을 때, 자동차 제조업은 산업집중도가 매우 높은 전형적인 과점 구조를 보이고 있는 반면, 자동차부품 제조업은 수많은 중소기업이 모여 있는 치열한 경쟁시장의 모습을 보이고 있다. 또 전자집적회로 제조업은 산업 집중도가 매우 높은데 반해, 석유화학 화합물 제조업 및 디스플레이 제조업의 집중도는 상대적으로 낮아 대조적인 양상을 보이기도 한다.

〈표 2-7〉 우리나라 주요 산업의 산업집중도(2011년 기준)

산업	CR3 (%)	HI (×1000)
자동차 제조업	91.4	311.3
자동차 부품 제조업	33.9	59
전자집적회로 제조업	87.9	468.8
석유화학계 기초 화합물 제조업	70.3	218
디스플레이 제조업	77.6	231.9

자료: 한국개발연구원

(3) 산업조직과 기술혁신

위에서 알아본 것처럼, 산업조직은 크게 두 가지 의미를 지닌다. 첫째는, 그 산업 내에 대기업과 중소기업이 어떻게 분포되어 있는지를 보여주는 것이다. 둘째는, 기업들이 시장 안에서 어떤 모습으로 경쟁하고 있는지를 보여주는 것이다.

따라서 산업조직과 관련하여 기술혁신 분야의 중요한 연구 주제도 다음 두 가지를 들 수 있다. 우선 하나는 기업규모와 기술혁신 간의 상관성이다. 다시 말해 대기업이 기술혁신에 유리한지, 아니면 중소기업이 유리한지에 관한 논란이다. 이 문제는 기술혁신 연구(innovation study)에서 두 개의 가설(hypothesis)이 대립하고 있는 뿌리 깊은 논쟁의 주제이기도 하다. 먼저, 대기업이 기술혁신에 더 유리하다는 가설의 근거는 단순하고도 분명하다. 당연한 얘기지만 대기업은 중소기업에 비해 기술개발 투자의 규모가 크고, 투자 대비 효과도 더 높은 경향을 보인다. 대기업은 자금력이 풍부하기 때문에 당연히 더 많은 연구개발 투자를 할 수 있고 더 많은 기술혁신 프로젝트를 수행할 수 있다. 기술인력도 많고 연구개발 인프라도 충분하다. 연구개발 관리체제도 잘 되어 있어 투자의 효율성도 높다. 뿐만 아니라 대기업은 연구개발 투자가 본질적으로 안고 있는 불확실과 위험을 흡수할 수 있는 여유가 있다. 물론 이 가설에 대한 반론, 즉 소기업이 기술혁신에 더 유리하다는 주장도 만만치 않다. 대기업은 연구개발의 의사결정과 운영관리에서 신축성과 순발력이 떨어지는 반면 작은 기업은 아이디어의 창의성과 조직의 유연성을 앞세워 더 새로운 것을 더 빨리 만들어낼 수 있다고 주장한다.

또 하나의 연구 주제는 시장구조와 관련해 독점시장이 기술혁신에 유리한지 아니면 경쟁시장이 유리한지에 관한 논쟁이다. 여기에도 두 가지 가설(hypothesis)이 오랫동안 대립하고 있다. 하나는 독점우위론이다. 독점기업은 기술투자의 수익성을 확보할 수 있고 기술개발의 위험성도 상대적으로 낮다. 기술표준의 선점효과도 누릴 수 있다. 따라서 독점 형태의 시장에서 기술혁신이 더 활발하게 일어날 수 있다고 주장한다. 이에 반하는 주장은 경쟁우위론이다. 독점기업은 이미 기존기술로 시장을 지배하고 있기 때문에 굳이 기술혁신을 통해 신기술을 개발한 인센티브가 별로 없지만 경쟁시장에서는 많은 기업들이 경쟁우위를 확보하기 위해 기술혁신에 나서게 된다. 또 기술혁신을 통해 얻을 수 있는 잠재적 이익의 크기도 경쟁시장이 더 크다. 그러므로 경쟁 형태의 시장이 기술혁신에 더 유리하다고 주장한다.

서로 대입하고 있는 두 개의 가설 가운데 어느 가설이 더 맞는 주장인가를 검정하는 것은 쉬운 일이 아니다. 지금까지 이 연구주제와 관련하여 수많은 실증연구들이 이루어졌지만 어느 한쪽이 맞다, 틀리다는 결론을 내릴 수는 없었다. 산업에 따라, 시장에 따라, 국가에 따라, 또 시점에 따라 결과가 엇갈릴 수 있기 때문이다. 따라서 각각의 상황에 따라 가장 적절한 전략적 의미를 찾아내는 것이 중요하다.

4. 산업구조의 분석

지금까지 살펴본 것처럼, 산업의 구조는 거시적이든 미시적이든 정량적인 지표를 통해 측정할 수 있었다. 그러나 이러한 지표들은 다분히 공식적인 관점에서 제시된 것으로서 기업의 전략적 관점에서 바로 이용하기에는 유용성이 떨어지는 문제가 있다.

전략적 산업분석의 목적으로 자주 이용되는 틀(framework)로 다이아몬드 모형(Diamond model)을 들 수 있다. Porter의 『*Competitive Strategy*』(경쟁 전략, 1980)란 저서에서 제시된 이 모형은 산업의 시장구조를 설명하고 비교할 수 있는 유용한 틀로 지금도 많이 활용되고 있다.

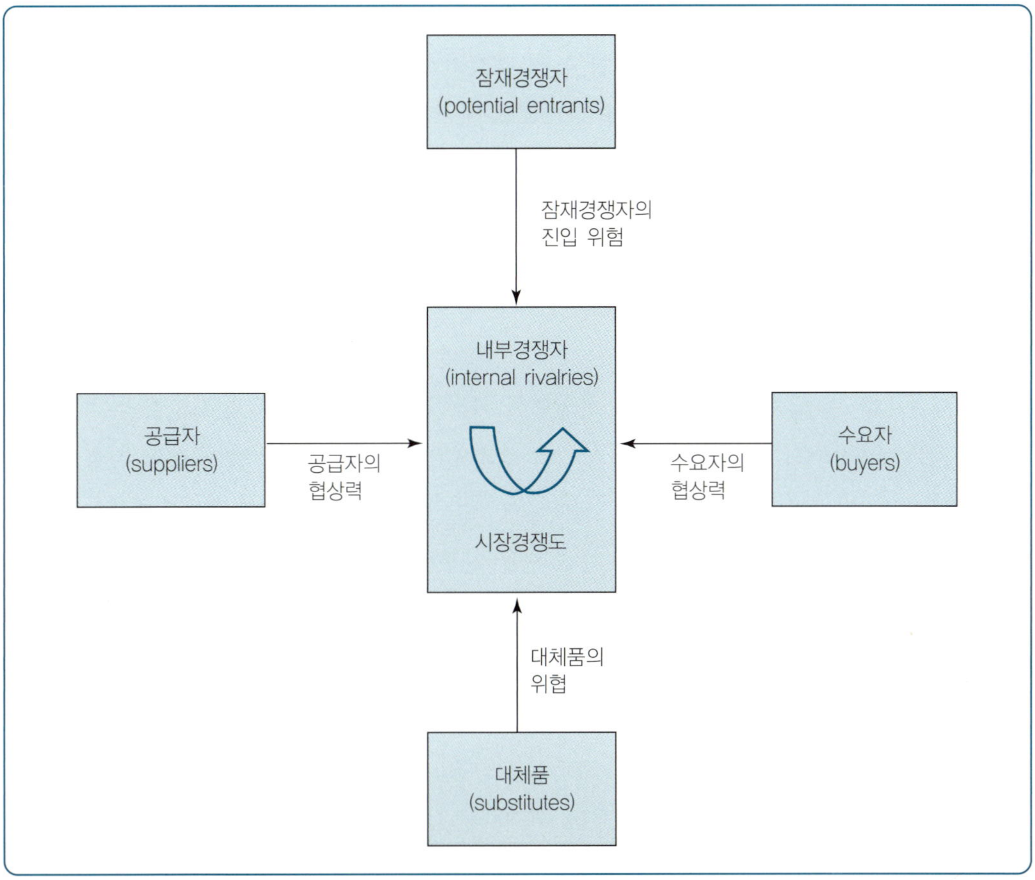

[그림 2-3] Five-forces 모형

흔히 Five-forces analysis라고도 불리는 이 모형은 [그림 2-3]에서 볼 수 있듯이 산업조직을 설명할 수 있는 5개의 핵심적인 요소를 다이아몬드의 모양으로 표현하고 있다. Five forces, 즉 5개의 요소는 내부경쟁자(internal rivalries), 잠재경쟁자(potential entrants), 공급자(supplier), 수요자(buyer), 대체품(substitutes)이며 각각의 요소가 그 산업(기업)의 수익성을 위협하는 수준에 따라 산업 조직의 특성을 파악할 수 있다.

첫째로 내부경쟁자를 보자. 흔히 하나의 산업 내에는 경쟁관계에 있는 여러 기업이 존재한다. 이들의 경쟁 수준이나 강도가 어느 정도인가 하는 문제는 산업의 구조를 설명할 수 있는 중요한 기준이 된다. 경쟁기업의 다양성, 제품의 차별화 정도, 진입과 퇴출의 신축성 등이 구체적인 요소들이 된다.

둘째로 잠재경쟁자를 보자. 잠재경쟁자는 아직 산업(시장)에 존재하지는 않지만 새로이 진출할 가능성이 높은 기업을 의미한다. 산업에 따라 후발기업들이 신규시장에 진출하기가 아주 용이한 경우가 있는가 하면, 어느 경우에는 시장을 개척하기 위해 신기술과 신제품의 개발은 물론 대규모 설비투자나 집중적인 마케팅 투자가 필요할 수도 있다. 진입장벽의 높이를 결정하는 요소들로는 규모의 경제, 기업의 인지도, 자본투자의 규모, 가격경쟁력, 유통채널 관리능력 등을 들 수 있다.

셋째로 공급자를 보자. 공급자는 원자재나 부품을 공급하는 기업들을 가리킨다. 공급자 집단의 힘, 즉 협상력이 어느 정도인가 하는 문제도 산업의 구조를 결정하는 요인이 된다. 구체적으로 공급자의 독과점 능력, 제품에 대한 원자재나 부품의 의존도와 차별성, 원자재의 대체나 교체비용 등이 주요 요소가 된다.

넷째로 수요자를 보자. 수요자는 완제품 내지 부품을 구매하는 소비자들이나 기업들을 뜻한다. 수요자 집단의 힘, 즉 협상력이 어느 정도인가 하는 문제도 산업구조를 결정할 때 매우 중요한 요소가 된다. 세부적인 요소를 본다면, 구매자 집단의 집중도, 구매제품의 표준화 수준, 대체재의 존재 여부, 구매정보의 유통 수준 등을 들 수 있다.

마지막으로 대체품을 보자. 대체품은 그 산업이나 시장에서 생산, 거래되는 제품의 대체품이 얼마나 다양하게 존재하는가를 가리키는 요소이다. 어느 제품에 대해 대체품이 많으면 많을수록 가격이나 품질은 큰 영향을 받게 되고 경쟁 수준이 달라지게 된다. 구체적으로는, 대체품의 상대적 가격과 품질, 대체품에 대한 고객 선호도, 교체 비용과 시간 등이 핵심적인 요소가 된다.

Five-forces 모형을 토대로 산업 조직을 분석하는 예를 생각해 보자. 병원을 중심으로 의료산업의 경우를 본다면, 다음의 〈표 2-8〉과 같이 산업 조직의 동태적 변화를 분석할 수 있다.

우선 내부경쟁자를 본다면 1980년대와 비교할 때 경쟁자의 수와 규모가 엄청나게 커지면서 경쟁이 갈수록 치열해지고 있다는 것을 알 수 있다. 개인병원과 대학병원은 물론이고 일부 대기업까지 대규모 종합병원을 개설하였다. 거기다 대부분의 병원은 유사한 의료서비스를 비슷한 의료수가로 제공하고 있어 제품 차별화가 거의 이루어지지 않고 있다.

〈표 2-8〉 의료산업의 산업조직 변화도

요 소	1980년대	현재
시장경쟁도	낮음(Low)	높음(High)
잠재경쟁자의 진입 위험	낮음(Low)	중간(Medium)
대체품의 위협	중간(Medium)	높음(High)
공급자 협상력	중간(Medium)	중간(Medium)
수요자 협상력	낮음(Low)	높음(High)

전체적으로 의료산업이 포화상태라고 하지만 잠재경쟁자의 위협도 만만치 않다. 국제화의 조류 속에서 의료시장의 개방은 가속화될 것이고, 이러한 추세에 따라 의료수준이 뛰어난 외국계 병원, 규모와 내용에서 차별성을 지향하는 국내 특수병원 등이 계속 생겨날 것이다.

공급자의 협상력은 중간 정도의 수준에서 별다른 변화가 없을 것으로 보인다. 의료산업의 공급자로는 전문인력 공급자, 의료장비 기업, 제약회사 등을 들 수 있는데 이들의 협상력이 갑자기 바뀔 가능성은 낮아 보인다.

한편 수요자의 협상력은 최근에 크게 높아지고 있다. 과거의 의료산업은 전형적인 공급자 중심 시장이었다. 그러나 환자들의 권익 주장이 갈수록 높아지고 있고 차별화된 의료서비스를 원하는 수요도 늘어날 것으로 예상된다.

마지막으로 대체품을 생각해 보자. 서양의학 중심의 의료산업에서 한의학이 부분적인 대체품 역할을 해 왔으며 그 비중은 더욱 커지고 있다. 또 정보기술의 발전으로 홈닥터 시스템, 원격 진료 등이 활성화될 것이다. 따라서 대체재의 수준은 현재의 중간 수준에서 앞으로 높은 수준으로 바뀔 것으로 예상된다.

앞에서 살펴본 집중도 지수나 허핀달 계수가 산업조직의 전체적인 모습을 파악하는데 유용하다면, Five-forces 모형은 좀 더 세부적이고 구체적인 구조를 이해하는데 도움이 되는 정보를 제공한다. 따라서 산업조직의 분석은 다양한 지표나 모형을 보완적으로 활용하는 것이 바람직하다.

2.2 기업의 형태와 구조

계층적인 관점에서 보면, 산업구조라는 개념의 바로 아래 계층에는 기업구조라는 개념이 존재한다. 기업들의 집합이 곧 산업이라는 점을 생각하면, 산업전체의 구조를 알아본 이후에 기업의 구조를 알아보는 일은 매우 자연스러운 순서라고 할 수 있다.

그러면 기업구조는 어떻게 정의할 수 있을까? 산업의 구조를 다양한 관점이나 지표로 설명할 수 있는 것처럼, 기업의 구조도 여러 가지 기준이나 지표로 표현할 수 있다. [그림 2-4]에 도시되어 있는 것처럼 크게 다섯 가지 관점이나 지표로 기업의 구조를 표현할 수 있을 것이다.

먼저 기업구조를 외형적인 형태로 얘기할 수 있다. 예를 들어 어느 기업이 공기업이냐 사기업이냐 또는 개인기업이냐 주식회사냐 하는 질문은 기업을 법률적 관점 내지 전체적 구조로 설명하는 개념이다. 또 기업의 지배구조는 기업의 구조를 관리적 내지 조직적 관점에서 설명하는 개념이다. 예를 들어 이사회나 노동조합의 역할, 금융기관이나 주주들의 위상 등이 기업의 지배구조를 나타내는 요소들이다.

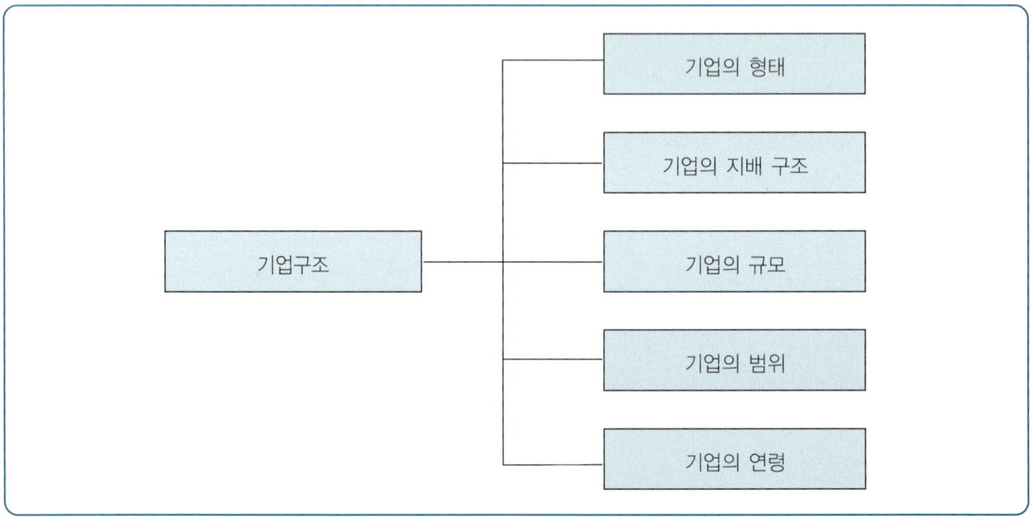

[그림 2-4] 기업구조의 주요 관점

그러나 보다 구체적이고 실질적인 관점에서 기업의 구조를 이해하기 위해서는 기업의 규모, 기업의 범위, 기업의 연령 등이 유용한 지표가 된다. 예를 들어 대기업에 속하는지 아니면 중소기업에 속하는지, 기업의 사업범위나 종류가 얼마나 다양하고 복잡하게 구성되어 있는지, 설립된지 오래된 기업인지 아니면 신생기업인지 등이 기업의 구조를 설명할 수 있는 요소가 될 수 있다.

1. 기업의 형태

세상에는 무수히 많은 조직이 존재한다. 넓은 관점에서 보면 기업도 그 많은 조직들 가운데 하나의 특수형이기 때문에, 먼저 조직의 형태에 대해 기본적 이해를 하고 넘어가는 것이 필요하다. 그러나 그 많은 조직의 형태를 다 관심의 대상으로 할 수는 없다. 우리는 여기서 기업이라는 경영시스템을 다루고 있기 때문에 '경제활동' 을 하는 조직만이 관심의 대상이 된다.

[그림 2-5]에서 알 수 있는 것처럼 경제활동을 하는 조직은 계층에 따라 크게 정부, 기업, 가계로 나눌 수 있다. 이 가운데 정부는 가장 상위에 존재하는 경제활동 조직으로 전반적인 국민경제의 관리를 임무로 한다. 지방자치제가 시행된 이

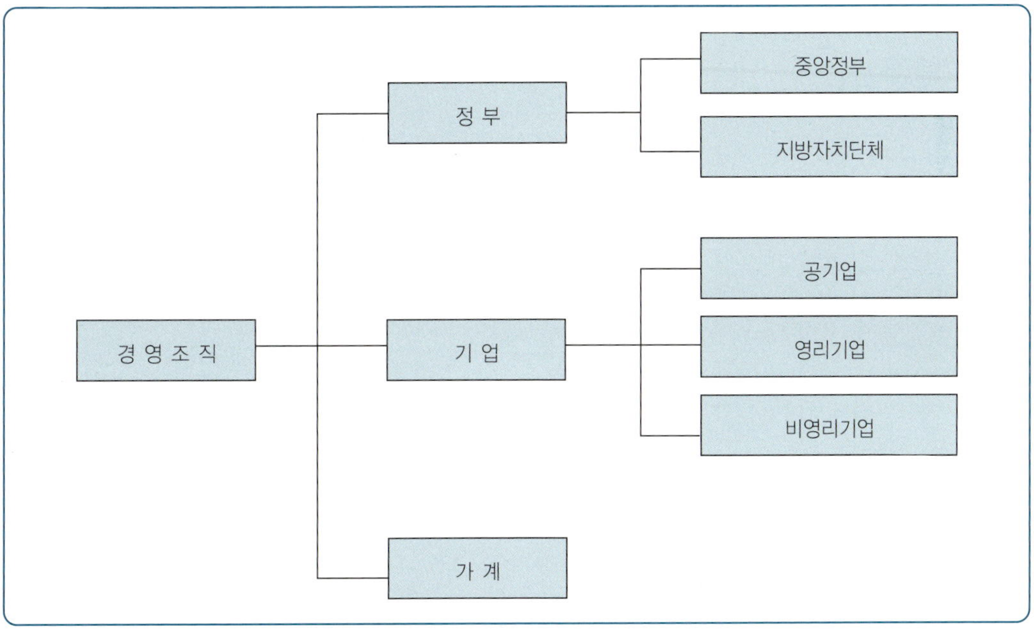

[그림 2-5] 조직의 형태와 목적

후에는 정부를 다시 중앙정부와 지방자치단체로 구분할 수 있다. 이에 반해 가계는 가장 하위에서 개인단위의 경제활동을 수행하는 조직이다.

국가단위의 정부와 개인단위의 가계의 중간 단계에 존재하는 조직이 기업이다. 기업은 경영권의 소재에 따라, 정부가 경영권을 보유하고 있는 공기업과 민간이 경영권을 보유하고 있는 사기업으로 나뉜다. 물론 우리가 관심을 두고 있는 기업은 사기업이지만, 공기업이라고 해서 경영의 목적이나 방식이 근본적으로 다른 것은 아니다. 일반적으로 사기업이라고 하면 대부분 영리를 목적으로 하는 영리기업을 가리키지만, 영리를 목적으로 하지 않는 비영리기업인 경우도 있다.

사기업은 기업자본의 구성 방식과 원천에 따라 다시 몇 가지의 구체적인 형태로 나뉘어진다. [그림 2-6]을 보자. 먼저 자본을 출자한 출자자가 1명인지 아니면 여러 명인지에 따라 개인기업과 공동기업으로 나눌 수 있다.

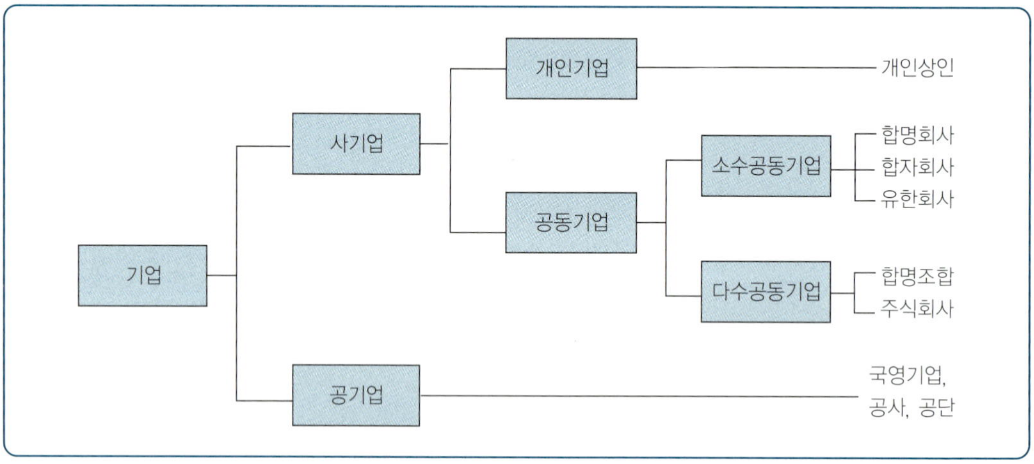

[그림 2-6] 기업의 형태

개인기업은 역사적으로 가장 오래된 사기업 형태로 특정 개인이 소유와 경영을 독자적으로 맡고 있는 기업이다. 개인기업은 세우기도 쉽고 또 시장 변화에 신속하게 대응할 수 있는 장점이 있지만, 전적으로 경영자 개인의 능력과 의사에 의존하기 때문에 그만큼 위험도 크고 성장에도 한계가 있을 수밖에 없다.

흔히 기업이라고 부르면서 연구의 대상으로 삼는 사기업은 공동기업을 뜻한다. 공동기업은 말 그대로 2인 이상의 출자자가 설립한 기업 형태이다. 공동기업은 다시 출자자의 수에 따라 합명회사, 합자회사, 유한회사와 같은 소수공동기업과 주식회사, 협동조합과 같은 다수공동기업으로 나눈다.

그러나 오늘날 우리가 흔히 기업이라고 말할 때는 '주식회사'를 가리킨다. 주식회사는 누구라도 주식의 보유 및 양도를 통해 기업에 참여할 수 있도록 함으로써 대규모 기업경영이 가능한 형태이다. 주식을 보유한 주주는 주식의 인수가액 한도에서만 유한의 책임을 짐으로써 경영위험에 대한 부담이 적지만, 대부분의 주주는 실질적인 경영활동에 참여하지 않고 전문적인 경영자들에게 위임한다.

여러 개의 주식회사들이 서로 간의 복잡하고 전략적인 지분구조를 통해 하나의 거대한 '기업집단'을 구성하기도 한다. 기업집단의 구체적인 형태는 다음 몇 가지를 들 수 있다. 카르텔(cartel)은 시장 통제를 목적으로 동종 상품을 생산하는 몇 개의 독립 기업들이 참여하여 하나의 배타적인 결합을 형성하는 방식이다. 우리나라의 경우는 독과점 규제 및 공정거래법에 의해 금지되어 있다. 트러스트(trust)는 가장 강력한 형태로 여러 기업들이 자본결합을 통해 아예 하나의 기업이 된 방식이다. 콘체른(conzern)은 대기업이 여러 중소기업에 대한 자본 참여를 통해 외형적으로는 독립성을 유지시키지만 실제로는 지배하는 방식이다.

기업집단은 세계적으로 많이 존재하지만, 특히 우리나라는 창업자와 소수의 친족들이 기업집단 내의 주요 계열회사 주식을 보유하여 대주주로서의 지배권을 확보한 후, 주요 회사들이 다른 계열회사들의 주식을 보유하게 함으로써 하나의 거대한 기업집단을 형성하는 경우가 있다. 흔히 재벌이라고 불리는 한국형 기업집단은 경쟁전략적 이점과 사회윤리적 문제점을 동시에 안고 있어 세계적으로 하나의 중요한 연구주제가 되어 왔다.

기업집단과 관련하여 최근에 관심을 끌고 있는 기업형태가 지주회사(holding company)이다. 지주회사는 한 기업이 지주의 역할을 맡아 여러 개의 자회사 주식을 보유하여 이들을 지배할 때, 그 역할을 하는 기업을 말한다. 지주회사는 크게 두 가지 형태가 있다. 하나는 자기 자신도 생산이나 영업을 직접 하면서 여러 개의 자회사를 보유하는 형태로, 대부분의 글로벌 기업들이 여기에 속한다. 다른 하나는 실질적인 생산이나 영업활동은 하지 않고 자회사 전반의 경영활동을 기획 내지 통제하는 형태이다. 우리나라의 경우 전자에 속하는 지주회사도 있고 후자에 속하는 지주회사도 존재한다.

2. 기업의 지배구조

기업, 특히 주식회사의 구조는 외부적인 '형태'의 관점에서 볼 수도 있지만 내부적인 '지배구조(governance)'의 관점에서 볼 수도 있다. 지배구조는 그 기업 전체 내지 경영진의 의사결정과 경영활동을 감독하고 통제하는 구조를 의미한다.

과거에는 기업의 지배구조가 경영 관리의 중요한 관심 대상이 되지는 않았다. 소수의 대주주나 일부 경영자가 중심이 되어 단순하고 신속한 지배구조를 유지하여 왔기 때문이다. 그러나 최근에 기업경영의 투명성이 강조되고 다양한 이익집단이 경영활동에 직·간접으로 개입하면서 지배구조에 대한 관심이 크게 높아지고 있는 추세이다. 특히 자본시장과 상품시장이 모두 국제화, 개방화되면서 이른바 지배구조의 글로벌 표준(global standard)에 대한 인식이 높아지고 있다.

[그림 2-7]에 도시되어 있는 것처럼 지배구조는 크게 내부 지배구조와 외부 지배구조로 나눌 수 있다. 내부 지배구조는 기업조직의 일부로서 기업전반의 내부적인 활동에 대한 견제와 균형의 역할을 담당한다. 이에 반해 외부 지배구조는 기업조직의 외부에서 기업과 경영자의 경영활동을 감시 내지 통제하는 역할을 담당한다.

구체적으로 내부 지배구조를 구성하는 조직이나 요소로서는 이사회, 주주총회, 내부감사, 노동조합 등을 들 수 있다. 이 조직들의 핵심 기능은 경영진의 경영활동에 대한 평가 및 감독, 경영전략의 수립과 주요한 경영의사 결정 과정에 대한

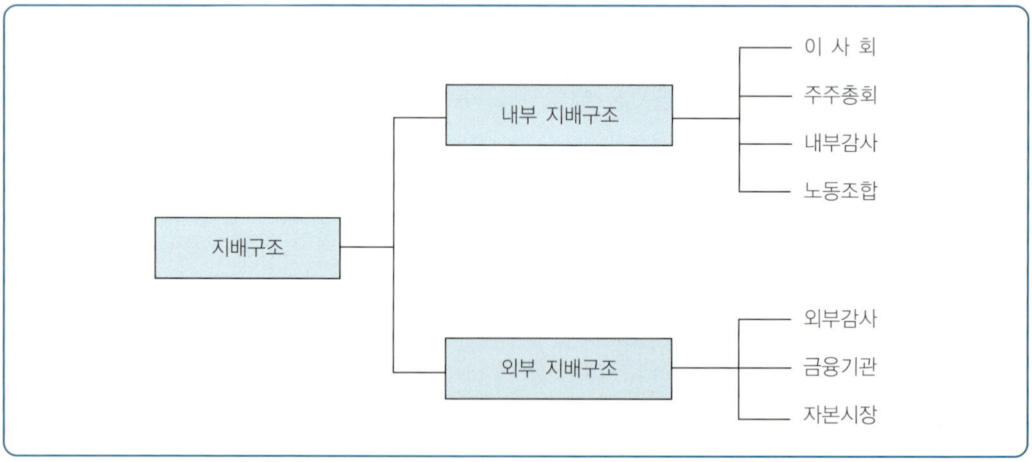

[그림 2-7] 지배구조의 구성

자문 또는 조정, 내부 종업원들의 의견과 입장 반영, 외부의 투자자 및 이해관계자들의 의견과 입장의 대변의 크게 네 가지로 구분될 수 있다.

외부 지배구조의 핵심적인 구성요소로는 외부 감사조직, 금융기관, 주식시장 등을 들 수 있다. 과거의 외부감사는 경영자의 의도에 따라 형식적으로 이루어지는 경우도 많았으나, 최근에는 외부 감사조직의 독립성과 객관성이 강조되고 감사활동에 대한 실질적인 책임문제가 대두되면서 외부감사의 실효성이 높아지고 있는 추세이다. 주식시장과 금융기관에 의한 감독과 통제도 강화되고 있다. 증권시장이 활성화되면서 주주들의 목소리가 경영활동에 상당한 영향을 미치게 되고, 채권자인 금융기관도 자본시장의 투명화, 선진화 추세에 따라 채무자인 기업에 대한 감독 기능을 확대하고 있다.

최근에는 내부 지배구조와 외부 지배구조를 연계하는 중간고리의 역할도 커지고 있다. 대표적인 예로 사외이사제도의 활성화를 들 수 있다. 지금까지의 이사회는 기업 안의 사내이사, 즉 실제 경영에 참여하는 집행이사 중심으로 운영되어 왔으나 요즘에는 기업 밖에서 실제 경영에 참여하지 않는 비상근 사외이사의 규모와 비중을 늘리는 추세가 두드러지고 있다. 사외이사의 전문성과 객관성을 활용하여, 내부 지배구조와 외부 지배구조를 효과적으로 연결하는 역할을 수행하기를 기대하는 것이다. 나아가 사외이사는 내부의 집행이사들이 제대로 일을 하고 있는지를 감시하고 대주주들의 횡포를 견제하는 기능도 맡게 된다.

3. 기업의 규모

지금까지 설명한 기업 조직의 개념들은 주로 외형적이고 물리적인 측면들이었다. 보다 실질적이고 구체적인 관점에서 기업의 구조를 설명하는 기준으로는 기업의 규모, 기업의 범위, 기업의 연령 등을 들 수 있다. 이 가운데 먼저 기업의 규모(scale)라는 개념을 먼저 생각해 보자.

(1) 대기업과 중소기업

기업구조를 설명할 때 기업의 규모는 가장 일차적인 기준이 된다. 기업의 규모는 크게 대기업과 중소기업으로 나뉘어진다. 대기업 또는 중소기업으로 나누는 공식적인 기준으로는 매출액, 종업원수, 자본금 등이 사용된다.

그러나 이러한 기준들을 적용하는 구체적인 수치는 산업 및 업종별로 약간의 차이가 있다. 현재 우리나라의 공식적 기준은 제조업의 경우 근로자 수가 300인 미만이거나 자본금이 80억 원 이하이면 중소기업으로 분류하고, 대규모 서비스업인 경우 근로자 수가 300인 미만이거나 매출액이 300억 원 이하이면 중소기업으로 분류한다. 규모가 크지 않은 서비스업의 경우는 근로자 수가 100인 미만이거나 매출액이 100억 원 이하이면 중소기업으로 분류한다.

하지만 대기업이라는 기준은 자본금이 많고 매출액과 종업원 수가 크다는 양적인 측면 외에 경제적, 사회적 영향력이라는 질적 기준이 더 중요할 수 있다. 이러한 문제 때문에 대기업에 대한 타율적 규제로서 '독점규제 및 공정거래에 관한 법률'이 시행되고 있고, 또한 자율적 규범으로서 기업의 '사회적 책임론'이 제기되고 있다. 한편으로는 영리를 추구하는 경제적 조직이면서, 다른 한편으로는 종업원과 고객으로 구성되는 사회적 조직인 기업의 의미와 역할은 기업의 규모가 커질수록 더 중요하게 부각될 수밖에 없다.

(2) 규모의 경제

기업의 규모가 기업형태나 경영전략의 관점에서 갖는 의미를 설명하기 위해서는, 이른바 '규모의 경제(economies of scale)'라는 개념을 도입해야 한다.

규모의 경제라는 개념의 정성적 의미는 기업의 규모가 커지면서 얻을 수 있는 비용의 절감효과나 생산의 확대효과를 말한다. 이해 반해, 기업이 커질수록 생겨나는 경제적 부작용을 규모의 불경제(diseconomies of scale)로 부르기도 한다.

그러나 규모의 경제를 정량적으로 설명하기 위해서는 단순한 비용절감이나 생산확대 효과보다는 투입량과 산출량의 관계에서 평균비용과 한계비용이 어떻게 나타나는지를 분석하는 접근을 사용한다.

[그림 2-8]에서 볼 수 있듯이 생산활동은 투입(input)으로서의 총비용(Total Cost: TC)과 산출(output)로서의 산출량(Quantity: Q)으로 표현할 수 있으며 총비용이 늘어나면 산출량도 늘어나지만, 그 늘어나는 비율이 항상 일정한 것은 아니다.

총비용과 밀접한 관련을 맺고 있는 또 다른 비용개념이 바로 평균비용(Average Cost: AC)과 한계비용(Marginal Cost: MC)이다. 평균비용은 총비용

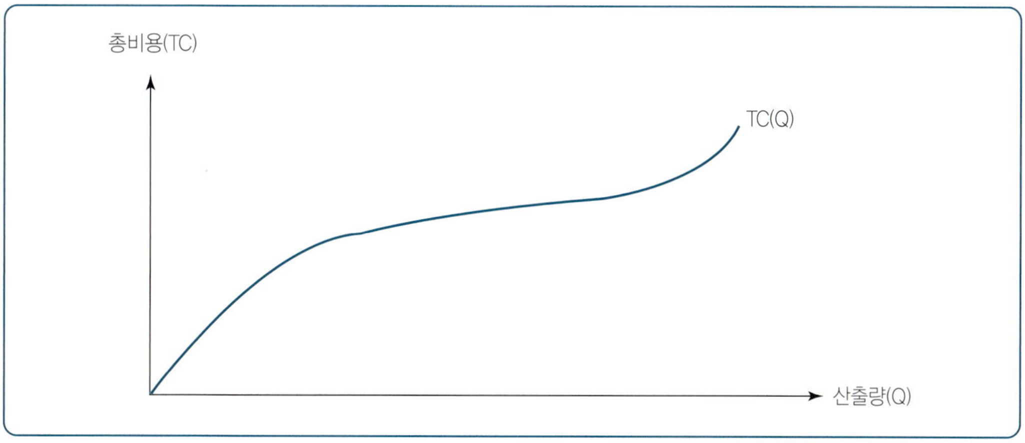

[그림 2-8] 총비용 곡선

을 총산출량으로 나눈 값, 즉 생산한 모든 단위에 대해 한 단위에 평균적으로 들어간 비용이다. 한계비용은 어느 시점에서 추가로 한 단위를 생산하는데 들어가는 비용이다. 따라서 한계비용은 생산량이 바뀌면 그에 따라 값도 바뀐다.

먼저 [그림 2-9]를 보자. 산출량과 총비용과의 관계와 마찬가지로 평균비용은 어느 단계까지는 줄다가, 그 단계를 넘어서면 오히려 증가하는 양상을 보인다. 생산량이 적정 수준을 넘어서면 오히려 여러 가지 불필요한 비용이 더 들기 때문이다.

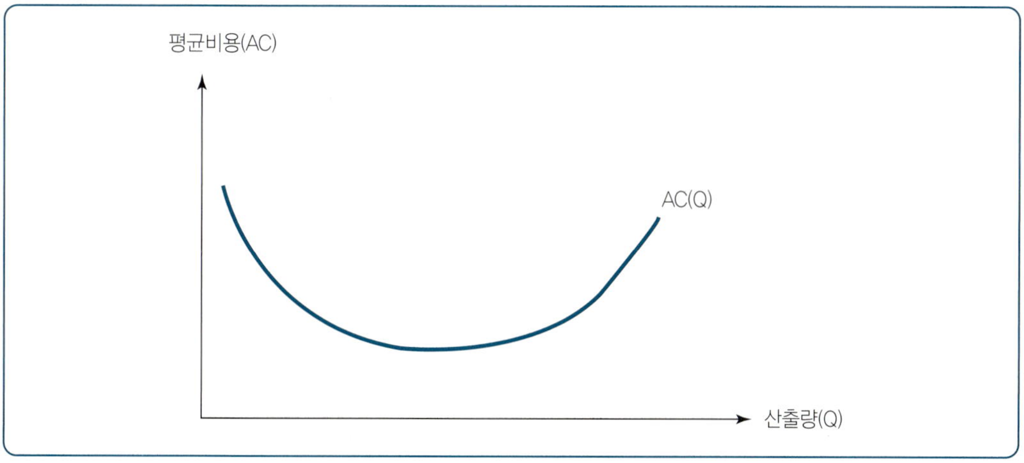

[그림 2-9] 평균비용 곡선

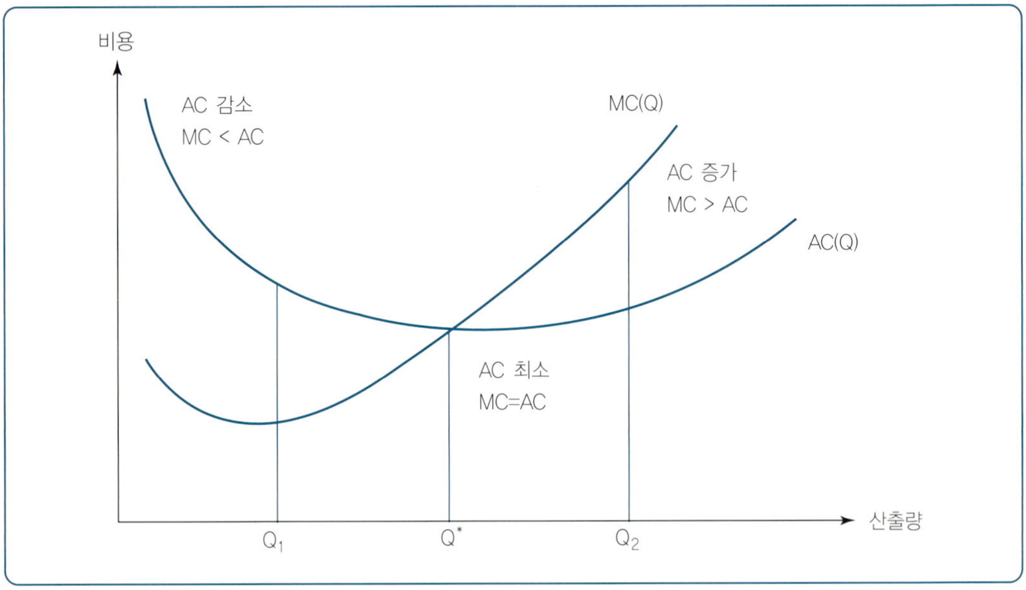

[그림 2-10] 평균비용 곡선과 한계비용 곡선

다음으로 [그림 2-10]을 보자. 한계비용도 마찬가지 성질을 가지고 있어, 처음 어느 단계까지는 줄다가 그 단계를 넘어서면 증가한다.

물론 평균비용과 한계비용이 줄고 느는 구체적인 모양은 서로 다르고, 따라서 두 비용 곡선은 서로 떨어져 있다가 어느 점에서는 만나고, 또 그 점을 벗어나서는 다시 떨어지게 된다. 이때 경제학에서 제시한 기본이론은 평균비용이 최소가 되는 점에서 평균비용과 한계비용이 같아진다고 설명한다. 그림에서 보듯이 산출량이 Q_1인 지점에서는 평균비용(AC)이 한계비용(MC)보다 높고, 반대로 Q_2인 지점에서는 한계비용(MC)이 평균비용(AC)보다 높다. Q^*인 지점은 평균비용이 최소가 되는 점이자 동시에 평균비용(AC)과 한계비용(MC)이 일치하는 점이다.

총비용이 늘어나는 것은 생산요소인 자본(K)이나 노동(L)의 투입량이 늘어나기 때문이다. 생산요소의 투입량이 늘어난다는 말은 기업의 규모가 커진다는 것을 의미한다. 그러나 자본과 노동의 투입이 증가하면서 그것이 산출량의 변화에 미치는 효과는 여러 가지 형태로 나타난다. 이러한 형태를 설명하는 개념이 규모의 수확(returns to scale)과 규모의 경제(economies of scale)이다. 따라서 가장 적정한 기업의 규모는 규모의 수확과 규모의 경제가 어떻게 작용하는가를 보고 결정할 수 있다.

엄밀하게 말하면 규모의 수확과 규모의 경제는 별개의 개념이다. 즉 규모의 수확은 '생산량'에 관한 개념이고 규모의 경제는 '생산비용'에 관한 개념이다. 먼저 규모의 수확이라는 개념을 살펴보자. 생산함수를 $Q=f(K, L)$로 하고 $a>1$ 이라고 하자. 그러면 [그림 2-11]에 도시되어 있는 것처럼 다음 세 가지의 경우가 존재한다.

- $a \cdot f(K, L) < f(a \cdot K, a \cdot L)$이면, 규모의 수확 증가(increasing returns to scale)
- $a \cdot f(K, L) = f(a \cdot K, a \cdot L)$이면, 규모의 수확 불변(constant returns to scale)
- $a \cdot f(K, L) > f(a \cdot K, a \cdot L)$이면, 규모의 수확 감소(decreasing returns to scale)

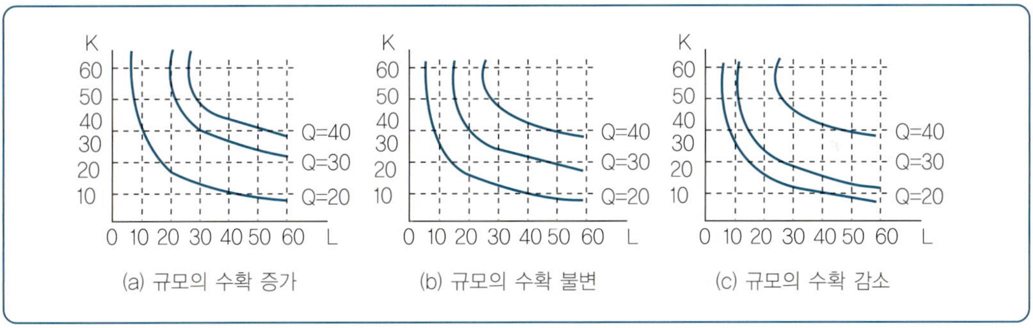

[그림 2-11] 규모의 수확의 세 가지 경우

다음으로 규모의 경제의 개념을 보자. 앞의 평균비용과 한계비용 곡선 그림에서 본 것처럼 한계비용은 규모가 작은 초기에는 평균비용보다 낮지만 어느 단계를 넘어서면 오히려 더 높아진다. 두 비용의 관계를 토대로 규모의 경제라는 개념은 다음과 같이 정의된다.

- $MC < AC$ 이면, 규모의 경제(economies of scale)가 존재
- $MC > AC$ 이면, 규모의 불경제(diseconomies of scale)가 존재

앞에서 설명한 대로 규모의 수확은 생산량에 관한 개념이고, 규모의 경제는 생산비용에 관한 개념이다. 그러나 공식적인 정의가 다른 이 두 가지 개념이 거의 동의어로 쓰이는 이유는 무엇일까? 그것은 거의 모든 경우에 규모의 수확이 존재하면 규모의 경제가 동시에 존재하기 때문이다. 그 이유는 우리가 상식적으로 판단해도 충분히 이해할 수 있다.

그러면 왜 규모의 경제가 존재하고 발생할까? 그 배경으로는 다음 몇 가지를 들 수 있다. 첫째, 고정비용의 분산효과이다. 생산을 위해서는 대규모의 설비투자, 즉 고정비용이 투입된다. 기업규모가 커질수록 생산량이 늘어나고 따라서 고정비용을 폭넓게 분산시키는 효과를 얻을 수 있다. 둘째, 전문화의 효과이다. 기업규모가 커지면 각 조직단위나 개인들의 역할과 기능이 세분화(division of labor)되고 이를 통해 전문성과 생산성이 올라가는 효과를 기대할 수 있다. 셋째, 비용의 공유효과이다. 기업규모가 커질수록 구매관리, 재고관리, 마케팅활동 등을 여러 부문이 함께 할 수 있고 이러한 공동활동을 통해 비용절감이 가능하다.

그러나 기업규모가 작을 때는 한계비용이 평균비용보다 낮다가 어느 규모를 넘어서면 더 높아지는 것처럼, 규모의 경제는 항상 그리고 끝없이 발생하는 것이 아니다. 오히려 기업 규모가 너무 커지면 규모의 불경제가 발생할 가능성이 얼마든지 있는 것이다. 따라서 우리가 규모의 수확이나 규모의 경제라는 개념을 다루는 이유는 그것이 가장 적정한 규모가 어느 수준인가를 판단할 수 있는 이론적 근거를 제공하기 때문이다.

(3) 규모와 기술혁신

큰 기업이 기술혁신에 유리할까 아니면 작은 기업이 유리할까? 이 질문은 흔히 슘페터의 가설(Schumpeterian Hypothesis)이라는 이름으로 불리면서, 오랫동안 기술혁신 이론에서 중요한 연구주제의 하나로 자리잡고 있다. 경제학자 슘페터는 대기업이 기술혁신에 더 유리하다는 가설을 지지하였다. 그 주장의 근거는 단순하고도 분명하다. 우선 대기업은 기술개발 투자의 규모가 크고 또 투자 대비 효과도 더 높은 경향을 보인다. 대기업은 자금력이 풍부하기 때문에 당연히 더 많은 연구개발 투자를 할 수 있고 더 많은 기술혁신 프로젝트를 수행할 수 있다. 기술인력도 많고 연구개발 인프라도 충분하다. 연구개발 관리체제도 잘되어 있어 투자의 효율성도 높다. 나아가 대기업은 연구개발 투자가 본질적으로 안고 있는 불확실과 위험을 흡수할 수 있는 여유가 있다. 물론 이 가설에 대한 반론도 만만치 않다. 작은 기업이 기술혁신에 더 유리하다는 가설도 충분히 일리 있는 주장이다. 대기업은 연구개발의 의사결정과 운영관리에서 신축성과 순발력이 떨어지는 반면 작은 기업은 아이디어의 창의성과 조직의 유연성을 앞세워 더 새로운 것을 더 빨리 만들어낼 수 있다는 것이다. 어느 쪽이 반드시 맞다고 할 수는 없고 큰 기업은 작은 기업의 유연성을, 작은 기업은 큰 기업의 효율성을 보완적으로 받아들이는 것이 바람직하다는 결론을 낼 수밖에 없다.

4. 기업의 범위

기업의 구조를 살펴보는 또 다른 기준은 기업의 범위(scope)이다. 즉 기업구조는 그 기업이 수행하고 있는 경영활동의 다양성, 생산 내지 판매하고 있는 제품과 서비스의 다양성 등을 통해 설명할 수 있는 것이다.

기업의 범위가 넓어지는 것은 기업이 범위의 경제라는 전략적인 목적으로 통합(integration)을 하거나 다각화(diversification)를 하기 때문이다. 기업의 범위를 설명하고 결정하는 구체적인 용어와 개념을 살펴보자.

(1) 범위의 경제

기업의 범위가 기업형태나 경영전략의 관점에서 갖는 의미를 설명하기 위해서는 이른바 '범위의 경제(economies of scope)' 라는 개념을 도입해야 한다.

범위의 경제라는 개념은 여러 재화를 따로 생산하는데 드는 비용과 묶어서 함께 생산하는데 드는 비용의 크기를 비교하는 접근을 토대로 한다. X, Y 두 재화를 Q_X와 Q_Y씩 생산하는 기업이 있다고 하자. 각각의 재화를 따로 생산할 때 드는 총비용을 $TC(Q_X)$, $TC(Q_Y)$라고 하고, 둘을 같이 생산하는 데 드는 총비용을 $TC(Q_X, Q_Y)$ 라고 하자. 그러면 범위의 경제는 다음과 같이 정의된다.

- $TC(Q_X, Q_Y) < TC(Q_X, 0) + TC(0, Q_Y)$ 이면, 범위의 경제가 존재

범위의 경제효과가 발생하는 이유는 무엇일까? 범위의 경제가 나타나는 핵심적 이유는 다음 두 가지를 들 수 있다. 첫째, 생산자원의 공유효과이다. 하나하나

를 따로 생산하기보다 여러 가지를 동시에 생산함으로써 생산시설이나 부품을 공유할 수 있는 것이다. 둘째, 부산물(by-product)의 활용효과이다. 한 제품을 생산하다 보면 다양한 부산물을 얻을 수 있고, 이 부산물을 활용하면 추가 투자 없이 기업 범위가 넓어지는 효과를 볼 수 있다.

그러나 규모의 경제와 규모의 불경제가 동시에 존재하듯이, 기업 범위와 관련해서도 범위의 경제만 있는 것이 아니라 범위의 불경제도 발생할 수 있다. 기업의 범위가 너무 넓어지면, 관리비용이 크게 늘어나고 자원활용의 우선순위가 불분명해지는 부작용이 일어날 위험이 있다. 따라서 범위의 경제라는 용어와 개념을 얘기하는 근본적 목적은 그것이 기업의 사업 내용에 관해 가장 적정한 범위를 결정하는 이론적 근거를 제공하기 때문이다.

그렇다면 규모의 경제와 범위의 경제 사이에는 어떤 관계가 있을까? 이론적으로는 서로 독립적인 별개의 개념이다. 심지어 서로 상반되는 양상을 보이는 사례도 있다. 예를 들어 목재를 이용하여 주문생산을 하는 고급 가구제조회사나 전문 악기제조회사의 경우에, 규모가 커지면 오히려 고객수요를 제대로 맞출 수 없는 규모의 불경제가 나타나지만, 원자재 구매활동이나 목재가공 설비 등을 공유하면서 범위의 경제를 얻을 수는 있다.

그러나 많은 경우에, 범위를 넓히기 위한 활동은 동시에 규모를 키우는 활동이 되기도 한다. 따라서 규모의 경제라는 용어와 범위의 경제라는 용어는 개념적으로는 서로 독립적이지만 실질적으로는 밀접하게 연결되는 경우가 많다. 우리가 많은 기업의 성장과정에서 발견할 수 있듯이, 대부분의 기업은 그 규모가 커지면서 범위가 넓어지고, 또 범위를 넓히면서 규모를 키우는 양상을 보이는 것이다.

(2) 수직적 통합

이제 기업의 범위를 확대해가는 구체적이고 실질적인 방법을 생각해 보자. 대부분의 기업은 초창기에는 좁은 범위에서 시작하여, 갈수록 범위를 넓혀가는 과정을 거치게 된다. 이 과정에서 적용되는 중요한 방식이 통합(integration)과 다각화(diversification)이며, 통합은 다시 수직적 통합(vertical integration)과 수평적 통합(horizontal integration)으로 구분된다.

먼저 수직적 통합을 살펴보자. 기업의 수직적 범위는 경영활동의 첫 단계인 원자재 확보에서부터 마지막 단계인 유통/판매까지의 단계를 수직적 내지 계층적으로 파악하는 개념이다. 이때 전체적인 수직 구조 내에서, 처음에는 하나의 단계에서 시작하여 갈수록 여러 단계까지로 경영 범위를 확대해가는 활동을 수직적 통합이라고 한다.

수직 구조 내에서 원자재 쪽에 가까운 영역을 상류부문(upstream)이라고 하고 유통 쪽에 가까운 영역을 하류부문(downstream)이라고 한다. 수직적 통합을 확대하는 방식은 크게 두 가지가 있다. 하나는 상류부문 쪽으로 통합해 나가는 후방 통합(backward integration)이다. 예를 들어, 완제품 생산에서 출발하여 원자재 생산까지로 사업 영역이 확대되면 후방 통합이 이루어졌다고 할 수 있다. 다른 하나는 하류부문 쪽으로 통합해 나가는 전방 통합(forward integration)이다. 예를 들어, 제조만 하다가 유통까지 겸하게 되면 전방 통합이 이루어졌다고 할 수 있다.

(3) 수평적 통합

다음으로 수평적 통합을 생각해 보자. 기업의 수평적 범위는 그 기업이 참여하는 시장이 얼마나 다양한가(variety of marketing areas) 또는 생산/판매하는 제품의 종류가 얼마나 다양한가(variety of product lines)를 결정하는 문제이다. 이때 기업이 시장의 범위를 점차 늘려 나가고 제품의 종류를 다양화시켜 나가는 활동을 수평적 통합이라고 한다. 따라서 시장 범위가 넓고 제품 종류가 다양할수록 그 기업의 수평적 통합이 많이 이루어진 것으로 평가할 수 있다. 예를 들어, TV만 생산하다가 냉장고나 에어컨까지 생산한다든가, 국내 영업만 하다가 해외 영업으로까지 진출한다든가 하는 경우들은 수평적 통합이 이루어졌다고 할 수 있다.

수평적 통합의 방식은 첫째, 시장 지역을 확대하는 방식, 둘째, 시장 범위를 확대하는 방식, 셋째, 제품 라인을 확대하는 방식, 넷째, 경영 활동이나 기능을 확대하는 방식의 크게 네 가지로 구분될 수 있다. 그러나 각각의 방식은 별개로 진행되기보다는 복합적으로 진행되는 것이 일반적이다.

또 기업의 범위가 늘어나는 과정에서는 수직적 통합과 수평적 통합이 동시에 일어나는 사례도 많다. 예를 들어 어떤 의약품 기업을 보자. [그림 2-12]에 도시

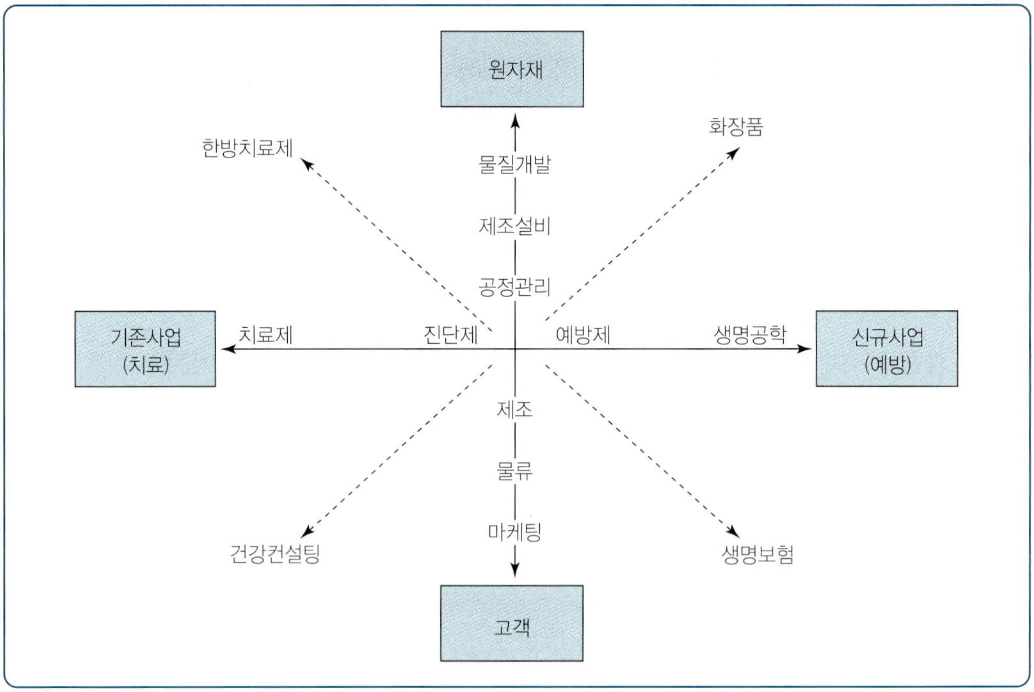

[그림 2-12] 수직적 통합과 수평적 통합의 결합 사례

되어 있는 것처럼 이 기업은 수평적 통합을 위해 치료제에서 출발하여 진단제, 예방제를 포함, 최근에는 생명공학까지 제품 범위를 확대하고 있다. 또 수직적 통합의 관점에서 의약품제조에서 출발하여 후방 통합을 위해 물질 개발까지, 전방 통합을 위해 고객관리 시스템까지 범위를 넓히고 있다. 범위의 확대는 수평적 통합과 수직적 통합을 결합하여 새로운 차원(dimension)을 만드는 방식으로도 가능하다. 화장품 사업을 시작한다든가, 한방치료제를 개발한다든가, 생명보험업이나 건강컨설팅 부문에 진출하는 전략은 그러한 예로 들 수 있다.

(4) 다각화

기업의 범위를 늘려나가는 방식 중에는 다각화(diversification)라는 개념도 빼놓을 수 없다. 다각화는 신제품이나 신기술을 토대로 새로운 사업 영역이나 시장을 개척하여 기업의 범위를 확장하는 방식이다. 따라서 다각화는 앞에서 살펴본 수직적 통합이나 수평적 통합보다 더 크고 적극적인 개념이다.

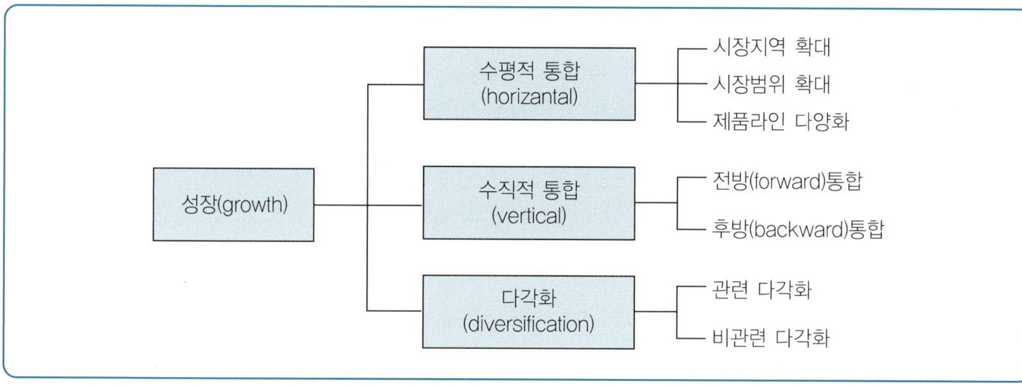

[그림 2-13] 수평적 통합, 수직적 통합, 다각화의 분류

다각화는 다시 관련 다각화와 비관련 다각화로 나뉠 수 있다. 관련 다각화는 기존의 기술, 마케팅, 생산설비 등을 기본으로 이와 관련되어 있는 제품이나 시장으로 진출하는 전략이다. 따라서 범위 확대의 효과는 상대적으로 작지만 위험도는 낮다. 이에 반해 비관련 다각화는 기존의 사업 영역이나 범위와 전혀 관련이 없는 새로운 분야로 진출하는 전략을 뜻한다. 기업의 범위를 크게 확장할 수는 있지만 그만큼 위험도는 높을 수밖에 없다.

[그림 2-13]은 기업이 성장하는 과정에서 사용하는 전략적 대안으로써 수평적 통합, 수직적 통합, 다각화를 종합적으로 요약하고 있다.

대부분의 기업이 이 세 가지 전략적 대안을 선택하는 순서는 수평적 통합 → 수직적 통합 → 다각화라고 할 수 있다. 먼저 첫 번째 단계에서는 신제품이나 새로운 사업이 성공적으로 자리를 잡게 되면, 기존의 제품-시장 범위를 유지하면서 수평적 통합을 통해 시장침투(penetration) 전략을 구사한다. 다음 두 번째 단계에서는 수직적 통합을 통해 부가가치(value-added)를 확대하는 전략을 선택하게 된다. 마지막 단계에서는 신제품을 개발하여 새로운 시장을 개척하거나 새로운 사업 영역에 진출하는 다각화 전략을 사용하게 된다.

5. 기업의 연령

앞에서 살펴본 기업의 규모나 범위는 주로 대기업과 중소기업의 구분에 관계된 개념이었다. 그러나 기업의 구조를 살펴보는 다른 기준으로는, 오래된(old and established) 기업인지 새로운(young and new) 기업인지를 나타내는 기업의 연령(age, vintage)이라는 개념도 생각할 수 있다. 즉 기업구조는 그 기업이 언제 설립되어 얼마나 오랜 기간 경영활동을 수행해 왔는지, 그에 따라 신생기업으로서의 잠재력과 신축성을 아직도 유지하고 있는지, 아니면 반대로 전통기업으로서 많은 경험과 자기통제 능력을 축적하고 있는지 등을 통해 알 수 있는 것이다.

기업의 연령을 평가하고 분석하는 구체적 기준으로는 학습의 경제(economies of learning) 또는 학습효과(learning economies)라는 개념이 있다. 또 최근에는 이미 탄탄하게 자리를 잡고 있는 기존기업에 대비되는 개념으로, 신생기업 또는 벤처기업이라는 용어도 관심의 대상이 되고 있다. 신생기업 내지 벤처기업에 대해서는 10장에서 따로 다루기로 하고 여기에서는 학습의 경제를 살펴보기로 하자.

(1) 학습의 경제의 기본 개념

오래된 기업은 신생기업에 비해 장점과 단점을 동시에 지니고 있다. 기업의 연령이 오래되면 당연히 성장의 동력이 떨어지면서, 위험을 감수하고 새로운 사업 영역을 개척해 나가려는 적극적이고 진취적인 의지가 약해지게 된다. 또한 조직의 경직성으로 인해, 의사결정이 지연되고 외부환경의 변화에 신속히 대응하지 못하는 약점도 안게 된다. 그러나 동시에 오랫동안의 경험과 노하우를 축적하는 과정에서 얻어지는 이른바 학습효과를 통한 학습의 경제를 실현할 수 있다는 장점이 있다.

기업 연령에 의한 학습의 경제를 정량적으로 측정하기 위해서는 흔히 학습곡선(learning curve, experience curve)을 이용한다. 먼저 [그림 2-14]를 보자. 생산을 처음 시작한 때부터 어느 시점까지의 누적생산량을 Q_1이라 하고, 그것의 두 배가 되는 누적생산량을 Q_2라고 하자. 각각의 점에서 평균비용을 각각 AC_1과 AC_2로 하자. 그리고 progress ratio = AC_2 / AC_1로 정의하자. 그러면 학습의 경제는 다음과 같이 정의된다.

- progress ratio < 1 이면, 학습의 경제가 존재
- progress ratio > 1 이면, 학습의 불경제가 존재

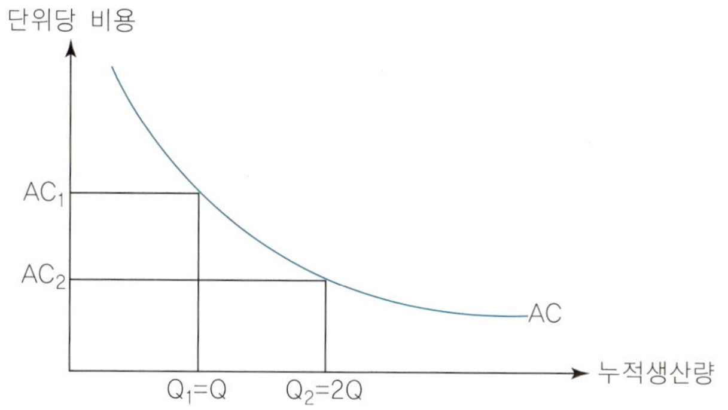

[그림 2-14] 학습효과 곡선

실증적으로 많은 경영시스템의 역사적 경험을 분석한 결과에 의하면, progress ratio의 중앙값(median)은 약 0.8 정도라고 한다. 즉 평균적으로 볼 때, 누적생산량이 두 배가 되면 학습효과로 인해 평균비용이 약 20% 줄어든다는 것이다. 그러나 학습효과는 영원히 발생하는 것이 아니고, 따라서 기업의 연령이 오래될수록 학습의 경제효과가 끝없이 나타나는 것은 아니다. 또 단순한 생산비용 이외에도 눈에 보이지 않는 여러 가지 요소들이 기업의 연령에 따른 경제효과를 결정할 수 있다.

(2) 학습의 경제의 정량적 모형

학습효과를 보다 정량적으로 살펴보자. 앞에서 설명한 것처럼 원래 학습곡선에 의한 경제효과는 비용절감(cost reduction) 개념이었다. 그러나 비용은 직접 측정하기가 어렵기 때문에 전형적인 학습곡선의 수학적 모형(mathematical form)은 생산에 투입되는 시간(labor hour) 개념을 사용한다. 시간을 단위로 한 학습곡선의 수학적 모형은 다음 식으로 표현된다.

$$Y_n = Y_1 n^r$$

단, Y_n: n 번째 단위를 생산하는데 걸리는 시간(direct hours)

Y_1: 첫 번째 단위를 생산하는데 걸리는 시간(direct hours)

r: $\log_2$(progress ratio)

이 식을 보면 첫 번째 단위의 생산에 들어간 시간은 누적생산량이 늘어갈수록 지수함수의 비율로 줄어드는 것을 알 수 있다. 즉, 첫 번째 단위와 비교하여 n번째 단위를 만드는데 들어가는 시간은 누적생산량이 2배가 될 때 실현되는 progress ratio와의 log 비율(위의 r 값)의 지수함수 형태로 줄어드는 것이다.

위의 수학적 모형을 적용한 간단한 예제를 보자. 어느 컴퓨터 생산공정의 progress ratio가 0.85이고, 첫 번째 단위를 생산하는데 3,000시간이 걸렸다고 하자. 그러면 50번째 단위를 생산하는데 걸리는 시간은 어느 정도일까? 먼저 r 값을 계산하면, $r = \log_2(0.85) = -0.2345$가 된다. 다음으로 50번째 단위의 생산시간인 Y_{50}을 추정하면, $Y_{50} = 3,000 \times 50^{-0.2345} = 1,199$시간이 된다.

요 약

1. 기술의 변화는 산업의 변화를 가져오고 동시에 산업의 변화는 기술의 변화를 가져오므로 산업과 기술은 서로 불가분의 관계를 맺고 있다.

2. 산업은 경제학적인 관점에서 수요자들이 같거나 비슷하다고 느끼는 제품이나 서비스를 모아 놓은 집합으로 정의되며, 공학적인 관점에서는 생산 기술, 생산 공정이나 방식, 제품 구조나 원자재 구성 등이 비슷한 제품들이 개발되고 생산되는 공간으로 정의된다.

3. 산업을 분류하는 가장 대표적인 기준으로는 표준산업분류(KSIC)가 있으며, 최근에는 기술의 진보와 미래 신기술의 출현으로 전통적 고정관념에서 벗어난 새로운 산업 개념과 정의가 등장하고 있다.

4. 거시적 산업구조란 국가경제 시스템 안에서 개별산업의 상대적 비중을 의미하는 개념이며, 미시적 산업구조 또는 산업조직이란 특정 산업 내에 존재하는 기업의 수와 규모, 제품의 다양성과 유사성 등을 의미하는 개념이다.

5. 기업의 구조는 기업의 형태, 기업의 지배구조, 기업의 규모, 기업의 범위, 기업의 연령 등의 관점에서 표현될 수 있다.

6. 기업은 그 규모에 따라 대기업과 중소기업으로 구분될 수 있으며, 기업의 규모가 커질수록 일반적으로 규모의 경제를 누릴 수 있다.

7. 기업의 범위는 수직적 통합, 수평적 통합, 다각화 등에 의해 넓어질 수 있으며, 기업의 범위가 넓어짐에 따라 일반적으로 범위의 경제를 누릴 수 있다.

8. 기업의 연령이 높으면 환경 변화에 신축적으로 대응하는 능력이 낮아지는 약점이 있으나, 학습효과가 축적되면서 일반적으로 학습의 경제를 누릴 수 있다.

복 습 문 제

1. A 산업은 10개의 기업이 경쟁하고 있다. 다음의 표는 A 산업 내의 기업들이 지난해 올린 매출을 나타내고 있다. A 산업의 허핀달 계수를 구하고 A 산업이 어떠한 경쟁형태를 가지고 있는지를 제시하여라.

(단위: 백만원)

기업명	매출
기업 1	611,000
기업 2	240,000
기업 3	97,800
기업 4	14,200
기업 5	8,700
기업 6	6,800
기업 7	6,200
기업 8	5,900
기업 9	4,800
기업 10	4,600

2. Porter의 다이아몬드 모델은 산업의 시장구조를 설명하고 비교할 수 있는 틀로 널리 사용되고 있다. 다이아몬드 모델에서 제시하고 있는 다섯 가지의 요소 이외에 여섯 번째 요소로서 보완재(complement)에 대한 논의가 존재한다. 보완재는 특정 제품과 함께 사용할 때 고객에게 더욱 만족감을 주므로 제품의 가치를 더해주는 제품으로 정의될 수 있다. 보완재의 존재가 시장의 구조에 영향을 미치는 사례를 제시하라.

3. Porter의 다이아몬드 모델에서 잠재적 경쟁자는 기존의 시장경쟁 구조에 잠재적 위협으로 인식된다. 잠재적 경쟁자의 등장을 차단하기 위해 기업에서 사용할 수 있는 전략은 어떤 것들이 있는지 제시하라.

4. 범위의 경제가 존재하는 산업에 속하는 기업은 수직적 통합, 수평적 통합, 다각화의 전략을 사용할 경우 이점을 누릴 수 있다. 어떠한 경우에 범위의 경제가 존재하는지 제시하시오.

5. 수직적 통합과 수평적 통합을 통해 기업이 얻을 수 있는 이점은 무엇이 있는가?

6. 핸드폰 생산공정에서 첫 단위를 생산할 때에는 1,000시간이 소요되고, 2번째 단위를 생산할 때는 800시간, 4번째 단위의 핸드폰을 생산할 때에는 640시간이 소요된다. 이 생산공정의 progress ratio를 계산하고 100번째 단위의 핸드폰을 생산할 때 걸리는 시간을 계산하라.

토 의 문 제

1. 산업을 정의하는 기준은 관점과 목적에 따라 다르게 나타난다. 산업의 정의 기준이 경제학과 공학에서 어떻게 다른지를 제시하라.

2. 표준산업 분류의 산업 분류 기준을 제시하라.

3. 시장의 경쟁형태를 분류하는 기준을 제시하고, 시장의 경쟁 형태 4가지를 설명하라.

4. 기업의 성장과정에서 주로 사용하는 전략적 대안은 어떤 것들이 있는가?

CHAPTER 03

경영조직의 구조와 설계

배경과 주요 내용

경영활동이 실질적으로 이루어지기 위해서는 먼저 기업이라는 경영시스템의 내부구조나 형태가 설계되어야 한다. 이 문제는 경영학에서 조직구조 이론에 해당되는 주제로 '사람을 담는 공간', 즉 경영조직의 가시적이고 물리적인 형태를 어떻게 구성할 것인가를 다루는 분야이다.

공학의 관점에서만 보면 흔히 생산 조직이나 연구개발 조직이 곧 기업조직인 것으로 생각하기 쉽다. 그러나 전체적인 기업조직은 훨씬 더 다양하고 복잡한 단위조직으로 구성된다.

먼저 조직을 설계하는 절차의 계층적인 순서를 살펴보고 또 조직을 설계하는데 사용되는 기본 변수에는 어떤 것들이 있으며 상황 변수들은 무엇을 들 수 있는지를 알아본다.

다음으로 설계 변수들의 조합에 따라 실제로 존재하는 기업조직에는 어떤 유형들이 있는지 정리하여 본다. 또한 각 유형의 차별적인 특성과 상대적인 장단점은 무엇인지를 비교해 보고, 최근에 나타나고 있는 경영조직 설계의 새로운 추세도 알아본다. 한편 공학기술과 밀접하게 관련되어 있는 연구개발조직의 유형과 설계도 관심 대상이다. 연구개발조직의 외부구조 및 내부구조를 살펴본다. 나아가 최근의 창의적 기술혁신에 적합한 새로운 연구개발 조직의 구조와 특성에 대해 알아본다.

마지막으로는 서비스 시스템의 설계 문제를 다룬다. 제조업과 비교한 서비스업의 본질적인 특성은 무엇이며 그 특성이 의미하는 구조적, 전략적 의미를 알아본다. 나아가 서비스 시스템을 분류하는 기준과 서비스 시스템을 설계하는 기본 원리나 방식을 제시한다.

03 경영조직의 구조와 설계

3.1 기업조직의 설계

1. 조직이론의 기본 개념

앞 장에서 우리는 기업의 구조라는 개념을 알아보았다. 기업조직의 전체적인 구조를 이해한 다음에는 실제로 기업의 내부조직이 어떤 형태로 설계되고 구성되어 있는지 살펴보는 것이 필요하다.

경영학에서 중요한 위치를 점하고 있는 연구 및 실무 분야의 하나가 조직이론이다. 조직이론은 경영시스템의 실체가 되는 '조직'에 대한 학문적 이론과 경험적 실무를 다루는 분야로, 크게 조직구조론(theory of organizational structure)과 조직행위론(theory of organizational behavior)의 두 가지 이론으로 나눌 수 있다.

조직구조든 조직행위든, 조직이론은 '사람'을 다룬다는 본질적 속성을 지니고 있다. 조직구조론은 '사람을 담는 공간', 즉 조직의 가시적이고 물리적인 형태를 어떻게 구성할 것인가를 다루는 분야이다. 크게는 기업의 형태를 주식회사로 할 것인지 아니면 개인기업으로 할 것인지를 논의하고, 작게는 기업 내의 계층적 상하관계를 어떻게 나눌 것인지, 개별 단위조직은 총무, 재무, 영업, 생산 등의 경영기능별로 나눌 것인지, 아니면 TV, 냉장고, 에어컨 등의 제품 종류별로 나눌 것인지를 연구하기도 한다.

이에 반해 조직행위론은 조직이라는 공간 안에서 '사람이 생각하고 행동하는 모습', 즉 조직의 개인적이고 심리적인 행위들을 어떻게 분석하고 관리할 것인가를 다루는 분야이다. 예를 들어 상하 관계에서 바람직한 리더의 특성은 무엇이며,

성과를 올리기 위해서는 어떤 당근과 채찍을 사용해야 하는가, 조직원들의 커뮤니케이션을 위해 어떤 채널을 써야 하는가 등이 조직행위론의 중요한 주제가 된다.

조직구조론은 경영시스템이 하나의 실체로 구성되고 운영되기 위한 첫 단계를 주제로 하기 때문에, 본 장에서는 먼저 조직구조론을 다루기로 한다. 조직행위론은 나중의 인적 경영자산의 관리에서 자세히 살펴보기로 하자.

2. 조직설계의 계층구조

개인기업의 경우에는 경영자가 조직을 임의로 결정할 수 있지만, 어느 정도 이상의 규모가 되는 대부분의 공동기업의 경우에는 표준적이고 정형적인 절차에 의해 기업조직을 설계한다.

조직구조를 설계하는 절차는 [그림 3-1]과 같이 하나의 계층구조로 이루어진다. 가장 먼저 설정되며, 가장 상위에 존재하는 것이 조직 이념(corporate mission)이다. 조직의 이념이란 그 조직이 추구하는 철학적, 문화적 가치관과 함께 전사적인 전략의 방향과 경영 원칙을 의미한다. 기업의 이념은 '고객 만족', '초일류 기업' 등과 같이 큰 원칙과 방향만을 제시하는 수도 있지만, 대부분의 경우 '우리 기업은 이러이러한 제품을 생산 및 판매하는 회사로서 제품의 범위는 어디까지이며, 시장의 범위는 어디까지이고, 지역적 범위는 어디까지이다' 또는 '우리 기업은 어느 시장에서 최고의 리더십을 유지하는 것을 궁극적인 목표로 하며, 경쟁 우위를 확보하기 위해 최저의 가격경쟁력을 획득하거나 다양한 제품차별화를 실현하는 것을 기본적인 경영전략으로 추구한다' 는 식으로 구체적인 내용을 명시하게 된다. 물론 조직 이념은 시간의 흐름과 외부환경의 변화에 따라 수정되거나 조정될 수 있다.

조직 이념이 제시되면 다음에는 그것을 토대로 조직의 목표(corporate objective/goal)가 설정된다. 조직의 목표는 정성적인 목표와 정량적인 목표를 모두 포함한다. 예를 들어 어떤 목표는 '무엇 무엇을 강화한다, 어디 어디를 보강한다' 라는 식의 정성적 수준으로 표현되는가 하면, 다른 목표는 '매출을 어느 수준까지 달성한다, 인력을 어느 수준 이하로 유지한다, 유통망을 몇 군데까지로 늘린다' 하는 식의 정량적 수치로 제시되기도 한다.

조직의 목표가 정해지면 그 다음에 비로소 조직의 구조(corporate structure)가 설계된다. 왜냐하면 조직의 구조는 그 자체로서 목적이 되는 것이 아니라, 조직의 이념을 구현하고 조직의 목표를 달성하기 위한 수단이자 도구이기 때문이다. 또한 조직의 구조는 조직의 기능과 밀접하게 연결되어 있다. 즉 그 조직의 모양이 어떻게 구성되느냐 하는 문제는 그 조직이 무엇을 어떻게 하느냐 하는 문제와 불가분의 관계에 있는 것이다.

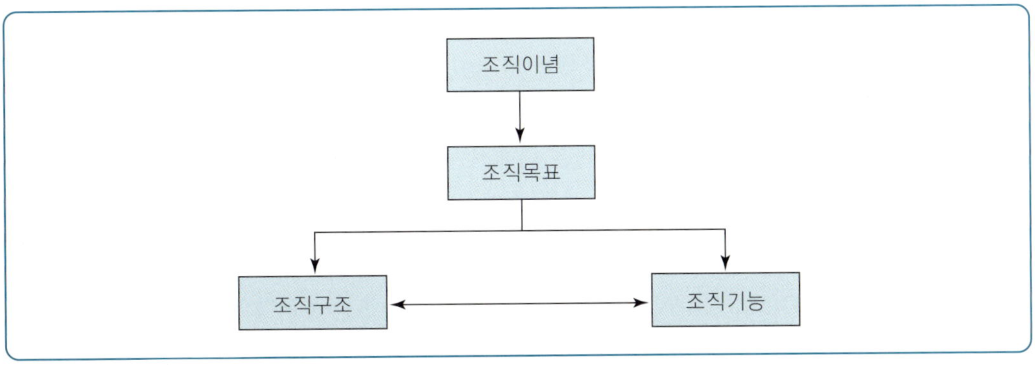

[그림 3-1] 조직구성의 계층구조

3. 조직설계의 기준과 변수

(1) 조직설계의 기준

오늘날의 경영시스템, 보다 구체적으로 기업이라는 조직은 매우 다양하고 복잡한 목표와 요구를 안고 있다. 따라서 조직의 설계는 이 다양하고 복잡한 변수들을 동시에 그리고 최대한 만족시킬 수 있도록, 크게 다음 두 가지의 기준을 고려해야 한다. 첫째는, 기업조직이 하나의 '경제 시스템(economic system)' 이라는 관점의 기준이다. 경제 시스템은 영리를 목적으로 설립되고 운영되기 때문에, 먼저 '경제성' 을 확보할 수 있도록 설계되어야 한다. 보다 구체적으로는 효율성(생산성), 효과성, 수익성 등을 제고하는 방향으로 설계되어야 한다. 다음으로 경제 시스템은 외부환경과 조건의 변화에 대응하면서 지속적인 발전과 개선을 추구해야 하기 때문에, '신축성' 이 확보되어야 한다. 구체적으로 변화에 대한 적응성과 변화를 만들어 내는 혁신성 등을 추구할 수 있도록 설계되어야 한다.

둘째는, 기업조직이 하나의 '사회 시스템(social system)' 이라는 관점의 기준이다. 기업은 영리를 추구하는 경제 시스템이기도 하지만, 동시에 많은 종업원들이 모여 오랜 기간 동안 대부분의 시간을 함께 생활하는 중요한 사회 조직이기도 하다. 따라서 조직원들이 좋은 인간관계를 유지할 수 있으면서, 나아가 각자의 욕구를 충족시키고 주어진 역할에 보람을 느낄 수 있도록 '만족성' 을 확보할 수 있도록 설계되어야 한다.

(2) 조직설계의 변수

구체적인 경영조직의 설계를 위해서는 먼저 기본 변수와 상황 변수가 설정되어야 한다. 기본 변수는 조직 설계에 가장 기초적이고 필수적인 변수를 뜻하고, 상황 변수는 기본 변수를 실제로 설치하고 조합하는 방법에 영향을 미치는 변수들을 의미한다. 예를 들어 건축물의 설계를 생각해 보면, 시멘트, 목재, 유리 등 건축에 필요한 필수적인 건축 자재는 기본 변수에 해당되고, 온도, 소음, 바람, 강수량, 지진 등 건축 자재의 종류나 특성을 결정하고 그것들을 사용하는 방법은 상황 변수에 해당된다.

가. 기본 변수

조직설계의 핵심적인 기본 변수는 조직이 하는 일을 어떻게 나눌 것인지, 각각이 맡은 일의 권한과 책임은 어떻게 정할 것인지 등을 정함으로써 경영조직이 체계적, 효율적으로 운영될 수 있는 기틀을 만드는 변수들이다. 이를 좀 더 구체적으로 살펴보면, 크게 과업의 분화, 과업의 공식화와 표준화, 권한의 배분, 조직활동의 통합화 등을 들 수 있다.

1) 과업의 분화

과업의 분화(division or specialization)는 조직이 수행해야 할 전체 과업을 구성원들이 어떻게 나누어 분담하느냐 하는 문제를 결정하는 변수이다. 기업에 가보면 하나의 일을 많은 사람이 나누어 하기도 하고 반대로 많은 일을 한 사람이 도맡아 하기도 한다. 또 제일 위의 관리자부터 제일 아래의 실무자까지의 사다리가 많은 계층으로 나뉘어 있는 기업이 있는가 하면 아래위의 계층이 매우 단순하게 나뉘어 있는 기업도 있다. 일과 자리를 어떤 모양으로 어느 정도 나눌 것인가를 정하는 것이 과업의 분화이다.

과업의 분화는 크게 수평적 분화와 수직적 분화로 나뉜다. 먼저 수평적 분화는 조직 구성원 개개인이 수행할 과업의 범위, 즉 얼마나 다양한 종류의 과업을 수행하느냐를 결정하는 변수를 뜻한다. 수평적 분업화가 심할수록 과업의 범위가 좁아지고 과업의 내용은 전문화된다.

이에 비해 수직적 분화는 조직 구성원 개개인이 과업의 처음부터 끝까지의 과정을 얼마나 많은 권한과 책임을 가지고 수행하느냐 하는 문제를 결정하는 변수이다. 수직적 분업화가 심할수록 과업의 수행 방법이나 절차에 대한 관리자의 권한과 책임이 줄어들게 된다.

2) 과업의 공식화와 표준화

과업의 공식화(formalization) 또는 표준화(standardization)는 조직이 수행해야 할 과업을 얼마나 공식적인 기준이나 정형적인 방법으로 수행하게 하느냐 하는 문제를 다루는 변수이다. 어느 기업에 가보면 규정집도 있고 작업규칙도 있어서 개인이 마음대로 일할 수 있는 여지가 거의 없는 경우가 있는가 하면 다른 기업에는 엄격한 룰(rule)이 없어서 개인의 자율성이나 창의성을 강조하는 경우도 있다. 기업의 철학이나 일의 성격에 따라 작업절차의 공식화와 작업기술의 표준화 정도가 달라지는 것이다.

먼저 작업절차의 공식화는 단순한 일을 반복적으로 하는 경우에 과업을 구성하는 업무내용이나 작업동작을 정해진 순서나 방식으로 수행하도록 규정함으로써 정확도와 생산성을 제고하는 것이다. 미리 정해놓은 규칙에 따라 일을 하게 되면 그만큼 실수나 오류를 줄일 수 있다. 하지만 규칙에 없는 일이 생길 경우에 신속하게 대응할 수 있는 신축성이 떨어지는 약점도 있다.

다음으로 작업기술의 표준화는 복잡한 비일상적 과업의 경우 절차를 공식화하기보다는 과업의 수행에 필요한 기술을 표준화하여 효율성을 높일 수 있다. 미리 만들어 놓은 매뉴얼대로 일을 하면 쓸데없는 낭비를 줄일 수 있다. 그러나 새로운 일이거나 복잡한 일의 경우에는 미리 만들어놓은 매뉴얼이 오히려 걸림돌이 될 수도 있다.

3) 권한의 배분

권한의 배분은 조직운영에 관련된 의사결정의 권한을 어떻게 나누는가 하는 분권화와 집중화의 문제를 결정하는 변수이다. 직급이 같은 과장이라고 해도 어느 기업의 과장은 자신이 행사할 수 있는 권한도 많고 그만큼 책임질 것도 많은 경우가 있는가 하면 다른 기업의 과장은 힘도 별로 없고 짐도 별로 없는 경우가 있다. 권한의 배분기준이 다르기 때문이다.

권한의 배분은 크게 수직적 분권화와 수평적 분권화로 나뉜다. 수직적 분권화는 라인 조직의 상위 계층과 하위 계층 간에 의사결정의 권한을 어떻게 나누는가 하는 문제를 다룬다. 예를 들어 임원–부장–과장–대리 사이에 권한을 배분하는 것이 수직적 분권의 문제이다. 이에 반해 수평적 분권화는 라인 조직과 스탭 조직 간에 의사결정의 권한을 어떻게 나누고 조정할 것인가 하는 문제를 다룬다. 본사에서 마케팅 전략을 짜는 사람과 실제로 현장에서 마케팅을 하는 사람 사이에 권한을 배분하는 것은 수평적 분권의 예가 된다.

4) 조직활동의 통합화

조직활동의 통합화(integration)는 조직원 개개인이나 개별 조직 간의 업무를 어떻게 통합하여 전체적으로 조정할 것인가 하는 문제를 결정하는 변수이다. 어느 기업에 가보면 많은 조직들이 모래알처럼 흩어져 각자의 일을 따로따로 하는 경우도 있고 다른 기업에 가보면 조직과 조직 간, 개인과 개인 간이 거미줄처럼 엮여서 함께 돌아가는 경우도 있다. 조직구조와 활동의 통합화 수준이 다른 것이다.

통합화는 크게 수직적 통합, 수평적 통합, 대각적 통합으로 나뉜다. 수직적 통합화는 계층과 직급이 다른 개인이나 조직 사이의 상하 계층을 어느 정도까지 통합하고 조정할 것인가에 관한 문제이고, 수평적 통합화는 같은 계층이나 직급의 개인이나 조직을 어느 정도까지 통제하고 조정할 것인가에 관한 문제이며, 대각적 통합화는 수직적 관점과 수평적 관점을 동시에 조정하고 통합하는 문제이다.

기본 변수의 바람직한 수준과 내용을 결정하는 기준은 기업의 목적과 성격에 따라 달라진다. 조직의 설계에서 각각의 변수를 어느 방향과 수준으로 결정하는가에 따라 긍정적 효과와 부정적 효과가 동시에 나타나기 마련이다. 따라서 각각의 효과에 대한 사전분석이 매우 중요하다.

또한 구체적인 설계 변수의 결정에 앞서, 개인이나 조직의 적정 관리범위

(optimal span of control)에 대한 분석이 선행되어야 한다. 한 사람의 관리자가 효과적으로 관리할 수 있는 범위는 일의 성격에 따라 매우 다양하다. 단순반복형의 일이면 한 사람의 관리자가 수십 명의 부하를 관리해도 좋지만, 구조와 절차가 매우 복잡하고 고도의 기술이 요구되는 일이라면 한 사람의 관리자가 관리할 수 있는 적정 범위는 몇 명에 불과할 수도 있다.

나. 상황 변수

조직설계의 상황 변수는 앞에서 말한 기본 변수의 선택과 결정에 간접적으로 영향을 미치는 변수들을 가리킨다. 대표적인 상황 변수들로는 조직 규모, 조직 연령, 외부 환경 등을 들 수 있다. 대부분의 경우 상황 변수와 기본 변수 간에는 높은 상관 관계가 존재한다. 따라서 조직의 설계는 기본 변수를 토대로 하되, 상황 변수와의 상관성을 고려하여 이루어져야 한다. 각각의 상황변수에 관련된 일반적인 설계 기준이나 경향을 살펴보면 아래와 같다.

1) 조직 규모

조직의 크기는 조직설계에 간접적으로 영향을 미치는 중요한 상황 변수가 된다. 유사한 성격과 범위의 일을 다루는 조직이라고 하더라도, 조직의 규모에 따라 기본 변수의 수준이나 내용이 달라지기 때문이다. 일반적으로 조직의 규모가 커질수록 조직의 구조는 구체화된다. 또 전체 조직의 규모가 커질수록 단위 조직의 평균 규모도 늘어나는 것이 일반적인 경향이다. 한편 조직의 규모가 커질수록 개인의 행동은 보다 공식화된다.

2) 조직 연령

조직의 규모 못지않게 중요한 상황 변수는 조직의 연령이다. 일반적으로 조직의 규모와 조직의 연령 간의 상관관계는 매우 높다. 다시 말해 기업이 오래될수록 규모가 커지는 것이 보편적인 현상이다. 따라서 조직의 규모가 커지는 경우와 마찬가지로, 조직의 연령이 오래될수록 업무의 공식화가 높아지게 되고 조직의 구조도 구체화된다. 그러나 이는 일반적인 기준을 말하는 것으로, 개별 기업의 특성이나 목표에 따라 얼마든지 달라질 수 있다.

3) 조직 기술

조직 기술이라는 상황 변수는 기업이 업무를 수행하기 위해 필요한 지식이나 도구의 복잡성, 난이도 등의 차이를 의미한다. 같은 규모와 연령의 기업이라 하더라도 첨단기술을 다루는 기업과 단순노동을 사용하는 기업은 조직 기술의 차이가 크고, 이에 따라 기본 변수에 미치는 영향도 크게 달라진다. 일반적으로 조직 기술의 수준과 난이도가 올라갈수록 분권화 수준은 올라가고 공식화 수준은 내려가게 된다.

4) 외부 환경

외부 환경은 공급자, 수요자, 경쟁기업, 정부 등을 의미한다. 외부 환경의 변화 정도는 기본 변수의 결정범위에 큰 영향을 미친다. 환경의 변화가 심하면 기본 변수의 범위가 확대되고, 따라서 조직 설계의 신축성도 올라가지만 위험성도 함께 증가한다. 반대로 환경이 안정적이면 기본 변수의 범위는 좁아지고, 이에 따라 조직 설계의 안정성은 올라가지만 유연성은 떨어지게 된다.

3.2 기업조직의 유형

앞에서 설명한 조직 설계의 기준과 변수에 따라 구체적인 경영시스템이 구성된다. 이렇게 구성된 경영시스템을 기업의 조직이라고 부른다. 모든 기업 조건과 환경에 적합한 기업조직의 유일한 최적 형태(unique best-practice form)는 있을 수 없다. 따라서 실제로 존재하는 기업조직의 다양한 유형들을 알아보고, 각각의 특성과 장단점을 살펴보도록 한다. 여기서는 크게 전통적 조직, 사업부제 조직, 동태적 조직, 신축적 조직 등의 순서로 설명한다.

1. 전통적 조직

(1) 라인 조직

라인 조직(line organization)은 기능별 조직(functional organization)이라고도 불린다. [그림 3-2]에 도시되어 있는 것처럼, 최고경영자를 정점으로 기업을 핵심적인 경영 기능에 따라 단위 조직으로 세분화한 형태이다.

라인 조직은 기업조직의 형태 가운데 가장 오래되고, 가장 기본이 되는 조직이다. 실제로 거의 모든 기업 조직은 정도의 차이는 있지만, 어느 정도 라인 조직을 기본 골격으로 삼고 있다고 할 수 있다.

이 조직의 장점은 다양한 업무를 기능별 유사성에 따라 묶었기 때문에 전문화에 유리하고, 단위 조직별로 인력과 자원이 모여 있어 각각에 대해 규모의 경제가 실현될 수 있다는 점이다. 또한 최고경영자가 일사불란하게 전체조직을 관리하기에 용이하다.

그러나 라인 조직의 가장 큰 단점은 부서 간의 조정과 커뮤니케이션이 어렵다는 점이다. 따라서 부서 간의 갈등이 존재할 위험이 크고, 외부환경의 변화에 대응할 수 있는 신축성과 유연성이 매우 부족하다. 또한 종업원 개인의 창의성이나 혁신성을 기대하기 어렵다.

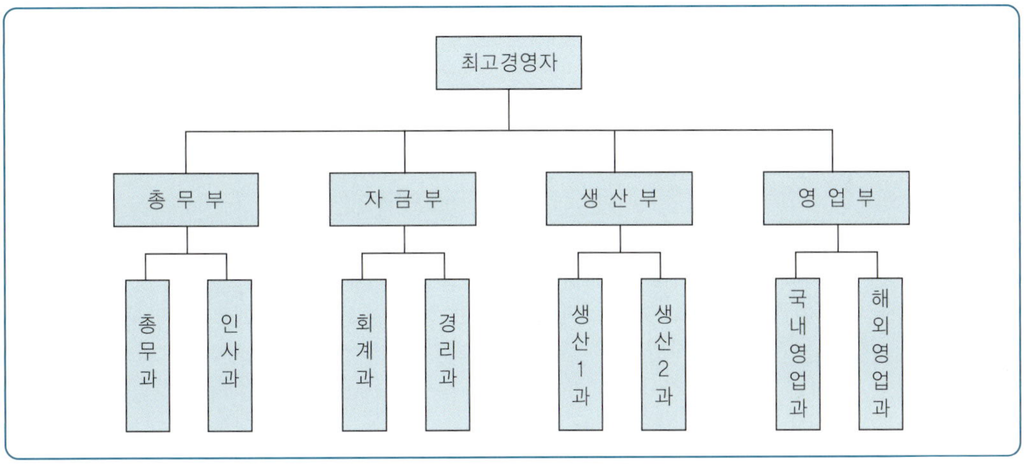

[그림 3-2] 전형적인 라인조직(기능별 조직)의 구조

결국 라인 조직은 기업의 규모가 비교적 작고, 경영기능이나 제품라인이 단순한 경우에 적합한 형태라고 할 수 있다.

(2) 라인-스탭 조직

라인-스탭 조직(line-staff organization)은 앞에서 본 기능별 라인 조직에, 전체적인 조정역할을 담당하는 스탭 조직을 추가한 형태이다. [그림 3-3]에서 볼 수 있듯이, 최고경영자를 정점으로 경영 기능에 따라 단위 조직이 구성되어 있으면서 동시에 최고경영자 직속으로 스탭 조직이 설치되어 있다.

스탭 조직의 설치는 라인 조직의 단점을 보완하기 위한 것이다. 흔히 기획실이나 기획조정실이라는 이름으로 불리는 이 조직은, 다양하고 복잡한 경영 기능과 단위 조직의 업무를 전체적인 관점에서 기획하고 조정하는 역할을 하게 된다. 또 스탭 조직은 경영 전략의 수립과 경영 활동의 관리에 필요한 정보의 수집과 분석도 담당하게 된다. 따라서 대부분의 라인-스탭 조직은 처음에 라인 조직에서 출발한 기업이 그 규모가 커지고 범위가 넓어지면서 스탭 조직을 도입하는 순서로 생겨난다.

라인-스탭 조직의 가장 큰 문제는 라인과 스탭 간의 갈등 문제이다. 두 부문의 권한과 책임이 명확하게 설정되지 않고, 또 스탭 기능이 조정 내지 협력의 역할을 넘어 지휘 내지 감독의 역할을 하기 시작하면 본격적인 갈등이 발생할 가능성이 높다.

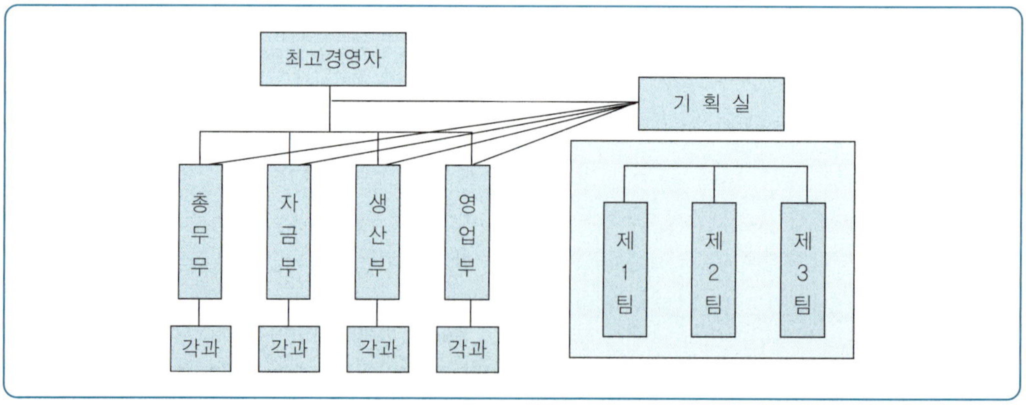

[그림 3-3] 라인-스탭 조직의 구조

2. 사업부제 조직

사업부제 조직은 기업의 사업 영역이 넓어지고 제품 종류가 다양화되면서, 전통적 조직의 한계를 극복하고 문제점을 보완하기 위해 생겨난 조직 형태이다.

이 조직은 기존의 기능별 조직에, 여러 개의 사업부(Strategic Business Unit: SBU) 조직을 결합한 개념이다. 따라서 [그림 3-4]에 도시되어 있는 것처럼, 본사 전체에 기능별 조직이 존재하면서, 동시에 개별 사업부별로도 기능별 조직이 설치된 형태이다. 그러므로 사업부제는 기업 규모가 상당히 크고, 시장의 세분화가 가능하며, 또 세분화가 필요한 상황에 적합한 방식이다.

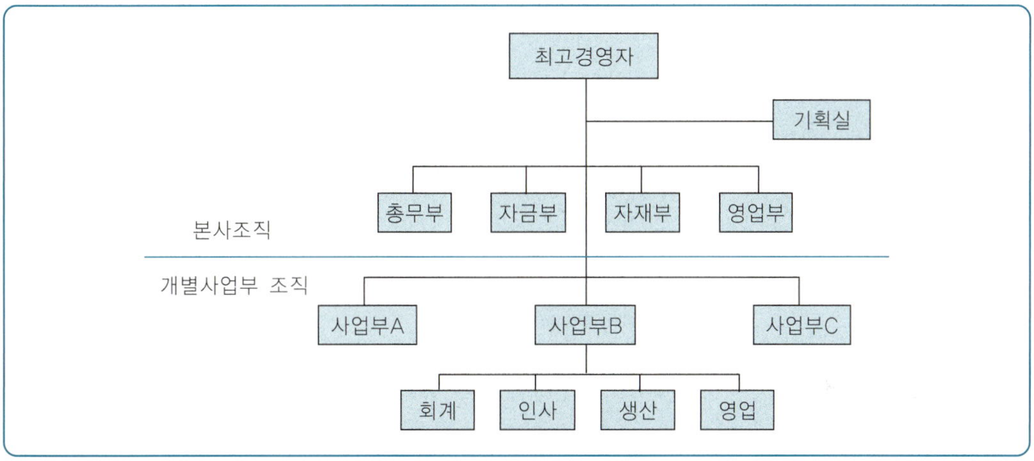

[그림 3-4] 사업부제 조직의 구조

사업부제 조직의 설계는 사업부를 구성하는 기준이 중요한 과제가 된다. 일반적으로 사업부를 구성하는 기준은 제품별, 지역별, 시장별의 세 가지를 들 수 있다. 제품별 기준은 'TV 사업부, 냉장고 사업부, 에어컨 사업부' 하는 식으로 제품라인에 따라 사업부가 구성되는 방식이다. 지역별 기준은 '국내 사업부, 미주 사업부, 유럽 사업부, 동남아 사업부' 하는 식으로 주요지역에 따라 사업부가 구성되는 방식이다. 시장별 기준은 '유아 사업부, 청소년 사업부, 장년 사업부' 하는 식으로 시장의 고객 특성에 따라 사업부가 구성되는 방식이다.

사업부제 조직은 각 사업부가 하나의 독립적인 이익중심점(profit center)이 되기 때문에 독자적이고 전문적인 경영을 할 수 있는 장점이 있다. 또 조직 구성원에 대한 동기 부여나 전문성 제고에도 유리한 형태이다.

그러나 사업부제 조직도 다음과 같은 단점이 있다. 첫째, 기업 전체의 관점에서 개별사업부를 조정하고 통제하기가 어렵다. 둘째, 본사와 사업부별로 기능 조직을 모두 갖추고 있기 때문에 관리비용이 매우 높고 자원이 분산될 수 있다. 셋째, 사업부별로 지나친 경쟁을 하게 되면서 조직 간 갈등이 높아질 위험이 있다.

3. 동태적 조직

동태적 조직(dynamic organization)은 기존의 라인 조직이나 사업부 조직이 안고 있는 신축성 부족과 유연성 부족의 문제점을 해소 내지 완화하기 위해 생겨난 조직 형태를 통칭하는 개념이다. 동태적(dynamic) 조직으로 불리는 이유는 시간의 흐름과 외부환경의 변화에 따라 조직의 기본 형태가 바뀌거나, 새로운 조직이 생겨나고 또 낡은 조직이 없어지는 모습을 보이기 때문이다.

(1) 프로젝트 조직

프로젝트 조직(project organization)은 사업 부문의 수명주기가 성숙기 내지 포화기로 접어들거나 기존의 경영 조직이 오래되어 활력이 저하된 상황에서 도입되는 방식이다. [그림 3-5]에 도시되어 있는 것처럼, 프로젝트 조직은 기존 조직으로부터 파견 형식으로 필요한 인력을 모은 후 하나의 독립적인 프로젝트 팀을 구성하게 된다. 이 조직은 종종 태스크 포스(Task Force: TF) 조직이라고도 불린다.

프로젝트 팀은 중장기적으로 성장 가능성이 높은 새로운 제품이나 시장을 개척하거나, 일시적으로 발생한 중요한 경영 문제를 해결하는 임무를 한시적으로 맡게 된다. 따라서 프로젝트 팀은 주어진 임무가 달성되거나 기획한 과제가 완료되면서 해체되고 팀원은 각자 원래 소속되었던 사업부로 복귀하게 된다.

앞에서 언급한 대로, 프로젝트 조직은 기존 조직의 경직성을 해소하고 미래의 성장 동력을 찾기에 적합한 형태이다. 또 다양한 전문가들의 경험과 지식의 공유를 통해 어렵고 복잡한 문제를 효과적으로 해결할 수 있는 장점도 크다.

그러나 프로젝트 조직 역시 몇 가지 문제점을 가지고 있다. 우선 조직수명의 한시성으로 인해 일관된 과제를 추진하기 어렵다. 또 여러 기능과 조직에서 모인 팀원들을 통합하고 관리하기가 힘들다. 따라서 이질적인 구성원들이 모여 있는 프로젝트 조직의 성공적 운영을 위해서는 능력 있는 리더와 팀워크(teamwork)를 중시하는 팀원들의 확보가 무엇보다 중요하다.

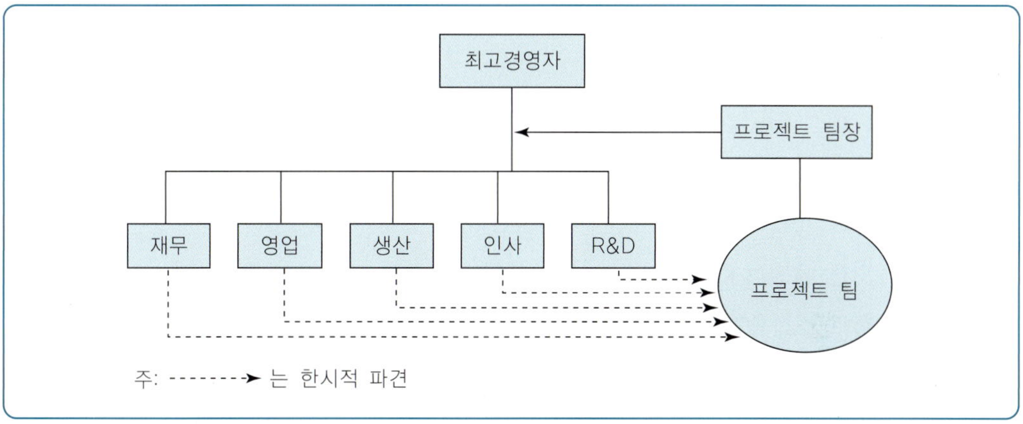

[그림 3-5] 프로젝트 조직의 구조

(2) 프로젝트-사업부 조직

프로젝트-사업부 조직은 사업부 조직과 프로젝트 조직이 동시에 공존하는 형태를 말한다. [그림 3-6]에서 볼 수 있듯이, 대부분의 조직은 기존의 사업부로 존재하면서, 한편에서는 소수의 프로젝트 팀이 한시적으로 구성되어 운영되는 방식이다.

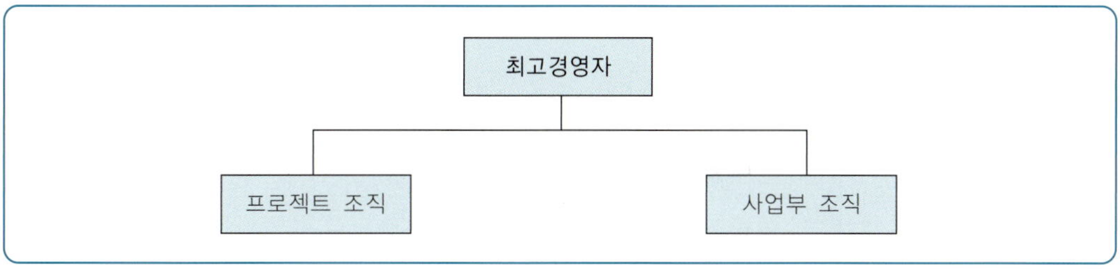

[그림 3-6] 프로젝트-사업부 조직

이 경우 프로젝트 조직은 독립적인 사업부를 구성하기에는 아직 수준과 규모가 미흡한 새로운 제품이나 시장을 개척하는 임무를 맡게 된다. 따라서 만일 프로젝트가 성공적으로 진행되면, 프로젝트 팀은 아예 하나의 사업부로 독립하면서 팀원들도 새로운 사업부에 배속되게 된다. 그렇게 되면 수명이 다한 기존의 사업부가 해체될 수도 있고 또 새로운 프로젝트 팀이 구성될 수도 있다.

4. 매트릭스 조직

매트릭스 조직(matrix organization)은 한편으로는 라인 조직의 효율성과 전문성을 활용하고, 다른 한편으로는 프로젝트 조직의 신축성과 유연성을 동시에 만족시키려는 목적과 의도로 제시된 조직 형태이다.

[그림 3-7]을 보자. 매트릭스 조직은 기능별 조직을 열(column)로 하고 프로젝트 조직을 행(row)으로 하나의 매트릭스를 구성하고 있다. 각각의 구성원은 기능상으로는 기존의 기능 조직에 소속되어 있으면서, 동시에 프로젝트가 진행되는 동안에는 관련 프로젝트 팀원으로 일을 하는 이중적인 체제를 따르게 된다.

매트릭스 조직은 외부환경의 변화가 심하고, 조직원들의 능력이 뛰어난 경우에 그 장점을 최대로 발휘할 수 있다. 또 자원 활용의 효율성도 극대화할 수 있다. 실제로 매트릭스 조직은 기능별 분화가 너무 복잡하지 않고, 프로젝트의 수도 너

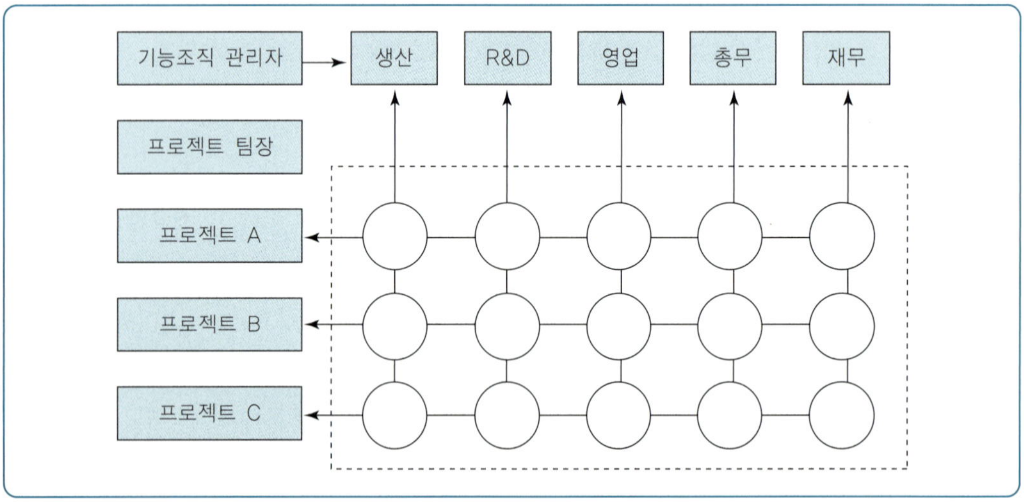

[그림 3-7] 매트릭스 조직

무 많지 않을 때 매우 효과적인 방식으로 알려져 있다.

그러나 매트릭스 형태도 여러 가지 잠재적인 문제점들을 안고 있다. 첫째, 이원적인 지휘체계가 가져오는 혼란이다. 조직원 개개인의 입장에서는 이른바 '나의 상관은 누구인가? (Who is my boss?)' 라는 혼란에 빠질 위험이 높다. 둘째, 우선순위의 설정과 책임 소재의 판단이 쉽지 않다. 셋째, 업무의 공정하고 균형적인 배분이 어렵다. 넷째, 이질적인 성격의 구성원들 간에 발생하는 갈등을 관리하기가 용이하지 않다.

5. 네트워크 조직

네트워크 조직(network organization)은 개별 조직을 유기적이고 신축적인 네트워크 형태로 구성하기 위해 제시된 형태이다. 기존의 조직구조들이 기본적으로 수직적 계층 관계에 토대하고 있다면, 네트워크 조직은 수평적 연결 관계에 기반하고 있다.

네트워크 조직의 개념적 설계는 이미 오래 전부터 제시되어 왔다. 그러나 오늘날 네트워크 조직이 실제로 가능하게 된 배경에는 정보기술(Information Technology: IT)의 발전으로 시간과 공간의 제약이 줄어든 점이 자리잡고 있다.

네트워크 조직은 크게 지역적 네트워크와 기능적 네트워크로 나눌 수 있다. 먼저 지역적 네트워크 조직은 [그림 3-8]에서 보듯이, 가장 핵심적인 기능만 본사에서 운영하고, 나머지 기능은 원자재 조달, 인력 공급, 시장 접근성 등을 고려하여 여러 지역에 분산시켜 수행한다. 이렇게 함으로써 자원 활용의 효율성을 극대

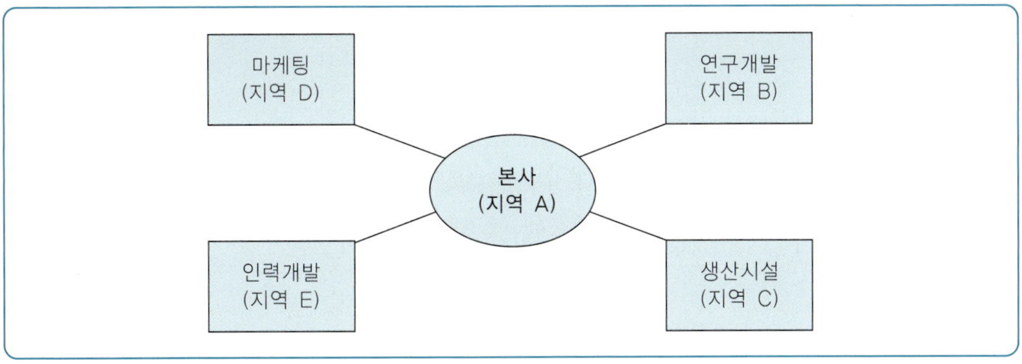

[그림 3-8] 지역적 네트워크 조직

화하고 동시에 조직의 유연성을 제고할 수 있다. 만일 네트워크가 국내의 범위를 넘어 국제적으로 확산되면 글로벌 네트워크(global network) 형태로 확대된다.

다음으로 기능적 네트워크는 고정된 물리적 공간이나 대규모의 조직 없이 주요 경영기능 간의 네트워크로 경영조직을 구성하는 방식이다. [그림 3-9]에 도시되어 있는 것처럼, 본사는 연구개발 조직이나 사업기획 조직만 상시 조직으로 운영하고 나머지 기능은 외부의 기업이나 개인에게 계약 형태로 위탁한다. 따라서 이러한 가상 조직(virtual organization)에서는 기업의 규모나 형태를 분명하게 규정하기가 쉽지 않다.

지역적 네트워크와 마찬가지로 기능적 네트워크에서도 자원 활용의 효율성과 조직의 유연성이 극대화될 수 있다. 앞으로 시장과 자원의 범위가 국제적으로 넓어지고 IT의 활용 범위가 확대되면, 네트워크 조직의 잠재적 효용성은 더욱 커질 것으로 보인다. 그러나 이 과정에서 경영조직 전체를 유기적으로 연결하고, 통합적으로 조정하며, 일관되게 관리하는 작업의 어려움은 더욱 커질 수 있다.

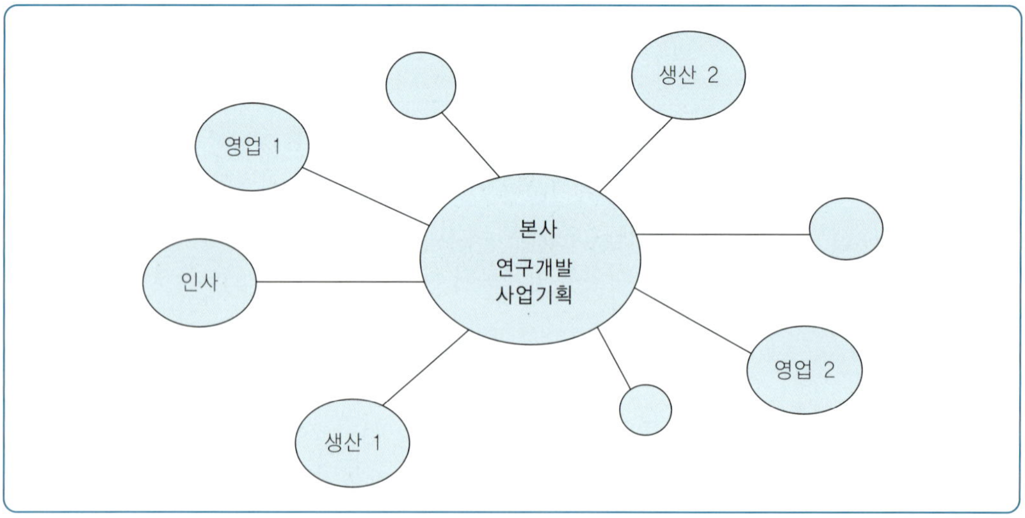

[그림 3-9] 기능적 네트워크 조직

6. 경영조직 설계의 최근 추세

(1) 경영환경의 변화에 대한 대응

지금까지 살펴본 것처럼, 경영조직은 시간의 흐름과 환경의 변화에 따라 다양한 형태로 진화되어 왔다. 조직설계의 변화는 최근에 이르러 더욱 두드러지게 나타나고 있다. 이러한 현상의 배경에는 한편으로는 변화에 대한 수요의 증가와, 다른 한편으로는 변화를 가능하게 하는 기술의 출현이 동시에 자리잡고 있다. 우선 외부적으로, 경영 환경이 급속히 바뀌고 내부적으로 경영 내용이 다양화되면서 조직 변화에 대한 수요가 커지고 있다. 이에 대응하여, 정보통신기술(ICT)의 눈부신 발전은 새로운 조직의 설계와 운영을 가능하게 하고 있다.

최근에 나타나고 있는 경영조직 설계의 새로운 추세를 정리하면 다음의 다섯 가지로 요약할 수 있다.

첫째, 조직의 구조가 수직적으로 얇아지고(flat), 수평적으로 날씬해지는(slim) 경향이다. 수직적인 계층 축소를 통해 의사결정의 신속성을 제고하고, 수평적인 부문 축소로 자원 배분의 선택적 집중을 추구하고 있다.

둘째, 고객중심(customer-oriented)의 조직을 강조하는 경향이다. 과거의 조직 설계가 기업자체의 필요와 목적에 맞추어 이루어져 왔다면, 오늘날의 조직 설계는 고객과 시장의 입장을 중심으로 이루어지고 있다.

셋째, 지식기반(knowledge-based)의 조직을 강화하는 경향이다. 조직원 모두가 정보와 지식을 공유할 수 있는 채널을 설치하고, 다양한 학습조직(Community of Practice: CoP)을 활성화시키는 추세이다.

넷째, 유비쿼터스(ubiquitous) 조직과 가상(virtual) 조직을 확대하는 경향이다. IT의 발전과 확산을 토대로 온라인(on-line) 방식, 웹기반(web-based) 형태, 모바일(mobile) 구조 등을 조직 설계와 운영에 도입하고 있는 추세이다.

다섯째, 세계화(globalization)와 지역화(localization)를 동시에 추구하는 경향이다. 경영조직 전체의 범위는 갈수록 국제화되고 있지만, 하나하나의 개별조직은 그 조직이 설치되어 있는 지역의 특성과 제도에 맞추어 현지화되는 추세이다.

(2) 사회환경의 변화에 대한 대응

앞에서 설명한 것처럼, 기업조직 설계의 두 가지 핵심기준은 '경제성'과 '사회성'이다. 먼저 기업은 영리를 목적으로 설립 및 운영되기 때문에 경제성을 확보할 수 있도록 설계되어야 하고, 다음으로 조직원들이 좋은 인간관계를 유지하면서 각자의 역할에 보람을 느낄 수 있는 '사회성'을 확보할 수 있도록 설계되어야 한다. 그렇다면 기업조직을 설계할 때, 기업 외부의 사회적 환경과 조건을 생각할 필요는 없을까? 다시 말해 기업을 둘러싸고 있는 사회의 요구를 만족시키고 사회의 변화에 대응할 필요는 없을까? 최근 이런 질문의 중요성이 부각되고 있다. 기업의 사회적 책임이 강조되면서 그러한 기능을 담당할 조직을 신설하는 현상이 나타나고 있는 것이다.

애당초 기업, 특히 주식회사는 사회 전체에 대한 봉사를 목적으로 만든 것이 아니라 소수 투자자들의 영리적 목적을 만족시키기 위해 만든 것이다. 그러다 보니 주주의 책임은 줄이고 권한은 늘리는 방향과 기준에서 여러 가지 규정이 만들어지고 이를 바탕으로 지금까지 기업들은 영속성을 유지할 수 있었다. 더구나 최근에는 사업영역이 확대되고 활동범위가 다양해지면서 기업의 사회적 영향력이 더욱 커지고 있는 추세이다. 한마디로 기업이 사회 전체에서 하나의 권력기관이나 선도조직의 위상을 갖게 된 것이다.

그러나 사회의 모든 구성원들이 사회에 대해 나름의 책임을 지고 있는 것처럼, 기업도 엄연히 사회 구성원의 하나로서 사회에 대한 책임과 의무를 지고 있다. 현대 사회는 여러 구성원들이 서로 의존하는 관계를 맺고 있고 가치의 다원화로 인해 공동체 이미지가 중요해지고 있다. 더구나 기업은 고객과의 관계를 통해서만 그 존재의 의미를 찾을 수 있다. 이와 같이, 공동체인 사회 안에서 기업이 하나의 구성원으로 가져야 할 책임이 바로 기업의 사회적 책임(CSR: Corporate Social Responsibility)이고, 사회적 책임의 바탕이 되는 개념이 기업 윤리(business ethics)이다. 더구나 책임의식과 투명경영에 대한 요구가 사회 전반에서 점점 거세지고 있는 추세이다. 이러한 흐름에 맞추어 최근 많은 기업들이 신설하여 운영하고 있는 조직이 바로 CSR 조직이다.

기업의 사회적 책임이 단지 외부의 기대와 압력 때문에 생기는 것은 아니다. 보다 중요한 이유는 사회적 책임을 충실히 수행하는 기업이 더 많은 고객과 소비자들을 끌어들일 수 있다는 데 있다. 다시 말해, 투명한 기업 윤리를 바탕으로 사회와 소통하는 기업일수록 경영성과가 더 높게 나타나게 되는 것이다. 여기서 나온 새로운 개념이 CSV(Creating Shared Value)이다. 기업자체의 비즈니스와 기업외부의 니즈를 결합하여 새로운 사업기회를 만들어내는 것이다. CSR이 수익을 사회에 환원한다는 소극적인 개념인데 비해, CSV는 기업 외부와의 상생을 통해 함께 수익을 키워나간다는 적극적인 개념이라고 할 수 있다.

3.3 연구개발 조직의 설계

전체적인 경영시스템은 다양한 경영 기능의 집합체이다. 따라서 모든 경영 기능과 각각의 기능을 담당하고 있는 개별 조직은 모두 중요하고 필요하다. 특히 이공계 출신의 경우에 우선은 생산직이나 연구직에서 일하고 있다고 해도 궁극적인 목표가 CEO라고 한다면 경영시스템 전반에 대한 이해가 필요한 것은 물론이다.

그러나 기술경영의 관점에서 기술개발 조직은 특별히 중요한 의미를 안고 있다. 모든 사람들이 그런 것은 아니지만, 상당수의 이공계 출신들은 넓은 의미의 기술개발 조직, 좁은 의미의 연구개발(R&D) 조직에 근무하기 때문이다. 또 사회과학을 전공한 경우에도 연구개발이나 기술관리 조직을 이해하는 것은 매우 중요하다. 여기에서는 특히 연구개발에 초점을 맞추어 기술개발 조직의 설계를 살펴보자.

연구개발 조직도 전체적인 기업 조직의 일부이다. 따라서 그 기능이나 범위는 기업 조직 전체의 구조와 방향에 의해 결정된다. 하지만 구체적인 연구개발 조직의 형태는 매우 다양하고 복잡하다. 이러한 다양성과 복잡성을 설립형태에 의한 분류, 외부구조에 의한 분류, 내부구조에 의한 분류로 나누어 알아보자.

1. 설립형태에 의한 분류

최초의 공식적인 연구개발 조직은 1867년에 설립된 독일의 BASF 연구소로 알려져 있다. 그 후 1900년대 초에 미국의 GE 연구소, Bell 연구소, Kodak 연구소 등이 차례로 설립되었고, 그 뒤를 이어 많은 대학 연구소와 정부 연구소가 세워졌다. 따라서 서구의 연구개발 활동은 민간기업이 선도적 역할을 하였다고 할 수 있다. 이에 반해, 우리나라의 연구개발 조직은 상반된 순서로 발전되어 왔다. 먼저 1960년대 말과 1970년대를 거쳐 다양한 정부 연구소가 설립되었고, 1980년대에 들어서야 민간기업이 연구개발 조직을 세우기 시작하였다. 그러나 그 후 기업의 연구개발 활동은 비약적으로 확대되어 최근에는 민간기업 연구소의 수가 20,000개에 가까워지고 있다. 물론 이 가운데에는 유명무실한 연구소도 적지 않지만, 어쨌든 이러한 양적 팽창은 세계적으로도 그 유례를 찾을 수 없을 만큼 고무적인 현상이다.

기업의 연구개발 조직은 그 기업의 목표, 업종, 규모, 기술 수준 등의 차이에 따라 다양한 설립 방식과 조직 유형이 가능하다. 그러나 공식적이고 제도적인 관점에서 보면, 연구개발 조직은 설립형태의 법적 근거에 따라 크게 비법인 연구기관과 법인 연구기관으로 나눌 수 있다.

(1) 비법인 연구기관

비법인 연구기관은 연구조직이 하나의 독립적인 법인으로 설립되는 것이 아니라 기업조직의 일부로 구성되는 경우를 가리킨다. 비법인 연구기관의 대표적인 형태로는 기업부설연구소와 연구개발 전담부서를 들 수 있다. 기업부설연구소와 전담부서 간의 근본적인 차이는 기업부설연구소가 상대적으로 규모가 크고 따라서 연구원의 수가 많다는 점에 있다.

국내의 경우, 설립의 용이성, 운영의 유연성, 연구인력과 장소의 이동성, 정부지원 프로그램의 활용성 등의 이유 때문에 절대 다수의 연구조직은 비법인 연구기관 특히 기업부설연구소의 형태로 운영되고 있다. 또 아주 규모가 작은 기업의 경우에는 연구개발 전담부서 형태로 유지하고 있는 사례도 있다.

(2) 법인 연구기관

비법인 연구기관은 여러 가지 장점이 있지만, 기업 전체의 일부 조직으로 운영되기 때문에 독자적이고 장기적인 연구를 수행하기 어렵다는 구조적인 문제를 안고 있다. 이러한 단점을 보완하기 위해 제안된 형태가 법인 연구기관이다.

법인 연구기관의 구체적 형태로는 먼저 연구조합을 들 수 있다. 연구조합은 여러 기업, 특히 대기업 집단에 속한 계열 기업들이 조합원으로 참여하여 하나의 연구조합을 구성하는 방식이다. 이를 통해 연구조합은 임계 규모(critical mass)를 이루고 독립적인 운영체제를 갖출 수 있다. 다음으로 비영리 연구법인을 들 수 있다. 연구법인은 연구조합보다 더 적극적인 형태로, 여러 기업이 자본을 출자하여 독립적인 법인을 설립하여 운영하는 방식이다. 비영리 연구법인은 법인의 형태로 설립되지만, 영리를 목적으로 운영되는 것이 아니라 연구개발 자체를 주목적으로 하는 경우이다. 마지막으로는 영리 연구법인을 들 수 있는데, 이 형태는 자본출자를 통해 연구법인을 설립한 후, R&D를 영리 사업으로 운영하는 방식이다. 우리나라에는 아직 영리 연구법인이 설립된 사례가 없지만, 앞으로 연구개발 시장이 개방되면 선진국의 전문적 연구법인이 영리 목적으로 국내에 진출할 가능성은 있다.

2. 외부구조에 의한 분류

연구개발 조직은 외부구조(external structure)와 내부구조(internal structure)로 나누어볼 수도 있다. 외부구조는 먼저 거시적 경영조직 내에서 연구개발 조직이 어디에 어떤 모습으로 존재하는가에 관한 문제이다. 즉 기업의 전체적 조직도 안에서, 연구개발 조직이 다른 경영조직과 어떤 위치에서 어떤 관계를 맺고 있는가에 초점을 맞추는 것이다. 이에 반해 내부구조는 연구개발 조직 안에서 단위조직들이 어떤 형태로 구성되어 있는가에 관한 문제이다. 따라서 연구개발 조직 자체의 조직도를 그리는 것에 초점을 맞춘다.

먼저 외부구조의 관점에서 보면, 연구개발 조직은 크게 특성화 조직, 분산형 조직, 집중형 조직, 복합형 조직, 신축적 조직 등으로 나눌 수 있다.

(1) 특성화 연구소 조직

특성화 연구소 조직(focused R&D organization)은 [그림 3-10]과 같이 연구 분야나 주제별로 특성화된 연구 조직을 여러 개 설립하고, 각각의 연구개발 조직은 해당 기술을 필요로 하는 모든 사업부와 연계되어 필요 기술을 공급하는 방식이다. 예를 들어 기계기술 연구조직, 전자기술 연구조직, 재료기술 연구조직 등으로 나눈 경우, 기계기술이 필요한 모든 사업부는 기계기술 연구조직과 연결되고 전자기술이 필요한 모든 사업부는 전자기술 연구조직과 연결되는 식이다. 이 경우 연구개발 재원은 필요기술을 사용할 사업부문들이 공동으로 제공한다.

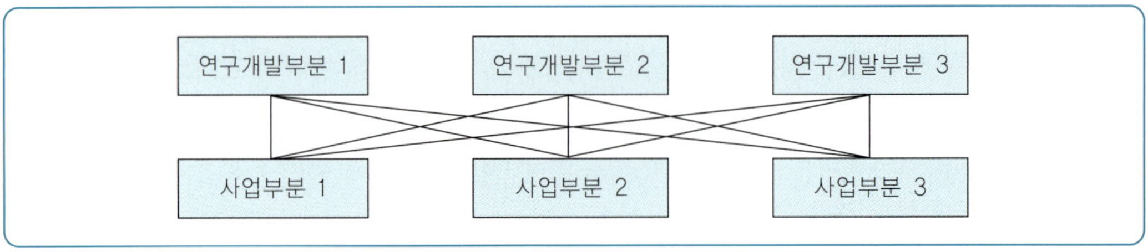

[그림 3-10] 특성화 연구소 조직 구조

(2) 분산형 연구소 조직

분산형 연구소 조직(decentralized R&D organization)은 [그림 3-11]과 같이 사업부문별로 특화된 연구조직을 분산시켜 운영하는 방식이다. 따라서 사업부형 연구조직이라고 불리기도 한다. 이 구조는 사업 영역 간의 기술적 연계성이 낮거나 시스템 제품보다 개별 제품을 주로 다루는 기업에 적합한 형태이다. 예를 들어 본사조직이 비디오 사업부와 오디오 사업부로 나뉘어 있는 경우, 비디오 사업부는 비디오 제품에 필요한 연구개발 조직과 연결되고 오디오 사업부는 오디오 제품에 필요한 연구개발 조직과 연결되는 식이다. 이 경우 연구개발 재원은 각 사업부별로 관련 연구개발 부문에 독자적으로 제공한다.

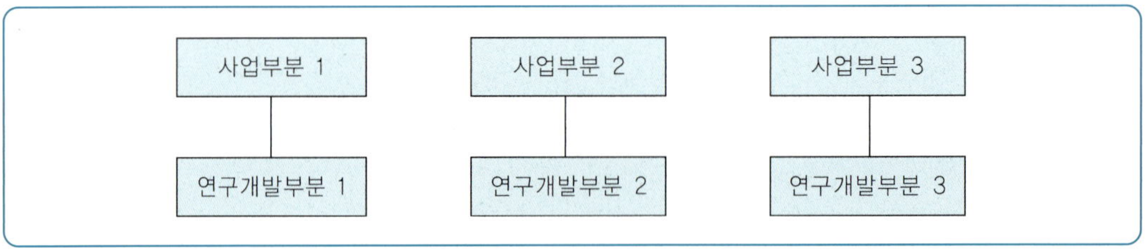

[그림 3-11] 분산형 연구소 조직

(3) 집중형 연구소 조직

집중형 연구소 조직(centralized R&D organization)은 [그림 3-12]와 같이 기업 전체를 대상으로 하는 종합연구소(중앙연구소)가 설치되어, 여기에서 모든 사업부문에서 필요한 연구개발 인력과 프로그램을 집중하여 운영하는 방식이다. 따라서 한 군데에 몰아서 한다는 의미에서는 집중형이지만 한 군데에서 모두 한다는 의미에서는 통합형이라고 할 수 있다. 또한 기업 전체로 보면, 연구개발 조직이 생산, 마케팅, 재무 등과 같은 다른 경영 조직과 수평적으로 연결되어 있는 기능별 조직의 형태로 나타난다. 연구개발 재원은 전사 차원에서 공통적으로 제공된다.

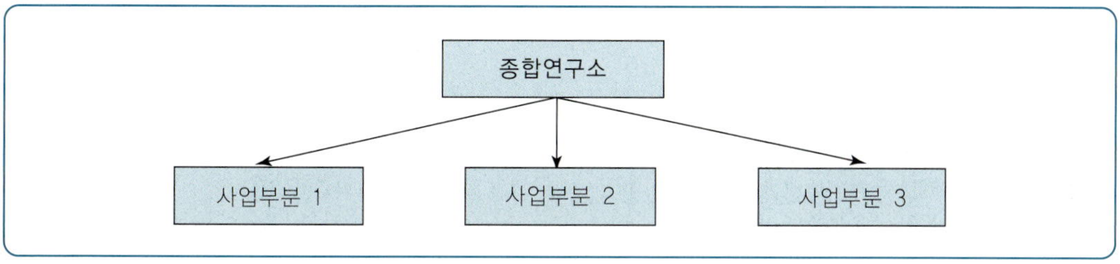

[그림 3-12] 집중형 연구소 조직 구조

(4) 복합형 연구소 조직

복합형 연구소 조직(coordinated R&D organization)은 각 사업부별로 단기적인 상업화 기술의 개발에 특화된 연구조직을 운영하면서, 동시에 기업 전체가 필요로 하는 중장기의 기초기술이나 기반기술을 제공하는 종합연구소를 운영하

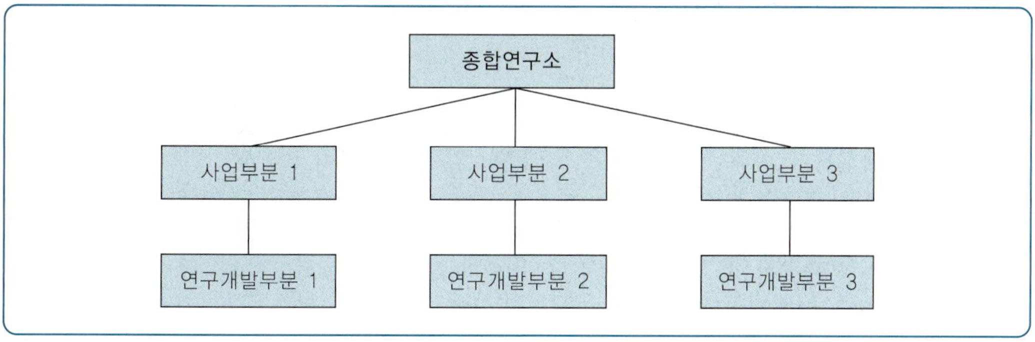

[그림 3-13] 복합형 연구소 조직 구조

는 방식으로 [그림 3-13]과 같다. 즉 집중형의 종합연구소와 분산형의 사업부 연구소가 공존하는 형태를 보인다. 이 방식은 규모가 매우 크고 사업영역이 다양한 기업에 적합한 형태이다. 연구개발 재원은 종합연구소의 경우 전사 차원에서 제공하고, 특화 연구소의 경우 관련 사업부문이 제공하는 방식이 일반적이다.

(5) 신축적 연구소 조직

신축적 연구소 조직(flexible R&D organization)은 앞의 기업 조직 설계에서 이미 살펴본 프로젝트-사업부 조직이나 매트릭스 조직을 연구개발 부문의 설치와 운영에 적용한 형태이다.

기술개발-사업부 조직이란 오래되고 안정된 부문은 사업부 형태로 운영하고, 새롭게 시작하거나 기술변화가 심한 부문은 연구개발 조직으로 운영하는 방식이다. 따라서 기업 전체의 구조로 보면, 최고경영자 아래에 사업부형 조직과 기술개발형 조직이 공존하는 모습을 [그림 3-14]와 같이 보인다.

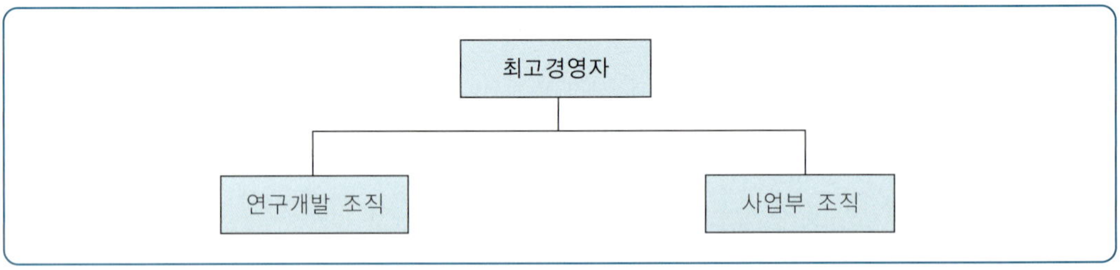

[그림 3-14] 기술개발-사업부 연구소 조직

3. 내부구조에 의한 분류

연구개발 조직의 외부구조가 정해진 다음에도 내부 조직의 설계는 연구개발의 특성과 목적에 따라 달라질 수 있다. 실제로 규모가 비슷한 연구소라 하더라도, 내부 조직을 들여다보면 그 구조가 크게 다른 경우가 종종 발견된다.

연구개발 조직의 내부구조의 유형은 공정중심 조직, 제품중심 조직, 기술중심 조직, 프로젝트중심 조직, 기능중심 조직, 매트릭스 조직 등으로 나눌 수 있다. 각각의 조직 형태는 장점과 단점을 동시에 지니고 있기 때문에 모든 경우에 항상 바람직한 형태가 존재할 수는 없다. 따라서 기업의 전략, 사업의 성격, 기술의 특성 등을 고려하여 각각의 경우에 바람직한 조직 형태를 선택해야 한다. 또 하나 주의할 점은 실제 내부구조의 설계 과정에서 여러 가지 유형 가운데 하나만을 선택하는 것이 아니라, 복수의 유형을 결합하여 새로운 유형을 만드는 경우도 많다는 점이다.

(1) 공정중심 조직

공정중심 조직(process-oriented organization)은 [그림 3-15]와 같이 연구개발시스템의 단위 조직이 생산시스템의 공정 조직과 연계되어 있는 형태이다. 제품을 생산하기 위해 여러 개의 공정을 차례대로 거치는 경우, 생산의 각 단계마다 연구개발 단계를 연결시켜 R&D 조직을 설계하게 된다. 화학이나 제약과 같이 생산공정의 단계와 연구개발의 단계가 분리될 수 없는 경우에 적합한 방식이다.

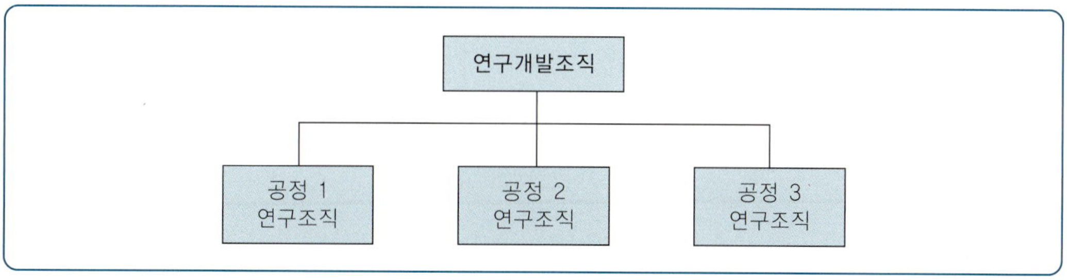

[그림 3-15] 공정중심 연구개발 조직의 구조

(2) 제품중심 조직

제품중심 조직(product-oriented organization)은 [그림 3-16]과 같이 연구개발시스템의 단위 조직이 기업이 판매하고 있는 개별 제품과 연계되어 있는 형태이다. 따라서 마케팅 기능과 연구개발을 연계시켜 R&D 조직을 설계하는 유형이라고 할 수 있다. 연구개발의 주제와 내용이 제품별로 달라지는 경우에 적합한 방식이다.

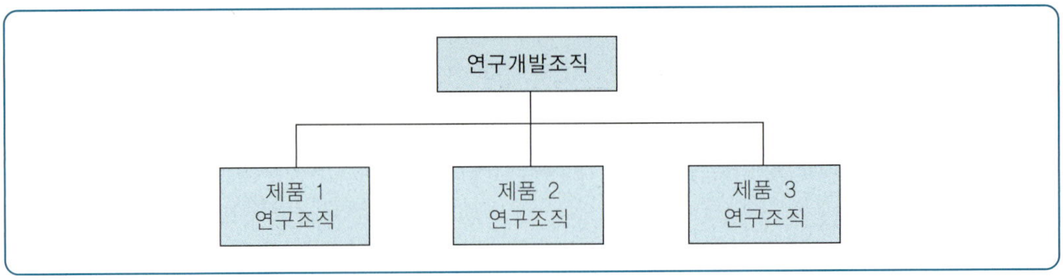

[그림 3-16] 제품중심 연구개발 조직의 구조

(3) 기술중심 조직

기술중심 조직(technology-oriented organization)은 [그림 3-17]과 같이 연구개발시스템의 단위 조직이 개별기술 분야와 연계되어 있는 형태이다. 따라서 각각의 단위조직은 요소기술을 독자적으로 개발하고, 최종적으로는 이들을 결합하여 전체적인 시스템기술을 개발하는 방식으로 R&D 조직이 구성된다. 연구개발 활동이 기술요소 별로 특화되어 수행되는 경우에 적합한 방식이다.

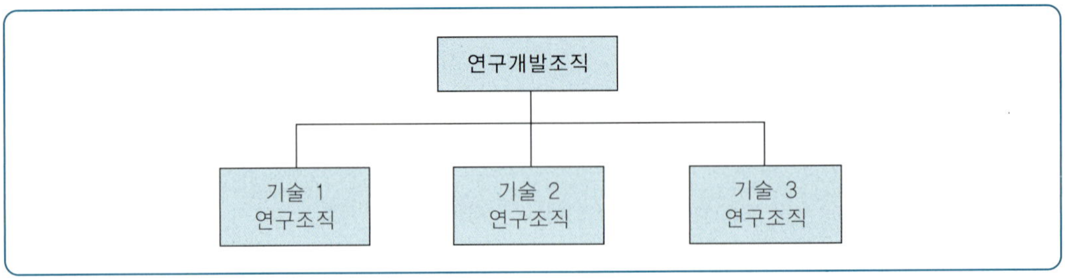

[그림 3-17] 기술중심 연구개발 조직의 구조

(4) 프로젝트중심 조직

프로젝트중심 조직(project-oriented organization)은 [그림 3-18]과 같이 연구개발시스템의 단위 조직이 중요한 기술개발 프로젝트 단위로 구성되어 있는 형태이다. 각각의 기술개발 프로젝트가 그 성격에 있어 독립적이면서, 동시에 규모와 범위가 일정 수준을 넘는 경우에 적합한 방식이다.

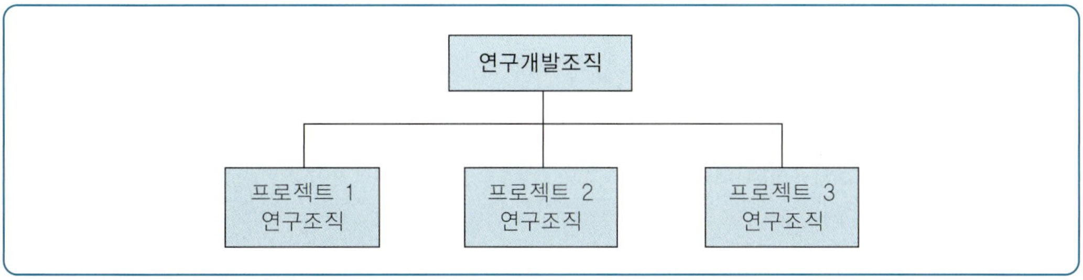

[그림 3-18] 프로젝트중심 연구개발 조직의 구조

(5) 기능중심 조직

기능중심 조직(function-oriented organization)은 [그림 3-19]와 같이 연구개발시스템의 단위 조직이 기술관리 활동을 중심으로 구성되어 있는 형태이다. 연구개발 조직이 연구개발 기능, 엔지니어링 기능, 상업화 기능, 특허관리 기능 등과 같은 기능별로 나누어지거나 기초연구 기능, 응용연구 기능, 개발연구 기능, 엔지니어링 기능, 디자인 기능 등의 기능별로 나뉘어진 방식이다. 주로 연구개발의 범위가 넓고 규모가 방대한 조직에 적합한 방식이다.

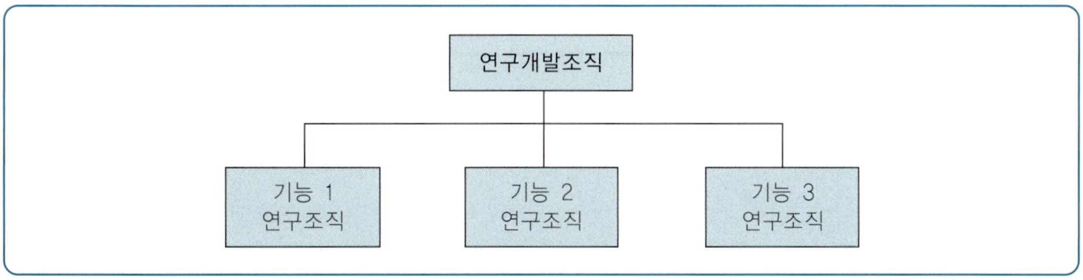

[그림 3-19] 기능중심 연구개발 조직의 구조

(6) 매트릭스 조직

매트릭스(matrix) 조직은 [그림 3-20]에서 보는 것처럼, 기능중심 조직을 열(column)로 하고 프로젝트중심 조직을 행(row)으로 하나의 매트릭스를 구성하고 있다. 여기서 각각의 연구 조직은 기능별 조직의 일부로 존재하면서 동시에 개별적인 기술개발 프로젝트와 연결되어 있다. 한마디로 기능중심 조직의 효율성과 프로젝트중심 조직의 신축성을 동시에 추구하는 형태이다. [그림 3-21]에 자동차 기업 연구소의 매트릭스 조직 형태가 예시적으로 도시되어 있다.

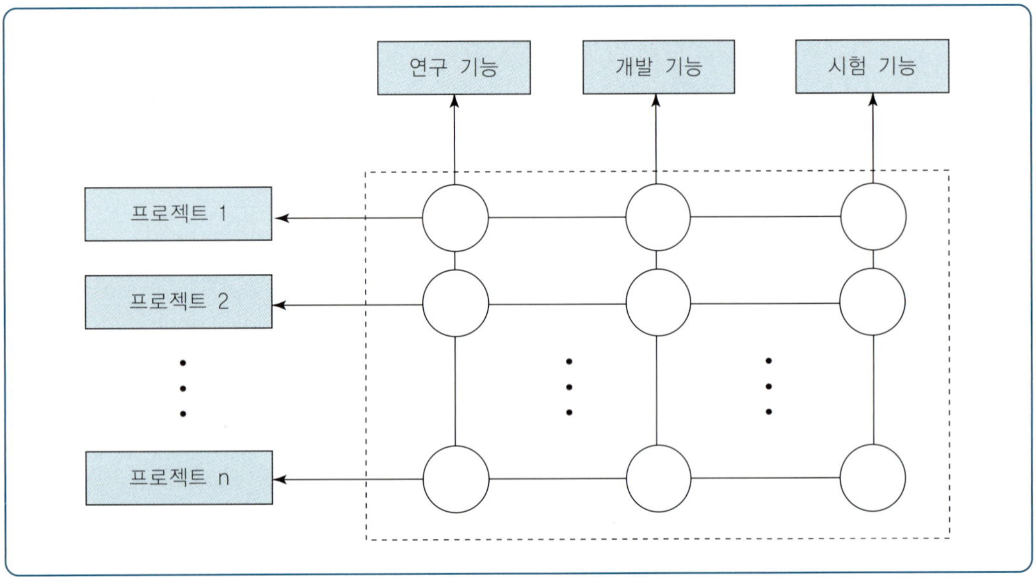

[그림 3-20] 매트릭스 연구개발 조직의 기본구조

매트릭스 연구개발 조직은 매트릭스를 구성하는 두 개의 축인 기능조직과 프로젝트 조직 간에 무게중심을 어디에 두느냐에 따라 크게 세 가지 유형으로 나눌 수 있다. 첫째는 균형 매트릭스 조직으로 기능조직과 프로젝트 조직 사이에 권한과 책임이 비슷하게 배분되어 있는 형태이다. 두 번째는 기능중심 매트릭스 조직으로 기능 조직에 더 많은 권한이 배분되어 프로젝트 조직의 운영을 조정하는 형태이다. 세 번째는 프로젝트 중심 매트릭스 조직으로 프로젝트 조직에 더 많은 권한이 배분되어 기능조직의 운영을 조정하는 형태이다. 각 유형의 특성과 운영기준이 〈표 3-1〉에 정리되어 있다. 따라서 매트릭스 조직을 운영하는 연구소의 경우, 그 연구소의 목적과 조건에 맞추어 적절한 유형을 선택해야 한다.

[그림 3-21] 자동차 연구소의 매트릭스 조직

〈표 3-1〉 매트릭스 조직의 유형과 특성

유형	핵심 특성	운영 기준
균형 매트릭스	• 기본 모형 • 연구원은 공식적으로 두 부문 모두에 소속 • 다원적 목표 추구	• 권한과 책임의 균등 분배 • 프로젝트 관리자는 프로젝트 일정관리와 기술적 문제 관리 • 기능부서 관리자는 인사관리 및 자원관리
기능중심 매트릭스	• 연구원은 기능부서에 소속 • 기존제품의 효율적 관리에 초점	• 기능부서 관리자가 조정 역할 • 프로젝트 관리자는 제한적 지원(light weight project manager)
프로젝트 중심 매트릭스	• 연구원은 두 부문 간에 신축적으로 배치 • 신제품 개발의 효과적 관리에 초점	• 프로젝트 관리자가 일차적 통제권 행사 (heavy weight project manager) • 기능부서 관리자는 제한적 지원

4. 연구개발 조직의 진화

(1) 연구개발 조직의 세대별 진화

연구개발시스템은 내부조건과 외부환경의 변화에 따라 동태적으로 진화하는 양상을 보인다. 앞에서 설명한 대로, 19세기 말 내지 20세기 초에 민간 연구소가 설립되기 시작한 이후 지난 100년간 연구개발시스템은 양적, 질적으로 끊임없는 성장과 변화를 거듭하여 왔다.

이 성장과 변화의 과정은 연대별로 나눌 수도 있지만 세대(generation)별로 나누어 살펴보는 것이 더 의미 있는 접근이다. 어떤 기준에 의해 몇 개의 세대로 나눌 것이냐에 대해서는 연구자마다 의견이 다를 수 있다. 3세대로 나누는 경우도 있고 5세대로 나누는 경우도 있다. 그러나 가장 많이 받아들여지고 있는 분류는 〈표 3-2〉와 같이 4세대로 나누는 접근이다(Miller and Morris, 1999).

각 세대별 특성과 내용을 좀 더 자세히 살펴보자. 1세대의 특성은 간단하고 분명하다. 20세기 초부터 2차 세계대전까지의 연구개발은 '과학자(scientist) 중

〈표 3-2〉 세대별 R&D 시스템의 진화

세대	기간	특성
1세대	2차 세계대전 이전	• 독립적 연구실 조직 (R&D-alone organizational system) • 과학자/연구자 중심의 발명 (scientist-based invention) • 연구개발의 간접비용 개념 (R&D as overhead and cost center)
2세대	2차 세계대전 ~ 1970년대	• 연구개발 프로젝트 관리 (emphasis on project management) • 수요중심의 연구개발 투자 (need-based funding) • 프로젝트 경제성 분석 (cost-benefit evaluation)
3세대	1980년대 ~ 1990년대 전반부	• 전략적 위상 분석 (emphasis on strategic planning) • 마케팅, 생산부분과의 연계 (linkage with marketing, production) • 기술로드맵, 포트폴리오 등의 수립 (technology roadmap, portfolio)
4세대	1990년대 후반부 ~ 현재	• 불연속적 기술혁신 강조 (emphasis on discontinuous innovation) • 조직구조와 핵심역량 강조 (architecture and capability) • 차세대 신제품의 설계 (next-generation dominant design)

심' 의 '독립적 경영(independent management)' 이라는 표현으로 요약할 수 있다. 이 시대에는 기술혁신의 획기적 아이디어가 과학자로부터 나온다고 믿었다. 따라서 연구소의 구성원들도 과학자와 연구원 중심이었으며, 연구개발시스템은 기업 전체의 구조 및 전략과 분리되어 독자적인 실험실 형태로 운영되었다. 연구비의 성격도 단순한 간접비(overhead cost)로 인식되었다. 이러한 독립성과 우연성으로부터 획기적인 발명과 혁신적인 제품이 만들어지면 연구개발의 가치와 효용이 인정되는 것으로 이해되었다. 듀퐁이 나일론을 개발한 사례는 이 세대를 대표하는 발명이자 기술혁신이다.

2차 세계대전 이후부터 1970년대의 기간을 대표하는 2세대 연구개발시스템의 요체는 한마디로 '프로젝트 관리(project management)' 라고 할 수 있다. 2차 대전 이후에 세계경제가 급속도로 팽창하면서 기업들은 엄청나게 성장하였고, 이에 따라 연구개발의 규모와 범위도 훨씬 커지고 넓어졌다. 또 새로운 아이디어의 원천이 순수과학자로부터 '연구자나 엔지니어' 로 넘어온 시기이기도 하였다. 따라서 체계적이고 정량적인 방식을 통해 어떻게 늘어나는 프로젝트와 커지는 투자비용을 효율적, 경제적으로 운영하고 관리할 것인가 하는 문제가 중요한 과제로 떠오르게 되었다. 연구개발의 경제성 분석, 프로젝트의 일정 관리, 연구결과의 성과 분석 등을 위한 다양한 기법들이 개발되고 활용된 것이 바로 이 시기이다. 동시에 연구개발의 영역과 주제를 수요중심적으로 조정해야 한다는 주장이 제기된 것도 이 기간 동안의 일이다.

1980년대에서 1990년도 전반을 통한 3세대 연구개발의 핵심은 '전략적 관리(strategic management)' 로 요약할 수 있다. 세계적인 경기침체와 치열한 국제경쟁을 겪으면서 규모가 크고 범위가 넓은 연구개발이 필요한 것이 아니라 기업과 시장이 원하는 연구개발이 중요하다는 인식이 확산되었다. 연구개발 조직은 더 이상 독립적인 별도 조직이 아니라 기업전체의 일부로서 다른 경영조직과 유기적인 연계를 맺어야 하며, 연구개발 전략도 상위의 기업전략을 뒷받침하는 방향과 기준으로 수립되어야 한다는 주장이 제기된 것이다. 이러한 목적을 위해 위상 분석, 포트폴리오 분석, 로드맵 작성 등의 전략적 중요성이 강조되었다. 또 혁신적인 아이디어는 연구자나 엔지니어로부터 나오는 것이 아니라 '시장, 즉 고객' 으로부터 나온다는 생각도 강해졌다. 그러면서 연구개발과 시장 사이의 연계를 강화하는 일이 중요해졌다. 내부의 연구부문이나 생산부문이 아니라, 마케팅 부문 내지 외부의 잠재적 시장으로부터 새로운 아이디어나 기술정보를 수집하고 분석하는 기법들이 도입되었다.

1990년 후반부터 현재까지 진행되고 있는 4세대 연구개발은 한마디로 '혁신적 관리(innovative management)'로 정리할 수 있다. 4세대 연구개발의 기본원리와 핵심과제가 제기된 것은 오늘날의 주력제품들이 대부분 수명주기상에서 성숙기로 접어들고 있는데 반해, 아직 차세대를 대표할 새로운 혁신제품(dominant design)들을 창출하지 못하고 있는 현실 인식에 기반하고 있다. 이미 성장은 한계에 부딪치고 시장은 포화되어 무엇인가 획기적인 신기술과 신제품이 절실히 요구되는 시점에 서 있다. 문제는 과거의 방식으로는 새로운 것을 찾기 어렵다는데 있다. 사회구조가 복잡해지고 기술융합이 심화되면서 이제는 연구자의 좁은 지식이나 고객의 단순한 발상만으로는 획기적(breakthrough)인 아이디어를 찾을 수 없게 된 것이다. 따라서 4세대 연구개발은 단순한 데이터(data)나 정보(information)가 아니라 고도의 수준과 방법으로 가공된 지식(knowledge)의 중요성을 강조하고, 평면적이고 순차적인 연구조직이 아니라 다원적이고 유기적인 혁신조직의 필요성을 주장하고 있다. 또 기술적 전문성과 도전적 창의성을 동시에 갖춘 '혁신자(innovator)'의 중요성이 부각되는 추세이다. 4세대 연구개발의 자세한 내용은 다음 절에서 설명한다.

(2) 4세대 연구개발 조직의 구성

앞의 세대별 분류도에서 본 것처럼, 오늘날의 연구개발시스템은 4세대로 분류된다. 물론 세대가 앞선다고 반드시 더 좋은 것이라고 말할 수는 없다. 기업마다 환경과 능력이 다르고 기술마다 성격과 수준이 다르기 때문에 현재의 위치에서 가장 적합한 모형을 선택하는 것이 중요하다. 또한 세대의 진화는 '축적'의 개념이기 때문에 세대별로 차근차근 능력과 경험을 쌓아가야지 앞 세대를 거르면서 한번에 뛰어넘는 접근도 위험하다.

그러나 4세대 R&D 시스템은 전통적인 연구개발시스템과 비교하여 근본적이고 본질적인 차이가 있고 그 차이를 명확하게 이해하는 것은 중요하다. 가장 큰 차이점은 조직 설계에 있어 기존의 연구개발 조직만을 대상으로 하는 것이 아니라, 신제품의 기술기획을 전담하는 기술혁신(innovation) 조직과 시장기획을 전담하는 기술응용(application) 조직을 별도로 설치하는 점이다. 따라서 전체적인

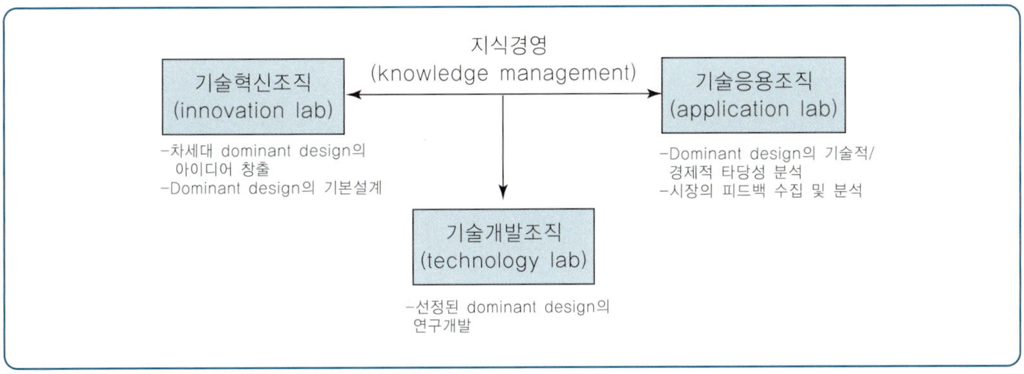

[그림 3-22] T자형 연구개발시스템의 기본구조

연구개발시스템은 기존의 연구개발 조직 및 추가된 기술혁신 조직과 기술응용 조직의 세 조직이 결합되어 [그림 3-22]에서 볼 수 있는 T자형으로 구성된다.

T자형 조직을 만든 배경은 3세대 이전의 연구개발시스템에 대한 비판론에서 출발한다. 앞에서 설명한 것처럼, 1세대와 2세대의 전통적인 연구개발시스템에서는 신제품 아이디어의 원천을 연구자나 기술자, 즉 R&D나 생산 영역에서 찾았다. 그러나 시장과 소비자를 이해하지 못하는 연구자들로부터 획기적인 신제품의 아이디어를 수집하는 것이 어렵다는 사실을 깨닫게 되면서, 3세대 시스템은 마케팅 영역에서 아이디어를 찾게 되었다. 따라서 잠재적인 시장과 고객을 대상으로 하는 대규모의 과학적 시장조사 방법들이 활발히 이용되었다. 하지만 기술적 전문성이 없는 소비자들이 제공하는 아이디어의 한계가 드러나면서, 근본적으로 새로운 방법과 원천을 모색하는 4세대 시스템이 제시된 것이다.

그 해답으로 제시된 것이 기술혁신 조직과 기술응용 조직이다. 먼저 기술혁신 조직은 경험 많고 혁신적인 기술전문가들을 선별하여, 급진적(radical)이고 불연속적(discontinuous)인 기술혁신을 통해, 차세대 주력제품(dominant design)이 될 수 있는 신제품의 기본적인 아이디어와 설계도를 창출하는 작업을 전담하게 한다.

기술혁신 조직에서 창출된 아이디어와 작성된 설계도는 기술응용 조직으로 넘겨진다. 기술응용 조직에는 기술적 전문성과 시장에 대한 이해를 모두 갖춘 전문 인력들이 배치되어, 새로운 아이디어가 과연 기술적 가능성과 시장적 경제성이 있는지를 검증하는 역할을 하게 된다. 따라서 이 조직에서는 공학적인 실험과 상업적인 조사가 동시에 이루어진다.

기술혁신 조직과 기술응용 조직 모두 지식경영(knowledge management)이 필수적인 활동이 된다. 획기적이고 혁신적인 새로운 아이디어를 과학적인 방법으로 찾고, 그 타당성을 체계적으로 검증하기 위해서는 단순한 자료(data)나 정보(information)의 이용만으로는 안 되고, 이를 가공하고 분석하여 지식(knowledge)으로 전환해야 하기 때문이다.

왼쪽에 배치되어 있는 기술혁신 조직에서 창출된 새로운 아이디어가 오른쪽에 배치되어 있는 기술응용 조직의 검증과정을 통과하게 되면, 비로소 중앙에 위치한 연구개발 조직으로 넘겨져 본격적인 R&D가 시작된다. 따라서 연구개발의 목적이 처음부터 전략적으로 설정되고, 주제와 내용도 명확하게 제시된다.

물론 전통적인 연구개발시스템에서도 이러한 과정과 절차가 부분적으로 존재하여 왔다. 그러나 4세대 연구개발시스템에서는 전담조직의 설치를 통해 훨씬 더 체계적이며 조직적으로 운영하고 있다는 점에서 획기적인 변화라고 할 수 있다. 아직까지는 4세대 연구개발시스템의 설계와 운영이 보편화된 것은 아니고, 일부 선도기업에 의해 실험적으로 이루어지고 있다고 할 수 있다. 그러나 4세대 연구개발의 근본적이고 본질적인 장점과 효과가 인식되면, 머지않아 많은 기업으로 폭넓게 확산될 것으로 예상된다.

T자형 조직을 좀 더 단순화시킨 형태로 [그림 3-23]과 같이 양손잡이 조직(ambidextrous organization)을 들 수 있다. 연구개발에서는 단기적인 효율성와 장기적인 창의성이 모두 필요하고 중요하다. 따라서 전체조직을 효율성 제고를 위한 오른손잡이형의 기계적(mechanistic) 조직과 창의성 제고를 위한 왼손잡이형의 유기적(organic) 조직으로 나누어 구성하는 것도 하나의 대안이 될 수 있는 것이다.

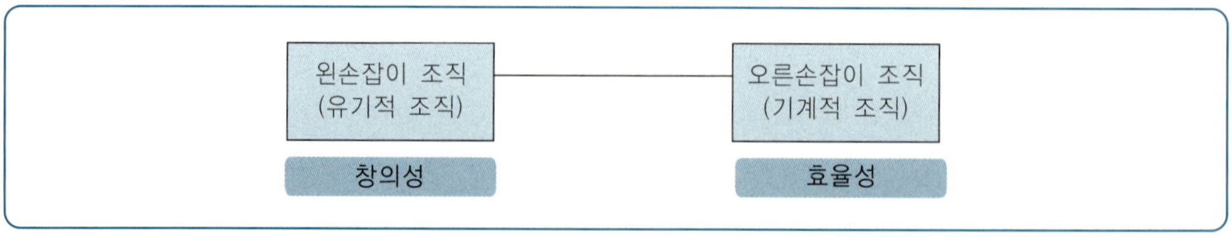

[그림 3-23] 양손잡이형 조직의 기본구조

(3) 이원적 경력경로 제도

위에서 살펴본 것처럼, 새로운 연구개발 패러다임에 대응하는 가장 두드러진 변화는 연구소를 혁신중심의 조직으로 재설계하는 것이다. 하지만 조직구조의 변화에 함께 연구원 개인에 대한 새로운 경력관리 제도를 도입하는 방법도 사용할 수 있다. 그 중에서도, 특히 이원적 경력경로(dual career ladder) 제도에 대한 관심이 높아지는 추세이다. 이 제도는 이미 1960년대부터 서구의 연구개발 조직이나 엔지니어링 조직에서 부분적으로 운영되어 왔으나 최근 들어 새로운 주목을 받고 있다.

연구개발 조직은 다른 사업부서와 비교하면 좀 더 신축적이고 유연한 관리 방식이나 기준이 적용되기는 한다. 하지만 연구인력과 연구과제의 수가 늘어나면 어쩔 수 없이 조직관리의 경직성이 커질 수밖에 없다. 그러나 이공계 출신, 특히 연구개발 분야나 설계분야 등에 종사하는 인력들은 인문사회계 출신 인력과 비교하여 조직관리에 서툴거나 부담을 느끼는 경향이 강하다. 더구나 창의적 혁신을 강조하는 4세대형 R&D 조직에서는 개인의 창의성과 조직의 효율성이 서로 부딪힐 가능성이 크다.

게다가 연구원 개개인의 중장기적인 경력관리와 연결되면 문제는 더욱 어려워진다. 예를 들어 대학원을 졸업한 신입 연구원이 있다고 하자. 초기에 Junior Researcher의 자리에 있는 동안에는 별다른 고민 없이 열심히 연구에만 매달리면 된다. 그러나 시간이 흘러 Middle Researcher의 위치가 되면 관리자로서의 역할이 주어지기 시작한다. 더 이상 연구만 할 수 없고 점차 조직관리에 참여해야 한다. 이 때 개인의 적성이나 목표에 따라 서로 다른 두 가지 유형이 나타난다. 첫 번째 유형은 연구뿐 아니라 관리자로서 프로젝트 전체를 운영하고 후배 연구원들의 리더 역할을 좋아하는 연구자이다. 두 번째 유형은 관리 업무를 기피하고 오로지 연구에 전념하여 훌륭한 연구성과를 내기만을 희망하는 연구자이다. 이럴 경우 각각의 유형에 맞는 경력경로(career path)를 다르게 설계하는 것이 필요할 수 있다.

이미 이 책의 앞부분에서 간략히 설명한 것처럼, 이원적 경력경로 제도는 이러한 상황에서 도입될 수 있는 제도이다. 이 제도는 연구원의 경력 계층을 크게 관리직 경로(management ladder)와 연구직 경로(research ladder)로 나누어 각자가 자신에게 맞는 경로를 선택하게 하는 방식이다. 또한 어느 경로를 선택하든 동일한 지위(status)와 보상(rewards)을 제공하는 것을 원칙으로 한다.

Dual Ladder 제도를 도입하면 [그림 3-24]와 같이 연구원의 경력경로는 Y자 형으로 설계하게 된다.

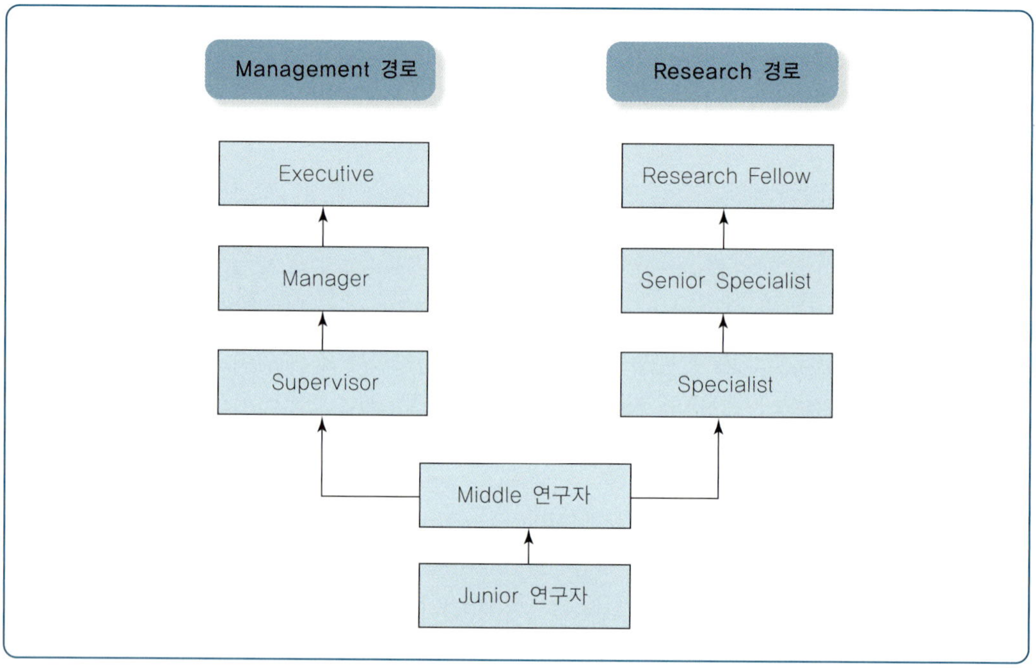

[그림 3-24] Dual Ladder 경력경로의 기본 구조

Dual Ladder 제도를 도입할 경우, 실무적으로는 다음 몇 가지 이슈에 대해 신중한 고민을 해야 한다. 첫째는 관리직 경로와 연구직 경로의 비율을 어떻게 정할 것인가 하는 것이다. 어느 한쪽으로 너무 몰린다거나 반대로 어느 한쪽을 모두 피한다면 관리의 효율성과 연구의 생산성이 모두 떨어질 위험이 있기 때문에 최적의 비율을 잘 찾아야 한다. 둘째는, 경력 사다리의 어느 위치에서 경로의 선택을 하게 하는가이다. 너무 낮은 위치에서 경로를 선택하는 것도 위험하지만 너무 늦게 경로를 선택하는 것도 효과가 떨어진다. 실무에서는 먼저 비교적 낮은 위치에 있을 때 일차적인 희망을 물어본 뒤 중간 위치에 도달했을 때 최종적인 선택을 하게 하는 방식을 사용하고 있다. 셋째는, 경력 사다리의 단계마다 어떤 역할과 직무를 수행해야 하는가를 설정하는 것이다. 특히 연구직 경로를 따라가는 경우, 아무리 연

구자의 자율성을 보장한다고 하더라도 경력의 단계에 맞는 책임감과 역할을 알려주어야 한다. 넷째는 어떻게 공정하고 합리적인 평가제도를 설계하고 운영할 것인가이다. 특히 관리직 경로와 연구직 경로는 일의 내용도 다르고 일의 결과물도 다르기 때문에 성과에 대한 평가 기준과 보상 체계를 달리 해야 한다. 이 때 양쪽 모두가 동의하는 합리적 기준과 체계를 만드는 것이 매우 중요한 과제가 된다.

3.4 서비스 조직의 혁신

연구개발 조직의 혁신에 이어 이번에는 서비스 조직의 혁신에 대해 알아보자. 명확하게 규정하거나 뚜렷한 제한을 둔 적은 없지만, 일반적으로 우리가 경영시스템을 얘기할 때는 제조업(manufacturing)에 속한 기업을 대상으로 한다. 앞에서 살펴본 조직구조나 형태도 대부분 제조업을 대상으로 개발되고 운영되어온 것들이다. 또 공장의 설계 원리나 방식도 생산라인(production-line)을 전제로 제시되어 왔다.

주위의 공장에서 볼 수 있는 것처럼, 제조시스템의 기능은 생산(production) 활동이다. 따라서 제조시스템 설계의 핵심은 무엇(what) 의미하는 '제품(product)'을 어디에서, 어떻게(where and how) 만드는가를 의미하는 '공정(process)'과 연결시키는 것이다. 한마디로 '어떤 제품을 어떤 공정에서 생산하는가'라는 것이 제조시스템 설계의 핵심인 것이다. 따라서 제조업의 기술혁신(technological innovation)은 제품의 특성에 적합한 공정혁신을 중요한 주제로 다루어 왔다.

전통적인 기술혁신이 제조업을 중심으로 이루어져 왔고 시스템의 설계 문제도 주로 제조시스템을 대상으로 하다 보니 서비스 시스템의 조직혁신은 아직도 별다른 관심을 끌지 못하고 있는 실정이다. 실제로 경영학이나 산업공학의 교과구성을 살펴보면, 제조 시스템이 아닌 서비스(service) 시스템의 설계나 경영을 다루는 과목은 아예 없거나 있어도 매우 제한적이라는 사실을 발견하게 된다. 기술혁신의 관점에서 보면, 제조혁신(manufacturing innovation)이 중심적 주제였다면 서비스 혁신(service innovation)은 주변의 관심사에 불과했던 것이다. 물론 최근에 서비스 사이언스(service science) 또는 서비스 공학(service engineering) 등의 이름으로 서비스 혁신의 이론과 실무를 다루는 주제들이 생겨나는 것은 큰 변화라고 할 수 있다.

오늘날 선진국형 경제시스템의 무게 중심은 제조 기업으로부터 서비스 기업으로 이행하고 있다. 우리나라의 경우도 이미 GDP에서 서비스 산업의 비중이 제조업 비중보다 훨씬 큰 실정이다. 물론 제조기업이든 서비스기업이든 기업은 기업이기 때문에 전체적 구조가 크게 다르지는 않다. 제일 위에는 사장이 있고 그 아래에는 경영기능별로 나누어 인사관리 조직도 있고 재무관리 조직도 있고 마케팅관리 조직도 있다. 라인 조직과 스탭 조직이 공존하는 것도 마찬가지다.

그러나 기업 내부에서 실제로 '제품의 생산이 이루어지는' 제조시스템과 '서비스의 제공이 이루어지는' 서비스 시스템은 그 성격과 형태가 매우 다르다. 자동차회사이든 금융회사이든 기업 자체의 큰 구조는 비슷하지만 자동차를 조립하는 공장과 금융거래가 이루어지는 은행지점은 구체적인 모양과 내용이 상이하다. 따라서 여기서 서비스 조직이라고 하는 것은 '서비스 기업'의 구조를 말하는 것이 아니라 그 기업 안에서 실제 서비스가 만들어지고 전달되는 '서비스 시스템'의 구조를 의미한다.

제조 시스템과 서비스 시스템의 조직이 크게 다른 이유는 서비스업은 제조업과 비교하여 본질적이고 구조적인 속성이 매우 다르기 때문이다. 따라서 서비스 시스템의 설계를 위해서는 먼저 제조업과 서비스업의 특성적 차이를 살펴보고 나서, 이를 토대로 서비스 시스템을 분류한 후, 서비스 시스템의 설계 기준과 전략을 제시하는 순서로 진행해야 한다.

1. 서비스의 특성

제품이나 하드웨어와 비교한 서비스의 특성(distinctive characteristics)은 한두 가지가 아니다. 보는 기준과 관점에 따라 무수히 많은 특성을 찾을 수 있다. 그러나 제품과 비교한 서비스, 제조업과 비교한 서비스업의 핵심적인 특성으로는 크게 다음의 다섯 가지를 들 수 있다. 이들 특성은 서비스업의 조직설계 및 운영을 훨씬 더 어렵게 만드는 요인으로 작용한다. 또 교과서에서 서비스 경영을 체계화된 이론이나 정형화된 프로세스로 설명하기 어려운 근본적인 원인이 된다.

(1) 무형성

서비스를 통해 제공되는 것은 노래를 듣거나 테니스 시합을 관전할 때 느끼는 감동과 같은 것으로써, 보거나 만지기 어렵고 아무것도 남겨지지 않는다. 이를 서비스의 무형성(intangibility)이라고 한다. 이러한 문제점을 보완하거나 감소시키기 위해 오늘날 많은 서비스는 유형성을 가진 '촉진 제품'과 함께 제공되기도 하고 유형적인 '촉진 서비스'를 동반하기도 한다.

서비스가 갖는 무형성은 전반적인 시스템의 운영과 통제를 어렵게 한다. 눈에 보이지 않는 서비스를 관리하고 통제하는 것은 유형의 제품을 관리하고 통제하는 제조업과 비교할 때 훨씬 어려운 것이다. 또한 품질을 정의하기도 쉽지 않고, 품질을 측정하기도 용이하지 않기 때문에 품질 관리도 힘들어진다.

(2) 동시성

많은 서비스들은 제공자에 의해 생산되는 시점에서 바로 사용자 내지 구매자에 의해 소비된다. 이것이 서비스의 또 다른 특성인 동시성(simultaneity) 또는 비분리성(inseparability)이다. 서비스의 동시성은 수요규모와 생산능력 간의 균형을 어렵게 만든다. 또 효과적인 유통관리도 어려운 원인이 된다.

(3) 소멸성

서비스는 고객이 요구할 때 즉시 제공되지 않으면 구매의 가능성이 없어지거나 크게 줄어든다. 이것이 서비스의 소멸성(perishability)이다. 이 특성 때문에 서비스는 재고관리를 통한 저장이 불가능하고, 주문예약(backorder)을 이용한 주문 관리가 어렵다. 따라서 많은 서비스 시스템들은 재고량을 관리하는 것이 아니라 대기시간(queue)을 관리한다.

(4) 이질성

서비스는 하나하나의 특성이나 목적이 모두 다르다. 이것이 서비스의 이질성

(heterogeneity)이다. 따라서 서비스는 표준화를 통해 제품 개발이나 생산 과정을 효율적으로 관리하기가 어렵고 대량생산 및 반복생산도 힘들다.

(5) 고객 참여

서비스의 특성 중의 하나는 서비스 프로세스에 고객이 참여(customer participation)한다는 것이다. 이 점은 대부분의 제조업과 비교할 때 서비스업의 가장 큰 특성이라고 할 수 있다. 고객이 서비스를 창출하고 제공하는 과정에 참여하기 때문에 그만큼 서비스 시스템을 관리하기가 어렵다. 또 서비스 제공자와 서비스 사용자 간의 갈등을 유발하는 원인이 되기도 한다.

2. 서비스 시스템의 분류

제조업과 비교한 서비스 시스템의 특성이 상이한 것처럼, 서비스 시스템 종류도 매우 다양하다. 우리가 실생활에서 발견할 수 있는 서비스 시스템이 얼마나 다양한지를 생각해 보면 이를 쉽게 이해할 수 있을 것이다. 따라서 서비스 시스템의 설계에 앞서, 서비스 시스템을 몇 가지 유형으로 나누는 작업이 필요하다. 서비스 시스템의 분류체계(classification scheme)에는 어떤 것들이 있는지를 살펴보기로 하자.

(1) 산업특성에 의한 분류

이 분류는 가장 공식적이고 포괄적인 분류체계이다. 서비스 대상의 내용적 측면이나 시스템 설계의 전략적 측면보다는, 거시적인 산업 및 시장의 특성과 구조에 따라 서비스업을 나누고 있다. 따라서 산업정책의 수립이나 조사분석 과정에서 흔히 사용되는 분류이다. 여기서는 서비스업을 다음과 같이 크게 다섯 분야로 세분한다.

- 비즈니스 서비스(business service): 컨설팅, 재무, 금융 등과 같이 산업활동에 필요한 자본을 중개하거나 지식을 제공하는 것을 주업으로 하는 서비스
- 교역 서비스(trade service): 도소매, 유지보수 등과 같이 직접적인 서비스를 제공하거나, 상품을 유통시키는 것을 주업으로 하는 서비스

- 하부구조 서비스(infrastructure service): 정보통신, 운송 등과 같이 물리적인 하부구조를 제공하고 사용하는 것을 주업으로 하는 서비스
- 개인 서비스(personal service): 음식점, 의료 등과 같이 개개인의 욕구나 필요를 만족시키는 것을 주업으로 하는 서비스
- 공공 서비스(public administration): 교육, 행정 등과 같이 공공의 편의나 복지를 만족시키는 것을 주업으로 하는 서비스

(2) 서비스 내용(특성)에 의한 분류

이 분류는 서비스의 실질적 내용이나 본질적 성격을 토대로 서비스 시스템을 나누는 체계이다. 먼저 서비스의 내용이나 서비스 프로세스의 대상을 기준으로 서비스 시스템을 나누면, 크게 사람의 서비스(processing of people), 정보의 서비스 (processing of information), 재화의 서비스(processing of goods)로 세분한다.

서비스의 다양성이라는 관점에서 보면, 표준화된 서비스(standardized service)와 맞춤화된 서비스(customized service)로 나눌 수 있다. 또 고객과의 접촉 수준에 따라 나눈다면, 직접접촉 서비스(direct customer contact service), 간접접촉 서비스(indirect customer contact service), 미접촉 서비스(no customer contact service)로 분류할 수 있다.

(3) 서비스 시스템 설계에 의한 분류

앞에서 살펴본 서비스 내용에 의한 분류는 서비스 시스템의 본질과 구성요소를 쉽게 이해하기에는 유용한 기준이지만, 구체적이고 실질적인 서비스 시스템을 설계하고 운영하는데 활용하기에는 한계가 있다. 따라서 서비스 시스템의 설계에 적용할 수 있는 여러 가지의 분류체계가 많은 연구자들에 의해 제시되어 왔다. 이 가운데 많이 알려지고 또 활용되어 온 두 가지의 대표적 분류 모형을 살펴보자.

가. 고객접촉 모형

고객접촉 모형(customer contact model)은 서비스 시스템의 분류에서 가장 오래되고 또한 가장 널리 알려진 기준이다(Chase, 1981). 이 모형은 서비스 시스

템이 서비스를 창출하고 제공하는 모든 과정에서 고객과 접촉하는 정도(extent of customer contact), 즉 서비스를 제공하는데 소요되는 전체 시간에서 고객이 그 시스템에 존재해야 하는 시간의 비율(percentage of time customer must be in the system relative to total time to perform the service)에 따라 서비스 시스템을 크게 다음 세 가지 형태로 분류한다.

첫째는 순수 서비스(pure service)이다. 이 유형은 우리가 본연의 의미로 서비스를 정의할 때 해당되는 경우로, 고객과의 접촉빈도가 매우 높고 접촉시간이 매우 긴 시스템을 뜻한다. 둘째는 유사제조업(quasi-manufacturing)이다. 이 유형은 고객과의 접촉이 거의 없어 마치 제조업과 비슷한 시스템을 포함한다. 셋째는 혼합 서비스(mixed service)이다. 이 유형은 위의 두 유형의 성격을 모두 가지고 있어 고객과의 접촉 정도가 중간 정도인 시스템을 가리킨다. 〈표 3-3〉에 세 유형의 특성과 구체적인 예가 제시되어 있다.

〈표 3-3〉 고객접촉 모형의 서비스 분류

고객 접촉 정도	서비스	예시
높은 접촉 수준 (high-contact)	순수 서비스 (pure service)	회원제 헬스 센터, 고급 호텔 레스토랑, 소규모 전문교육 시스템, 개인 서비스
중간 접촉 수준 (medium contact)	혼합 서비스 (mixed service)	은행 지점, 자동차 수리 센터
낮은 접촉 수준 (low-contact)	유사제조업 서비스 (quasi-manufacturing)	은행 본사, 우편 서비스, 홈쇼핑, 도매업

서비스 시스템은 크게 전면 공간(front office)과 배후 공간(back office)으로 구성된다. 대부분의 서비스 시스템은 고객이 서비스 시스템에 들어가면서 처음 만나면서 오래 머무르게 되는 부분이 있고, 뒤에 있어서 고객에게 잘 안 보이고 또 고객이 들어갈 필요가 없는 부분이 있다. 앞에서 고객과 바로 접촉하는 부분이 front office이고 고객과의 접촉이 거의 없는 뒤쪽이 back office이다.

이들이 어떤 형태로 나뉘어지고 또 어떤 형태로 연결되는가에 따라 앞에서 분류한 각각의 서비스 시스템은 [그림 3-25]와 같이 그 모양이 달라지게 된다. 순수 서비스 시스템에는 front office에서만 고객과의 접촉이 일어나고 back

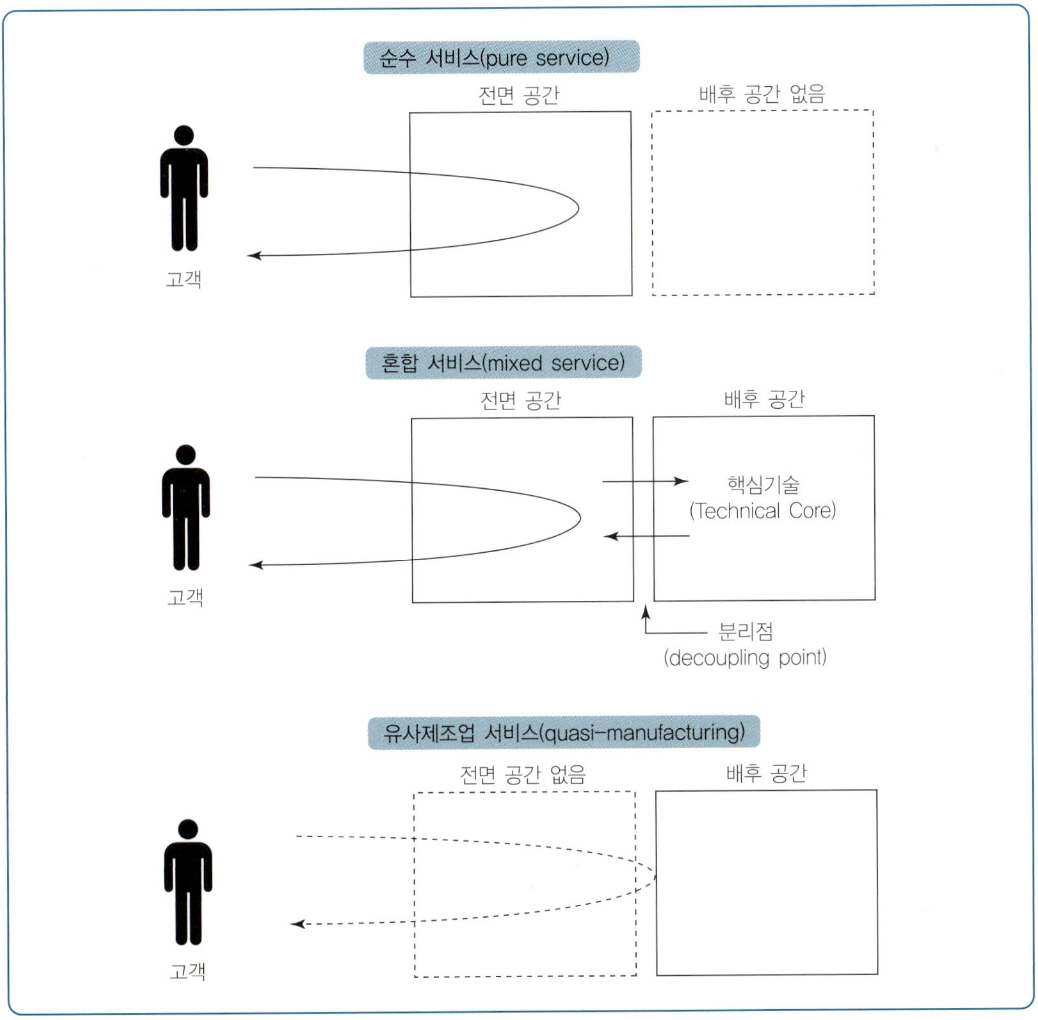

[그림 3-25] 서비스 시스템의 분류

office는 사실상 존재하지 않는다. 이에 반해 유사제조업 서비스 시스템에는 back office는 중요하지만 front office에서 고객과의 접촉이 일어날 일은 거의 없다. 한편 혼합 서비스 시스템에서는 front office와 back office 모두 균형적으로 존재하게 된다.

고객접촉 모형의 실무적 유용성은 위의 분류를 기초로 서비스 시스템 설계의 여러 가지 기준과 전략을 얻을 수 있다는데 있다. 이를 위해 이 모형은 서비스 시스템의 잠재적 운영 효율성(efficiency)을 다음과 같은 함수 형태로 나타낼 수 있다고 가정한다.

$$\text{시스템의 효율성(efficiency)} = f\,(\,1 - \text{고객접촉시간}/\text{서비스창출시간}\,)$$

이 가정에 의하면, 고객접촉시간이 줄어들수록 서비스 시스템의 효율성은 올라간다. 따라서 서비스 시스템의 효율성을 올리기 위해서는 기술(technology)의 활용을 통해 고객접촉 시간을 줄여야 한다. 한편, 위의 식에는 나타나 있지 않지만, 서비스 시스템의 효과성(effectiveness)을 제고하기 위해서는 고객 접촉의 방식과 형태를 고객 중심으로 바꾸어야 한다. 실제로 이 모형의 가정은 많은 사례를 통해 실증적으로 그 유용성이 검증되었고, 그 후 서비스 시스템의 설계에 큰 영향을 끼친 것으로 평가된다. 이에 대한 자세한 논의는 조금 뒤에 하도록 하자.

나. 서비스 프로세스 매트릭스 모형

고객접촉 모형과 관련되어 있지만 보다 다양한 변수를 기준으로 서비스 시스템을 분류한 모델로는 서비스 프로세스 매트릭스 모형(service process matrix model)을 들 수 있다(Schmenner, 1986). 이 기준은 고객화의 정도(degree of customization)와 노동 집약도의 정도(degree of labor intensity)라는 두 가지 요소에 의해 서비스 시스템을 분류한다.

노동집약도(degree of labor intensity) \ 고객화 정도(degress of customization)	LOW	HIGH
LOW	서비스 공장 (service factory) 항공사, 운송업, 호텔, 레크리에이션 시설	서비스 숍 (service shop) 병원, 수리센터, 정비시설
HIGH	대량 서비스 (mass service) 도 · 소매업, 교육기관, 은행	전문 서비스 (professional service) 의료시설, 법률서비스, 회계사, 건축설계사

[그림 3-26] 서비스 프로세스 매트릭스에 의한 분류체계

[그림 3-26]에서 볼 수 있듯이, 프로세스 매트릭스에 의한 분류체계는 낮은 노동 집약도/낮은 고객화를 보이는 '서비스 공장(service factory)', 낮은 노동 집약도/높은 고객화를 보이는 '서비스 숍(service shop)', 높은 노동 집약도/높은 고객화를 갖는 '전문 서비스(professional service)', 그리고 높은 노동 집약도/낮은 고객화로 설명되는 '대량 서비스(mass service)'의 네 가지 형태로 구성된다.

고객접촉 모형과 마찬가지로, 프로세스 매트릭스 모형도 서비스 시스템의 설계와 경영에 여러 가지 시사점과 정보를 제공한다. 예를 들어 자본집약적인 서비스 시스템과 노동집약적인 서비스 시스템의 설계와 운영은 어떻게 달라져야 하는지, 고객과의 접촉이나 상호작용이 높은 시스템과 낮은 시스템은 시스템의 설계와 운영이 어떻게 차별화되어야 하는지를 핵심적인 변수들을 대상으로 미리 분석하고 결정할 수 있는 것이다.

3. 서비스 시스템 설계의 혁신

지금까지 살펴본 서비스 시스템의 특성과 분류를 토대로, 실제로 서비스 시스템을 혁신적으로 설계하는 기본 원리와 전략을 알아보자. 이 주제는 서비스 혁신(service innovation) 분야에서 가장 오래되고 또 가장 중요한 주제 중 하나이다. 새로운 서비스를 개발하는 주제, 서비스를 제공하는 시스템의 생산성이나 효율성을 올리는 주제 등도 서비스 혁신의 대상이지만 서비스가 이루어지는 시스템 자체의 설계를 혁신하는 것이 순서로 보아도 첫 번째 주제가 된다. 먼저 서비스 시스템의 기본적인 설계방식을 살펴보고, 다음으로 설계의 절차를 알아본 후, 이어서 핵심적인 요소별로 구체적인 설계 지침을 제시하고, 마지막으로 서비스 시스템의 설계도를 작성하는 순서로 진행한다.

(1) 기본 방식

서비스 시스템을 설계하는 기본 방식은 크게 생산 라인(production line) 방식과 서비스 라인(service line) 방식으로 나눌 수 있다. 생산 라인 방식은 서비스 시스템을 제조업의 생산시설과 유사한 방식으로 설계하여, 시스템의 효율성을 높이고 서비스 품질의 일관성을 확보하는 방식이다. 이 방식에서는 고객과의 접촉을 최소화하고, 사람보다는 기술과 기계를 많이 사용하며, 작업을 세분화하여 분업을 통한 전문화와 규격에 의한 표준화를 추구한다.

반면에 서비스 라인 방식은 서비스 시스템을 순수한 서비스 중심으로 설계하여, 시스템의 효과성과 고객의 만족도를 높이는 방식이다. 이 방식에서는 고객과의 접촉이 일어나는 영역을 집중적으로 관리하기 위해 고객의 특성과 수요를 만족시킬 수 있는 내부구조(layout)의 설계, 전문성을 갖춘 고급인력의 배치, 신축적인 운영방식 등을 강조한다.

(2) 설계 절차

다음으로 서비스 시스템을 설계하는 전체적인 과정과 절차를 알아보자. 여기에서는 특히 앞에서 설명한 고객접촉 모형(customer contact model)을 기본 모형으로 하여 설계 절차를 제시한다.

[그림 3-27]에 도시되어 있는 것처럼 설계 절차는 크게 시스템 분석, 시스템 분리, 시스템 설계라는 세 단계로 구성된다. 각 단계의 세부적 내용을 살펴보자.

가. 시스템 분석(analyze and identify high-low-contact areas)

- 먼저 시스템 분석에서는 전체적인 서비스 시스템을 프로세스의 흐름에 따라 여러 개의 개별 기능과 영역으로 세분한다.
- 다음으로 개별 기능과 영역을 업무 특성과 목적에 따라 고객접촉이 높은 high-contact 영역인지 아니면 접촉이 낮은 low-contact 영역인지 분석한다.

나. 시스템 분리(decouple)

- 다음의 시스템 분리 단계에서는 전체 시스템을 high-contact 영역과 low-contact 영역으로 분리한다.
- high-contact 영역에 속한 기능은 함께 묶고 low-contact 영역에 속한 기능은 따로 묶어서 영역별로 서로 다른 설계 기준과 관리 방식을 적용한다.

다. 시스템 설계(design)

- 마지막으로 시스템 설계 단계에서는 high-contact 영역은 영역대로, low-contact 영역은 영역대로 서로 다른 line 형태로 설계한다.
- Low-contact 영역은 배후 공간(back office)에 배치하면서 생산 라인(production line)으로 설계한다.
  - 사람을 기술(technology)로 대체한다.
  - 핵심기술(technical core)을 배후 공간(back office)에 배치하고 외부에 공개하지 않는다.
- High-contact 영역은 전면 공간(front office)에 배치하면서 서비스 라인(service line)으로 설계한다
  - 고객중심의 서비스를 개발 내지 제고한다.
  - 고객화된 서비스를 전면 공간(front office)에 배치한다.

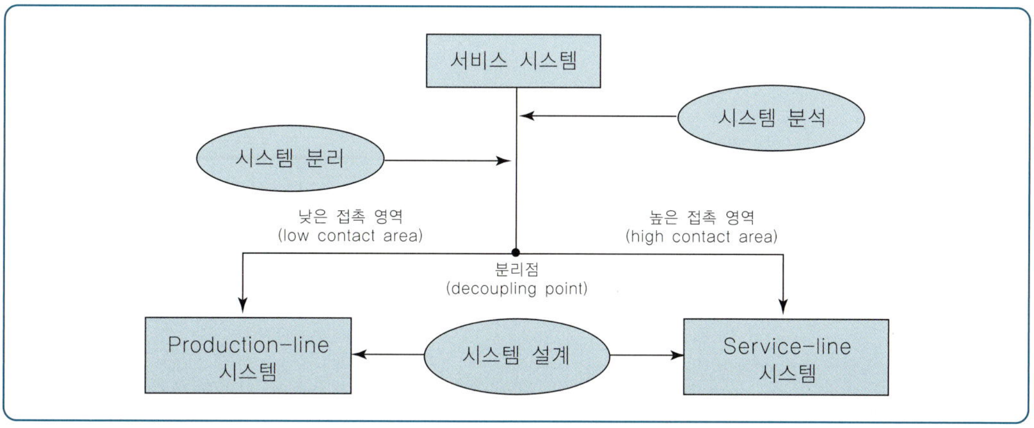

[그림 3-27] 시스템 설계 원리와 과정

(3) 설계 요소

앞에서 살펴본 서비스 시스템의 설계 원리나 기준을 토대로 구체적인 설계 요소를 제시하면 〈표 3-4〉와 같다. 시스템의 근본적인 목적이 high-contact 시스템의 경우 효과성의 극대화인데 반해 low-contact 시스템의 경우 효율성의

극대화이기 때문에, 이에 따라 시스템의 입지나 구조, 인력과 설비의 관리, 경쟁요소 등이 모두 달라지게 되며, 이러한 요소들이 시스템 설계에 반영되어야 하는 것이다.

High-contact 시스템은 서비스의 수요자와 가까운 곳에 설치되어야 하고, 수요자의 요구에 맞추어 내부의 설비도 배치해야 한다. 인력계획과 생산계획도 신축성과 다양성을 토대로 수립되어야 한다. 핵심적인 경쟁요소도 품질이나 디자인이 된다.

Low-contact 시스템은 자원조달이 용이한 곳에 위치해야 하고, 물류의 관리와 설비의 활용이 쉬운 형태로 내부 구조도 설계해야 한다. 인력계획과 생산계획은 표준성과 안정성을 토대로 수립해야 한다. 경쟁우위는 가격이나 물류 · 유통비용에서 찾아야 한다.

〈표 3-4〉 서비스 시스템 설계의 핵심요소

설계 요소 (design factor)	High-contact 시스템	Low-contact 시스템
조직 목표 (organization objective)	효과성 극대화 (max effectiveness)	효율성 극대화 (max efficiency)
설비 입지 (facility location)	수요자 인접지역 (near customer)	자원/하부구조 인접지역 (near resource)
설비 배치 (facility layout)	공정중심 배치 (process layout)	제품중심 배치 (product layout)
인력 특성 (workforce characteristic)	고급기능과 다양성 (high level of variety, high level of skill)	표준기능과 획일성 (low level of variety, low level of skill)
공급능력 계획 (capacity planning)	최대수요 만족 (meet peak demand; capacity risk high)	평균수요 만족 (meet average demand; capacity risk low)
계획수립 전략 (planning strategy)	신축적 전략 (chase strategy)	안정적 전략 (level strategy)
경쟁 우위 (competitive edge)	품질, 디자인 (quality, design)	가격, 유통 (price, delivery)

(4) 설계도 작성

오늘날의 서비스 시스템은 대부분 크고 복잡한 모양을 보인다. 따라서 앞에서 말한 원리와 방식대로 서비스 시스템을 설계한다고 해도 시스템의 구체적 내용을 표현하기도 어렵고 이해하기도 쉽지 않다. 그러다 보니 직관적 이해와 관찰을 바탕으로 시스템의 형태를 손으로 그리기가 만만치 않다. 이때 보조적 수단으로 자주 이용되는 설계 도구가 바로 서비스 청사진(service blueprint)이다. 서비스 청사진은 서비스 시스템을 정확하게 묘사하는 그림이나 지도로서, 서비스 시스템의 구조와 프로세스를 쉽게 이해할 수 있도록 도와주는 도구이다. 80년대 초에 처음 제시된 이후 서비스 설계도를 그리는데 널리 사용되고 있다(Shostack, 1982).

[그림 3-28]에서 보듯이, 서비스 청사진의 구조는 비교적 간단하게 이루어져 있다. 우선 가운데의 가시선(line of visibility)을 기준으로 시스템을 전면 공간(front office)과 배후 공간(back office)으로 나눈다. 다음에 front office에는 서비스 제공자와 고객의 상호작용, 고객의 활동을 표현한다. 마지막으로 back office에는 서비스 제공자의 업무를 표현한다. 따라서 front office에서는 고객의 만족도를 올리는 방향으로, back office에서는 서비스 제공자의 효율성을 올리는 방향으로 청사진이 그려지게 된다. 이 과정을 다음과 같이 두 단계로 나누어 살펴보자.

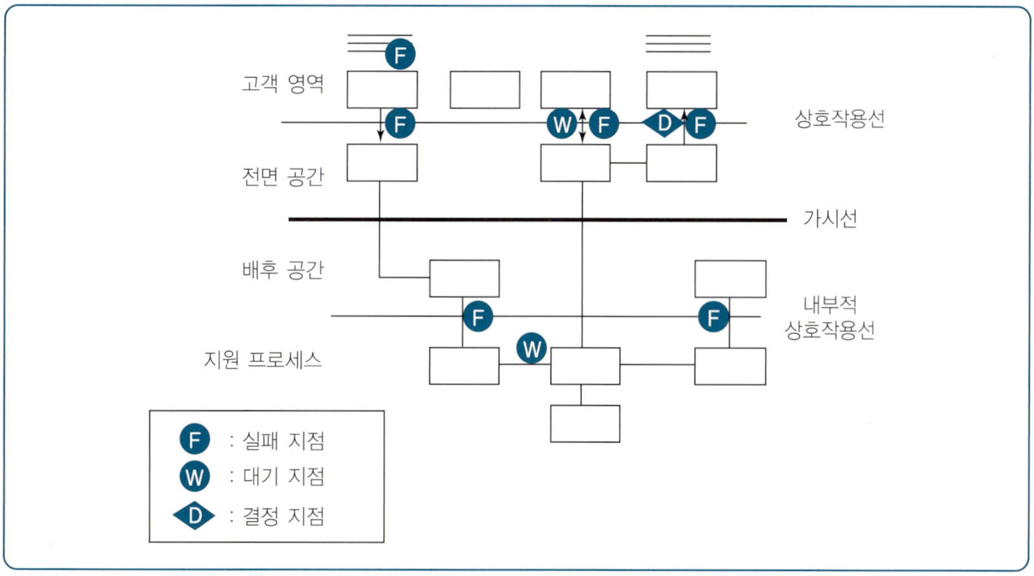

[그림 3-28] 서비스 청사진의 기본 구조

단계 1: 서비스 프로세스 분해

첫 번째 단계는 대상 서비스의 구성요소를 분해하는 작업이다. 전체 서비스를 세부 프로세스로 분해하여, 설계를 위한 단위 프로세스로 만들어낸다. 이때, 분해된 각 프로세스를 모두 통합하면 하나의 서비스가 완성되어야 하므로 빠지거나 중복된 부분이 없도록 나누어야 한다.

단계 2: 서비스 청사진의 도식화

두 번째 단계는 앞에서 분해한 각 세부 프로세스를 서비스 청사진의 각 영역에 맞게 도식화하는 작업이다. 고객활동, 전면 공간 종업원의 행동, 배후 공간 종업원의 행동, 지원 프로세스로 이루어진 서비스 청사진의 각 영역에 해당하는 세부 프로세스를 도식화하고, 도식화한 각 세부 프로세스를 서비스의 흐름에 따라 연결하여 서비스 청사진을 완성한다.

(5) 활용사례 – 레스토랑 서비스

서비스 청사진의 활용 사례 중 하나로, 레스토랑 서비스를 설계해 보도록 하자. 레스토랑은 고객, 전면 공간의 종업원, 배후 공간의 종업원이 상호작용하는 대표적인 서비스 시스템으로, 서비스 청사진을 통해 프로세스를 설계하기에 적합한 유형으로 볼 수 있다.

단계 1: 서비스 프로세스 분해

우선 서비스 프로세스의 전 과정을 세부 프로세스 단위로 나누어 분석한다. 〈표 3-5〉는 레스토랑 서비스를 프로세스, 입력물, 출력물로 나누어 각각 표시한 것이다. 분해된 각 서비스 프로세스는 서비스 청사진 작성을 위한 기본 단위로 활용된다.

〈표 3-5〉 레스토랑 서비스의 세부 프로세스

상위 항목	하위 항목	내용
서비스 프로세스	제품 중심 프로세스	들어가기, 음식준비, 음식수령, 음식제공
	서비스 중심 프로세스	영수증 주기, 나가기, 주문하기, 결제하기, 주문받기
	고객 중심 프로세스	자리결정 및 취식, 주문방법 결정, 결제방법 결정
	경영 중심 프로세스	고객만족 측정, 신용카드 및 적립카드 시스템, 매출계산, 고객만족 분석
	장애 발생점	음식제공 오류
입력물	재료	빵, 고기, 야채
	주문 방식	매장, 테이크-아웃
	지불방식	현금, 신용카드
결과물	음식	음식 A, 음식 B, 음식 C
	영수증	현금 영수증, 신용카드 영수증

단계 2: 서비스 청사진의 도식화

이제 서비스 청사진 위에 각각의 세부 프로세스를 일치시키고 각 프로세스의 흐름을 화살표를 통해 연결하여 전체 프로세스의 흐름을 도식화한다. 마지막으로 실행 과정 중에서 일어날 수 있는 장애 발생점을 명시하여, 이를 해결하기 위한 프로세스를 추가한다. [그림 3-29]는 레스토랑 서비스의 서비스 청사진을 나타낸 것이다.

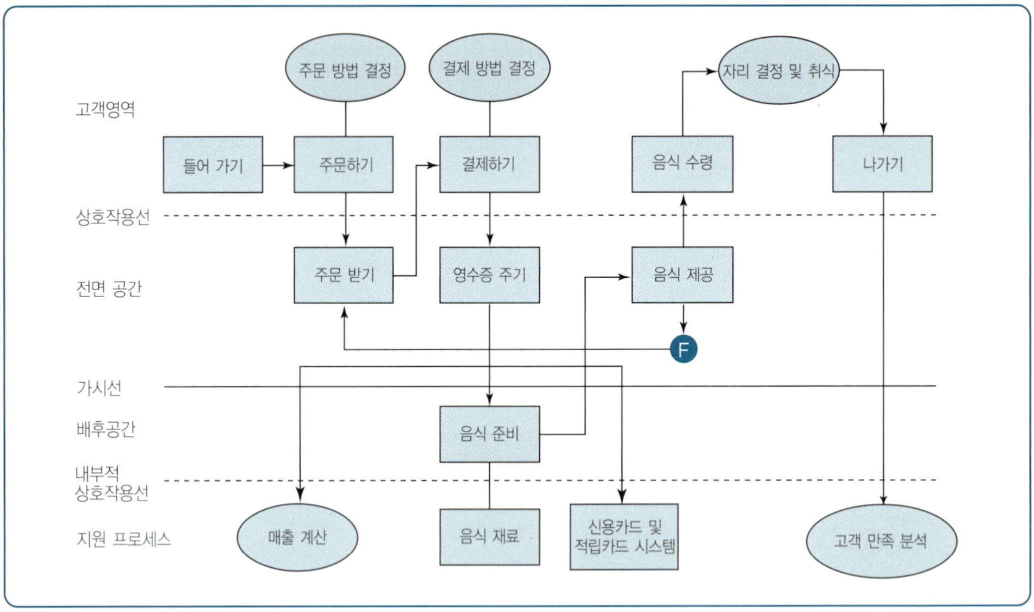

[그림 3-29] 레스토랑 서비스의 서비스 청사진

4. 서비스 시스템의 평가

앞에서 살펴본 대로, 서비스 시스템의 설계에는 여러 가지 변수와 기준이 적용된다. 그러나 설계과정은 경영활동의 전반부에 이루어지기 때문에 실제로 설계된 시스템이 최적(optimal)인지 아닌지를 사전에 평가하는 일은 불가능하다. 따라서 설계의 효과성과 효율성은 시스템이 실제로 운영된 후에 나타나는 성과를 분석함으로써 알 수 있다. 결국 전반부의 설계와 후반부의 평가는 동전의 양면과 같이 서로 밀접하게 연관되어 있다.

서비스 시스템도 경영시스템의 일종이기 때문에 시스템의 성과를 측정하는 방법은 다양하게 제시될 수 있다. 일반적으로 자주 사용되는 평가 방법과 성과 지표는 대부분 수익성이나 투자수익률(Return on Investment: ROI) 등의 재무적 요소에 기반하고 있다. 하지만 재무적 수익성을 기준으로 하는 방법과 지표만으로는 전체적인 성과를 평가하기에 부족한 경우도 많다. 조직의 성격 또는 목적에 따라 수익의 크기보다 고객 만족도, 시장 점유율 등이 더 중요할 수도 있기 때문이다.

특히 서비스 시스템의 성과는 제조 시스템과 비교하여 평가 기준과 관점이 달라져야 하는 경우가 자주 존재한다. 예를 들어 호텔, 은행, 패스트푸드점, 소매상 등과 같이 동일한 업무를 수행하는 여러 지점(branch)이 존재하는 대규모 서비스 시스템의 경우, 시스템 전체의 성과를 절대적인 기준으로 측정하기보다는 각 지점의 성과를 상대적인 기준으로 측정하고 비교하는 방법이 더 적합할 수 있다.

여기에서는 이러한 경우에 많이 활용되는 DEA(Data Envelopment Analysis)에 대해 살펴보도록 한다. DEA는 Charnes(1978)에 의해 처음 제안된 이후, 주로 교육 시스템, 공공서비스 기관, 의료 시스템, 금융 시스템, 통신서비스 시스템, 유통 시스템, 도소매 시스템 등 다양한 서비스 시스템의 생산성 평가에 널리 사용되어 왔다. 물론 DEA는 투입요소가 여러 개이고 산출요소도 여러 개인 모든 시스템의 생산성 평가에 사용될 수 있다. 따라서 이러한 성격을 갖는 제조 시스템의 평가에도 적용될 수 있다. 그러나 여기에서는 서비스 시스템을 대상으로 DEA를 활용하는 문제를 다루기로 한다.

DEA는 뒤의 부록(appendix)에서 설명할 선형계획법의 일종이기 때문에, DEA의 이해를 위해서는 선형계획법에 대한 이해가 선행되어야 한다. 선형계획법에 대한 기초지식이 없는 독자는 부록의 내용을 먼저 이해하길 바란다.

(1) DEA의 기본 개념

시스템의 성과를 단순히 수익의 절대적 크기를 기준으로 측정하는 것이 바람직하지 않은 경우가 자주 있다. 예를 들어 2억 원의 수익을 올리는 500명으로 구성된 조직이 1억 원의 수익을 올리는 5명으로 구성된 조직보다 성과가 좋다고 말할 수는 없을 것이다. 따라서 성과측정은 투입량과 산출량의 상대적 비율을 의미하는 생산성의 개념을 이용하는 것이 바람직하다. 이 개념과 접근은 특히 서비스 시스템의 성과를 평가하는데 매우 유용하고 적절한 기준이 된다.

생산성(productivity)은 투입량(input)에 대한 산출량(output)의 비율로 정의된다. 하지만 한 가지 투입요소에 대한 한 가지 산출요소의 생산성만으로는 여러 가지 투입요소와 산출요소가 동시에 존재하는 시스템 전반의 생산성을 측정할 수는 없다. DEA는 이러한 문제점을 보완해 줄 수 있는 방법으로, 다양한 투입요소와 산출요소가 존재하는 대규모 서비스 시스템의 전반적인 생산성을 평가하는 기법으로 자주 사용된다.

DEA는 한 마디로 다수의 투입요소와 다수의 산출요소를 갖는 의사결정 단위(Decision Making Unit: DMU)의 효율성을 투입요소들의 가중합(weighted sum)과 산출 요소들의 가중합의 비율로 측정한 후, 유사한 활동을 수행하는 다른 의사결정 단위들의 효율성과 비교하여 상대적인 효율성을 결정하는 방법이다. 여기서 DMU는 개별적인 서비스 시스템들을 가리킨다. 따라서 DEA는 서비스 지점이나 센터와 같이, 다수의 의사결정 단위들이 동일한 목표를 가지고 비슷한 업무를 수행하는 경우의 생산성 비교 평가에 적용할 수 있다.

DEA의 구체적인 내용과 절차를 알아보자. 먼저 DEA의 효율성은 아래와 같이 정의된다.

효율성 = 가중된 산출요소의 합 / 가중된 투입요소의 합

다음으로 DEA는 위의 효율성을 최대화하는 선형계획 모형을 풀어서 각 DMU에서의 산출요소 및 투입요소의 가중치와 효율성을 계산한다. 효율성은 0부터 1 사이의 상대적 값으로 표현되는데, 1이라는 효율성을 가진 DMU는 다른 단위조직들과 비교했을 때 최고의 효율성을 가지고 있다는 것을 의미하며, 따라서 '효율적 조직(efficient unit)' 으로 불린다. 반면에 1 이하의 효율성을 가진 DMU는 '비효율적 조직(inefficient unit)' 이라고 한다.

DEA의 궁극적인 목적과 용도는 성과 평가와 벤치마킹이라고 할 수 있다. 먼저 DEA를 이용하여 효율적 조직과 비효율적 조직을 찾아낸 후, 이들간의 상대적인 비교를 통해 비효율적 조직이 안고 있는 비효율성의 원인을 파악하고, 이를 제거할 수 있는 방법을 모색할 수 있다. 또 효율적 조직에 대한 분석을 토대로 벤치마킹의 방향과 전략을 찾을 수도 있다.

(2) DEA의 모형

먼저 DEA 모형에는 아래의 〈표 3-6〉과 같은 변수들이 사용된다.

〈표 3-6〉 DEA 모형의 변수

변수	설명
E_k	k번째 DMU의 효율성 (k=1,2,⋯,K. 단, K는 DMU의 수)
u_j	j번째 산출요소의 가중치 (j=1,2,⋯,M. 단 M은 산출요소의 수)
v_i	i번째 투입요소의 가중치 (i=1,2,⋯,N. 단 N은 투입요소의 수)
O_{jk}	k번째 DMU의 j번째 산출요소의 양
I_{jk}	k번째 DMU의 j번째 투입요소의 양

이때, 산출요소와 투입요소의 개수가 많으면 대부분의 DMU들의 효율성을 1로 계산할 우려가 있으므로, 일반적으로 DMU의 개수는 산출요소와 투입요소의 개수를 합한 것의 세 배 이상이어야 한다.

DEA 모형의 목적함수(objective function)는 DMU의 효율성인 가중된 산출요소의 합에 대한 가중된 투입요소의 합의 비율을 최대화하는 것이다. 예를 들어 e라는 DMU의 목적함수는 아래와 같이 쓸 수 있다.

$$\max\ E_e = \frac{u_1 O_{1e} + u_2 O_{2e} + \cdots + u_M O_{Me}}{v_1 I_{1e} + v_2 I_{2e} + \cdots + v_N I_{Ne}}$$

또한 DEA에서의 효율성은 그 값이 1을 넘을 수 없다. 따라서 이 조건이 곧 제약조건(constraint)이 되며, 모든 DMU의 효율성을 1보다 작거나 같도록 하기 위해서 아래와 같은 K개의 제약식이 필요하다.

$$\frac{u_1 O_{1k} + u_2 O_{2k} + \cdots + u_M O_{Mk}}{v_1 I_{1k} + v_2 I_{2k} + \cdots + v_N I_{Nk}} \le 1$$

단, $k = 1, 2, \cdots, K$

위의 목적함수와 제약조건으로 이루어진 모형은 분자와 분모로 이루어지는 비선형 함수(non-linear)의 형태이므로, 선형계획 해법을 적용하기 위해서는 일반적인 선형계획 모형의 형태로 전환시켜야 한다. 가중된 투입요소의 합을 나타내는 목적함수의 분모를 1로 대체한 후, 이를 제약조건에 추가하고, 제약조건의 분모를 양변에 곱한 뒤 이항하면, 다음과 같은 선형계획 모형을 구성할 수 있다.

$$
\begin{aligned}
\max\ & E_e = u_1 O_{1e} + u_2 O_{2e} + \cdots + u_M O_{Me} \\
s.t.\ & u_1 O_{1k} + u_2 O_{2k} + \cdots + u_N O_{Mk} - (v_1 I_{1k} + v_2 I_{2k} + \cdots + v_N I_{Nk}) \le 0 \\
& \quad k = 1, 2, \cdots, K \\
& v_1 I_{1e} + v_2 I_{2e} + \cdots + v_N I_{Ne} = 1 \\
& u_j \ge 0 \quad j = 1, 2, \cdots, M \\
& v_i \ge 0 \quad i = 1, 2, \cdots, N
\end{aligned}
$$

일단 선형계획 모형으로 전환하면, 최적의 해는 앞의 심플렉스 알고리즘을 토대로 이용하여 쉽게 찾아낼 수 있다.

(3) DEA의 예제

P 호텔은 전국 6개의 도시에 체인점을 가지고 있는 관광호텔이다. P 호텔의 경영자는 각 체인점이 자원을 얼마나 효율적으로 사용하고 있는가를 파악하여 효율적이지 못한 체인점들의 효율성을 개선시키기 위해 DEA를 사용하고자 한다.

호텔 운영을 위한 투입요소로는 직원 수와 운영 비용을 생각할 수 있다. 직원 수는 호텔 매니저, 청소부 등 호텔에서 일하는 모든 노동자 수를 합한 것이며, 운영 비용은 직원들의 임금, 각종 세금, 광고료, 시설비 등 호텔 운영에 사용되는 모든 비용을 합한 것이다.

호텔의 산출요소로는 투숙객 수만을 고려하기로 한다. 아래의 〈표 3-6〉은 P 호텔 각 지점의 한 달간 산출요소와 투입요소에 대한 데이터이다. 각 체인점 모두 동일한 500명의 투숙객을 산출요소로 가지고 있지만, 이를 위해 투입된 직원 수와 운영 비용은 서로 다름을 알 수 있다. 현실적으로 체인점마다 투숙객 수가 다르겠지만, 설명의 편의를 위해 투숙객 수가 모두 500명으로 같다고 가정한다. [그림 3-30]는 〈표 3-7〉을 도형으로 표시한 것이다.

〈표 3-7〉 P 호텔 각 지점의 투입요소와 산출요소 데이터

조직	투입요소		산출요소
	직원 수(명)	운영 비용(백만원)	투숙객 수(명)
DMU1	70	120	500
DMU2	50	150	500
DMU3	130	70	500
DMU4	70	70	500
DMU5	100	90	500
DMU6	120	50	500

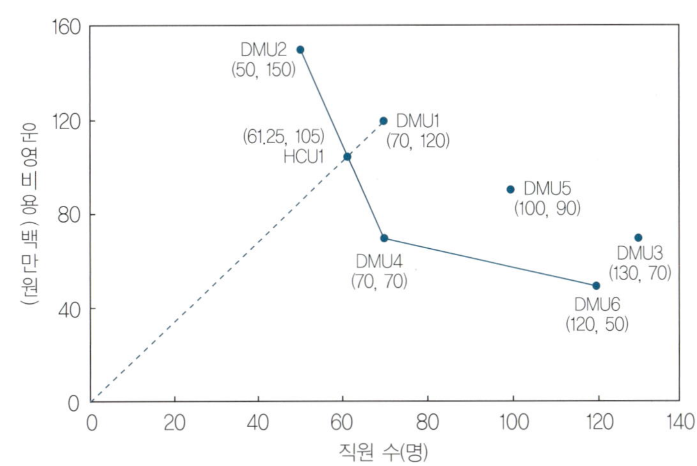

[그림 3-30] P 호텔의 효율적 경계선

DEA의 수리적 이론을 기하학적 도형으로 설명해 보자. [그림 3-30]에서 DMU2, DMU4, DMU6를 연결한 경계선을 효율적 경계선(efficient frontier)이라고 한다. 효율적 경계선은 동일한 500명의 투숙객을 산출하는 투입요소들의 최적의 조합을 나타낸다. 이 경계선을 구성하고 있는 DMU들은 효율적이며, 반면에 나머지 DMU들은 동일한 산출량을 위해 상대적으로 더 많은 투입요소를 투입하였기 때문에 비효율적이다. 따라서 효율적 경계선이 비효율적 단위들을 감싸게(envelop)되는데, 이것이 이 분석방법을 DEA(Data Envelopment Analysis)

라고 부르는 이유이다. 위 경우에 DMU2, DMU4, DMU6는 효율적 단위가 되고, DMU1, DMU3, DMU5는 비효율적 단위가 된다.

그러면 어떻게 비효율적인 조직을 효율적으로 개선시킬 수 있을까? DMU1과 DMU4를 비교해보면, 두 조직은 동일한 직원 수를 가짐에도 불구하고 DMU1의 운영 비용이 DMU4보다 50만큼 많기 때문에 DMU4는 효율적인 반면, DMU1은 비효율적으로 평가된다. 따라서 동일한 투숙객 수를 유지하면서 운영 비용을 50만큼 줄인다면 DMU4도 효율적인 조직이 될 것이다. 보다 체계적인 분석을 위해, DEA를 이용해 보도록 하자.

〈표 3-7〉을 바탕으로 DMU1의 효율성을 계산하기 위한 선형계획모형은 다음과 같이 표현된다.

$$
\begin{aligned}
\max\ & E_1 = 500u_1 \\
s.t.\ & 500u_1 - 70v_1 - 120v_2 \le 0 \\
& 500u_1 - 50v_1 - 150v_2 \le 0 \\
& 500u_1 - 130v_1 - 70v_2 \le 0 \\
& 500u_1 - 70v_1 - 70v_2 \le 0 \\
& 500u_1 - 100v_1 - 90v_2 \le 0 \\
& 500u_1 - 120v_1 - 50v_2 \le 0 \\
& 70v_1 + 120v_2 = 1 \\
& u_1,\ v_1,\ v_2 \ge 0
\end{aligned}
$$

이 선형계획모형을 풀기 위해서는 다양한 선형계획법 소프트웨어를 사용할 수도 있고, DEA 전용 소프트웨어를 사용할 수도 있다. DEA 전용 소프트웨어를 사용하면 직접 선형계획모형을 구성할 필요가 없기 때문에 편리하다.

나머지 5개의 DMU들에 대해서도 위와 동일한 방법으로 효율성을 계산할 수 있다. 모든 DMU들의 투숙객 수가 500으로 같기 때문에, 목적함수는 그대로 두고 마지막 제약식의 계수만 수정하면 된다. 〈표 3-8〉은 DEA 결과를 요약한 것이다.

〈표 3-8〉 DEA 결과

조직	효율성	기준집합	u1	v1	v2
DMU1	0.8750	DMU2 (0.4375) DMU4 (0.5625)	0.0018	0.0100	0.0025
DMU2	1		0.0020	0.0114	0.0029
DMU3	0.8033	DMU4 (0.3115) DMU6 (0.6885)	0.0016	0.0033	0.0082
DMU4	1		0.0020	0.0114	0.0029
DMU5	0.7539	DMU4 (0.8923) DMU6 (0.1077)	0.0015	0.0031	0.0077
DMU6	1		0.0020	0.0041	0.0102

〈표 3-8〉을 보면, [그림 3-30]에서 효율적 경계선을 구성하였던 DMU2, DMU4, DMU6의 효율성이 1임을 알 수 있다. 반면 효율적 경계선에 감싸져 있던 DMU1, DMU3, DMU5의 효율성은 1 미만으로 나타난다.

하지만 DMU1의 관리자에게 '조직의 효율성은 0.875이다' 라고 말하는 것만으로는 특별히 도움이 되지 않는다. 효율성 개선을 위해서는 무엇을 얼마만큼 개선해야 한다는 구체적인 정보가 필요한데, 이를 위해 DEA는 각각의 비효율 조직에 대해 기준집합(reference set)에 관한 정보를 제공한다. 기준집합이란 비효율적 조직의 효율성 개선을 위한 기준이 되는 것으로, 그 조직과 가장 비슷한 효율적 조직들의 집합이다. 즉, 비효율 조직은 기준집합을 벤치마킹하여 그 효율성을 개선할 수 있다. 예를 들면 DMU1의 기준집합은 DMU2와 DMU4가 된다. 기하학적으로 설명하면 [그림 3-30]에서 볼 수 있는 것처럼, 원점에서 DMU1까지 그은 선은 DMU1의 기준집합인 DMU2와 DMU4로 이루어진 효율적 경계선과 만나게 된다.

그러면 기준집합을 어떻게 벤치마킹할 수 있을 것인가? 단순히 기준집합과 동일한 투입으로부터 동일한 산출을 낼 수 있도록 투입량을 조절하는 것도 한 방법이다. 위에서 언급한 것처럼, DMU1이 효율적이기 위해서는 DMU4를 벤치마킹하여 운영비용을 50만큼 줄여야 한다. 이를 좀 더 구체적으로 살펴보자. DMU1의 효율성은 0.875이기 때문에, DMU1이 효율적이기 위해서는 0.125만큼의 효율성 점수가 증가되어야 한다. DMU1의 운영비용에 대한 가중치(v_2)는 0.0025이므로 50(=0.125/0.0025)만큼 운영비용을 줄이면 효율성이 1이 된다. 따라서 투입요소의 조합은 (70, 70)이 되며, 이는 기준 집합을 구성하는 DMU4와 동일한 조합이 된다. 한편, 효율성 개선을 위해 직원 수를 감축하기로 하였다면, 12.5(=0.125/0.01)만큼의 직원 수를 줄여야 1의 효율성을 달성할 수 있다.

그러나 여러 가지 투입요소 중 한 가지 요소만 대폭 감소시키거나, 특정 조직과 정확히 동일하도록 투입요소를 조절하는 것은 현실적으로 무리가 있다. 따라서, 조직의 상황에 맞게, 두 가지 개선안을 적절히 선형적으로 결합한다면 비효율 조직을 효율적 경계선 위로 옮길 수 있을 것이다. 그 중, 기준집합의 두 조직의 가중치에 따라 선형으로 결합한 지점을 가상복합단위(Hypothetical Composite Unit: HCU)라고 하며, 이는 [그림 3-30]에서 원점에서 비효율 조직을 이은 선과 효율적 경계선과의 교점으로 나타난다. [그림 3-30]을 보자. DMU1의 가상 비교단위인 HCU1은 원점에서 DMU1까지 그은 선과 DMU2와 DMU4로 구성된 효율적 경계선의 교점이다. HCU1은 직원 수로 61.25(=0.4375×50+0.5625×70), 운영 비용으로는 105(=0.4375×150+0.5625×70)를 가지고 있는 가상조직이다. 즉, DMU1의 직원수를 8.75만큼 줄이고, 운영비용을 15만큼 줄이면, 효율성 점수가 0.125(=8.75×0.01+15×0.0025)만큼 증가하게 되어 1의 효율성을 달성할 수 있게 된다.

부록 경영 시스템의 최적 설계와 운영: 선형계획법

지금까지 우리는 경영시스템의 설계에 대한 문제를 다루어 왔다. 여러 가지 설계 기준이나 원리가 제시되었지만, 실제로 최적(optimal)의 형태로 시스템이 설계되고 운영되고 있는지를 정량적으로 분석하고 평가하는 과제는 다루지 않았다.

경영시스템의 최적 설계와 운영을 다루는 문제 가운데 가장 전형적인 유형의 하나는 한정된 자원을 어떻게 배분하여 수익을 최대로 올리거나 비용을 최소로 줄일 것인가 하는 문제이다. 이러한 목적과 성격에 가장 잘 부합하는 정량적 기법으로 수리계획법(mathematical programming)을 들 수 있다.

1. 수리계획법의 기본 개념

수리계획법은 가용한 자원이 한정되어 있다는 조건(constraint) 하에서, 수익의 극대화나 비용의 최소화와 같은 경영상의 목적(objective)을 달성하는 문제의 해(optimal solution)를 찾는 의사결정 기법이다. 1950년대 이후부터 비약적으로 발전한 이 방법론은 오늘날 크고 복잡한 의사결정 문제를 모형화(modeling)하고 그 해답을 찾는 과정에 가장 폭넓게 활용되는 유용한 기법으로 자리잡고 있다.

넓은 의미의 수리계획법은 다시 몇 가지의 구체적인 기법으로 나눌 수 있다. 가장 대표적인 모형은 선형계획법(Linear Programming: LP)이다. 어느 기업에서 한정된 자원을 사용하여 제품을 생산, 판매하는 경우를 생각해 보자. 선형계획법은 말 그대로 수익(비용)의 발생이나 자원의 사용이 더하기나 빼기의 선형(linear)으로 변한다고 가정하는 모형이다. 예를 들어 제품을 1단위 팔아서 100원의 수익이 있으면 2단위를 팔면 200원, 10단위를 팔면 1,000원 하는 식으로 늘어난다고 가정한다. 자원의 사용도 제품 1단위 만드는데 10톤이 들었다면 2단위 만드는데 20톤, 10단위 만드는데 100톤이 든다는 식으로 가정한다.

만일 늘어나고 줄어드는 비율이 선형의 비율이 아니라 비선형이 된다고 가정하면, 분석 모형도 선형계획법이 아니라 비선형계획법(non-linear programming: Non-LP)이 된다. 또 제품의 생산 단위가 100.5 단위와 같이 소수점으로 표현될 수 없고 100단위와 같이 반드시 정수(integer)로 정해져야 한다면, 정수계획법(Integer Programming: IP)이 된다. 실제의 경영 프로젝트를 생각해보면, 비선형계획법이나 정수계획법이 더 현실적인 가정이라고 할 수 있다. 그러나 문제를 푸는 과정이나 방법에 있어 선형계획법이 훨씬 쉽고 효율적이기 때문에, 특별한 문제가 없는 한 선형계획법이 가장 폭넓게 사용되고 있다. 따라서 여기서도 선형계획법만을 다루기로 한다.

2. 선형계획법의 기본 모형

선형계획법의 기본 모형은 결정변수(decision variable), 목적함수(objective function), 제약조건(constraints)이라는 세 개의 핵심 요소로 이루어진다.

선형계획법의 첫 단계는 결정변수(decision variable)들을 선정하는 것이다. 만일 여러 제품의 생산을 다루는 문제라면, 제품 하나하나의 생산량이 결정변수(x_i)가 된다. 다음은 각각의 결정변수들의 수익이나 비용을 나타내는 일차식인 목적함수(objective function)를 제시하는 작업이 이루어진다. 개별제품의 단위당 수익이나 비용을 c_i라고 한다면 목적함수 $z = c_1x_1 + c_2x_2 + \cdots + c_nx_n$이 된다. 목적함수는 문제의 성격에 따라, 수익의 경우라면 최대화(maximization) 문제가 되고, 비용의 경우라면 최소화(minimization) 문제가 된다.

다음 단계는 자원에 관한 제약조건(constraint)을 설정하는 일이다. 여기서 자원은 원자재, 부품, 자본, 인력, 시간, 거리, 공장의 생산능력 등 실제 상황에 따라 다양하게 나타날 수 있다. 자원의 사용량과 가용량은 일반적으로 일차 부등식의 형태로 표현되며, 이러한 일차 부등식을 제약조건이라고 한다. 먼저 사용량을 보자. 어떤 자원에 대해 개별제품의 생산량과 단위당 사용량(a)을 곱하면, 그 자원에 대한 그 제품의 총사용량이 결정된다. 모든 제품의 총사용량을 더하면 그 자원 전체의 사용량이 계산된다. 다음으로 사용량과 가용량(b)의 관계를 보자. 모든 자원은 가용량이 제한되어 있고, 또한 사용량의 합은 가용량을 넘을 수 없다. 따라서 제약조건은 부등식의 형태로 표현된다. 또 결정변수의 값은 0과 같거나(생산을 안 할 경우) 0보다 커야(실제로 생산을 할 경우) 한다. 따라서 결정변수의 값이 음이 될 수 없다는 제약조건을 나타내는 비음조건도 필요하다.

결정변수, 목적함수, 제약조건으로 구성된 일반적인 선형계획 모형의 가장 정규적인 형태는 아래와 같다.

$$\begin{aligned}
\max \quad & z = c_1x_1 + c_2x_2 + \cdots + c_nx_n \\
s.t. \quad & a_{11}x_1 + a_{12}x_2 + \cdots + a_{1n}x_n \le b_1 \\
& a_{21}x_1 + a_{22}x_2 + \cdots + a_{2n}x_n \le b_2 \\
& \quad \vdots \qquad\quad \vdots \qquad\qquad\quad \vdots \\
& a_{m1}x_1 + a_{m2}x_2 + \cdots + a_{mn}x_n \le b_m \\
& \qquad\quad x_i \ge 0 \ (i = 1, 2, \cdots, n)
\end{aligned}$$

만약 문제가 최소화 문제라면 목적함수에서 극대화(max) 대신 극소화(min)를 쓰고, 이때에는 제약조건의 부등호 방향이 반대가 된다.

3. 선형계획법의 해법: 심플렉스 알고리즘

심플렉스 알고리즘(simplex algorithm), 또는 우리말로 단체법이라고 불리는 이 방법은 위의 선형계획법 모형의 최적해(optimal solution)를 찾는데 사용되는 알고리즘이다. 심플렉스 알고리즘은 1947년에 George Dantzig에 의해 처음으로 개발되었으며, 그 후 여러 학자들에 의해 더욱 발전되어 왔다. 심플렉스 알고리즘의 기본적인 내용과 절차를 간략히 알아보도록 하자.

심플렉스 알고리즘의 기본 아이디어는 수리적 접근보다는 기하학적 접근으로 설명하는 것이 더 쉽고 간편하다. 아래의 간단한 예를 생각해 보자. X_1과 X_2의 두 제품을 생산하는 시스템의 설계 문제에서, 목적함수는 이익을 극대화하는 최적 생산량 X_1^*과 X_2^*를 찾는데 있다. 자원의 가용량에 관한 제약조건이 세 개 있으며, X_1과 X_2 모두 0보다 크거나 같아야 한다는 비음조건도 있다. 위의 수리적 모형을 기하학적인 형태로 도시한 것이 [그림 3-31]이다.

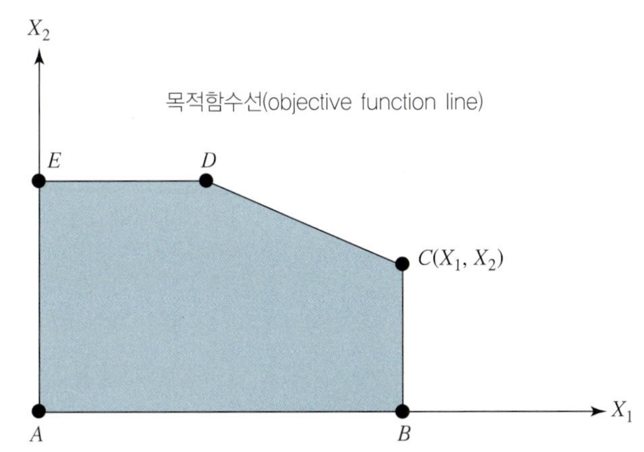

[그림 3-31] 수리계획 문제의 기하학적 도형

[그림 3-31]에서 파란색 면 부분의 경계선들이 제약조건들을 의미한다. 각각의 제약조건이 각각의 경계선을 뜻한다. 따라서 목적함수를 만족시키는 최적의 해는 제약조건을 만족시키는 파란색 면 내에 존재해야 한다. 문제는 이 영역 안에는 무수히 많은 점들이 있기 때문에 모든 점들을 일일이 비교할 수는 없다는 것이

다. 이 책의 범위를 넘어서는 얘기지만, 선형모형의 경우 경계선들의 접점으로 만들어지는 꼭짓점의 수는 유한(finite)하며, 또 최적의 해는 반드시 꼭짓점 가운데 하나가 되어야 한다는 사실이 수학적으로 증명되어 있다. 그렇게 되면 위 그림의 경우, A, B, C, D, E의 다섯 개 꼭짓점의 목적함수 값만 비교하면 최적의 해를 찾을 수 있게 된다. 또 꼭짓점 가운데 최적의 해는, 목적함수의 선(line)과 접점을 이루는 C 점이 된다는 사실도 수리적으로 증명되어 있다.

위의 간단한 예에서는 다섯 개의 꼭짓점만 고려하면 되지만 결정변수와 제약조건이 수백 개가 넘는 현실적 문제의 경우라면 어떻게 되는가? 꼭짓점의 수가 유한하다고 하지만 실제로 수십만 개가 넘는 꼭짓점이 있는 경우, 이들 모두를 하나하나 비교한다는 것은 거의 불가능하다. 심플렉스 알고리즘은 다음과 같은 방법으로 이를 해결한다.

심플렉스 알고리즘은 어떤 꼭짓점이 최적의 해인지 아니지를 판정하기 위해, 바로 인접하고 있는 점들과 목적함수의 값을 비교하는 작업을 반복하는 절차로 이루어져 있다. 제일 먼저 어느 한 꼭짓점에서 출발한다고 치자. 그러면 다음에 그 점과 인접하고 있는 다른 점들과 목적함수의 값을 비교한다. 인접한 점들 가운데 만일 그 점보다 더 좋은 값을 갖는 점이 하나라도 있으면, 그 점은 최적의 해가 아니다. 따라서 다음 꼭짓점으로 이동해야 한다. 그러나 만일 더 좋은 값을 갖는 점이 주위에 하나도 없으면, 그 점이 바로 최적의 해가 된다는 것이 수학적으로 증명이 되어 있다. 따라서 나머지 점들은 더 이상 알아볼 필요 없이 작업을 끝내면 된다. 예를 들어 꼭짓점의 수가 300,000개인 경우에 최적의 해를 100번의 반복(iteration) 끝에 찾았다면 나머지 299,900개의 꼭짓점은 더 이상 생각할 필요가 없는 것이다. 따라서 매우 큰 문제도 아주 짧은 시간 안에 해를 구할 수 있는 경우가 대부분이다.

수리적인 관점에서 심플렉스 알고리즘을 구체적으로 설명하는 일은 이 책의 범위를 벗어나므로, 전반적인 절차의 기본적 아이디어만을 간략하게 설명하면 아래와 같다.

(1) 1단계: 초기 가능해 구하기

이 단계는 알고리즘을 시작할 출발점이 되는 첫 번째 꼭짓점을 정하는 단계이다. 기하학적으로 꼭짓점이라고 부른 용어를 수리적으로 표현하면, 가능해(feasible solution)가 된다. 가능해란 제약조건과 비음조건을 만족하는 해를 말하며 따라서 가능해는 여러 개를 얻을 수 있다. 이 가운데 주어진 몇 가지 조건을 만족하는 가능해를 선정하게 되는데 이 가능해를 초기(initial) 가능해라고 한다. 앞의 그림에서 본다면, 원점에 해당되는 A점이 하나의 초기 가능해가 될 수 있다.

(2) 2단계: 최적해의 판정

일단 가능해를 구하면 다음 단계는 그 해가 최적해(optimal solution)인가를 판정하는 작업이다. 최적해의 판정은 목적함수에 나타난 계수들의 부호를 보고 할 수 있다. 만일 모든 결정변수들의 계수가 음수(negative)이면 그 해가 곧 최적해가 된다. 그 이유는 간단하다. 왜냐하면 모든 계수가 음수라면, 다른 꼭짓점으로 이동하여 결정변수의 값이 하나라도 바뀌면 그에 따라 목적함수의 값이 줄어들기 때문이다.

(3) 3단계: 탈락변수 및 진입변수의 선택

만일 가능해가 최적해가 아니라면 다음의 가능해(꼭짓점)로 옮겨가야 한다. 이 작업은 결정변수 가운데 하나를 빼고 다른 하나를 더함으로써 이루어진다. 이 작업은 계수들의 비율을 비교하여 결정하게 된다. 이때, 제외되는 변수를 탈락변수(leaving variable)라고 하고 추가되는 변수를 진입변수(entering variable)라고 한다. 이동할 가능해의 선정은 정해진 기준에 의해 자동적으로 결정된다.

(4) 4단계: 새로운 가능해의 최적해 판정

새로운 가능해를 찾으면 앞의 2단계에서 설명한 기준에 따라 새로운 가능해가 최적해인지 아닌지를 판정하게 된다. 만일 최적해를 찾았으면 알고리즘은 종료되고, 그렇지 않으면 앞의 3 단계 과정으로 돌아가서 알고리즘을 계속한다.

4. 선형계획법의 예제

다음의 선형계획문제를 단체법을 이용하여 최적해를 구해보도록 한다.

$$
\begin{aligned}
\max \quad & z = 60x_1 + 80x_2 + 100x_3 + 120x_4 \\
s.t. \quad & 10x_1 + 10x_2 + 20x_3 + 20x_4 \leq 200 \\
& 6x_1 + 2x_2 + 4x_3 + 2x_4 \leq 24 \\
& 10x_1 + 14x_2 + 2x_3 + 4x_4 \leq 100 \\
& x_i \geq 0 \ (i = 1, 2, 3, 4)
\end{aligned}
$$

단계 1. 초기의 가능해는 $x_1 = x_2 = x_3 = x_4 = 0$이다.

단계 2. 목적함수의 계수가 모두 양수이므로 최적해가 아니며, 진입변수는 계수 값이 가장 큰 x_4로 한다.

단계 3. 새로운 가능해는 $x_2 = 4$, $x_4 = 8$, $x_1 = x_3 = 0$가 된다. 여기에서도 아직 계수가 양수인 변수가 있으므로 최적해가 아니다. 따라서 단계 2로 돌아간다.

단계 2. 계수값이 가장 큰 x_2가 진입변수가 된다.

단계 3. 새로운 가능해는 $x_2 = 4$, $x_4 = 8$, $x_1 = x_3 = 0$이며 목적함수의 값은 1,280이다. 단계 2로 돌아간다.

단계 2. 목적함수의 모든 계수 값이 음수이므로 현재의 가능해가 최적해이다. 따라서 알고리즘을 종료한다.

요약

1. 기업조직 구조의 설계는 조직의 이념과 조직의 목표를 토대로, 조직의 기능을 고려하여 이루어져야 한다.

2. 조직설계 시 고려해야 할 기본변수에는 과업의 분화, 과업의 공식화와 표준화, 권한의 배분, 조직활동의 통합화 등이 있으며, 조직설계의 상황변수로는 조직 규모, 조직 연령, 조직 기술, 외부 환경 등을 들 수 있다.

3. 기업조직의 대표적 유형에는 라인 조직, 라인-스탭 조직, 사업부제 조직, 프로젝트 조직, 프로젝트-사업부 조직, 매트릭스 조직, 네트워크 조직 등이 있다.

4. 최근에 나타나는 경영조직의 특성으로는 조직계층과 규모의 축소, 고객중심 조직설계, 지식기반 조직 설계, 유비쿼터스 조직설계, 국제화 조직설계 등을 들 수 있다.

5. 연구개발조직은 설립형태, 외부구조, 내부구조 등의 기준에 따라 다양한 유형으로 분류할 수 있다.

6. 연구개발시스템은 1세대부터 4세대까지 동태적으로 진화해왔으며, 최근에 관심을 끌고 있는 4세대 연구개발시스템 하의 연구개발 조직은 기술혁신조직, 기술응용조직, 기술개발조직으로 구성되는 T자형 구조를 보인다.

7. 서비스는 제조업과 비교하여 무형성, 동시성, 소멸성, 이질성, 고객 참여 등의 차별적 특성을 지니고 있으며, 서비스 조직은 고객과의 접촉 빈도, 고객화의 정도, 노동 집약도 등의 수준에 따라 다양한 형태로 분류할 수 있다.

8. 서비스 시스템의 설계과정은 시스템 분석, 분리, 설계의 순서로 이루어지며, 고객과의 접촉 범위 및 빈도의 특성에 따라 차별적으로 설계되어야 한다.

9. 서비스 청사진은 크고 복잡한 서비스 시스템을 다양한 공간으로 분해하고 구체적 내용을 설계하여 직관적으로 서비스 시스템을 관찰하도록 보조하는 도구이다.

복습문제

1. 기업 조직의 유형은 라인 조직, 라인-스텝 조직, 사업부제 조직, 프로젝트 조직, 프로젝트-사업부 조직, 매트릭스 조직, 네트워크 조직으로 구분될 수 있다. 각 기업 조직 유형의 장단점을 서술하라.

2. 연구개발 조직은 외부 구조에 따라 중앙연구소 조직, 특성연구소 조직, 종합형 연구소 조직, 분산형 연구소 조직으로 구분되며, 내부 구조의 특성 차이에 의해 공정 중심 조직, 제품 중심의 조직, 기술 중심의 조직, 기능 중심의 조직으로 나눌 수 있다. 각 연구개발 조직이 어떤 경우에 적합한지를 설명하라.

3. 서비스 시스템 설계 시, 고객과의 접촉 정도에 따라 조직목표, 설비입지, 설비배치, 인력특성, 공급능력계획, 계획수립전략, 경쟁우위 등의 요소를 어떻게 고려해야 할지를 설명하라.

4. 은행의 업무를 예로 들어 서비스의 5가지 특성을 설명하라.

5. 다음의 서비스들을 서비스 프로세스 매트릭스 상에 매핑하라(자동차 정비소, 놀이공원, 항공사, 호텔, 병원, 은행의 소매분야, 소매업, 도매업, 의사, 변호사, 트럭수송, 경영컨설팅, 학교).

6. 경영컨설팅 서비스는 고객접촉 모델, 서비스 프로세스 매트릭스 모델, 서비스 프로세스-서비스 패키지 매트릭스 모델에서 각각 어떠한 그룹에 속할 수 있을지 설명하라.

7. (DEA) A사는 총 6개의 지점을 가지고 있는 피자배달전문점으로, A사의 CEO는 DEA를 이용하여 각 지점들의 효율성을 평가하기로 하였다. 투입요소로는 직원들의 총 노동시간과 재료비가 있으며 산출요소로는 피자 판매량만을 고려한다. 아래 표는 각 지점의 한 달간 산출요소와 투입요소 데이터를 나타낸 것이다.

조직	투입요소		산출요소
	노동시간 (100시간)	재료비 (백만 원)	피자 판매량 (100개)
A	5	35	20
B	6	25	20
C	8	35	20
D	4	40	20
E	10	22	20
F	8	26	20

(1) 효율적 경계선을 그리고, 이를 바탕으로 효율적 조직과 비효율적 조직을 구분하라.
(2) 각 DMU의 효율성을 구하기 위한 LP 모형을 구성하라.
(3) 선형계획모형을 풀어서 각 DMU의 효율성과 가중치를 구하여라.
(4) 각 비효율적 조직에 대해 효율성이 1이 되기 위해서는 운영비용을 얼마나 줄여야 하는지를 계산하여라.

토 의 문 제

1. 기업 조직의 유형은 크게 기계적 조직과 유기적 조직의 두 가지 형태로 구분될 수 있다. 기계적 조직은 안정적인 환경에서 표준화되고 규정된 절차 및 방식에 의해 경영조직을 운영하는 개념적 조직형태이다. 반면 유기적 조직은 환경 또는 상황 변화에 매우 탄력적으로 반응하면서 필요 시 수시로 조직의 형태를 변형시킬 수 있는 유연성을 가진 조직형태이다. 두 조직의 장단점을 생각해 보고, 본 서에 제시된 7가지 조직 유형을 기계적 조직과 유기적 조직으로 분류해 보자.

2. 서비스를 분류하는 궁극적인 목적은 서비스의 특성에 따른 올바른 경영전략을 수립하기 위해서이다. 서비스 프로세스 매트릭스 상의 네 가지 형태의 서비스 각각에 대해 서비스의 관리자가 중점을 두어야 할 경영 사안에 대해서 생각해 보자.

3. 매트릭스 조직은 라인 조직과 프로젝트 조직이 혼합된 이중적 형태이지만, 그 비중에 따라 경량 프로젝트 조직과 중량 프로젝트 조직으로 구분할 수 있다. 경량 프로젝트 조직은 프로젝트보다는 기능에 좀 더 큰 비중을 두고 구성된 매트릭스 조직인 반면, 중량 프로젝트 조직은 기능보다는 프로젝트에 초점을 둔 매트릭스 조직이다. 두 조직의 장단점에 대해서 생각해 보자.

4. 병원의 진료 프로세스를 고객 접촉 정도에 따라 서비스 청사진을 그려본 뒤, 작성한 서비스 청사진에서 문제가 될만한 요소를 도출하고 해결방법을 모색하여 재설계해보시오.

PART

03

Planning & Control of Business Activity

경영활동의 기획과 통제

구성도

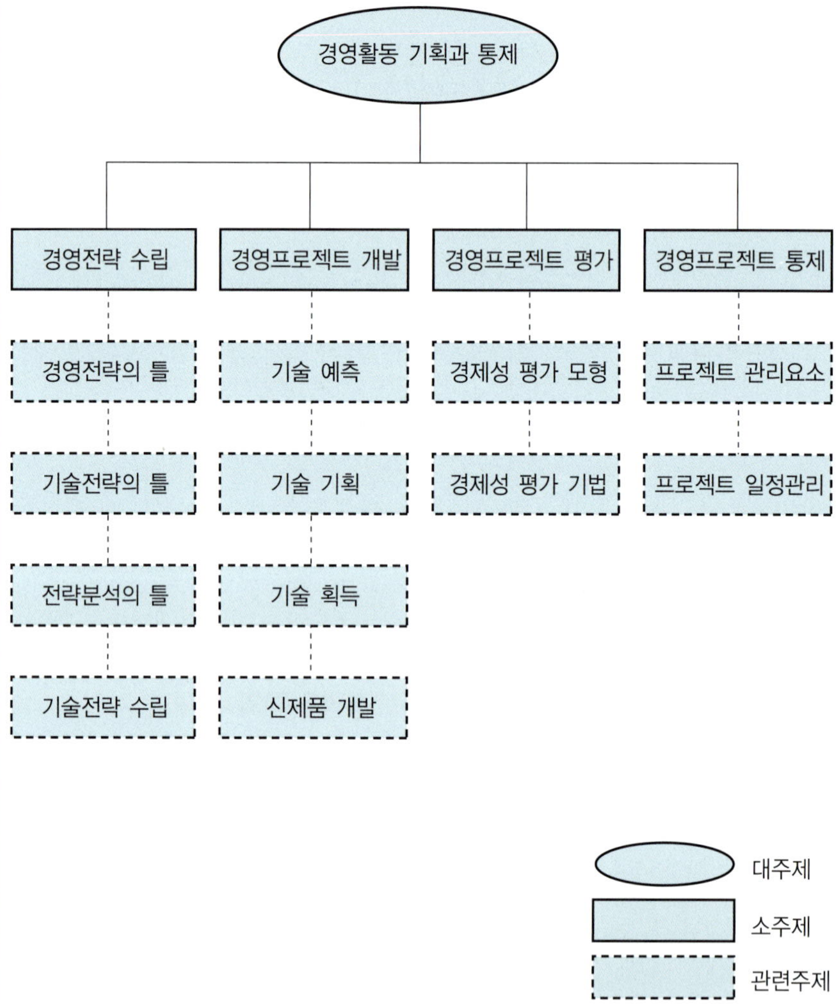
경영활동 기획과 통제
경영전략 수립
경영프로젝트 개발
경영프로젝트 평가
경영프로젝트 통제
경영전략의 틀
기술전략의 틀
전략분석의 틀
기술전략 수립
기술 예측
기술 기획
기술 획득
신제품 개발
경제성 평가 모형
경제성 평가 기법
프로젝트 관리요소
프로젝트 일정관리
대주제
소주제
관련주제

CHAPTER

04

경영전략의 분석과 기획

배경과 주요 내용

경영전략의 수립은 시스템의 경영과정에서 가장 먼저 이루어지는 활동이자 동시에 어려운 개념이다. 그러나 경영전략을 '중장기적인 관점에서, CEO가 중심이 되어, 기업의 목표를 달성하고, 경쟁자에 대한 비교우위를 확보하기 위한 계획'이라고 정의한다면, CEO가 되기 위해서 반드시 습득해야 할 능력이자 자질이라고 할 수 있다.

먼저 경영전략이 태동되고 발전되어 온 과정을 살펴보고 시대의 변화에 따라 전략개념의 핵심과 초점이 어떻게 바뀌어 왔는지를 알아본다.

실제로 경영전략을 수립하는 과정은 계층적인 구조로 이루어진다. 이것을 경영전략의 틀(framework)이라고 한다. 이 전체적 틀을 구성하는 각 계층의 전략목표와 내용이 무엇인지, 또 계층들간의 연계는 어떻게 이루어지는지를 살펴본다.

구체적이고 실천적인 경영전략의 실무는 경영 시스템을 분석하고 진단하는 일로 이루어진다. 시스템의 내부와 외부의 구조와 내용을 제대로 알아야만 무엇을 어떻게 해야 하는지를 제시할 수 있기 때문이다. 전략적 분석의 관점과 방법은 매우 다양하고 복잡하지만 크게 다음 다섯 가지의 주제로 나누어 살펴본다.

첫째는 가장 일차적이고 공통적인 기업 전반에 대한 기본 분석, 둘째는 기업과 사업의 상대적 위치를 분석하는 위상 분석, 셋째는 경영자산과 사업영역의 구성을 분석하는 분포 분석, 넷째는 시간의 변화나 수명주기의 진화에 따라 미래의 잠재적 성장 동력이 어떻게 바뀔 것인가를 분석하는 동태 분석, 다섯째는 서로 다른 차원들간에 적절한 균형이 이루지고 있는가를 분석하는 균형 분석을 들 수 있다.

마지막으로 실제 기술전략을 수립하는 과정을 모듈형 프로세스로 제시한다. 이 프로세스는 기술선택 모듈, 전략수립 모듈, 그리고 기술기획 모듈로 이루어진다.

04 경영전략의 분석과 기획

4.1 경영전략의 정의와 배경

1. 경영전략의 정의

기술경영의 관점에서 보면 전략은 곧 기술전략을 의미한다. 다양한 기술대안 가운데 어떤 기준에서 어느 기술을 선택할 것이며, 그 기술을 얻기 위해 어떤 기술개발 활동을 수행하거나 어떤 기술획득 방식을 사용할지 정해야 하는 것이다. 그러나 기업 전체로 보면 기술개발 부문은 다른 여러 부문과 마찬가지로 하위의 기능 부문 중 하나이다. 따라서 기술전략도 기업 전체의 전략과 밀접하게 연계되어야 한다. 즉, 기술전략의 수립을 위해서는 먼저 기업 전체의 전략적 목적과 방향이 정해져야 한다.

넓은 의미의 경영전략(corporate strategy) 또는 사업전략((business strategy)과 좁은 의미의 신제품/신기술 전략의 수립은 경영시스템의 관리 과정에서 가장 먼저 이루어지는 활동이다. 동시에 공학기술을 전공한 대부분의 사람들에게는 매우 생소한 개념이자 어려운 과제이기도 하다. 아마 기업에서 이공계 출신이 경영학 출신과 비교하여 가장 취약한 능력과 자질이 바로 전략적 사고와 행동일 것이다.

도대체 전략(strategy)이란 무엇인가? 전략의 정의는 개인의 가치관에 따라, 조직의 목표에 따라, 외부의 환경이나 조건에 따라 다양한 형태나 내용으로 제시될 수 있다. 더구나 전략이라는 용어는 본질적으로 매우 포괄적이고 추상적인 성격을 지닌다. 따라서 전략은 그 범위(scope)를 어디까지로 설정하느냐에 따라 그 의미와 내용이 달라진다. 전략의 범위에 관한 절대적이고 보편적인 기준은 없지만 크게 두 가지의 서로 다른 시각이 존재한다. 먼저 좁은 의미로 해석하면, 전략은 기업의 경영목표(mission and goal)를 설정하고, 행동방향을 결정하며 이를 위한 중장기 계획(long-term plan)을 작성하는 활동이라고 정의할 수 있다. 이러한 정의는 전통적인 관점에 기초한 것으로 전략의 기능과 영역을 좁게 보는 입장이다.

반면에 넓은 의미로 해석하면, 목표-방향-계획의 수립뿐 아니라 나아가 구체적인 실천 프로그램(action program)을 마련하고, 이를 실질적으로 수행할 수 있는 인력 및 자원을 배분하며, 전략 수행의 결과를 평가하여 새로운 전략에 반영하는 모든 과정을 다 포함한다. 이러한 해석은 전략의 기능과 영역을 보다 적극적으로 정의하는 입장이다

이러한 견해들을 종합하여 가장 일반적이고 보편적인 관점에서 경영전략을 정의한다면 '중장기적인 관점(long-term)' 에서, '최고경영층(top management)' 이 중심이 되어, '기업의 목표(objective)' 를 달성하고, '경쟁자에 대한 비교우위(competitive edge)' 를 확보하기 위한 '계획(planning) 및 의사결정(decision-making)' 이라고 할 수 있다.

위에서 제시된 경영전략의 정의에는 몇 가지 핵심적인 개념들이 포함되어 있다. 첫째, 전략의 시간(time horizon) 개념이다. 흔히 전략이라고 하면 적어도 중기, 대개는 장기의 미래를 바라보고 수립한다는 것이 일반적인 인식이다. 그러나 오늘날과 같이 경영환경이 급변하는 시대에, 먼 미래를 예측하는 것은 매우 어렵거나 심지어는 바람직하지 않을 수 있다. 따라서 최근의 전략은 단기라는 시간 개념도 반영하고 있다. 즉, 안정적이고 지속적인 추세에 대한 구조적이고 본질적인 대응이라는 측면과 불안정하고 불규칙적인 변화에 대한 신축적이고 가변적인 대응이라는 측면을 동시에 고려하고 있는 것이다.

둘째, 전략의 주체(actor) 개념이다. 전통적으로 전략은 소수의 최고경영층이 수립하고, 나머지 조직원들은 이미 수립된 전략에 따라 실천적인 전술(tactic)을 만들어, 구체적인 행동(action)으로 옮기면 되는 것으로 인식되어 왔다. 오늘날도 여전히 최고경영층이 전략 수립의 중심적인 역할을 담당하고 있다. 그러나 소수의 경영자가 정보와 지식을 독점한 상황에서 전략이 수립되고, 그 방향과 내용을 조직원들이 이해하고 공감할 수 없다면 전략의 성공 가능성이 매우 낮다는 사실이 알려지면서, 전략의 수립 과정에 최고경영층뿐 아니라 조직원 모두가 참여하는 것이 중요하다는 새로운 인식이 확산되고 있다. 또한 외부의 공급자, 수요자

나아가 경쟁자도 전략 수립의 간접적인 참여 대상이 되고 있다.

셋째, 전략의 기술(technology) 개념이다. 전통적인 사고는 전략을 기술과 방법의 문제가 아니라 경험과 직관의 문제로 인식하였다. 그러나 오늘날의 거대하고 복잡한 경영시스템의 전략을 수립하기 위해서는 체계적이고 정량적인 기술이 필요하다. 이 과정에서는 경영 프로세스에 대한 과학적인 분석 방법도 필요하고, 정교하고 명확한 설계도를 작성할 수 있는 소프트웨어의 활용도 필요하며, 수립된 전략이 어떻게 실현될 것인가를 사전적으로 예측할 수 있는 시뮬레이션 도구도 필요하다. 오늘날의 전략 실무에서 인문과학이나 사회과학 출신보다 오히려 이공계 출신을 선호하는 경향이 나타나고 있는 이유도 이와 같이 전략의 기술 개념이 강조되기 때문이다.

2. 경영전략의 발전과정

전략이라는 개념의 역사는 인류의 역사와 같다고 할 수 있을 만큼 긴 시간을 지니고 있다. 특히 무수히 많았던 전쟁은 전투의 기본 방향을 설정하는 전략(strategy)과 세부적인 행동지침을 결정하는 전술(tactic)의 발전에 큰 영향을 미쳤다. 그러나 기업 경영에서 전략이라는 개념과 용어가 등장한 것은 20세기 후반의 일로 비교적 그 역사가 짧은 편이다. 그 이후, 전략 개념과 내용이 발전해 온 과정은 크게 세 단계 정도로 나누어 살펴볼 수 있다.

학문적, 실무적으로 경영전략의 구체적 개념과 기본적 방법론이 처음 제기된 것은 1960년대 후반이다. 이 시기는 2차 세계대전 이후의 지속적인 고도 성장을 통해 기업의 규모가 커지고, 사업 영역이 다양화되며, 경영 기능이 세분화된 때이다. 따라서 기업은 비대해진 기업 조직과 다양해진 경영 기능을 종합하고 조정해야 할 필요성을 실감하게 되었다.

이러한 수요에 맞추어 '경영전략'이라는 주제가 실무적 기능과 학문적 대상으로 부각되었고, 70년대를 거치면서 본격적인 학제(discipline)로 자리잡게 되었다. 이 시기의 경영전략을 설명하는 두 가지의 핵심 개념은 '중장기 계획'과 '종합 조정'이다. 이 개념은 지금도 전략이라는 용어를 정의할 때 가장 자주 사용되고 있다.

경영전략의 패러다임에 근본적인 변화가 나타나기 시작한 시점은 1970년대 말부터이다. 이때는 미국이 거의 독점적으로 주도했던 세계 경제의 중심이 유럽, 일본 등으로 다극화된 시기이고, 동시에 오일쇼크로 인해 경제 환경의 불확실성이 높아진 시기이다.

이러한 변화는 경영전략의 개념과 주제에도 큰 영향을 미쳐서, 안정적이고 지속적인 성장을 전제로 중장기 계획을 수립하는 것보다 외부 환경의 가변적 상황에 신축적으로 대응하는 것이 보다 중요하다는 사실을 인식하게 되었다. 이 시기를 대표하는 가장 중요한 단어들로는 '시스템', '산업 분석', '경쟁 구조' 등을 들 수 있다. 1장에서 설명한 다이아몬드 모델식의 분석 도구가 폭넓게 사용된 것이 이 시기이다.

1990년대 이후는 '무엇(what)'에 대한 분석보다 '어떻게(how)'에 대한 방법론이 강조된 시점으로 요약할 수 있다. 새로운 움직임의 배경은 크게 두 가지를 들 수 있다. 첫째는 80년대의 전략 개념이 산업과 경쟁력의 분석에는 중요한 공헌을 하였지만, 실질적이고 구체적인 실천계획의 개발에는 미흡했다는 비판론이다. 둘째는 IT의 급속한 발전으로 개념적이고 정성적인 전략 개념을 정량적이고 기술적인 방법론으로 실현하는 것이 가능하게 된 점이다.

이러한 변화에 따라 전략 개념은 '핵심 역량'을 확보하기 위해 기업 조직과 경영 프로세스를 근본적으로 재설계(reengineering) 및 재구축(restructuring)하고, 시간과 공간, 내부와 외부의 제약과 구분 없이 경영자원의 효율적 조달과 분배 시스템의 신축성을 추구하는 소싱(sourcing) 문제에 초점을 맞추게 되었다.

가장 최근의 전략 개념은 미래의 성장동력인 신기술의 개발과 신사업의 발굴을 강조하는 추세이다. 날로 치열해지는 글로벌 경쟁에서 지속적인 경쟁력을 확보하고 이미 포화상태로 접어들고 있는 기존시장에서 차세대의 지배제품(dominant design)을 찾는 것이 기업이 생존할 수 있는 핵심 요소가 되고 있기 때문이다. 또한 융합(convergence) 현상을 바탕으로 과거에 존재하지 않았던 새로운 시장이 출현하는 것도 변화의 동인을 제공하고 있다. 이러한 변화에 대응하여 유망한 신사업 영역을 발굴하고 효과적인 시장진입 전략을 수립하는 것이 가장 중요한 경영전략의 주제가 되고 있다.

이 과정에서 필요한 기술을 확보하는 전략의 변화도 일어나고 있다. 즉, 전통적인 자체개발을 넘어 이미 관련기술을 보유하고 있는 외부기업을 합병(Mergers and Acgnisitions: M&A)한다든지, 외부의 기술개발 파트너와 신축적으로 협력

(Connect and Develop: C&D)하는 오픈 이노베이션(open innovation) 방식을 모색하는 움직임이 활발하게 나타나고 있는 것이다. 〈표 4-1〉에 경영전략 개념과 내용의 변화 과정을 요약하여 제시하였다.

〈표 4-1〉 전략의 변화 및 발전과정

연 대	배 경	핵심 내용
1960년대 ~ 1970년대	- 고도성장 - 사업영역의 다각화 - 경영기능의 세분화	- 중장기 경영계획(long-term planning) - 다양한 경영기능의 종합 조정 (corporate coordination)
1980년대	- 경제성장의 둔화와 국가경쟁력의 다극화 - 경제환경의 불확실성 - 산업구조의 고도화	- 시스템적 접근(systems approach) - 산업구조 분석(industry analysis) - 경쟁구조의 위상 분석(strategic positioning) - 사업영역의 선택(market entry/exit)
1990년대 이후	- 내부경영자원의 중요성 - 기술집약적 경쟁 - 정보통신기술의 발전	- 기업구조의 조정(restructuring) - 경영과정의 설계(process reengineering) - 경영자원의 조달과 활용(sourcing) - 핵심역량의 확보(core competence)
2010년 전후	- 글로벌 경쟁의 심화 - 기존시장의 포화 - 신기술에 의한 신시장의 출현 - 산업/기술의 융합현상	- 신시장 발굴과 진입 - 인수합병(M&A) 전략 - 오픈 이노베이션(C&D) 전략

4.2 경영전략과 기술전략의 구조

1. 경영전략의 전체적 틀

거시적인 경영전략의 구조는 [그림 4-1]에 도시되어 있는 것처럼, 제일 상위에 설정되는 기업의 임무(corporate mission)를 토대로 전체적인 기업전략(corporate or business strategy)이 수립되고, 이를 뒷받침하기 위한 주요 부문별 기능전략(functional strategy)이 수립되며, 마지막으로 각 기능 내에서 보다 구체적이고 실질적인 실천계획(action plan)이 수립되는 계층 구조로 이루어진다.

계층구조를 이룬다는 말은 크게 두 가지의 조건이 만족되어야 한다는 것을 뜻한다. 첫째는 계층 간의 일관성이다. 상위 계층에서 설정된 목표나 방향은 하위 계층에도 일관되게 전달되고 반영되어야 한다. 만일 상위 계층의 전략 목표가 매출액 증대로 되어 있는데 하위 계층의 전략이 수익성 제고로 수립되어 있다면, 시스템 전체의 전략이 일관성을 잃게 된다. 둘째는 계층합의 일치성이다. 하위 계층에서 설정된 전략 목표나 자원투입의 총합은 상위 계층에서 제시된 수치와 일치하여야 한다. 예를 들어 시스템 전체의 가용자원이 100이면 하위의 각 계층에서 사용하는 자원의 총합도 100이 되어야 한다.

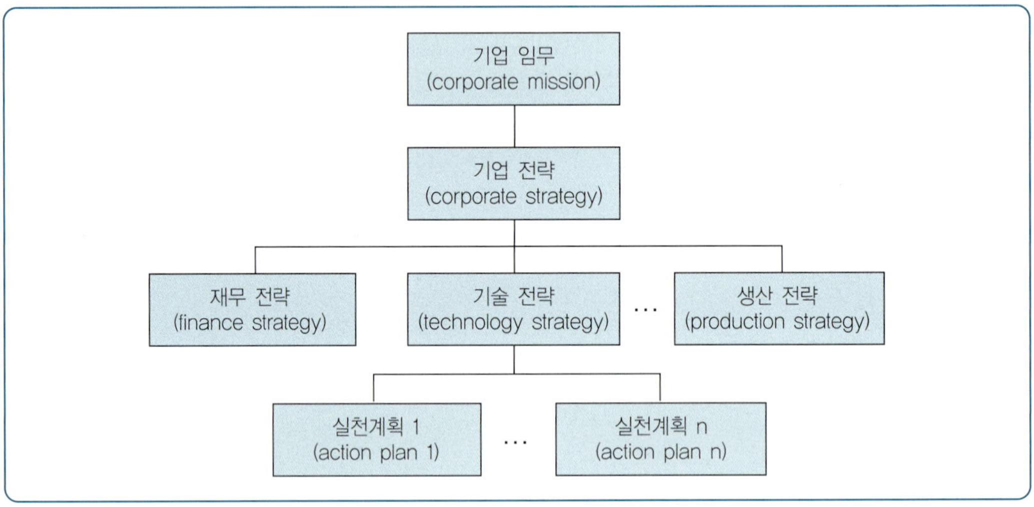

[그림 4-1] 경영전략의 계층구조

2. 기술전략의 구조와 내용

세부적인 기능전략(functional strategy) 가운데 기술전략(technology strategy)은 어디에 위치하고 무슨 활동을 하는 것인가? 기술전략은 기업전체의 관점에서 수립되는 경영전략의 방향과 지침에 영향을 받는 종속변수이자 동시에 경영전략을 구성하는 기능전략의 하나이다. 그러나 기술전략이라는 용어도 역시 넓고 애매한 개념이다. '경영목표를 달성하기 위해 기술적 목표를 설정하고 기술적 수단을 선택하는 의사결정', '기술의 선택, 기술투자의 수준, 기술도입의 시기 등에 관한 의사결정', '기술획득, 기술관리, 기술활용에 관한 계획 및 절차' 등이 모두 기술전략을 의미한다.

어떠한 개념과 정의를 받아들이냐에 상관없이 기술전략은 상위의 경영전략과 하위의 연구개발전략 간의 연결고리가 된다. 상위의 경영전략에서 중점적인 사업영역과 주요 경영기능 간의 자원배분과 연계구조를 결정하고, 하위의 연구개발전략(R&D strategy)에서 세부적인 연구개발 프로젝트의 선정을 다룬다고 한다면 두 전략을 이어주는 것이 기술전략의 핵심 기능이 되는 것이다. [그림 4-2]에 나타나 있는 것처럼, 상위의 경영전략 영역과 하위의 기술전략 영역은 계층적으로

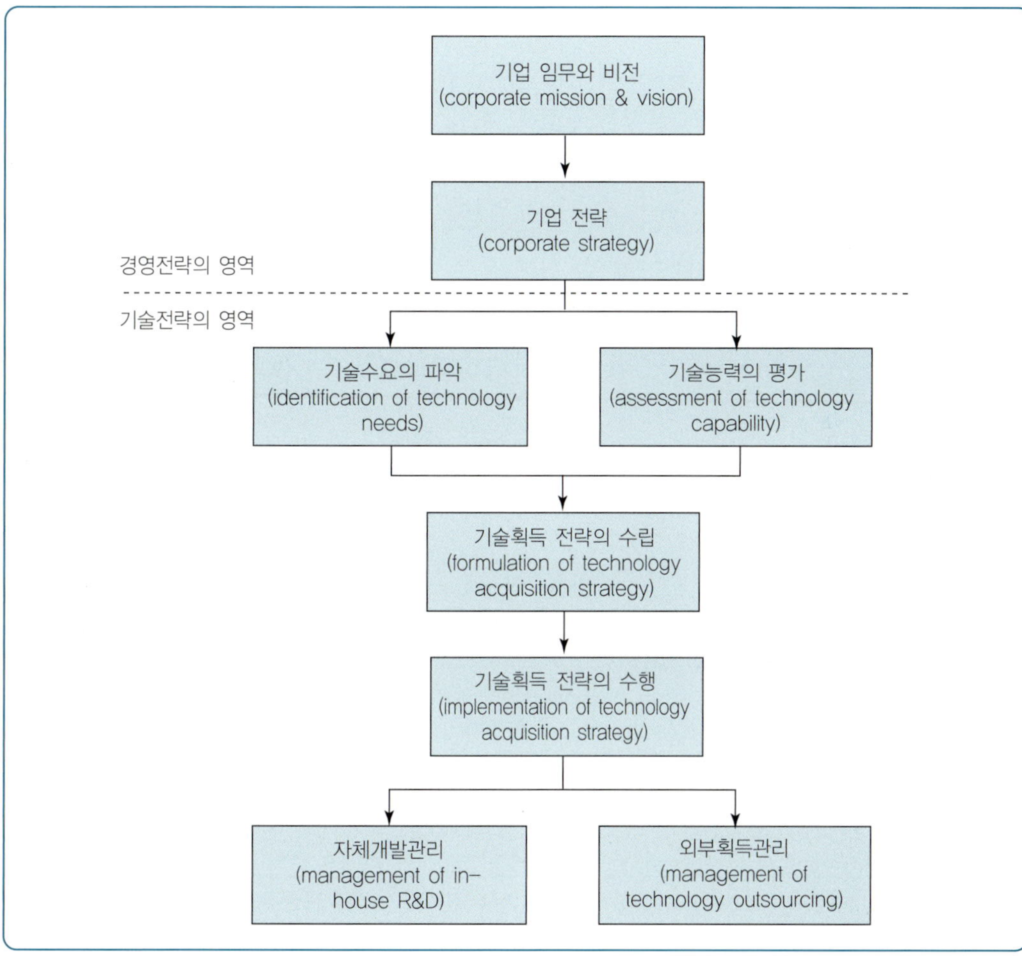

[그림 4-2] 경영전략과 기술전략의 전체적 구조

나누어져 있지만 동시에 유기적으로 연결되어 있다.

그렇다면 기술전략의 구체적 내용으로는 무엇을 들 수 있을까? 경영전략의 수행을 뒷받침하는 기술전략은 먼저 기업이 필요로 하는 기술이 무엇이며, 이 가운데 내부에서는 무엇을 이미 보유하고 있는지를 분석하는 작업에서 출발한다. 이 분석의 결과 기업이 앞으로 획득해야 할 기술의 범위와 내용이 파악되고, 기술전략의 핵심은 기술획득 전략으로 구체화된다. 기술획득 전략의 핵심은 필요기술을 내부에서 직접 개발하여 획득할 것인지 아니면 외부에서 조달하여 획득할 것인지를 결정하는 문제로 좁혀진다. 만일 내부의 자체 개발을 선택한다면 그에 따른 구체적 연구개발 계획이 수립되어야 하고, 반대로 외부의 기술 도입을 선택한다면 그에 따른 전략적 조달 계획이 수립되어야 한다.

〈표 4-2〉는 경영전략과 기술전략의 계층 구조를 보다 세부적인 자원분배와 의사결정의 관점에서 설명하고 있다. 또한 〈표 4-3〉과 〈표 4-4〉는 기업전략과 기술전략이 실제로 어떤 형태로 수립되는가를 예시를 통해 보여주고 있다.

〈표 4-2〉 전략 계층별 자원배분과 의사결정

계 층 (hierarchy)	자원 분배 (resource allocation)	의사 결정 (decision making)
기업 전략 (corporate/business strategy)	산업/시장 간 자원 분배 및 우선순위 결정	- 거시적/종합적 사업 목표의 설정 - 산업/시장의 범위 결정 - 시장진입/퇴출 결정
기능 전략 (functional strategy)	경영기능 간 자원 분배	- 다양한 경영기능의 구조와 형태의 설계 - 개별 경영기능별 경쟁우위 확보 방안 도출
기술 전략 (technology strategy)	기술획득 방식 간 자원 분배	- 최적의 기술획득 방식 결정 - 확보기술의 활용 및 내부화 방안
연구개발 전략 (R&D strategy)	R&D 프로그램과 프로젝트 간 자원 분배	- 기술개발 프로그램 및 프로젝트의 결정 - 개별 프로젝트 개발과정의 관리 방법

〈표 4-3〉 기업전략의 예시

전략책임자 : CEO			
주요 활동	일정계획(Milestone)		
	2015	2016	2017
1. 사업영역 A를 B로 교체	12월 말까지 완료		
2. 사업영역 D를 C에 추가	4월에 시작	12월까지 70% 추진	7월까지 100% 완료
3. 사업영역 E와 F를 통합	10월에 시작	12월까지 50% 추진	12월까지 100% 완료
4. 사업영역 G를 개선	12월까지 5% 개선	12월까지 8% 개선	12월까지 10% 개선

〈표 4-4〉 기술전략의 예시

경영기능 : R&D			
전략책임자 : CTO			
주요 활동	일정계획(Milestone)		
	2015	2016	2017
1. A 기술 자체 개발	10월까지 50%	12월까지 100%	
2. B 기술은 라이센스 도입	12월까지 도입	12월까지 내부화	
3. C 기술은 D와 공동개발	3월에 시작	11월에 완료	
4. A, B, C 기술을 시스템으로 통합			1월에 시작하여 12월까지 완료

4.3 전략 분석의 틀

지금까지 전략의 기본 개념과 발전 과정을 살펴보았다. 또한 전략의 전체적 계층 구조가 어떤 수준과 순서로 구성되는지를 설명하였다. 이제부터 전략 수립의 실질적 내용에 대해 알아보도록 하자.

경영전략의 수립을 위해서는 먼저 '전략적 분석'이 선행되어야 한다. 전략 분석은 경영전략의 수립을 위한 사전 활동이므로 당연히 분석의 목적과 방향이 '전략적'이어야 하지만, 동시에 다분히 '주관적'이고 '직관적'이 될 수도 있다. 자칫

하면 논리적이고 과학적인 기준이나 체계 없이, 순전히 경험이나 직관에 의존하여 '좋은 그림' 을 그리는 수준에서 이루어질 수 있는 것이다. 따라서 전략 분석을 좀 더 체계적이고 과학적으로 하기 위해, 다양한 분석의 틀(framework)이 개발되고 제시되어 왔다.

그렇다고 하여도, 전략이라는 주제가 본질적으로 지니고 있는 특성 때문에, 전략 분석의 틀을 정형화, 표준화하는 것은 매우 어려운 일이다. 또 하나의 기본적 틀이 존재한다고 하여도, 그 구체적인 방법이나 내용은 기업의 특성이나 환경의 변화에 따라 달라질 수 있다. 여기에서는 지금까지 전략 분석에서 많이 사용되어 온 분석의 틀을 크게 다섯 가지의 관점 내지 차원으로 정리하여 살펴보고자 한다.

[그림 4-3]에 제시되어 있는 것처럼, 가장 일차적이고 공통적인 기본 분석, 둘째는 기업과 사업의 상대적 위치를 분석하는 위상 분석, 셋째는 경영자산과 사업영역의 구성을 분석하는 분포 분석, 넷째는 시간의 변화나 수명주기의 진화에 따라 미래의 잠재적 성장 동력이 어떻게 바뀔 것인가를 분석하는 동태 분석, 다섯째는 서로 다른 차원들 간의 적절한 균형이 이루어지고 있는가를 분석하는 균형 분석으로 요약할 수 있다.

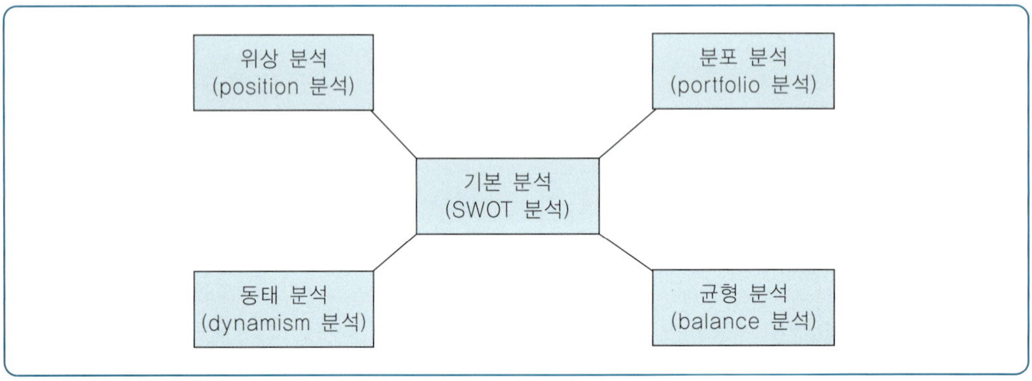

[그림 4-3] 전략분석의 틀

1. 기본 분석: SWOT(TOWS) 분석

전략분석 하면 가장 먼저 떠오르고, 실제로 가장 자주 수행되는 분석이 SWOT 분석이다. SWOT 분석은 전략 분석의 출발점이자 기본이 되는 분석으로, 모든 전략 수립에서 반드시 그리고 가장 먼저 수행되는 작업이다. SWOT는 영어의 Strength, Weakness, Opportunity, Threat 앞 단어를 딴 이름으로, 기업 내부의 강점과 약점, 외부 환경의 기회와 위협 요인을 종합적으로 분석한다는 뜻이다. 따라서 SWOT 분석을 위해 수집한 기업 내부 및 외부의 관련 정보와 SWOT 분석을 통해 도출된 기본적 전략 방향과 지침은 후속적으로 이루어지는 다양한 세부 전략의 수립에도 활용된다.

SWOT 분석은 외부환경의 분석, 내부능력의 분석, 전략방향의 도출을 전체적인 순서로 하여, 구체적으로는 다음의 일곱 단계로 이루어진다.

1 단계: 기업(사업) 프로필 분석

기업(사업)의 전체적 프로필을 분석하는 단계로 업종, 시장 영역, 경쟁 상황, 최고경영층 능력과 비전 등의 기본 정보를 살펴본다.

2 단계: 외부환경 분석

외부환경을 분석하는 단계로 시장 요인, 경쟁 요인, 경제 요인, 기술 요인, 사회 요인 등을 살펴본다.

3 단계: 기회-위협요인 도출

2 단계의 외부환경 분석을 토대로 기회(O) 요소와 위협(T) 요소를 도출하는 단계이다.

4 단계: 내부조건 분석

내부요인을 분석하는 단계로 마케팅 능력, 재무 능력, 연구개발 능력, 생산/물류 능력, 관리 능력 등을 살펴본다.

5 단계: 강점-약점요인 도출

4 단계의 내부요인 분석을 토대로 강점(S)과 약점(W)을 도출하는 단계이다.

6 단계: SWOT 매트릭스 도출

위의 단계를 종합하여 [그림 4-4]에 도시되어 있는 SWOT 매트릭스(SWOT Matrix)를 도출하는 단계이다. 이 매트릭스는 기회와 위협, 강점과 약점의 조합으로 이루어진 4가지 영역(cell)으로 구성된다.

7 단계: 전략 방향 제시

마지막으로 각 영역에 가장 적합한 전략 방향과 대안을 도출하는 단계이다. 구체적인 전략 방향과 지침은 경영시스템의 특성과 상황에 따라 달라지겠지만, 기본적인 전략 방향은 첫째, 기회-강점의 영역에 대해서는 강점을 극대화하여 기회를 최대로 활용하는 Max-Max 전략을 수립한다. 둘째, 기회-약점의 영역에 대해서는 약점을 최소화하여 기회를 최대로 활용하는 Min-Max 전략을 수립한다. 셋째, 위협-강점의 영역에 대해서는 강점을 극대화하여 위협을 최소로 줄이는 Max-Min 전략을 수립한다. 넷째, 위협-약점의 영역에 대해서는 약점을 최소화하여 위협을 최소로 줄이는 Min-Min 전략을 수립하게 된다.

외부환경 \ 내부조건	강점	약점
기회	강점 : 기회 Max-Max 전략	약점 : 기회 Min-Max 전략
위협	강점 : 위협 Max-Min 전략	약점 : 위협 Min-Min 전략

[그림 4-4] SWOT 매트릭스

예를 들어 이미 보유하고 있는 브랜드 이미지가 뛰어나다는 강점과 온라인 시장이 커지고 있다는 기회를 결합하면 기존의 오프라인 브랜드를 활용하여 온라인 비즈니스를 새로 시작하는 것이 하나의 전략적 대안이 될 수 있다. 여기서 주의할 것은 각각의 요소를 1:1로 결합하는 것만 생각할 필요가 없다는 점이다. 강점이 되는 요소에서 두 가지, 기회가 되는 요소에서 세 가지, 거기다 위협이 되는 한 가지 요소를 묶어서 전략적 방향을 설정하고 대안을 도출하는 것이 더 종합적이고 실질적인 선택이 될 수 있다.

2. 위상 분석: position 분석

기본 분석을 마친 다음에 수행하는 전략 분석으로는 위상 분석을 들 수 있다. 위상 분석은 분석과 조사의 대상이 되는 중요한 요인들에 대해서, 우리 기업이 다른 기업과 비교하여 상대적으로 어떤 위상(position)을 차지하고 있는지, 어느 영역(area)에 존재하고 있는지를 살펴보는 관점이다.

위상 분석의 목적과 용도는 크게 두 가지로 요약할 수 있다. 첫째는 우리 기업의 상대적 경쟁력을 파악하는 일이다. 상대비교의 핵심이 되는 요인을 기준으로, 여타 기업 특히 경쟁 기업과 비교한 우리 기업의 위치가 어디에 있는지를 알아보는 것이 중요한 목적이다. 둘째, 벤치마킹(benchmarking)을 통해 앞으로 나아가야 할 방향과 거리를 결정하는 일이다. 시장을 선도하거나 기술적으로 앞서가는 기업이 어디에 있으며, 앞으로 그 위치로 발전하기 위해서는 어느 경로를 통해 이동(movement)할 것인지를 정하는 것도 중요한 목적이다.

실무적으로 위상 분석을 수행하는 과정을 한 가지 방식이나 절차로 정형화하기는 어렵다. 그러나 크게 다음 네 가지의 단계로 이루어지는 것이 일반적이다.

1 단계: 요인의 선정

첫 번째 단계는 분석대상이 되는 핵심 요인을 선정하는 일이다. 핵심 요인은 분석의 목적이나 대상에 따라 달라진다. 예를 들어 자동차 시장을 분석하는 경우라면 경제성(연비), 외양(디자인), 내구성(품질) 등이 중요한 요인이 될 수 있다.

2 단계: 격자/매트릭스 구성

두 번째 단계는 여러 가지 핵심 요인들 가운데 두 가지 요인(특성)을 선정하여, 이 두 요인을 축으로 하는 격자(grid)나 매트릭스(matrix)를 구성하는 일이다. 위에서 본 자동차 시장의 경우, 예를 들어 경제성을 X축으로, 디자인을 Y축으로 하면 두 요인을 양축으로 하는 grid가 그려질 수 있다. 이 격자나 매트릭스는 분석대상의 상대적 위치를 표현하는 지도(map)의 역할을 하게 된다.

3 단계: 맵핑(mapping)

세 번째 단계는 실제로 우리 기업과 비교대상이 되는 다른 기업들의 수준을 측정하여, 위의 격자 위에 각각의 위상을 표시하는 맵핑 작업을 수행하는 일이다.

4 단계: 전략방향 제시

마지막 단계는 우리 기업의 상대적 위상을 파악하고, 현재의 위상에서 앞으로 어느 위상으로 어떻게 이동할 것인가를 결정하는 일이다. 예를 들어 가능한 이동경로(path)가 일직선으로 움직일 수도 있고, 위쪽으로 돌아갈 수도 있고, 아래쪽으로 돌아갈 수도 있을 때 어느 길로 이동하는 전략적 선택을 할 것인가를 결정하는 것이 중요한 과제가 된다.

[그림 4-5]에 도시되어 있는 것처럼, 어떤 제품에 대해 첫 번째 특성이 높고 낮음, 두 번째 특성이 높고 낮음을 기준으로 격자를 구성한 후, 자사제품과 경쟁제품 1, 2, 3의 상대적 위상을 그려 보면, 시장에서의 전반적인 위상을 분석할 수 있다.

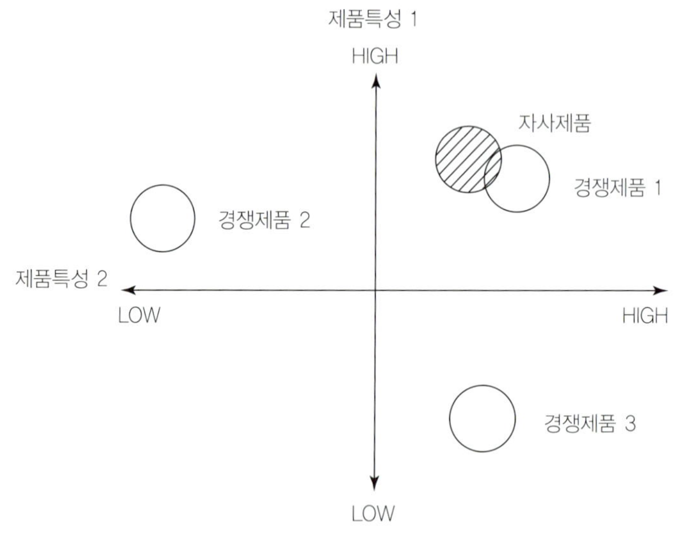

[그림 4-5] 시장-제품(기술) 격자

위상 분석의 실무에서 가장 중요하고 어려운 일은, 앞의 1 단계에서 핵심적인 요인을 파악하고 선정하는 작업이다. 전략적으로 가장 유용하고 가치 있는 요인, 즉 차원(dimension)이 제시되어야만 그 다음의 분석 결과가 의미를 가질 수 있기 때문이다. 더구나 대부분의 위상 분석은 이차원(two-dimensional)의 공간 위에서 자사제품과 경쟁제품의 위상을 비교하기 때문에 두 가지 요인, 즉 차원을 찾아내는 것이 필수적이다. 분석의 초점이 되는 요인을 찾아내는 방법이 따로 정해져 있는 것은 아니다. 그러나 실무에서 자주 사용되는 방법들을 정리해 보면, 크게 직관적 방법과 체계적(정량적) 방법으로 나눌 수 있다.

우선, 직관적(intuitive) 방법은 실제로 가장 자주 사용되는 접근으로 전략 분석에 참여하고 있는 전문가들이 직관이나 경험을 토대로 요인을 결정하는 방법이다. 앞의 예로 다시 돌아가 보면 자동차의 경우 경제성, 외양, 내구성 등이 핵심 요인이 된다는 것은 직관적으로도 쉽게 알 수 있다. 따라서 경제성과 외양을 두 축으로 하거나 외양과 내구성을 두 축으로 하여 격자를 그릴 수 있다. 이 방법은 쉽고 간단하지만 동시에 객관적, 과학적 근거가 취약하고 분석의 범위가 제한적이라는 단점을 안고 있다.

다음으로 체계적(systematic) 또는 정량적(quantitative) 방법은 전문가들의 인터뷰나 토론, 대규모 설문조사(survey) 등을 통해 데이터베이스를 만든 다음 여러 가지 통계적 분석 기법을 사용하여 요인들을 도출하는 방법이다. 여기에도 다양한 방법들을 사용할 수 있지만 대표적인 방법인 요인 분석과 다차원 척도법을 간략히 살펴보기로 하자.

설명의 편의를 위해 하나의 예제를 들어 보자. MP3 플레이어 제조기업이 경영전략의 수립과 신제품개발 아이디어의 도출을 위해 주요 제품 속성에 대한 고객들의 중요도 조사를 실시하였다. 제품의 속성으로는 가격, 색상, 크기 등의 열 가지를 선정하였고, 100명의 고객들을 대상으로 각 속성에 대한 중요도를 1점(전혀 중요하지 않다)에서 5점(매우 중요하다)까지의 5점 척도로 평가하도록 하였다. 〈표 4-5〉는 설문조사의 결과를 보여주고 있다.

〈표 4-5〉 제품속성 중요도 조사결과표

고객	가격	색상	크기	편의성	무게	디자인	음질	사용성	내구성	배터리
1	5	1	4	2	2	1	2	4	5	5
2	4	2	4	1	1	2	2	4	4	5
3	1	4	2	4	4	5	4	2	1	2
4	2	5	2	4	5	5	5	2	2	2
5	2	5	5	3	4	4	5	1	2	5
.										
.										
100	5	2	5	1	2	2	3	4	5	5

(1) 요인 분석

요인 분석(Factor Analysis: FA)은 변수들의 수가 너무 많을 때, 변수들의 수를 줄이는데 사용되는 다변량 통계분석(multi-variate statistical analysis) 기법의 하나이다. 요인 분석의 기본 아이디어는 변수들간의 상관관계를 측정하여 상관성이 높은 변수들을 요인(factor)으로 묶는데 있다. 만일 변수가 20개라고 하면, 그중에는 상관관계가 높은 변수들도 있고 거의 없는 변수들도 있을 것이다. 예를 들어 인간의 특성을 20가지의 변수들로 표현하는 경우, 선 키, 앉은 키, 팔길이 등과 같이 사람의 몸을 나타내는 변수들은 서로 밀접하게 관련되어 있고, 지능지수, 수리능력, 학업성취도 등과 같이 사람의 두뇌를 나타내는 변수들은 또 자기들끼리 깊이 관련되어 있을 가능성이 높다. 이때, 상관성이 높은 변수들끼리 묶어서 신체요인, 두뇌요인 등의 5개의 요인으로 줄일 수 있다면, 20개의 변수들을 그대로 두고 분석하는 것보다 5개의 요인을 새로운 변수들로 간주하여 분석하는 것이 훨씬 용이할 것이다.

수리적으로 보면, 아래의 식과 같이 각각의 요인(F_i)은 기존 변수(x_i)들의 선형결합(linear combination)으로 이루어지는 새로운 변수가 된다.

$$F_i = a_1 x_1 + a_2 x_2 + \cdots + a_n x_n$$

위 식에서 각 변수의 계수(a_i)를 요인적재량(factor loading)이라고 부른다. 요인적재량은 각 변수와 요인 간의 상관관계를 나타낸다. 따라서 각 요인에 대해 적재량이 높은 변수들만을 남기고 나머지 변수들을 제외하면, 남은 변수들로 구성되는 하나의 요인이 만들어지는 것이다. 예를 들어 변수가 다섯 개인 경우, F_1과 F_2가 다음과 같다고 하자.

$$F_1 = 0.8555x_1 + 0.8321x_2 + 0.9123x_3 + 0.2314x_4 + 0.1873x_5$$
$$F_2 = 0.3125x_1 + 0.2367x_2 + 0.4005x_3 + 0.8525x_4 + 0.7908x_5$$

각 변수들의 요인적재량을 보면, 첫 번째 요인은 처음 세 변수의 적재량이 높은 반면 마지막 두 변수의 적재량은 아주 낮다. 반대로 두 번째 요인을 보면 처음 세 변수의 적재량은 낮은 반면, 끝의 두 변수의 적재량은 매우 높다. 따라서 두 개의 요인이 만들어지면서, 첫 번째 요인 F_1은 요인적재량이 높은 x_1, x_2, x_3을 포함하게 되고, 두 번째 요인 F_2는 요인적재량이 높은 x_4, x_5를 포함하게 된다. 5개의 변수가 2개의 요인으로 줄어들게 된 것이다.

위의 예제를 다시 살펴보자. 이 문제는 변수가 10개인 경우이다. 모든 변수를 쌍(pair)으로 묶어 위상 분석을 위한 격자를 구성하기에는 변수의 수가 너무 많다. 요인 분석을 실시한 결과, 가격, 내구성, 배터리의 세 변수가 하나로 묶이고, 색상, 크기, 디자인이 또 하나로 묶이고, 편의성, 무게, 음질이 하나로 묶이는 것으로 나타났다. 따라서 3개의 요인이 추출되었고, 각 요인은 첫 번째를 경제성, 두 번째를 외양성, 세 번째를 기능성으로 부를 수 있다. 결국 위상 분석에 사용할 수 있는 핵심적 요인을 경제성, 외양성, 기능성으로 요약할 수 있는 것이다.

요인 분석을 토대로 경제성, 외양성, 기능성의 세 요인 중 두 요인을 이용하여 2차원의 위치 지도(position map)를 그린 후, 각 고객을 측정값에 따라 지도(map) 위의 적절한 위치에 배치시킬 수 있다. 만일 조사대상이 고객이 아니라 경쟁기업이라면 보다 전략적인 위상 분석이 가능할 것이다.

(2) 다차원 척도법

다차원 척도법(Multi-Dimensional Scaling: MDS)도 여러 차원(변수)으로 측정된 관찰대상들의 복잡한 관계를 2차원 혹은 3차원 공간으로 시각화하여 주는 통계적 기법이다. 다차원 척도법의 기본 아이디어는 원래의 다차원 공간에서 측정한 관찰대상 간의 거리(distance)가 차원이 2차원 내지 3차원으로 줄어든 후에도 여전히 의미가 있도록 하는데 있다. 이를 수리적으로 설명하면, p-차원의 공간에서 나타나는 개체간의 거리 d_{ij}와 차원이 축소된 k-차원의 공간에서의 거리 δ_{ij}가 최대한 서로 일치되도록 하는 것이다. 두 거리의 차이를 스트레스 값(stress value)이라고 부르는데, 다차원 척도법은 이 스트레스 값을 최소화하는 방법이라고 요약할 수 있다.

위상 분석을 위해서는 두 차원의 map 위에서 분석 대상들의 위치를 파악해야 한다. 그러나 변수가 많은 다차원 공간에서의 위치를 2차원 공간에서의 위치로 바꾸려면, 원래의 다차원 공간에서 각 대상들이 가졌던 거리가 2차원 공간에서도 최대한 유지되도록 만들어야 하는 것이다.

위의 예제로 돌아가 보자. 주어진 변수가 10개이므로, 먼저 10차원 공간에서 각 고객 간의 차이(거리)를 측정한다. 예를 들어 고객 1과 고객 2 사이에, 반응이 같거나 유사한 변수가 많으면 거리가 짧은 것이 되고 적으면 거리가 멀어지는 것이다. 모든 고객들간의 거리를 각 cell에 표시하면, 하나의 매트릭스 형태로 나타낼 수 있다.

다음의 과제는 변수의 수, 즉 분석 차원의 수를 축소하는 일이다. 이 작업은 위의 요인 분석에서처럼 많은 수의 변수를 적은 수의 요인으로 줄이는 것과 같은 아이디어이다. 차원의 수가 늘어나면 각 개체들의 위치를 보다 정확하게 정할 수 있는 반면, 분석자의 인지 능력이 떨어지게 된다. 이 관계를 앞에서 말한 스트레스 값으로 설명하면, 차원의 수가 늘어날수록 스트레스 값은 내려가고, 줄어들수록 스트레스 값은 올라간다. 따라서 스트레스 값의 변화율을 보면서 그 값이 큰 폭으로 변화하는 수준에서 차원의 수를 정하는 것이 좋다. 물론 2차원 공간의 map으로 그리기 위해서는, 스트레스 값이 다소 높다고 하더라도 차원의 수를 2로 줄여야 한다.

위에서 설명한 모든 작업은 SAS나 SPSS와 같은 대부분의 통계 소프트웨어를 이용하여 수행할 수 있다. [그림 4-6]은 위의 예제에 대해 2차원의 위치지도를 보여주고 있다. 만일 주어진 예제에서 조사대상을 고객이 아니라 경쟁기업으로 하면, 보다 유용한 전략 분석의 정보를 얻을 수 있을 것이다. 그러나 다차원 척도법에서 유의할 점은 차원의 방향이 아무런 의미를 가지지 않으며 단지 형상만이 의미를 가진다는 점이다. 따라서 주어진 차원에 대한 구체적이고 실질적인 의미를 해석하기 위해서는 원래의 자료를 세심하게 검토하여야 한다.

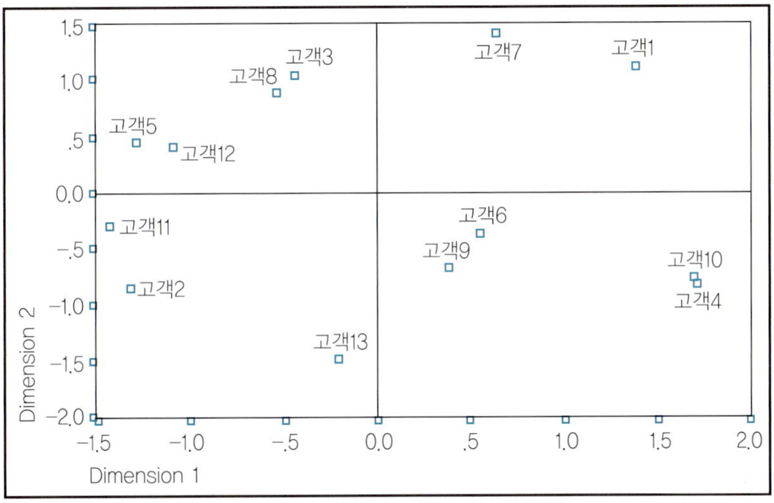

[그림 4-6] MDS에 의한 2차원 위치지도

3. 분포 분석: portfolio 분석

위상 분석과 유사한 성격을 보이지만, 실제로는 상당히 다른 분석으로 분포 분석을 들 수 있다. 분포 분석은 기업이 현재 수행하고 경영 과제와 미래에 수행할 과제들이 전체적으로 어떻게 분포되어 있는가를 살펴보는 분석이다. 따라서 흔히 포트폴리오(portfolio) 분석이라고 불린다.

분포 분석의 목적과 용도는 크게 두 가지로 요약할 수 있다. 첫째는, 기업이 보유 내지 운영하고 있는 제품라인이나 사업내용이 얼마나 균형적으로 구성되어 있는가를 알 수 있는 분포도를 작성하는 일이다. 포트폴리오 그림을 보면 전체적인 구성을 한눈에 파악할 수 있다. 둘째는, 현재의 포트폴리오를 개선 내지 조정할 수 있는 전략적 방향과 구체적 비율을 결정하는 일이다. 어느 부분의 비중을 얼마나 늘린다거나 반대로 얼마나 줄임으로써, 전체적인 포트폴리오를 어떻게 바꿀 것인가를 결정하는데 필요한 기본 정보를 얻을 수 있는 것이다.

포트폴리오를 분석하는 대상은 분석의 목적에 따라 다양하게 설정될 수 있다. [그림 4-7]에서 볼 수 있듯이 제품(사업)이 대상이 될 수도 있고, [그림 4-8]에 도시되어 있듯이 기술(R&D 프로젝트)이 대상이 될 수도 있다. 즉 전체적 분포도를 매트릭스(matrix)나 지도(map) 형태로 도시할 때, 분포도 위에 나타난 동그라미들이 각각의 제품을 가리킬 수도 있고, 프로젝트를 의미할 수도 있다. 동그라미의 크기를 달리함으로써 제품의 매출액, 프로젝트의 투자비용의 차이를 시각화할 수도 있다.

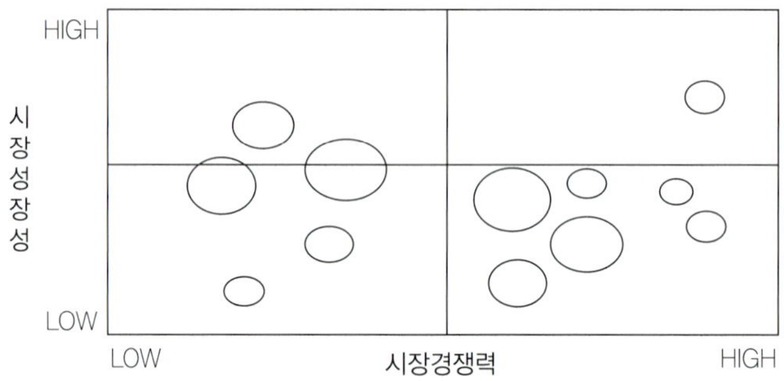

[그림 4-7] 제품(사업) 포트폴리오 매트릭스의 예시

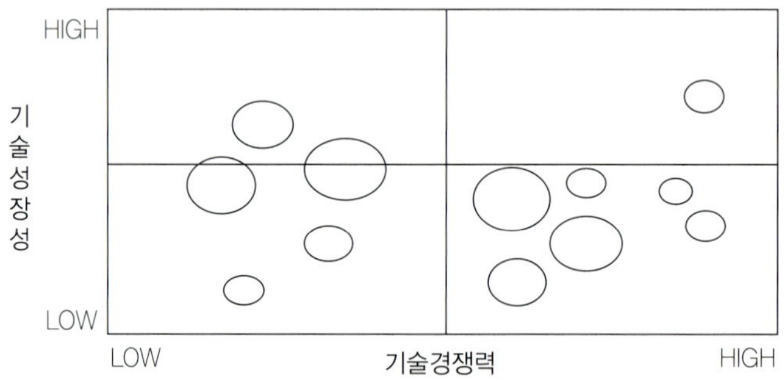

[그림 4-8] 기술(프로젝트) 포트폴리오 매트릭스의 예시

각 차원(dimension)을 직관적으로 높다-낮다, 크다-작다의 두 가지로 나누는 것보다 좀 더 잘게 나누는 것이 필요한 경우도 있다. 연구개발 프로젝트가 많이

있을 때, 전체적인 포트폴리오의 구성을 분석하는 예를 생각해 보자. 여기에서는 포트폴리오를 구성하는 하나의 차원을 제품의 변화(product change)로 다른 차원을 공정의 변화(process change)로 설정하였다. [그림 4-9]에서 보는 것처럼, 제품의 변화를 두 가지가 아니라 획기적 신제품-차세대 신제품-기존제품의 추가-파생제품의 추가 등의 네 가지로 나누고, 공정의 변화도 획기적 신공정-차세대 신공정-기존공정의 대폭개선-기존공정의 부분개선 등의 네 가지로 나눈다. 이렇게 만든 포트폴리오 위에서 각각의 프로젝트를 해당되는 위치에 올려놓으면 좀 더 구체적인 모양의 지도를 그릴 수 있다.

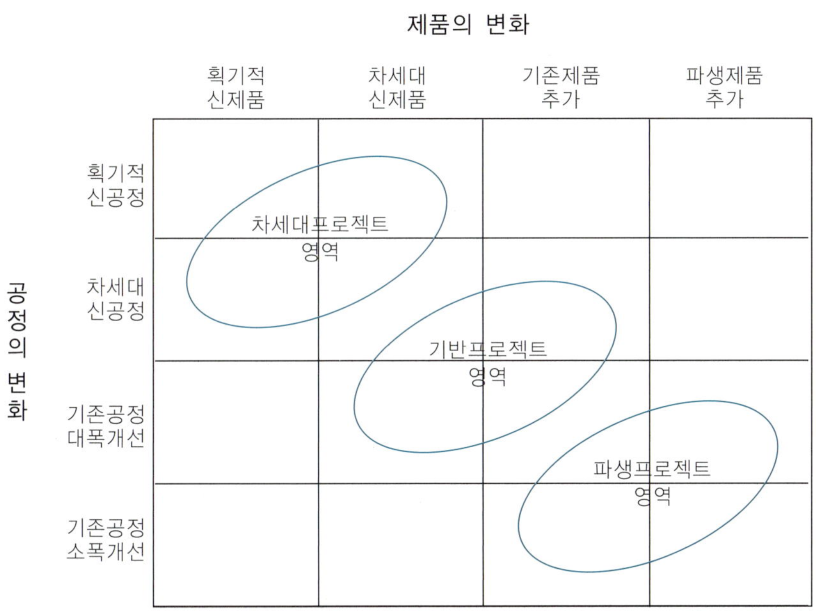

[그림 4-9] R&D 프로젝트 포트폴리오 매트릭스의 예시

분포 분석 가운데 가장 오랫동안 사용되어, 교과서적 표준이 된 것이 이른바 BCG 매트릭스이다. 미국의 컨설팅 회사인 Boston Consulting Group(BCG)이 제안하여 유명해진 이 매트릭스는, [그림 4-10]에 나타나 있는 것처럼, 시장성장율과 시장점유율을 두 축으로 하는 매트릭스 위에 그 기업이 수행하고 있는 사업부(SBU)들이 어떻게 분포되어 있는가를 분석하는데 이용된다.

BCG 매트릭스를 토대로 분포분석을 수행하는 절차를 몇 개의 단계로 나누어 살펴보자.

1 단계: 요인의 선정

위상 분석과 마찬가지로 첫 번째 단계는 분석대상이 되는 핵심 요인을 선정하는 일이다. 핵심 요인은 물론 분석의 목적이나 대상에 따라 달라진다. [그림 4-10]의 BCG 매트릭스에서 볼 수 있는 것처럼, 미래를 의미하는 시장의 성장성과 현실을 뜻하는 시장의 점유율은 요인을 구성하는 좋은 예로 들 수 있다.

2 단계: 매트릭스 구성

두 번째 단계는, 두 가지 요인(특성)을 선정하여 이 두 요인을 축으로 하는 매트릭스를 구성하는 일이다. 예를 들어, 성장성을 열(column)로 하고 점유율을 행(row)으로 하면 하나의 매트릭스가 구성되고, 이를 각각 높음(high), 낮음(low)으로 나누면 다시 2×2의 사분면(cell)으로 세분할 수 있다. [그림 4-10]에 도시되어 있는 것처럼, 각 분면은 성장성과 점유율이 모두 높은 'Star', 잠재적 성장성은 높으나 점유율에 문제가 많은 'Problem Child', 중장기적인 성장성은 이미 소진되었지만 현재의 점유율과 수익성이 높은 'Cash Cow', 성장성과 수익성이 모두 낮은 'Dog'로 명명할 수 있다.

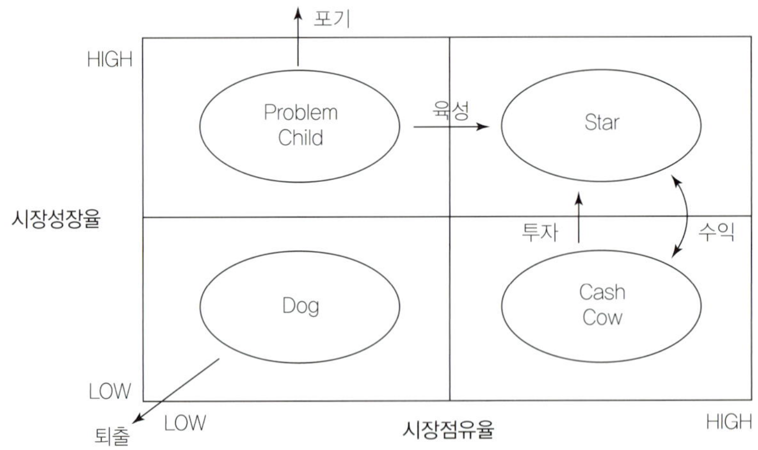

[그림 4-10] 제품(사업) 포트폴리오 매트릭스: BCG 매트릭스

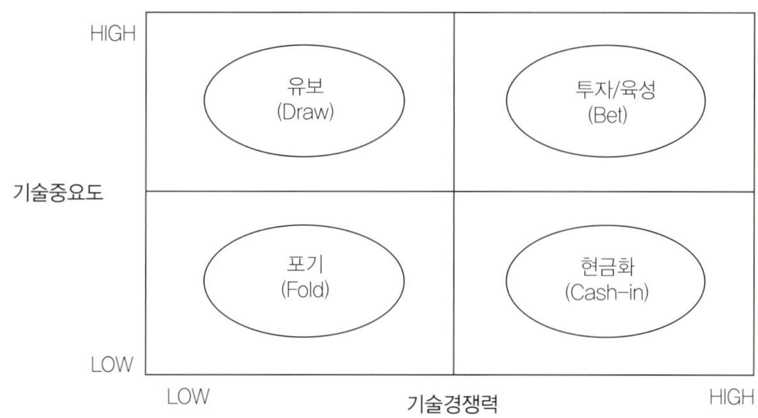

[그림 4-11] 기술 포트폴리오 매트릭스

3 단계: 맵핑(mapping)

세 번째 단계는, 분석 대상이 되는 개별제품이나 기술의 수준을 측정하여 매트릭스 위의 적절한 위치에 배치시키는 맵핑 작업을 통해 분포도를 만드는 일이다. 분포도의 좋고 나쁨에 대해 절대적인 기준을 말할 수는 없지만, 가장 바람직한 구조는 현재 수익성이 좋은 Cash Cow와 미래의 잠재적 수익원이 되는 Star에 많은 사업부가 배치되어 있는 형태이다. 예를 들어 [그림 4-10]에 나타나 있는 형태는 전체적으로 Cash Cow가 많아서 긍정적인 반면, Dog도 많고 미래의 성장 동력이 되는 Star는 거의 없어서 상당한 문제를 안고 있는 것으로 평가할 수 있다.

4 단계: 전략방향 제시

다른 분석과 마찬가지로 마지막 단계는 포트폴리오를 개선 내지 조정할 수 있는 전략적 방향과 대안을 도출하는 일이다. 구체적인 실천전략은 달라질 수 있지만 기본적인 원칙과 지침은 다음과 같다. 우선 아무 쓸모가 없는 Dog는 가능한 한 빠른 시간에 철수시키고, Problem Child는 포기하든지 아니면 Star로 키우든지 선택의 결정을 해야 한다. 한편 Cash Cow에서 벌어들이는 현금은 Star의 육성에 투자하고, 동시에 Star는 빠른 시간 내에 Cash Cow가 될 수 있도록 관리함으로써 지속적인 '선순환' 구조를 만들어야 한다.

포트폴리오 분석은 분석 대상과 분석 요인을 바꾸어 가며 다양하게 수행할 수 있다. 앞의 BCG 매트릭스는 제품이나 사업부를 대상으로 했지만, 유사한 분석을 보유기술의 대상으로 할 수도 있다. 예를 들어 다른 컨설팅 기업인 Arther.D. Little(ADL)이 제시한 기술 중심의 매트릭스가 [그림 4-11]에 예시되어 있다. 여기에서는 기술중요도와 기술경쟁력을 양축으로 하는 매트릭스를 사용하고 있다.

분포 분석의 실무에서 가장 어려운 일은 앞의 2 단계에서 각 요인의 수준을 높다(high), 낮다(low)로 나누는 작업이다. 도대체 어디를 기준으로 높고 낮음을 결정할 것인지 그 기준이 애매한 것이다. HIGH와 LOW를 결정하는 기준은 본질적으로 주관적인 문제이기 때문에 일률적으로 정할 수는 없지만, 분석 요인의 성격이 절대적 크기를 가리키는 것인지 상대적 크기를 가리키는 것인지에 따라, 서로 다른 기준과 방식을 적용해야 한다는 점은 유의하여야 한다. 좀 더 구체적인 지침을 알아보자.

(1) 절대 크기의 요인

분석 요인의 수준을 절대적 크기의 값으로 측정할 수 있는 경우에는 전체의 평균(average)을 기준치로 해서 높으면 HIGH, 낮으면 LOW로 나누는 기준을 적용할 수 있다. BCG 매트릭스에서 시장의 성장성은 모든 기업이나 제품에 대해 그 값을 바로 계산할 수 있는 절대 크기의 값이다. 따라서 해당산업이나 시장 전체의 성장률을 기준치로 하여 산업평균보다 높으면 HIGH, 낮으면 LOW로 하면 된다. 예를 들어 분석 대상 사업의 평균 성장률이 15%인데 비해 시장(산업) 전체의 평균이 10%라면, 이 사업의 성장성은 HIGH 영역에 위치하게 된다. 이 과정을 좀 더 자세히 설명하면 다음과 같다.

- 1단계: 성장성 지표의 정의
  - 시장성장성 = [(금년도 매출액 − 전년도 매출액) / 전년도 매출액]×100%
- 2단계: 양분점(cut-off point) 결정
  - 양분점은 시장(산업) 평균 성장률 또는 GNP(GDP) 성장률
  - 1단계에서 측정한 시장성장성이 양분점보다 크면 HIGH, 작으면 LOW로 판정

(2) 상대 크기의 요인

분석 요인의 값이 상대적 비교의 의미를 지니는 경우에는 HIGH-LOW를 나누는 기준과 방법이 간단치 않다. BCG 매트릭스의 예에서 시장점유율은 상대적 크기의 개념이다. 예를 들어 어느 사업의 시장점유율이 20%라고 하면, 다른 기업(사업)들과 비교했을 때 점유율이 높다고 할 수도 있고 낮다고 할 수도 있다. 따라서 이 경우에는 시장의 최대 경쟁 기업을 기준으로 하여, 그 기업보다 점유율이 높으면 HIGH, 낮으면 LOW라고 하는 식의 접근을 해야 한다. 이 과정을 좀 더 자세히 설명하면 다음과 같다.

- 1단계: 점유율 지표의 정의
  - 시장점유율 = 금년도 매출액 / 금년도 최대 경쟁 기업의 매출액
- 2단계: 양분점(cut-off point) 결정
  - 양분점은 위의 시장점유율 1.5를 기준으로 설정
  - 1단계에서 측정한 시장점유율이 양분점보다 크면 HIGH, 작으면 LOW로 판정

위에서 양분점을 1.5로 설정한 것은 절대적인 기준은 아니다. 그러나 최대 경쟁 기업과 비교하여 1.5배 이상의 점유율을 확보하고 있어야 진정한 의미에서 점유율이 높다고 할 수 있기 때문에 이 값을 사용하는 것이다. 여기에서 유의할 점은 시장 점유율 값은 로그 값(log scale)의 성격을 지닌다는 사실이다. 예를 들어, 어느 기업의 시장 점유율이 1위로 2위 기업보다 2배 더 높다면 점유율 값이 2.0이 되지만, 2위로서 1위 기업의 절반밖에 안 된다면 점유율 값은 0.5가 된다. 즉 1이라는 중간 값을 기준으로, 위와 아래의 값이 log 값의 비율로 대칭이 되는 것이다.

4. 동태 분석: dynamism 분석

지금까지 살펴본 분석의 차원들은 기본적으로 정해진 시점에서의 상황을 살펴보는 정태(static) 분석의 성격을 지니고 있다. 그러나 전략 분석의 차원은 시간의 흐름에 따라 상황이 어떻게 변해왔으며, 앞으로 어떻게 변할 것인가를 살펴보는 동태 분석도 매우 중요하다.

동태 분석은 시간의 흐름을 하나의 축으로 설정하고, 분석대상이 되는 요인의 상태가 시간의 흐름에 따라 어떻게 변화하고 있는지를 살펴보는 분석이다. 동태 분석은 크게 두 가지의 문제에 초점을 맞춘다. 첫째는 분석대상 요인의 변화방향과 변화율이다. 그 요인의 상태가 올라가고 있는지 아니면 내려가고 있는지, 또 어떤 비율로 변하고 있는지를 알아본다. 둘째는 분석대상 요인의 중장기적 성장성이나 경쟁력이다. 과연 우리 기업이 미래에도 발전하고 생존할 수 있는지를 예측하는 것이다.

동태 분석 역시 수행 과정이나 방식을 정형화하기는 어렵다. 그러나 어느 경우라고 하더라도 다음 두 가지의 단계는 반드시 포함되어야 한다.

1 단계: 시간축(time horizon)의 결정

첫 번째 단계는 분석 시간의 축을 정하는 일이다. 우선 얼마나 오랜 시간을 다룰지에 관한 기간(duration), 얼마나 자주 분석할지에 관한 구간(interval)을 결정해야 한다. 간단한 방법으로는 데이터의 수집이 가능한 기간을 통틀어 매년, 매월 등과 같이 일정한 간격으로 분석하는 접근을 생각할 수 있다. 그러나 전략 분석에 자주 사용되는 다른 접근은 수명주기(life cycle) 개념을 도입하는 것이다. 도입(introduction)-성장(growth)-성숙(maturation)-쇠퇴(declining)라는 수명주기를 따라 변화 속도와 양상을 살펴볼 수 있는 것이다.

2 단계: 분석 요인의 결정

두 번째 단계는 핵심적인 분석 요인을 결정하는 일이다. 물론 분석 요인은 분석의 목적이나 성격에 따라 달라진다. 또 한 가지 요인만을 대상으로 하지 않고 다양한 요인들을 바꿔가면서 분석의 범위와 종류를 다양화할 수도 있다.

분석의 시간 축과 분석 요인이 결정되면 이 두 가지를 축으로 하여 구체적인 분석의 형태가 결정된다. 실무에 있어 양축을 어떻게 배치하느냐에 따라 매트릭스 형태의 분석을 할 수도 있고, 그래프 형태의 분석을 할 수도 있다.

(1) 기술경쟁력 분석

예를 들어 [그림 4-12]는 도입, 성장, 성숙, 쇠퇴 네 단계의 수명주기를 한 축으로 하고, 다른 축은 기술경쟁력을 분석요인으로 하는 매트릭스를 보여주고 있다. 따라서 이 매트릭스는 수명주기의 축을 통해 동태 분석을, 기술경쟁력의 축을 통해 포트폴리오 분석을 결합한 것임을 알 수 있다.

기술경쟁력 \ 수명주기	도입	성장	성숙	쇠퇴
매우 강		1.9		30.7
강		3.0	16.7	10.3
보통	3.5	8.6	10.8	
약	4.7	4.5	5.3	

(단위 : %)

[그림 4-12] 수명주기 포트폴리오 매트릭스

우선 우리 기업이 판매하고 있는 제품들을 4×4의 16분면 가운데 가장 적합한 분면에 배치한 후, 각 분면의 매출 비중(%)을 계측한다. 직관적으로 보아도, 거의 모든 제품들이 수명주기 상에서 성숙기 내지 쇠퇴기에 몰려 있어 미래의 경쟁력이 우려되는 상황임을 알 수 있다.

다른 형태의 매트릭스로 시간 축을 기간(period)으로 하고 분석 대상을 연구개발 프로젝트로 설정한 예를 살펴보자. 〈표 4-6〉에 제시되어 있는 것처럼, 시간 축은 1년 미만의 단기, 2~3년의 중기, 3년 이상의 장기로 나뉘어져 있고, 다른 축은 개발비로서 1억 원 이하의 소규모, 1억~3억 원의 중규모, 3억 원 이상의 대규모로 구분된다. 〈표 4-6〉에서 알 수 있듯이 2/3의 프로젝트가 1년 이내의 단기 과제에 편중되어 있다(65%). 반면에 장기 프로젝트는 10%도 안 되는 실정으로 미래의 기술 경쟁력이 매우 취약해질 위험이 높다. 더구나 반 이상의 프로젝트가 소규모 과제여서 잠재적 파급 효과가 낮을 것으로 예상된다.

〈표 4-6〉 R&D 프로젝트 포트폴리오 매트릭스

(단위 : %)

규모 \ 기간	단기 (1년 미만)	중기 (2~3년)	장기 (3년 이상)	계
소규모	41	11	2	54
중규모	24	11	4	39
대규모	0	4	3	7
계	65	26	9	100

(2) 진입-퇴출 전략

동태 분석의 또 다른 관점으로 시장 진입(entry)-퇴출(exit) 전략을 들 수 있다. 진입-퇴출 전략은 제품의 수명주기 상에서 어느 시점에 시장에 들어갈 것이며, 어느 시점에서 빠져나올 것인가를 결정하는 문제를 다룬다.

수명주기 상에서 진입과 퇴출을 결정하는 전략적 선택으로는 크게 조기 진입(enter early)-후기 퇴출(exit late), 조기 진입(enter early)-조기 퇴출(exit early), 후기 진입(enter late)-후기 퇴출(exit late)의 세 가지를 들 수 있다. 각각의 전략을 좀 더 자세히 알아보자.

가. 조기 진입(enter early)-후기 퇴출(exit late) 전략

이 전략은 수명주기 상의 도입기에 선도기업으로 시장에 진출하여, 쇠퇴기까지 계속 시장에 남아있는 전략이다. 도입기에 시장에 진입하기 위해서는 신제품이나 신기술을 개발하여 새로운 시장을 개척해 나가는 것이 필수적이다. 일단 선도기업으로 자리를 잡게 되면, 시간의 흐름에 따라 기업의 규모를 키우고 수명주기의 변화에 맞추어 끊임없는 기술혁신을 이루어야 한다.

이 전략의 장점으로는 브랜드 이미지를 확보할 수 있다는 점, 시장표준을 선도할 수 있다는 점, 생산이나 마케팅의 경험과 네트워크를 활용할 수 있다는 점 등을 들 수 있다. 그러나 수명주기의 변화에 따라 지속적으로 시스템을 바꾸는데 드는 전환비용(transition cost)이 크다는 단점이 있다.

나. 조기 진입(enter early)-조기 퇴출(exit early) 전략

이 전략은 수명주기 상의 도입기에 선도기업으로 시장에 진출한 후, 초기시장의 선점효과가 없어지거나 줄어드는 성장기 후반 내지 성숙기 초반에 시장에서 빠져 나오는 전략이다. 앞의 전략과 마찬가지로 도입기에 시장에 진입하기 위해서는 신제품이나 신기술을 개발하여 새로운 시장을 개척해 나가는 것이 필수적이다. 그러나 성숙기로 접어들면 일단 기존 시장에서 빠져 나온 후, 기존 시장의 성장기 동안 확보한 수익을 토대로 새로운 기술과 제품을 개발하여 신시장을 개척하는 방향으로 경영방식과 사업내용을 전환하게 된다. 이 전략은 기술집약적인 벤처기업들이 주로 사용하는 전략이다.

이 전략의 장점은 무엇보다 신축성과 적응성에 있다. 또 수명주기의 변화에 대응하는 전환비용(transition cost)이 거의 없다는 점도 장점이다. 그러나 위험도와 불확실성이 크고, 기업의 성장에 따른 규모의 경제(economies of scale)를 활용하기 어렵다는 단점이 있다.

다. 후기 진입(enter late)–후기 퇴출(exit late) 전략

이 전략은 수명주기 상의 성장기에 후발기업으로 시장에 진출한 후, 쇠퇴기까지 계속 시장에 남아있는 전략이다. 성장기에 시장에 진입하기 위해서는 신제품이나 신기술보다는 강력한 가격 경쟁력과 마케팅 능력, 탄탄한 유통망, 풍부한 자금력 등이 필수적이다. 따라서 이 전략은 후발의 대기업이나 기술집약적 중소기업이 이미 개척한 시장을 잠식할 때 주로 선택하는 전략이다.

이 전략의 가장 큰 장점은 시장의 불확실성이 낮다는 점이다. 이미 제품은 성장기로 접어들었기 때문에 기술적, 시장적으로 위험성이 거의 없다. 그러나 대규모 초기투자(initial investment)가 필요하다는 점이 큰 단점으로 지적된다. 또 대외적으로 부정적인 기업 이미지를 안게 된다는 점도 부담으로 작용한다.

(3) 기술혁신주기 분석

전략분석과 수립의 도구라고 할 수는 없지만 기술혁신의 주기(cycle)를 동태적으로 분석하는 것도 중요한 연구주제의 하나이다. 이 주제에 관한 대표적 모형으로는 기술혁신주기 모형(technology innovation cycle)을 들 수 있다(Utterback and Abernathy, 1975). 이 모형은 마케팅 분야의 제품 수명주기(product life cycle) 모형을 기반으로 한다. 잘 알려진 대로 제품의 수명주기 모형에서는 하나의 제품이 처음 생겨나고 소멸되기까지의 과정을 크게 도입기

(introductory stage), 성장기(growth stage), 성숙기(mature stage), 쇠퇴기(declining stage)로 나눈다. 이러한 제품의 수명주기 모형을 기술혁신이론에 적용하여 기술혁신주기 모형이 만들어진 것이다. 그런 뜻에서 이 모형은 역동적 기술혁신 모형(dynamic innovation model)이라 부르기도 한다.

기술혁신은 크게 제품혁신과 공정혁신으로 나눌 수 있다. 때에 따라 제품혁신이 자주 일어날 수도 있고 반대로 공정혁신이 중요해질 수도 있다. 제품혁신 모형과 공정혁신 모형이 어떻게 달라지며 또 두 모형이 어떻게 결합되느냐에 따라 기술혁신의 과정은 크게 세 단계로 이루어지는 하나의 주기를 구성한다. 첫 번째 단계는 유동기(fluid stage)이다. 이때에는 신기술을 이용한 새로운 제품들이 시장에 나오기는 하지만 아직 제품의 사양이 안정되지 못한 상황이므로 전반적으로 기술혁신은 불안정한 형태를 보인다. 기술혁신은 주로 제품 디자인이나 성능 개선을 위한 제품혁신에 집중되는 반면 아직 공정혁신은 미미한 수준에 머무르고 있다. 왜냐하면 제대로 된 시장이 만들어지기 전이기 때문에 생산을 늘리거나 비용을 낮추기 위한 공정의 혁신이 별로 필요하지 않기 때문이다. 제품혁신도 신제품의 출현 빈도는 높지만 그렇다고 아직 어느 제품도 압도적인 경쟁우위를 점하지는 못하고 있는 상황이다.

두 번째 단계는 과도기(transitional stage)이다. 이 단계로 접어들면, 이른바 지배제품(dominant design)이 나타나게 된다. 앞 단계에서 서로 경쟁하던 여러 제품 가운데 어느 하나가 기술적 우위나 시장적 우위를 바탕으로 시장을 주도하게 되는 것이다. 지배제품의 출현과 함께 제품의 표준화가 일어나면서 신제품의 개발이나 기존제품의 개선을 위한 제품혁신의 빈도가 대폭 줄어든다. 이에 반해 공정혁신이 활발히 일어난다. 시장이 본격적으로 커지면서 생산능력의 확대나 생산비용의 감축을 위한 공정혁신이 중요해지기 때문이다.

마지막 단계는 경화기(specific stage)이다. 이미 제품은 성숙기로 접어들었으므로 제품혁신은 거의 일어나지 않고, 비용 절감이나 생산효율성 제고를 위한 부분적인 공정혁신만 나타난다.

물론 수명주기의 구체적인 형태가 모든 기술분야와 산업분야에 동일하게 나타나는 것은 아니다. 기술분야와 산업분야의 차별적 특성에 따라 각 단계의 길이나 높이가 달라질 수 있다. 제품혁신 주기와 공정혁신 주기가 결합된 모형이 [그림 4-13]에 도시되어 있다. 이 그림에서 보듯이, 조립제품과 비조립제품

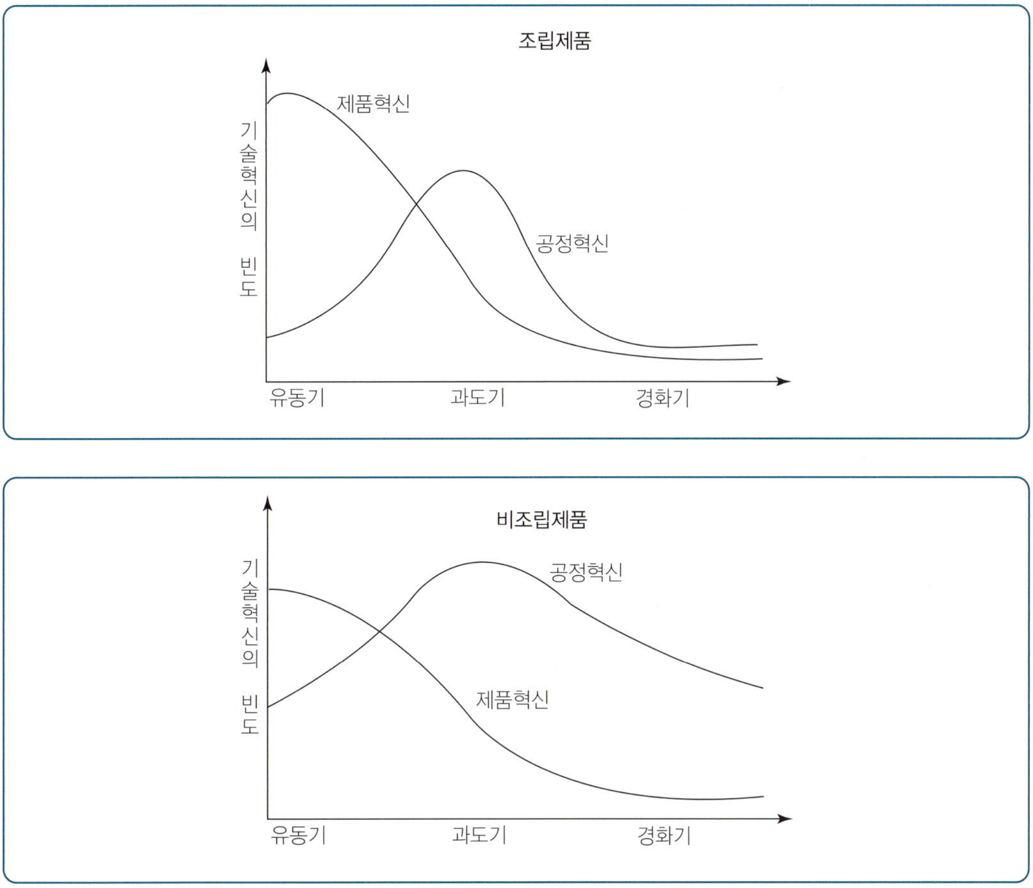

[그림 4-13] 제품혁신과 공정혁신의 결합도: 조립제품과 비조립제품의 비교

의 기술혁신 주기는 크게 보면 비슷하지만 자세히 보면 상당한 차이를 나타낸다.

기술혁신의 단계가 바뀌면서 시장의 모양, 즉 산업조직이나 기업조직도 바뀌게 된다. 따라서 기업의 경쟁전략이나 관리기준도 달라져야 한다. 유동기에는 아직 시장규모가 작고 연구개발 및 상업화 비용도 크지 않기 때문에 많은 소규모 기업들이 치열한 제품혁신 경쟁을 하는 모습을 보인다. 따라서 창의성과 유연성에 경영관리의 초점을 맞추어야 하고 조직관리와 인력관리도 신축적인 방식을 선택해야 한다. 하지만 과도기로 접어들면 산업조직이 크게 바뀌게 된다. 지배제품이 출현하고 기술표준이 정립되면서 경쟁기업의 수가 급속하게 줄어드는 것이다. 이 단계에서는 시장규모가 커지면서 대량생산 능력과 마케팅 네트워크를 갖추는 것이 경쟁력의 핵심이 된다. 경화기로 넘어가면 이러한 양상은 더욱 두드러지게 나타난다. 이제는 가격, 비용, 품질, 유통 등이 경쟁의 핵심이 되고, 원자재-부품-완제품-유통으로 이어지는 수직적 통합도 모색해야 한다.

최근에는 더 이상 기술혁신주기 모형이 유효하지 않다는 비판론도 나오고 있다. 사실 기술혁신주기 모형은 기술혁신의 수명주기가 충분히 길어서 초기의 제품혁신과 후기의 공정혁신이 모두 일어날 수 있다는 것을 전제로 하고 있다. 실제로 전통적인 제품들을 보면 시장에 출시된 초기에는 제품혁신이 활발히 일어나고 점진적으로 후기의 공정혁신으로 이어질 만큼 수명이 길었다. 자동차, 전화, 가전제품 등을 보면 Long Cycle의 수명주기가 나타난 것을 확인할 수 있다. 그러나 오늘날의 하이테크 제품들은 수명주기가 굉장히 짧아져서 Short Cycle로 바뀌는 모습을 보이는 경우가 많다. 스마트폰 같은 것들이 대표적인 예이다. 이렇게 되면 초기의 제품혁신 이후에 후기의 공정혁신으로 이어질 시간이 없게 된다. 이런 상황에서는 거의 모든 기업들이 제품혁신 중심의 기술혁신에 집중하는 형태로 바뀔 수도 있다.

5. 균형 분석: balance 분석

균형 분석은 분석대상이 되는 요인들이 서로 적절한 형태나 방식으로 균형(balance)을 이루고 있는지 또는 결합(match)이 되어 있는지를 보는 분석이다. 말을 바꾸면, 두 요인의 수준이나 방향이 서로 맞지 않거나 제대로 연결이 되지 않아 불균형(imbalance)이나 부조화(mismatch) 문제가 발생하고 있는가를 점검하는 분석이다.

균형 분석의 실제는 분석 요인을 어떻게 선정하고, 연결시키느냐에 따라 다양한 형태가 있을 수 있다. 여기에서는 예시적으로 수명주기와 경영기능 간의 균형 분석, 수명주기와 경쟁전략 간의 균형 분석, 제품과 공정 간의 균형 분석을 살펴보기로 하자.

(1) 수명주기와 경영기능 간의 균형 분석

[그림 4-14]에서 보듯이, 일반적으로 제품의 수명주기와 경영기능의 초점 간

에는 가장 적절한 균형 내지 연계가 존재한다. 도입기에 가장 중요한 기능은 제품 혁신을 위한 연구개발 기능이고, 성장기로 바뀌면 경영의 초점도 매출 확대를 위한 마케팅 기능이 되어야 한다. 성숙기에 접어들면 무엇보다 생산기능, 즉 비용절감을 위한 공정혁신이 중요하고, 마지막으로 쇠퇴기가 되면 통제기능이 가장 필요한 기능이 된다. 만일 수명주기와 경영기능 간의 균형과 조화가 이루어지지 않으면 여러 가지 문제가 발생할 수 있으므로, 균형 분석을 통해 문제점을 조정하거나 개선할 필요가 있다.

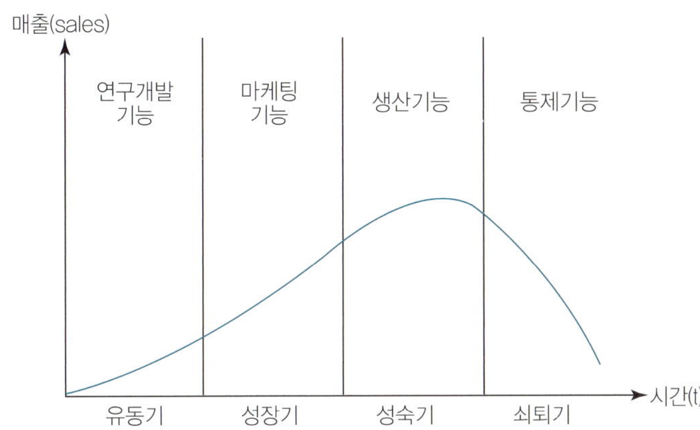

[그림 4-14] 수명주기와 경영기능 간의 균형

(2) 수명주기와 경쟁전략 간의 균형 분석

유사한 관점에서 수명주기와 경쟁전략의 균형을 생각해보자. 기업은 다양한 유형의 경쟁전략을 수립하지만 기본적으로는 신제품 전략(new product strategy), 집중화 전략(concentration strategy), 차별화 전략(differentiation strategy), 원가우위 전략(cost leadership strategy)으로 나눌 수 있다.

우선 신제품 전략은 새로운 제품이나 새로운 서비스를 개발하여 경쟁기업들보다 먼저 시장을 선점하는 전략이다. 차별화 전략은 소비자(사용자)가 다른 제품이나 서비스와는 다르다는 인식을 가질 수 있는 독특한 기능이나 디자인을 제공함으로써 경쟁력을 확보하는 전략이다. 집중화 전략은 크기는 크지만 성격이 다양한 전체시장을 노리기보다 크기는 작지만 성격이 분명한 목표시장에 집중하는 전략이다. 마지막으로 원가우위 전략은 말 그대로 원가를 줄이고, 가격을 낮추어 경쟁우위를 확보하는 전략으로 다른 말로는 저가격 전략으로 부를 수도 있다.

[그림 4-15]에서 보는 것처럼 도입기의 경쟁은 신제품 전략에 초점을 맞추어야 하고, 성장기로 진입하면 집중화 전략으로 전환해야 한다. 제품이 성숙단계로 넘어가면 차별화 전략을 구사하고, 마지막으로 쇠퇴기에는 저가격 전략이 사용되어야 한다. 이와 같이 수명주기와 경쟁전략 간에 가장 적합한 균형과 연계가 유지되고 있는지를 균형 분석을 통해 살펴보고, 만일 문제점이 발견되면 이를 조정하고 개선해야 한다.

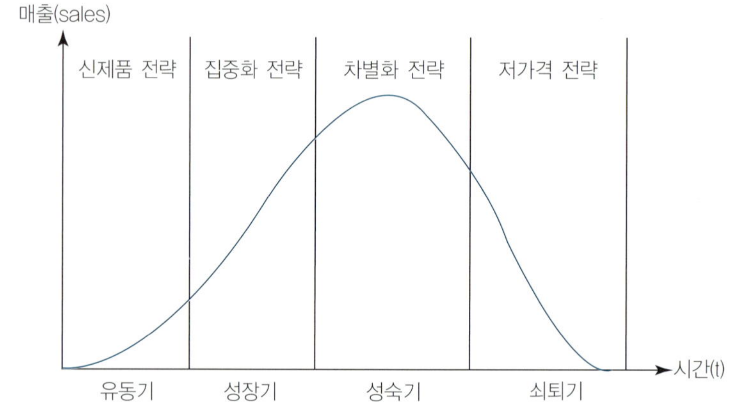

[그림 4-15] 수명주기와 경쟁전략 간의 균형

(3) 제품과 공정 간의 균형 분석

제품과 공정 간에도 균형이 필요하다. 제품의 유형에 따라 적절한 공정의 유형이 달라져야 하는 것이다. 제품과 공정 간의 균형분석은 이른바 제품-공정 매트릭스(product-process matrix: P-P matrix)를 토대로 이루어진다(Hayes and Wheelwright, 1984). P-P 매트릭스는 제품과 공정의 수명주기를 각각 행과 열로 하여 양자 간의 관계를 매트릭스 형태로 도시한 그림이다. 이 매트릭스는 제품과 공정을 특성에 따라 분류하였을 때 제품과 공정 간에는 가장 적합한 쌍(pair)이 존재하기 때문에 양자간의 균형을 유지하는 전략이 중요하다는 사실을 강조한다.

〈표 4-7〉 제품(product)의 분류

분 류	설 명
MTS	생산계획에 따라 완제품을 미리 생산하여 재고(stock) 형태로 판매하는 표준화 제품
ATO	부품은 생산계획에 따라 미리 생산하여 재고(stock) 형태로 유지하고 있다가 실제 주문(order)에 맞추어 최종 조립하여 완제품을 만드는 제품
MTO	일부 부품은 생산계획에 따라 미리 생산하여 재고(stock) 형태로 유지하고 나머지 부품은 주문(order)에 맞추어 가공(make)하여 최종 조립을 거쳐 완제품을 만드는 제품
DTO	모든 부품을 사전에 가공하지 않은 상태에서 주문에 따라 설계(design), 가공, 조립을 거쳐 완제품을 만드는 제품

〈표 4-8〉 공정(process)의 분류

분 류	설 명
Unit Job Shop	유사한 기능을 갖는 설비들끼리 따로 모아 동일공간(shop)에 배치시킨 후 개별 부품 단위로 가공하는 공정
Batch Job Shop	유사한 기능을 갖는 설비들끼리 따로 모아 동일공간(shop)에 배치시킨 후 묶음(batch) 부품 단위로 가공하는 공정
Discrete Flow Shop	기능이 상이한 설비들을 모아 독립적인 생산라인으로 구성한 후 동일한 순서를 따르는 부품을 가공하거나 완제품을 조립하는 공정
Continuous Flow Shop	흐름을 따라 완전히 동일한 순서로 처리나 조립이 이루어지는 일관공정

먼저 제품의 분류를 보자. 〈표 4-7〉에서 알 수 있듯이, 제품은 고객의 요구사항과 요구시점의 차이에 따라 크게 MTS(Make-To-Stock), ATO(Assemble-To-Order), MTO(Make-To-Order), DTO(Design-To-Order)로 나눈다. MTS 제품은 말 그대로 미리 만들어서 재고(stock)에 놓고 판매하는 제품으로 대부분의 표준화된 제품이 여기에 속한다. ATO 제품은 모든 부품은 미리 만들어 놓고 있다가 주문(order)이 들어오면 그때 조립하여(assemble) 완제품을 만드는 제품이다. MTO 제품은 일부 부품은 미리 만들어 놓고, 일부 부품은 주문(order)이 들어오면 그때부터 주문 사양에 맞추어 만들기(make) 시작하여 완제품을 만드는 제품이다. DTO 제품은 어떤 부품도 미리 만들어 놓지 않고, 주문이 들어 오

면 설계(design)부터 시작하여 완제품까지를 만들어내는 제품이다.

제품의 수명주기 관점에서 보면 제품이 처음 시장에 출시되는 시점에서는 DTO 형태로 출발하였다가, 점점 시장에서 표준화가 진행되면서 MTO, ATO를 거쳐 MTS로 바뀌는 양상을 보이는 것이 일반적이다.

〈표 4-8〉에서 보는 것처럼, 공정의 분류는 설비의 배치(layout)를 기준으로 크게 job shop과 flow shop으로 나눌 수 있다. Job shop은 유사한 기능을 갖는 설비들끼리 따로 모아 각각의 공간에 배치시키는 형태의 공정이다. 이러한 공정은 사양과 순서가 다른 이질적인 부품이나 제품을 처리하기에 적합한 형태로 신축성은 높은 반면 효율성은 낮다. Job shop은 부품이나 제품을 처리하는 크기에 따라 하나하나씩 낱개로 처리하는 unit job shop과 여러 개의 묶음으로 처리하는 batch job shop으로 나눌 수 있다.

반대로 flow shop은 기능이 다른 설비들을 모아 별개의 라인들로 구성하는 형태이다. 각각의 라인에는 같은 설비들을 사용하여 같은 순서로 처리하는 부품이나 제품들만을 처리하게 배치하기 때문에, 효율성이 높은 반면 신축성은 낮다. Flow shop은 제품이나 부품이 라인을 흘러가는 양상에 따라, 개별 단위로 흘러가는 discrete flow shop과 연속적으로 흘러가는 continuous flow shop으로 나눌 수 있다.

공정의 수명주기 관점에서 보면 신제품을 생산하는 초기에는 제품의 이질성이 높기 때문에 신축성이 높은 job shop으로 출발했다가, 나중에는 표준화된 제품의 대량생산에 적합한 flow shop으로 이행하는 것이 일반적이다.

P-P 매트릭스의 전략적 의미는 크게 두 가지로 요약할 수 있다. 첫째는 제품과 공정 간의 균형을 유지해야 한다는 점이다. [그림 4-16]에 도시되어 있는 것처럼, P-P 매트릭스에서는 제품과 공정이 대각선 상에서 서로 적합한 쌍(diagonal match)을 이룬다. 만일 제품 각각의 특성과 기능이 전혀 표준화가 되어 있지 않은 DTO 형태이면, 거기에 맞는 공정은 신축성을 강조하는 unit job shop 형태가 되어야 한다. 반대로 표준화된 MTS 제품의 경우라면, 공정은 효율성을 극대화할 수 있는 flow shop이 적합하다. 아예 제품이 철강과 화학같이 동일한 물질로 되어 있다면, 공정은 continuous flow shop의 일관공정이 되어야 한다. 둘째는, 수명주기의 변화에 맞추어 제품-공정의 연계가 대각선을 따라 이동해야 한다는 점이다. 수명주기의 초기에 왼쪽 상단에서 출발하였으면, 시간의 흐름에 따라 대각선

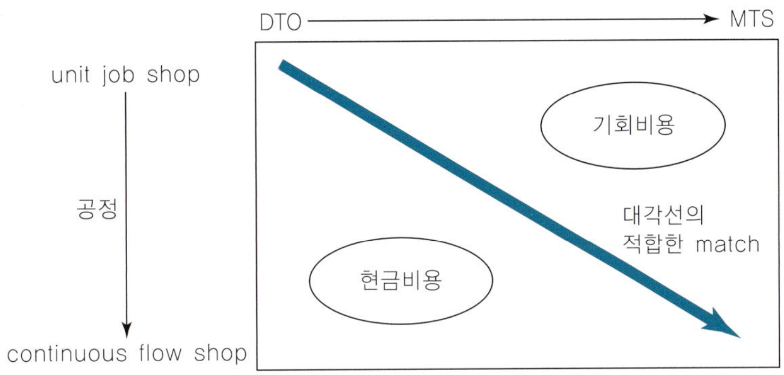

[그림 4-16] 제품(P)-공정(P) 매트릭스

아래 오른쪽 하단을 향해 이동하도록, 끊임없이 제품과 공정을 혁신해야 한다.

만일 제품과 공정이 대각선을 벗어나 부적절한 쌍(off-diagonal mismatch)이 되면 어떤 문제가 발생하는가? 먼저 P-P 매트릭스상에서 오른쪽 상단에서는 기회비용(opportunity cost)이 발생한다. 기회비용은 실제로 돈이 나가는 것은 아니지만 돈을 벌 수 있는 좋은 기회를 상실함으로써 생기는 비용이다. 이 영역에서는 제품이 이미 표준화되어 큰 시장이 형성되기 때문에 자동화된 대량생산 공정이 설치되어 있으면 많은 돈을 벌 수 있다. 그러나 실제의 공정은 아직 원시적인 job shop으로 되어 있기 때문에 기회를 잃어버리는 문제가 발생한다.

한편 왼쪽 하단에서는 현금지출비용(out-of-pocket cost)이 발생한다. 공정 측면에서는 이미 최신식의 자동화 공정이 도입되어 실질적인 현금 지출이 이루어진 상황이다. 그러나 제품 측면에서는 아직 초기단계로 시장이 작아 대량생산 설비를 활용할 일이 없다. 따라서 현금지출 비용이 발생하는 것이다.

4.4 기술전략의 수립

지금까지 살펴본 다양한 전략 분석의 도구와 기법은 결국 기술전략의 수립을 위한 준비작업을 위한 것들이다. 체계적인 전략의 수립을 위해 필요한 정보를 수집하기 위한 사전 단계를 거친 것이다. 따라서 다음에 해야 할 작업은 앞의 분석 과정에서 얻은 정보와 지식을 토대로 실제로 기술전략을 수립하는 일이다.

전략은 본질적으로 의사결정(decision-making)과 선택(choice)의 문제이다. 복수의 대안(alternative)이 존재하고, 대안들 간의 우열에 대한 명확한 평가가 어려운 상황에서 나름의 기준을 토대로 '최적'의 대안을 선택하는 의사결정의 과제인 것이다. 따라서 주관적이고 정성적인 특성을 지닌다. 즉, 같은 상황과 조건에서도 누가 어떻게 접근하느냐에 따라 전략의 방향과 내용은 달라질 수밖에 없다. 전략의 수립에 공통적으로 사용될 수 있는 표준화된 절차와 기준이 있을 수 없는 이유가 여기에 있다. 더구나 기술전략의 수립은 현장중심의 실무적인 작업이기 때문에 교과서에서 이론이나 원리를 제시하는 것은 매우 어려운 일이다.

여기에서는 하나의 예시적인 접근으로 '모듈형(modular)' 기술전략 수립의 체계와 과정을 제안한다. 모듈형이라는 용어를 사용하는 이유는, 기술전략 수립의 전 과정을 몇 개의 모듈(module)로 나누어 단계적으로 수행해 나가는 방식을 사용하기 때문이다. 물론 모듈의 구성에도 절대적인 기준이 있을 수 없다. 모듈 하나하나를 크게 만들어 전체 모듈의 수를 줄일 수도 있고, 반대로 모듈을 작게 만드는 대신 모듈의 수를 늘릴 수도 있다. 여기에서는 크게 기술선택 모듈, 전략수립 모듈, 기술기획 모듈로 나누기로 한다.

[그림 4-17]에 기술전략 수립의 전체적 구조가 도시되어 있다. 첫째, 기술선택 모듈에서는 '어떤 기술을 개발하거나 조달할 것인가'를 결정하는 작업을 한다. 이 결정의 평가를 위해 기술 분석, 시장 분석, 경쟁 분석을 차례로 거치게 된다. 둘째, 전략수립 모듈에서는 기술전략의 구조와 체계를 수립하게 된다. 앞에서 선

[그림 4-17] 기술전략체계의 전체적 구조

택한 기술의 획득을 위해 언제, 어떤 활동을 수행하여 누가 무슨 역할을 수행할지 정하게 된다. 셋째, 기술기획 모듈에서는 구체적인 활동계획(action plan)을 세우게 된다. 앞에서 수립한 기술전략의 실현을 위해 시장–제품–기술로 이어지는 기술로드맵(TRM)을 작성하는 것이다.

1. 기술선택 모듈

이 모듈에서는 다양한 기술대안 가운데 '우리가 얻으려고 하는 또는 얻어야 하는 기술'을 선택하게 된다. 물론 그 기술은 내부에서 자체적으로 개발할 수도 있고 외부에서 Outsourcing을 통해 조달할 수도 있다. 기술대안이 여러 가지가 있으므로 선택을 위한 평가가 필요하다. 평가의 기준은 기술적 측면, 시장적 측면, 경쟁적 측면을 들 수 있다. 따라서 이 모듈은 다시 기술분석 모듈, 시장분석 모듈, 경쟁분석 모듈로 나누어진다.

(1) 기술분석 모듈

이 모듈의 핵심 질문은 '기술대안들의 매력과 위험은 무엇인가?'이다. 각각의 기술대안은 장점과 단점이 있고 기술적 매력이 있는가 하면 기술적 위험도 있게 마련이다. [그림 4-18]에 자세히 나타나 있는 것처럼, 이 모듈에서는 다양한 요소와 기준을 바탕으로 각 기술대안의 우열을 평가하게 된다. 기술의 혁신성, 유용성, 성장성, 트렌드 적합성 등은 기술의 매력 요소이지만 개발 실현성

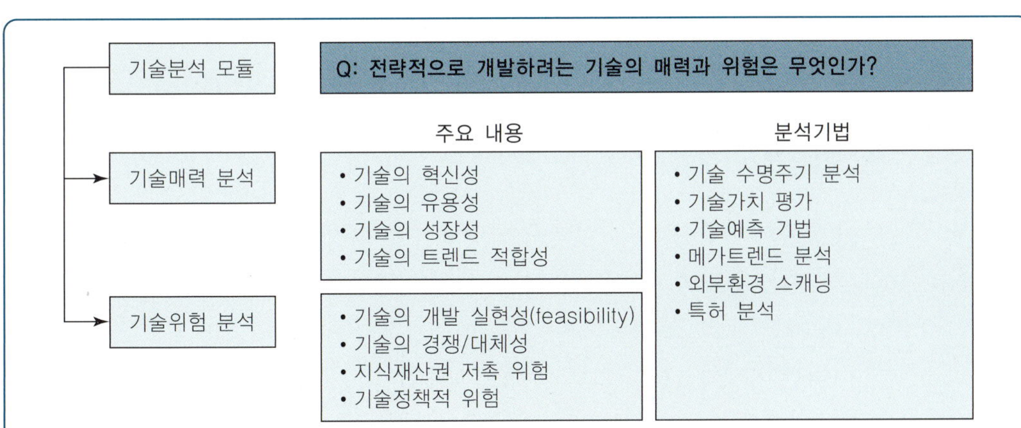

[그림 4-18] 기술분석 모듈의 구조와 내용

(feasibility), 경쟁도/대체성, 지식재산권 저촉 위험, 정책적 규제 등은 위험 요소가 된다. 이러한 요소들을 평가하는 과정에서 여러 가지 분석기법들을 활용한다.

(2) 시장분석 모듈

이 모듈의 핵심 질문은 '진출하려고 하는 시장의 매력과 위험은 무엇인가?' 이다. 어느 시장이든 진출해도 좋을 만큼의 매력이 있는가 하면 진출하는 것을 피해야 할 위험도 있다. [그림 4-19]에 제시되어 있는 것처럼, 이 모듈에서는 다양한 요소와 기준을 바탕으로 해당시장의 상대적 장점과 단점을 평가하게 된다. 시장규모, 시장 성장성, 고객니즈 만족도 등은 시장의 매력 요소이지만 진입장벽, 시장붕괴, 지역적 위험, 문화적 차이, 규제제도 등은 위험 요소이다. 이러한 시장 요소들을 평가하는 과정에서도 역시 여러 가지 분석기법들을 사용한다.

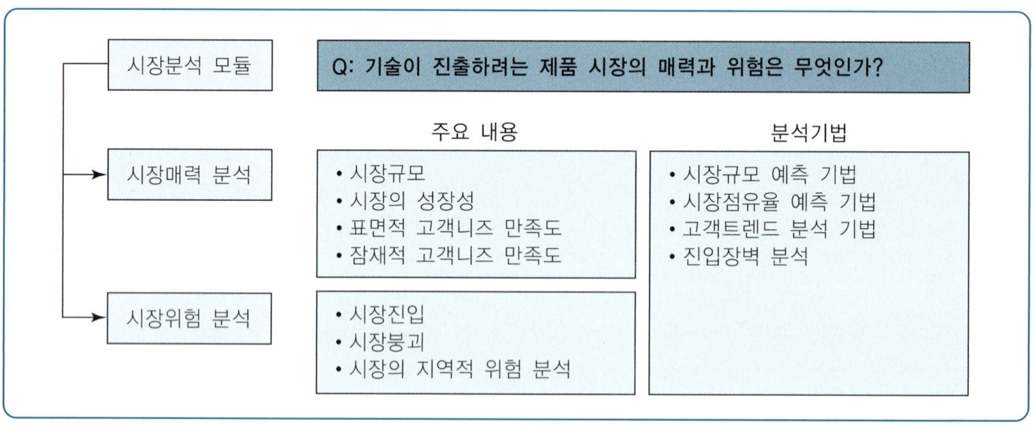

[그림 4-19] 시장분석 모듈의 구조와 내용

(3) 경쟁분석 모듈

이 모듈의 핵심 질문은 '우리의 역량과 수준이 경쟁기업과 비교하여 어느 정도인가?' 이다. 전략적 선택을 할 때, 내부의 역량만을 보고 의사결정을 할 수는 없다. 왜냐하면 어느 선택을 하더라도 항상 시장에는 경쟁기업이 있고 경쟁제품이 있기 마련이고 따라서 우리의 역량도 절대적인 것이 아니라 상대적인 것이기 때문이다. [그림 4-20]에서 보는 것처럼, 이 모듈에서는 먼저 자사의 역량을 분석하고 이어서 경쟁기업과 비교한 경쟁우위를 평가하게 된다. 보유기술 수준, 기술

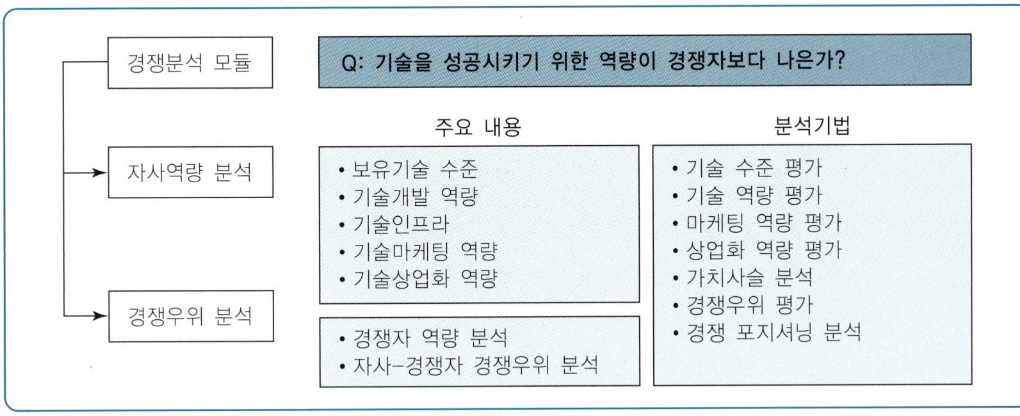

[그림 4-20] 경쟁분석 모듈의 구조와 내용

개발 역량, 기술인프라, 마케팅 역량 등은 내부역량 요소들이고, 경쟁자 역량이나 자사-경쟁자 경쟁력 비교 등은 경쟁우위 요소가 된다. 물론 이 요소들을 평가하는 과정에서도 다양한 분석기법들을 사용한다.

2. 전략수립 모듈

앞에서 설명한 기술선택 모듈의 결과물은 우리 기업에게 가장 적합하고 필요한 기술대안의 선정이다. 일단 기술대안이 정해지면 그 다음 모듈에서는 그 기술을 획득하기 위한 기술전략을 수립하는 작업을 수행하게 된다. 이 모듈의 핵심 질문

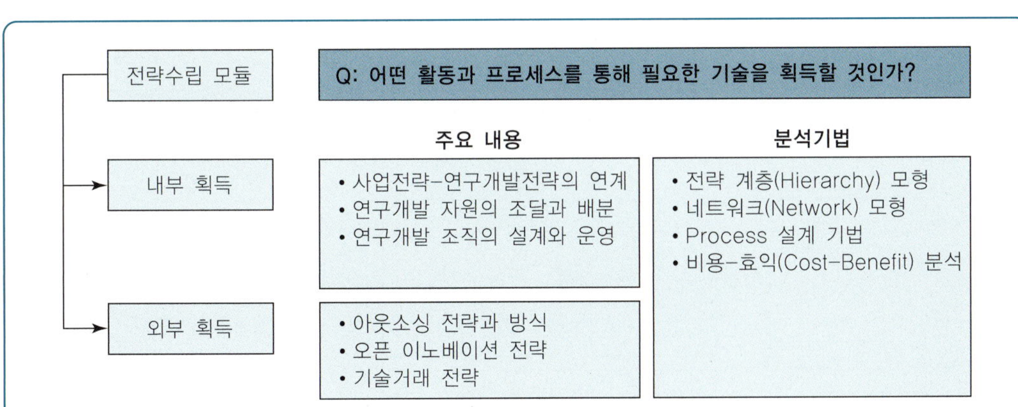

[그림 4-21] 전략수립 모듈의 구조와 내용

은 '어떤 활동과 프로세스를 통해 필요한 기술을 얻을 것인가?' 이다.

[그림 4-21]에서 보듯이, 필요한 기술을 얻는 방법은 내부획득과 외부획득의 두 가지이다. 먼저, 내부의 자체개발을 통해 기술을 획득한다면 기술전략 모듈에서는 사업전략과 연구개발전략의 연계, 연구개발 자원의 조달과 배분, 연구개발 조직의 설계와 운영 등이 기술전략의 주요 내용에 포함된다. 만일 외부에서 기술을 조달한다면 Outsourcing 전략과 방식, 오픈 이노베이션 전략, 기술거래 전략 등이 기술전략의 주요 내용이 된다.

3. 기술기획 모듈

앞에서 수립한 기술전략은 기술획득의 방식과 과정을 보여주는 큰 그림이자 가이드라인이다. 따라서 그 안에 세부적인 활동 하나하나의 시점과 순서 등을 모두 담을 수는 없다. 다음의 기술기획 모듈에서는 세부적인 활동계획, 즉 Action Program을 만드는 작업을 하게 된다. 이 모듈의 핵심 질문은 '현실적이고 체계적인 로드맵이 만들어졌는가?' 이다.

[그림 4-22]에서 보듯이, 이 모듈은 이른바 기술로드맵(Technology Roadmap: TRM)이라는 도구를 사용하여 진행된다. TRM은 계층적으로 구성되는데, 제일 상위에 언제 어떤 시장에 진출할지를 보여주는 시장 로드맵, 중간에는 언제 어떤 제품을 출시할지를 보여주는 제품 로드맵, 그리고 하위에는 언제 어떤 기술을 사용할지를 보여주는 기술 로드맵으로 이루어진다. TRM의 자세한 내용은 다음 장에서 다루기로 한다.

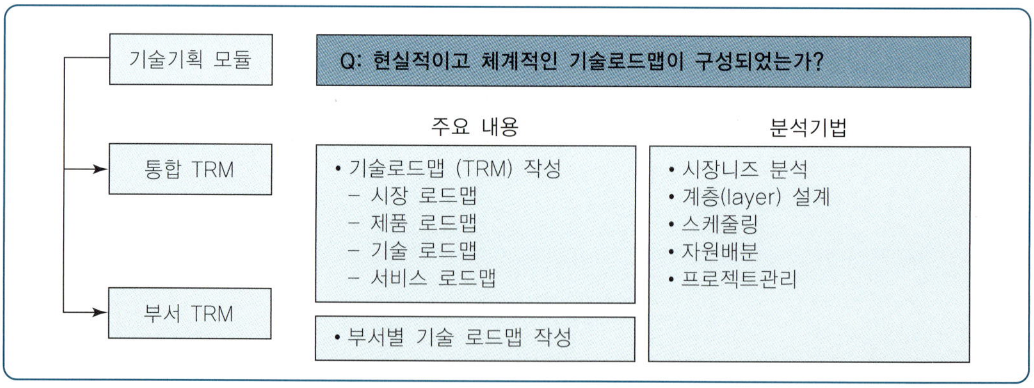

[그림 4-22] 기술기획 모듈의 구조와 내용

요 약

1. 경영전략은 중장기적인 관점에서, 최고경영층이 중심이 되어 기업의 목표를 달성하고, 경쟁자에 대한 비교우위를 확보하기 위한 계획 및 의사결정으로 정의된다.

2. 경영전략의 핵심은, 1960~70년대에는 중장기 경영계획과 다양한 경영기능의 종합 조정, 1980년대는 시스템적 접근, 산업구조 분석, 위상분석, 1990년대 이후는 기업구조 조정, 경영과정 설계, 경영자원 활용, 핵심역량 확보 등으로 변화되어 왔다.

3. 경영전략의 구조는, 전체적인 기업전략을 수립하고, 이를 뒷받침하는 기능전략을 수립한 후, 각 기능에 대한 구체적이고 실질적인 실천계획을 수립하는 계층 구조로 이루어진다.

4. 기술전략은 기능전략의 한 분야로서, 위로는 기업전략과 아래로는 연구개발전략과 연계되어 있다.

5. 최근의 전략 분석과 수립은 직관적이고 정성적인 접근보다 정량적인 분석기법의 활용과 과학적인 프로세스 설계를 강조하는 추세이다.

6. 경영전략의 수립을 위한 분석은 일차적이고 공통적인 기업 전반에 대한 기본분석, 기업의 상대적 위치를 분석하는 위상분석, 사업영역의 구성을 분석하는 분포분석, 시간의 변화나 수명주기의 진화과정을 살펴보는 동태분석, 서로 다른 차원들 간에 적절한 균형을 분석하는 균형분석 등으로 요약할 수 있다.

복 습 문 제

1. mp3 플레이어를 판매하는 A사는 자사의 주력 제품이 경쟁사들의 제품과 비교하여 상대적으로 어떤 위상을 차지하고 있는지 분석하고자 한다. 이를 위해 시장-제품 Grid를 작성하기로 하였고 사전작업으로 자사의 주력 제품과 주요 경쟁 제품의 세 가지 주요 제품 특성에 관한 경쟁력을 분석하였다. 이 제품 군의 경쟁에 있어 가장 주요한 특성은 디자인, 크기 및 무게, 사용 편이성인 것으로 나타났으며 각각에 대한 고객 인지도를 조사한 결과 다음 표와 같았다. 고객 인지도는 각 제품 특성에 대해 상, 중상, 중하, 하의 네 단계로 구분하였다.

	디자인	크기 및 무게*	사용 편의성
자사 제품	상	중하	중상
경쟁 제품 1	중하	중하	상
경쟁 제품 2	중상	상	중상
경쟁 제품 3	중상	하	상

* 크기 및 무게는 작고 가벼울수록 상, 크고 무거울수록 하로 표현한다.

위 표를 바탕으로 가능한 2차원의 시장-제품 Grid를 작성하라. 세 가지 조합의 축에 대하여 각각 Grid를 작성하고 자사 제품의 위상에 대해 간단히 기술하라.

2. 여러 다각화된 사업부를 운영하던 A사는 효율적인 기업 운영을 위해 제품 1, 2, 3을 주력 사업부로 남기고 나머지 사업부는 퇴출시키는 구조조정을 감행하였다. 기업의 주력 사업으로 선정된 제품 1, 2, 3에 대해 포트폴리오 매트릭스를 그린 결과는 다음 그림과 같다.

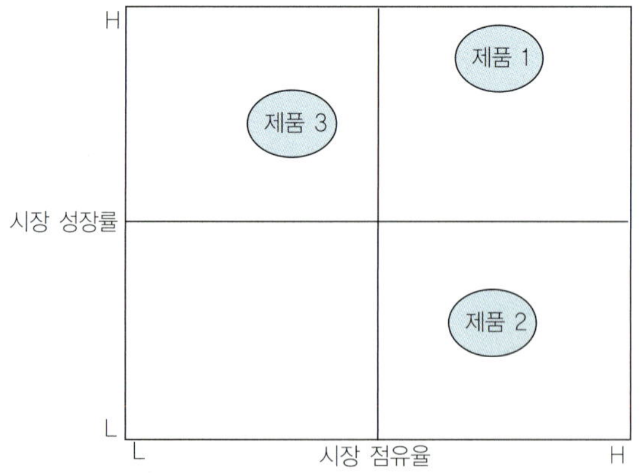

앞의 제품포트폴리오에서 각 제품의 전략적 중요도를 평가한 결과 제품 1, 제품 3, 제품 2의 순으로 중요도가 평가되어 각각의 가중치는 제품 1 - 0.5, 제품 3 - 0.3, 제품 2 - 0.2로 부여하기로 하였다.

A사의 최고 경영층은 제품에 대한 포트폴리오뿐만 아니라 각 제품에 연관된 기술의 포트폴리오에 대해서도 분석을 하려고 한다. '기술 중요도'와 '기술 경쟁력'을 두 축으로 하는 기술 포트폴리오 매트릭스를 작성하기로 하였다. 각 기술의 중요도는 그 기술이 연관된 제품의 전략적 중요도와 그 기술이 제품에 기여하는 비율에 비례하는 것으로 간주하기로 하였다. 각각의 제품은 한 개 또는 그 이상의 기술과 밀접한 관계를 맺고 있다. 다음 표는 A사의 주력 제품 1, 2, 3과 각각에 연관된 기술과 각각의 기여도를 나열한 것이다.

제품	제품의 전략적 중요도	관련 기술	기술의 기여도
제품 1	0.5	기술 1	0.5
		기술 3	0.3
		기술 4	0.2
제품 2	0.2	기술 2	0.7
		기술 3	0.3
제품 3	0.3	기술 4	0.6
		기술 5	0.4

예를 들어 기술 3은 제품 1과 제품 2를 지원하는 기술이다. 따라서 기술 3의 중요도는 다음과 같이 계산한다.

기술 3의 중요도 = (제품 1의 전략적 중요도 x 기술 3의 제품 1에 대한 기여도)
+ (제품 2의 전략적 중요도 x 기술 3의 제품 2에 대한 기여도)
= 0.5 x 0.3 + 0.2 x 0.3 = 0.21

기술 경쟁력은 아래 표와 같이 객관적인 평가가 이루어진 상태다.

기술	기술 경쟁력
기술 1	0.5
기술 2	0.4
기술 3	0.3
기술 4	0.7
기술 5	0.2

나머지 기술들의 중요도를 계산하여 기술 중요도와 기술경쟁력을 두 축으로 하는 기술 포트폴리오를 완성하라.

토의문제

1. 가장 일반적이고 보편적인 관점에서 전략을 정의하고, 핵심 개념에 대하여 토의하시오.

2. 전략의 변화 및 발전과정을 배경과 초점 관점에서 논의하시오.

3. 기업전략의 수행을 뒷받침하는 기술전략을 경영전략의 전체적인 구조 내에서 어떻게 수립되어 가는지에 대하여 논의하시오.

4. 전략 계층별(기업전략, 경영기능전략, 기술전략, 연구개발전략) 주요 자원배분과 의사결정에 대하여 논의하시오.

5. 본문에 제시된 5가지 전략분석의 틀에 대하여 기술하시오.

6. SWOT 분석의 다섯 단계를 기술하시오.

7. 분포 분석 방법 중 BCG 매트릭스에 대하여 기술하고, 시장성장률과 점유율 외에 사용할 수 있는 지표를 생각해보시오.

8. 제품의 수명 주기에 따른 경영기능과 경쟁전략에 대하여 토의하시오.

CHAPTER

05

경영프로젝트의 개발

배경과 주요 내용

경영전략이 수립되면, 이를 바탕으로 구체적이고 실질적인 경영 프로젝트가 개발되어야 한다. 프로젝트의 범위와 종류는 매우 다양하지만 여기서 말하는 프로젝트는 주로 연구개발(R&D)이나 기술도입을 통해 새로운 제품(NPD) 및 서비스를 창출하는 것을 뜻한다. 따라서 프로젝트의 개발이야말로 공학적 전문성과 가장 넓은 응용성을 발휘할 수 있는 주제이다.

경영 프로젝트 개발의 첫 단계는 신기술이 과연 어떤 방향과 속도로 변할 것인가를 미리 짐작하는 기술예측에서 시작된다. 기술예측은 다음에 설명할 기술 및 제품기획에 선행되는 과제이다. 기술예측의 목적은 무엇이며 예측방법에는 어떤 것들이 있는지를 알아본다. 나아가 기술기획의 도구로서 기술 로드맵(TRM)의 작성 기준과 절차도 함께 살펴본다.

신기술과 신제품의 기획에 앞서 기술혁신의 기본 이론과 모형을 제시한다. 기술혁신의 정의, 과정, 특성 등을 정리해 본다. 다음으로 기술 및 제품기획은 어떤 단계로 구성되며 필요한 기술을 획득하는 방식에는 어떤 것들이 있는지를 소개한다. 기술획득 방식을 크게 외부에서 기술을 획득하는 방식과 내부에서 기술을 창출하는 방식으로 나누어서 알아본다.

만일 필요기술을 외부에서 획득하지 않고 내부에서 자체적으로 개발할 경우 신제품의 개발절차를 자세히 설명한다. 연구개발 조직의 진화 과정을 알아보고 최근의 추세와 경향도 살펴본다.

이와 함께 새로운 아이디어를 창출하는 다양한 방법도 소개한다. 브레인스토밍에 의한 직관적인 방법에서부터 특허정보를 과학적으로 분석하는 트리즈(TRIZ), 고객의 선호도를 조사하는 컨조인트 분석(Conjoint Analysis)에 이르기까지 여러 가지 기법들의 내용과 용도를 알아본다. 나아가 빅데이터 시대에 대응하여 사용자 데이터로부터 문제해결의 아이디어를 얻어내는 접근도 간략히 소개한다.

05 경영프로젝트의 개발

5.1 기술예측

앞 장에서 우리는 경영전략의 기본 개념과 전략 분석의 틀에 대해 알아 보았다. 전략적 분석의 궁극적인 목적은 경영계획의 수립에 있으며, 경영계획의 구체적이고 실질적인 내용은 경영 프로젝트의 개발에 있다. 새로운 경영프로젝트의 개발은 시장의 잠재적 수요를 전제로 한다. 그리고 잠재적 수요를 파악하기 위한 첫걸음은 미래의 기술 변화 추세를 예측하는 작업이다. 산업구조의 변화, 시장환경의 변화, 소비자 니즈(needs)의 변화는 기술 진보와 밀접한 관련을 맺고 있기 때문이다. 앞으로 기술이 어느 방향으로 어떠한 속도로 변할 것인가를 미리 짐작하는 작업이 바로 기술예측이다. 기술예측의 기본 개념은 무엇이며, 기술예측을 할 수 있는 방법에는 어떤 것들이 있는지를 알아보자.

1. 기술예측의 정의와 요소

(1) 예측과 기술예측

넓은 의미의 예측(forecasting)은 '합리적이고 과학적인 방법과 이용 가능한 자료 분석의 결과로서 미래의 사건, 조건, 상황을 전망하는 작업' 이다. 여기서 예측의 의미를 정의하는 핵심적인 개념은 '합리적이고 과학적인 방법' 과 '이용 가능한 자료 분석의 결과' 라는 표현이다. 즉 예측이 되기 위해서는 정성적이든, 정량적이든 명확하고 과학적인 방법론이 있어야 하고, 또한 실증적인 자료를 분석하고 활용해야 하는 것이다. 만일 이러한 필요조건들이 만족되지 못한다면, 그것은 예측이 아니라 단순한 짐작(guess)이나 예견(prediction)에 불과하다. 기술예측(technological forecasting)은 앞에서 정의한 예측에서 그 대상이 기술적 사건이나 기술적 속성인 경우를 가리킨다.

기술예측이라는 개념은 기술전략이나 기술혁신이라는 개념과 밀접하게 연결되어 있다. 이 세 가지 용어의 차이나 관련성을 살펴보면, 먼저 기술예측은 그 범위가 미래에 대한 객관적 기대(anticipating)까지로 제한되어 있다. 이에 비해 기술전략(technology strategy)은 예측에 계획(planning)까지를 더한 개념이며, 나아가 기술혁신(technological innovation)은 예측과 계획을 넘어 신기술의 창출이나 실행(creating/implementation)을 더한 개념이다.

(2) 기술예측의 요소

위에서 제시된 기술예측의 정의는 원론적이고 포괄적인 성격을 지닌다. 따라서 실질적으로 기술예측이 이루어졌다라는 사실을 인정받기 위해서는 다음 네 가지 조건이 만족되어야 한다.

첫째, 예측시기(time of the forecast)가 명확하게 제시되어야 한다. '2015년 또는 15년 후'와 같은 표현은 예측이 되지만, '먼 미래 또는 2, 30년 후 정도' 등의 시점은 매우 모호한 표현이며 따라서 예측의 조건을 만족시키지 못한다. 둘째, 예측대상 기술(technology being forecast)이 명확하게 제시되어야 한다. 기술분류체계의 어디에 속하는 기술이며, 공식적으로 인정되는 기술의 이름이 무엇인지가 설명되어야 한다. '생명공학에 관한 기술', '차세대 자동차 기술' 등의 기술은 지나치게 포괄적이며, 따라서 기술예측이 되기 위해서는 좀 더 세부적인 내용으로 그 범위를 제한하여야 한다. 셋째, 기술의 특성(characteristics of the technology)이 구체적으로 설정되어야 한다. 성능이 무엇이고, 용도가 무엇이며, 구조는 어떻게 되어있는지가 가능한 한 자세하게 밝혀져야 한다. 예를 들어 '인류의 행복에 기여하는 기술', '친환경적인 기술' 등은 기술예측이라고 하기에는 너무 막연한 성격을 보인다. 넷째, 실현 가능성(probability)이 확률적으로 설정되어야 한다. '그렇게 될 확률이 매우 높다' 또는 '그럴 가능성이 매우 희박하다'는 예측이 될 수 없다. 실현의 가능성이 정량적인 확률값으로 제시되어야 한다.

(3) 기술예측의 목적과 기능

기업이 기술예측을 수행하는 목적은 다양하다. 가장 기본적이고 일차적인 목적과 기능은 물론 기술전략의 수립에 필요한 기본 자료를 제공하는 것이지만, 아래에 제시되어 있는 것처럼 그 외에도 여러 가지 목적과 기능을 생각할 수 있다.

① 중장기 기술전략 수립의 근거자료(reference) 제공

② 제품개선 및 신제품개발의 영역을 파악

③ 기술대안의 파악과 적절한 신기술 도입시기의 결정

④ 기술진보에 따른 경제사회적 영향과 파급효과의 파악과 인식

⑤ 기술적 환경과 제약조건하에서의 기회 및 위협요소의 인식

특히 최근에는 기술예측의 목적이 기술관리의 측면이 아니라, 인력관리의 측면으로 확대되는 현상도 발견된다. 기술의 진보와 시장의 변화가 가속화되면서, 기술예측을 통해 앞으로 어느 분야의 인력을 새로 채용할 것인지에 관한 고용 계획, 그리고 어느 분야를 중심으로 기존 인력의 재교육을 실시할 것인지에 관한 직무 교육 등의 목적으로 기술예측을 활용하고 있는 것이다.

2. 기술예측의 방법

기술예측의 기법은 매우 다양하다. 직관적인 접근이 있는가 하면, 매우 복잡하고 정교한 이론을 필요로 하는 기법도 있다. 이 다양한 기법들을 방법론적 차이를 기준으로 나눈다면 크게 정성적(qualitative) 방법, 정량적(quantitative) 방법, 간접적(indirect) 방법, 실험적(experimental) 방법 등으로 분류할 수 있다. 대표적인 기술예측의 기법들을 자세히 알아보자.

(1) 정성적 방법

기술예측에서 가장 자주 사용되는 정성적 방법은 전문가의 판단에 의존하는 것이다. 기술예측은 고도의 전문지식과 풍부한 경험을 필요로 하기 때문에, 전문가들의 의견을 수렴하여 예측하는 것이 합리적인 방법이 될 수 있다.

가. 전문가 판단법의 배경

정량적인 데이터를 분석하여 예측하기보다는 전문가의 판단을 이용하여 예측을 하는 경우는 다음 몇 가지를 들 수 있다. 첫째, 정량적인 경향분석(trend analysis)에 필수적인 과거의 실증 데이터가 없거나, 데이터의 수집에 지나치게 많은 비용이 드는 경우, 둘째, 외부환경 요인이 변화하여 과거 데이터의 의미가 무효화되거나 변질된 경우, 셋째, 도덕적, 정치적 요인이 기술적, 경제적 요인보다 더 중요하게 작용하는 경우, 넷째, 어느 한 가지 요인의 특성이나 영향력보다 여러 요인들 사이의 복합적인 상호관계가 더욱 중요하고 의미가 있는 경우 등이다.

나. 전문가 판단법의 종류

전문가 판단을 이용하는 기술예측의 방법에는 여러 가지가 있다. 특정 개인을 대상으로 일대일로 인터뷰를 하는 방법, 몇 사람의 전문가들을 모아서 토론을 하도록 유도하는 방법, 아니면 아예 대규모 전문가 집단을 구성하여 우편을 통해 간접적으로 의견을 수렴하는 방법까지 다양한 접근이 가능하다.

1) 인터뷰 방법

첫 번째 방법은 직접적인 인터뷰 즉 심층면접(in-depth interview)을 이용하는 접근이다. 인터뷰 방법의 장점은 여러 가지가 있다. 첫째, 복잡하고 전문적인 질문을 할 수 있으며, 답변도 단순한 사지선다형이나 특정 수치 외에 정성적이고 내면적인 정보까지 얻을 수 있다. 둘째, 거의 100%의 응답률을 확보할 수 있고, 응답을 빈칸으로 남겨두는 항목을 최소화할 수 있다. 셋째, 인터뷰 과정에서 질문의 내용이나 범위를 신축적으로 조정할 수 있다. 넷째, 질문자와 응답자가 상대방의 직접적인 태도나 반응을 관찰할 수 있기 때문에 신뢰도와 참여도를 높일 수 있다.

그러나 인터뷰 방법의 단점도 적지 않다. 무엇보다 질문자의 존재 자체가 응답자의 답변에 심리적인 압박감을 줄 수 있다. 또 응답자의 주관적인 견해나 상황적 변수들이 정보의 왜곡(bias)을 가져올 수 있다. 가끔은 응답자의 이해와 관심에 따라 의도적으로 잘못된 정보를 제공(cheating)할 가능성도 있다. 무엇보다 인터뷰 방법은 시간도 가장 오래 걸리고 비용도 많이 든다.

2) 설문조사 방법

두 번째 방법은 많은 전문가들을 대상으로 미리 작성된 설문지를 이용하는 방법이다. 설문조사 방법의 장점은 다음과 같다. 첫째, 비교적 저렴한 비용으로 많은 양의 정보를 획득할 수 있고 이를 토대로 통계적인 처리가 가능하다. 둘째, 응답자의 주관성에 의한 정보의 왜곡을 줄일 수 있다. 셋째, 필요한 경우 조사작업을 반복적으로 수행할 수 있다.

설문조사의 단점은 복잡하고 정교한 질문을 할 수 없고 응답률도 낮으며, 답변의 의미가 무엇인지를 해석하고 또 그러한 답변이 나오게 된 근본적인 배경을 파악하기 어렵다는 것이다. 또한 시간이 오래 걸리기 때문에 수행과정의 일관성과 신뢰도를 유지하기가 쉽지 않다.

3) 전문가집단 방법

세 번째 방법은 전문가집단을 활용하는 접근이다. 이 범주에 속하는 대표적 방법으로는 아이디어 창출법(idea generation), 지명집단 이용법(nominal group technique), 델파이법(Delphi method) 등을 들 수 있다.

아이디어 창출법은 보통 10명 내외, 8~12명 정도의 전문가를 모아서 자유로운 토론(brain-storming)을 거쳐, 최종적인 공개투표(open voting)의 결과에 의해 기술을 예측하는 방법이다. 지명집단 이용법은 역시 비슷한 숫자의 전문가를 모아서 먼저 차례로 자신의 의견을 제시하게 한 후, 토론을 거쳐 최종적인 비밀투표(closed voting)의 결과에 의해 기술을 예측하는 방법이다.

전문가집단 방법의 가장 중요한 장점은 전문가들의 적극적인 참여를 유도하여 시너지 효과를 최대로 올릴 수 있다는 점이다. 또 전문가 집단의 발표와 토론을 통해 여러 가지 추가 정보를 수집할 수도 있다. 그러나 가장 큰 단점이자 난점은 전문가집단의 구성과 운영의 어려움에 있다. 전문가들의 객관성과 공정성을 확보하고 동시에 높은 참여도를 유지하기 위해서는 경험이 풍부하고 능력이 뛰어난 관리자(moderator)의 역할이 필수적이다.

4) 델파이 기법

전문가 판단법 가운데 최근의 기술예측 실무에서 많이 사용되는 방법은 델파이 기법 또는 델파이법이라고 할 수 있다. 델파이 기법에 대해 좀 더 자세히 살펴보

자. 델파이 기법은 1950년대에 미국의 Rand 연구소에서 처음 개발되어 현재까지 전 세계적으로 가장 많이 사용되어 왔으며, 구체적인 방법론과 절차에 대해서도 다양한 개선과 발전이 이루어지고 있다.

델파이 기법의 원리와 방법을 한마디로 요약한다면, 전문가집단에 대한 집중적이고 반복적인 설문조사를 통해 신뢰성 있는 합의점을 도출하는 과정이라고 할 수 있다. 이 원리를 좀 더 자세히 알아보자. 먼저 여러 전문가들로부터 기술예측에 관한 의견을 수집하여 과학적, 정량적으로 분석한 결과를 예측에 참여하였던 전문가들에게 알려준다. 처음에는 전문가들 간에 편차가 크지만, 이 과정을 반복하면서 전문가들이 자신들의 의견을 수정하도록 유도하면, 궁극적으로는 만족할만한 범위의 값으로 모든 의견들이 수렴하게 된다는 원리인 것이다. 따라서 Delphi 기법의 성공을 결정하는 중요한 요소 중의 하나는 전문가들로부터 수집한 정보를 통계적으로 조직화하고, 참여자들의 성실한 피드백을 유도하는 것이다.

델파이법의 구성요소와 절차를 알아보자. 델파이법은 기술예측 프로젝트를 수행하는 주체로서의 관리자(moderator)와 기술예측에 참여하는 전문가집단(panel)으로 구성된다. 델파이 프로젝트를 수행하는 기본적인 프로세스는 다음과 같은 몇 라운드(라운드)로 이루어진다. 실제로 델파이 프로젝트를 어떤 순서로 하고, 몇 번의 라운드를 반복할 것인가는 기술예측의 성격이나 목적에 따라 달라질 수 있다:

0 라운드: 준비

- 전체 기술분류 상에서 예측 대상 기술의 목록을 선별하는 단계이다
- 관리자는 선별된 기술분야별로 전문가들을 선정하여 전문가집단을 구성한다.

1 라운드: 예측

- 관리자의 주관 하에 전문가집단의 전문가들에게 기술예측의 세부 항목으로 이루어진 설문지를 발송한다.
- 회수된 설문지를 토대로 평균, 분산 등을 구하는 통계적 분석을 수행한다.
- 분석 결과 나타난 전문가들간의 편차(분산)를 보고, 예측의 신뢰도를 판단한다. 분산의 크기가 클수록 신뢰도는 낮은 것으로 판정한다.

- 충분한 신뢰도가 얻어지면 예측활동을 종료하고, 그렇지 않으면 다음 라운드로 넘어간다.

2 라운드: 수정

- 전문가들에게 1 라운드의 결과를 알려주고 그것을 토대로 다시 한번 예측하도록 요청한다.
- 이때 어느 전문가가 1 라운드에서 제시한 예측값이 전문가집단의 평균값과 큰 차이가 있음에도 불구하고, 2 라운드에서도 같은 예측치를 제시하는 경우에는, 거기에 합당한 객관적인 근거를 함께 제시하도록 유도한다.
- 회수된 설문지를 분석하여 통계적으로 분석한다.
- 분석 결과 나타난 전문가들간의 편차(분산)를 보고, 예측의 신뢰도를 다시 판단한다. 특히 1 라운드의 분산의 크기와 비교하여 얼마나 편차가 줄어들었는지를 살펴 본다.
- 충분한 신뢰도가 얻어지면 예측활동을 종료하고, 그렇지 않으면 다음 라운드로 다시 넘어간다.

델파이법은 여러 번의 라운드를 반복함으로써, 전문가들간의 의견을 하나의 값 내지 좁은 범위의 값으로 수렴시키는 과정이다. 과연 어디까지 수렴이 되어야 신뢰성이 있는 것인가, 몇 번이나 라운드를 반복할 것인가 하는 문제는 주관적인 판단에 달려있다. 라운드를 반복할수록 신뢰도는 올라가지만 동시에 비용과 시간이 더 들기 마련이다. 따라서 관리자는 두 가지의 상충 요소들을 고려하여 최종적인 의사 결정을 해야 한다. 다만 유의할 점은, [그림 5-1]에 나타나 있는 것처럼 라운드를 되풀이할수록, 신뢰도의 증가율(rate)은 낮아진다는 사실이다. 1 라운드에서 2 라운드로 넘어갈 때는 신뢰도가 크게 좋아지지만, 2 라운드에서 3 라운드로 넘어갈 때는 신뢰도가 좋아지는 비율이 현저하게 떨어지는 것이 보편적인 현상이다. 따라서 신뢰도가 결정적인 기준이 되는 매우 중요한 기술예측이 아니라면, 라운드를 여러 번 되풀이하는 것은 경제적이라고 하기 어렵다.

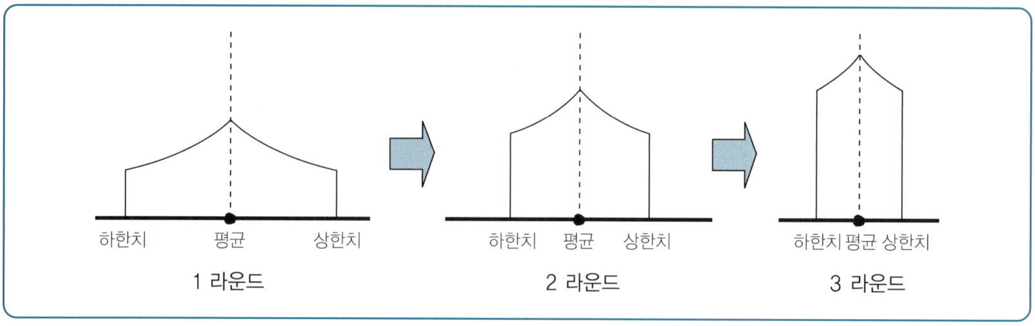

[그림 5-1] 델파이법의 라운드 간 분산 비교

또 하나 델파이 기법에서 반드시 지켜져야 할 규칙은 참여자들의 익명성을 보장하는 것이다. 대부분의 기술예측은 그 결과에 따라 연구개발의 분야나 규모를 결정하는 전략이나 정책 문제와 연계되어 있다. 따라서 여러 이해집단의 관심이나 의도가 개입되면 예측의 객관성과 공정성이 저해될 수 있다. 이러한 위험을 예방하기 위해서는 참여하는 전문가들의 익명성이 반드시 보장되어야 하는 것이다.

일반적으로 여러 전문가들이 모여 합의를 이룬 결과는 개인의 예측보다 정확도와 신뢰도가 더 뛰어나다고 할 수 있다. 이 믿음이 델파이법이 내세우는 가장 큰 장점이다. 그러나 이 기대가 곧 델파이법의 가장 큰 약점이 될 수도 있다. 앞에서 설명한 대로, 만일 개인의 예측값이 집단 전체의 평균값과 비교하여 차이가 크게 나는 경우에는, 그에 합당한 근거를 함께 제시해야 한다. 하지만 자신의 의견이 평균값과 상당히 다름에도 불구하고 왜 차이가 있는지를 자세히 설명하는 것은 귀찮은 일이다. 결국 많은 전문가들이 그냥 '군중심리'에 의해 평균값과 비슷한 수준으로 예측값을 수정할 가능성이 있다. 이렇게 된다면 전문가들의 객관성과 합리성이 무너질 수 있는 것이다.

현실적으로 델파이법의 또 다른 단점은 시간과 비용이 많이 필요하다는 점이다. 델파이 프로젝트의 규모에 따라 다르지만, 일반적으로 라운드 1회를 실시하는데 소요되는 시간은 3주 정도라고 한다. 만일 3 라운드의 델파이 프로젝트를 수행한다고 하면 준비시간을 포함하여 3~4개월 정도의 시간과 그에 따른 많은 비용이 필요하다. 따라서 델파이 프로젝트는 예측의 범위와 규모가 충분히 크고, 예측의 필요성과 중요성이 확보된 대규모의 중장기 예측의 경우에만 수행해야 한다. 또한 해당기술의 미래에 대한 예측 정보 외에도 다른 여러 가지 정보를 추가로 수집해야 경제성을 확보할 수 있다. 흔히 델파이 설문지에 추가로 포함되는 질문 항목으로는 선진국이나 선도기업과 비교한 현재의 기술수준, 가장 적절한 기술획득 방법, 기술개발의 문제점이나 저해 요인, 가장 효과적인 지원정책 등을 들 수 있다.

〈표 5-1〉 기술분과별 실현시기 예측

연도	우주와 지구	소재와 생산	정보와 지식	식량과 생물 자원	생명과 건강	에너지와 환경	안전	국토관리 및 사회 인프라	계	비율 (%)
2009			5	1			2		8	1.1
2010			9			1	7	3	20	2.6
2011		2	8	2		6	7	3	28	3.7
2012	2	6	9	8	2	6	18	16	67	8.8
2013	5	13	20	23	9	24	25	21	140	18.4
2014	19	26	9	24	9	25	19	16	147	19.3
2015	9	17	4	15	15	14	5	9	88	11.6
2016	9	7	2	9	12	6	3	7	55	7.2
2017	13	7	2	5	7	18	1	3	56	7.4
2018	13	8	2	2	17	6	1	6	55	7.2
2019	9	4	1	1	8	3		2	28	3.7
2020	6	2			12	2		1	23	3.0
2021	9	1		1	2			1	14	1.8
2022	3	1		1	1	2			8	1.1
2023	6					1			7	0.9
2024	4				1	1			6	0.8
2025	4								4	0.5
2026	2					1			3	0.4
2027	4								4	0.5
2028										
2029										
2030										
계	117	94	71	92	95	116	88	88	761	100

델파이법에 의한 대규모 기술예측 사례로 과학기술부(현 교육과학기술부)와 한국과학기술기획평가원(KISTEP)이 수행한 과학기술예측조사(2005~2030)를 살펴보자(KISTEP, 2005). 먼저, 미래사회 전망과 요구를 토대로 전문분과별로 브레인스토밍을 실시하여 761개의 기술과제를 선정하였다. 다음으로, 이 기술들에 대해 델파이법을 사용하여 기술의 중요도를 평가하고, 향후 25년(2005~2030)간의 기술실현 시기를 예측하였다.

우선 중요한 기술과제의 실현 시기에 대한 분포는 〈표 5-1〉에서 살펴볼 수 있다. 표에서 보듯이, '정보와 지식' 및 '안전' 분과의 기술 과제들은 향후 15년(2020년) 내에 대부분 실현 내지 상용화될 것으로 예측되고 있다. 이에 반해 '우주와 지구' 나 '생명과 건강' 분과에서 도출된 기술 과제들은 대부분 2015년 이후에나 실현될 것으로 전망되고 있다.

다음으로 〈표 5-2〉에는 세계 선도국가(기업)와의 기술실현 시기 차이에 대한 분포가 제시되어 있다. 전체적으로 보면, 대부분의 기술 과제들에 대해 선진국(기업)과 비교하여 4년 이내의 격차를 보인다고 답하고 있어 국내의 기술 수준을 비교적 높게 평가하고 있다. 특히 '소재와 생산', '정보와 지식', '생명과 건강' 분야는 선진국(기업)과 비교하여 큰 차이가 없음을 보여주고 있다. 반면, '우주와 지구' 분야는 아직 현격한 기술 수준의 차이가 있다고 응답하고 있다.

(2) 정량적 방법

정량적 방법은 곧 추세 분석(trend analysis)을 의미한다. 추세 분석은 말 그대로 기술변화의 변화 추세를 정량적인 데이터로 측정한 후, 이 데이터를 과학적인 모델에 반영하여 예측하는 기법들을 말한다. 정량적인 추세 분석에는 다양한 기법들이 사용될 수 있으나, 모든 기법은 일반적으로 다음과 같은 접근 방법과 절차를 통해 이루어진다. 먼저 과거의 자료를 시간(time)을 X축, 기술성능의 값을 Y축으로 하는 도면 위의 점으로 표시하여 그 점들을 이은 곡선(curve)을 그린 후(plotting), 그 곡선에 가장 적합한 함수(function)를 찾고, 마지막으로 그 함수에 미래의 시점을 입력하여 예측값을 도출한다.

정량적 분석에서 가장 중요하고 또 어려운 과제는 적합한 함수(function)를 찾는 것이다. 모든 기술이 동일한 방향과 속도로 진보하는 것은 아니기 때문에 기술

〈표 5-2〉 세계 선도국가와의 실현시기 격차 분포

격차	0~2년	3~4년	5~6년	7~8년	9~10년	11~12년	계
우주와 지구	3	34	48	19	11	2	117
소재와 생산	39	54	1				94
정보와 지식	64	7					71
식량과 생물자원	37	54	1				92
생명과 건강	44	51					95
에너지와 환경	12	100	3	1			116
안전	29	51	8				88
국토관리와 사회인프라	37	48	3				88
계	265	399	64	20	11	2	761

의 변화 추세를 하나의 곡선으로 설명하고 예측할 수는 없기 때문이다. 정량적 추세에 사용되는 곡선은 매우 다양하지만 가장 기본적인 형태로는 S자 모형의 곡선, 지수함수 모형의 곡선, 선형(linear)의 직선 등을 들 수 있다.

가. S자 모형 – 성장곡선

성장곡선(growth curve)은 새로운 기술이 개발된 후, 수명주기(life cycle)를 따라 어떤 양상으로 기술적 성능이 개선되고 발전하는가를 보여주는 곡선이다. 따라서 이 곡선을 잘 살펴보면 앞으로의 발전 방향과 수준을 예측할 수 있다. [그림 5-2]에 도시되어 있는 것처럼 기술의 성장 곡선은 일반적으로 S-curve 형태로 나타난다. 따라서 이 모형은 정량적 추세분석에서 가장 오래되고 가장 많이 사용되는 기본 모형이다. 이 그림에서 Y축은 성과(output)로서 기술예측의 대상이 되는 기술 성능을 가리킨다. 기술 성능은 속도가 될 수도 있고 집적도가 될 수도 있다. X축은 시간의 흐름에 따라 증가하는 누적투입량(input)을 뜻한다.

그렇다면 기술의 진보 양상이 S-curve 형태로 나타나는 이유는 무엇일까? 새로 개발된 기술이나 출시된 제품은 도입기인 초기 단계에는 완만한 성장 추세를 보인다. 왜냐하면, 이 시기에는 잠재적 수요자가 많지 않고 기술정보도 별로 알려

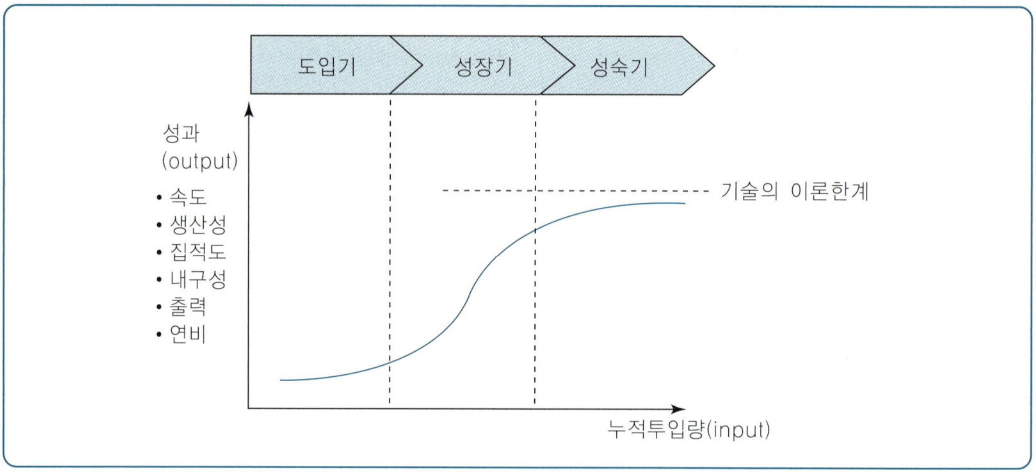

[그림 5-2] 기술진보의 성장곡선: S-curve

지지 않아서 기술혁신이 활발히 일어나기 어렵고, 따라서 기술 성능도 서서히 발전될 수 밖에 없기 때문이다. 그러나 일단 시장에서 받아들여져 성장기로 넘어가면, 본격적인 연구개발과 폭넓은 실용화를 통해 급속한 성장과 진보를 하게 된다. 이 단계를 넘어 성숙기로 접어들면, 기술의 이론적 한계(theoretical limit)에 부딪쳐 정체 상태에 빠지게 된다. 이러한 변화와 발전과정을 선(line)으로 표현하면 전형적인 S-curve가 된다.

이 모형에서는 기술의 이론적 한계를 정확하게 설정하는 것이 중요하다. 초음속(supersonic) 항공기의 개발을 생각해 보자. 초기의 가솔린 엔진은 이론적 한계 자체가 초음속에 한참 못 미쳤다. 기술개발을 통해 가솔린 엔진의 속도가 빨라지기는 했지만 기술적 한계에 부딪치자 그 한계를 넘기 위해 제트 엔진이 출현하였다. 그러나 초기의 제트 엔진도 마하 1의 이론적 한계를 극복하지 못하면서 터보 제트 엔진이 출현하였다. 하지만 이번에는 마하 3이라는 이론적 한계가 나타났다. 그러자 램(Ram) 제트 엔진이 개발되었다. 여기에도 마하 5라는 이론적 한계가 드러났다. 이 한계를 극복하기 위해 최근에는 스크림(Supersonic Combustion Ram) 제트 엔진을 개발하고 있는 중이다. 이와 같이, 본질적으로는 동일한 기술주제라고 하더라도, 어느 시점에서의 기술예측은 그 당시 기술의 이론적 한계 안에서만 예측할 수 있고 그 한계를 벗어나는 범위부터는 새로운 기술의 예측 문제가 된다.

실제로 기술의 진보가 S-curve 형태로 나타나는 사례는 무수히 많다. S-curve 모형이 많이 이용되는 이유도 이론적 모형이 실증적으로 잘 맞기 때문이다. 또 S-curve 모형은 이해하기도 쉽고 사용하기도 간편하다. 더구나 비교적 적은 양의 데이터만 있어도 예측이 가능하기 때문에 기술예측의 실무에 자주 활용된다.

성장곡선을 이용하여 기술예측을 하기 위해서는 S-curve의 수학적 모형을 함수 형태로 설정한 후, 여기에 과거의 데이터 값을 대입하여 회귀분석(regression analysis)이라는 통계 기법을 통해 예측을 하게 된다. 회귀분석을 처음 접하는 독자들은 본 절의 부록이나 다른 기초통계학 교과서를 참고하기 바란다.

S-curve에 가장 적합한 수학적 모형을 선택하는 일은 매우 중요한 과제이다. 많은 연구자들이 S-curve에 맞는 다양한 형태의 함수를 제안하였지만, 그중에서 가장 많이 이용되는 기본 모형은 로지스틱(Logistic) 모형이다. 그 후에 제시된 대부분의 모형들은 예측력을 높이기 위해 로지스틱 모형을 부분적으로 변형 내지 확대시킨 것들이다. 수학적 모형에 대한 자세한 논의는 이 책의 범위를 벗어나기 때문에 여기서는 로지스틱 모형의 핵심적 내용만 간략히 소개하기로 한다.

로지스틱 모형은 원래 확산 이론(diffusion theory)에서 처음 제시되었다. 전염병이 퍼져나가는 양상, 신제품이 시장에서 채택되는 양상, 생물이 성장하는 양상 등을 설명하는 모형으로 개발된 것이다. 로지스틱 모형의 기본 아이디어는 간단하다. 어떤 현상이 발생하고 확산되는 전체 공간을 모집단(population)이라고 한다면, 이 모집단 전체의 크기가 곧 이 현상이 퍼져나갈 수 있는 상한(upper limit)이 된다. 어느 시점에서 이 현상이 확산되는 비율은 모집단 안에서 아직 그 현상을 알지 못하는 개체들의 크기와 이미 알고 있는 개체들의 크기의 곱에 비례한다고 가정한다. 따라서 이 비율의 변화를 측정하여 미래의 확산 추세를 예측할 수 있다.

예를 들어 신제품이 처음 시장에 나와서 구매자들 사이에서 퍼져나가는 추세를 분석한다고 하자. 그 제품을 구매할 수 있는 전체 구매자의 규모, 즉 모집단은 정해져 있다. 처음 0에서 출발한 구매자의 수는 일찍 구매한 사람들 사이에서 조심스럽게 입소문을 타면서 초기에는 완만하게 늘어난다. 그러다가 입소문이 퍼져나가면서 점점 빨리 증가하게 된다. 하지만 최고점을 지나면서부터는 서서히 줄어들면서 언젠가는 멈출 것이다. 이 과정을 로지스틱 모형에 대입해 보면, 어느 시점에서 구매자가 증가하는 추세는 그 시점에서 아직 구매하지 않은 사람들의 비중과 이미 구매한 사람들의 비중의 변화에 따라 결정된다고 볼 수 있다. 여기서 전체 구매자의 규모를 L이라고 하면 어느 시점 t에서 이미 구매한 사람의 크기는 Y(t), 아직 구매하지 않은 사람의 크기는 L−Y(t)가 된다. 그리고 그 시점에서 구매자의 증가추세는 Y(t)[L−Y(t)]에 따라 달라지게 되는 것이다.

1960년대 이후 신기술의 진보도 확산 현상과 비슷한 양상으로 나타난다는 사실이 알려진 후, 로지스틱 모형은 기술예측의 유용한 모형으로 활용되기 시작하였다. 확산 모형의 기본 아이디어와 마찬가지로 기술예측의 기본 아이디어도 간단하다. 어느 기술이 발전할 수 있는 이론적 한계를 L이라고 하자. 그러면 기술이 진보하는 비율은 아직 이론적 한계치까지 발전하지 못하고 남은 값과 이미 진보한 누적값의 곱에 비례한다고 가정한다. 누적값을 Y(t), 남은 값을 L−Y(t)라고 하면 이 관계는 아래와 같은 미분방정식으로 표현할 수 있다.

$$\frac{dY(t)}{dt} = K \cdot Y(t)[L - Y(t)]$$

단, K: 상수

위의 미분방정식을 풀면 다음과 같은 로지스틱 모형이 도출된다.

$$Y(t) = \frac{L}{(1 + \alpha \cdot e^{\beta t})}$$

단, α, β: 모수

로지스틱 모형에 의한 S-curve는 가운데 변곡점을 기준으로 좌우 대칭을 이루고 있다.

이제 남은 과제는 아직 알지 못하는 모수(parameter) α와 β의 값을 추정(estimation)하는 일이다. 이 과제는 위의 모형에 과거의 데이터 값을 넣어서 회귀분석(regression)을 함으로써 해결하게 된다. 통계 소프트웨어를 사용하면 이 작업을 쉽게 수행할 수 있다. α와 β의 값이 추정되면 마지막으로 미래의 시점 t의 값을 대입하여 기술예측을 할 수 있다.

S-curve 모형이 기술예측에 가장 자주 사용되는 기본모형이기는 하지만 두 가지 한계점이 있다는 사실도 인식해야 한다. 첫째, 앞에서 설명한 것처럼 이 모

형을 사용하기 위해서는 기술의 이론적 한계를 미리 알고 있어야 한다. 그러나 많은 경우 한계치를 정확하게 안다는 것이 쉬운 일이 아니다. 만일 이론적 한계를 잘못 설정하게 되면 이 모형의 예측력은 크게 떨어진다. 둘째, 기술 자체의 진보가 아니라 기술개발 주체의 의도적 노력에 의해 S-curve의 모양이 바뀔 수 있다. S-curve는 과거의 추세가 미래에도 지속된다는 것을 가정한 모형이다. 하지만 기술개발 주체 즉 국가나 기업은 전략적 목표를 달성하기 위해 기술투자를 집중적으로 늘려 S-curve를 앞으로 당길 수도 있고 반대로 투자를 줄여서 뒤로 늦출 수도 있다. 이렇게 되면 예측의 정확도가 떨어지는 것은 당연하다.

기본적인 로지스틱 모형의 수정이나 변형도 가능하다. 같은 S-curve라고 해도 구체적인 모양은 시장의 변화나 기술의 속성에 따라 달라지게 된다. 따라서 위의 기본모형에 변수(variable)를 추가하거나 모수(parameter)를 바꾸어주면 새로운 모형이 개발될 수 있다. 그렇게 되면 곡선의 기울기, 변곡점의 위치, 상한의 크기 등이 달라지게 된다. 실제로 기본적인 로지스틱 모형 외에도 많은 모형들이 개발되어 있으므로 실제로 기술예측을 할 경우에는 대상기술의 특성이나 시장의 환경에 따라 가장 바람직한 모형을 선택적으로 사용해야 한다.

나. S자 모형 – 대체곡선

대체곡선(substitution curve)은 성장곡선과 비교하여 현상적으로는 유사하지만 개념적으로는 다른 곡선이다. 성장곡선이 처음으로 개발된 기술이 진보하는 양상을 나타내는데 반해, 대체곡선은 새로 개발된 신기술이 이미 시장을 지배하고 있던 기존의 기술을 어떻게 대체해 가는지를 보여주는 곡선이다. 그러나 [그림 5-3]에 도시되어 있는 것처럼 대체곡선도 성장곡선과 마찬가지로 일반적으로 S-curve 형태로 나타난다.

대체곡선이 S-curve의 모습을 보이는 이유는 무엇일까? 새로 개발된 기술은 처음에는 구기술을 한꺼번에 대체하지 못하고 서서히 잠식하다가, 일단 신기술의 우월성이 시장에서 인식되기 시작하면 매우 빠른 속도로 구기술을 대체하게 되고, 대체과정이 거의 끝나게 되면 더 이상 대체할 여지가 없어지면서 정체 상태가 되기 때문이다. 이러한 변화를 그림으로 표현하면 전형적인 S-curve가 된다.

따라서 대체곡선을 토대로 하는 기술예측도 S-curve의 수학적 모형인 로지스틱 모형을 기본적인 함수 형태로 설정한 후, 여기에 과거의 데이터 값을 대입하여

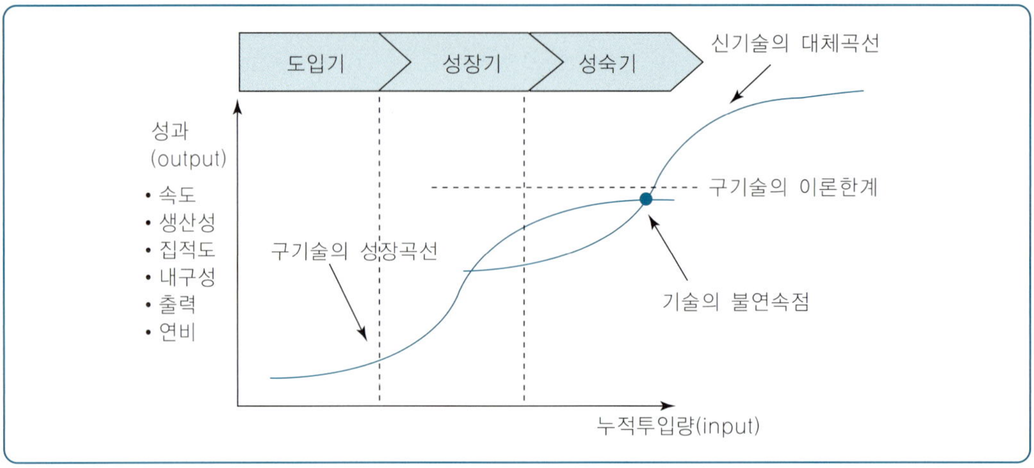

[그림 5-3] 기술진보의 대체곡선

회귀분석(regression)을 통해 예측을 하게 된다.

다. 선형 모형과 지수 모형 – 추세 외삽법

추세 외삽법(trend extrapolation)은 중장기적 예측에 주로 사용되는 방법이다. 앞에서 살펴 본 성장곡선이나 대체곡선은 어떤 특정 기술을 대상으로 단기적인 기술의 변화과정을 예측하는 경우에 적합한 기법들이다. 그러나 기술혁신의 집합에 대한 '중장기적 예측'의 경우에는 S-curve보다 선형(linear) 곡선이나 지수함수(exponential function)가 더 적합한 것으로 나타나는 것이 일반적이다. 이와 같이 선형 곡선이나 지수함수 곡선을 사용하여 중장기의 미래를 예측할 때 사용하는 정량적 예측기법을 흔히 외삽법이라고 부른다. 외삽(extrapolation)이라는 용어는 과거의 값이 보여주는 추세를 먼 미래까지 연장시킨다는 뜻을 담고 있다.

실제로 짧은 기간이나 같은 세대(generation) 내에서 어느 특정 기술이 진보하는 모습은 S-curve로 나타나는 것이 대부분이지만, 오랜 기간 내지 여러 세대를 걸쳐 기술이 발전하는 양상은 직선이나 지수함수 모양을 보이는 경우가 더 많다. [그림 5-4]에 볼 수 있듯이, 여러 개의 S-curve를 이어보면 장기적인 발전 양상이 어떻게 되는지 쉽게 이해할 수 있다. 이와 같이 중장기적인 기술의 진보는 지수함수나 선형함수의 모습을 보이는 것이 일반적이다.

기술진보 곡선이 선형(linear) 함수인 경우에는 바로 회귀분석을 하는데 아무

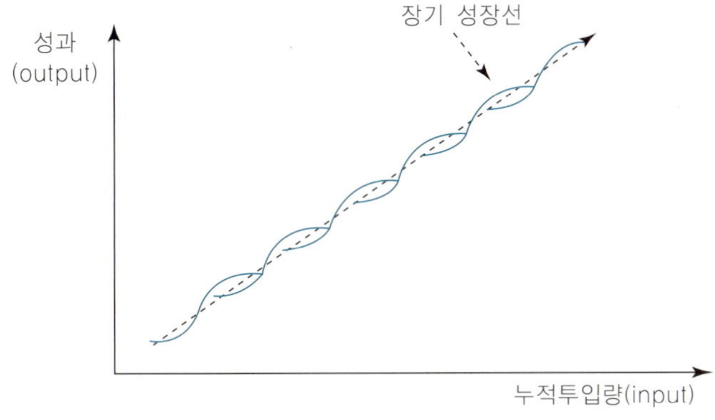

[그림 5-4] 중장기적 기술진보의 추세: S-curve의 연결도

문제가 없다. 그러나 지수함수는 비선형(non-linear) 형태이기 때문에 바로 회귀분석을 수행하기 어렵다. 따라서 지수함수에 대한 기술예측은 먼저 데이터를 로그 변환을 통해 선형함수로 바꾼 후, 회귀분석을 하는 것이 일반적이다.

지수함수의 원형은 다음의 식으로 표현된다.

$$y = y_0 e^{kt}$$

여기서 t는 시간, y는 t시점에서 기술의 성과를 나타내는 기술적/기능적 모수, k는 기술발전 속도를 나타내는 모수, y_0는 기술이 처음 개발되었을 때의 기술수준을 의미한다. 기술성과를 나타내는 y와 y_0 값으로는 속도, 생산성, 집적도, 내구성, 출력, 연비 등을 사용할 수 있다. 기술발전 속도를 나타내는 k의 경우에는, 계수의 값이 클수록 기술발전 속도가 크다는 것을 의미한다.

위의 지수함수를 로그 변환하게 되면, 다음의 선형식(linear line)으로 바뀌게 된다.

$$\log y = Y = \log y_0 + kt$$

이 선형 식에 대해 회귀분석을 하면, 시간(t)의 변화에 따른 기술성과(y)의 값을 결정하는 기술예측을 할 수 있다.

라. 추세 외삽법의 예제: 중앙처리장치의 집적도

정보통신(IT) 기술의 급속한 발전은 꿈의 컴퓨터라 불리는 제 5세대 컴퓨터의 등장을 예고하고 있다. 제 5세대 컴퓨터는 주로 하드웨어적 발전에 기반을 둔 기존의 컴퓨터와 비교하여 혁신적인 구조와 처리능력을 지닌 컴퓨터로, 인간과 같은 유연한 사고 판단을 할 수 있는 인공지능(artificial intelligence)을 갖게 될 것으로 기대된다. 만일 5세대 컴퓨터가 등장한다면 인간생활 전반에 걸쳐 엄청난 변화를 몰고 올 것이 분명하며, 따라서 그 출현시기를 예측하는 작업도 큰 관심을 끌고 있다.

컴퓨터의 발전은 한마디로 중앙처리장치(CPU)의 발전이라고 할 수 있다. CPU는 컴퓨터의 두뇌에 해당하는 것으로서 1971년 인텔사에서 최초의 마이크로 프로세서인 4004를 출시한 이후 비약적인 발전을 거듭해왔다. CPU의 성능은 집적도(integration density)인 트랜지스터(transistor)의 수에 의해 좌우되는데, 4004가 약 2,300개의 트랜지스터를 보유한 반면, 2010년에 출시된 펜티엄 i7 프로세서(식스코어)는 약 12억 개의 트랜지스터를 보유할 정도로 그 집적도는 빠르게 증가하고 있다. 이러한 증가추세는 1965년에 발표된 무어의 법칙(Moore's Law)에 의해 잘 설명된다. 무어의 법칙은 마이크로 프로세서의 처리 능력은 24개월마다 2배로 늘어난다는 법칙을 말한다. 반도체 기술의 혁신이 가속화되면서, 무어의 법칙은 90년대 중반에는 24개월이 아니라 18개월마다 2배로 늘어나는 것으로 수정되기도 하였다. 그래서 60년대의 법칙을 무어의 법칙-1(Moore's Law-I)로, 90년대의 법칙을 무어의 법칙-2(Moore's Law-II)로 부르기도 한다. 이러한 추세면 10년 후에는 1조 개 이상의 트랜지스터를 보유한 CPU의 개발이 가능할 것으로 예상된다.

그렇다면 제 5세대 컴퓨터의 시대는 언제 도래할 것인가? 일반적으로 논리, 감정에 관련된 인간의 뇌세포 수는 350억 개로, 컴퓨터가 인공지능을 갖추기 위해서는 최소한 350억 개 이상의 트랜지스터가 집적된 CPU가 필요할 것으로 예상된다. 따라서 무어의 법칙이 계속 유효하다면, 머지않아 제 5세대 컴퓨터의 등장을 가능하게 할 CPU를 개발할 것으로 예측된다. 그러나 무어의 법칙은 이론적인 주장에 불과하며 결국은 물리적, 기술적 한계로 인하여 지속되기 어려울 것으로 보는 전문가들도 많이 있다. 이 문제에 대해 실제 자료를 활용하여 정량적인 예측을 해보자. 이를 위해 〈표 5-3〉과 [그림 5-5]에 정리된 기술 발전 추세를 참고한다.

〈표 5-3〉 CPU 집적도의 변화 추세

CPU 세대(generation)	Transistors 수(number)	시장화 시점(marketed time)
4004	2,300	1971
8008	3,500	1972
8080	6,000	1974
8088	29,000	1982
80286	134,000	1988
80386	275,000	1991
80486	1,200,000	1993
Pentium	3,100,000	1994
Pentium Pro	5,500,000	1996
Pentium II	7,500,000	1997
Pentium III	9,500,000	1999
Pentium 4	42,000,000	2001
Pentium D	230,000,000	2005
Core 2 Duo	291,000,000	2006
Core 2 Quad	582,000,000	2007
Core i7 Quad	731,000,000	2008
Six-Core Core i7	1,170,000,000	2010
Quad-Core+Gpu Core i7 Ivy Bridge	1,400,000,000	2012
Six-Core Core i7 Ivy Bridge E	1,860,000,000	2013
8-Core Core i7 Haswell-E	2,600,000,000	2014

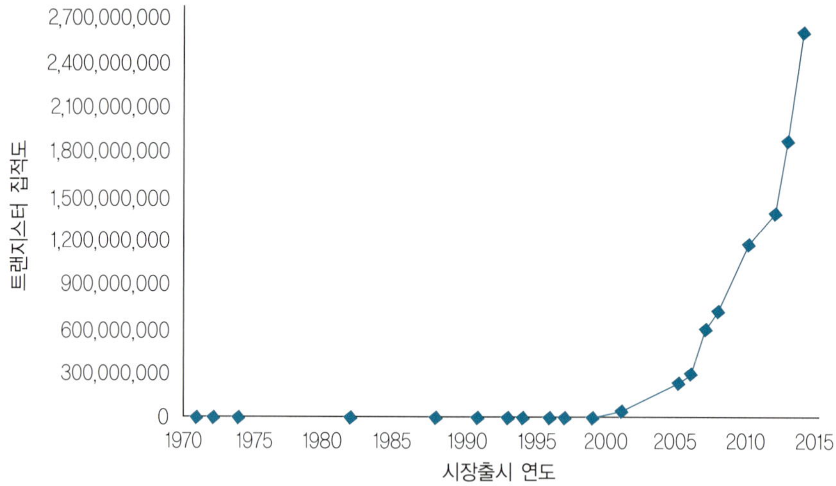

[그림 5-5] CPU 집적도의 변화 추세

앞에서 지적한 대로, 일반적으로 먼 미래에 대한 장기적 예측의 경우, 그 추세가 S-curve보다 선형 또는 지수함수의 모양을 보인다. CPU의 기술추세 역시 그림에서 볼 수 있는 것처럼, 시간에 따라 급격하게 증가하는 지수함수의 형상을 띠고 있다. 따라서 중앙처리장치 기술 추세를 예측하기 위해서는 실증자료에 따른 지수함수 식을 도출하는 것이 필요하다. 그러나 지수함수는 비선형(non-linear)이기 때문에, 로그 변환을 통해 아래와 같은 선형함수 모형으로 전환한 후 회귀분석을 하게 된다.

$$\log y = Y = \log y_0 + kt$$

실제로 로그 변환을 통해 지수함수 형태를 지닌 곡선을 선형함수로 변환시키면, [그림 5-6]과 같은 선형 회귀선(linear regression line)을 도출할 수 있다.

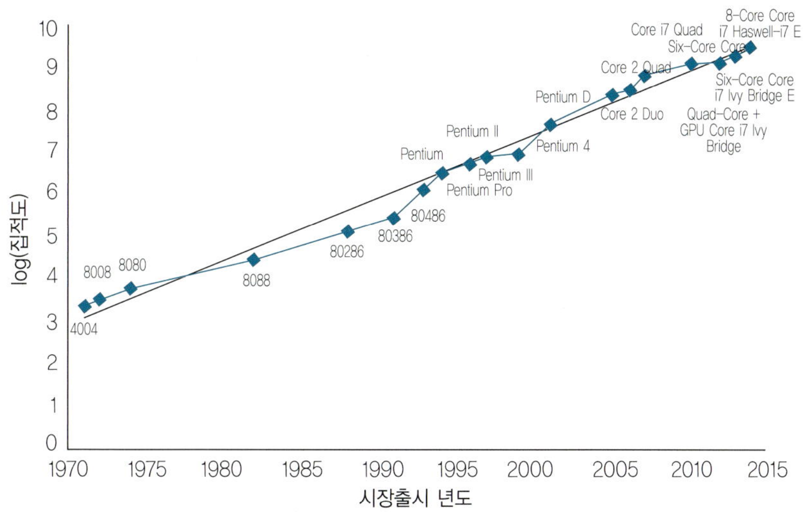

[그림 5-6] CPU 집적도 진보의 선형함수 모형

선형함수에 대한 선형 회귀분석을 수행하여 CPU 집적도의 장기적인 추세를 살펴보면, 2020년경에는 약 15억 개의 집적도를 가진 CPU가 시장에 출시될 것으로 예측된다. 아울러, 제 5세대 컴퓨터에 필요한 350억 개 이상의 트랜지스터를 보유한 중앙처리장치는 약 2029년경에 개발되어 시장에 출현할 것으로 보인다.

(3) 간접적 방법

간접적 방법은 예측 대상 기술에 관한 정보가 충분하지 않을 때, 밀접하게 관련되어 있는 다른 기술의 정보를 대신 이용하거나 대규모의 기술정보 데이터베이스로부터 예측에 쓸 수 있는 정보를 추출하는 방법을 통틀어 이르는 말이다.

가. 선행 지표 분석

선행 지표(leading indicator)에 의한 예측은 예측 대상기술의 변화 과정을 직접 분석할 수 있는 자료가 없거나 부족할 때 사용하는 간접적인 예측 방법이다.

가장 자주 사용되는 방법은 선행-후행 상관성(lead-lag correlation) 분석이다. 이 방법은 예측 대상기술과 상관관계가 높으면서 동시에 자료를 얻기가 상대적으로 쉬운 선행 지표의 자료를 이용하여, 후행 기술의 미래를 예측하는 방법이다. 예를 들어 상업용 항공기 속도의 발전 추세를 예측하는 경우라고 하자. 상용 항공기 자체의 데이터는 별로 없기 때문에 자체적으로 예측하기는 어렵다. 그러나 항공기와 밀접한 상관관계를 맺고 있는 선행 지표로서, 군용 전투기 속도의 발전 추세에 관한 데이터는 비교적 충분히 얻을 수 있다. 따라서 두 지표 사이의 시간적 거리(time lag)를 추정할 수 있으면, 선행 지표인 전투기 속도의 변화 추세를 토대로 후행 지표인 항공기 속도의 변화 추세를 간접적으로 예측할 수 있다.

나. 특허 분석

간접적 예측에서 자주 사용되는 또 다른 방법은 특허 분석(patent analysis)이다. 특허는 풍부한 기술 정보를 포함하고 있기 때문에, 어느 기술 분야의 변화 추세를 예측하기 위해 관련 분야의 특허 정보를 분석하는 것은 매우 효과적인 방법일 수 있다. 특히 기술내용에 관한 키워드(keywords), 특허와 특허 간의 인용 관계(citation relationship) 등은 기술 변화를 예측할 수 있는 중요한 단서를 제공한다. 따라서 이러한 정보를 활용하면 시간의 흐름에 따라 기술이 어느 방향으로 진보해 왔는지, 또 앞으로 어느 방향으로 진보해 나갈지를 예측할 수 있다.

예를 들어, [그림 5-7]에는 기술진화 특허지도가 도시되어 있다. 1995년부터 5년 단위로 특허의 인용관계를 분석하면 최근의 특허가 과거의 특허를 어떤 패턴으로 인용해 왔는지를 알 수 있다. 이 관계를 네트워크 모양의 지도로 만들면 기술의 발전 추세를 유추할 수 있고 나아가 미래의 방향도 간접적으로 예측할 수 있다.

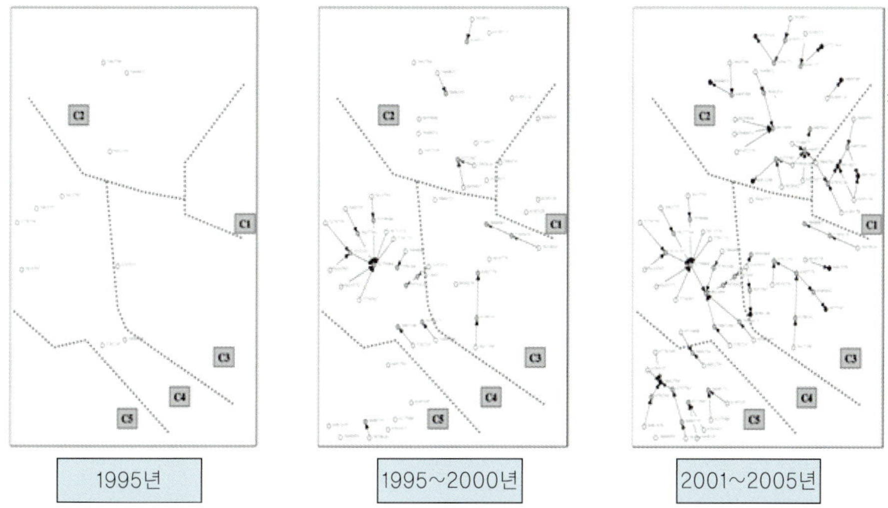

[그림 5-7] 기술진화 특허지도의 예시

(4) 실험적 방법

가. 시뮬레이션(Simulation) 기법

오늘날의 현대기술은 진보의 속도가 매우 빠를 뿐 아니라, 여러 요인들이 복잡하게 얽혀 있기 마련이다. 따라서 전문가의 직관에 의존하거나 과거의 데이터를 분석하는 것보다는 여러 가지 변수들을 포함시킨 컴퓨터 시뮬레이션을 통해 미래를 예측하는 것이 효과적일 수 있다. 더구나 시뮬레이션에서는 각각의 변수에 대해 값을 바꾸어 가면서 어떤 변화가 나타나는지를 살펴보는 이른바 민감도 분석(sensitivity analysis)이 가능하다는 장점도 있다.

[그림 5-8]에 도시되어 있는 것처럼, 시뮬레이션은 아래의 여러 단계를 거치면서 수행된다.

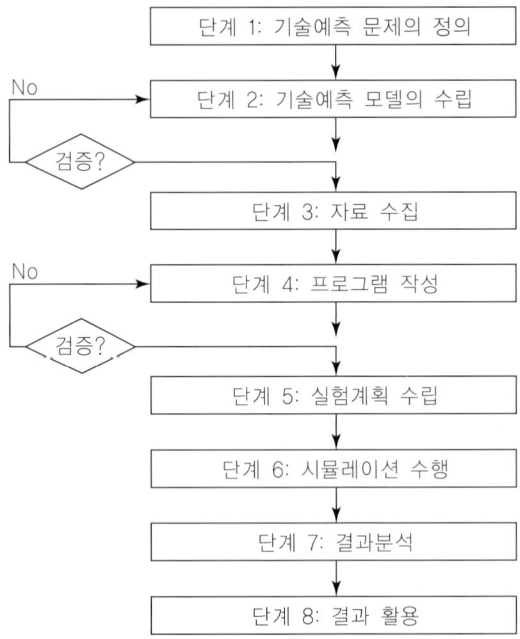

[그림 5-8] 기술진화 특허지도의 예시

단계 1: 문제의 정의(problem definition)

- 기술예측의 목표와 범위를 명확하게 설정

단계 2: 기술예측 모델의 수립(model building)

- 기술예측 요인들과 변수들을 설정하고 변수들 간의 관계를 표현하는 모델 수립
- 모델의 타당성에 대한 검증 작업(validation) 수행

단계 3: 자료 수집(data collection)

- 시뮬레이션에 투입될 자료(input data)를 수집

단계 4: 프로그램 작성(coding)

- 시뮬레이션이 작동하는 알고리즘을 프로그램으로 코딩(coding)
- 알고리즘에 대한 검증 작업(verification)을 수행

단계 5: 실험계획 수립(experimental design)

- 시뮬레이션 실험의 전략을 수립하고 방식을 결정

단계 6: 시뮬레이션 수행(simulation)

- 초기조건, 수행시간, 수행횟수, 성능지표 등의 값을 설정하고 프로그램을 작동하여 시뮬레이션을 수행

단계 7: 결과 분석(analysis)

- 시뮬레이션 결과에 대한 분석을 통해 기술예측 정보를 수집

단계 8: 결과 활용(implementation)

- 시뮬레이션 결과의 분석으로부터 얻은 예측 정보를 전략적, 실무적으로 활용

묶어서 시뮬레이션 기법이라고 했지만, 실제로 사용될 수 있는 구체적인 시뮬레이션 모형은 다양하다. 규모가 작고 범위가 좁은 기술의 예측이라면 위에서 간략히 설명한 일반적인 시뮬레이션 모형으로 접근해도 충분할 것이다. 그러나 만일 기술진보의 과정에 다양한 주체들이 개입되고 그들 간의 상호작용이 기술의 변화에 큰 영향을 미친다면 에이전트 기반 모델링(Agent-Based Modeling: ABM) 시뮬레이션이 적합할 수 있다. 기술예측의 규모가 더 커져서 시장환경이나 기술생태계 전체와 관련되는 정도가 된다면 시스템 다이내믹스(system dynamics) 시뮬레이션이 좋은 선택이 될 수 있다. 만일 복수의 기술들이 서로 영향을 미치면서 진보하는 양상을 예측한다면 상호영향분석(cross impact analysis)이 적합한 대안이 된다. 이러한 시뮬레이션 기법들을 제대로 사용하려면 상당히 전문적인 지식이 필요하고 이러한 지식들은 이 교과서의 수준을 벗어나는 것이므로 자세한 설명은 생략하기로 한다.

나. 상호영향 분석(Cross-Impact Analysis: CIA)

넓은 의미에서는 시뮬레이션 기법의 하나로 볼 수 있지만 성격이나 용도가 다른 예측기법으로는 상호영향 분석(CIA)을 들 수 있다. 일반적으로 하나의 시스템이 변화하거나 발전하는 과정은 여러 개의 사건(event)들의 집합이라고 볼 수 있다. 이 때 사건들은 서로 긍정적 또는 부정적인 영향을 미치고 있기 때문에 특정

사건의 발생 유무는 다른 사건의 발생 확률에 영향을 주게 된다. 따라서 사건의 발생 확률을 예측하는데 있어서 그 사건만을 독립적으로 고려하는 것은 비현실적이다. 상호영향 분석(CIA)은 사건들 간의 상호작용을 고려하여 각 사건이 발생할 확률을 예측하는 방법이다.

모든 사회적 변화와 마찬가지로, 기술적 변화와 진보도 여러 개의 사건들의 발생을 통해 일어난다. 각 사건을 특정 기술 또는 제품의 개발이라고 한다면, 사건 간의 상호작용은 더욱 분명해진다. 예를 들어, MP3 플레이어 또는 PMP 같은 제품의 개발은 플래쉬 메모리 기술의 개발 및 발전과 매우 밀접한 상관관계가 있다. 이와 같이 기술적 사건들이 서로 상호작용을 통해 발생할 때, 한 사건과 다른 사건이 서로에게 미치는 영향을 상호영향(cross impact)이라고 한다. 기술의 변화가 여러 사건들 간의 상호영향을 토대로 발생하는 상황에서는, 미래에 발생할 기술적 사건의 발생확률을 예측하는 데 상호영향을 고려하는 것이 필요하다. CIA는 예측의 대상이 되는 사건들 간의 상호영향을 고려함으로써, 각 사건의 발생확률을 추정하는 기술예측 방법이다.

CIA에 의한 기술예측은, 앞에서 설명한 정성적 기법이나 정량적 기법과는 그 성격이나 목적이 상당히 다르다. 앞의 기법들이 예측대상 기술의 성능수준이나 실현가능성이 언제 어느 정도까지 될 것인가를 예측하는데 근본적인 목적이 있다면, CIA는 어느 특정기술의 변화가 다른 관련기술들의 변화에 어떠한 영향을 미칠 것인가를 추정하는데 그 목적이 있다. 따라서 엄밀한 의미에서, CIA는 예측기법이라기보다는 영향평가 기법이라고 하는 것이 더 정확한 표현일 수 있다.

CIA는 상호영향을 어떻게 추정하는가에 따라 다양한 방법이 존재하지만, 수행과정을 간략히 설명하면 다음의 4 단계로 이루어진다.

단계 1: 사건 정의

예측에 포함될 사건들을 정의하는 단계이다. 기존문헌 연구와 전문가들에 대한 인터뷰를 바탕으로 고려할 사건들을 정의한다. 이 단계에서 얼마나 적절하게 사건들을 선택했는가 하는 것이 예측 전체의 성공을 좌우한다. 만일 다른 사건들에 큰 영향을 주는 중요한 사건이 제외되면 예측확률의 신뢰성은 크게 저하될 수 있다. 반면에 너무 많은 사건을 포함시키는 것도 바람직하지 않다. 따라서 적절한 수의 사건을 포함시키는 것이 매우 중요하다.

단계 2: 확률 추정

예측에 포함될 사건이 정의되고 나면, 각 사건의 초기확률과 조건부확률을 추정하게 된다. 초기확률이란 미래의 특정 시점에 특정 사건이 발생할 가능성을 의미한다. 따라서 초기확률은 다른 사건이 발생하지 않았다는 가정 하에 추정된다. 다음으로 조건부 확률은 다른 사건의 영향을 고려하였을 때의 각 사건의 발생확률을 의미한다. 즉, '사건 A가 발생했을 때, 사건 B가 발생할 확률은 얼마인가?' 라는 질문에 있어, 사건 B가 일어날 확률이 조건부 확률이 된다. 만일 4개의 사건으로 이루어진 CIA라면, 각 사건의 초기확률과 조건부 확률을 아래의 〈표 5-4〉에서 보는 상호영향 매트릭스 모양으로 표현할 수 있다. 대부분의 경우 확률 추정은 전문가 집단에 의해 이루어지며, Delphi 설문조사나 인터뷰 등의 방법을 통해 전문가들의 의견을 수집한다.

〈표 5-4〉 상호영향 확률 매트릭스의 예시

	초기확률	사건 1	사건 2	사건 3	사건 4
사건 1	0.25		0.50	0.85	0.40
사건 2	0.40	0.60		0.60	0.55
사건 3	0.75	0.15	0.50		0.60
사건 4	0.50	0.25	0.70	0.55	

단계 3: 초기확률 수정

초기확률은 다른 사건이 발생되지 않았다는 가정 하에 추정된 것이다. 즉 다른 사건의 영향을 고려하지 않은 확률이다. 따라서 단계 3에서는 다른 사건의 영향을 반영하여 초기확률을 수정하게 된다.

단계 4: 시뮬레이션

CIA는 궁극적으로 시뮬레이션을 통해 발생확률, 즉 예측치를 도출하는 방법이다. 앞에서 설명한 확률의 추정도 결국은 시뮬레이션에 필요한 정보를 수집하는 예비단계라고 할 수 있다.

시뮬레이션에서는 먼저, 관련 사건들 중 하나의 사건을 임의로 선택하고, 0과

1 사이의 난수(random number)를 발생시킨다. 발생된 난수와 사건의 초기확률을 비교하여 해당 사건의 발생 또는 미발생 여부를 결정한다. 사건이 발생한 경우, 다른 사건들에 미치는 영향을 고려하여 확률값을 수정한다. 마찬가지 방법으로 미발생의 경우에도 확률값을 수정한다. 위와 같은 과정을 모든 사건이 선택될 때까지 수행하면 1회의 시행이 끝나게 된다.

한 번의 시뮬레이션 수행과 다음 번의 수행 간에는 확률값의 변화가 일어나고 따라서 변화율을 계산할 수 있다. 만일 이 변화율이 미리 정한 어느 값보다 더 작은 경우가 나타나면 시뮬레이션을 종료하게(terminate) 된다. 즉 더 이상 시뮬레이션을 시행하여도 확률이 변할 가능성이 거의 없을 만큼 안정되었다(stabilized)고 판단하는 것이다.

다. 복수대응 분석

복수대응 분석(multi-optional analysis)은 미래에 대한 예측을 한 가지로 하지 않고 여러 가지 가능한 경우(alternative outcomes)의 복수로 예측하는 접근이다. 이 방법은 미래에 대한 대응방안도 복수로 준비함으로써, 불확실성에 유연하게 대처하고자 하는 목적으로 제시되었다. 따라서 복수대응 분석은 기술예측 기법이기도 하지만 나아가 시장환경이 급속하게 변하거나 정치적 상황, 제도적 기준, 산업과 시장조직 등과 같은 외부환경의 변화가 심한 상황에서 종합적인 경영전략을 수립하는 데 적합한 방법이라고 할 수 있다. 실제로 복수대응 기법들이 발전하게 된 것도 70년대 초반, 오일쇼크의 혼란 속에서 Royal Dutch/Shell사가 석유 수급의 예측에서 뛰어난 성과를 거둔 것에 기인한다.

복수대응 분석의 대표적 기법으로는 시나리오 플래닝(scenario planning) 또는 시나리오 분석(scenario analysis)을 들 수 있다. 시나리오 플래닝은 그 용어가 의미하는 것처럼 단순한 예측기법에 그치는 것이 아니라 미래에 대한 대응전략의 수립까지를 포함한다. 즉, 크게 두 개의 단계로 나누어 첫 번째 단계에서는 기술과 사회의 미래를 여러 가지의 경우로 예측하는 복수의 시나리오를 만들고 두 번째 단계에서는 각각의 시나리오에 적합한 대응전략이나 계획을 수립하는 식이다. 따라서 이 기법은 좁은 뜻에서는 기술예측 기법이라고 볼 수도 있지만 넓은 뜻에서는 전략수립 기법으로 볼 수도 있다.

시나리오 플래닝의 전체적 프로세스를 통일된 기준과 방식으로 제시할 수는 없다. 예측의 규모가 크고 상황이 복잡하면 프로세스도 복잡하게 설계해야 하고 반대로 규모가 작고 범위가 좁으면 단순하게 설계할 수도 있기 때문이다. 이 책에서는 가장 폭넓게 사용되고 있는 보편적 프로세스를 간략히 설명하고자 한다. [그림 5-9]에 시나리오 플래닝의 전체적 프로세스가 도시되어 있다.

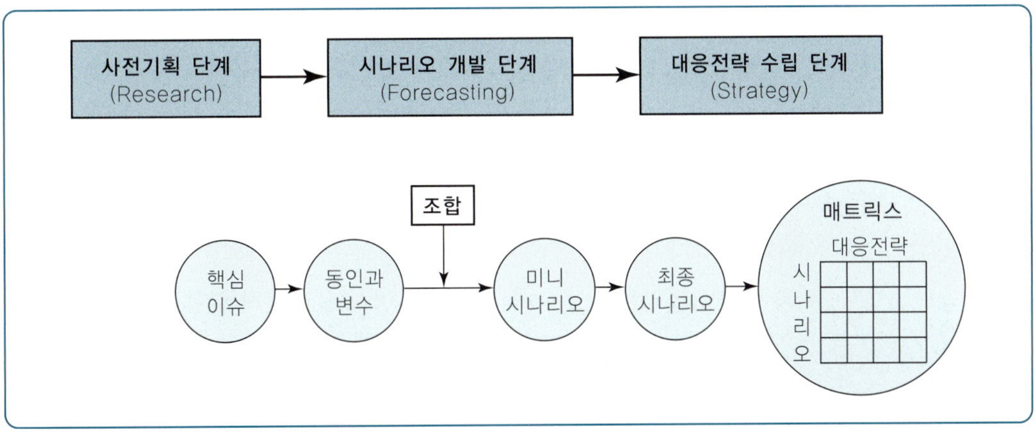

[그림 5-9] 시나리오 플래닝의 전체적 프로세스

단계 1: 핵심 이슈 선정

먼저 시나리오 플래닝을 통해 달성하거나 해결하려고 하는 과제, 즉 핵심 이슈를 설정해야 한다. 다시 말해, 예측작업을 수행하는 근본적인 목적이 무엇인가를 명확하게 정하는 것이 프로세스의 첫 단계가 되는 것이다. 예를 들어 어느 시장에 새롭게 진출해야 하는가? 어떤 기술분야를 집중적으로 개발해야 하는가? 등이 전형적인 핵심 이슈가 된다.

단계 2: 동인의 설정

다음으로는 미래 환경의 변화나 불확실성을 결정하는 중요한 동인(driver) 내지 변수(variable)를 설정해야 한다. 여기서 동인이라고 부르는 이유는 그것이 미래의 변화를 이끌어내는 요인이기 때문이고 변수라고 부르는 이유는 시간을 따라 그것의 상태나 수준이 달라지기 때문이다. 물론 동인의 내용은 어느 상황에서 어떤 시장에 대한 예측을 하느냐에 따라 달라진다. 예를 들어 유가의 변동이나 환율의 변동은 어떤 상황에서는 매우 중요한 동인이 될 수 있지만, 다른 상황에서는 고려할 필요가 없는 변수일 수 있다. 동인의 범위는 넓기 때문에 기술적 요인, 시장적 요인, 환경적 요인 등 다양한 관점에서 찾아야 한다. 따라서 이 단계에서는 가능한 한 다양한 동인과 변수들을 도출한다.

단계 3: 핵심동인의 추출

시나리오 플래닝의 결과물은 말 그대로 여러 개의 예측 시나리오를 만들어내는 것이다. 이 때, 각각의 시나리오는 동인이나 변수들의 조합(combination)으로 표현된다. 하지만 앞 단계에서 설정한 모든 동인들의 조합으로 시나리오를 만들면 시나리오의 수가 너무 많아진다. 따라서 다양한 동인들 가운데 가장 핵심적인 동인들을 추려내야 한다. 실제로 동인들 간의 관계를 잘 살펴보면 서로 독립적인 관계를 보이기도 하지만 어떤 것들은 서로 중복되거나 종속되는 관계를 보이기도 한다. 따라서 핵심동인은 서로 독립적이면서 동시에 각각의 영향력이나 파급효과가 큰 동인을 가리킨다. 이 단계에서는 그러한 동인들만을 찾아내는 작업을 하는 것이다.

핵심동인을 추출하기 위해서는 동인들 간의 상관관계도를 만들어서 상호영향(cross impact)을 평가해야 한다. 흔히 매트릭스(matrix) 형태의 표를 만들어서 동인들 간의 관계를 부호(긍정적 영향 또는 부정적 영향)와 크기(큰 영향 또는 작은 영향)의 점수로 평가한다. 이 과정을 거치면 결국 많은 동인들은 탈락하고 점수의 합이 큰 몇 개의 핵심적인 동인들만 살아남게 된다.

단계 4: 1차 시나리오 도출

다음 단계의 작업은 앞에서 추출한 핵심동인들의 조합(combination)을 통해 시나리오들을 만들어내는 일이다. 조합은 두 가지로 이루어질 수 있다. 첫째는, 각 동인 자체에서 만들어지는 조합이다. 예를 들어 어느 동인은 미래에 커질 수도 있고 작아질 수도 있다. 또 성공할 수도 있고 실패할 수도 있다. 따라서 복수의 경우들의 조합이 만들어질 수 있는 것이다. 둘째는, 동인과 동인 간의 결합이다. 당연히 이 과정에서도 여러 개의 조합이 만들어질 수 있다. 핵심동인의 수가 많을수록 만들어지는 시나리오의 수도 많아진다. 대부분의 경우, 이 단계에서는 10개 이상의 시나리오들이 도출되고, 각 시나리오의 규모가 상대적으로 작기 때문에 흔히 미니 시나리오(mini-scenario)라고 부르기도 한다.

단계 5: 최종 시나리오 도출

이제는 최종 시나리오를 만들 차례이다. 앞에서 만든 미니 시나리오들을 줄여서 3~4개 정도의 대규모 시나리오를 만들어내는 것이다. 이 작업은 크게 두 단계를 거치게 된다. 먼저, 앞 단계서 만든 작은 시나리오들을 묶어서 큰 시나리오를 만드는 작업이다. 참여자들의 브레인스토밍을 통해 Grouping 작업을 하게 된다. 다음은 구체적인 시나리오를 작성하는(writing) 작업이다. 핵심 동인들의 조합이라는 뼈대 위에 미래 상황을 자세하게 묘사한 내용을 적어 넣어서 말 그대로 시나리오를 만드는 것이다. 예를 들자면, 시나리오 1은 향후 10년 간 시장규모는 늘어나다가 정체를 거쳐 점점 줄어들고 원유 가격은 초반에 상승하다가 후반에는 하락하는 것이라면 시나리오 2는 이와는 달리 시장규모는 계속해서 늘어나고 원유 가격은 초반에 안정적이다가 후반에는 상승하는 것이 될 수 있다. 이 작업은 예측(forecasting) 작업이자 마케팅(marketing) 작업이다. 시나리오가 곧 미래에 대한 예측을 보여주는 것이기 때문에 기술예측의 의미가 있고 동시에 시나리오는 외부의 이해당사자들에게 미래에 관한 유익한 정보를 제공하는 역할을 하기 때문에 마케팅의 의미도 있다.

단계 6: 전략대안 도출

시나리오 플래닝의 마지막 단계는 전략대안 내지 대응방안을 제시하는 일이다. 전략대안도 당연히 전략요소들의 조합을 통해 복수로 준비하게 된다. 예를 들어 기술투자를 늘릴 수도 있고 줄일 수도 있으며, 이쪽 표준에 부합하는 기술을 선택할 수도 있고 저쪽 표준에 맞는 기술을 선택할 수도 있다. 시나리오도 여러 개이고 전략대안도 여러 개이니 양쪽에 가장 잘 맞는 쌍을 찾아야 한다. 다시 말해, 시나리오와 전략대안 간의 적합도를 평가하여 시나리오와 전략대안 간의 가장 적절한 조합을 선택하는 것이다. 이것을 매트릭스 형태로 표현한다면, 행(row)에 시나리오들을 배치하고 열(column)에 전략대안들을 배치한 후, 각 셀(cell)에 시나리오-대안 간의 적합도를 평가한 결과표를 작성하는 식이다.

예를 들어 아래의 〈표 5-5〉에서 보듯이, 시나리오가 4개이고 전략대안도 4개라면 각각의 시나리오 행(row)에 4개의 전략 열(column)이 배치되고 각 셀(cell)에는 적합도 점수가 표기된다. 당연히 각각의 시나리오에 대해 적합도 점수가 가장 높은 전략대안을 선택하게 된다.

〈표 5-5〉 시나리오-전략대안 간 적합도 평가 매트릭스

	전략대안 1	전략대안 2	전략대안 3	전략대안 4
시나리오 A				
시나리오 B				
시나리오 C				
시나리오 D				

부록 회귀분석

경영활동에서 발생하는 어떤 사건의 원인과 결과를 알아내는 일은 현실적인 대응 전략을 수립하고 또 미래에 대한 예측을 하는데 매우 중요한 의미를 갖는다. 원인과 결과의 인과 관계(causal relationship)를 파악하는 과제에 가장 자주 사용되는 통계적 방법론으로 회귀분석(regression analysis)을 들 수 있다. 회귀분석은 모든 공학도들이 그 기본이론을 반드시 이해할 필요가 있을 만큼 널리 쓰이는 방법이므로 좀 더 자세히 알아보도록 한다.

1. 회귀분석의 목적과 성격

회귀분석은 변수들 중 하나를 종속변수(dependent variable)로, 나머지를 독립변수(independent variable)로 하여 독립변수들과 종속변수 사이에 인과관계가 존재하는지, 존재한다면 어느 정도인지를 분석하는 통계적 기법이다. 여기서 독립변수는 종속변수에 영향을 주는 변수로서 원인이 되는 것이고, 종속변수는 독립변수에 영향을 받는 변수로서 결과가 된다. 예를 들어 연구개발 투자와 특허출원수 간의 관계를 생각한다면, 연구개발 투자는 독립변수가 되고 특허출원수는 종속변수가 된다. 회귀분석은 독립변수와 종속변수 간의 관계를 수학적으로 표현하는 회귀식(regression equation)을 추정함으로써, 각 변수들 간의 관계를 규명하는 것을 핵심적인 과제로 한다.

2. 회귀분석의 모형

회귀분석은 독립변수의 개수에 따라 크게 독립변수가 하나인 단순 회귀분석(simple regression)과 독립변수가 두 개 이상인 다중 회귀분석(multiple regression)으로 구분할 수 있다. 기본 원리나 이론적 근거는 동일하기 때문에 여기서는 단순 회귀분석에 대해서만 살펴보도록 한다.

단순 회귀분석의 기본 모형, 즉 회귀식(regression equation)은 다음과 같다.

$$Y_i = \alpha + \beta X_i + \varepsilon_i$$

여기서 X_i는 독립변수, Y_i는 종속변수, α는 회귀식의 y절편, β는 회귀식의 기울기, ε_i는 회귀식에 의해 설명될 수 없는 오차(random error)를 나타낸다.

위와 같이 독립변수와 종속변수가 선형(linear) 관계를 갖는다는 가정하에, 두 개의 모수(parameter) 즉 α와 β를 추정하여 회귀식을 얻을 수 있다. 이론적으로는 무수히 많은 회귀식이 존재할 수 있다. 따라서 가장 적합한 모수의 추정을 통해 하나의 회귀식을 찾아야 한다. 모수를 추정하는 방법에는 여러 가지가 있는데, 일반적으로는 최소자승법(least square method)을 사용한다. 최소자승법의 아이디어는 비교적 간단하다. [그림 5-10]에서 보듯이, 실제값인 Y_i와 그것의 추정치인 $\hat{Y}_i$의 차이인 오차의 제곱합을 최소(minimum)가 되도록 하는 기울기와 절편을 추정한다는 것이다. 여기서 제곱합을 쓰는 이유는, 제곱을 하지 않은 오차

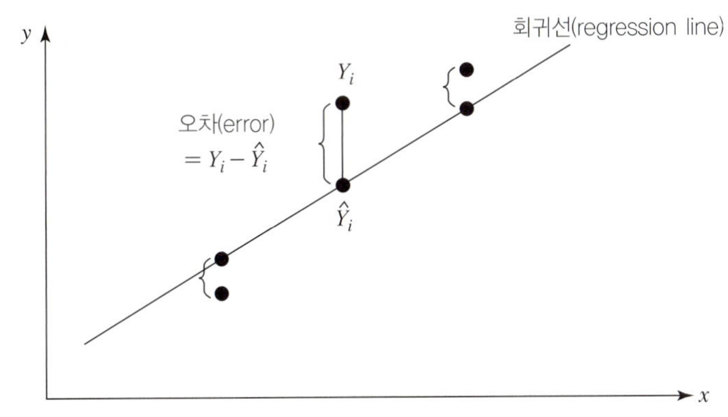

[그림 5-10] 최소자승법의 도식화

의 경우 양(+)이 될 수도 있고 음(−)이 될 수도 있어 오차의 합을 최소화한다는 것이 의미가 없기 때문이다.

최소자승법으로 α와 β의 추정치를 구하는 방법은 우리가 흔히 최소화 문제를 풀 때 사용하는 기준과 마찬가지로, 미분한 후 그 식을 0으로 놓은 연립방정식을 풀면 된다. 이 연립방정식을 정규방정식(normal equation)이라고 한다. 약간의 수학적 작업을 거쳐 최소자승법에 의해 α와 β의 추정치를 구하면 다음과 같다.

$$\hat{\beta} = \frac{n\sum XY - \sum X \sum Y}{n\sum x^2 - (\sum X)^2}$$

$$\hat{\alpha} = \frac{n\sum Y - \hat{\beta}\sum X}{n}$$

이렇게 얻어진 회귀식의 설명력이 어느 정도인가, 즉 회귀분석에 의한 예측치가 실제 값과 얼마나 잘 일치하는가를 알아보기 위해서는 흔히 결정계수(coefficient of determination)라고 불리는 R^2값을 이용한다. 결정계수는 다음과 같은 식으로 나타낼 수 있다.

$$R^2 = \left[\frac{n\sum XY - \sum X \sum Y}{\left\{n\sum X^2 - (\sum X)^2\right\}\left\{n\sum Y^2 - (\sum Y)^2\right\}}\right]^2$$

결정계수 값의 범위는 0과 1 사이로, 그 값이 클수록 설명력이 높은 것이다. 예를 들어 결정계수의 값이 1이면 실제 값과 추정치가 모두 일치하는 경우이다.

3. 회귀분석의 사례

R&D 활동에 대한 기업의 투자는 기술혁신을 통한 경쟁력 제고에 매우 중요한 요소라고 할 수 있다. R&D 활동과 기술혁신과의 관계를 실증적으로 분석하기 위하여 다음 〈표 5-6〉과 같이 국내 10개 기업을 대상으로 2004년 한 해 동안의 R&D 투자액과 출원된 특허 수를 조사하였다. 여기서 특허 출원 수는 기술혁신 성과를 나타내는 지표로써 사용되었다.

〈표 5-6〉 국내 10개 기업의 R&D 투자액과 특허 수

기업	R&D투자액 (억원) = X	특허 수 (건) = Y
A	36.5	14
B	28.0	9
C	42.9	15
D	52.0	20
E	51.5	21
F	53.8	25
G	25.4	9
H	37.2	13
I	50.9	20
J	29.2	10

위의 자료를 토대로 연구개발 활동과 기술혁신 성과에 대한 인과관계를 알아보기 위해 회귀분석을 실시하였다. 여기서는 R&D 투자액을 독립 변수(X_i)로, 출원된 특허 수를 종속변수(Y_i)로 한 단순 회귀모형을 사용하였다.

위의 자료에서

$\sum XY = 6895.2,\ \sum X = 407.4,\ \sum Y = 156.0,\ \sum X^2 = 17679.8$이므로

$$\hat{\beta} = \frac{10 \cdot (6895.2) - (407.4) \cdot (156.0)}{10 \cdot 17679.8 - (407.4)^2} = 0.4987$$

$$\hat{\alpha} = \frac{156.0 - (0.4987) \cdot (407.4)}{10} = -4.7172$$가 된다.

따라서 추정된 회귀식은 아래와 같다.

$\hat{Y}_i = -4.7172 + 0.4987X_i$ (특허 수 = −4.7172 + 0.4987×R&D 투자액)

이 회귀식의 R^2값을 계산해보면 0.9465로 매우 높게 나타나므로 회귀식의 설명력은 충분히 높다고 할 수 있다. 따라서 기업의 R&D 투자액과 특허 수 간에는 통계적으로 유의한 인과관계가 존재한다고 할 수 있다.

5.2 기술기획과 기술 로드맵

경영전략을 통해 사업의 전체적 방향이 정해지고, 기술예측과 시장조사에 의해 필요한 정보를 얻게 되면, 그 다음의 일은 먼저 전체적인 기술전략의 수립이고 이어서는 구체적인 기술계획 또는 기술기획(technology planning)의 작업이다. 이미 앞 장에서 간략히 설명한 것처럼, 전략분석–전략수립–기술기획의 순서로 연결되는 것이다.

흔히 전략(strategy)과 기획(planning)은 같은 말이라고 하기도 하고 다른 말이라고 하기도 한다. 또는 둘을 묶어서 전략적 기획(strategic planning)이라고 하기도 한다. 그러나 엄밀한 의미에서, 전략과 기획은 다른 말이라고 할 수 있다. 전략은 본질적으로 선택을 뜻한다. 여러 가지 대안들(alternatives)이 있을 때, 어떤 대안을 선택할 것인가를 정하는 것이 전략이다. 할 수도 있고 안 할 수도 있는 경우(Do or Do nothing)의 선택, 직접 만들 수도 있고 밖에서 살 수도 있는 경우(Make or Buy)의 선택, 복수의 대안이 있는 경우에 하나를 정하는 선택 등이 전략 내지 전략적 선택의 일이다.

문제는 대안 간의 차이를 알기 어렵다는데 있다. 만일 대안 간의 우열이 분명해서 최선의 대안을 고르는 것이 쉽다면 굳이 전략적 선택이 필요할 이유가 없다. 그러나 대부분의 경우, 대안에 대한 자세하고 정확한 정보를 미리 알 수 없거나 아니면 지금은 이렇지만 미래에는 저렇게 될 가능성이 존재하는 것이 일반적이다. 따라서 대안 사이의 장단점과 우열을 명확하게 평가하는 것이 쉽지 않고, 모든 선택에는 불확실성과 위험이 따르게 마련이다. 이때 나오는 개념이 기획이다. 기획은 한마디로 전략의 성공 가능성을 올리고 동시에 실패 위험을 줄이기 위한 계획으로 정의할 수 있다. 성공과 실패에 관련된 내부와 외부의 핵심 요인들은 무엇이며, 그 요인들의 변화에 대응하기 위해 언제, 어떠한 활동을 수행할 것인가를 결정한 계획서를 만드는 것이 기획인 것이다. 이 가운데 특히 기술적 부분, 즉 신제품 개발과 출시, 필요기술의 획득 등에 관련된 활동(activity)과 시점(time)을 정하는 작업이 기술기획이다.

기획은 언제 무엇을 할 것인가를 정하는 일이기 때문에 시각적 형태로 보여주는 것이 효과적이다. 즉, 아래에 '언제'를 나타내는 시간의 축을 놓고 그 위에 '무엇' 을 나타내는 활동들을 배열하는 것이다. 이 목적으로 자주 사용되는 형태로는 [그림 5-11]에서 볼 수 있는 간트(Gantt) 차트나 네트워크 차트를 들 수 있다. 이러한 차트(chart)들은 만들기 간단하고 이해하기도 쉬운 장점이 있지만 시간 축이 길어지고 활동이 많아지면 모든 것을 하나의 그림 안에 담기에는 한계가 많다. 따라서 크고 복잡한 기술기획에 적합한 방식으로 최근에 각광을 받고 있는 것이 바로 기술 로드맵(Technology RoadMap: TRM)이다. TRM은 아직 모든 기업들이 사용할 정도로 폭넓게 확산되어 있지는 않지만, 기술기획을 하거나 기술전략을 수립할 때 매우 유용하게 사용할 수 있는 개념이자 기법이기 때문에 여기서 자세히 알아보고자 한다.

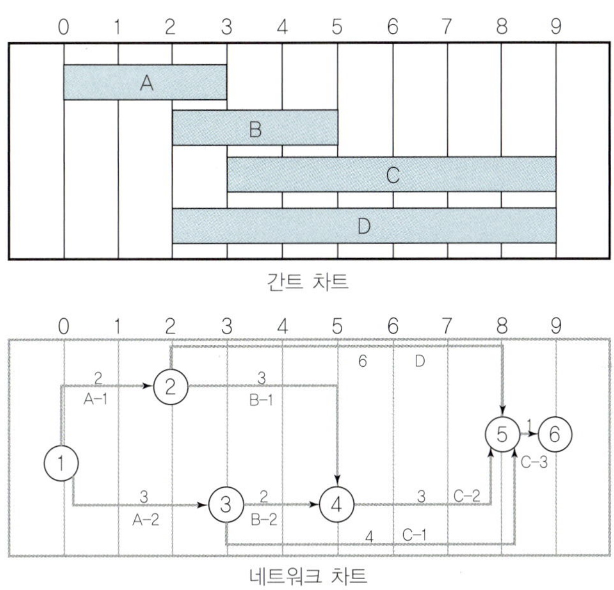

[그림 5-11] 간트 차트와 네트워크 차트의 기본 형태

1. 기술 로드맵의 정의와 개요

일반적으로 로드맵(roadmap)이란 지리적 공간에 존재하는 길, 혹은 경로를 나타내는 이정표로서, 특정 목적지로 향하는 여행자들이 그곳에 도착하는 여러 경로 중 하나를 선택하는 과정에 활용된다. 이러한 로드맵의 일반적인 특성과 목적

이 기술기획 과정에 사용되었을 때, 그것이 곧 기술 로드맵(TRM)이 된다.

TRM은 1980년대 후반에 Motorola에서 처음 개발되었고 초기에는 주로 가전 부문 기업들을 중심으로 활용되어 왔으나, 1990년대 초반부터 그 활용 범위가 크게 확대되어 현재는 거의 모든 산업 분야에 확산되고 있다. 실제로 국제적인 선진 기업에서는 이미 오래 전부터 TRM의 작성이 일반화되었으며, 기술변화와 전략 변화를 반영하여 2~3년 단위로 이를 갱신하고 있다. 국내의 경우 일부 대기업을 중심으로 기술전략과 R&D 기획 과정에서 TRM이 작성되고 있고, 정부의 국가연구개발사업의 기획 과정에서 부분적으로 활용되고 있으며 갈수록 활용범위가 넓어지는 추세이다.

TRM은 크게 두 가지 목적으로 작성된다. 첫째는 시장, 제품, 기술 등의 변화 추세와 상호작용에 대한 예측(forecasting)의 목적이다. 주로 공공부문에서 작성되는 TRM의 경우 '미래의 기술이 어떻게 될 것인가'에 초점을 맞춘 탐색적(exploratory) 예측의 목적이 많은 반면, 민간기업에서 작성되는 TRM의 경우 '미래의 기술이 어떻게 되어야 하는가'에 초점을 맞춘 규범적(normative) 예측의 목적이 많다. 둘째는 제품이나 기술에 대한 계획 또는 기획(planning)을 위해 작성될 수 있다. 특히 민간기업에서 작성되는 TRM은 중장기적인 시각에서 차세대 신기술과 신제품을 기획하거나, R&D 일정을 수립하거나, R&D 자원을 배분하는 과정에 주로 이용된다.

따라서 앞에서 살펴본 기술예측이 미래기술의 객관적 가능성을 조사하는 목적에 그친다면, TRM은 미래의 목표기술을 정한 뒤 이를 달성하기 위한 단계별 이정표를 제시하는 작업까지를 포함한다.

2. 기술 로드맵의 유형

TRM의 유형은 작성의 기준과 관점에 따라 다양하게 제시될 수 있다. 그러나 크게 본다면 대상산업의 범위를 어디까지로 하는가, 작성 작업을 누가 주도적으로 하는가, 작성 대상이 무엇인가에 따라 다음의 몇 가지 유형으로 나눌 수 있다.

(1) 대상산업 범위에 따른 분류

- 복수산업 TRM(Multi-industry level roadmap): 대상 기술이 여러 산업에

걸쳐 복합적으로 요구되는 경우에 작성되는 TRM

- 단일산업 TRM(Single-industry level roadmap): 대상 기술이 한 산업에만 필요한 경우에 작성되는 TRM
- 개별기업 TRM(Individual company level roadmap): 특정 기업의 목적에 초점을 맞추어 작성되는 TRM

(2) 작성 주체에 따른 구분

- 정부주도 TRM(Government-led roadmap): 정부의 주도하에 기업과 대학의 참여로 작성되는 TRM
- 산업주도 TRM(Industry-led roadmap): 동일산업에 속하는 기업들이 공동으로 참여하고 해당산업의 협회나 기업 컨소시엄이 핵심적인 역할을 하여 작성되는 TRM
- 기업주도 TRM(Company-led roadmap): 개별 기업이 독자적으로 작성하는 TRM

(3) 대상 내용에 따른 구분

- 제품기술 TRM(Product technology roadmap): 가장 대표적인 TRM으로 향후 출시될 제품들과 그 제품을 생산하기 위해 확보해야 하는 필요기술을 연계한 TRM
- 유망기술 TRM(Emerging technology roadmap): 잠재적 가능성은 인식되지만 아직 탐색적인 연구 수준에 머무르고 있는 미래기술의 개발 과정이나 속도를 예측하는 TRM
- 이슈관련 TRM(Issue-oriented roadmap): 사회적 관심을 끄는 특정이슈와 관련된 기술개발 프로젝트의 계획 수립 및 예산 배분을 위해 작성되는 TRM

3. 기술 로드맵의 실제: 제품기술 TRM

앞에서 살펴본 다양한 유형의 TRM 가운데 민간기업에서 가장 폭넓게 활용되는 제품기술 TRM을 중심으로 TRM의 구체적 내용을 살펴보기로 하자.

(1) TRM의 형태

제품기술 TRM은 다양한 형태로 작성될 수 있지만, 가장 일반적으로 작성되는 형태는 [그림 5-12]에 나타난 것처럼 시간(time)과 계층(layer)을 양축으로 구성된 네트워크형 차트이다. 이때 계층은 시장, 제품, 기술의 세 가지로 나누는 것이 보편적이다.

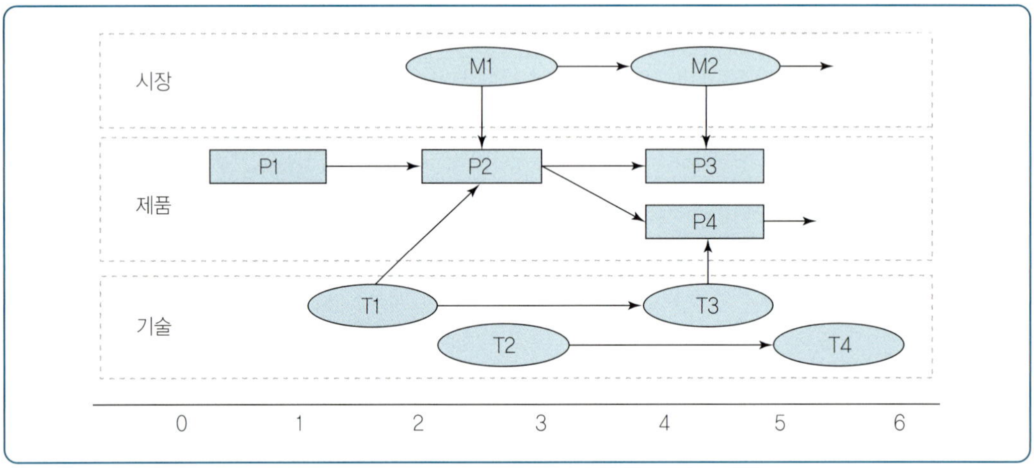

[그림 5-12] 제품기술 TRM의 일반적인 형태

(2) TRM의 작성 과정

일반적으로 TRM은 [그림 5-13]에 도시되어 있는 것처럼, 다음의 세 단계를 거쳐 작성된다. 첫째는 준비활동 단계로서, TRM의 기본적인 조건을 만족시키는 작업을 수행한다. 먼저 TRM의 필요성을 인식하고, 조직 내 각 부서들의 참여 가능성을 확인한 후, 실제로 TRM의 작성에 참여할 작업 팀을 구성한다. 다음에는 TRM의 기간(time horizon)을 결정한다. 대부분의 경우 산업수준의 TRM은 10~15년, 기업수준의 TRM은 좀 더 짧은 기간에 대해 작성하게 된다.

둘째는 작성 단계로서, 실제로 TRM의 내용을 작성하는 작업을 하게 된다. 우선 시장과 고객의 니즈(needs)를 토대로 제품의 특성과 성능을 정의하고, TRM

의 구체적인 대상분야를 선정한다. 만일 제품의 구조가 너무 복잡하다면 부품 수준에서 선정할 수도 있다. 다음으로 가능한 기술대안들을 탐색한 후, 경제성, 실현시기와 가능성 등의 기준에서 가장 적합한 대안을 선정하고, 이 대안을 수행하기 위한 R&D 프로젝트를 기획한다.

셋째는 후속활동 단계로서, 작성된 TRM의 타당성을 검증하고 수정하는 작업을 하게 된다. 이 작업은 주기적으로 수행되어야 하며, 적절한 점검 주기는 기술진보와 시장 수용의 변화 정도에 맞추어 결정된다.

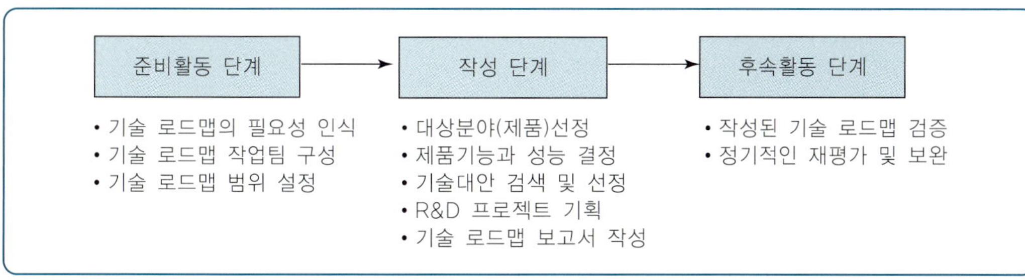

[그림 5-13] TRM의 작성 과정

(3) TRM의 예시

T 전자는 무선 핸드폰 제품을 생산하는 기업으로 지금까지 우수한 기술력과 브랜드 인지도를 기반으로 지속적인 성장을 유지하여 왔다. 그러나 최근 무선통신 기술이 급속히 발전하고 경쟁기업들의 추격이 심화되면서 신제품 출시주기가 3개월 이하로 단축되고 있어, TRM에 기반한 R&D 기획의 필요성이 커지고 있다. 이러한 상황에서 T 전자는 R&D 부서, 마케팅부서, 사업부서, 제조부서 등으로부터 핵심인력 1~2명씩을 지원받아 TRM 작업 팀을 구성한 후, 향후 3년에 대한 TRM을 작성하기로 하였다.

단계 1: 대상분야 선정

먼저 TRM 작업팀은 대상분야를 선정하기 위해, 핸드폰 제품의 시장환경과 경쟁전략을 분석하였고 핸드폰에 대한 소비자 니즈(needs)를 파악하였다. 특히 T 전자의 경영전략과 연계하여 목표 시장을 '10대 고객 시장'으로 선정하였고, 시장조사를 통해 10대 고객들이 핸드폰에 있어 가장 중요하게 생각하는 요소는 '디자인', '가격', '액정의 성능', '카메라 · 화음 등의 부가기능', '총 통화 시간', '모바일 기능' 등의 순이라는 사실을 파악하였다. 따라서 TRM의 대상 분야를 '디자인이 우수한 핸드폰' 으로 정의하였다. 이 단계에서는 TRM의 계층구조에서 제일 상위의 계층인 '시장' 이 결정된다.

단계 2: 제품 기능과 성능 결정

다음 단계로 마케팅 부서원의 주관 하에 고객 니즈를 어떻게 제품에 반영할 것인가를 결정하였다. 이를 위해 [그림 5-14]에 나타난 것처럼, 고객의 니즈와 관련된 제품의 특성들을 파악하였다.

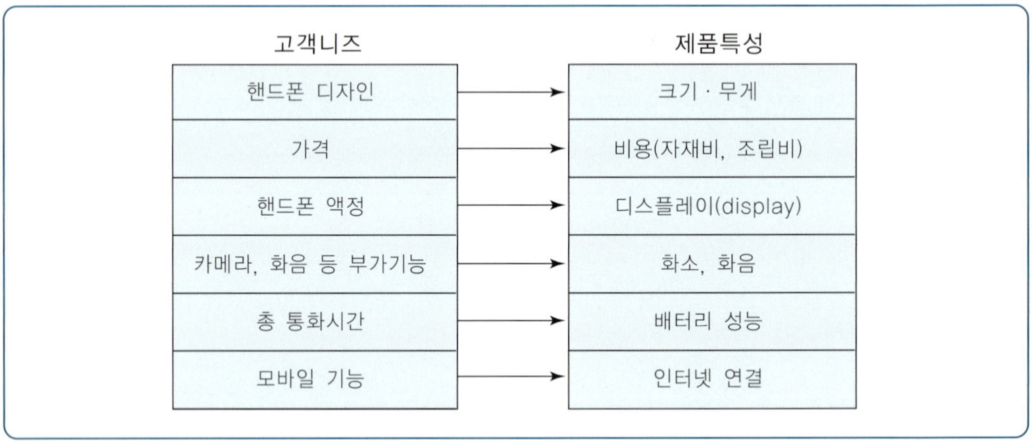

[그림 5-14] 고객 니즈(needs)와 관련된 제품 특성

그 다음으로 [그림 5-15]에 제시된 것과 같이, 향후 3년간의 제품출시 계획을 세웠으며, 출시 예정인 네 가지의 신제품 모델인 애니폰, 애니폰 1.0, 애니폰 1.1, 애니폰 1.2 각각에 대해 크기, 비용, Display, 화소 등의 측면에서 제품성능 목표치를 설정하였다. 이 단계에서는 TRM의 두 번째 계층인 '제품' 이 결정된다.

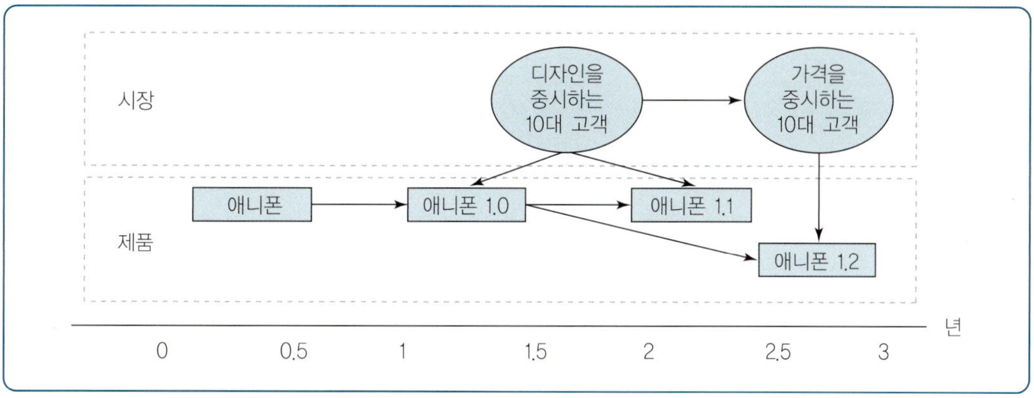

[그림 5-15] 시장계층과 제품계층에 대한 설계

단계 3: 일차적 TRM의 작성과 최적 기술대안의 선정

시장계층과 제품계층에 대한 설계가 완성된 후, R&D 부서원과 제조 부서원의 주도로 최적의 기술대안을 선정하기 위한 정보의 수집과 분석 작업이 이루어진다. [그림 5-16]에 나타난 것처럼, 이 단계에서는 제품의 특성에 관련된 기술 영역이 정의되고 각 기술 영역별 실현시기가 제시된다. 부가적으로 기술 영역별 중요도와 T 전자의 상대적 경쟁 우위 등의 정보도 포함한다. 이 단계에서 도출된 결과는 그 자체로 TRM의 형태를 나타내기 때문에, 기술계층 TRM이라고 부르기도 한다.

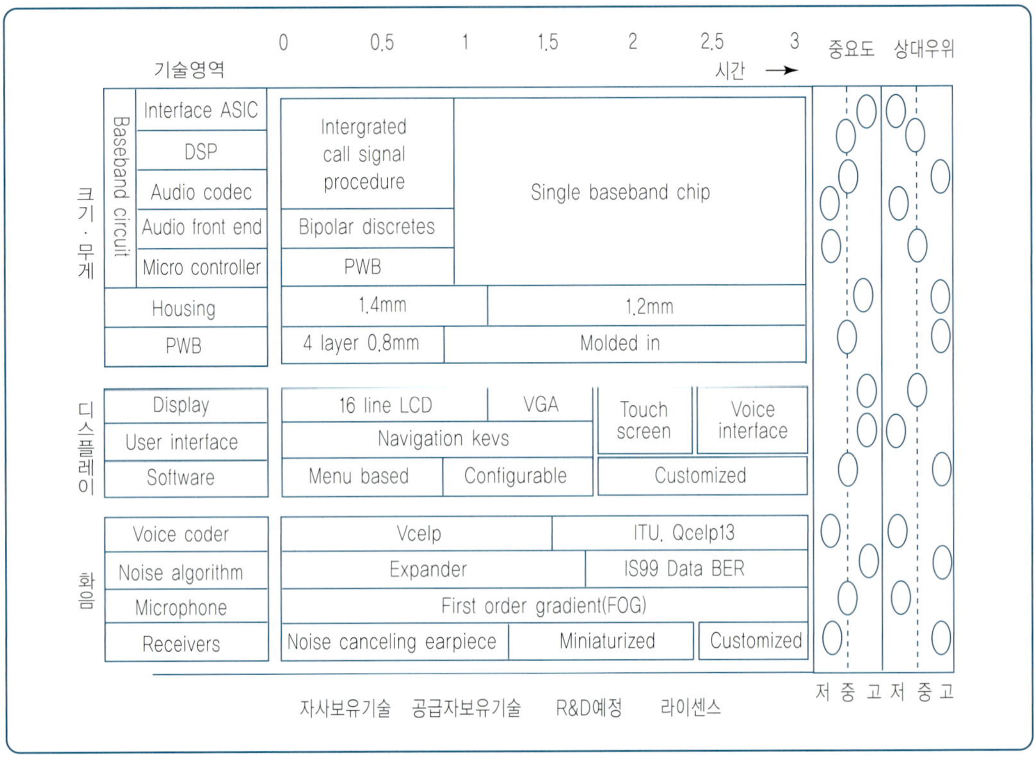

[그림 5-16] 기술계층 TRM의 구조와 내용

다음으로, 앞에서 만들어진 기술계층 TRM을 토대로, 출시 예정인 네 가지 신제품이 당초에 계획했던 제품 성능을 구현할 수 있는 최적의 기술대안들을 선정하게 된다. 이 작업까지를 통합하면, [그림 5-17]에 도시되어 있는 것처럼 시장-제품-기술의 세 계층을 연계한 설계안이 만들어진다.

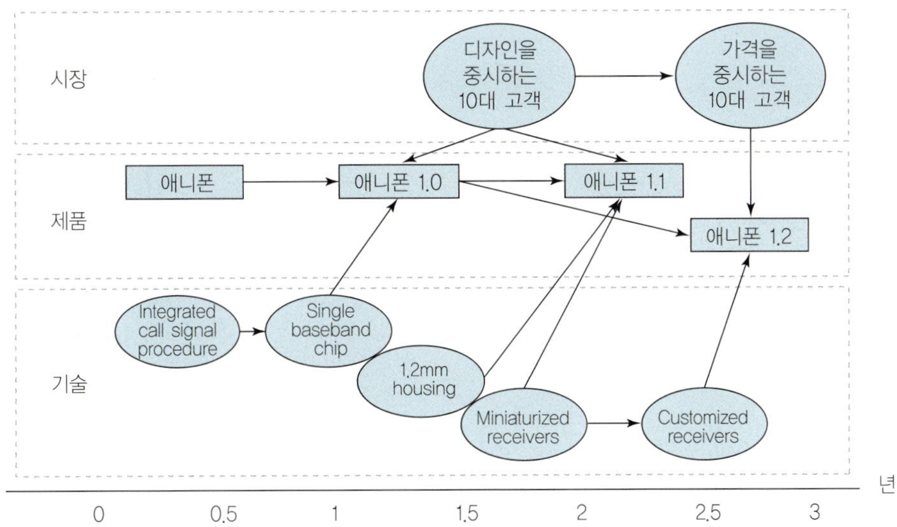

[그림 5-17] 시장계층, 제품계층, 기술계층에 대한 설계

단계 4: 최종적인 TRM의 작성과 R&D 프로젝트의 기획

마지막 단계의 시작은 선정된 기술대안을 확보할 수 있는 R&D 계획을 수립하는 일이다. 여기서 말하는 R&D 계획은 자체 개발은 물론, 외주(outsourcing)를 통해 개발할 기술, 라이센스를 통해 확보할 기술 등을 포함한다. 이 과정에는 CTO를 포함한 경영진의 참여 하에 기술의 중요도, 경쟁우위, 개발기간과 개발비용 등의 기준들이 고려되어야 한다. 예를 들어 '1.2mm housing 기술' 의 자체개발 소요기간은 약 3개월, 'Miniaturized receivers 기술' 의 개발 소요기간은 약 1년으로 예측되었고, 'Baseband circuit 기술' 의 경우 외주(outsourcing)를 예정하고 있지만 자사 제품에 적용되기 위해서는 테스트 과정을 거쳐야 하기 때문에 1개월 정도의 R&D 프로젝트가 필요한 것으로 파악되었다.

이러한 분석과 결정을 거쳐 최종적으로 [그림 5-18]과 같은 TRM이 작성되고, 그에 토대한 R&D 프로젝트가 기획되었다. 최종적인 TRM에는 목표 시장, 출시 예정 제품, 필요 기술, 필요 기술을 개발하기 위한 R&D 일정들이 계층적인 네트워크 형태로 나타나 있다.

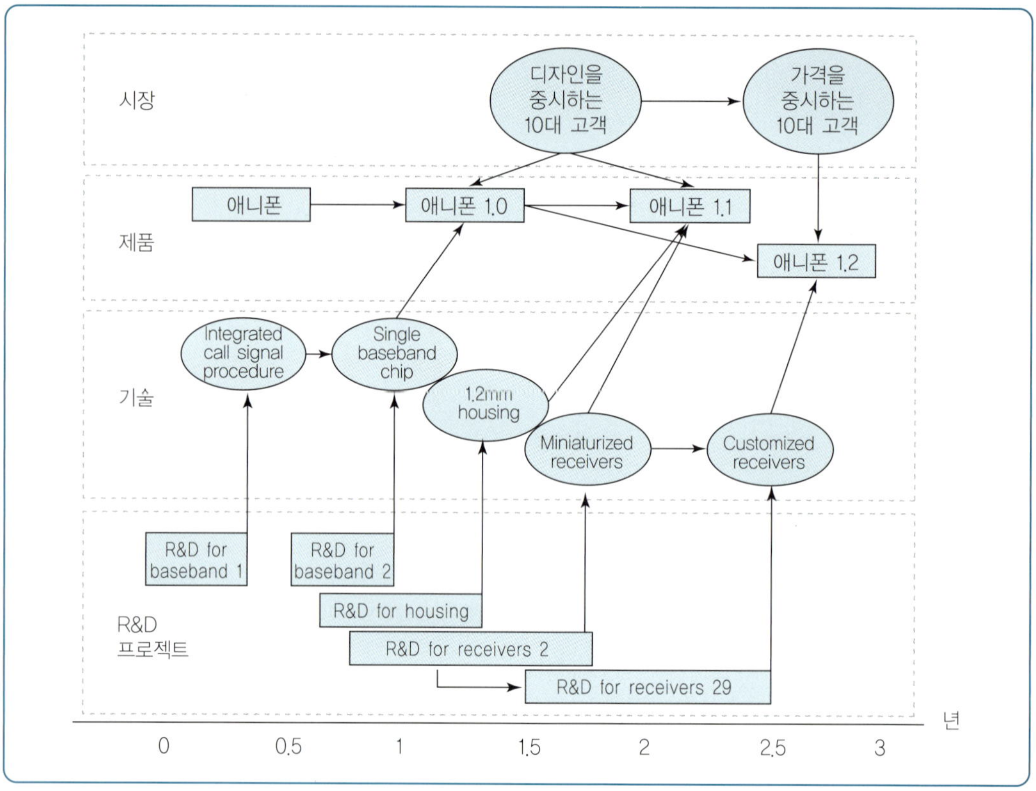

[그림 5-18] 최종적인 TRM과 R&D 기획도

5.3 신기술/신제품의 기획

기술의 예측이나 TRM의 작성은 신기술과 신제품의 개발에 앞서 예비 단계에서 수행되는 작업이다. 본격적인 개발활동에 들어가기 위해서는 또 하나의 사전 단계를 거쳐야 하는데, 그것이 바로 신기술과 신제품의 기획이다.

신기술과 신제품의 기획이 중요한 이유는 기술개발의 성공 가능성이 매우 낮기 때문이다. 흔히 '기술혁신의 깔때기' 라고 불리는 [그림 5-19]를 보자. 미국 기업들을 대상으로 한 보고서(Stevens and Burley, 1997)에 의하면, 최초에 3,000개의 아이디어(raw ideas)가 제안되면, 그 가운데 300개 정도가 연구개발 제안

서로 이어지고, 다시 125개 정도의 연구개발 프로젝트로 연결되며, 그중에 4개 정도가 실제로 개발되고, 다시 2개만 시장에 출시된 후, 마지막으로 한 개의 성공적 신제품이 나온다고 한다. 3,000개의 아이디어 가운데 성공적인 신제품(commercial success)으로 끝까지 살아남는 것은 1개밖에 안 된다는 얘기다. 따라서 성공의 가능성을 올리기 위해서는 처음부터 면밀한 '기획' 과정을 거쳐야만 하는 것이다.

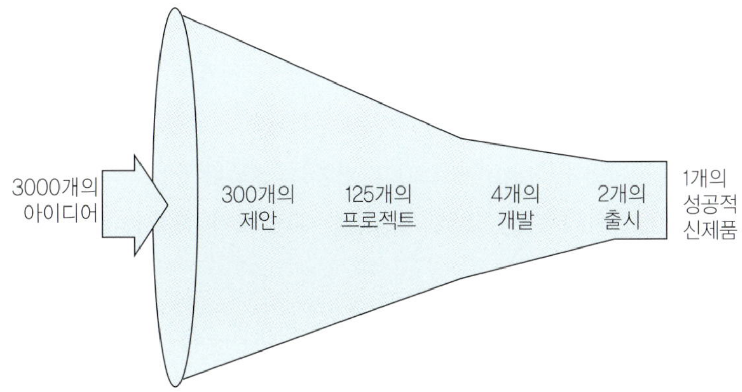

[그림 5-19] 기술혁신의 깔때기

1. 기술혁신의 기본 이론

신기술이나 신제품 기획의 구체적인 과정과 방법을 설명하기 전에 기술개발(technological development)과 기술혁신(technological innovation)의 기본 이론 및 모형을 살펴보자. 과연 기술개발은 어느 절차를 거쳐 이루어지는지, 기술혁신이 일어나는 과정은 어떤 모형으로 설명할 수 있는지 등을 알아보자.

(1) 기술개발의 단계

일반적으로 기술개발은 여러 단계를 거쳐 이루어진다. 물론 최근에는 실험실의 기초연구가 바로 상업화되는 사례도 있고, 여러 단계가 동시에 병렬적으로 수행되는 경우도 있다. 또 개별제품이나 관련산업의 특성에 따라 각 단계의 순서나 비중이 달라질 수도 있다. 그러나 전체적인 과정은 다음과 같은 몇 개의 단계로 나누는 것이 보편적이다.

가. 기초연구(basic research): 특정한 응용, 용도에 관계없이 학문적인 지식 탐구를 목적으로 하는 단계

나. 응용연구(applied research): 기초연구로 얻은 지식을 응용하여 신제품, 신재료, 신공정의 기본을 만들어내는 연구 및 새로운 용도를 개발하는 연구

다. 개발(development): 생산활동을 전제로 기초연구, 응용연구의 결과 또는 기존지식을 이용하여 신제품, 신재료, 신공정의 기본 사양을 확립하는 기술활동

라. 엔지니어링(engineering): 공정의 규모확대(scale-up) 방법, 조업의 조건, 설비의 제원 및 배치방법을 확립하여 시제품(prototype)을 제작하는 단계

마. 시험평가(test/evaluation): 시제품개발 성공 후에 대량생산의 가능성을 점검하고 시제품의 성능, 품질, 안정성 등을 최종적으로 시험하는 단계

바. 생산(production): 상업적, 경제적 타당성이 검증되고 대량생산 공정 및 설비의 설치가 완료되어 실제로 제품이 대량으로 생산되는 단계

(2) 기술혁신의 기본 모형

기술혁신의 순서와 양상을 정형화된 틀로 설명하기는 매우 어렵다. 왜냐하면 기술혁신이 일어나는 구조와 양상은 제품별, 산업별, 심지어 나라별로 상이하기 때문이다. 그러나 기술혁신의 기본 구조나 양상을 설명하는 일반적 모형은 여러 연구자들에 의해 다양하게 제시되어 있다. 몇 가지 대표적 모형들을 정리해 보면 다음과 같다.

가. 선형 모형

선형 모형(linear model)은 가장 오래 되었고, 동시에 가장 많이 알려진 기술혁신의 기본 모형이다. 이 모형은 역사적으로 중요한 기술혁신 사례들을 실증적으로 관찰한 결과를 토대로, 기술혁신은 순차적(sequential)인 절차에 의해 이루

어진다고 주장한다. 따라서 이 모형을 파이프라인 모형(pipe-line model)으로 부르기도 한다.

이 모형은 선형 관계의 순서에 따라 [그림 5-20]과 같이 기술의 개발이 시장의 수요를 창출한다는 기술주도(technology-push) 모형과 [그림 5-21]과 같이 시장의 수요가 기술의 개발을 유인한다는 수요견인(demand-pull) 모형으로 나누어 볼 수 있다.

기술주도 모형은 전통적으로 많이 받아들여진 모형이다. 여기에서는, 기술혁신은 기초과학에서 출발하여 마지막 시장의 판매에 이르기까지 순차적으로 일어난다고 주장한다. 과학지식의 씨앗에서 신기술의 아이디어가 태동하고 이것이 개발과 설계를 거쳐 신제품으로 완성된다는 것이다. 그러므로 과학이 없으면 기술도 없고 기술이 없으면 시장도 없다고 본다. 20세기 전반부에서 1960년대에 이르는 시기에 이루어진 많은 연구들은 기술주도 모형을 강조하였다. 실제로 근대의 수많은 성공적 기술혁신은 주로 이 모형이 말하는 순서를 따라 이루어진 것이다.

이에 반해 1960년대 후반에 제기된 수요견인 모형은 기술혁신의 출발점은 시장의 수요에 있으며, 수요를 만족시키기 위해 기초적인 연구를 수행하거나 필요한 기술을 개발하게 된다고 주장한다(Schmookler, 1966). 또 새로운 아이디어는 소비자와 사용자가 던지는 불만을 해결하거나 질문에 응답하는 것에서 시작되어 기술개발과 상업화로 이어진다고 보기도 한다. 그러므로 시장의 수요가 없으면 신기술과 신제품도 없다고 본다.

기술주도 이론과 수요견인 이론의 대립은 기술혁신 연구에서 가장 뿌리깊은 논쟁의 주제라고 할 수 있다. 그러나 최근의 인식은 기술혁신이 기술주도나 수요견인의 한 가지 요인이나 방향에서 일어나는 것이 아니라, 두 가지의 복합적이고 균형적인 결합에 의해 일어난다는 견해로 수렴하고 있다. 따라서 기술혁신이 활발히 일어나기 위해서는 과학기술의 기반과 시장의 수요가 모두 필요하다는 사실을 강조하는 추세이다. 또한 아이디어의 원천도 연구개발 조직을 중심으로 하는 기업내부의 지식, 시장과 잠재적 고객의 의견, 공급자나 경쟁기업을 포함하는 외부 네트워크의 정보, 대학에서 제공하는 과학지식 등으로 다양화되고 있다.

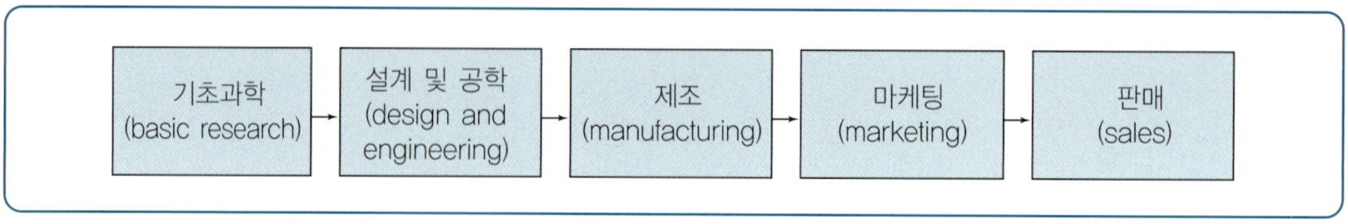

[그림 5-20] 기술주도 모형

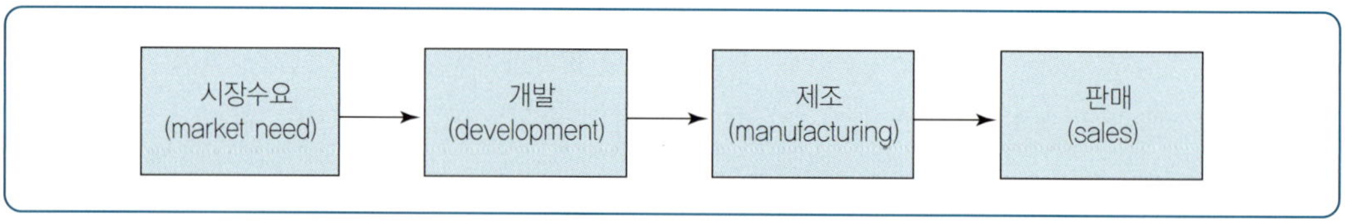

[그림 5-21] 수요견인 모형

나. 비선형 모형

비선형 모형(non-linear model)은 전통적인 선형 모형에 대한 비판을 토대로 제시된 모형이다. 이 이론은 기술혁신이 기본적으로는 선형적인 순서로 이루어진다는 사실을 인정하면서도, 그 과정에 존재하는 다양한 요소들의 연계와 상호 작용의 중요성을 강조하고 있다. 이때 다양한 요소들과 과정의 연계들을 체인(chain)과 링크(link)로 표현할 수 있으며, 그러한 의미에서 이 모형은 체인링크(chain-link) 모형 내지 상호작용(interactive) 모형이라고 불리기도 한다. 또 기술혁신이 일어나는 절차를 선형 관계보다는 비선형 관계로 보기 때문에 비선형(non-linear) 모형으로 불리기도 한다.

[그림 5-22]에 도시되어 있는 것처럼, 상자 가운데의 화살표는 선형의 순서 구조를 보이지만, 상자 외부에 존재하는 다양한 연구 지식과의 링크 및 상자 내부의 다양한 피드백들은 순서와 상관없거나 순서에 역행하여 상호 작용을 하고 있다. 이러한 현상을 전체적인 관점에서 살펴보면, 기술혁신은 선형 모형보다는 비선형 모형, 상호작용 모형으로 설명하는 것이 더 적절하다고 보는 것이다.

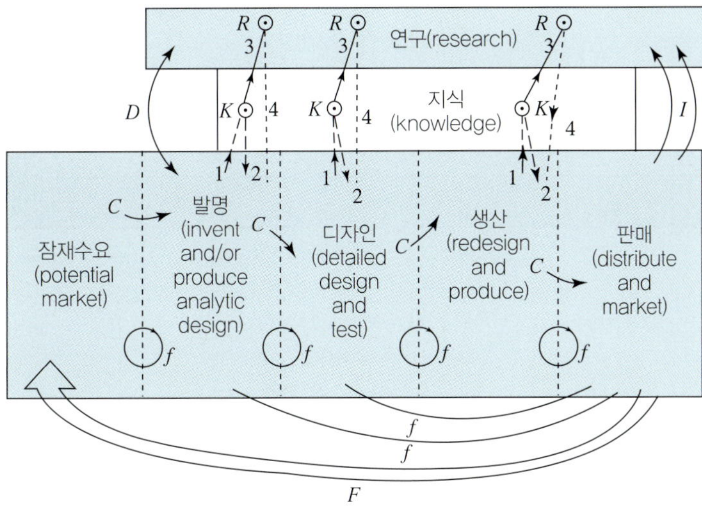

C : 혁신의 주요 체인
f : 피드백 루프
F : 특히 중요한 피드백
K−*R* : 지식을 통한 연구와의 링크
D : 연구와 발명/설계 사이의 직접 링크
I : 기구, 설비, 도구 등을 사용하는 과학적인 연구 보조
S : 제품에 내재되어 있는 원리를 활용하는 연구 보조

자료 : Kline & Rosenberg (1986)

[그림 5-22] 비선형 모형의 기본 구조

다. 시스템/네트워크 모형

시스템/네트워크 모형(system/network model)은 가장 최근에 제시된 모형으로, 기존의 비선형 모형에서 한 걸음 더 나아가 기술혁신의 내부 시스템과 경영전반의 외부 시스템을 연계시켜 기술혁신을 설명하는 모형이다.

따라서 〈표 5-7〉에 설명되어 있는 것처럼, 이 모형에서는 기술혁신 전략에 기간과 시점 개념을 도입하고 비가격적 요인을 강조한다. 기존의 선형 모형이나 비선형 모형의 초점이 기술혁신의 순서성과 구조성을 설명하는 문제로 제한되어 있는데 반해, 시스템 모형은 기술전략의 수립부터 시장 출시까지의 전 과정을 어떻게 신축적으로 운영하고 또 신속하게 완료할 것인가 하는 시간성을 고려한 점이 중요한 차이점이다. 이 모형의 또 다른 특징은 고객중심의 전략, 공급자/사용자와의 연계 강화 등을 포함시켜 전체적인 기술혁신 구조를 네트워크로 파악한 점이다. 따라서 전통적인 선형 모형이나 비선형 모형보다 분석의 틀이 확대되고 동시에 분석의 차원이 다양해진 양상을 보인다.

〈표 5-7〉 시스템/네트워크 모형의 기술 전략과 핵심 내용

구 분	내 용
기술전략	• 신속한(time-based) 신제품 개발 • 비가격적(non-price) 요인의 강조 • 고객중심(customer-driven) 전략 • 공급자/사용자(supplier/user)와의 연계 • 정보지식 관리 시스템 활용
핵심내용	• 시스템 결합(system integration)의 조직 – 기능 간 연계(cross-functional) 조직 – 평면적이고 신축적(flatter, flexible)인 조직 – 공급자(supplier)와의 연계조직 – 사용자(user)와의 연계조직 • 데이터베이스 시스템에 의한 정보 및 지식 관리 – 지식경영 시스템 및 전사적 자원관리 시스템 – 신제품개발 정보 관리 시스템 – 생산-디자인 연계 시스템 – 외부 R&D 조직과의 연계 시스템

결국 오늘날의 기술혁신 구조와 과정은 전통적인 모형과 비교하여 보다 복잡해지고 또 유연해지고 있다. 즉, [그림 5-23]과 같이 시간적으로는 idea 창출-concept 개발-제품설계-공정설계-생산으로 이어지는 순차적(sequential) 방식으로부터 개발, 설계, 생산단계가 겹쳐서 이어지는 동시적(concurrent) 및 병렬적(parallel) 방식으로 바뀌고 있고, 구조적으로는 내부, 외부의 다양한 경영주체와 데이터베이스가 네트워크 형태로 연결되고 있는 것이다. 이러한 추세는 기술의 진보와 시장의 변화가 더욱 빨라지고 또 짧아지는 경향을 반영한다고 할 수 있다.

최근에 강조되고 있는 R&BD(Research and Business Development)라는 개념도 주목할 필요가 있다. R&BD는 기존의 R&D 중간에 B(business)를 끼워 넣은 용어이다. 전통적인 R&D가 연구(R)-개발(D)을 거친 후 마지막에 상업화(B)를 생각하였다면, 여기에서는 개발이 시작될 때 아예 상업화를 함께 고려한다는 전략이다.

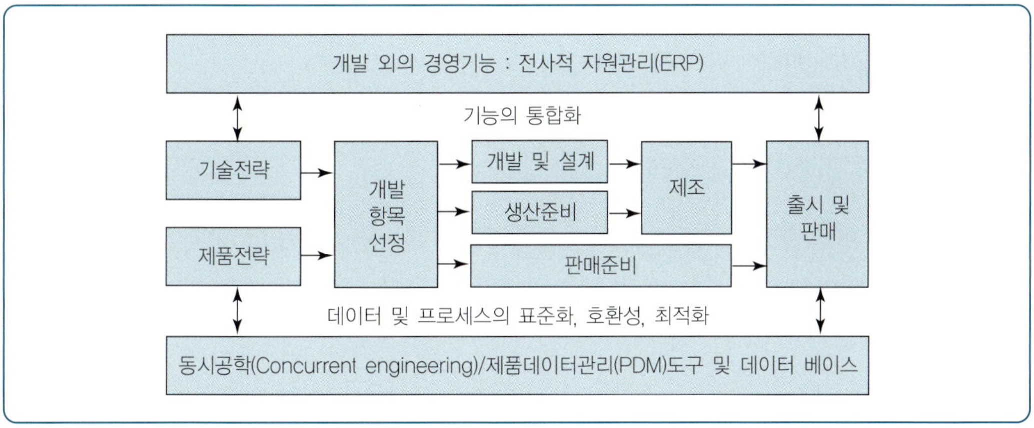

[그림 5-23] 새로운 기술개발 과정의 구조

2. 기술획득 전략

앞에서 살펴본 것처럼, 기술전략의 핵심적 과제는 필요한 기술을 어떻게 획득할 것인가에 있다. [그림 5-24]에서 보듯이, 필요한 기술을 획득하는 방법은 크게 내부에서 직접 개발하는 방식(in-house development)과 외부에서 도입하는 방식(outsourcing)으로 나눌 수 있다. 물론 100% 자체개발과 100% 외부 조달 사이에, 공동개발이나 위탁개발 등과 같은 혼합형 방식을 선택할 수도 있다.

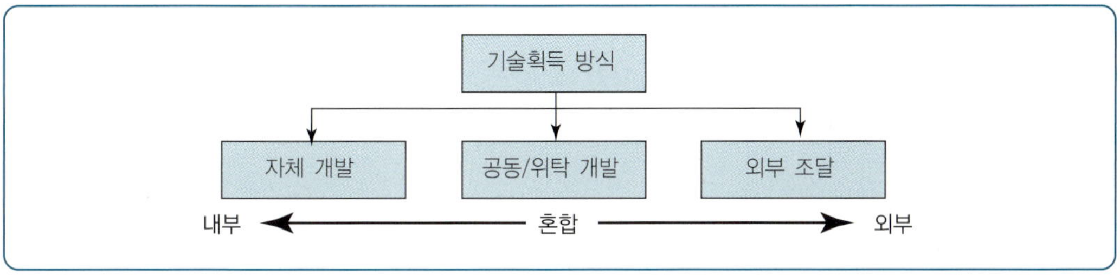

[그림 5-24] 기술획득 방식

위의 두 가지 방식 가운데 어떤 방식을 선택할 것인가 하는 의사결정은 기업의 상황과 기술의 특성에 따라 달라진다. 또 각각의 방식은 나름대로의 장점과 단점을 가지고 있기 때문에 일률적으로 우열을 말할 수는 없다. 따라서 여기에서는 의사결정에 참고할 핵심적인 기준을 기술자체의 특성과 기술획득의 용이성이라는 두 가지 요인으로 나누어, 기본적인 지침(guideline)을 제공하는 방식으로 설명하고자 한다.

(1) 기술자체의 특성

먼저 획득하려고 하는 기술자체의 특성(characteristics of technology)을 검토하여야 한다. 기술의 특성을 결정하는 요인은 매우 다양하지만, 기술획득 방식의 결정 과정에서 반드시 고려해야 할 요인들로는 다음을 들 수 있다.

- 핵심기술(critical/core)인지 주변기술(peripheral)인지의 여부
- 기술 수명주기 상에서의 단계와 위치
- 위험도와 비용
- 실용화 시점
- 기존 기술과의 호환성

(2) 기술획득의 용이성

다음으로 살펴보아야 할 기준은 기술획득의 용이성(easiness of acquisition)이다. 필요한 기술이 아무리 좋은 특성을 가지고 있다 하더라도, 그것을 획득할 수 있는 방법이 없거나 너무 어려우면 의미 있는 대안이 될 수가 없다. 기술획득의 용이성을 결정하는 요인도 많지만, 기술획득 방식의 결정 과정에서 반드시 고려해야 할 요인들로는 다음을 들 수 있다.

- 자체적인 기술수용 능력
- 재무적인 수용 능력
- 기술 소재(원천)에의 접근성

(3) 의사결정 지침

위에서 얘기한 요인들을 종합적으로 고려하여 기술획득 방식을 결정하는 지침(guideline)을 제시하면 〈표 5-8〉과 같다.

일반적으로 기술수준이 높고 또 수명주기의 초기에 있는 기술은 가능하면 내부의 자체적인 연구개발로 획득하는 것이 바람직하다. 그러나 이러한 기술의 개발에는 많은 투자와 오랜 시간이 걸린다는 점을 유의해야 한다. 반대로 시간적으로 급하지만 핵심기술도 아니고 수명주기 상으로도 노후된 기술의 경우에는 외부에서 바로 조달하는 것이 바람직한 선택이다. 물론 상황이나 조건에 따라 자체개발과 외부조달을 부분적으로 결합한 혼합형 방식을 활용하는 것이 좋은 경우도 있다. 양극단의 가운데 수준에 있는 기술의 개발을 위해서는 공동개발이나 위탁개발을 선택하는 것이 바람직할 수 있다.

〈표 5-8〉 기술획득 방식의 선택 기준

방식	기술적 위상	시간적 긴급도	투자 규모/수준	수명주기 단계	기술적 중요도
내부 개발 (In-house R&D)	높음 (high)	낮음 (Low)	큼 (Large)	초기 (earliest)	핵심 (critical)
공동 개발 (Joint venture)	↑	↑	↑	↑	↑
위탁 개발 (R&D contract)	↓	↓	↓	↓	↓
외부 조달 (License-in)	낮음 (low)	높음 (High)	적음 (Small)	후기 (later)	주변 (basic)

3. 외부기술 획득 방식

외부에서 기술을 획득하는 경우에 구체적으로 사용되는 방식은 어떤 것들이 있을까? 가장 적절한 조달 방식은 전략적 선택에 따라 달라진다. 우선, 외부조달의 목적에 따라 기술조달 방식이 달라진다. 단순한 기술 자원만을 필요로 하는 것인지 아니면 생산이나 마케팅 자원까지를 필요로 하는 것인지에 따라 방식의 선택은 달라지는 것이다. 다음으로, 외부의 주체와 어떤 종류의 협약을 하느냐에 따라 기술조달 방식이 달라질 수 있다. 단순한 기술협력을 하는 경우와 공식적인 계약을 하는 경우는 크게 다르다. 마지막으로, 외부조달의 범위에 대한 전략에 따라 방식이 달라질 수 있다. 전적으로 외부에 의존하는 경우와 일부만 조달하는 경우는 상당히 다른 형태로 나타난다. 전형적으로 이루어지는 외부조달 방식의 중요한 유형을 살펴보면 다음과 같다.

(1) 기술교류 협약

기술교류 협약(technology exchange agreement)은 흔히 MOU(Memorandum of Understanding)라고 불리는 협약을 토대로 비공식적이고 신축적인 기술교류가 이루어지는 형태이다. 양자 간에 강제적으로 지켜야 될 규정이 없기 때문에 그만큼 협력과 교환의 강도가 낮고 범위도 좁다. 따라서 이 방식은 외부기술 획득의 가장 원시적이고 초보적인 형태라고 할 수 있다.

(2) 사용자-공급자 협약

사용자-공급자 협약(user-supplier relations)은 사용자(user)와 공급자(supplier)의 관계를 갖는 협력 당사자 간에 이루어지는 형태로 공급자는 일부 부품을 생산, 제공하고 사용자는 기타 부품을 자체적으로 생산한 후 최종 조립하는 협약으로 이루어진다. 사용자 입장에서 보면 공급자를 대상으로 계약생산(contract manufacturing)을 하는 것이다. 따라서 이 방식은 기술 협약이라기보다는 생산 협약이라고 보는 것이 더 정확한 표현이다.

(3) 위탁연구

위탁연구(R&D contract)는 필요기술의 일부는 내부에서 자체 개발하고, 나머지 일부를 외부에 위탁하여 개발하는 형태를 말한다. 따라서 일종의 혼합형 방식이라고 할 수 있다. 이 방식의 성패는 외부의 파트너를 어떻게 선정하고, 과제의 진행을 어떻게 관리하는가에 달려 있다.

(4) 공동개발 또는 컨소시엄

공동개발(joint venture) 또는 컨소시엄(consortium)은 관련기술을 공통적으로 필요로 하는 복수의 당사자들이 공동으로 출자하여 독자적인 연구개발 조직을 설립하는 협약을 뜻한다. 따라서 위탁연구보다는 더 적극적인 형태라고 할 수 있다. 이때 각각의 파트너가 투자하는 자원의 비율(예를 들어 50:50 또는 51:49 등)과 투자로부터 얻은 이익의 비율은 계약에 기초하여 결정된다. 대부분의 경우 신설된 연구개발 조직은 한시적으로 운영되고 개발이 완료되면 해체하게 된다.

(5) 라이센싱

우리가 외부에서 기술을 조달한다고 할 때 가장 전형적인 방식으로 이해하는 것이 라이센싱(licensing)이다. 라이센싱은 기술을 공여하는 자(licensor)와 기술을 공여받는 자(licensee) 사이에 이루어지는 공식적인 계약 형태로 이루어진다. 즉 기술을 공여받는 자가 기술을 공여하는 자에게 소정의 금액을 지불하고, 기술이라는 상품을 사는 기술 매매의 형태를 의미한다.

라이센싱은 매매 계약의 조건에 따라 크게 비배타적 라이센싱(non-exclusive licensing)과 배타적 라이센싱(exclusive licensing)으로 나눌 수 있다. 비배타적 라이센싱은 기술을 공여받는 자에 대해 특별한 독점권을 인정하지 않는, 즉 기술을 공여하는 자가 해당기술을 여타의 제3자에게도 공여할 수 있는 협약의 형태이다. 이에 반해 배타적 라이센싱은 기술을 공여하는 자가 해당기술을 공여받는 자에게 독점적 권리를 제공하는 협약의 형태이다. 물론 양자 간에는 독점권과 라이센스 금액 간의 상충 관계(trade-off)가 존재한다.

최근에 라이센싱의 새로운 형태로 각광을 받고 있는 방식으로는, 상호교차 라이센싱(cross licensing)을 들 수 있다. 상호교차 라이센싱은 보완적 기술자산을 보유한 협력 당사자들이 서로의 해당기술(묶음)을 상호 자유로이 사용할 수 있도록 보장하는 교차사용의 협약을 맺는 방식을 가리킨다. 넓은 범위와 다양한 종류의 기술을 독자적으로 개발하기 어려운 상황에서, 서로 상대방의 강점 기술 패키지를 공유하게 되면 그만큼 비용과 시간을 절약하면서 동시에 종합적인 기술경쟁력을 강화할 수 있기 때문에 매우 바람직한 전략으로 인식되고 있는 것이다. 심지어는 서로 경쟁관계에 있는 기업 간에 상호교차 라이센싱 협약을 체결하는 사례도 늘고 있다.

(6) 2차 소싱

2차 소싱(second sourcing)은 1차 생산자(primary producer)와 2차 생산자(secondary producer) 사이에 이루어지는 형태로, 해당기술을 보유하여 이미 제품을 생산하고 있는 1차 생산자가 해당기술을 보유하지 못한 2차 생산자에게 해당기술 일체를 공여하고, 나아가 2차 생산자가 자신의 고유상표로 이를 복제 생산하는 것까지를 허용하는 협약이다. 따라서 단순히 부품이나 제품의 생산을 외부에 맡기는 아웃소싱(outsouring)과는 다른 방식이다.

얼핏 보면 이러한 형태의 기술협력은 매우 비합리적이고 불리한 전략으로 보일 수 있다. 그러나 IT와 같은 첨단기술 분야에서는 기술표준을 선점하는 기업이 곧 시장을 독점한다는 사실을 고려하면, 그 이유나 배경을 어느 정도 이해할 수 있다. 즉, 이 방식은 독점적인 보유기술 일체를 외부에 유출시킨다는 면에서는 불리하지만, 해당기술을 사용하는 동맹기업을 넓게 확산시켜 시장의 표준을 빨리 확보하는 데는 유리한 전략인 것이다. 따라서 라이센싱과 2차 소싱은 한편으로는 독점권과 다른 한편으로는 시장확대의 측면에서 장단점이 달라지게 된다.

(7) 지분 보유 및 직접 투자

지분 보유 및 직접 투자(equity ownership or direct investment)는 기술조달 방식 가운데 가장 적극적이고 전략적인 형태로, 해당기술을 보유하고 있는 기업에 대한 직접 투자나 지분 확보를 통해 아예 연구개발 자원이나 심지어 경영권까지를 획득하는 경우를 말한다. 최근에 자주 인용되는 A&D(Acquisition & Development)라는 용어가 의미하듯, 기초연구나 핵심기술은 관련기업을 인수하여 획득하고, 내부에서는 개발활동에 주력하는 사례가 증가하고 있다.

이 경우에 가장 적극적인 방식은 흡수 · 합병(M&A)을 하는 방식이고, 상대적으로 소극적인 방식으로는 과반수(majority) 지분을 확보하는 방식, 과반수 미만(minority)의 지분을 확보하는 방식, 상호(cross) 지분을 확보하는 방식 등을 들 수 있다.

4. 오픈 이노베이션 전략

(1) 기본 개념

최근 기술혁신 분야의 중요한 키워드가 되고 있는 개방형 혁신, 즉 오픈 이노베이션(open innovation)에서는 내부 자원과 외부 자원의 전략적 조합을 강조하고 있다. 개방형 혁신은 아이디어 창출에서 연구개발을 거쳐 상업화에 이르는 일련의 기술혁신 과정에서 적극적으로 외부 자원을 활용하는 방식을 가리킨다(Chesbrough, 2003).

개방형 혁신은 크게 두 가지 방식으로 이루어질 수 있다. 하나는 외부 자원의 도입이나 공동연구를 통해 혁신의 원천을 다양화하면서 내부 자원과의 시너지 효과가 나타나게 하는 inbound open innovation 또는 outside-in 방식이다. 그리고 다른 하나는 자체 기술을 스스로 사업화하지 않고 기술자산으로 판매하거나 내부의 기술개발 과정을 외부의 일반에 공개하여 외부개발자나 사용자의 참여를 유인하는 outbound open innovation 또는 inside-out 방식이다

(2) 개방형 혁신과 폐쇄형 혁신

Open innovation, 즉 개방형 혁신에 대비되는 개념은 전통적인 Closed innovation, 즉 폐쇄형 혁신이다. [그림 5-24]에 정리되어 있는 것처럼, Open Innovation과 Closed innovation은 기술혁신의 단계별로 큰 차이가 있다.

먼저 위에 보이는 Closed innovation은 연구(research)-개발(development)-상업화(commercialization)의 모든 단계가 기업 내부의 혁신으로만 이루어진다. 그러나 Open innovation에서는 연구단계에서부터 외부의 지식과 아이디어를 적극적으로 수용한다. 개발단계에서는 한편으로 외부의 지적 재산을 사들이기도 하고 다른 한편으로 내부의 지적 재산을 밖으로 팔기도 한다. 상업화 단계로 넘어가면 외부의 현장기술을 도입하여 생산성을 올리기도 하고 동시에 내부의 기술자산 가운데 일부를 떼어서 독립(spin-off)시키기도 한다.

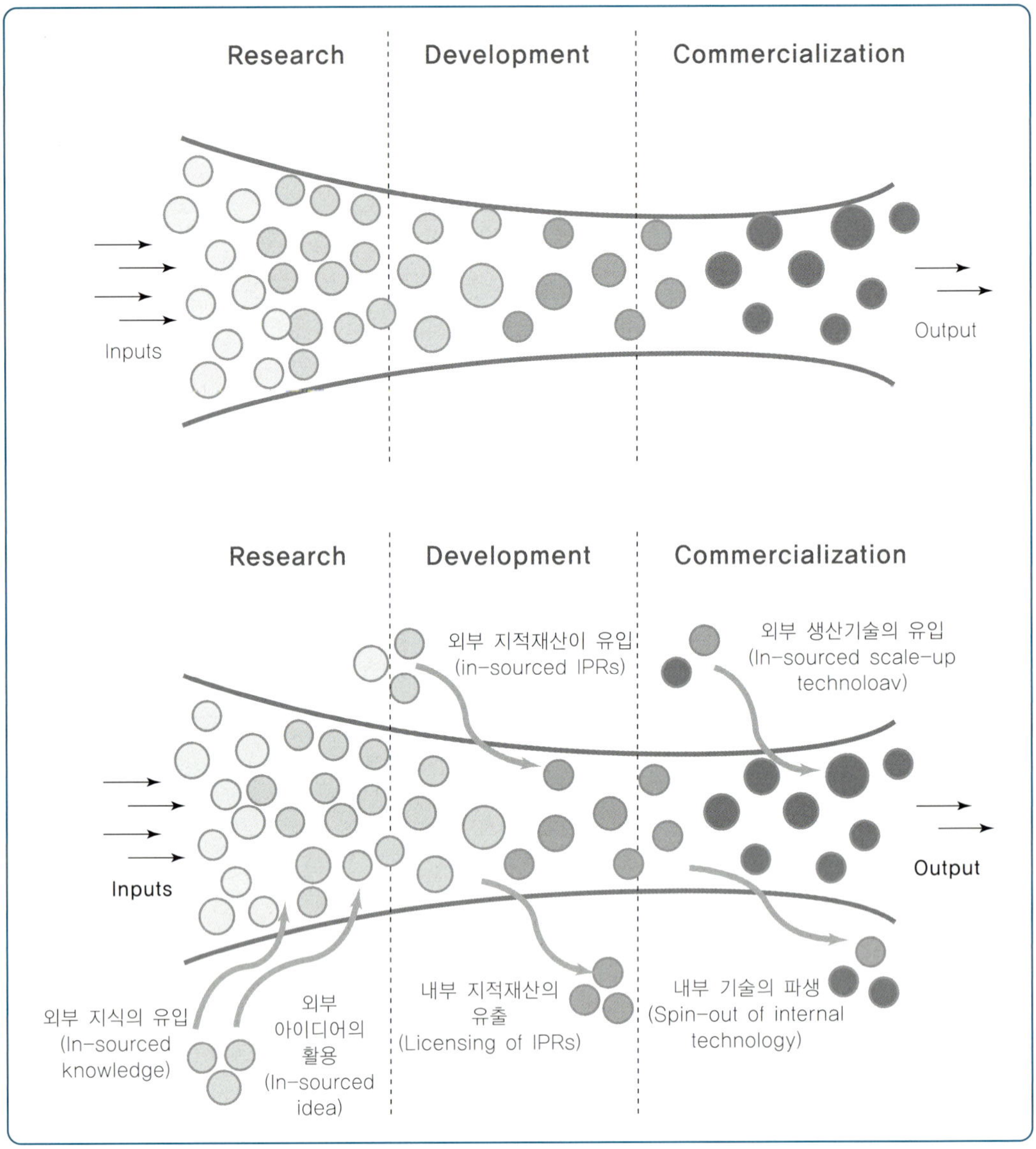

[그림 5-25] 폐쇄형 혁신과 개방형 혁신의 비교

5. 신제품의 정의와 유형

필요기술을 외부에서 조달하지 않고 내부에서 자체적으로 개발하는 내부기술 획득 전략을 선택한다면 그 출발점은 신제품 개발(New Product Development: NPD) 전략이라고 할 수 있다. 신제품을 어떻게 정의하고 인식하는가 하는 문제의 전략적 선택에 따라, 내부의 연구개발 전략의 방향과 범위도 결정되기 때문이다.

(1) 신제품의 정의와 유형

신제품이라는 용어의 정의는 매우 포괄적인 개념으로, 그 구체적인 의미와 내용도 매우 다양하게 제시된다. 따라서 신제품의 정의나 유형을 제시하기 위해서는 먼저 다음 두 가지 개념을 이해해야 한다. 첫째는 제품 믹스(product mix)라는 용어이다. 제품 믹스는 제품의 넓이(width)와 깊이(depth)를 뜻한다. [그림 5-26]에서 볼 수 있듯이, 수평적으로 배치되어 있는 A라는 제품라인과 B라는 제품라인은 제품구성의 넓이(width), 즉 전체적인 제품라인의 다양성을 가리킨다. 반면에 A라는 제품라인을 따라서 수직적으로 배치되어 있는 A-1, A-2, A-3, A-4의 제품들은 제품구성의 깊이(depth), 즉 개별 제품라인 내에서 제품의 다양성을 의미한다.

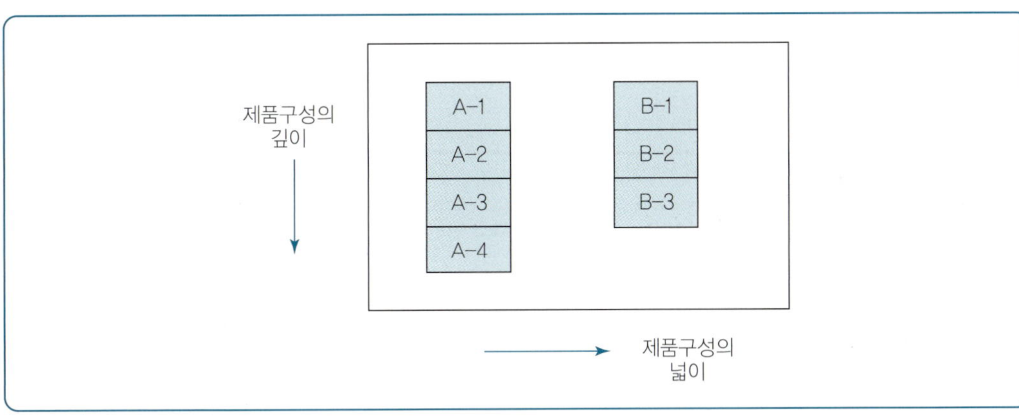

[그림 5-26] 제품 믹스의 구조도

다음으로 이해해야 할 개념은 제품의 새로움(newness)이라는 용어이다. 새롭다는 것은 기업이 기술적 관점에서 느끼는 것과 시장이 사용적 관점에서 느끼는 것이 다를 수 있다. 어느 제품이 기술적으로는 전혀 새로운 것임에도 불구하고 고객은 별다른 차이를 못 느낄 수 있는가 하면, 기술적으로는 기존제품과 별 차이가 없는데도 불구하고 사용자는 완전히 다른 제품으로 느낄 수도 있는 것이다.

위의 두 개념을 토대로 신제품을 여러 유형으로 나눈 분류도가 [그림 5-27]에 제시되어 있다. 이 그림은 기업 관점과 시장 관점의 새로움을 두 개의 축으로 하는 매트릭스 형태를 기본으로 하고, 그 위에 제품 믹스 개념을 추가하여 만들어진 것이다.

이 기준에서 보면 기업이나 시장 관점 양쪽 모두 최소한의 새로움을 제공하는 시장규모 확대형 상업화에서부터, 기업과 시장 관점에서 모두, 완전히 새로운 것을 추구하는 신시장 창출형 상업화까지 다양한 유형이 존재한다. 시장의 새로움은 바뀌지 않은 상태에서 기업 관점에서 새로움을 추구하는 전략은 다양화(diversification)라고 할 수 있으며, 반대로 기업 관점에서의 새로움은 없지만 시장 관점에서의 새로움을 추구하는 전략은 시장범위 확대(market extension)라고 할 수 있다. 두 가지 측면 모두에서 새로움을 추구하는 방향은 차별화(differentiation) 전략이라고 할 수 있다.

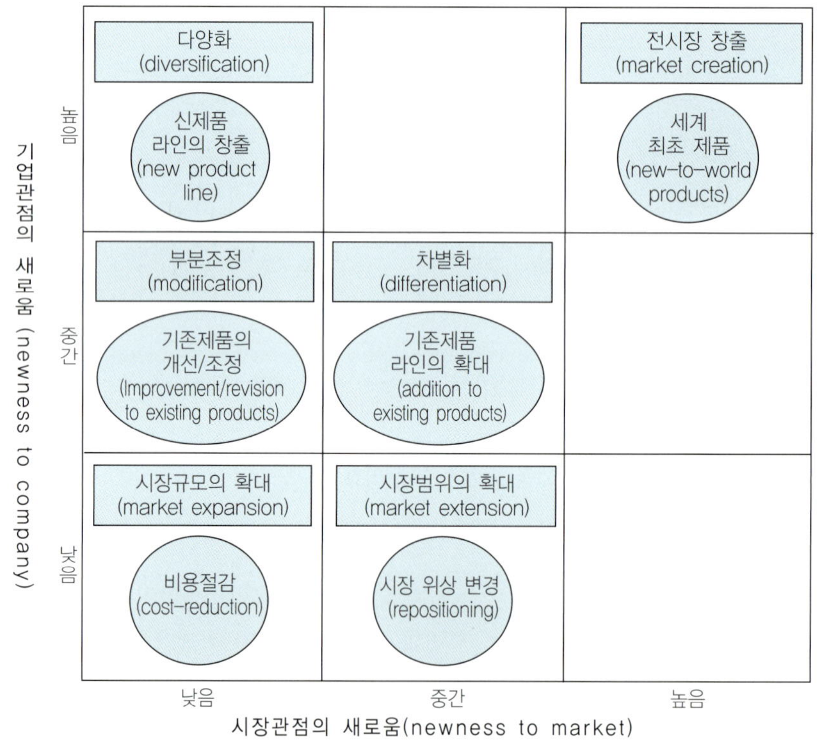

[그림 5-27] 신제품의 유형

(2) 신제품의 순서

신제품의 유형이라는 개념도 중요하지만, 신제품의 시점을 정하는 순서(sequencing)라는 개념도 중요하다. 앞에서 살펴본 것처럼, A라는 제품라인과 B라는 제품라인은 구성의 넓이(width)를 가리키고, A라는 제품라인 안에서 A-1, A-2, A-3 등은 구성의 깊이(depth)를 가리킨다. 이때 A와 B 사이의 개발 및 출시 시점을 언제로 정할 것인가, 특히 A-1, A-2, A-3으로 이어지는 후속제품들의 시점을 언제로 정할 것인가는 전략적으로 매우 중요한 의사결정이다. 이 의사결정이 신제품의 출시전략(sequencing strategy)이다.

[그림 5-28]에 나타나 있는 것처럼, 출시전략은 크게 세 가지로 나눌 수 있다. 첫 번째는 steady stream 전략이다. 이 전략은 A라는 신제품라인이 만들어지면, 다음 B라는 새로운 제품라인을 내놓기 전까지 A라인의 후속제품들을 '일정한 간격' 으로 출시하는 전략이다. 신제품의 새로움을 '적절한 시차' 를 두고 지속적으로 살려나간다는 의도이다. 두 번째는 derivative flurry 전략이다. 이 전략은 A라인의 신제품이 나온 후 얼마 안되어 후속제품들(derivatives)을 '줄줄이' 출시하는 전략이다. 신제품의 새로움이 가장 강하게 남아있을 때 그 새로움을 '집중적' 으로 이용한다는 생각이다. 세 번째는 secondary wave 전략이다. 이 전략은 A라인의 최초 제품이 나온 후 조용히 있다가 B라인 신제품의 출시가 가까워진 때에 이르러 A라인 후속제품들을 '몰아서' 출시하는 전략이다. 최초제품의 새로움

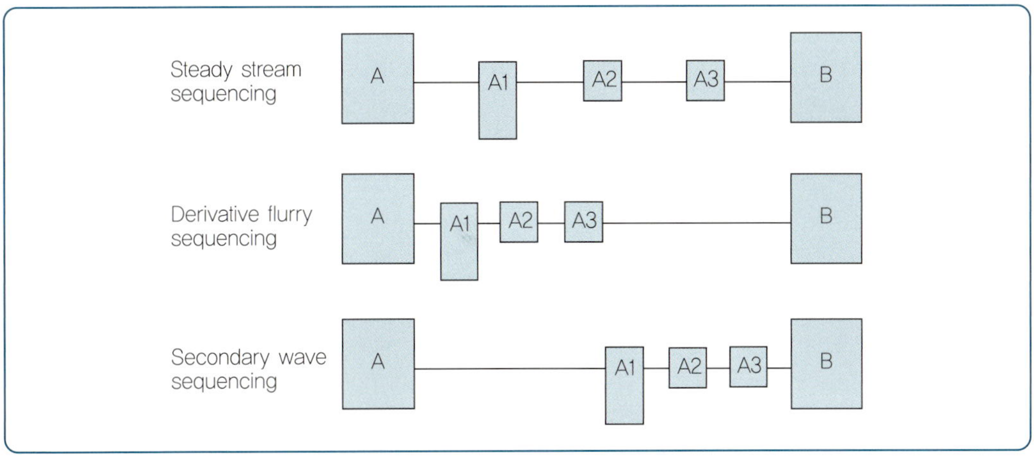

[그림 5-28] 출시전략(sequencing strategy)의 유형

이 거의 '사라진' 시점에서 후속제품을 내놓음으로써 약해진 새로움을 되살리는 것을 목적으로 한다.

6. 신제품 개발 절차

이제 신제품이 개발되는 전체적인 순서나 절차를 알아보자. 신제품의 개발 절차는 제품의 특성이나 기업의 전략에 따라 약간의 차이가 있다. 하드웨어를 만드는 과정과 소프트웨어를 만드는 과정은 상당히 다를 수 있다. 또 생산현장을 중심으로 기계 제품을 개발하는 과정과 실험실을 중심으로 생명공학 제품을 개발하는 과정이 같을 수는 없다. 그러나 이러한 부분적인 차이에도 불구하고, 신제품 개발의 일반적인 절차는 〈표 5-9〉와 [그림 5-29]와 같은 순서로 이루어진다.

〈표 5-9〉 신제품개발 단계와 단계별 핵심활동

활동 단계	핵심 활동	활동 목적
개념 정립	상품기획	개발상품의 니즈(needs)에 적합한 신제품의 개념을 설정
제품 설계	제품기획	최적 설계안 선정과 목표 스펙(spec) 결정
	기본설계	외관, 디자인을 포함한 시스템 수준(system level)의 일차적 기능 설계
제품 엔지니어링	양산설계 I	상세 설계 및 설계 품질 확보
	양산설계 II	양산설계 I에서 확보한 기능, 성능, 신뢰성 등의 개선 및 양산성의 향상
공정 엔지니어링	생산준비	양산 라인(line)에의 시험생산을 통한 제조품질 확립
시장진출 준비	영업준비	시장 도입 개시에 필요한 영업 준비
대량 생산	생산/영업	생산, 영업 체제의 조기 확립과 안정화

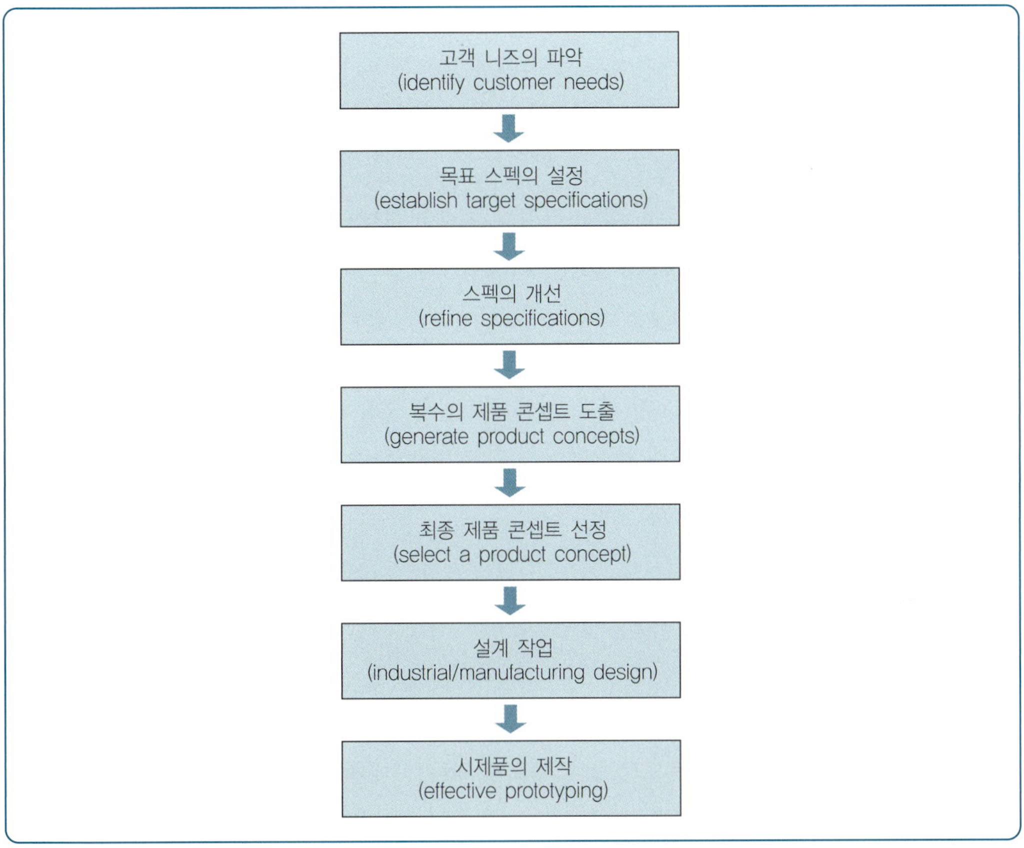

[그림 5-29] 일반적인 신제품 개발 절차

(1) 고객 니즈의 파악

가장 첫 번째 단계는 고객의 잠재적 니즈(needs)를 파악하는 일이다. 신제품의 궁극적인 수요자이자 사용자가 고객이라는 사실을 생각하면, 고객 니즈의 파악이 신제품 개발의 출발점이 되는 것은 당연한 일이다. 그렇다고 고객의 니즈는 반드시 고객으로부터 직접 수집해야 하는 것은 아니다. 사내의 마케팅 부문, 생산 부문, 연구개발 부문은 물론 외부의 공급자, 심지어 경쟁업체가 정보의 원천이 될 수 있다.

대부분의 경우, 기술적 전문성이 없는 고객의 니즈는 생활 용어로 표현되어 있다. '시끄럽지 않은 기계', '아이들도 들고 다닐 수 있는 가벼운 도구' 등의 표현이 고객 니즈의 전형적인 예라고 할 수 있다.

생활 용어로 표현된 파악된 고객의 니즈는 제품의 설계와 개발을 위해서 공학 용어(engineering phrase)로 전환시켜야 한다. 위의 '시끄럽지 않은' 이라는 생활 용어는 '소음도가 낮은' 이라는 공학 용어로 바뀌어야 하며, '가벼운' 이라는 생활 용어는 '중량이 낮은' 이라는 공학 용어로 바뀌어야 한다.

고객의 니즈를 공학 용어로 표현하는 방식에는 여러 가지가 있다. 예를 들어 '…이면 좋겠다' 라는 긍정형(positive) 표현도 있고, 반대로 '… 아니면 좋겠다' 라는 부정형(negative) 표현도 있다. 또 '반드시 … 해야 한다' 라는 must의 표현과 '… 하는 것이 좋겠다' 라는 may의 표현이 있을 수 있다. 성격과 상황에 따라 다르지만, 일반적인 제품 설계에서는 긍정형 표현이 바람직한 것으로 알려져 있다. 또 초기의 설계 단계에서는 가능한 한 must 표현보다는 may 표현을 통해 신축성을 유지하는 것이 좋다.

(2) 목표 스펙의 설정

그 다음 단계는 고객의 니즈를 스펙(spec; specification)으로 전환하는 것이다. 스펙은 어떤 제품의 특성과 기능을 규정하는 정량적 수치로, 메트릭(metric)과 구체적인 값(value)으로 구성된다. 따라서 스펙을 설정하기 위해서는 먼저 적합한 메트릭을 선정해야 한다.

메트릭은 어떤 니즈의 수준을 정량화한 값의 단위(unit)를 뜻한다. 예를 들어, 위에서 말한 소음의 메트릭은 dB, 중량의 메트릭은 Kg이 적합하다. 경우에 따라 유사한 기능의 메트릭이 전혀 달리 정해지기도 한다. 자동차 설계의 경우, 가속성능의 메트릭은 정지상태에서 시속 100Km로 가속하는데 걸리는 시간, 즉 'sec' 이 되지만, 감속성능의 메트릭은 시속 100Km로 달리다가 완전히 정지할 때까지 미끄러지는 거리, 즉 'm' 가 된다.

니즈별로 적합한 메트릭이 결정되면, 목표 스펙을 설정하게 된다. 목표 스펙은 신제품의 특성과 기능이 가져야 할 정량적 값을 하나의 수치 또는 범위의 수치로 표현한 것을 의미한다. 목표 스펙을 설정하는 작업은 기술적 기준과 경제적 기준을 동시에 고려하여 이루어진다. 먼저 기술적 기준은 현재의 선도적 기술 수준, 미래에 가능한 기술발전의 한계, 경쟁업체의 기술 능력 등을 종합적으로 고려하여, 기술적으로 가능하면서도 필요한 목표 스펙을 설정해야 한다. 다음으로 경제적 기준인 원가, 가격, 효용 등을 고려하여, 어느 정도의 비용이 소요되는 스펙으로 할 지를 정해야 한다.

스펙의 표현 방식도 다양하다. 우선 '적어도 x보다 (at least x)' 또는 '많아야 x보다 (at most x)' 하는 식으로 상한이나 하한을 정하는 방식이 있다. 다른 방식으로는 'x와 y 사이 (between x and y)' 라는 식으로 범위를 정하는 방식도 있다. 가장 엄격한 방식은 '정확히 x (exactly x)' 라는 식으로 특정값을 설정하는 방식이다. 범위가 좁아질수록 제품성능의 신뢰성과 정확도는 올라가지만, 설계 과정의 신축성은 낮아지는 상충 관계(trade-off)가 존재한다. 〈표 5-10〉에서 목표 스펙의 간략한 예시를 볼 수 있다.

〈표 5-10〉 목표 스펙(target spec)의 예시

메트릭 번호	메트릭	단위(unit)	한계치 (marginal value)	이상치 (ideal value)
1	소음도	dB	< 15	< 10
2	중량	kg	< 1.5	< 1.2
3	작동시간	sec	> 15	> 18
…				

(3) 스펙의 개선

일차적인 목표 스펙이 설정되면 설계 전문가들의 토론을 통한 부분적인 수정 내지 보완을 거쳐 최종적인 목표 스펙이 제시된다. 모든 제품들은 여러 가지 기능이나 부품의 집합체이기 때문에 개별 기능 및 부품의 성격에 따라 목표 스펙은 모두 달리 설정된다. 〈표 5-11〉에서 최종 스펙의 예시를 볼 수 있다.

〈표 5-11〉 최종 스펙(refined spec)의 예시

메트릭 번호	메트릭	단위(unit)	최종치(value)
1	소음도	dB	< 12
2	중량	kg	< 1.3
3	작동시간	sec	> 16.5
...			

(4) 복수의 제품 콘셉트 도출

그 다음 작업은 목표 스펙을 기준으로, 여러 가지 제품 콘셉트(concept)를 도출하는 일이다. 다양한 목표 스펙이 제시되고 또 같은 스펙이라도 그것을 실질적인 제품 형태로 구현하는 방법은 다양하기 때문에, 콘셉트도 여러 가지가 나올 수 있다.

(5) 최종 제품 콘셉트 선정

다음 단계에서는 여러 개의 제품 콘셉트 가운데 최적의 콘셉트를 선정하는 작업을 수행한다. 이 과정에서도 목표 메트릭의 설정과 마찬가지로, 기술적(technical) 분석과 경제적(economic) 분석이 이루어진다. 일반적으로 사용하는 방법은 점수 매트릭스(scoring matrix)를 만드는 것이다. 이 매트릭스를 만드는 절차는 다음과 같다. 먼저 설계 전문가들의 참여 하에 스펙을 구성하는 핵심적인 요소를 도출한다. 다음에는 각 요소별로 평점(score)을 매긴다. 흔히 평점은 1~5점 사이의 값이나 1~10점 사이의 값으로 정하게 된다. 그 다음은 각 요소에 대한 상대적 중요도에 따른 가중치(weight)를 설정한다. 마지막으로 가중평점(weighted score)의 합계를 기준으로 최종적인 콘셉트를 선정한다. 〈표 5-12〉에 세 가지의 콘셉트를 대상으로 평점을 합계하여 최적의 콘셉트를 선정한 점수 매트릭스의 예가 제시되어 있다.

〈표 5-12〉 복수 콘셉트들의 점수 매트릭스의 예시

기준	가중치(%)	Concept A		Concept B		Concept C	
		평점	가중평점	평점	가중평점	평점	가중평점
사용 편의성	5	3	0.15	3	0.15	4	0.2
이동 편의성	15	2	0.3	5	0.75	2	0.3
내구성	10	3	0.3	3	0.3	2	0.2
정확도	15	3	0.45	4	0.6	3	0.45
…	…	…	…	…	…	…	…
합계	100	3.0		3.5		3.2	
순위		3		1		2	

(6) 설계

최종적인 콘셉트가 결정되면, 마지막 단계는 설계 작업을 수행하는 일이다. 설계는 크게 제품 자체의 외부 형상이나 내부 구조를 결정하는 산업설계(industrial design)와 부품의 가공이나 조립 방식을 결정하는 제조 설계(manufacturing design)로 구성된다.

(7) 시제품의 제작

설계가 완료되면 가장 첫 번째 시제품(prototype)인 α 시제품이 제작되며, 이에 대한 실험 평가를 거쳐 β 시제품을 제작하게 된다. 시제품 제작과 관련된 자세한 사항은 제9장 상업화와 마케팅에서 다루도록 한다.

7. 신제품 아이디어 창출 방법

아이디어의 창출(idea generation)은 신제품 개발의 첫 번째 단계이자 가장 핵심적인 역할을 하는 활동이다. 그러나 아이디어라는 것은 본질적으로 창의성과 혁신성을 요구하기 때문에 정해진 틀이나 이론에 따라 만들어질 수 있는 것은 아니다. 또 아이디어의 원천(source)은 외부에 있을 수도 있고 내부에 있을 수도 있다. 따라서 아이디어를 창출하는 방법은 시장중심적(market-based) 방법, 고객

중심적(customer-based) 방법, 기술중심적(technology-based) 방법 등 다양하게 제시될 수 있다. 여기에서는 대표적으로 많이 사용되는 방법들을 정리하여 그 내용과 기준을 간략하게 설명하기로 한다.

(1) 시장조사 방법

가. 설문지법

설문지법(survey method)은 신제품 개발에 관련된 설문지(questionnaire)를 발송하고, 일정 시간이 지난 후 회수된 설문지의 응답을 토대로 고객 요구사항을 수집하는 방법이다. 많은 고객을 대상으로 한 신제품 아이디어를 도출하는데 현실적으로 가장 많이 쓰이는 방법이 설문지법이라고 할 수 있다.

설문조사의 성공 여부는 효과적이고 효율적인 설문지의 설계에 달려 있다. 설문지는 먼저 필요한 정보의 리스트를 작성한 후 각 정보의 목적과 성격에 맞게 설문 내용, 질문 방식, 질문 순서를 결정해야 한다. 또한 설문지는 가능한 간결하게 작성되어야 하며 누구나 쉽게 이해하고 답할 수 있는 형태로 만들어져야 한다. 실제로 효과적이고 효율적인 설문지를 작성하기 위해서는, 상당한 수준의 전문성과 함께 마케팅 부문과 기술 부문의 유기적인 협조가 이루어져야 한다.

설문지법은 표본설계에 따라 설문대상을 과학적으로 선별할 수 있고, 다양한 고객을 대상으로 여러 가지 정보를 수집할 수 있다는 장점이 있으나 상대적으로 비용 및 시간이 많이 든다는 단점이 있다.

나. 관찰법

관찰법(observation method)은 고객의 행동이나 선호도 등을 직접적으로 관찰하거나 기계적인 도구를 사용하여 모니터링함으로써 자료를 수집하는 방법이다. 이 방법은 정확하고 객관적인 정보를 수집할 수 있으며, 고객의 응답과 상관없이 필요한 정보를 획득할 수 있는 장점이 있다. 그러나 겉으로 드러난 피상적인 정보만을 수집하기 때문에, 그 행동을 유발한 태도나 동기 등의 내면적이고 실질적인 정보를 얻기가 힘들다는 단점이 있다.

다. 인터뷰(interview)

인터뷰는 고객과의 일대일 접촉을 통하여 요구사항을 수집하는 방법으로, 주로 고객이 실제로 제품을 사용하거나 시험하는 환경에서 이루어진다. 인터뷰가 성공적으로 수행되기 위해서는 고객이 능동적으로 인터뷰에 응할 수 있는 분위기나 인센티브의 제공, 조사 제품에 대한 적절한 정보의 제공 등이 필수적으로 요구된다.

인터뷰는 다른 방법과 비교하여 직접적이고 심층적인 요구사항을 수집할 수 있다는 장점이 있으나, 시간과 비용이 많이 들고 정보수집의 대상과 범위가 매우 제한적이라는 단점이 있다.

(2) 브레인스토밍 방법

브레인스토밍(brain-storming)은 1940년대 미국의 광고회사 임원이었던 오즈본(Osborn)이 여러 사람이 모여 새로운 아이디어를 찾아내기 위해 고안한 회의 방식에서 출발한 것이다. 일반적으로는 6~12명 정도의 구성원으로 토론 그룹을 구성하게 된다. 구성원이 너무 많으면 아이디어의 범위가 넓어지고 내용이 다양해지기 때문에 오히려 역효과가 날 수 있다.

브레인스토밍은 다음 네 가지의 기본 규칙을 바탕으로 한다. 제일 먼저 만들어진 규칙은 '비판 금지' 이다. 상대방의 아이디어를 절대로 비판하지 말라는 것이다. 그 다음에 만들어진 규칙은 '자유분방' 이다. 모든 아이디어를 환영하고 심지어는 엉뚱한 생각을 권장하라는 것이다. 다음의 규칙은 '수량 추구' 이다. 많으면 많을수록 좋다는 것이다. 마지막이자 가장 중요한 규칙은 '결합 개선' 이다. 자기 아이디어와 남의 아이디어를 결합하여 새로운 아이디어를 찾으라는 것이다.

가. 집단토론법

집단토론법(focused-group discussion)은 소수의 고객들을 외부에서 관찰할 수 있게 설계된 독립적인 공간에 모아놓고, 조정자(moderator)의 진행 하에 제품개발과 관련된 자유로운 토론, 즉 브레인스토밍을 유도함으로써 새로운 아이디어를 수집하는 방법이다. 참여자의 수에 대한 절대적 기준은 없으나, 일반적으로 8명 내외가 가장 적절한 것으로 알려져 있다. 이 방법은 토론의 주제와 진행 방식을 사전에 설계함으로써 효과적인 정보 수집이 가능하다는 장점이 있으나, 조사대상자의 수가 한정되어 있기 때문에 조사결과를 시장 전체의 의견이나 아이디어로 확대하여 해석하기 어렵다는 한계가 있다.

나. 아이디어 개발법

아이디어 개발법은 공식적인 방법론으로 제시된 것은 아니고, 사람들이 새로운 것을 찾아내기 위해 생각하는 방식(way of thinking)을 몇 가지의 유형으로 정리한 것이다. 이 방법의 뿌리는 앞에서 설명한 브레인스토밍의 원칙 가운데 마지막 규칙인 '결합 개선'에 있다.

이 규칙을 바탕으로 오즈본은 새로운 아이디어를 창출할 수 있는 몇 가지의 체크리스트(checklist)를 다음과 같이 제시하였다.

- Substitutc(대체): 다른 것으로 바꾸어 보라. 구성물이나 원재료를 바꾸거나, 다른 처리방법을 쓰거나, 장소나 사람을 바꾸어 보라.
- Combine(결합): 지금 있는 것들을 물리적 또는 화학적으로 합하거나 묶어 보라. 목적이나 아이디어도 결합해보라.
- Adapt(적응): 지금 것과 유사한 다른 것을 찾아보라. 지금 것이 과거의 것과 호환이 되는가? 새로운 변화나 요구에 적응시켜 보라.
- Magnify(확대): 크기 · 길이 · 무게 · 높이 등을 늘려보라. 시간이나 빈도를 증가시켜 보라. 같은 것을 여러 개 재생산할 수 있는 가능성을 찾아보라.
- Modify(수정): 색상 · 각도 · 소리 · 냄새 · 모양 등을 바꾸어보라. 의미나 메시지를 달리 해석해보라.
- Put to other use(용도전환): 다른 쓰임새를 찾아보라. 지금 상태 그대로 새로운 용도만 찾거나 부분적으로 바꾸어서 새로운 효용을 찾아보라.
- Elimination(제거): 지금 있는 것들 중에 없어도 좋을 것을 찾아보라. 무게 · 크기 · 길이 등을 줄여보라. 생략해도 좋은 활동이 있는지 찾아보라.
- Rearrange(재배열): 패턴이나 배열을 바꾸어보라. 부품을 다른 것과 교환해보라. 프로세스의 순서나 속도를 바꾸어 보라
- Reverse(전도): 방향이나 순서를 거꾸로 해보라.

이 제안들의 기본 전제는 신기술이나 신제품은 무에서 유를 창조하는 식으로 만들어지는 것이 아니라, 기존에 있던 기술이나 제품을 개선하거나 변화시키는 과정에서 도출된다는 것이다. 즉 기존의 것을 묶어서(결합) 새로운 길을 찾아보면 더 좋은 것(개선)이 만들어진다는 것이다. 오즈본의 체크리스트를 토대로, 쉽게

생각할 수 있고 실제로 자주 이용되는 대표적인 아이디어 도출 방법을 정리해 보면 다음과 같다.

1) 더하기 접근

더하기 접근(additive approach)은 기존에 있는 것들을 더하여 새로운 것을 만드는 접근방법이다. [그림 5-30]에 나타나 있는 것처럼, 더하기 접근에는 기능의 추가(functional addition), 물리적 추가(physical addition), 화학적 추가(chemical addition) 등이 있을 수 있다.

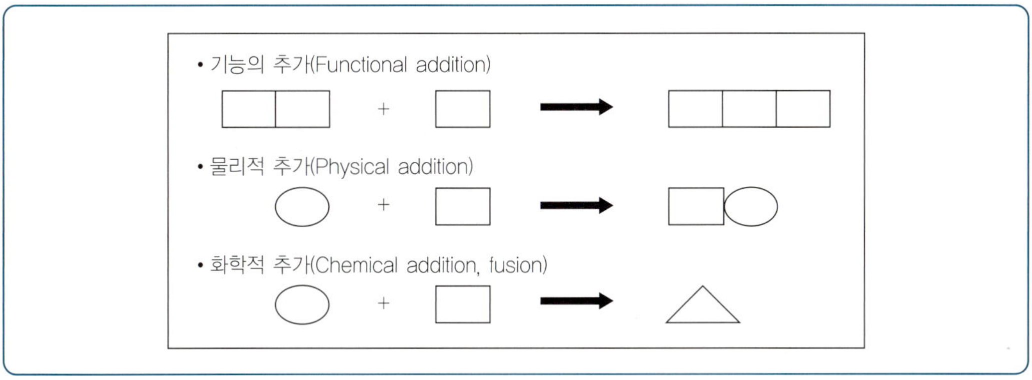

[그림 5-30] 더하기 접근의 방식

2) 빼기 접근

빼기 접근(subtractive approach)은 반대로 기존에 있는 것을 빼서 새로운 것

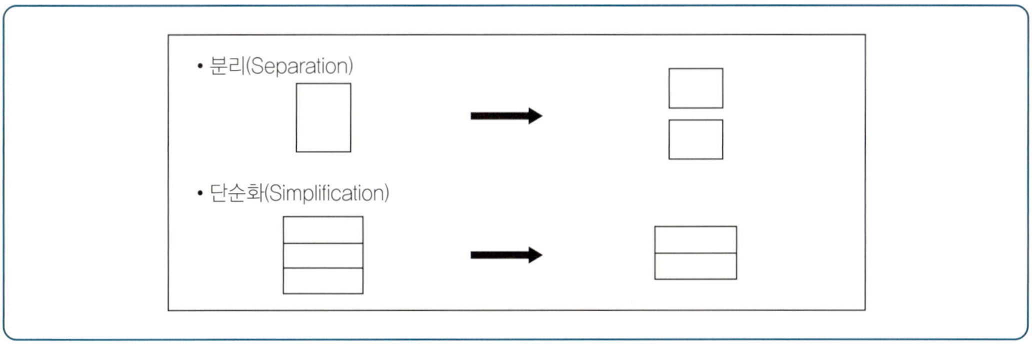

[그림 5-31] 빼기 접근의 방식

을 만드는 접근 방법이다. [그림 5-31]에 도시되어 있는 것처럼, 빼기 접근에는 분리(separation)와 단순화(simplification)가 있을 수 있다.

3) 바꾸기 접근

바꾸기 접근(change approach)은 기존에 있는 것들을 바꾸어 새로운 것을 만드는 접근 방법이다. [그림 5-32]에서 볼 수 있듯이, 바꾸기 접근에는 모양 바꾸기(shape change), 방법 바꾸기(method change), 부품 바꾸기(component change) 등이 있다.

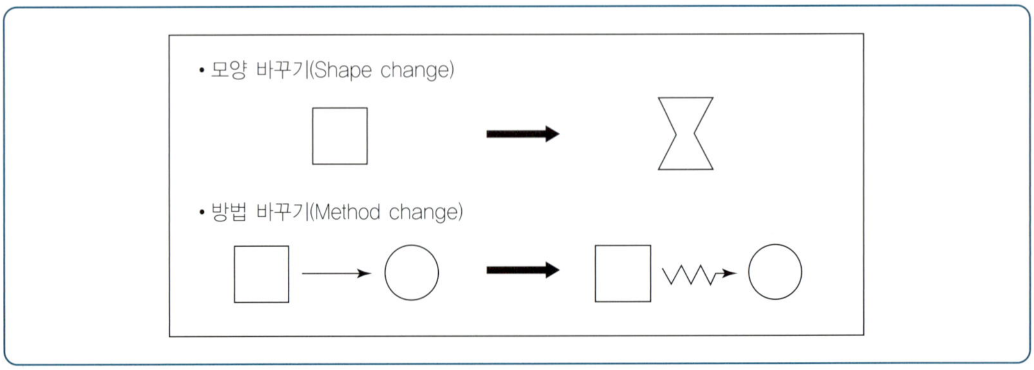

[그림 5-32] 바꾸기 접근의 방식

4) 거꾸로 접근

거꾸로 접근(converse approach)은 기존에 있는 것들을 거꾸로 하여 새로운 것을 만드는 접근 방법이다. [그림 5-33]에서 제시되어 있는 것처럼, 거꾸로 접근에는 반대 방향(reverse direction)으로 하기와 반대 동작(opposite movement)으로 하기 등으로 나눌 수 있다.

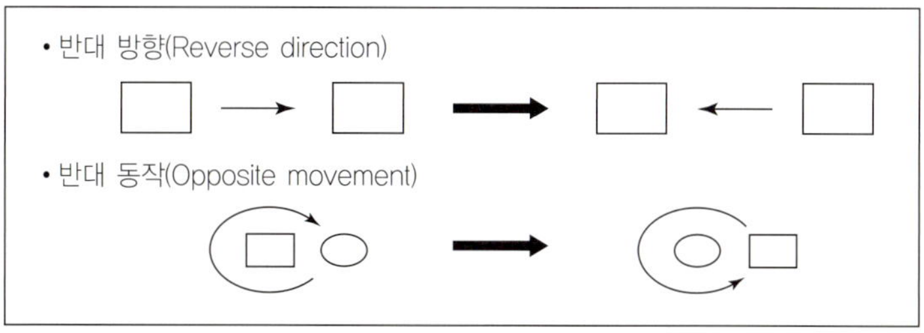

[그림 5-33] 거꾸로 접근의 방식

5) 동시 접근

동시 접근(concurrent approach)은 기존에 여러 번에 나누어 순서대로 하던 것을 한꺼번에 동시에 하는 접근이다. 동시에 한다는 것은 시간의 개념(concurrent)일 수도 있고 공간의 개념(parallel)일 수도 있다. [그림 5-34]에 동시에 접근의 방식이 도형으로 설명되어 있다.

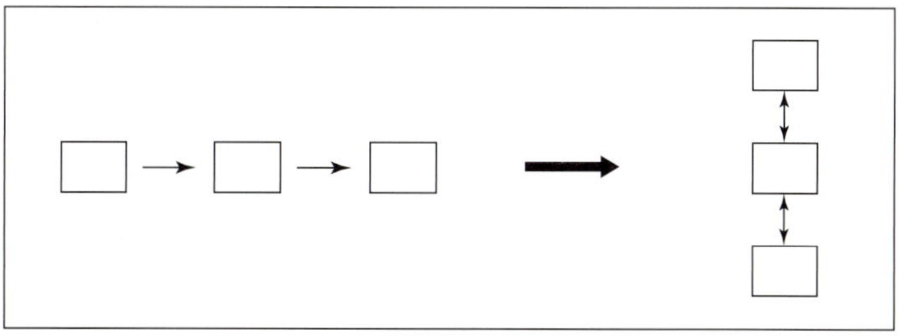

[그림 5-34] 동시에 접근의 방식

(3) 제품기능 분석 방법 - 기술 트리(Technology Tree)

신제품 아이디어를 도출하는 또 다른 접근은 신제품 개발을 기능 분석의 과제로 설정하는 방법이다. 소비자와 사용자가 원하는 기능(function)과 제품이 제공할 수 있는 기술(technology) 간의 연결고리를 통해 새로운 아이디어나 연구주제를 찾아내는 것이다. 구체적인 기법으로 먼저 기술 트리(technology tree)를 들 수 있다.

기술 트리에서는 신제품의 성능과 특성을 기능으로 표현한다. 일반적으로, 기능은 정의하는 대상물의 목적을 나타내는 명사와 역할을 나타내는 타동사로 결합된 문장의 형식으로 표현된다. 예를 들어 '필요한 정보를 언제 어디서나 전송한다'는 문장은 전형적인 기능의 표현 방식이다. 이때 기능은 단일 기능별로 정의되어야 한다. 2개 이상의 기능이 하나의 정의에 포함되면 문제 해결 방법의 도출이 매우 어려워지기 때문이다. 또한 자동사를 이용한 표현이나 부정적인 표현도 문제 해결 방법을 기술적으로 설명하기 어렵게 만들기 때문에 피하는 것이 좋다. 만일 자동사를 꼭 써야 하는 경우에는 '~을 ~시킨다'라는 식의 타동사를 전환시켜 표현하며, '~ 않는다'라는 표현도 나른 형태의 동사로 바꾸어 쓰는 것이 좋다. 명사와 동사만으로 기능을 표현하기 어려운 경우에는 형용사나 부사의 사용도 가능하다.

기술 트리의 최상위 부분에는 시장의 니즈가 제시되며, 그 다음 부분은 그 니즈를 만족시키기 위한 기술 방식이 제시된다. 이 기술 방식을 세부 기능별로 나누고 각 기능의 구현 방식을 연쇄적으로 전개하면 하나의 기술 트리가 된다. 기능적으로 전개하는 기술 트리의 예시적 구조가 [그림 5-35]에 도시되어 있다.

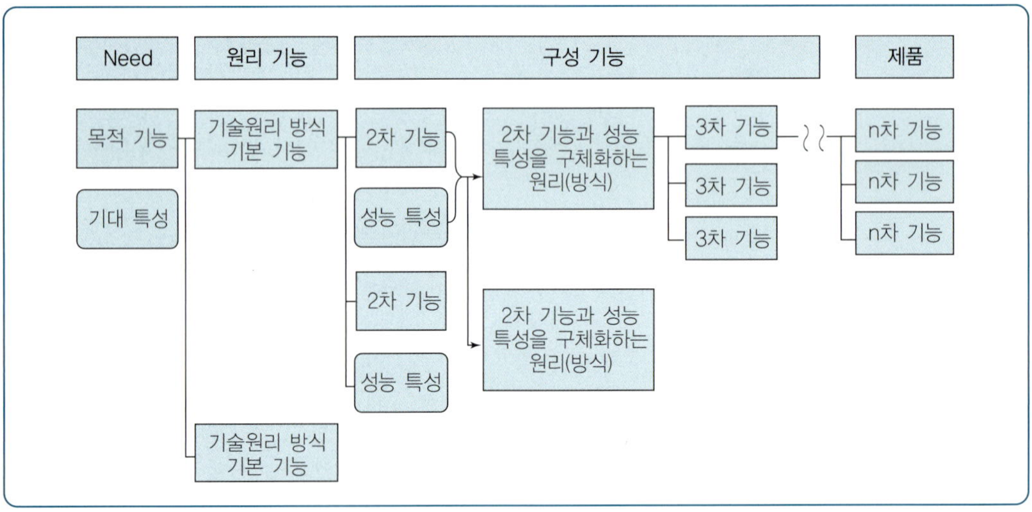

[그림 5-35] 기술 트리의 기본 구조

[그림 5-35]에서 보듯이, 기술 트리에서 시장의 니즈는 먼저 목적 기능으로 표현된다. 이 목적 기능을 구체적이고 정량적인 형태로 나타낸 것이 기대 특성이다. 다음으로 기본 기능은 앞에서 제시된 목적 기능과 기대 특성을 실현하는 기술 원리 방식으로 표현된다. 결국 신제품의 구조와 내용은 어떠한 기술 원리 방식을 선택하느냐에 따라 결정된다. 일단 상위/수준에서 기술 원리 방식을 선택하면, 해결 방식을 그 다음 기능으로 전개한다. 이러한 절차의 연쇄적 반복을 통해, 기술 트리의 마지막에는 제품의 구성 기능으로까지 세분화된다.

4세대 이동통신을 사례로 기술 트리를 작성하는 과정을 살펴보자. 4세대 이동통신이란 3세대 이동통신으로 불리는 IMT-2000보다 더 진화한 이동통신 서비스로, 하나의 단말기를 통해 위성망, 무선랜, 인터넷 등의 다양한 유/무선 네트워크를 사용할 수 있는 서비스를 말한다. 4세대 이동통신 기술이 실현되면 하나의 이동전화 단말기를 통하여 음성 · 화상, 멀티미디어 · 인터넷, 음성메일, 인스턴트 메시지 등 다양한 종류의 정보를 언제 어디서나 빠르고 간편하게 획득할 수 있다. 4세대 이동통신은 정보 전송속도가 훨씬 빠르고 동영상 등의 대용량 데이터도 주고 받을 수 있다. 또한 4세대 이동통신은 글로벌 로밍 서비스도 완벽히 지원할 수 있을 것으로 예상된다. 위와 같은 내용을 바탕으로 4세대 이동통신의 목적 기능을 도출해 보면 다음과 같다.

– 먼저 목적 기능을 설정한다. 여기서 목적 기능은 하나의 단말기를 통하여 언

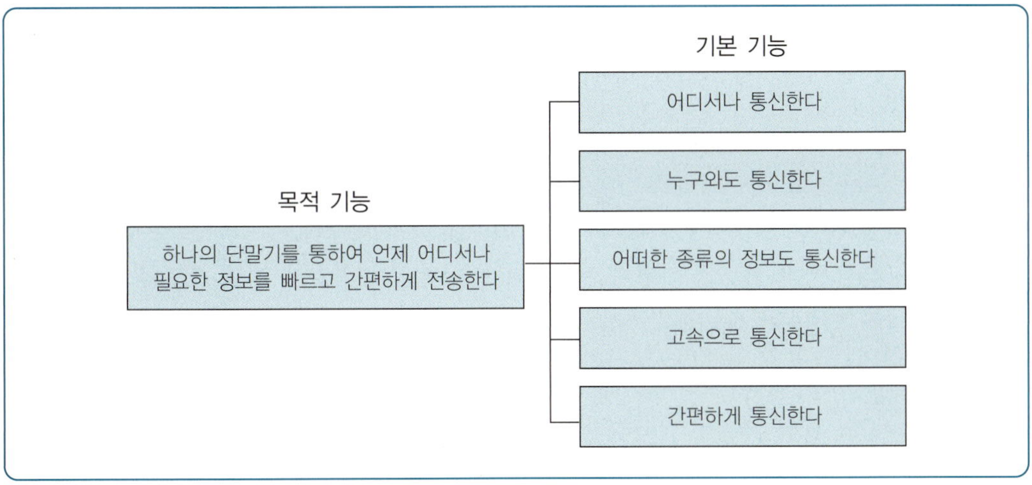

[그림 5-36] 4세대 이동통신의 목적 기능과 기본 기능

제 어디서나 필요한 정보를 빠르고 간편하게 전송하는데 있다.

- 목적 기능을 도출하였으면 그에 대한 성능 특성으로 기본 기능을 표현한다. 목적 기능으로부터 기본 기능을 전개하면 아래의 [그림 5-36]과 같다.
- 다음은 각 기본 기능에 대해서 2차 기능을 도출한다. 앞에서 목적 기능으로부터 기본 기능을 도출한 것처럼 기본 기능으로부터 이를 해결할 수 있는 2차 기능을 전개한다. 마지막 기본 기능인 '간편하게 통신한다'를 대상으로 2차 기능을 도출하면 아래의 [그림 5-37]과 같다.

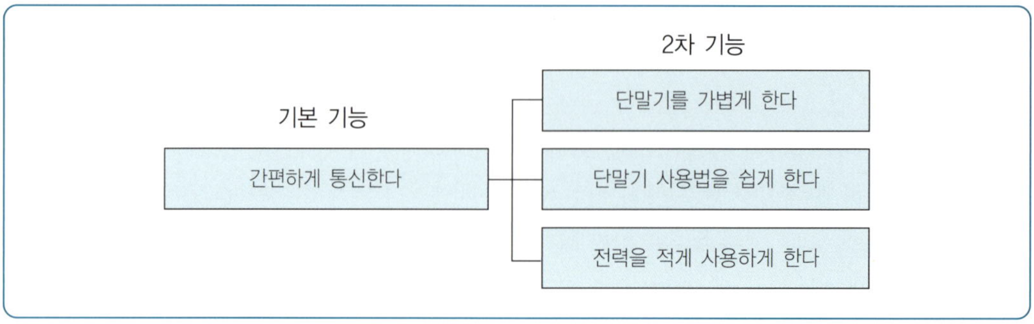

[그림 5-37] 2차 기능 전개: 간편하게 통신한다

- 위와 같은 방법으로 모든 기본 기능에 대해서 2차 기능을 전개하면 최종적으로 4세대 이동통신에 대한 기술 트리를 완성할 수 있다.

(4) 제품기능 분석 방법 – FAST

기능 분석의 또 다른 방법으로는 FAST를 들 수 있다. FAST(Function Analysis System Technique)는 제품이나 시스템의 기능을 계층적 접근으로 모형화하는 방식으로, 제품의 기능(function)을 체계적으로 분석함으로써 특정 기능이 다른 기능과 어떻게 연결되어 있는지를 파악하고, 전체 제품의 가치(value)를 향상시키기 위해서 어떤 기능을 강조해야 할지를 도출해 내는 기법이다.

FAST에서 사용하는 FAST 다이어그램은 어떤 제품의 구조를 기능적 계층에 따라 상위 기능에서 하위 기능까지 단계별로 분석한 도형이다. 개발하고자 하는 제품에 대해 최상위의 핵심기능을 가장 왼쪽에 배치시킨 후, 오른쪽으로 옮겨가면서 보다 구체적인 하부 기능으로 분화시켜 나간다. 그 과정을 반복하면 그 제품의 전체적인 구조와 구체적인 내용을 시각적으로 표현할 수 있다. 따라서 [그림 5-38]에 도시되어 있는 것처럼, FAST 다이어그램은 제품 기능을 논리적 순서로 나열하고, 우선순위를 매기며, 기능들 간의 종속관계를 평가하는데 사용된다.

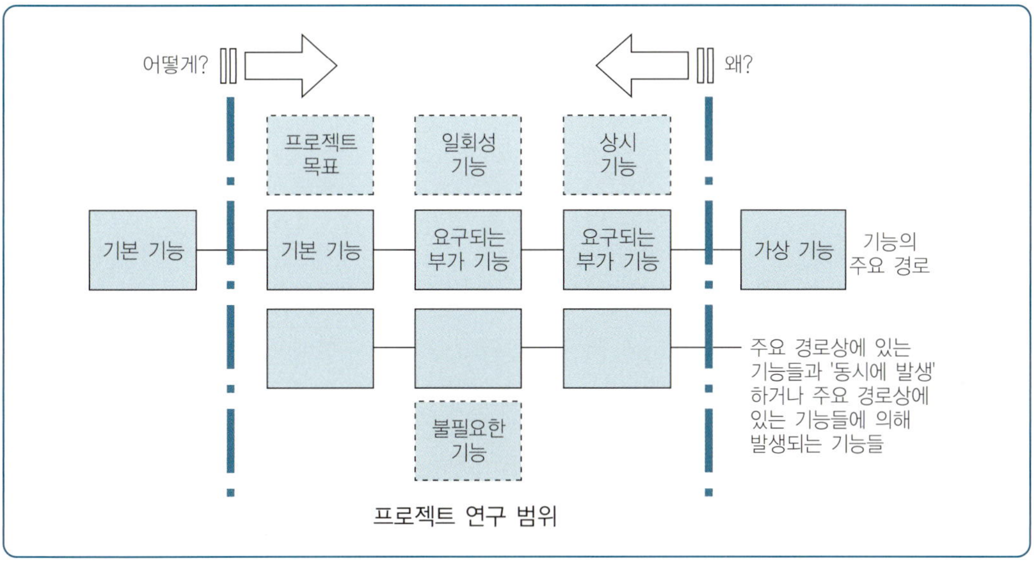

[그림 5-38] FAST 다이어그램

FAST 다이어그램은 다음과 같은 순차적인 단계를 통해 작성된다.

첫째, 브레인스토밍(brain-storming)을 통해 제품의 모든 기능들을 찾아낸다. 찾아낸 기능 중 가장 포괄적인 것을 기본 기능(basic function)으로 선택한다. 기본 기능은 고객관점에서 제품이 존재하는 주된 이유로, 이를 제외한 나머지 기능은 모두 기본 기능을 보조하는 부가 기능(secondary function)이 된다. 이 때 각 기능의 명칭은 '주어+목적어' 의 형태로 표현되는 것이 일반적이다.

둘째, 기본 기능을 FAST 다이어그램의 가장 좌측에 표시한다. 그 다음으로, 좌측의 기능이 '어떻게(how) 구현되는가' 라는 관점에서 우측의 기능들을 나열해 나간다. 예를 들어 자동차 안전벨트 설계에 있어, 기본 기능은 '자동차에 사람을 고정하는 기능' 이고, 이 기능을 구현하기 위해 필요한 '고정끈이 나와서 조이는 기능' 은 부가 기능이다. 제품기능이 아닌 사용자에 의한 행위가 필요한 시점인 가상기능(assumed function)이 도출될 때까지 이 과정을 반복한다.

셋째, "어떻게" 질문에 따른 나열이 끝났다면, 가장 우측에 표시된 기능에서부터 그 기능이 "왜(why) 필요한지"의 관점에서 좌측의 기능을 확인해 나간다. 부자연스럽게 나열된 기능이 있다면 이를 수정하고, 인접한 기능들은 서로 "어떻게"와 "왜"에 대한 대답이 될 수 있도록 설계한다. 이 과정을 거쳐 완성된 기능들을 연결하면, 그것이 "주경로(critical path of function)' 가 된다. 특히 기본 기능이 왜 필요한지에 대한 대답은 제품 자체의 기능이 아닌, 제품 사용 목적에 대한 기능을 의미하며 이를 상위 기능(higher order function)이라 한다. 상위 기능은 제품의 기본 기능이 필요한 원인을 말하며 이는 제품 자체를 이해하는데 매우 중요하다.

넷째, 남아있는 부가 기능들을 기본 기능 혹은 주경로 상의 부가 기능 하단에 나열함으로써 시스템 내 다른 기능들과 연결시킨다. 이러한 부가 기능은 주경로 상에 있는 부가 기능과 동시에 발생하거나, 그 기능들에 의해 야기되는 기능들이다.

다섯째, 기본 기능 상단에 제품개발 목적을 명시한다. 또한 제품사용 과정에서 단 한 번만 필요한 일회성 기능(one-time function)과 지속적으로 필요한 상시 기능(all-time function)을 찾아 주경로 상단에 추가한다.

여섯째, 주경로 상에서는 찾을 수 없지만 현재 기존 제품이 수행하고 있는 불필요한 기능(unwanted function)이 있다면, 도표의 가장 하단에 표시한다. 이 기능의 경우 제품성능을 개선하거나 생산비용을 절감하기 위해 가장 우선적으로 고려해야 할 기능이다.

자동차의 신제품 개발과정에서 작성된 FAST 다이어그램을 살펴보자. 자동차가 존재하는 궁극적인 목적인 상위목적은 이동을 보조하기 위한 것으로 이를 위한 자동차의 기본 기능은 사람이나 사물을 이동시키는 것이다. 이동을 위해서는 동력이 전달되어야 하고, 동력이 전달되기 위해서는 우선 동력을 발생시켜야 하며, 동력을 발생시키기에 앞서 화학에너지를 운동에너지로 변환시켜야 한다. 화학에너지를 운동에너지로 변환시키는 기능은 사용자가 자동차 시동을 거는 행위에 의해 시작된다. 따라서 주경로 상에는 사람/사물 이동, 동력전달, 동력발생, 화학에너지를 운동에너지로 변환이라는 네 개의 기능이 존재하게 된다. 다음으로 주경로 상에 있는 기능들과 관련된 부가 기능들, 프로젝트의 목적, 일회성 기능, 상시 기능, 불필요한 기능 등을 적절한 위치에 적절한 방식으로 표현한 결과는 [그림 5-39]와 같다.

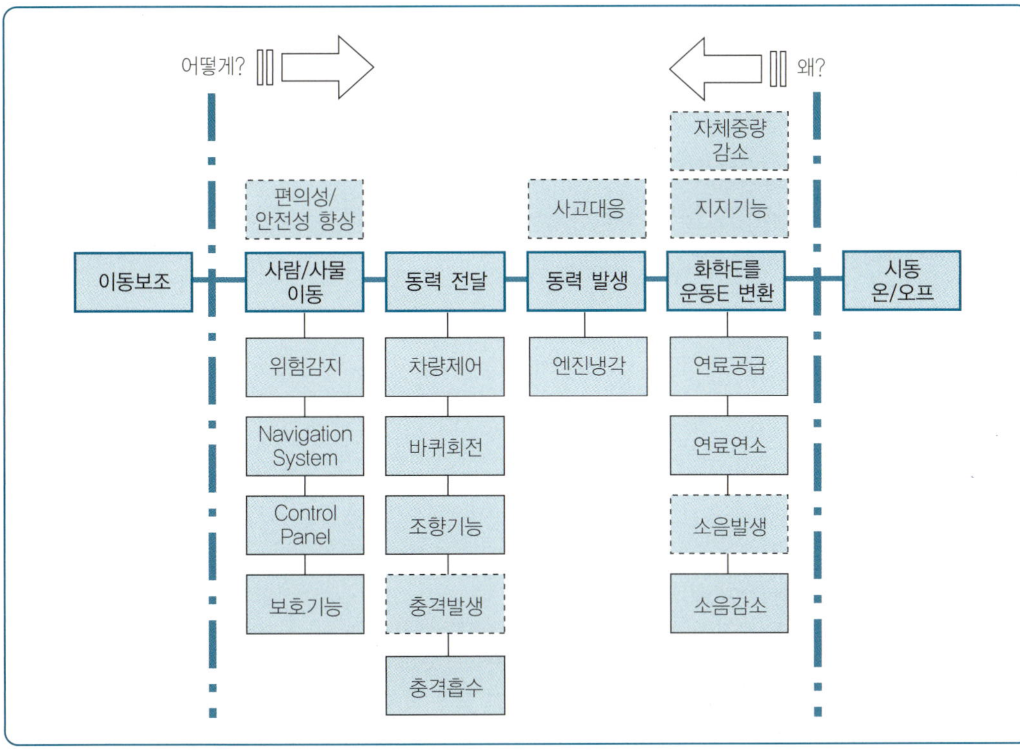

[그림 5-39] 자동차 설계 및 개발에 대한 FAST 다이어그램

(5) 문제해결 방법 - TRIZ

가. 기본 개념

문제해결 방법의 대안으로는 TRIZ를 들 수 있다. TRIZ는 '창조적인 문제해결을 위한 이론(theory of inventive problem solving)' 이라는 뜻을 가진 러시아어의 첫 글자를 따러 조합한 것으로, 약 50년 전에 러시아의 과학기술자인 Altshuller에 의해 처음 개발된 후, 지금까지 지속적으로 개선, 확대되고 있는 연구개발 방법론이다. TRIZ는 기본적으로 방대한 특허 정보에 대한 과학적이고 체계적인 분석을 토대로, 기술적 문제의 해결 방법과 신제품 아이디어의 창출 원리를 제시하고 있다. 한마디로 새로운 발명의 원리를 기존 발명의 전체 집합인 특허 정보로부터 얻는 접근법이다. TRIZ는 초기에는 큰 관심을 끌지 못하였으나, 후계자들의 적극적인 홍보와 사용기업의 긍정적인 평가에 힘입어 최근에는 많은 기업에서 신제품 아이디어 창출, 제품개선과 공정관리 등의 목적으로 널리 활용되고

있다. 국내의 경우에도 일부 선도적인 대기업을 중심으로 연구개발 기획과정에서 TRIZ를 적극적으로 도입하고 있고 전반적인 인식도 높아지고 있다.

TRIZ는 기업이 신기술의 개발이나 기술적 문제해결 과정에서 만나게 되는 특정 문제를 표준 문제로 전환한 후, 표준 해답을 찾는 '표준화의 원리'를 핵심으로 한다. 따라서 TRIZ의 가장 큰 장점이자 비교우위는 문제의 해결을 시행착오나 직관에 의존하지 않고, 정형화된 절차에 따라 체계적으로 수행할 수 있는 도구가 된다는 점이다.

TRIZ는 매우 포괄적인 프레임워크로 여러 개의 세부적인 기법들로 구성되어 있다. 따라서 전체적인 구조와 내용을 이해하기 위해서는 전문적인 교육과 실습과정을 거쳐야 한다. 여기에서는 TRIZ의 대표적인 원리와 방법만을 간략히 살펴보기로 한다.

나. 상충 문제의 해결

앞에서 설명한 대로, 기술의 진보는 시스템 진화의 법칙을 따라 이루어진다. 그러나 일반적인 기술 개발이나 문제 해결의 과정에는 항상 하나 이상의 상충 요소(contradiction)가 존재한다. 한 가지를 좋게 하면 다른 한 가지가 나빠지게 되는 것이다. 이러한 상충 요소를 찾아내는 것이 TRIZ의 첫 단계라 할 수 있으며, TRIZ의 궁극적인 기능은 시스템 진화 과정에 존재하는 상충 문제를 해결함으로써 전체적인 기술 시스템을 개선하는 것이다.

상충 요소는 크게 기술적 상충(technical contradiction)과 물리적 상충(physical contradiction)으로 나눌 수 있다. 하나의 특성을 개선하면 다른 특성이 악화되는 경우를 기술적 상충이라 한다. 예를 들어, 무게를 늘리면 속도가 줄어드는 현상은 기술적 상충에 해당된다. 이에 비해 하나의 특성이 동시에 상반된 값을 가져야 하는 경우를 물리적 상충이라 한다. 예를 들어, 안정성을 높이기 위해 무게를 늘리면서 동시에 연비를 낮추기 위해 무게를 줄여야 하는 경우에는 물리적 상충이 존재한다.

TRIZ의 가장 큰 특성이자 잠재적인 장점은, 상충 문제를 줄이는 것이 아니라 제거한다는 데 있다. 일반적인 공학에서는 모순을 해결하기 위해 상충적인 두 특성을 적절한 수준에서 절충(compromise)하는 방안을 찾는다. 반면에 TRIZ는 모순을 근본적으로 제거하여 두 특성 모두를 향상시킴으로써, 창의적인 해결책을 도출하고자 한다. 물론 이것이 현실적으로 모든 경우에 다 가능한지는 알 수 없다. 또 TRIZ에서 제시된 답이 최적의 해인지도 검증하기 어렵다. 그러나 TRIZ를 통해 찾은 새로운 대안이 신제품 개발의 유용한 아이디어로 검토되고 이용될 수는 있다.

1) 기술적 상충의 해결

우선, 기술적 상충을 해결하는 방법을 알아보자. TRIZ는 특허 정보에서 발견된 기술적 상충과 그 상충을 해결하기 위해 적용된 원리를 파악하여 39가지의 '공학적 변수'와 '발명 원리'라고 불리는 40가지 원칙을 제시한다. 공학적 변수는 무게, 속도, 강도 등과 같이 상충을 일으키는 기술적 요인들을 의미한다. 좀 더 구체적으로 살펴보면 변수 1: 움직이는 물체의 무게, 변수 2: 움직이지 않는 물체의 무게, 변수 3: 움직이는 물체의 길이, 변수 4: 움직이지 않는 물체의 길이, 변수 5: 움직이는 물체의 면적, 변수 6: 움직이지 않는 물체의 면적, 변수 7: 움직이는 물체의 부피, 변수 8: 움직이지 않는 물체의 부피, 변수 9: 속도, 변수 10: 힘 등이다. 발명 원리는 그러한 모순 문제를 해결하는데 사용된 발명의 방식이나 접근법을 요약한 것이다. 예를 들면, 원리 1: Segmentation = 나누어라, 원리 2: Extraction = 필요한 것만 뽑아내라, 원리 4: Asymmetry = 비대칭으로 차별화하라, 원리 5: Consolidation = 여러 작업을 묶어서 하라, 원리 13: Do It Reverse = 반대로 하라, 원리 24: Intermediary = 중간매체를 이용하라, 원리 35: Parameter Change = 물질의 속성을 바꾸어라 등이다.

기술적 상충의 해결을 위해서는, [그림 5-40]에 도시되어 있는 상충 행렬(contradiction matrix)을 사용한다. 상충 행렬은 앞에서 설명한 39가지 공학적 변수를 열과 행으로 한 39×39 행렬을 의미한다. 이때 한 축은 문제를 개선시키는 특성으로 배치하고, 다른 축은 악화시키는 특성으로 배치한다. 다음으로, 상충 행렬의 행(i)과 열(j)가 교차하는 지점에는 기존 특허에서 행의 공학적 변수와 열의 공학적 변수간의 상충을 해결하기 위해 사용한 발명의 원리들이 나열되어 있다. 이 원리들은 앞에서 설명한 대로 특허 정보의 분석을 통해 도출된다. 40가지의 발명 원리 가운데 어느 셀(cell)에는 여러 가지의 원리들이 기입될 수도 있고 하나도 기입되지 않을 수도 있다. 예를 들어, 문제를 악화시키는 공학적 변수 29와 문제를 개선하는 공학적 변수 31이 만나 상충 문제를 일으키는 셀에는 4, 17, 26, 34의 네 가지 발명 원리가 해결 방법으로 적용될 수 있다. 이 정보를 토대로

악화의 특성 / 개선의 특성		1	…	29	…	39
		공학적 변수 1		공학적 변수 29		공학적 변수 39
1	공학적 변수 1					
	…					
31	공학적 변수 31			4, 17, 26, 34		
	…					
39	공학적 변수 39					

[그림 5-40] 상충 행렬의 예시

상충된 두 변수에 대해 제시된 발명의 원리들 가운데 적합한 원리들을 선별하여 적용함으로써, 문제를 해결하거나 신제품의 아이디어를 찾아낼 수 있는 것이다.

2) 물리적 상충의 해결

다음으로, 물리적 상충을 해결하는 방법을 살펴보자. 물리적 상충은 어떠한 상황에서는 증가되고 또 다른 상황에서는 감소해야 하는 변수가 있을 경우를 의미한다. 예를 들어 하나의 제품을 개발할 때, 한편으로는 길게 만드는 것이 유리한 측면이 있는가 하면, 다른 한편으로는 짧게 만드는 것이 바람직한 측면이 있을 수 있다. 이때 물리적 상충이 존재한다고 말한다. 따라서 이 경우는 상충이라기보다는 모순이라는 표현이 더 정확할 수도 있다.

물리적 상충 문제를 해결하기 위해서, TRIZ는 분리의 원칙(separation principles)을 적용한다. 분리의 원칙은 시간에 의한 분리(separation in time), 공간에 의한 분리(separation in space), 크기에 의한 분리(separation in scale)의 세 가지로 나누어진다. 문제의 성격에 따라 시간대로 나누거나, 공간대로 나누거나, 크기별로 나누거나 하여 제품의 모양이나 기능이 달라지도록 설계하는 것이다.

앞에서 든 예를 다시 한 번 생각해 보자. 동일한 제품의 설계에 있어, 정확성을 위해서는 제품의 길이를 늘려야 하고 동시에 편의성을 위해서는 길이를 짧게 해야 하는 경우에 물리적 상충이 발생한다. 이 문제를 해결하기 위해서는 시간에 의한 분리 원칙을 적용한다. 제품을 신축적으로 설계하여, 이 제품이 작동을 할 시간에는 길이를 길게 유지하도록 하고, 이 제품을 휴대하는 시간 동안에는 길이를 짧게 유지하는 방법으로 설계하여 물리적 상충 문제를 해결하는 것이다.

(6) 고객-제품 연결 방법 - QFD

신제품의 아이디어는 고객의 요구와 제품의 특성을 연결하는 과제로 볼 수 있다. 고객과 제품을 연결하는 대표적인 기법이 QFD이다. QFD(Quality Function Deployment)를 한마디로 요약한다면, 고객의 요구사항을 제품이나 서비스 개발의 각 단계에서 요구되는 기술적 특성으로 전환시켜 제품 개발이나 품질 개선에 유용한 정보를 도출하는 체계적 방법이다. QFD의 기본 개념은 1960년대 말 일본에서 제시되었고, 그 후 1980년대에 미국과 유럽에 소개되어 많은 관심을 불러 일으키면서 다양한 분야에 활용되고 있다.

가. 전체적 프로세스

아이디어 창출이나 신제품 설계에 활용되는 대부분의 다른 방법들과 마찬가지로, QFD의 핵심 작업은 크게 두 가지로 제시될 수 있다. 첫째는 주관적이고 정성적인 고객의 요구를 공학적이고 실질적인 제품 변수로 전환시키는 일이다. 둘째는 다양한 변수들 간의 우선 순위를 정하여 설계의 효과성과 효율성을 높이는 일이다.

좁은 의미의 QFD 프로세스는 고객의 요구사항 수집에서 제품의 설계 단계까지 위에서 설명한 핵심적 작업을 수행하는 일들로 구성된다. 그러나 넓은 의미의 QFD 프로세스는 고객의 요구사항 수집으로부터 출발하여 이를 제품의 개발, 부품의 개발, 공정의 계획 및 생산 활동과 관리의 전 과정에 체계적으로 반영하는 과정으로 이루어진다. 즉 앞 단계의 요구사항이 다음 단계의 요구사항으로 연결됨으로써 전체적인 일관성과 연계성을 유지하는 것이다. 이 연계구조를 좀 더 구체적으로 살펴보면, 넓은 의미의 QFD는 [그림 5-41]에서와 같이 4개의 단계로 구성되며, 각 단계의 목적과 내용은 아래와 같다. 좁은 의미의 QFD는 이 가운데 첫 번째 단계만을 가리킨다.

- 제품 계획 단계: 고객의 요구사항을 설계 요구사항으로 변환
- 부품 계획 단계: 설계 요구사항을 부품 또는 제품 특성으로 변환
- 공정 계획 단계: 제품 또는 부품 특성을 제조공정 요소로 변환
- 생산/작업 계획 단계: 제조공정 요소를 구체적인 작업 및 통제 사항으로 변환

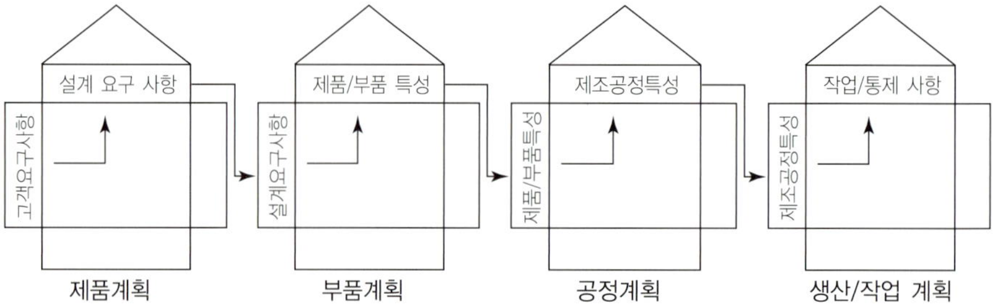

[그림 5-41] QFD의 전체적 프로세스

나. 품질의 집

이제 QFD를 수행하는 구체적 절차를 알아보자. QFD 프로세스의 전개에 있어 가장 기본이 되는 작업은 품질의 집이라고 불리는 HoQ(House of Quality)를 작성하는 일이다. HoQ는 고객의 요구조건이 무엇이며, 고객 요구조건에 대한 자사와 경쟁사의 기술 능력과 수준은 어떠하며, 경쟁우위를 확보하기 위한 목표 수준은 어느 정도이며, 이러한 요구조건을 만족시키기 위해 검토해야 할 요소들은 무엇인지를 체계적으로 분석하고 도출하기 위해 만드는 일종의 매트릭스를 뜻한다.

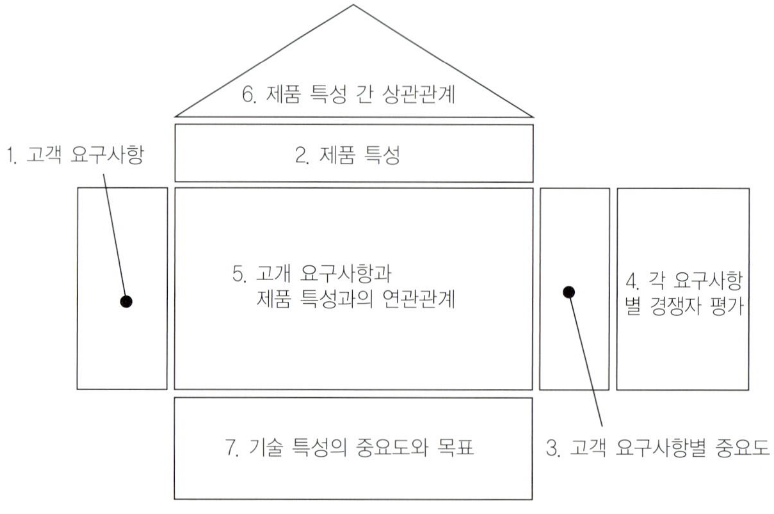

[그림 5-42] HoQ 매트릭스

이 매트릭스가 HoQ로 불리는 이유는 매트릭스의 모양이 여러 개의 방(room)과 지붕(roof)으로 구성되어 있어 집(house)의 모양과 유사하기 때문이다. [그림 5-42]에 HoQ의 전체적인 형태와 기본적인 구성요소가 나타나 있다. 그림에서 보는 것처럼, 집의 왼쪽 축에는 고객의 요구사항이 나열되고, 위쪽 축에는 설계의 요구사항이 되는 기술 특성들이 나열된다. 이 두 축이 결합되면 집의 중심이 되는 공간이 매트릭스 형태로 만들어진다. 마지막으로, 하변에는 제품 특성들 간의 중요도를 표시하고, 오른쪽에는 고객 요구사항 간의 중요도를 표시하면 HoQ가 완성된다.

다. 단계별 내용

QFD의 핵심이 HoQ를 작성하는 일이라고 한다면, QFD 프로세스는 한마디로 HoQ의 세부적인 내용을 완성해 나가는 과정이라고 할 수 있다. 구체적으로 HoQ를 작성하는 절차를 알아보자. 먼저 고객 요구사항과 제품 특성과의 연관관계를 파악하고, 그 특성이 고객의 요구사항을 만족시키기 위해 얼마나 중요한 역할을 하는지를 상대적인 점수로 평가한다. 또한 엔지니어링 특성간의 상관관계도 분석한다. 이러한 개별적인 평가 결과의 가중치 합을 구하여 최종적인 기술 특성의 중요도 점수를 구한다. 이 과정과 방법을 통해 도출된 최종적인 QFD 매트릭스는, 신제품 아이디어 도출의 핵심적인 영역을 파악하고 엔지니어링 특성 간의 상대적 중요도를 판단할 수 있는 유용한 자료로 활용된다. 각 단계의 세부적인 내용을 자세히 알아 보자.

1) 고객 요구사항의 수집과 정리

먼저 HoQ의 한 축을 구성하는 고객의 요구사항을 수집하고 이를 정리하는 작업을 수행한다. 고객의 요구를 수집하는 방법은 인터뷰, 설문조사, 전문가집단법 등을 선택적 또는 복합적으로 사용한다. 이때 수집된 고객 요구사항의 전체 집합은 무수히 많은 항목들이 단순히 나열되어 있으므로, 설계나 생산 전문가들이 모여서 체계적으로 분류해야 한다. 분류작업은 요구사항을 몇 개의 계층적 단계로 나누는 일로 이루어진다. 먼저 고객 요구를 최상위 단계의 대항목으로 나눈 후, 각 대항목을 다시 소항목으로 나누고, 다시 세항목으로 나누는 식이다.

다음으로는 각 항목간의 상대적 중요도를 결정해야 한다. 이 작업은 앞의 고객 요구 수집과정에서 직접 할 수도 있지만, 대부분은 나중에 설명할 AHP와 같은 상대비교 방법이나 통계적 분석 방법을 통해 판정하게 된다. 상대적 중요도는 일반적으로 1~10점(10점이 최고로 중요함을 의미) 또는 1~7점의 가중치로 표시한다.

2) 설계 요구사항의 정리

다음 단계는 고객의 요구사항을 반영할 수 있는 제품의 특성을 정리하는 작업이다. 제품 특성은 곧 설계 요구사항을 의미한다. 이 단계에는 물론 공학적 전문성을 가진 설계 전문가들이 참여하게 된다. 또 앞에서 고객 요구사항 간의 상대적 중요도를 결정한 것처럼, 각 설계 요구항목 간의 상대적 중요도도 결정되어야 한다. 상대적 중요도를 판정하고 표시하는 방법은 위의 고객 요구사항 중요도를 정하고 나타내는 방법과 같다.

3) 관계 매트릭스(relationship matrix) 작성

고객 요구사항과 설계 요구사항이 정리되면, 두 요구사항을 결합하여 관계 매트릭스를 구성하는 작업을 수행하게 된다. [그림 5-43]에 도시되어 있는 것처럼, 관계 매트릭스는 고객 요구사항과 설계 요구사항의 교차하는 셀(cell)들로 구성된다. 따라서 매트릭스를 작성한다는 말은 곧 각 셀에 적당한 값을 채워 넣는다는 말과 같다.

각 셀의 값은 두 요구사항 간의 상관관계로 측정된다. 고객 요구사항과 설계 요구사항 간에는 높은 정(+)의 상관관계를 지닐 수도 있고, 반대로 높은 부(-)의 상관관계를 지닐 수도 있다. 정의 상관관계가 있는 셀에는 ○의 표시를, 부의 상관관계가 있는 셀에는 ×의 표시를 한다. 양자 간에 아무런 관계가 없으면 공백으로 남겨두면 된다.

				설계 요구사항								
				개폐기술					밀폐기술			
			중요도 (1~7)	문을 닫는 에너지	평지에서의 정지력	언덕에서의 정지력	문을 여는 에너지	언덕에서 문을 닫는 힘	문짝 밀폐 저항	변속기 소리	도로 소음 감소	물의 저항력
고객 요구사항	개폐 편의성	밖에서 문을 닫기 용이	7	◎	×	×		◎	◎			
		언덕에서 개문 유지	3		◎	◎						
		밖에서 문을 열기 편리	7		×	×	◎		○			
		개폐시 반동 없음	1				○		◎			
	외부격리	비가 새지 않아야 함	5						◎			◎
		주행 중 소음 없음	3						○	○	◎	

관계: ◎ 높은 정(+)의 상관관계
○ 정(+)의 상관관계
× 부(−)의 상관관계
×× 높은 부(−)의 상관관계

[그림 5-43] 자동차 문짝에 대한 관계 매트릭스

4) 지붕 매트릭스(roof matrix) 작성

그 다음은 제품 특성, 즉 설계 요구사항 간의 상관관계를 분석하여, [그림 5-44]에 예시되어 있는 지붕 매트릭스를 작성하는 단계이다. 앞에서 고객 요구사항과 설계 요구사항 간의 관계를 판정한 것과 마찬가지로, 개별 제품 특성 간에 정(+)의 상관관계가 있는지, 부(−)의 상관관계가 있는지, 아니면 아무런 관계가 없는지 등을 알아본다. 지붕 매트릭스의 상관관계에 대한 표기도 관계 매트릭스 작성시의 표기와 유사한 방식으로 하게 된다.

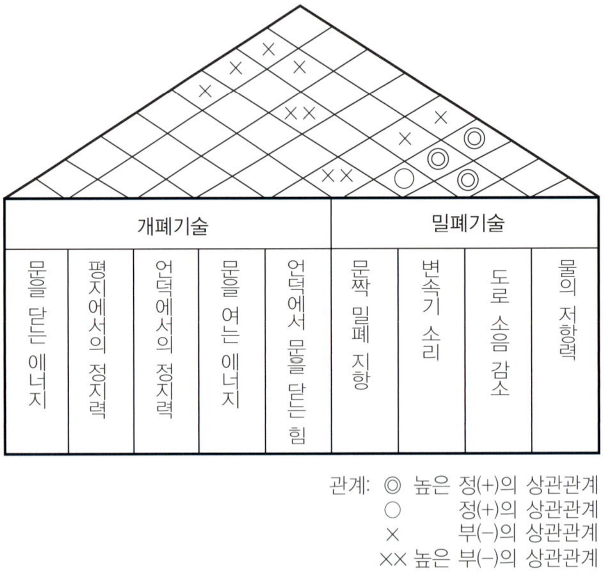

[그림 5-44] 자동차 문짝에 대한 지붕 매트릭스

5) HoQ의 활용

마지막 단계는 앞에서 작성한 매트릭스들을 아이디어의 창출이나 제품의 설계 과정에 활용하는 일이다. 요구사항이 적절히 구성되었는지, 어느 요구사항을 중점적으로 반영해야 하는지, 어느 사항은 다른 사항과 묶어서 설계한다든가 반대로 반드시 분리시켜 설계한다든가 등의 문제에 대한 지침이나 정보를 얻을 수 있는 것이다.

관계 매트릭스는 고객 요구사항의 수집이 설계 과정에 적절히 반영되고 있는지를 판단할 수 있는 유용한 정보를 제공한다. 가장 바람직한 구조는 각 셀들의 값이 골고루 균형 있게 배치되어 있는 경우이다. 그러나 만일 어느 고객 요구사항에 대해 설계 요구사항 행(row) 전체가 공백으로 되어 있다면 이는 반드시 필요한 제품 특성이 설계 요구사항에 포함되지 않았다는 것을 뜻하며, 반대로 어느 설계 요구사항에 대해 고객 요구사항 열(column) 전체가 비어 있다면 이는 불필요한 설계 요구사항이 포함되었다는 것을 뜻한다.

지붕 매트릭스는 설계 과정에서 개별적인 제품 특성들의 결합이나 분리에 관한 정보를 제공한다. 예를 들어 두 특성 간에 높은 정(+)의 상관관계가 있다면 두 사항을 동시에 반영해야 성능도 더 좋아지고 설계비용도 줄일 수 있다. 반대로 부(-)의 상관관계가 있다면 설계 과정에서부터 두 특성을 분리시키는 것이 필요하다.

(7) 고객-제품 연결 방법 - Kano 모형

Kano 모형은 고객의 요구사항을 신제품 아이디어의 창출과 제품 설계에 반영하는데 널리 사용되고 있는 효과적인 방법이다. 1980년대 초 일본의 Kano 교수에 의해 처음 제시된 이 모델은 당초에는 그 활용이 제한적이었으나 최근에 와서 유용성에 대한 인식이 늘어나고 있는 추세이다.

Kano 모형의 수행은 크게 다음의 세 단계로 구성된다. 첫 번째 단계는, 고객 요구사항을 수집하여 각 사항을 특성별로 분류하는 작업이다. 두 번째 단계는, 고객에 대한 설문조사를 통해 각 사항을 위에서 분류한 유형 가운데 가장 적합한 유형에 배치하는 작업이다. 마지막 단계는, 분석결과를 아이디어의 창출이나 제품의 설계에 반영하는 일이다. 각 단계의 구체적인 내용을 자세히 알아보자.

가. 고객 요구사항의 분류

Kano 모형은 먼저 고객의 요구사항(Customer Requirement: CR)을 네 가지 유형으로 분류하는 것에서 출발한다. [그림 5-45]에 각 요구사항의 성격과 위상이 Kano 다이어그램으로 제시되어 있다.

- 필수적 요구사항(must-be requirements): 제공되지 않으면 고객이 강한 불만을 느끼면서 제품을 선택하지 않는 기준이 되는 요구사항을 말한다. 예를 들어 자동차의 브레이크 성능은 좋으면 당연하게 느끼지만, 나쁘면 큰 불만을 갖게 되는 사항이다.
- 일차원적 요구사항(one-dimensional requirements): 기능이 제공되는 수준에 따라 고객의 만족도가 다르게 결정되는 요구사항이다. 예를 들어 자동차의 연비는 높으면 만족을 느끼고, 낮으면 불만을 느끼는 사항이다.
- 매력적 요구사항(attractive requirements): 기능이 제공되는 경우 고객이 강한 만족을 얻을 수 있는 요구사항이다. 예를 들어 스마트 키 기능은 있으면 만족하지만, 없다고 불만을 느끼지는 않는 사항이다.

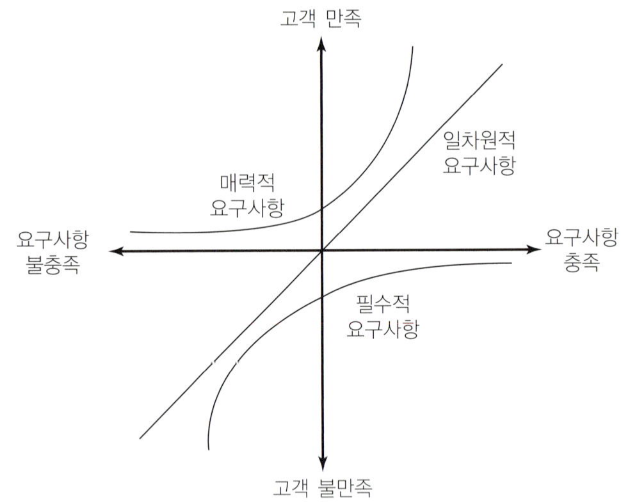

[그림 5-45] Kano 다이어그램

- 무관심 사항(indifferent requirements): 기능의 제공 여부가 고객의 만족도에 어떤 영향도 미치지 못하는 요구사항이다. 따라서 설계 과정에서 고려할 필요가 없는 사항이다.

한편, 위에서 분류한 네 가지 유형 외에 다음의 두 가지 유형이 추가적으로 제시된다.

- 모순적 요구사항(reversal requirement): 만족과 불만족에 대한 사전적(a priori) 예측과 실제 소비자 반응이 반대로(reverse) 나오는 요구사항이다.
- 회의적 요구사항(questionable requirement): 동일한 사항에 대해 상반된 반응(contradiction)을 동시에 제시하는 요구사항이다.

나. 고객 반응의 조사

고객의 요구사항이 앞에서 제시한 분류체계의 어느 경우에 해당되는지를 파악하기 위해서는 실제로 설문지를 토대로 고객의 반응을 조사하여야 한다. 물론 직관적으로 판정하는 것도 가능하겠지만, 의사결정의 신뢰도를 확보하기 위해서는 현장 조사가 필요하다.

Kano 모형에서 사용하는 설문지는 특정 기능, 즉 고객의 요구사항이 제품에 실현되는 경우(functional)의 반응과 실현되지 않는 경우(dysfunctional)의 반응을 각각 대칭적으로 나누어서 설계한다. 〈표 5-13〉에 자동차의 연비라는 사항에 대한 설문지 양식이 예시적으로 도시되어 있다.

〈표 5-13〉 자동차 연비에 대한 Kano 설문지 양식

Functional 양식	연비가 좋으면 어떻게 느끼십니까?	1. 아주 좋아한다. 2. 좋다고 느낀다. 3. 모르겠다(중립적이다). 4. 싫다고 느낀다. 5. 아주 싫어한다.
Dysfunctional 양식	연비가 나쁘면 어떻게 느끼십니까?	1. 아주 좋아한다. 2. 좋다고 느낀다. 3. 모르겠다(중립적이다). 4. 싫다고 느낀다. 5. 아주 싫어한다.

표에서 알 수 있듯이, 연비라는 동일한 요구사항에 대해 functional 양식과 dysfunctional 양식이 동시에 주어진다. functional 양식에서는 연비가 '높으면' 어떻게 느끼는가를 물어보고, dysfunctional 양식에서는 '낮으면' 어떻게 느끼는가를 물어본다. 각 질문에 대한 응답은 주로 5점 척도에서 하나를 선택하는 방식으로 설계한다.

다. 설문지의 분석

설문지가 수집되면, 그 다음 작업은 설문 결과를 분석하여 각각의 요구사항(CR)이 어느 경우에 해당되는지를 판정하는 일이다. 즉 각각의 CR이 필수적 사항인지 아니면 매력적 사항인지 등을 결정해야 하는 것이다.

이 결정은 주어진 요구사항에 대해 functional 양식과 dysfunctional 양식에 대한 반응 두 가지를 모두 보고 판단한다. 〈표 5-14〉에 제시된 평가표(Evaluation Table)의 예시를 보자. 어느 고객은 자동차 연비라는 사항에 대해 연비가 높은 것을 물어보는 functional 양식도 1로, 즉 만족한다고 말하고, 낮은

〈표 5-14〉 Kano 평가표

CR		Dysfunctional				
		1	2	3	4	5
Functional	1	Q	A	A	A	O
	2	R	I	I	I	M
	3	R	I	I	I	M
	4	R	I	I	I	M
	5	R	R	R	R	Q

주: O = one-dimensional 요구사항
A = attractive 요구사항
M = must-be 요구사항
I = indifferent 요구사항
R = reversal 요구사항
Q = questionable 요구사항

것을 물어보는 dysfunctional 양식도 1로, 즉 만족한다고 답변했다고 하자. 그러면 이 사항은 동일한 사항에 대해 상반된 의견이 제시되었기 때문에 회의적 요구사항, 즉 Q로 판정한다. 두 양식 모두 5로 답변한 경우도 Q가 된다. 만일 functional 양식에서는 1로, dysfunctional 양식에서는 5로 나왔다면 이 사항은 일반적인 예상과 일치하는 일차원적인 요구사항, 즉 O로 판정한다. 다른 셀도 가장 적합한 사항으로 분류한다.

라. 평가표의 작성과 활용

Kano 모형의 마지막 작업은 설문의 결과를 바탕으로 세부적인 요구사항에 대한 평가표(evaluation table)를 작성하는 일이다. 이 평가표는 신제품의 아이디어 창출과 구체적인 설계 과정에서 어떤 요구사항이 어떤 목적과 우선순위에 의해 반영되어야 하는지를 제시하는 기본 자료가 된다.

평가표는 설문에 참여한 모든 고객들의 응답결과를 집계하여 종합적인 평가를 한 결과이다. 즉 앞 단계에서 이미 분석한 개별 고객들의 판정 결과를 모두 모아서 전체적인 표로 정리한 것이다. 예를 들어 〈표 5-15〉는 설문에 참여한 30명의 고객이 응답한 결과를 정리한 것이다. 요구사항 1에 대해서는 O로 판정된 고객이 24명으로 압도적으로 많고, 나머지는 1명에서 2명으로 분산되어 있다. 따라서 이

〈표 5-15〉 최종 평가표: 30명 고객의 분석 사례

CR	A	M	O	R	Q	I	합계	최종평가
1	1	2	24	1	1	1	30	O
2		28			1	1	30	M
⋮	⋮	⋮	⋮	⋮	⋮	⋮	⋮	⋮

CR에 대한 최종적인 판정은 O가 된다. 마찬가지로 CR 2는 M으로 평가한다.

Kano 모형의 궁극적인 목적과 용도는, 위의 분석 결과를 아이디어의 창출이나 제품의 설계에 활용하는 데 있다. 다른 모델과 비교하여 Kano 모형의 가장 큰 장점과 비교우위는 고객의 요구사항을 특성별로 나누어 접근한다는 점이다. 따라서 각각의 요구사항이 지니고 있는 특성을 토대로, 어느 사항은 어느 기준과 방향으로 아이디어를 찾거나 설계하는 것이 효과적인지에 대한 지침을 얻을 수 있다.

(8) 고객 효용 분석 – 컨조인트 분석

가. 기본 개념

신제품의 아이디어는 곧 소비자의 어떤 효용을 어느 정도 만족시키냐의 문제로 볼 수도 있다. 소비자 효용과 신제품 아이디어를 연결하는 방법으로는 컨조인트 분석(conjoint analysis)이 자주 사용된다. 컨조인트 분석은 소비자의 니즈를 신제품 개발에 체계적으로 반영하고자 하는 선진 마케팅 기법 중 하나이다. 이 기법은 먼저 소비자의 관점에서 몇 개의 핵심적인 제품 속성을 정의한 후, 소비자가 각 속성에 부여하는 가치를 산정하여 가장 최적(optimal)의 조합을 찾아내는 통계분석 기법이다. 즉 개발 대상 제품의 선호도에 대한 서열척도나 선호도 점수를 토대로, 제품을 선택할 때 소비자들이 가장 중요하게 생각하는 속성이 무엇이며, 속성값 중에 어떤 수준을 더 좋아하는지를 알아냄으로써, 소비자가 제일 선호하는 신제품의 콘셉트를 찾아내고자 할 때 사용되는 방법이다.

예를 들어 자동차를 구매하고자 하는 소비자에 대해 생각해 보자. 소비자는 자동차의 가격, 디자인, 속도, 엔진성능, 유지비 등 많은 속성들에 대해 자신이 최적

이라 생각하는 조합이 있을 것이며, 구매과정에서는 이에 가장 근접한 제품을 선택하게 된다. 따라서 기업의 신제품 개발부서에서는 자동차의 여러 속성들 중 소비자들이 어떠한 속성을 보다 중시하는지를 파악하고, 이를 반영한 제품을 개발하여야 한다. 만약 소비자들이 중요하게 생각하는 속성이 디자인이라면, 어떤 연령대 계층이 어떤 디자인을 선호하는지, 그 속성이 가격이라면 얼마까지의 가격이 수용가능한지 등을 구체적으로 파악할 수 있다. 이와 같은 정보를 토대로, 기업의 신제품 개발자는 대안이 되는 다양한 신제품 콘셉트 중에서, 최고의 시장점유율을 낳을 신제품을 찾아내거나 해당 신제품의 성공 가능성을 평가해 볼 수 있다.

나. 수행 절차

컨조인트 분석을 제대로 이해하기 위해서는 다변량(multi-variate) 통계에 대한 기본적인 지식이 필요하기 때문에, 여기에서는 하나의 예제를 중심으로 전체적인 흐름과 개념적인 내용에 대해서만 간략히 설명하기로 한다. 예제는 자동차 개발에 관한 것으로, S자동차의 신제품 개발팀은 팀 내에서 도출된 여러 개의 제품 콘셉트 중에, 실제 소비자의 의견을 최대로 반영한 제품을 출시하고자 컨조인트 분석을 실시한다고 하자.

1) 단계 1: 속성과 속성수준 결정

앞에서 언급한 대로 컨조인트 분석을 실시하기 위해서는, 우선 고객들이 제품을 구매할 때 중요시하는 제품의 속성을 파악하고 그 속성의 수준을 확인하여야 한다. 이러한 속성들은 자료분석, 인터뷰, 전문가 토론 등 다양한 방법을 통해 파악할 수 있다. 일반적으로 속성의 수는 6~7개로 결정된다. 또 각 속성이 취할 수 있는 수준의 개수는 속성별로 비슷해야 하고, 보통 2~4개로 결정된다. 이때 각 수준은 다른 수준들과 분명히 구분할 수 있는 것들이어야 하고, 가능한 한 현재 출시되고 있는 제품들의 수준을 반영해 주는 것이 바람직하다. 속성과 속성수준의 개수가 너무 많아지면 응답자가 응답에 곤란을 겪게 되고, 반대로 너무 적어지면 얻을 수 있는 정보량이 부족하기 때문에 적당한 수준으로 결정하는 것이 중요하다.

S자동차의 사례에서는 전문가 집단과의 토론 결과, 자동차를 구매하고자 하는 소비자들은 자동차의 가격, 디자인, 연비, 색상의 네 가지 속성을 가장 중요하게 생각하고 있는 것으로 파악되었다. 또 신제품 개발팀은 S자동차의 전략을 반영하

여 각 속성에 대한 수준을 세 개로 설정하였다. 〈표 5-16〉에 주요 속성과 각 속성의 수준이 요약되어 있다.

〈표 5-16〉 자동차에 대한 속성과 속성수준의 결정

속성	가격	디자인	연비	색상
수준 1	11,000,000	세단 (Sedan)	11km/liter	검정 (Black)
수준 2	13,000,000	스포츠카 (Sports)	13km/liter	흰색 (White)
수준 3	15,000,000	SUV	15km/liter	은색 (Silver)

2) 단계 2: 제품 프로파일 선정

중요한 제품 속성들과 그 수준들이 정해지면, 다음 단계에서는 이를 조합하여 응답자들에게 제시할 제품 프로파일을 결정해야 한다. 가장 대표적이고 보편적인 방법은 전체 프로파일 접근법(Full Profile Approach)이다. 이 방법은 가능한 모든 제품 프로파일을 만든 후 응답자로 하여금 각 프로파일의 선호순위나 선호점수를 매기도록 하는 접근법이다. S자동차의 경우 속성이 4개, 각 속성별 수준이 3개씩이기 때문에, 가능한 제품 프로파일의 수는 $3^4 = 81$개가 생성된다. 이 방법은 모든 속성과 모든 수준들이 빠짐없이 포함된다는 장점이 있지만, 평가해야 하는 프로파일의 수가 너무 많아질 위험이 있다.

따라서 많은 경우, 프로파일의 숫자를 줄일 수 있는 몇 가지 방법이 사용된다. 우선 중복되거나 비현실적인 프로파일을 제거함으로써 줄일 수 있다. 보다 과학적인 방법으로는 부분요인설계(Fractional Factorial Design)법이나 두 개의 속성씩 비교하는 쌍대 접근법을 들 수 있다. 그러나 이들 방법의 구체적 설명은 이 책의 범위를 벗어나므로 생략한다. 어쨌든 S자동차의 사례에서는 81개 모두를 비교하는 것은 너무 복잡하고 시간이 걸리기 때문에, 일차적으로 부분요인설계 방법을 통해 27개의 프로파일로 축소시켰다. 다음으로 남은 프로파일 가운데 비현실적인 프로파일 15개를 제외한 12개의 프로파일을 최종적으로 선정하였다.

3) 단계 3: 평가 자료 수집

컨조인트 분석은 통계의 회귀분석(regression analysis)을 통해 프로파일의 속성인 독립변수(X)와 응답자의 선호도인 종속변수(Y) 간의 관계를 추정하는 기법이다. 따라서 제품 프로파일이 선정되면, 그 다음에는 응답자로부터 각 프로파일에 대한 평가 자료를 수집해야 한다. 여기서 제품 프로파일은 독립변수(X), 그 프로파일에 대한 선호도는 종속변수(Y)의 역할을 하게 된다.

먼저 독립변수를 보자. 각각의 독립변수는 각각의 제품 속성을 가리킨다. 여기서 주의해야 할 점은 속성의 특성에 따라 독립변수에 미치는 영향이 다르다는 사실이다. 어떤 속성은 클수록 또는 작을수록 항상 좋은 경우도 있고, 어떤 속성은 개인의 취향에 따라 큰 것을 좋아할 수도 있고 작은 것을 좋아할 수도 있다. 다시 말해 속성별 중요도를 추정하기 위해서는 각 속성의 특성에 맞는 분석 모형이 필요하다. 실무적으로 자주 사용되는 분석 모형으로는 벡터 모형(vector model), 이상점 모형(ideal point model), 부분가치함수 모형(part worth function model) 등을 들 수 있다.

벡터 모형이란 어떤 속성에 있어서 속성수준의 값이 증가할수록 혹은 감소할수록 소비자의 선호도가 높아진다는 선형(linear) 구조를 가정한다. 예를 들어 가격은 낮을수록 품질은 높을수록 선호되는 것이 일반적이기 때문에, 가격 혹은 품질이라는 속성에 대해서는 벡터 모형을 적용하는 것이 바람직하다. 이 경우의 독립변수는 곧 그 속성의 값이 되며 종속변수에 미치는 영향도 값의 크기에 비례하여 달라지게 된다.

이상점 모형이란 소비자가 가장 선호하는 속성수준이 존재한다는 가정 하에서 각 속성수준이 선호도에 미치는 영향을 구하는 모형이다. 가운데에 최댓값을 설정한 후 위치가 바뀌면서, 즉 속성의 수준이 달라지면서 선호도가 어떻게 변하는지를 추정하는 식이다. 예를 들어 펜의 경우 너무 굵지도 가늘지도 않은 이상적(ideal)인 굵기가 존재해서 이 수준이 가장 선호된다. 나머지 수준은 예를 들어 굵은 수준, 가는 수준 등이 된다. 굵기, 크기, 맛 등의 속성에 대해서는 이상점 모형을 적용하는 것이 좋다. 이 경우의 독립변수는 곧 그 속성의 수준이 된다.

마지막으로 부분가치함수 모형이란 개별 속성의 각 수준에 대해 특별한 가정을 하지 않은 채 각 속성수준이 선호도에 미치는 영향을 구하는 모형이다. 이 모형은 세 모형 가운데 가장 대표적 모형이면서 가장 자주 사용되는 모형이다. 예를 들어 색상이나 모양과 같이 속성수준이 이산적인(discrete) 값을 가질 경우에는 속성수준이 높거나 낮을수록 선호된다든지, 특정 수준에서 선호된다든지 하는 가정을 세우는 것이 불가능하다. 왜냐하면 개인적이고 주관적인 성향에 따라 선호도가 달라지기 때문이다. 따라서 이 경우에는 부분가치함수 모형을 적용해야 한다. 여기서 독립변수는 그 속성의 이산적인 카테고리, 예를 들어 색상이라면 빨강, 파랑, 노랑 가운데 하나가 된다.

다음으로 종속변수를 보자. 종속변수는 곧 선호도(preference) 또는 구매의도(buying intention)로 표를 뜻한다. 선호도는 주로 상대평가를 한다. 즉, 제품 프로파일들에 대해 비교평가를 수행하여, 가장 좋아하는 것을 1, 그 다음 좋아하는 것을 2, 하는 식으로 순위를 매긴다. 그러나 가끔은 절대평가를 하기도 한다. 절대평가의 경우, 응답자는 각 제품 프로파일에 대한 선호도를 수치로 표현하여 선호점수를 부여한다.

프로파일 수가 12개, 응답자 수가 25명인 예를 살펴보자. 〈표 5-17〉에서 보는 것처럼, 각각의 프로파일은 제품 속성을 뜻하는 독립변수 X값의 차이에 따라 달라진다. 여기서는 색상, 가격, 두께의 세 가지 속성이 독립변수로 설정되었다. 색상은 부분가치함수 모형, 가격은 벡터 모형, 두께는 이상점 모형이 사용된다고 하

〈표 5-17〉 컨조인트 분석의 입력 데이터 예시

제품 프로파일	독립변수(X)			종속변수: 선호도 (Y)
	색상(X1)	가격(X2)	두께(X3)	
1				11
2				6
3				8
.				
.				
.				
.				
.				
.				
.				
.				
12				3

자. 따라서 프로파일 1에서 12까지 각각의 속성에 맞는 X값을 입력한다. 이제 각각의 응답자들로부터 12개 프로파일에 대한 선호도를 뜻하는 종속변수 Y의 값을 1부터 12까지의 순위값으로 받는다. 이와 같은 표가 응답자별로 하나씩 총 25개 만들어지게 된다.

4) 분석 및 결과 해석

평가 자료가 수집되면, 다음 단계는 수집된 정보를 분석하는 일이다. 이 과정은 앞에서 언급한 대로, 통계의 회귀분석(regression analysis)을 통해 이루어진다. 프로파일의 속성인 녹립변수(X)와 응답자의 선호도인 종속변수(Y)의 값을 알기 때문에 회귀분석을 통해 둘 사이의 관계를 추정할 수 있는 것이다.

자료 분석의 핵심은 크게 두 가지로 요약할 수 있다. 첫째는, 속성별 상대적 중요도를 추정하는 일이다. 여러 제품 속성 가운데 어느 속성이 더 중요하고 덜 중요한지를 알아내는 것이다. 둘째는, 가장 적합한 제품 프로파일을 선별하는 일이다. 여러 프로파일 가운데 어느 프로파일을 중심으로 제품을 개발해 나갈 것인가를 결정하는 일이다.

위에서 설명한 세 가지 분석모형 가운데 가장 대표적인 부분가치함수 모형을 토대로 이 과정을 자세하게 알아보자. 부분가치함수의 기본 모형은 다음과 같다. n은 속성의 수, m_i는 i번째 속성의 속성수준 수, a_{ij}는 i번째 속성의 j번째 속성수준이 갖는 부분가치 기여도라고 하자. 그러면 제품 프로파일 X의 효용함수(utility function)는 아래의 식으로 표현된다.

$$U(X) = \sum_{i=1}^{n} \sum_{j=1}^{m_i} a_{ij} x_{ij}$$

제품 프로파일 X에 대한 효용은 각 속성의 속성수준 X_{ij}에 대한 부분효용 a_{ij}의 합에 의해 결정되는 것이다. 즉, 회귀분석을 통해 각 속성의 수준이 효용이나 선호도에 미치는 영향인 부분효용 값을 추정한 후, 모든 수준의 값을 합하면 제품 프로파일의 총효용을 산정할 수 있는 것이다.

실제로 부분가치함수 모형을 사용하여 컨조인트 분석을 한 결과가 [그림 5-46]에 효용 도표로 요약되어 있다.

속성	모델	속성수준
가격	l(less)	3
연비	l(less)	3
디자인	d	3
색상	d	3

l : 선형 모형
d : 부분 가치함수 모형

평균중요도	부분효용	속성	속성수준
26.67	1.0000 0.6667 0.3333	가격	11,000,000 13,000,000 15,000,000
13.33	0.3667 0.2000 0.0333	연비	15km/liter 13km/liter 11km/liter
60.00	–0.7500 0 0.7500	디자인	세단 스포츠카 SUV
0.00	0.0000 0.0000 0.0000	색상	검정 흰색 은색

[그림 5-46] 컨조인트 분석 결과: 효용 도표

위의 결과를 토대로, 속성들 간의 상대적인 중요도를 결정해 보자. 상대적 중요도는 효용 도표에서 부분효용 값을 이용하여 계산된다. 즉, 각 속성에 대해 가장 높은 부분효용 값과 가장 낮은 부분효용 값 간의 차를 구한 다음, 이들의 차를 비교하여 속성의 중요도를 판단하는 것이다. 여기에서 차이가 크다는 것은 속성의 수준이 변화함에 따라 소비자들의 효용에 큰 차이가 난다는 것을 의미하므로, 속성 수준별로 차이가 큰 속성이 곧 소비자들에게 중요한 속성이라 할 수 있다. 이 예제의 경우, 가격의 중요도(S_1)는 1-0.3333=0.6667, 디자인의 중요도(S_2)는 0.75-(-0.75)=1.5, 연비의 중요도(S_3)는 0.3667-0.0333=0.3334, 색상의 중요도(S_4)는 0-0=0 이다. 따라서 디자인과 가격이 상대적으로 중요한 속성임을 알 수 있고, 이 속성들이 신제품 개발 과정에 중점적으로 반영되어야 한다. 실제로 효용 도표를 보면, 디자인과 가격이 속성 수준 간에 부분 효용의 차이가 가장 크게 나타나고, 따라서 평균 중요도가 가장 높다는 사실을 알 수 있다.

다음으로 12개의 제품 프로파일 가운데 가장 적합한 프로파일들을 선별하는 작업을 해보자. 이 결정은 앞에서 설명한대로 각 프로파일의 효용함수 값을 기준으로 하게 된다. 예를 들어 X_1=[가격 : 15,000,000원, 연비 : 15km/liter, 디자인 : SUV, 색상 : 검정]으로 구성된 제품 프로파일의 경우, 효용함수 값은 $U(X_1)$=0.3333+0.3667+0.7500+0=1.4500으로 계산된다. 같은 방법으로 다른 프로파일의 효용함수 값도 계산한다. 그 결과 12가지 제품 컨셉 가운데 3개의 프로파일이 높은 효용값을 나타내었고, 따라서 향후의 신제품 기획은 이들 프로파일을 중심으로 진행하기로 하였다.

(9) 사용자 데이터 분석

가. 기본 개념

앞에서 살펴본 QFD, Kano 모형, Conjoint 분석 등은 모두 고객의 요구사항이나 효용에 대한 정보로부터 신제품의 아이디어와 주제를 얻는다는 공통의 목석을 가지고 있다. 그러나 이들 기법들은 고객 정보를 추출할 수 있는 방식과 범위가 제한적이라는 한계도 안고 있다. 즉, 인터뷰나 관찰을 한다든가, 설문조사를 하는 접근으로는 폭넓은 시장과 수많은 고객들로부터 정보를 얻어내기가 어려운 것이다.

사용자 데이터 분석은 설문조사 방법의 문제를 보완할 수 있는 새로운 대안으로 관심을 끌고 있다. 여기에서 데이터 기반이라고 부르는 것은 제품이나 서비스를 구매한 고객들이 사용의 경험이나 의견을 올려놓은 모든 정보의 집합을 가리킨다. 특히 [그림 5-47], [그림 5-48], [그림 5-49]에서 볼 수 있는 것처럼, 선도적 사용자(lead user)들은 자신들의 사용자혁신 커뮤니티(community)를 만들어서 운영하기도 하고, 사용자 리뷰(User Review) 사이트에 평가의견을 제시하기도 하고, 나아가 사용자 혁신의 결과물을 모아서 정보를 공유하기도 한다.

[그림 5-47] App Store Apps: 사용자 혁신의 결과물

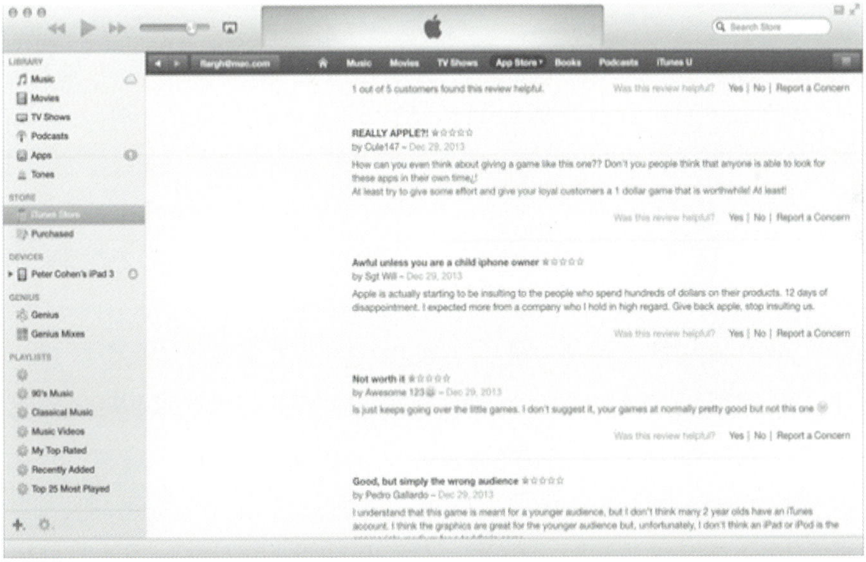

[그림 5-48] User Review 사이트

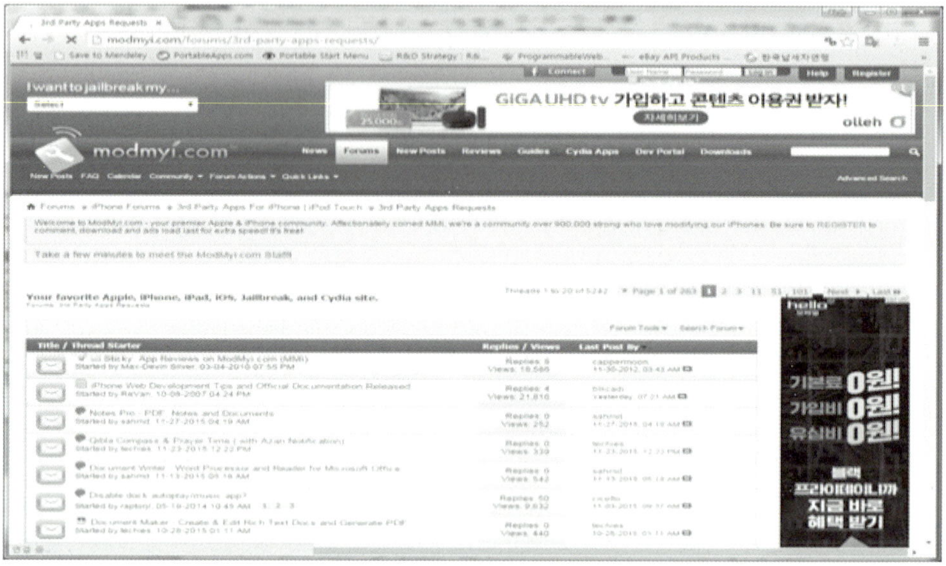

[그림 5-49] 사용자혁신 커뮤니티

시장과 고객으로부터 만들어지는 사용자 데이터의 특성은 규모와 다양성이다. 먼저 데이터의 규모로 볼 때 다른 조사방식으로부터 얻을 수 있는 데이터보다 훨씬 방대하다. 더구나 다른 방식들은 가끔씩 일회성으로 데이터를 모으지만 여기에서는 끊임없이 실시간 데이터가 쌓인다. 다음으로 데이터의 성격이 매우 다양하다. 사용자마다 배경과 특성이 다르고 각자의 관심분야와 전문성도 상이하다. 이러한 차이는 곧 데이터의 다양성으로 연결된다. 물론 양이 많다고 해서, 또 종류가 다양하다고 해서 반드시 그 데이터베이스가 유용한 정보를 더 많이 담고 있다는 보장은 없지만 빅 데이터의 잠재적인 가치는 올라간다고 할 수 있다.

기술경영(MOT)의 관점에서 보면, 사용자 데이터 분석은 다음 두 가지의 중요한 의미를 지닌다. 첫째는, 사용자 혁신(user innovation)이라는 새로운 주제(theme)를 반영한다는 점이다. 사용자 혁신에 대비되는 개념은 생산자(producer) 내지 공급자(supplier)혁신이다. 전통적인 관점에서 보면, 대부분의 기술혁신은 신기술의 개발자이자 신제품의 생산자인 공급자 기업에 의해 일어난다. 그러나 최근의 많은 사례들을 보면, 중간재를 사용하는 기업(user firm)이나 최종재를 구매한 고객(end-user)의 사용 경험을 바탕으로 문제해결의 아이디어나 새로운 기술적 솔루션이 만들어지고 있다(von Hippel, 2005). 즉, 기술혁신의 원천이 공급자뿐만 아니라 사용자도 포함하는 새로운 현상이 일어나고 있는 것이다. 특히 이른바 선도적 사용자(lead user) 또는 창의적 소비자(creative consumer)들은 개발자 못지않은 전문적 지식과 풍부한 경험을 보유하고 있다.

실제로 사용자 혁신이 생산자 혁신보다 더 혁신적(innovative)이라는 주장도 있다. 이미 기존제품으로 시장에 진출한 생산자 입장에서는 새로운 시장을 만들어내는 급진적(radical) 혁신에 투자하기보다는 기존시장의 부분적 문제들을 해결하는 수준의 점진적(incremental) 혁신을 선호한다. 하지만 기술투자에 대한 부담이 없는 사용자 입장에서는 이미 있는 것보다는 새로운 것이나 다른 것을 찾는 욕구가 강하다. 즉, 사용자는 창의적 아이디어를 반영한 새로운 제품을 찾으려고 노력하는 반면 생산자는 기존제품의 성능이나 품질의 개선에 초점을 맞추는 경향이 강하다. 그러다 보면 오히려 사용자들이 더 혁신적인 마인드를 가지고 더 새로운 아이디어를 내놓을 수 있다는 것이다.

둘째는 데이터 마이닝(Data Mining: DM)이라는 새로운 기법(method)을 활용한다는 점이다. 데이터 마이닝의 목적과 기능은 대량의 데이터에 숨어있는 관계나 패턴, 규칙 등의 의미 있는 정보를 추출하는 것이다. 즉, 그 자체로는 아무것도 알아내기 어려운 원시 상태의 빅 데이터(raw data)를 분석하여 유용한 정보와 지식을 찾아낼 수 있도록 지원하는 기법이 바로 데이터 마이닝이다.

데이터 마이닝의 활용 범위는 매우 넓지만 신제품 개발 분야에서도 사용될 수 있다. 하나의 신제품은 기술적 속성들과 시장적 속성들의 조합으로 표현할 수 있다. 다양한 속성들의 데이터베이스를 DM 기법을 통해 추출, 분석함으로써 신제품의 아이디어를 도출할 수 있는 것이다. 또, 고객의 구매 패턴이나 사용 행동을 파악하여 신제품 설계에 적용할 수도 있고, 신제품이 출시된 이후 이를 시장에서 마케팅 하는 과정에 활용할 수도 있다. DM의 활용도는 고객 정보와 사용자 데이터의 양이 늘어나고 범위가 다양해질수록 더 커지게 된다. 빅 데이터를 효율적으로 분류, 분석, 가공하기 위해서는 DM과 같은 자동화 기법의 활용이 필수적이기 때문이다.

나. 분석 프로세스

사용자 데이터의 분석에 정해진 순서나 단계가 있는 것은 아니다. 그러나 누가 어떻게 분석 프로세스를 설계하든, 일반적으로는 [그림 5-49]에 정리되어 있는 과정을 따라 수행된다.

단계1-1: 데이터 수집(data collection)

우선 다양한 원천(source)으로부터 사용자 데이터를 모으는 것이 첫 번째 작업이다. 데이터의 원천을 크게 나누어 보면, 사용자 DB, 마케팅 DB, 기술정보 DB, 포사이트(foresight) DB 등으로 구성된다. 물론 사용자 데이터의 중심은 사용자 DB이다. 사용자 DB는 포털 사이트, 앱 스토어, 블로그, Review, SNS 등에 폭넓게 존재한다. 그러나 사용자 DB 외에서 시상동향 분석, 시상예측, 트렌드 분석 등과 같은 마케팅 DB, Catalogue 데이터, 기술동향 분석, 제품정보 등과 같은 기술정보 DB, 기술예측, 사회예측, 유망기술 분석 등과 같은 포사이트 DB도 데이터의 원천이 될 수 있다.

단계 1-2: 데이터 가공(pre-processing)

위에서 수집한 데이터는 대부분 문서(text) 형식이거나 시각적(visual) 형태로 되어 있다. 또 데이터가 깔끔하게 정리되어 있지 않은 경우도 많다. 따라서 그 자체로는 분석작업을 하기 어렵다. 결측값(missing data), 잡음(noise), 이상점(outlier) 등의 문제를 정리하는 데이터 정제(data cleaning), 정보량은 그대로 두면서 데이터베이스의 크기를 줄이는 데이터 축소(data reduction), 분석의 효율성을 올리기 위한 데이터 변환(data transformation) 등과 같은 전처리(pre-processing) 과정을 거쳐야 한다.

단계 2: 분석과 발견(analysis and discovery)

가공이 끝난 데이터에 대해 다양한 분석 작업을 수행하게 된다. 이 기법들이 곧 데이터 마이닝 알고리즘들이 된다. 예를 들어 핵심 키워드(keyword)를 파악한다든가, 상관관계나 연관관계를 본다든가, 유사한 것들을 묶는 군집(cluster)을 찾는다든가 하는 것들이 대표적인 분석 기법들이라고 할 수 있다. 이러한 작업을 하는 목적은 빅 데이터 안에 숨겨져 있던 패턴(pattern)이나 규칙(rule)을 발견하는데 있다. 아무런 기준도 없이 그냥 흩어져 있는 것으로 보이는 데이터로부터 나름의 규칙성과 방향성을 찾는 것이다.

단계 3: 창출(creation and ideation)

앞에서 데이터 안에 감추어져 있던 패턴이나 규칙을 찾을 수 있다면, 그것을 바탕으로 새로운 아이디어를 만들거나 문제해결의 답을 찾는 것이 마지막 단계의 일이다.

다. 분석 기법

DM 기법은 그 종류가 상당히 다양할 뿐 아니라 지금도 계속 새로운 기법들이 개발되고 있다. 하지만 대부분의 기법들은 전문적인 지식을 필요로 하기 때문에 이 책의 범위를 벗어나는 내용들이 많다.

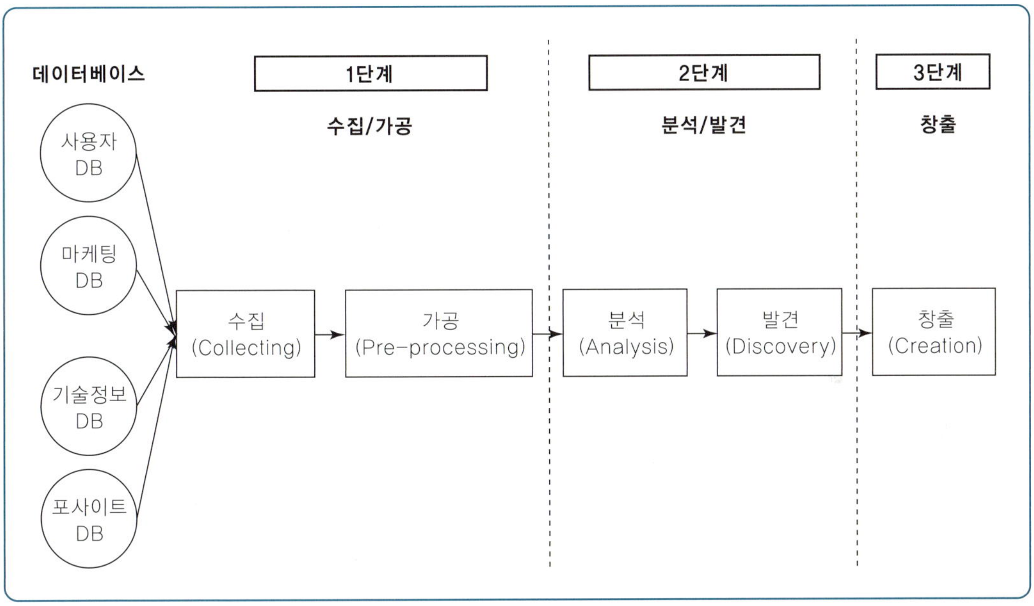

[그림 5-50] 사용자 데이터 분석 프로세스

요 약

1. 기술예측은 예측 시기, 예측대상 기술, 예측기술 특성, 실현 가능성 등이 명확하게 기술되어야 한다.

2. 기술예측의 방법론은 크게 전문가의 지식과 경험을 활용하는 정성적 방법과 통계자료나 특허자료에 대한 정량적인 추세 분석 방법으로 나눌 수 있다.

3. 기술로드맵은 기술예측과 기술기획의 목적으로 작성되며, 시장-제품-기술의 계층을 따라 로드맵을 작성하고 이에 대응하는 연구개발전략을 제시하는 것이 주요내용이다.

4. 기술개발의 전체과정은 보편적으로 기초연구, 응용연구, 개발, 엔지니어링, 시험평가, 생산의 단계로 나눌 수 있고, 기술혁신의 대표적 모형들에는 선형모형, 비선형모형, 시스템/네트워크 모형 등이 있다.

5. 기술획득 전략의 의사 결정은 기술자체의 특성과 기술획득의 용이성을 고려하여 내부에서의 자체개발과 외부에서의 조달 가운데 적합한 방식을 전략적으로 선택하여야 한다.

6. 신제품 개발은 일반적으로 고객 니즈(needs)의 파악, 목표 스펙(spec)의 설정, 스펙의 개선, 복수의 제품 콘셉트(concept) 도출, 최종 제품 콘셉트 선정, 디자인 작업, 시제품(prototype) 제작의 절차를 통해 이루어진다.

7. 아이디어의 창출은 신제품 개발의 가장 핵심적인 역할을 하는 활동이며, 시장조사 방법, 아이디어 개발법, 기술트리, FAST, TRIZ, QFD, Kano 모형, 컨조인트 분석 등과 같은 다양한 방법론을 이용하여 수행된다.

복 습 문 제

1. A 기업은 현재 과점화된 HDD 공급시장에 뒤늦게 뛰어든 후발주자로 향후 유력한 경쟁시장으로 주목받고 있는 Customer Electronics, 즉 PDA, 카메라, 캠코더, MP3 플레이어 등 개인용 digital device에 탑재되는 초소형 HDD 제조에 주력함으로써 경쟁 우위를 확보하기 위한 노력을 하고 있다. 특히, 각종 저장 매체 중 가격이 가장 저렴하여 MP3 플레이어에 주로 사용됨으로써 지속적인 수요가 있을 것으로 예상되는 1-inch HDD를 주로 생산하고 있다. 특히 Mini HDD 시장은 매 분기별 새로운 제품이 출시되는 등 빠른 발전 속도를 보이고 있다. 다음 표는 2016년 HDD 생산을 시작한 A사의 1-inch HDD의 용량 증가 추세를 분기말을 기준으로 하여 나타낸 것이다.

시장화 시점(marketed time)		1-inch HDD의 용량 (Gb)
2016년	1분기	2
	2분기	2
	3분기	3
	4분기	5
2017년	1분기	8
	2분기	10
	3분기	15
	4분기	20
2018년	1분기	25
	2분기	30
	3분기	50
	4분기	60

(1) 1-inch HDD의 용량 증가 추이를 plotting하여라.

(2) 각 분기별 HDD의 용량을 로그함수로 나타내었을 때는 어떤 모형을 사용하여 정량적으로 표현할 수 있겠는가? 그리고 그 함수를 수리적으로 도출하여라.

(3) 현재 A사가 mini-HDD를 공급하고 있는 B사에서는 2020년 초에 신제품 PMP(Portable Multimedia Player)를 출시할 계획이다. 신제품의 출시가 예정대로 이루어진다면 B사에서

신제품에 장착할 수 있는 HDD는 최대 몇 Gb인지 예측하여라.

(4) A사의 mini-HDD 제품의 발전 추세가 지금과 같다고 가정한다면 HDD의 용량이 최초로 Tb(Tetra Byte, 1Tb=1000Gb)가 되는 때는 언제인가.

2. 기술혁신의 순서 및 양상을 설명하기 위해 제시된 모형 중, 기술혁신을 기업이 단독으로 수행한다고 가정하고 있는 선형 모형은 기술혁신이 일정한 순서에 따라 혁신 과정이 순차적인 단방향으로 진행되고 있다고 설명함으로써 기술혁신을 지나치게 단순화하여 현실을 제대로 반영하지 못하는 단점이 있다. 이에 대한 비판을 토대로 기술혁신의 선형 구조 사이에 chain과 link의 개념을 도입하여 새로이 제시된 비선형 모형의 장점과 단점에 대해 생각해보자.

3. QFD는 제품 및 서비스에 대한 고객의 요구조건을 기술적 특성으로 변환하여 반영함으로써 제품의 구체적 특성을 체계적으로 결정하는 방식으로, 보통 HoQ 등의 방법을 이용하여 신제품 개발에 사용되곤 한다. 그러나 QFD의 유용성 등을 고려하였을 때, 이는 제품 개발을 위한 R&D 과정뿐만 아니라 이외에도 다른 분야에도 유용하게 적용할 수 있다. 그중, QFD를 효율적인 의사결정을 돕기 위한 도구로 사용할 수 있을 것이다. 그러한 예를 생각해보자.

토 의 문 제

1. 기술예측을 시행하였음을 인정받기 위해 충족되어야 하는 네 가지 조건을 명시하여라.

2. 회귀분석을 사용하여 장래를 예측할 때 과거 자료를 토대로 도출된 회귀식의 유효성을 평가하기 위하여 일반적으로 결정계수(coefficient of determination, R^2)를 이용한다. 변수 X와 Y로 이루어진 회귀식에서 이는 다음의 식으로 나타낼 수 있다.

$$R^2 = \left[\frac{n\sum XY - \sum X \sum Y}{\left\{ n\sum X^2 - (\sum X)^2 \right\}\left\{ n\sum Y^2 - (\sum Y)^2 \right\}} \right]^2$$

이 R^2의 값이 0.55라면, 그 회귀식의 유효성을 어떻게 평가할 수 있는가?

3. 기술 로드맵이란 시장에 대한 예측을 바탕으로 미래수요를 충족시키기 위해 향후 개발하여야 할 필요기술과 제품을 예측하여 최선의 기술대안을 선정하는 기술기획 방법을 말한다. 이 기술 로드맵을 작성하는 목적을 설명하시오.

4. R&D 시스템이 발전해 온 양상을 세대별로 나누어 현재를 4세대 R&D라고 할 때, 4세대 R&D의 특징을 서술하여라.

5. 신제품 개발 절차를 간략하게 제시하여라.

CHAPTER

06

경영프로젝트의 경제성 평가

배경과 주요 내용

경영프로젝트의 개발을 위한 여러 가지 대안이 제시되면 그 가운데 최적의 대안을 선정하는 과제를 다루는 일이 바로 경제성 평가이다. 경제성 평가는 프로젝트의 선정뿐 아니라 투자결정, 설비도입 등 광범위한 주제와 영역의 의사결정(decision-making) 문제를 포괄한다.

흔히 기술에 빠진 사람들은 기술성만 생각하지 경제성을 생각하지 못한다는 지적을 많이 받는다. CEO의 위치로 올라갈수록 의사결정을 해야 하는 일들이 많아지고 이때 기술성과 경제성을 모두 고려하지 않으면 최적의 결정을 내릴 수 없다.

경제성 평가는 오랫동안 산업공학이나 경영학의 중요한 연구 주제였고 지금까지 개발되어 사용되는 기법의 종류도 매우 다양하다. 따라서 먼저 다양한 기법들을 그 특성과 용도에 따라 분류하는 일이 필요하다. 또 프로젝트의 목적과 성격의 차이에 따라 가장 적합한 평가기법을 선정하는 일도 매우 중요하다.

먼저 대안들에 대해 상대적 가치의 순위를 매긴 후, 그 순위에 따라 최적의 대안을 선정하는 상대적 순위 모형(relative rank model)에는 어떤 기법들이 있는지 알아본다.

다음으로 대안들에 대해 화폐적 가치를 측정한 후, 그 값의 차이에 의해 대안들의 경제성을 평가하는 경제적 가치 모형(economic value model)에는 어떤 기법들이 있는지 살펴본다.

06 경영프로젝트의 경제성 평가

6.1 경제성 평가의 기본 개념

1. 경제성 평가 모형의 분류

경영프로젝트의 개발이 결정되고 개발을 위한 여러 가지 대안이 제시되면, 그 다음의 과제는 제안된 복수의 대안에 대해 경제성을 평가하고, 평가결과를 토대로 최적의 대안을 선정하는 일이다. 경제성의 평가는 비단 경영프로젝트의 선정 문제뿐 아니라, 새로운 설비의 도입 문제, 새로운 사업에 대한 투자결정 문제 등 광범위한 주제와 영역의 의사결정(decision-making) 문제를 포괄한다. 따라서 오래 전부터 산업공학이나 경영학에서는 경제성 평가를 중요한 연구주제로 다루어 왔고, 실무에서도 다양한 기법들이 개발되어 사용되어 왔다.

경제성 평가 문제의 역사가 오래되고 범위가 넓은 만큼, 경제성을 평가하는 기법의 종류도 매우 다양하다. 그리고 각각의 기법은 나름대로의 장점과 단점을 지니고 있어 어떤 기법이 최선의 기법이라고 말할 수는 없다. 따라서 기법들의 장단점이나 우열을 비교하기에 앞서, 특성에 따른 분류 작업을 먼저 하는 것이 필요하다.

기법의 분류는 분류의 기준이나 목적에 따라 여러 가지로 제시될 수 있다. 예를 들어 평가의 목적에 따라 복수의 대안 가운데 일부를 고르는 선별 모형(screening model), 여러 대안의 경제성의 크기를 계측하는 평가 모형(evaluation model), 한정된 자원을 여러 대안에 배분하는 분배 모형(allocation model)으로 나눌 수 있다. 또 평가의 방법론적 특성에 따라 통계학적 모형, 재무관리적 모형, 기술경제적 모형, 경영과학적 모형 등으로 분류할 수도 있다.

여기서는 평가 지표의 성격이나 용도에 따라, 크게 상대적 순위 모형, 경제적 가치 모형, 파급효과 분석 모형의 세 가지로 나누어 살펴보기로 하자.

(1) 상대적 순위 모형

상대적 순위 모형(relative rank model)은 대안들에 대해 상대적 가치의 순위(rank)를 매긴 후, 그 순위에 따라 대안들의 경제성을 평가하는 기법들을 뜻한다. 상대적 가치를 표현하는 방법은 시각적인 도형, 점수, 지표 등 다양하게 설정될 수 있다.

이 모형의 장점은 방법론상으로 이해하기가 쉽고 적용하기도 용이하여 실용적이라는 점이다. 그러나 단점은 단순히 상대적인 순위만을 제시하기 때문에 대안들의 실질적이고 절대적인 경제성이 어느 정도인지를 알기 어렵고, 또한 대안들 간의 차이도 명확히 비교하기 어렵다는 점이다.

이 모형에 속하는 대표적인 기법들로는 프로파일 모형(profile model), 점수 모형(scoring model), 계층분석과정 모형(Analytical Hierarchy Process: AHP) 등을 들 수 있다.

(2) 경제적 가치 모형

경제적 가치 모형(economic value model)은 대안들에 대해 절대적 가치(economic value)를 측정한 후, 그 값의 차이에 의해 대안들의 경제성을 평가하는 기법들을 뜻한다. 절대적 가치는 대부분의 경우 화폐 가치(monetary value)로 표현되지만 화폐 가치에 기초한 지표의 형태로 설정될 수도 있다.

이 모형의 장단점은 상대적 순위 모형과 반대라고 생각하면 된다. 즉 이 모형의 장점은 결과치가 절대적인 경제 가치(대부분 화폐 가치)로 표현되기 때문에 그 의미가 분명하고 또 대안들 간의 차이도 명확하게 알 수 있다는 점이다. 하지만 가장 큰 단점은 가치를 측정하기 위해서는 미래의 현금흐름에 대한 정보가 필요한데 이 값을 정확히 추정하기 어렵다는 점이다.

이 모형에 속하는 대표적인 기법들로는 자본예산 모형(capital budgeting model), 비용-효익 모형(cost-benefit model), 경제성 지표 모형(economic index model), 의사결정 나무 모형(decision-tree model), 수리계획 모형(mathematical programming model) 등을 들 수 있다.

(3) 파급효과 분석 모형

위에서 설명한 두 모형이 대안들의 비교평가를 위한 것들인데 반해, 파급효과 모형(impact analysis model)은 특정 대안의 경제사회적 파급효과를 분석하는 것을 목적으로 한다. 즉 여러 개의 복수 대안 가운데 가장 적합한 대안을 선정하는 것이 목적이 아니라, 하나의 대안이 있을 때 그 대안이 가져올 파급효과가 어느 정도인가를 측정하여 그 대안의 경제성을 판단하는 모형이다.

예를 들어, 대규모 연구개발 프로그램을 수행할 경우 그것이 경제성장에 미칠 파급효과를 추정한다든가, 원자력 발전소를 건설하면 그것이 미치는 사회경제적 파급효과가 어느 정도인가를 계측하는 과제 등에 사용되는 모형을 들 수 있다. 물론 이 모형도 복수의 대안들을 비교평가 하는데 적용할 수 있다. 위의 예에서 만일 연구개발 프로그램이 여러 개 가능하다거나 원자력 발전소의 후보지가 여러 군데라면, 각각의 파급효과를 계산하여 크기가 큰 대안을 선정할 수도 있는 것이다.

이 모형은 주로 대안의 규모가 크고 범위가 넓기 때문에 경제성을 분석하는 방법론도 복잡하다. 또 결과치의 해석에 대해서도 전문적 지식과 이해가 필요하다. 따라서 구체적 내용에 대한 설명은 생략한다. 이 모형에 속하는 기법들로는 투입-산출 분석 모형(input-output(I/O) analysis model), 교차영향분석 모형(cross impact analysis model), 생산함수분석 모형(production function analysis model), 비용함수분석 모형(cost function analysis model) 등을 들 수 있다.

2. 경제성 평가 모형의 선택

경제성 평가에 사용되는 기법들이 매우 다양하기 때문에, 평가과제의 성격과 목적에 따라 가장 적합한 기법을 선정하는 문제가 중요하고도 어려운 문제로 남는다. 이렇게 다양한 기법들에 대해, 어느 경우에 어느 기법을 사용하는 것이 좋다는 지침(case-wise guideline)을 제시할 수 있을까?

물론 각각의 경우에 대해 절대적으로 최적의 기법을 정하는 것은 불가능하다. 과제의 성격이 이질적인 만큼 평가기법도 성격과 용도도 다르고, 또 나름대로의 장점과 단점을 동시에 지니고 있기 때문이다. 그러나 과제의 성격에 따라 대체로 다음과 같은 기법을 사용하는 것이 바람직하다는 정도의 선정 기준과 지침은 제시할 수 있다.

(1) 연구성 과제

만일 평가대상 프로젝트의 성격이 초기의 탐색적인 연구성(research) 과제라면, 상대적 순위 모형 가운데 특히 프로파일(profile) 모형, 점수(scoring) 모형, AHP 모형 등이 적합하다고 할 수 있다. 왜냐하면 이러한 과제는 아직 프로젝트의 구체적 내용이나 용도를 알기 어렵기 때문에, 경제적 가치를 계산하거나 미래의 현금흐름을 예측하기 쉽지 않기 때문이다. 또 이러한 과제는 주로 중장기적 프로젝트이기 때문에 투입과 산출의 기간과 시점을 정하는 것도 쉽지 않다. 따라서 대안들의 우열이나 차이를 프로파일이나 점수 등의 정성적이고 상대적인 차이로 비교하는 것이 바람직하다.

(2) 개발성 과제

만일 평가대상 과제에 대한 기초 및 응용연구가 어느 정도 진행되어 가시적인 개발 단계로 넘어간 개발성(development) 과제의 경우라면, 좀 더 정량적이고 재무적인 분석이 가능해진다. 이럴 경우 경제적 가치 모형 가운데 경제성 지표(economic index) 모형이나 의사결정이론(decision-theory) 모형 등이 적합하다고 할 수 있다. 이러한 과제는 앞에서 설명한 연구 목적 과제와 다음에 소개할 상업성 과제의 중간 단계에 해당된다. 따라서 대안의 가치를 금액으로 측정하기는 어렵겠지만 경제적 지표로는 파악할 수 있다. 또 투입과 산출의 기간과 시점도 어느 정도까지는 정확하게 설정할 수 있다.

(3) 상업화(commercialization) 과제

만일 평가대상 과제가 기술적인 개발은 이미 완료되어 시장에 출시될 단계에 있다거나, 바로 공정에 사용될 목적으로 새로운 설비를 도입하는 경우라면 경제적 가치 모형 가운데 자본예산(capital budgeting) 모형이나 수리계획(mathematical programming) 모형이 적합하다. 이 단계에서는 앞으로의 현금흐름(매출증가나 비용감소)의 크기, 시점, 기간 등을 비교적 정확하게 예측할 수 있기 때문에 대안의 가치를 절대적인 금액의 크기로 비교하는 것이 가능하고 또 바람직하다.

(4) 공공성(public) 과제

만일 평가의 목적이 여러 대안 가운데 하나를 선정하는 것이 아니라 특정 대안의 경제사회적 파급효과를 분석하는 것이거나, 여러 개의 복수 대안을 비교한다고 하더라도 대상 과제가 공공성이 큰 대형 과제인 경우에는 파급효과 분석 모형 가운데 투입-산출 분석(input-output analysis) 모형, 상호영향 분석(cross impact analysis) 모형, 생산함수 분석(production function analysis) 모형, 비용함수 분석(cost function analysis) 모형 등이 적합하다.

이상 과제의 성격에 따른 평가방법의 활용 지침을 〈표 6-1〉에 정리하였다.

〈표 6-1〉 과제의 성격에 따른 평가방법의 활용 지침

과제의 성격	과제의 목적	적합한 기법
연구성 과제	- 중장기형 기초연구 - 미래형 탐색단계 연구	- 프로파일 모형 - 점수 모형 - AHP 모형
개발성 과제	- 기초연구의 응용 - 개념설계의 구현	- 경제성 지표 모형 - 의사결정이론 모형
상업화 과제	- 개발기술의 양산 시험 - 초기시장의 개척	- 자본예산 모형 - 수리계획 모형
공공성 과제	- 사회간접자본 투자 - 대형/공공기술의 개발	- 투입-산출 분석 모형 - 상호영향 분석 모형 - 생산(비용)함수 모형

6.2 평가기법의 내용

이제까지 경제성을 평가하는 다양한 기법들을 분류하고, 또 어떤 경우에 어떤 모형을 선택하는 것이 바람직한지에 대해 살펴보았다. 지금부터는 앞에서 언급한 다양한 기법 가운데 중요한 기법들의 구체적인 내용에 대해 자세히 알아보자.

1. 프로파일 모형

프로파일 모형(profile model)은 비교대상이 되는 대안들에 대해 중요한 평가항목을 설정한 후, 각 항목의 평가 결과를 직관적인 도형으로 표시하는 방법이다. 이 경우 도형의 형태는 여러 가지로 제시될 수 있다. 가장 대표적인 도형으로는 차트(chart) 방식과 방사형(radial) 방식을 들 수 있다. 도형이 아니라 각 항목에 대해 적정한 값이나 해당 여부를 ○, ×로 표시하는 체크리스트(checklist) 방식도 있다.

간단한 예로 X, Y의 두 프로젝트에 대해 경제성을 평가하는 경우를 생각해 보자. [그림 6-1]에 나타난 것처럼, 차트 방식은 왼편에 평가항목을, 오른편에 평가결과를 배치한 차트 모양으로 표현된다. X, Y 각각의 프로젝트에 대해 각 항목별로 적합한 값에 점을 찍은 후 점들을 연결하면, 실선과 점선의 두 개의 선으로 표현될 수 있다. 다음으로 두 선의 위치가 어떻게 배치되어 있는가를 보고, 상대적인 경제성의 우열을 평가할 수 있다.

[그림 6-2]에 나타난 것처럼 방사형 방식은 원형의 바퀴 모양에 바깥에는 평가항목을 배치한 후, 각 대안의 평가 결과를 원형 안쪽의 적합한 위치의 점에 찍고 그 점들을 연결한 선으로 표시한다. 차트 방식과 마찬가지로 선이 안쪽에 위치하는지 바깥쪽에 위치하는지에 따라 경제성의 상대적 우열을 판정할 수 있다.

차트 방식이든 방사형 방식이든 주의할 점은 항목별 우열의 일관성을 유지하는 것이다. 예를 들어 차트 방식이라면 항목의 단위에 상관없이 좋은 것은 오른쪽(왼쪽)으로 나쁜 것은 왼쪽(오른쪽)으로 배치하고, 방사형 방식이라면 좋은 것은 바깥쪽(안쪽)으로 나쁜 것은 안쪽(바깥쪽)으로 배치하는 식의 일관성을 유지해야 한다.

프로파일 모형의 장점은 단순하여 이해하고 쉽다는 점이다. 특히 시각적 효과가 높아 짧은 시간에 평가 결과를 이해해야 하는 최고경영자나 일반 대중들을 대상으로 설명하고, 보고하기에 적합하다. 그러나 가장 큰 단점은 대안들 간의 우열을 쉽게 판단하기 어려운 경우가 많다는 점이다. 즉 하나의 대안이 다른 대안과 비교하여 어느 항목에서는 낫고 어느 항목에서는 못할 경우, 최종적인 우열을 가리기가 쉽지 않을 수 있다는 것이다. 또 다른 단점은 여러 개의 대안을 비교하는 경우에, 하나의 도형 안에 모든 대안들을 다 표현하기 어렵다는 점이다. 대안의 수가 크게 늘어나면 시각적 효과가 급속도로 낮아질 위험이 높다.

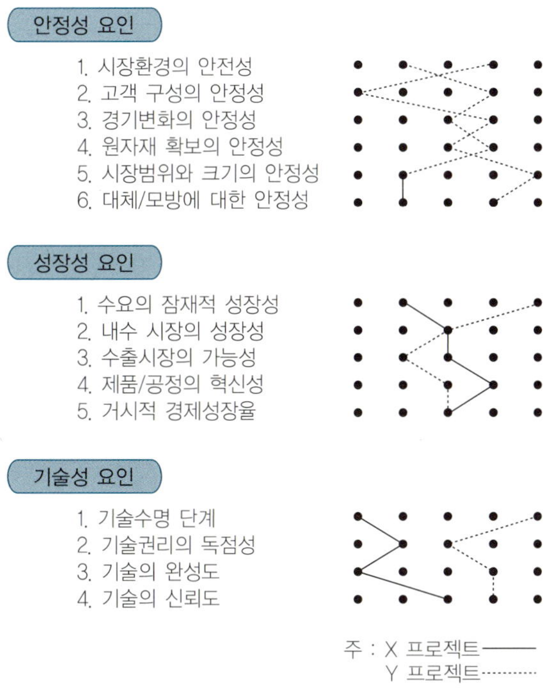

[그림 6-1] 차트(chart) 방식의 예

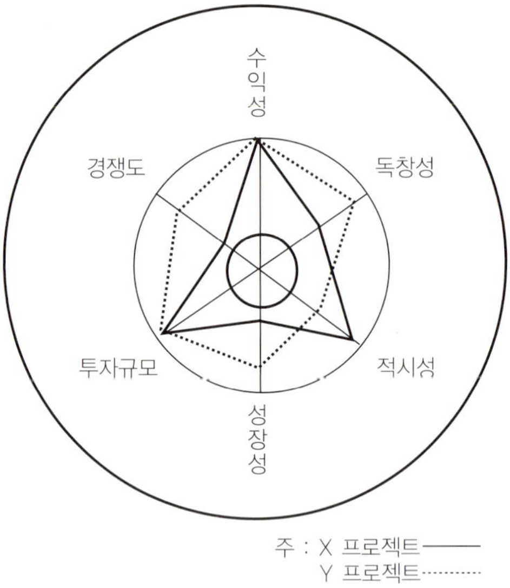

[그림 6-2] 방사형(radial) 방식의 예

2. 점수 모형

점수 모형(scoring model)은 말 그대로 대안의 경제성을 점수(score)로 측정하여, 그 점수의 크기에 의해 대안의 우열을 결정하는 방식이다. 구체적으로 비교대상이 되는 대안들에 대해 중요한 평가항목을 설정한 후, 각 항목에 대해 적절한 점수를 배점하고, 배점한 범위 내의 적절한 평점을 부여한 후, 평점들의 합 내지 곱으로 최종 점수를 계산하는 방법이다.

실제로 점수 모형은 현장에서 가장 폭넓게 사용되는 방법이다. 이 모형의 가장 큰 장점은 비교적 이해하기 쉬우면서도 프로파일 모형과 비교하여 세부적인 항목들을 고려할 수 있다는 점이다. 또한 점수를 도출하는 기준을 신축적으로 조정할 수 있다는 사실도 중요한 장점이 된다.

그러나 앞에서 지적한 대로, 점수 모형의 가장 큰 단점은 평가자의 주관적인 판단에 따라 상대적인 순위만을 제시하기 때문에 대안들의 실질적인 경제성이 어느 정도인지를 파악하기 어렵고, 또한 대안들 간의 차이도 절대치의 차이로 비교하기 어렵다는 점이다. 특히 대안들 간의 점수 차이가 극히 미세할 경우, 최종적인 결정을 내리기가 쉽지 않은 문제가 종종 발생한다.

점수 모형의 기본적인 방향이나 원리는 어느 경우에나 동일하지만, 실제로 개별항목에 대해 배점을 하고 또 최종적인 점수를 도출하는 기준과 방식의 차이에 따라 다음과 같은 몇 가지 세부 모형으로 나눌 수 있다.

(1) 단순가산 방식

가장 기본적인 형태로 각 평가항목의 평점을 단순히 합계하는 방식이다. 최종점수를 T로, 각 항목의 점수를 S로 하면 최종점수를 도출하는 식은 다음과 같이 표현된다.

$$T=\sum_{i=1}^{n} S_i \quad \text{단, } i : \text{개별항목의 번호}$$

신축적으로 정할 수는 있지만 점수의 합계, 즉 T 값의 최대치는 100점으로 하는 것이 일반적인 관행이다. 따라서 각 대안이 가질 수 있는 점수의 이론적 한계는 하한값 0점과 상한값 100점이 된다.

단순가산 방식의 설계에서는 두 가지의 가장 중요하면서 어려운 문제가 있다. 첫째는 항목의 계층구조를 정하는 일이다. 가장 쉬운 접근은 모든 항목을 동일한 계층(level)에 두는 방법이다. 그러나 평가의 관점이 다양해지고 항목의 수도 늘어나면, 복수의 계층으로 설계하는 접근이 필요하다. 즉 상위 계층에 대항목을 설정한 후, 하위 계층에 각각의 대항목을 설명하는 구체적인 소항목들을 설정하는 방식이다. 예를 들어 〈표 6-2〉의 경우를 보면 먼저 상위 계층에 기술성, 경제성, 환경성의 대항목을 설정한 후, 각각의 대항목에 대해 세 가지씩의 소항목을 설정하고 있다.

둘째는 각 항목에 대해 배점을 정하는 일이다. 가장 단순한 접근은 모든 항목에 동일한 배점을 부여하는 방법이다. 그러나 항목 간 상대적 중요도가 다른 경우에는 더 중요한 항목에 대해서는 높은 점수를, 덜 중요한 항목에 대해서는 낮은 점수를 부여하는 방식이 바람직한 경우도 많다. 예를 들어 〈표 6-2〉의 경우에 대항목 자체도 배점의 차이가 있고(기술성은 35점인데 반해 환경성은 30점), 소항목 간에도 배점의 차이가 있음(완성도 및 신뢰도는 15점인데 반해 독창성 및 권리성은 10점)을 알 수 있다.

〈표 6-2〉 가산방식의 예

대항목	소항목	배점	평점(S)
기술성	완성도 및 신뢰도 기술수명주기 독창성 및 권리성	15 10 10	
	소 계	35	
경제성	시장성 및 성장성 가격/품질 경쟁력 타제품/기술 응용 가능성	15 10 10	
	소 계	35	
환경성	대내외 경쟁 환경 상업화 외부조건 기술 인프라 환경	10 10 10	
	소 계	30	
총계 (T)		100	

(2) 가중치가산 방식

가중치가산 방식은 단순가산 방식과 기본적인 원리나 기준은 동일하지만, 배점의 신축성을 높이기 위해 각 평가항목의 중요도에 따라 가중치(weight)를 부여한다는 점에서 차이가 난다. 따라서 최종 점수를 T로, 각 항목의 점수를 S로, 각 항목의 중요도를 나타내는 가중치를 W로 하면 최종점수를 도출하는 식은 다음과 같이 표현된다.

$$T = \sum_{i=1}^{n} W_i \cdot S_i \quad \text{단, } i \text{ : 개별항목의 번호}$$

〈표 6-3〉의 예에서 알 수 있는 것처럼, 가중치 가산방식은 항목의 배점 자체는 동일하게 설정한 후, 항목별 상대적 중요도에 따라 가중치를 조정함으로써 평가의 신축성을 제고하고 있다. 물론 이 문제는 단순가산 방식에서 처음부터 항목의 배점을 다르게 설정하여 해결할 수도 있다. 그러나 배점을 동일하게 하고 가중치를 조정하는 방식을 사용하면, 평가과정과 절차의 신축성을 높일 수 있다는 장점이 있다.

〈표 6-3〉 가중치가산 방식의 예

대항목	소항목	배점	평점(S)	가중치(W)	가중평점(W · S)
기술성	완성도 및 신뢰도 기술수명주기 독창성 및 권리성	10 10 10		1.5 1.0 1.0	
	소 계				35
경제성	시장성 및 성장성 가격/품질 경쟁력 타제품/기술 응용 가능성	10 10 10		1.5 1.0 1.0	
	소 계				35
환경성	대내외 경쟁 환경 상업화 외부조건 기술 인프라 환경	10 10 10		1.0 1.0 1.0	
	소 계				30
총계 (T)					100

(3) 연승 방식

연승 방식은 말 그대로 각 평가항목의 평점을 더하는 것이 아니라 곱하는 방식이다. 따라서 최종점수를 T로, 각 항목의 점수를 S로 하면 최종점수를 도출하는 식은 다음과 같이 표현된다.

$$T = \prod_{i=1}^{n} S_i \quad \text{단, } i = \text{개별항목의 번호}$$

연승 방식의 가장 큰 장점은 대안들 간의 우열이 분명하게 나타남으로써 평가의 민감도(sensitivity)가 높다는 점이다. 실제로 위에서 살펴본 가산 방식은 대안 간의 평점이 비슷한 경우 최종점수가 근소한 차이로 나타나 의사결정을 어렵게 만드는 경우가 많다. 그러나 연승 방식은 평점을 곱하기 때문에 항목 간의 작은 차이가 최종점수에는 큰 영향을 미치게 되고, 따라서 대안 간의 우열이 확연히 드러나게 된다. 〈표 6-4〉의 예에서 보는 것처럼, 다섯 개 평가항목에 대해 항목당 배점이 5점인 경우 이론적으로 가능한 최대점수는 3,125점(=5×5×5×5×5)인데 반해, 최소점수는 1점(=1×1×1×1×1)에 불과하다.

그러나 이러한 연승 방식의 장점은 동시에 단점이 되기도 한다. 가산 방식과 달리 연승 방식은 총점을 100점으로 제한할 수가 없다. 따라서 항목의 수가 늘어나고 항목별 배점이 커지게 되면, 최종점수의 차이가 비현실적으로 크게 나타날 가능성이 높다. 연승 방식이 현장에서 적용되는 사례가 거의 없는 것도 이러한 치명적 문제점 때문이다.

〈표 6-4〉 연승 방식의 예

평가항목	배점	평점(S)
기술적 우수성	5	
상업화 가능성	5	
경제적 수익성	5	
가격 경쟁력	5	
시장 환경	5	
총 계(T)	3,125	

(4) 가승 방식

가승 방식은 앞에서 제시된 가산 방식과 연승 방식의 장점을 적절히 조화시킨 접근 방법이다. 한편으로는 가산 방식의 안정성(robustness)을 채택하면서, 다른 한편으로는 연승 방식의 민감도(sensitivity)를 적용하는 접근이다.

가승 방식의 절차를 단계별로 살펴보면 가산 방식과 연승 방식이 혼합되어 있음을 쉽게 알 수 있다. 먼저, 다양한 평가항목들을 대항목으로 나눈 후, 각 대항목을 다시 세부적인 소항목들로 나눈다. 다음으로, 각 대항목에 대해서 소항목의 평점을 가산 방식으로 합하여 대항목 점수를 계산한다. 마지막으로, 각 대항목의 점수를 연승 방식으로 곱하여 최종점수를 도출한다.

최종점수를 T로, 각 소항목의 점수를 a, b, c 등으로 하면 최종점수를 도출하는 식은 다음과 같이 표현된다.

$$T = (a+b+c) \times (d+e+f) \times (g+h+i)$$

〈표 6-5〉에 나타난 가승 방식의 예를 보자. 먼저 기술성, 경제성, 환경성의 대항목에 대해 각각의 소항목을 a에서 i까지 설정한 후, 각 소항목별 평점을 더하여 대항목의 평점을 계산하고, 마지막으로 대항목의 평점을 곱하면 최종점수가 도출된다. 가승방식도 곱하기 절차가 포함되므로, 총점을 100점으로 제한하는 것은 불가능하다.

〈표 6-5〉 가승 방식의 예

대항목	소항목	배점	평점
기술성	a. 독창성	5	
	b. 기술수명	5	
	c. 독점성	5	
	소계	15	
경제성	d. 시장성장성	5	
	e. 시장점유율	5	
	f. 수익성	5	
	소계	15	
환경성	g. 경쟁 환경	5	
	h. 상업화 조건	5	
	i. 인프라 환경	5	
	소계	15	
총 계		3,375	

3. 계층분석과정 모형

계층분석과정 모형(Analytic Hierarchy Process: AHP)은 평가 기준이 여러 개이고 평가 대상의 주체도 복수인 경우의 의사결정(multi-criteria decision-making)을 위해 개발된 평가기법의 하나로, 1970년대 초 Satty에 의해 제안된 후 폭넓게 활용되고 있는 방법이다.

AHP는 먼저 의사결정에 영향을 미치는 요소들을 계층적으로 분석한 뒤, 각 요소들 간의 쌍대비교를 통해 우선순위를 설정하고, 이를 토대로 대안들의 상대적 우열을 평가한 다음, 평가의 일관성을 검증하는 과정을 거쳐 최종적인 의사결정을 내리는 순서로 진행된다. [그림 6-3]은 AHP의 전체적 절차를 도시하고 있다. 각 단계의 세부적 내용을 자세히 알아보자.

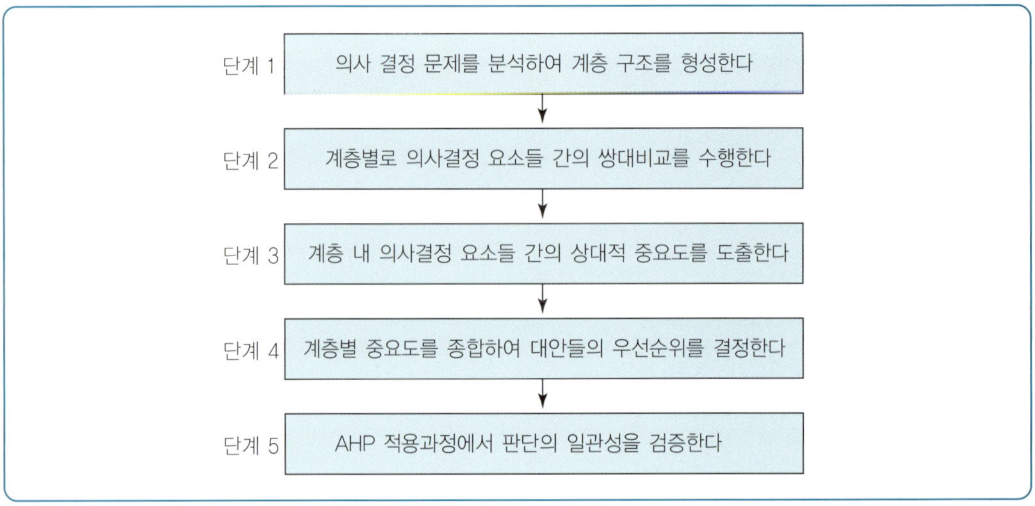

[그림 6-3] AHP의 절차

(1) 단계 1: 계층 구조의 구성

AHP의 핵심적 아이디어는 복잡하고 규모가 큰 평가문제를 몇 개의 계층으로 나누어 계층마다 따로 의사결정을 하되, 각 계층의 의사결정이 전체적으로 연결되게 만드는 데 있다. 따라서 계층구조(hierarchy structure)의 구성은 AHP의 출발점이자 근간이 된다.

일반적인 계층구조의 형태는 [그림 6-4]와 같다. 그림에서 보는 것처럼 계층구조의 최상위 레벨은 하나의 요소로 구성되며, 이는 의사결정의 최종적인 목표를 나타낸다. 하위 레벨은 인접한 상위 레벨의 목표를 달성하기 위한 구체적인 세부 기준들을 나타내며, 최하위 레벨에는 가능한 대안들이 표시된다. 레벨의 수는 문제의 규모와 복잡도에 의해 결정된다. 레벨의 수가 늘어날수록 문제가 어려워지며 분석에 걸리는 시간도 늘어나므로, 적절한 레벨의 수를 결정하는 것도 중요한 의사결정의 하나가 된다.

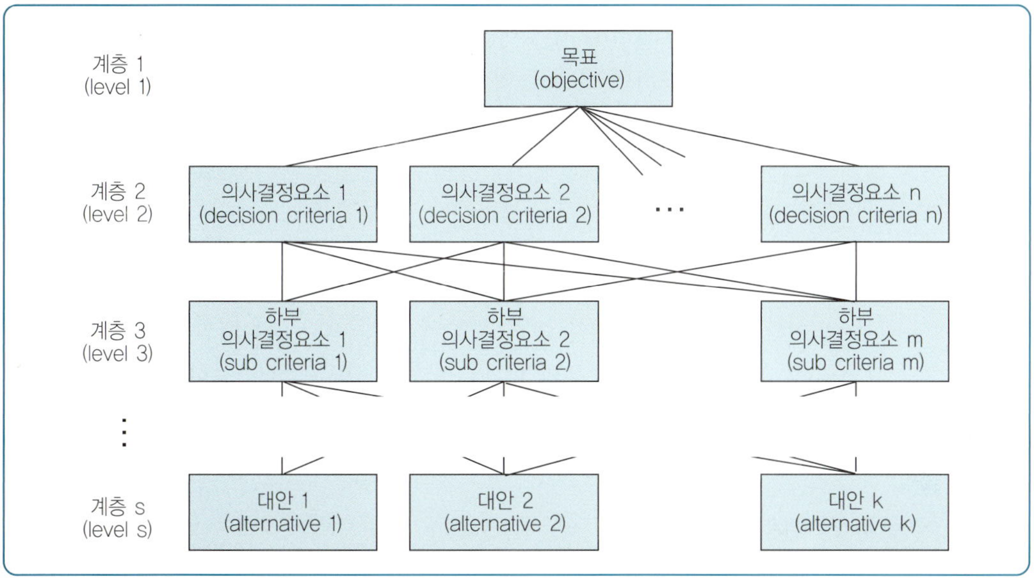

[그림 6-4] 일반적인 계층구조의 형태

계층 구조의 구성을 하나의 예를 이용하여 설명하여 보자. [그림 6-5]에는 기업 성장이라는 궁극적인 목적을 달성하기 위해 제안된 A, B, C 세 개의 R&D 프로젝트의 경제성을 평가하는 문제의 AHP 계층 구조가 제시되어 있다. 설명의 편의상 계층 구조는 3개의 수준으로 단순화되어 있다.

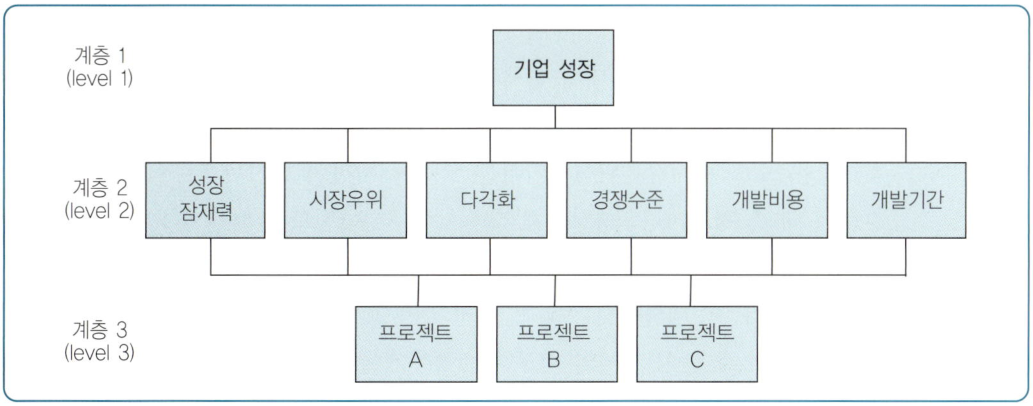

[그림 6-5] AHP의 계층구조 예시

(2) 단계 2: 계층 내 쌍대비교

다음은 각 계층별로 제시된 의사결정 요소들의 상대적 중요도에 대한 쌍대비교(pair-wise comparison)를 수행하는 단계이다. 즉, 주어진 기준에 대해 요소들을 쌍(pair)으로 비교하여, 요소들의 중요도에 대한 의사결정자의 상대적 선호도를 평가하는 것이다. 쌍대비교를 수행하는 이유는 일반적으로 여러 개 요소들에 대해 동시에 절대적인 평가를 하기보다는 두 개 요소들만을 두고 상대적인 비교를 하는 것이 더 쉽고 단순하기 때문이다.

일반적으로 쌍대비교치를 나다내기 위해시는, 〈표 6-6〉에 제시된 쌍대비교 척도(scale)를 사용한다. 표에서 알 수 있듯이, 요소 A와 B에 대한 쌍대비교치는 두 요소의 중요도가 비슷한 경우의 1부터, A가 B보다 극히 중요한 9까지의 값으로 결정된다.

〈표 6-6〉 쌍대비교 척도

중요도	정의
1	A와 B가 비슷함 (equal importance)
3	A가 B보다 약간 중요함 (moderate importance)
5	A가 B보다 상당히 중요함 (strong importance)
7	A가 B보다 매우 중요함 (very strong importance)
9	A가 B보다 극히 중요함 (extreme importance)
2, 4, 6, 8	위 값들의 중간 값

위에서 사용한 예제에 대해 실제로 쌍대비교치를 도출해 보자. 먼저 계층 1에 대한 계층 2의 요소들을 쌍대비교한다. 예를 들어 '기업의 성장을 위해 성장잠재력이라는 요소는 시장우위선점이라는 요소에 비하여 얼마나 더 중요한가?' 라는 질문에 대해, 평가자가 '성장잠재력이 시장우위선점보다 매우 중요하다' 라고 생각한다면 그 값은 5가 된다. 이러한 값들로 구성되는 것이 쌍대비교 행렬(matrix)이다. 이 행렬에서는 왼쪽 열에 있는 요소가 위쪽 행에 있는 요소와 비교된다. 어떤 요소를 그 자체와 비교하는 경우에는 당연히 중요도가 동일하므로 대각선 위에 1을 기입하고, 대각(diagonal) 원소에 대해서는 역수(reciprocal)를 기

입한다. 〈표 6-7〉에 쌍대비교 행렬이 제시되어 있다.

〈표 6-7〉 계층 2의 요소 간 쌍대비교 행렬

기업 성장	잠재력	시장우위	다각화	경쟁수준	개발비용	개발기간
잠재력	1	5	7	6	1/3	1/4
시장우위	1/5	1	5	3	1/5	1/7
다각화	1/7	1/5	1	1/3	1/7	1/8
경쟁수준	1/6	1/3	3	1	1/5	1/6
개발비용	3	5	7	5	1	1/2
개발기간	4	7	8	6	2	1

다음은 같은 방법으로 계층 2에 대해 계층 3의 쌍대비교를 수행한다. 즉, 계층 2의 6개 요소들에 대해 3개의 대안들을 쌍대비교 하는 것이다. 그 결과는 〈표 6-8〉에 요약되어 있다.

〈표 6-8〉 계층 2의 대안 간 쌍대비교 행렬

성장잠재력	A	B	C
A	1	6	4
B	1/6	1	1/3
C	1/4	3	1

시장우위	A	B	C
A	1	1/3	1/2
B	3	1	3
C	2	1/3	1

다각화확대	A	B	C
A	1	1	1
B	1	1	1
C	1	1	1

경쟁수준	A	B	C
A	1	1/2	1
B	2	1	2
C	1	1/2	1

개발비용	A	B	C
A	1	9	7
B	1/9	1	1/5
C	1/7	5	1

개발기간	A	B	C
A	1	5	1
B	1/5	1	1/5
C	1	5	1

(3) 단계 3: 상대적 중요도 계산

다음 단계에서는 앞 단계에서 작성한 쌍대비교 행렬을 이용하여 각 계층별로 상대적 중요도를 계산한다. 즉, 계층 2에 대해서는 기업성장이라는 상위 목표에 대해 6개의 요소들 간의 상대적 중요도를 계산하고, 계층 3에 대해서는 계층 2의 각 요소에 대해 3개 대안들 간의 상대적 중요도를 계산한다.

상대적인 중요도를 구하는 방법은 여러 가지가 제안되고 있으나, 가장 쉽고 또한 많이 사용되는 것은 산술평균을 이용하는 방법이다. 예를 들어 성장잠재력의 경우를 보자. 먼저 앞에서 도출된 행렬에 대해, 각 열에 있는 숫자를 더하여 그 합을 계산한다. 〈표 6-9〉에 열의 합계를 계산한 값이 제시되어 있다.

〈표 6-9〉 성장잠재력 요소에 대한 열 합계 계산표

성장잠재력	A	B	C
A	1	6	4
B	1/6	1	1/3
C	1/4	3	1
열 합계	17/12	10	16/3

다음으로 〈표 6-10〉에 나타나 있는 것처럼, 각 열에 있는 숫자를 앞에서 계산한 그 열의 합으로 나누어 정규화(normalized)된 행렬을 계산한다. 마지막으로 정규화된 행렬, 각 행의 평균값을 구한다. 예를 들어 대안 A 행의 평균은 (0.706 + 0.6 + 0.750)/3 이므로 0.685가 된다. 이렇게 계산한 산술평균값 0.685, 0.094, 0.221이 성장잠재력 관점에서 각 대안 A, B, C의 상대적인 중요도를 근사적으로 추정한 값이 된다. 즉, 성장잠재력에 관해서는 대안 A의 상대적 중요도가 가장 큰 것으로 평가된다. 동일한 계산과정을 나머지 요소들, 즉 시장우위, 다각화, 경쟁수준, 개발비용, 개발기간에 대해서도 반복한다.

각 요소에 대한 대안 간의 상대적 중요도를 추정하였으면, 그 다음에는 상위 계층으로 올라가 기업번영에 대한 요소들 간의 상대적 중요도를 추정한다. 추정치의 계산방법은 마찬가지로 산술평균을 이용한다. 추정결과를 보면, 개발기간이 0.429로 가장 높고 다각화가 0.023으로 가장 낮을 것으로 나타났다.

〈표 6-10〉 성장잠재력 요소에 대한 정규화된 쌍대비교 행렬과 산술평균 계산표

대안	A	B	C	산술평균
A	1÷(17/12) = 0.706	6÷10=0.6	4÷(16/3)=0.750	0.685
B	1/6÷(17/12)=0.118	1÷10=0.1	1/3÷(16/3)=0.0625	0.094
C	1/4÷(17/12)=0.176	3÷10=0.3	1÷(16/3)=0.1875	0.221

(4) 단계 4: 대안의 최종적인 우선순위 결정

단계 4에서는 단계 3에서 구한 요소들 간의 중요도와 각 요소에 대한 대안들 간의 중요도를 이용하여 최종적으로 각 대안의 상대적 중요도를 계산한다. 즉, 특정 대안에 대해, 각 요소의 중요도와 그 요소를 기준으로 하였을 때 대안의 중요도를 곱한 값을 모두 더하면 그 대안의 최종적인 중요도 값이 도출된다.

〈표 6-11〉은 R&D 프로젝트 대안들의 중요도를 계산함으로써 우선순위를 결정하는 과정을 보여주고 있다. 예를 들어, 프로젝트 A의 최종적인 중요도는 $0.223 \times 0.685 + 0.070 \times 0.151 + 0.023 \times 0.333 + 0.040 \times 0.250 + 0.215 \times 0.718 + 0.429 \times 0.455 = 0.526$이 된다. 프로젝트 A는 성장잠재력, 개발비용, 개발기간에서의 장점에 의해 가장 높은 우선순위를 보인다. 따라서 AHP에 의한 평가에서는 프로젝트 A를 선정하게 된다. 한편 프로젝트 B는 시장우위와 경쟁심화에서는 상대적으로 우월하나 두 기준이 기업 성장을 달성하는데 크게 중요하지 않은 요소이기 때문에 0.162의 가장 낮은 중요도 값을 보이며 최하의 우선순위를 나타낸다.

〈표 6-11〉 대안의 최종적인 중요도 평가표

기업 성장	성장잠재력 (0.223)	시장우위 (0.070)	다각화 (0.023)	경쟁수준 (0.040)	개발비용 (0.215)	개발기간 (0.429)	중요도
A	0.685	0.151	0.333	0.250	0.718	0.455	0.526
B	0.094	0.575	0.333	0.500	0.100	0.091	0.162
C	0.221	0.274	0.333	0.250	0.182	0.455	0.312

(5) 단계 5: 일관성 평가

AHP 기법에서 발생할 수 있는 가장 큰 문제점은 쌍대비교(pair-wise comparison)에서 의사결정자가 내리는 판단의 일관성(consistency) 문제이다. 다양한 요소들로 구성된 의사결정 문제는 항상 평가결과의 모순성이나 상충성의 위험이 있기 때문에, 판단의 일관성을 검증하는 것은 매우 중요하다. 예를 들어 유통경로 확보가 시장점유율보다 중요하고, 현금흐름이 유통경로 확보보다 중요하다면, 당연히 현금흐름은 시장점유율보다 중요하다고 평가되어야 한다. 그러나 상황의 변화나 평가자의 오류로 인해 시장점유율이 현금흐름보다 중요하다고 평가되는 경우가 종종 일어난다.

AHP에서는 일관성 지수(Consistency Index: CI)와 임의 지수(Random Index: RI)를 도입한 후, RI와 CI의 비율로 정의되는 일관성 비율(Consistency Ratio: CR)을 측정하여 일관성을 판단한다. 만일 일관성에 심각한 문제가 있는 것으로 판단되면 AHP의 쌍대비교 절차는 다시 이루어져야 한다. 지수를 계산하는 구체적 방법과 절차는 보다 정교한 수학적 지식을 필요로 하기 때문에 여기서는 생략한다.

4. 경제성 지표 모형

경제성 지표 모형(economic index model)은 투자수익율(Return on Investment: ROI)을 기본 개념으로 하는 지표(index)를 개발하여, 그 지표의 값을 토대로 경제성을 평가하는 방법이다. 지표의 구체적인 내용이나 공식은 차이가 있지만, 기본적으로는 기대수익(=예상수익×성공확률)을 예상비용으로 나눈 값을 경제성 지표로 정의한다. 이러한 기본 아이디어를 근거로 개인이나 기업의 목적이나 특성에 따라 자체적인 지표를 개발하여 사용하게 되며, 경제성 지표 값이 가장 높은 대안을 선정하게 된다. 연구개발 프로젝트의 평가에 사용된 두 가지 대표적인 모형을 간략히 살펴보자.

(1) Olsen 지표

이 지표는 미국 Western Cartridge Corp.의 Olsen에 의해 제안되었다. 프로젝트 수익지표(Project Value Ratio)라고도 불리며 다음 식으로 정의된다.

프로젝트 수익지표 = 프로젝트 예상수익 / 프로젝트 예상비용

분자의 프로젝트 예상수익은 (신제품 예상매출액의 3%×5년) + (개량제품 예상매출액의 2%×2년) + (공정혁신에 의한 비용감소액×1년)으로 정의된다. 즉 프로젝트에서 얻을 수 있는 수익을 신제품개발, 제품개량, 공정합리화 등 세 가지로 나눈 후, 각각의 수익을 신제품은 5년간 해당제품 총매출의 3%, 제품개량은 2년간 개량제품 총매출액의 2%, 공정합리화는 1년간 절약액으로 추정하는 것이다. 분모의 예상 비용은 회계 자료를 토대로 추정한다.

절대적인 기준이 될 수는 없지만 일반적으로 프로젝트 수익지표의 값이 3 이상이면 경제성이 확보되는 것으로 판정한다.

(2) Pacifico 지표

이 지표는 미국 Alcolac Corp.의 Pacifico가 제안한 경제성 지표로 프로젝트 지수(project index)에 의해 정의된다. 앞의 Olsen 지표와 마찬가지로 프로젝트 지수는 다음과 같이 표현된다.

프로젝트 지수 = 프로젝트 예상수익 / 프로젝트 예상비용

여기서 분자의 프로젝트 예상수익은 [기술적 성공확률×상업화 성공확률×(판매가격 - 판매원가)×연간 예상매출액×제품수명]의 공식으로 계산한다. 분모의 예상비용은 역시 회계 자료를 토대로 추정한다.

이 지표의 경우도 절대적인 기준은 없지만, 지수의 값이 1보다 크면 바람직한 것으로 평가된다.

5. 자본예산 모형

앞에서 설명한 것처럼 평가대상 과제가 연구개발과 시험평가를 거쳐 상업화 단계에 있거나, 경제적 효과를 비교적 분명히 예측할 수 있는 투자 문제를 다룬다거나, 외부에서 이미 만들어진 새로운 설비를 도입하는 경우 등이라면 자본예산 모형(capital budgeting model)이 적합하다. 자본예산 모형은 경제성 평가 문제에

서 가장 폭넓게 사용되는 기법이기 때문에 반드시 이해하고 넘어가야 한다.

넓은 의미의 자본예산은 재무관리(finance management)의 중요한 두 축 중 하나를 뜻한다. 재무관리는 크게 경영 프로젝트의 수행에 필요한 자금의 예산을 편성하는 자본예산(budgeting) 과제와 실제로 필요한 자금을 만들어내는 자금조달(financing) 과제로 구성된다. 그러나 좁은 의미의 자본예산은 예산 편성 과정에서 경제성의 평가를 통해 수행할 프로젝트를 선정하거나 수행하지 않을 프로젝트를 걸러내는 작업을 가리킨다.

자본예산 모형에서 사용할 수 있는 구체적인 기법들은 여러 가지가 있지만 가장 대표적인 기법으로는 회수기간법, 순현가법, 내부수익률법을 들 수 있다. 먼저 자본예산 모형을 이해하기 위해 필요한 기본 개념과 용어를 알아본 후, 구체적인 기법의 내용을 자세히 살펴보자.

(1) 기본 개념

자본예산 모형은 대안의 경제성을 금액(화폐가치)으로 표시한다. 따라서 자본예산 모형을 사용하기 위해서는 먼저 '화폐가치의 시간 개념'을 이해할 필요가 있다. 오늘의 1,000원이 1년 후에는 얼마의 화폐가치를 가지는가? 10년 후에는 어떻게 되는가? 말을 바꾸어, 1년 후의 1,000원은 현재의 화폐가치로 바꾸면 얼마나 되는가? 10년 후의 1,000원은 어떻게 되는가? 이러한 질문이 나오게 되는 이유는 시간의 흐름에 따라 이자(interest), 물가상승(inflation), 위험도(risk) 등의 요인이 화폐가치의 변화를 가져오기 때문이다.

따라서 경제성이 금액으로 표시된 대안을 평가하기 위해서는 화폐가치의 시점을 동일한 시점으로 통일시킬 필요가 있는데, 이 개념이 바로 '현재가치(Present Value: PV)', 즉 '현가'이다. 비교의 객관성과 공정성을 확보하기 위해서는 발생 시점에 상관없이 모든 수입(inflow)과 지출(outflow)을 현재의 화폐가치로 전환시킨 후 평가를 해야 한다는 것이다.

현가를 계산하기 위해서 할인율(discount rate)이라는 개념이 도입된다. 이자나 물가상승의 요인에 의해 미래의 화폐가치는 현재의 가치보다 낮을 수밖에 없다. 따라서 미래의 가치를 현재의 가치로 전환시키는 작업을 해야 하는데, 이를 할인(discount)이라고 부르며 이때 사용되는 이자율을 할인율이라고 부른다.

할인을 통해 미래가치를 현재가치로 전환시키는 과정을 수식으로 표현해 보자. 미래가치를 FV, 현재가치를 PV, 할인율을 r, 미래시점을 n으로 할 때 현재가치는 다음과 같다.

$$PV = FV / (1 + r)^n$$

위 식에서 $1 / (1 + r)^n$을 현가이자요소(present value interest factor)라고 한다. 당연한 얘기지만 현가이자요소는 할인율에 따라 달라진다. 할인율이 높을수록 현가이자요소는 올라가고 따라서 현가는 작아지게 된다. 〈표 6-12〉에 현가이자요소의 예시적 경우들이 나타나 있다. 예를 들어 할인율이 5%인 경우에는 현가이자요소는 0.9524이다. 따라서 1년 후의 10,000원을 현재가치로 전환하면 9,524원이 된다.

〈표 6-12〉 현가이자요소 표

미래시점	할인율(r)			
	5%	10%	15%	20%
1	0.9524	0.9091	0.8696	0.8333
2	0.9070	0.8624	0.7561	0.6944
3	0.8638	0.7513	0.6575	0.5787
4	0.8227	0.6830	0.5718	0.4823
5	0.7835	0.6209	0.4972	0.4019

(2) 회수기간법

회수기간법(Payback Period: PBP)은 자본예산 기법 가운데 가장 단순한 기준이다. 이 기법의 핵심적인 아이디어는 초기의 투자를 회수(payback)하는데 걸리는 시간을 평가의 기준으로 하자는 것이다. 따라서 회수기간이 짧을수록 바람직한 대안이 된다.

먼저 다음 〈표 6-13〉의 예제를 보자. A, B, C, D 네 가지의 대안이 있다. 각 대안의 수행을 위해 초기에 투자해야 하는 비용은 1,500으로 동일하다. 그러나 투자의 성과로 나타날 앞으로 5년 간의 수익은 서로 다르다.

〈표 6-13〉 A, B, C, D 대안의 초기투자와 향후 수익의 흐름

연도	A	B	C	D
0	−1,500	−1,500	−1,500	−1,500
1	200	0	150	300
2	1,300	0	300	450
3	500	500	450	750
4	100	1,000	600	750
5	100	2,000	1,875	900

위 대안들의 경제성을 회수기간법으로 평가하여 보자. 〈표 6-14〉에서 알 수 있듯이, 1,500의 초기투자를 회수하는데 걸리는 시간에 차이가 있으며, 이 예제에서는 대안 A의 회수기간이 2년으로 가장 빠르므로 가장 바람직한 대안이 된다.

〈표 6-14〉 회수기간법에 의한 경제성 비교

대 안	A	B	C	D
회수기간(년)	2	4	4	3

회수기간법의 가장 큰 장점은 이해하고 사용하기 쉽다는 점이다. 또한 오늘날과 같이 외부환경의 불확실성이 높고 기술진보가 급속한 상황에서는 투자한 돈을 얼마나 빨리 회수할 수 있느냐 하는 문제가 경제성 평가의 중요한 기준이 될 수 있다. 따라서 회수기간법은 다른 정교한 기법의 적용에 앞서 경제성 평가의 일차적인 기준으로 자주 사용된다.

그러나 회수기간법은 동시에 몇 가지 단점을 안고 있다. 먼저 이 기법은 회수에 걸리는 시간만을 따지지, 그 시간 동안 발생하는 현금 흐름의 내용을 따지지는

않는다. 예를 들어 똑같이 10,000을 투자한 두 대안의 회수기간이 3년으로 같더라도, 하나는 1,000, 1,000, 8,000씩 회수하는 것이고 다른 하나는 8,000, 1,000, 1,000씩 회수하는 것이라면 당연히 첫 해에 대부분의 투자를 회수할 수 있는 두 번째 대안을 선택할 것이다. 그러나 회수기간만을 본다면 두 대안 간에 선호도의 차이는 없다.

다음으로 회수기간법은 회수기간 이후의 현금 흐름을 고려하지 못한다. 앞에서 본 예와 같이, 회수기간이 같은 두 대안이 있다고 가정하자. 만일 회수기간 이후의 현금 흐름이 첫 번째 대안은 매년 1,000씩 3년간 지속되고 두 번째 대안은 매년 3,000씩 5년간 지속된다면 두 번째 대안이 더 좋은 것임은 말할 필요도 없다. 그러나 회수기간만을 본다면 역시 두 대안 간에 선호도의 차이는 없게 된다.

(3) 순현가법

순현가법(Net Present Value: NPV)은 자본 예산 기법 가운데에서 가장 폭넓게 사용되는 기법이다. 순현가는 미래의 현금 흐름 가운데 현금유입(inflow)의 현재가치(PV) 합에서 현금유출(outflow)의 현재가치(PV) 합을 뺀 값이다. 현시점을 0으로 하고 미래의 마지막 시점을 n이라고 하면, 순현가의 수식은 아래와 같이 된다.

$$NPV = \sum_{i=0}^{n} PV(\text{inf low}) - \sum_{i=0}^{n} PV(\text{outflow})$$

NPV의 의사결정 기준은 NPV가 클수록 바람직한 대안으로 평가하는 것이다. 즉 들어오는 돈의 가치에서 나가는 돈의 가치를 뺀 순수 가치의 크기가 가장 큰 대안을 선택한다는 논리이다. 그러나 크기의 비교에 앞서 순현가가 0보다 커야 된다는 기준이 먼저 적용되어야 한다. 만일 순현가가 0보다 작다면, 상대적 순위에 상관없이 절대적인 경제성이 없기 때문이다. 따라서 경제성 평가의 구체적인 절차는 먼저 여러 대안들 가운데 NPV가 0보다 큰 대안만을 골라낸 후, 그 가운데에서 NPV가 가장 큰 대안을 선정하게 된다.

NPV 방법의 실제 적용을 이해하기 위해 앞의 예제에서 대안 C의 경우를 살펴보자. 할인율이 10%로 설정되어 있는 경우, 〈표 6-15〉에 정리되어 있는 것처럼 대안 C의 순현가는 796.3으로 계산된다. 같은 계산법을 대안 A, B, D에 대해서도 적용한 후 순현가가 가장 큰 대안을 선정하면 된다.

〈표 6-15〉 대안 C의 순현가 계산표

연도	현금 흐름	할인율	순현가
0	−1,500	1.000	−1,500.0
1	150	0.909	136.4
2	300	0.826	247.8
3	450	0.751	337.9
4	600	0.683	409.8
5	1,875	0.621	1,164.4
합계			796.3

좀 더 복잡하고 어려운 문제는 투자규모가 크게 다른 여러 대안의 경제성 평가를 NPV 기준으로 할 경우에 생길 수 있다. 다른 대안에 비해 절대적인 투자규모가 큰 프로젝트가 NPV가 더 크다고 해서 반드시 바람직한 대안이 될 수 있는가? 이 문제는 특히 전체 투자규모가 제한되어 있을 때 중요해진다. NPV만을 기준으로 보았을 때 가장 바람직한 대안이 있다고 하자. 그러나 이 대안에 필요한 초기투자가 현재 조달이 가능한 자금의 규모보다 더 크면 어떻게 할 것인가? 이러한 문제의 평가에는 투자단위당 가치의 크기라는 상대적 개념이 더 유용하다.

이때 도입되는 평가 지표로는 수익성 지수(Profitability Index: PI)를 들 수 있다. 수익성 지수는 아래의 식으로 정의된다.

PI = 현금유입의 순현가 합계 / 현금유출의 순현가 합계

따라서 PI가 1보다 크면 NPV가 양(+)의 값이 되면서 경제성이 있다고 할 수 있고, 반대로 PI가 1보다 작으면 NPV가 음(−)의 값이 되면서 경제성이 없다고 할 수 있다. 이와 같이 NPV가 절대적인 크기의 차이를 뜻하는데 반해, PI 값은 비율을 의미하므로, 상대적인 크기의 차이 즉 투자단위당 가치의 차이도 알 수 있다는 장점이 있다.

수익성 지수의 실제를 이해하기 위해 아래의 〈표 6-16〉에 나타나 있는 간단한 예제를 보자. 대안 A와 B의 초기투자는 각각 2,000과 4,000으로 큰 차이가 있으며, 향후 4년간의 현금 유입도 상당히 차이가 난다.

〈표 6-16〉 두 대안의 현금흐름 표

대안	연도 0	연도 1	연도 2	연도 3	연도 4
A	-2,000	800	700	600	500
B	-4,000	1,500	1,300	1,200	1,100

먼저 두 대안의 경제성을 순현가법으로 비교해 보자. 할인율을 10%로 가정할 경우 A 대안의 NPV가 124인 반면 B 대안의 NPV는 138로 나타나, B 대안이 더 우수한 것을 알 수 있다. 그러나 PI를 계산하여 비교하면, A 대안의 PI가 1.062인 반면 B 대안의 PI는 1.035로 나타나, A 대안이 더 경제적인 것을 알 수 있다. 즉 A 대안이 투자의 절대적 가치는 낮지만 상대적 가치는 더 높은 것이다. 특히 가능한 투자규모가 한정되어 있을 경우에는, 단순한 NPV 분석보다는 PI에 의한 의사결정이 더 유용한 기준이 될 수 있다.

(4) 내부수익율법

앞에서 살펴본 것처럼 순현가법에서는 할인율이 알려진 것으로 가정한다. 그러나 실제에서는 할인율을 정하기 어려운 경우도 적지 않다. 내부수익율법(Internal Rate of Return: IRR)은 순현가법에서 적용할 할인율을 결정하기 어려울 때 보완적으로 사용되는 기법이다.

내부수익율, 즉 IRR이라는 용어는 미래의 화폐흐름 가운데 유입(inflow)의 현재가치 합과 유출(outflow)의 현재가치 합을 같게 만드는 할인율을 뜻한다. 따라서 내부수익율은 곧 투자수익율의 역할을 한다고 볼 수 있다. 예를 들어 내부수익율이 20%라는 말은 투자에 대해 20%의 수익이 발생한다는 의미로 해석할 수 있는 것이다. 이를 수식으로 표현하면 다음과 같다.

$$\sum_{i=0}^{n} PV(\text{inflow}) = \sum_{i=0}^{n} PV(\text{outflow}) \quad \text{단, 할인율: IRR}$$

IRR의 의사결정 기준은 IRR이 클수록 바람직한 대안으로 평가하는 것이다. IRR의 의미가 초기투자에 의해 창출되는 투자수익율이므로, IRR이 클수록 바람직한 대안이 되는 것은 당연하다. 따라서 경제성 평가의 구체적인 절차는 먼저 각 대안의 IRR 값을 계산한 후, 평가자가 원래 설정한 최소한의 할인율, 즉 기대수익율보다 IRR이 높은 대안만을 골라 낸다. 다음에는 그 가운데에서 IRR이 가장 큰 대안을 선정하게 된다.

NPV와 달리 IRR에서는 할인율이 주어지는 값이 아니라 찾아야 하는 값이다. 실제로 IRR이 어떻게 구해지는지를 알아보자. 이 할인율은 방정식을 바로 풀어서 구할 수는 없기 때문에, 실제로는 보간법에 의한 시행착오(trial-and-error)의 반복을 통해 가장 근사한 값을 찾아야 한다. 〈표 6-17〉에 제시된 대안 D의 예를 보자.

〈표 6-17〉 IRR 계산 예

연도	현금흐름	현가 - 25%	현가 - 26%
0	-1,500	-1,500.0	-1,500.0
1	300	240.0	239.1
2	450	288.0	286.2
3	750	384.0	380.3
4	750	307.5	303.0
5	900	295.2	289.8
합계		14.7	-1.65

먼저 몇 개의 할인율을 적용하여 시험적으로 값을 계산한 결과, IRR이 25%와 26% 사이에 있다는 사실을 알게 된다. 즉 25%의 경우에는 현가의 합이 양의 값(+)이 되고 26%의 경우에는 현가의 합이 음의 값(-)이 되기 때문에 0이 되기 위해서는 25%와 26% 가운데 어느 값이 되어야 하는 것이다. 여기서 보간법을 이용하여 가장 0에 근사한 할인율을 계산하면, 25.4%가 되고 이 값이 곧 IRR이 되는

것이다.

앞에서 언급한 대로, IRR법은 NPV법에서 할인율을 정하기 어려운 경우에 보완적으로 사용하는 방법이다. 따라서 일반적으로는 NPV법이 IRR법보다 더 자주 사용된다. 그러나 실무적으로 IRR이 제공하는 정보가 NPV가 제공하는 정보보다 더 큰 의미를 가질 수 있다. 예를 들어 NPV가 10억이라고 하는 것보다는 IRR, 즉 투자수익률이 10%라고 하는 것이 더 유용한 정보일 수 있고, 그 의미를 해석하기 더 쉬울 수 있는 것이다. 하지만 연도별로 현금 흐름의 크기와 방향이 심하게 차이가 나는 경우가 아니면, NPV법을 사용하든 IRR법을 사용하든 경제성 평가의 결과는 동일하게 나오는 것이 일반적이다.

(5) 예시

A사는 MP3 플레이어를 생산하여 국내외에 판매하고 있는 기업이다. A사는 변화하는 고객들의 니즈에 부합하는 새로운 종류의 MP3 플레이어를 개발하기로 하고, 이를 위한 신제품 개발(New Product Development: NPD) 프로젝트 팀을 구성하였다. 이 팀의 첫 번째 과제는 NPD 프로젝트의 경제성을 분석하는 일이다. 경제성 평가의 방법으로는 NPV법과 IRR법을 사용하기로 하였다.

가. 기본 정보

먼저 신제품 개발 과정에서 발생하는 현금흐름의 종류에는 다음과 같은 것들이 있다.

- 개발비용: 제품의 설계, 시제품 제작 및 테스트 등에 드는 비용
- 엔지니어링 비용: 본격적인 생산에 앞서 시험 생산을 통해 문제를 해결하고 신뢰성을 제고하는데 드는 비용
- 마케팅 비용: 개발된 제품의 출시, 홍보, 판매 등에 소요되는 비용
- 생산비용: 제품 생산에 필요한 직접비와 간접비
- 판매수익: 제품 판매에 따라 발생하는 수익

향후 4년간 발생할 현금흐름 정보가 〈표 6-18〉에 제시되어 있다.

〈표 6-18〉 NPD 프로젝트 관련 현금흐름 추정치

항목	추정치
개발비용	50억원
엔지니어링 비용	20억원
마케팅 비용	10억원/년
단위당 생산비용	40만원
단위당 판매가격	80만원
생산 및 판매량	2만개/년

나. 경제성 평가

경제성 평가를 위해서는 현금흐름을 각 기간별로 파악하여야 한다. 여기서는 좀 더 세부적인 분석을 위해 연도별이 아니라 분기별로 현금흐름을 측정하기로 하였으며, 편의상 매 분기의 초에 현금흐름이 발생한다고 가정한다. 따라서 현재 시점인 0기부터 15기까지 4년간 총 16번의 현금흐름이 발생하게 된다. 〈표 6-19〉는 이를 차트 형태로 나타내고 있다.

차트에서 알 수 있듯이 개발은 처음 1년간의 4분기 동안 이루어지며, 엔지니어링은 개발단계의 마지막 분기부터 시작하여 2분기 동안 이루어진다. 또 마케팅은 개발이 끝나는 직후부터 시작되며, 생산 및 판매는 엔지니어링이 끝나는 직후부터 시작된다. 〈표 6-18〉의 재무정보 추정치와 〈표 6-19〉의 차트를 종합하면 각 분기의 현금흐름을 예측할 수 있다.

〈표 6-19〉 NPD 프로젝트의 현금흐름 차트

	1차년도				2차년도				3차년도				4차년도			
	1분기	2분기	3분기	4분기	1분기	2분기	3분기	4분기	1분기	2분기	3분기	4분기	1분기	2분기	3분기	4분기
	0기	1기	2기	3기	4기	5기	6기	7기	8기	9기	10기	11기	12기	13기	14기	15기
개발	■	■	■	■												
엔지니어링					■	■										
마케팅						■	■	■	■	■	■	■	■	■	■	■
생산 및 판매							■	■	■	■	■	■	■	■	■	■

총비용은 각 분기별로 균등하게 소요된다고 가정한다. 예를 들면, 개발을 위해서는 4분기 동안 총 50억 원이 소요되므로 각 분기에 소요되는 개발비용은 12.5억 원이 된다. 또 1년간의 생산비용은 단위당 생산비용과 생산량을 곱한 80억 원이며, 따라서 각 분기의 생산비용은 20억 원이 된다. 각 분기의 판매수익 역시 같은 방법으로 계산하면 40억 원이 된다. 이러한 방법으로 각 분기에 발생하는 비용과 수익을 모두 합산하면 해당 분기의 현금흐름을 계산할 수 있으며, 이것을 〈표 6-20〉에 나타내었다.

〈표 6-20〉 NPD 프로젝트의 현금흐름

(단위: 백만원)

	1차년도				2차년도				3차년도				4차년도			
	1분기	2분기	3분기	4분기	1분기	2분기	3분기	4분기	1분기	2분기	3분기	4분기	1분기	2분기	3분기	4분기
	0기	1기	2기	3기	4기	5기	6기	7기	8기	9기	10기	11기	12기	13기	14기	15기
개발 비용	-1,250	-1,250	-1,250	-1,250												
엔지니어링 비용				-1,000	-1,000											
마케팅 비용					-250	-250	-250	-250	-250	-250	-250	-250	-250	-250	-250	-250
생산 비용						-2,000	-2,000	-2,000	-2,000	-2,000	-2,000	-2,000	-2,000	-2,000	-2,000	-2,000
판매 수익						4,000	4,000	4,000	4,000	4,000	4,000	4,000	4,000	4,000	4,000	4,000
현금 흐름	-1,250	-1,250	-1,250	-2,250	-1,250	1,750	1,750	1,750	1,750	1,750	1,750	1,750	1,750	1,750	1,750	1,750

〈표 6-20〉의 현금흐름을 바탕으로 NPV와 IRR을 계산하여 경제성을 평가해 보자. NPV 계산에 사용되는 할인율은 연 10%로 가정한다. 따라서 각 분기의 현금흐름에 대한 할인율은 분기당 2.5%가 된다. 〈표 6-21〉은 각 분기별 현금흐름의 현재가치(PV)와 이를 합산한 NPV, IRR값을 나타낸 것이다.

〈표 6-21〉 NPD 프로젝트의 PV 및 NPV, IRR

(단위: 백만원)

	1차년도				2차년도				3차년도				4차년도			
	1분기	2분기	3분기	4분기	1분기	2분기	3분기	4분기	1분기	2분기	3분기	4분기	1분기	2분기	3분기	4분기
	0기	1기	2기	3기	4기	5기	6기	7기	8기	9기	10기	11기	12기	13기	14기	15기
현금흐름	-1,250	-1,250	-1,250	-2,250	-1,250	1,750	1,750	1,750	1,750	1,750	1,750	1,750	1,750	1,750	1,750	1,750
PV	-1,250	-1,220	-1,190	-2,089	-1,132	1,547	1,509	1,472	1,436	1,401	1,367	1,334	1,301	1,269	1,250	1,220
NPV	8,203															
IRR	14.3%															

경제성 분석 결과, 이 NPD 프로젝트의 NPV는 8,203,000,000원으로 0보다 크고, IRR 역시 14.3%로 할인율인 10%보다 크므로, 이 프로젝트는 투자할 가치가 있다고 할 수 있다.

다. 민감도 분석

NPD 프로젝트는 많은 위험성과 불확실성을 안고 있다. 따라서 경제성 평가 못지않게 중요한 과제는 상황의 변화에 따라 평가 결과가 어떻게 달라지는가를 알아보는 민감도 분석(sensitivity analysis)을 수행하는 일이다.

경제성 평가에 포함된 변수들은 크게 내부요인(internal factor)과 외부요인(external factor)으로 구분할 수 있다. 내부요인으로는 개발비용, 개발시간, 생산비용 등이 있으며 외부요인으로는 판매가격, 판매량, 할인율 등이 있다. 경우에 따라서는 경제성 향상을 위해 내부요인을 변화시킬 필요가 있으며, 외부 환경 변화에 따라 외부요인의 값이 변할 수도 있다. 이러한 변수들의 값이 변함에 따라 NPV와 IRR의 값도 바뀌게 된다. 여기에서는 개발비용과 개발시간의 증감에 따른 NPV와 IRR의 변화를 살펴보도록 하자.

개발비용의 변화는 제품개발이 이루어지는 처음 4분기 동안의 현금흐름에 영향을 미치게 된다. 개발비용이 20% 증가하게 되면, 각 분기에 2.5억 원의 지출이 더 늘어나게 되고, 20% 감소 시에는 반대로 2.5억 원이 줄어들게 된다. 한편, 개발시간의 변화는 개발이 이루어지는 시기의 현금흐름뿐만 아니라 이후의 현금흐름에도 영향을 미치게 된다.

〈표 6-22〉 개발비용과 개발시간 변화에 따른 현금흐름과 PV

(단위: 백만원)

	1차년도				2차년도				3차년도				4차년도			
	1분기	2분기	3분기	4분기	1분기	2분기	3분기	4분기	1분기	2분기	3분기	4분기	1분기	2분기	3분기	4분기
	0기	1기	2기	3기	4기	5기	6기	7기	8기	9기	10기	11기	12기	13기	14기	15기
개발비용 20% 증가																
현금흐름	-1,500	-1,500	-1,500	-2,500	-1,250	1,750	1,750	1,750	1,750	1,750	1,750	1,750	1,750	1,750	1,750	1,750
PV	-1,500	-1,463	-1,428	-2,321	-1,132	1,547	1,509	1,472	1,436	1,401	1,367	1,334	1,301	1,269	1,239	1208
개발비용 20% 감소																
현금흐름	-1,000	-1,000	-1,000	-2,000	-1,250	1,750	1,750	1,750	1,750	1,750	1,750	1,750	1,750	1,750	1,750	1,750
PV	-1,000	-976	-952	-1,857	-1,132	1,547	1,509	1,472	1,436	1,401	1,367	1,334	1,301	1,269	1,239	1,208
개발시간 25% 증가																
현금흐름	-1,000	-1,000	-1,000	-1,000	-2,000	-1,250	1,750	1,750	1,750	1,750	1,750	1,750	1,750	1,750	1,750	1,750
PV	-1,000	-976	-952	-929	-1,812	-1,105	1,509	1,472	1,436	1,401	1,367	1,334	1,301	1,269	1,239	1,208
개발시간 25% 감소																
현금흐름	-1,667	-1,667	-1,667	-2,667	1,750	1,750	1,750	1,750	1,750	1,750	1,750	1,750	1,750	1,750	1,750	1,750
PV	-1,667	-1,626	-2,538	-1,161	1,585	1,546	1,509	1,472	1,436	1,401	1,367	1,334	1,301	1,269	1,239	1,208

한편 개발기간의 변화도 직접적인 영향을 미친다. 개발기간이 25% 늘어나게 되면, 개발비용이 4분기가 아닌 5분기로 배분되므로 각 분기에 소요되는 개발비용이 줄어들게 된다. 또한 개발이 1분기만큼 늦어지게 되므로, 이후의 엔지니어링, 마케팅, 생산과 판매 시기도 모두 1분기만큼 늦어지게 된다. 〈표 6-22〉는 개발비용이 20% 증가하거나 감소하였을 경우, 개발시간이 25% 증가하거나 감소하였을 경우, 각각에 대한 현금흐름과 PV를 나타낸 것이다.

위 네 가지 경우에 대한 NPV와 IRR을 계산하여 그 변화를 측정한 결과를 아래의 〈표 6-23〉에 나타내었다. 개발비용이나 개발시간이 증가함에 따라 NPV와 IRR이 감소하고, 반대로 개발비용이나 개발시간이 감소하면 NPV와 IRR이 증가함을 알 수 있다.

〈표 6-23〉 민감도 분석 결과

	NPV	NPV 변화	NPV변화 (%)	IRR	IRR 변화	IRR변화 (%)
기본 계획	8,203			14.3%		
개발비용 20% 증가	7,239	-964	-11.8%	12.0%	-2.3%	-16.1%
개발비용 20% 감소	9,167	964	13.3%	17.1%	2.8%	23.3%
개발시간 25% 증가	6,765	-1,438	-15.7%	12.7%	-1.6%	-9.4%
개발시간 25% 감소	9,678	1475	21.8%	15.8%	1.5%	11.8%

6. 위험분석 모형

(1) 기본 이론

프로젝트의 경제성을 평가하는 과정에서 또 하나 중요한 요인 중의 하나가 위험도(risk)이다. 실제로 대부분의 평가 기법에서는 직접적이든 간접적이든 위험도를 반영하고 있다. 예를 들어, 점수 모형에서는 위험도를 아예 평가항목의 하나로 설정하기도 하고, 순현가법 같은 경우에는 할인율(discount rate)에 위험도가 간접적으로 반영되기도 한다.

그러나 위험도를 직접적으로 그리고 가장 중요하게 고려하는 기법은 위험분석 모형(risk analysis model)이다. 이 모형은 기본적인 확률이론을 토대로 다음 두 단계를 거쳐 프로젝트의 경제성을 평가한다.

1) 먼저 프로젝트의 경제성을 기대수익의 크기로 평가한다.

- 수익의 크기가 다를 것으로 예상되는 여러 가지의 경우를 가정하고, 각 경우가 일어날 확률에 각 경우의 예상수익을 곱한 값을 합계한 결과를 기대수익(Expected Profit: EP)으로 한다.
- 기대수익이 최대인 프로젝트를 선정하는 것을 평가의 기준(maximum expected profit criterion)으로 한다.

2) 다음으로는 기대수익에 따른 위험도를 고려하여 평가한다.

- 예상되는 여러 경우의 분포 모양은 표준편차로 측정할 수 있다.
- 만일 프로젝트의 위험도(표준편차)에 큰 차이가 있다면, 기대수익과 위험도를 동시에 고려하여 평가한다.

(2) 예시

〈표 6-24〉에 제시된 예를 보자. 프로젝트 1과 2는 각각 실패, 보통, 성공의 세 가지 경우가 일어날 수 있으며, 각 경우가 일어날 확률과 예상수익이 표와 같이 예측되어 있다. 프로젝트 1은 예상수익의 편차가 작은 반면, 프로젝트 2의 편차는 상대적으로 매우 크다.

〈표 6-24〉 프로젝트의 발생 가능한 경우와 관련 정보

(단위: 백만원)

프로젝트	결과	확률	수익	기대수익
1	실패	0.2	480	96
	보통	0.6	600	360
	성공	0.2	720	144
2	실패	0.2	0	0
	보통	0.6	600	360
	성공	0.2	1,200	240

먼저 두 프로젝트의 기대수익(Expected Profit: EP)을 계산하여 보자.

- 프로젝트 1의 기대수익:

EP(Project 1) = 480(0.2) + 600(0.6) + 720(0.2) = 600

- 프로젝트 2의 기대수익:

EP(Project 2) = 0(0.2) + 600,000(0.6) + 1,200,000(0.2) = 600

이 경우 두 프로젝트의 기대수익은 동일하고, 따라서 기대수익의 극대화 기준(maximum expected profit criterion)에 의하면 어느 프로젝트를 선택하든 차이가 없다.

그러나 표준편차로 표현되는 위험도를 고려하면 평가는 달라질 수 있다. 각 프로젝트의 표준편차(Standard Deviation: SD)를 계산하면 다음과 같다.

SD(Project 1) = 75.9

SD(Project 2) = 379.5

일반적인 경우는, 기대수익이 같을 경우 당연히 위험도가 낮은 프로젝트를 선호하기 때문에 이 경우에는 프로젝트 1을 선택하게 된다.

(3) 분산계수

만일 기대수익과 위험도의 선호도가 엇갈리게 되면 어떻게 할 것인가? 예를 들어 하나의 프로젝트가 다른 프로젝트와 비교하여, 기대수익은 크지만 동시에 위험도도 높은 경우에는 과연 어느 프로젝트를 선택하여야 하는가?

이 경우의 의사결정은 간단치 않다. 여기에는 이른바 의사결정자의 효용함수(utility function) 개념이 도입되어 주관적인 판단을 할 수밖에 없다. 사람에 따라 기대수익과 위험도를 받아들이는 효용의 크기가 서로 다르기 때문이다. [그림 6-6]에 나타난 것처럼 의사결정자는 크게 위험회피형, 위험중립형, 위험선호형의 세 가지 유형으로 나뉘는데 어느 유형인가에 따라 기대수익과 위험도의 차이를 효용의 크기로 전환시키는 기준이 다르다. 따라서 의사결정은 다분히 개인의 주관적 판단과 선호도에 의존하게 된다.

이런 문제를 어느 정도 해소하기 위해 객관적인 지표로 도입된 것이 분산계수(Coefficient of Variance: CV)이다. 분산계수는 아래의 식으로 표현된다.

$$CV = SD/EP$$

분산계수를 이용한 의사결정의 기준은 어떻게 될까? 분산계수 값이 작을수록 기대수익이 큰 반면 위험도는 낮으므로 그 프로젝트의 경제성은 높은 것으로 평가된다. 따라서 기대수익과 분산의 선호도가 서로 엇갈릴 경우라면, 분산계수라는 상대적 비율을 토대로 경제성을 비교할 수 있다.

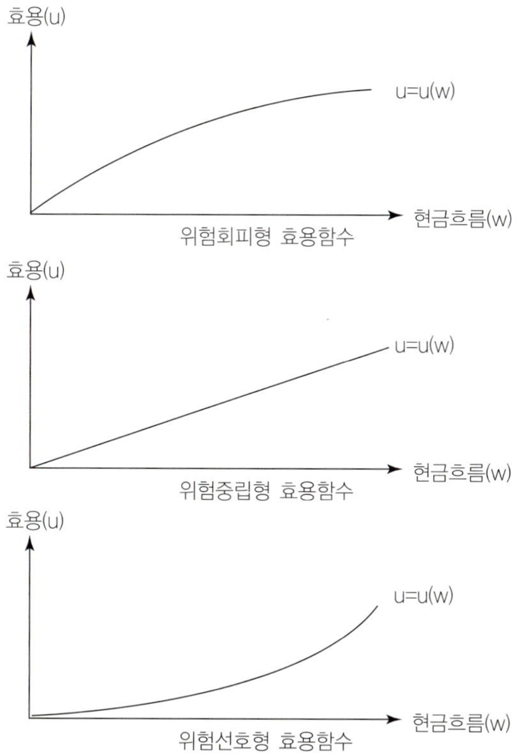

[그림 6-6] 의사결정자 유형과 효용함수

7. 의사결정 나무 모형

(1) 기본 이론

프로젝트의 규모가 크고 성격이 복잡한 경우, 구조적이고 체계적인 접근을 위해 의사결정 나무(Decision Tree: DT) 모형을 도입하기도 한다. 의사결정 나무는 프로젝트의 수행과정을 크게 의사결정 마디(decision node)와 상황발생 마디(chance node)로 나누어 설명하는 그림을 말한다. [그림 6-7]은 의사결정 나무의 예시적 형태를 보여준다.

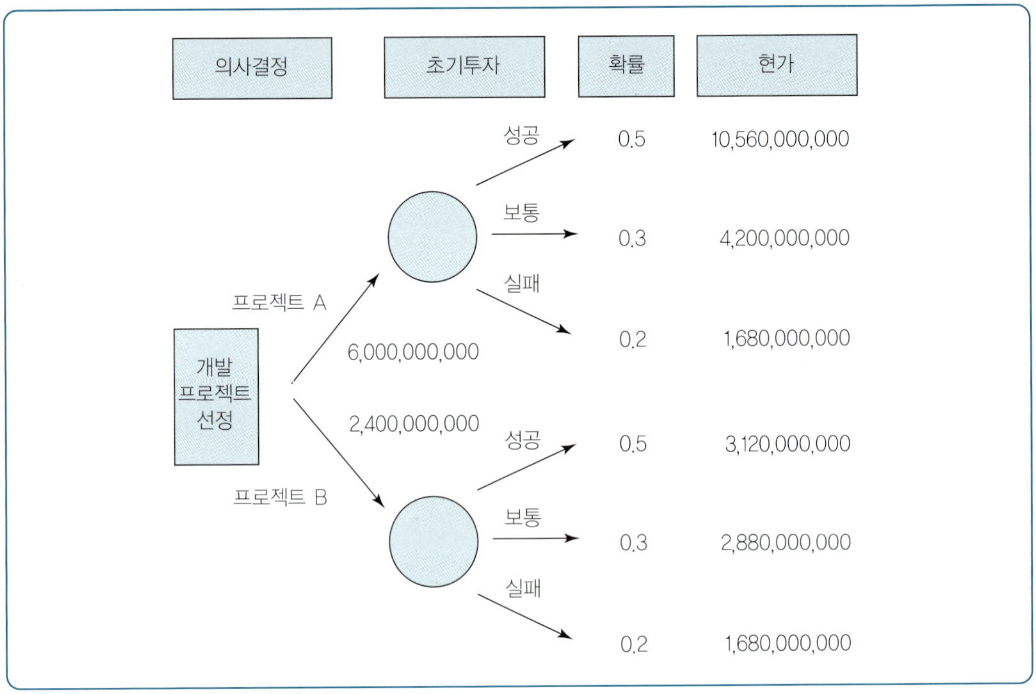

[그림 6-7] 의사결정 나무의 예시

나무 형태로 프로젝트의 구조를 보여주면 의사결정 과정을 훨씬 명확하게 이해할 수 있고 분석도 용이해진다. 특히 의사결정 나무가 유용한 경우는 프로젝트가 복잡하여 여러 개의 의사결정 마디와 상황발생 마디가 있는 '다단계 의사결정(multi-stages decision making)' 문제를 다룰 때이다. 복잡한 다단계 문제는 의사결정 나무로 도시하면 훨씬 명확하고 용이하게 분석할 수 있기 때문이다.

(2) 사례

[그림 6-7]에 제시된 간단한 예를 좀 더 자세히 살펴보자. 그림에서 사각형으로 나타난 것이 의사결정 마디이다. 이 마디에서는 두 개의 프로젝트 가운데 어느 것을 선택할 것인지를 결정한다. 화살표 위에는 각 프로젝트에 소요되는 초기투자 금액을 기입한다. 다음에 원으로 나타난 것이 상황발생 마디이다. 이 마디에서는 선택한 프로젝트가 실패, 보통, 성공이라는 세 가지 상황 가운데 어느 것인지를 알려준다. 각 가지의 끝에는 상황에 일어날 확률과 현재가치로 환산한 예상수

익을 기입한다.

실제로 프로젝트의 경제성을 평가하는 과정과 방법은 앞의 위험 분석 모형과 마찬가지로 각 프로젝트의 최종적인 기대수익을 비교하여 결정할 수 있다. 먼저 프로젝트 A를 생각해보자. 각 경우가 발생할 확률에 그 경우에서 생기는 수익을 곱하면 그 경우의 기대수익을 계산할 수 있다. 다음으로 모든 경우의 기대수익을 합하면 프로젝트 전체의 기대수익을 계산할 수 있다. 마지막으로 프로젝트의 초기투자를 빼주면 최종적인 수익을 계산할 수 있다. 같은 계산 방법과 절차로 프로젝트 B의 최종적인 수익도 계산한다. 그리고 두 프로젝트의 최종 수익을 비교하여 더 좋은 프로젝트를 선정하게 된다.

8. 수리계획법 모형

수리계획법 모형(mathematical programming model)은 여러 개의 프로젝트 가운데 하나를 선정하는 문제가 아니라 제한된 가용자원을 어느 프로젝트에 얼마씩 배분하는 것이 가장 바람직한가 하는 문제를 다루는데 적합한 모형이다.

앞의 부록에서 설명한 대로 수리계획법 모형은 크게 목적함수(objective function)와 제약조건(constraints)으로 구성된다. 먼저 목적함수(Z)는 개별 프로젝트를 변수(X_i)로 두고 개별 프로젝트의 수익(U_i) 또는 비용의 총합을 수학적으로 표현한 함수이다. 따라서 목적함수가 수익으로 표현된다면 궁극적인 목적은 최대화(maximization) 문제가 되며, 비용으로 표현된다면 최소화(minimization) 문제가 된다. 제약조건은 프로젝트의 수행에 필요한 자원의 보유량과 사용량의 관계를 표현한 함수이다. 즉 자원의 보유량(B_i)이 개별 프로젝트에 배분된 사용량(A)의 합보다 클 수 없다는 조건을 수학적으로 나타낸 것이다. 가장 아래에 있는 제약조건 $0 \le X_i \le 1$는 각 프로젝트의 상대적 중요도(수행의 비율)를 최대 1에서 최소 0까지로 조정하는 것을 뜻한다.

목적함수 $\text{maximize } Z = U_1X_1 + U_2X_2 + \cdots + U_nX_n$

제약조건 $A_{11}X_1 + A_{12}X_2 + \cdots + A_{1n}X_n \leq B_1$

$A_{21}X_1 + A_{22}X_2 + \cdots + A_{2n}X_n \leq B_2$

$\cdot \qquad\qquad\qquad\qquad \cdot$

$\cdot \qquad\qquad\qquad\qquad \cdot$

$A_{m1}X_1 + A_{m2}X_2 + \cdots + A_{mn}X_n \leq B_m$

$0 \leq X_i \leq 1 \ (i=1, 2, \cdots, n)$

단, X_i = 프로젝트 i 의 수행 비율 즉 상대적 중요도

수리모형의 해(solution)는 심플렉스 알고리즘(simplex algorithm)을 이용하여 쉽게 구할 수 있다는 사실은 이미 설명한 바와 같다.

이 알고리즘으로 해를 구했을 때 그것의 의미는 어떻게 해석할 수 있을까? 이미 변수인 X_i의 의미가 프로젝트 i의 수행 비율(상대적 중요도)이라고 했으므로 다음과 같이 해석할 수 있다.

만일 $X_i = 1$ 이면 그 프로젝트 전부를 수행

$X_i = 0$ 이면 그 프로젝트를 기각 내지 포기

$0 < X_i < 1$ 이면 그 프로젝트를 부분적으로 수행

9. 비용-효익 분석(Cost-Benefit Analysis) 모형

(1) 기본 이론

비용(cost)-효익(benefit) 분석은 주로 공공정책 수립에 있어서 널리 활용되어 온 계량적 분석기법이다. 그러나 공공분야 이외에도 R&D 프로젝트 선정을 비롯한 기업의 투자의사결정 등에 널리 활용되고 있다.

비용-효익 분석은 각 대안의 수행에 따른 모든 비용과 효익을 추정한 후 그 크

기를 비교하는 방법이다. 즉, 대안이 여러 개 존재하는 경우, 최소의 비용으로 최대의 효익을 제공하는 대안이 최적의 대안으로 선택되며, 단일 대안의 경우에는 대안의 수행에 따르는 비용보다 그로부터 얻을 수 있는 효익이 큰 경우 대안을 수행하게 된다. 비용-효익 분석에서 가장 중요한 것은 비용과 효익이 화폐단위로 측정되어야 하며, 이때, 시간의 변화에 따른 화폐가치의 변화를 반영해야 한다는 것이다. 따라서 비용-효익 분석은 기본적으로 앞에서 설명한 순현가(NPV)법에 기초하고 있으며, 할인율(discount rate)을 어떻게 설정한 것인가가 매우 중요하다고 할 수 있다.

(2) 과정과 방법

비용-효익 분석은 할인율 결정, 비용 및 편익 추정, 비교 및 최종 대안 선택의 크게 세 단계로 이루어진다.

단계 1: 할인율 결정

의사결정의 시점은 현재인데 반해 프로젝트 수행에 따른 비용과 효익은 미래에 발생하는 것이므로, 앞의 순현가법과 마찬가지로 할인율을 적용하여 현재가치로 환산할 필요가 있다. 할인율은 프로젝트의 목적, 주체 등에 따라 달라질 수 있지만 가장 쉽게 생각할 수 있는 것이 시장이자율(market interest rate)이다. 그러나 공공 프로젝트의 비용편익 분석의 경우에는 프로젝트의 특성상 순현가법과 비교하여 상대적으로 낮은 할인율을 적용하는 것이 일반적이다. 이를 사회적 할인율(social discount rate)이라고 한다.

단계 2: 비용 및 효익 추정

프로젝트 수행에 따른 비용과 효익을 측정하는 것은 쉬운 일이 아니다. 우선, 어느 범위까지를 비용과 효익의 항목에 포함시킬 것인가를 결정해야 한다. 관점에 따라서 특정 항목이 포함될 수도 있고, 그렇지 않을 수도 있다. 또한 비용과 효익이 무형적(intangible)인 형태를 띠고 있다면, 이들의 가치를 화폐가치로 표현하는 것은 상당히 어려운 일이다. 예를 들어, 특정 프로젝트로 인해 주위 환경이 아름다워진다면 이는 관점에 따라 무형적 효익으로 생각할 수도 있고 효익에 포함시키지 않을 수도 있다. 따라서 이 단계에는 관련 전문가나 이해당사자가 참여하여 비용과 효익의 범위와 크기를 결정하게 된다.

단계 3: 비교 및 최종 대안 선택

비용과 효익의 항목이 선정되고 각각의 가치가 측정되었다면, 이를 바탕으로 최종적인 의사결정을 수행한다. 먼저, 각 비용과 항목의 가치를 현재가치로 변환한 후, 이를 합산하여 총비용(C)과 총효익(B)을 측정한다. 다음으로 의사결정의 지표로써, 효익-비용 비율(benefit-cost ratio) 또는 순효익(net benefit)을 계산한다. 효익-비용 비율은 총효익과 총비용의 비율(B/C)로서, 비용대비 효익을 의미한다. 효익-비용 비율이 1보다 클 경우 총비용에 비해 총효익이 큰 것이므로 대안으로서 의미가 있다고 할 수 있지만, 1보다 작은 경우는 대안을 수행할 필요가 없다고 할 수 있다. 순효익은 총효익에서 총비용을 뺀 것(B-C)으로, 비용에 대한 효익의 규모를 의미한다고 할 수 있다. 순효익이 0보다 크면 대안으로서의 가치가 있다고 할 수 있지만, 0보다 작다면 그 의미가 없다고 할 수 있다.

단일 대안이 존재하는 경우라면, 단순히 대안의 수행 가치를 파악하여 수행여부만을 결정하면 되므로, 효익-비용 비율과 순효익 중 어느 것을 이용하더라도 무방하다. B/C > 1이나 NB = B-C > 0은 동일한 개념이기 때문이다. 예를 들어 어느 대안 A의 수행여부를 결정하고자 하는데, 대안 A의 총비용과 총효익이 아래의 〈표 6-25〉와 같이 측정되었다고 하자.

〈표 6-25〉 대안 A의 총효익과 총비용

(단위: 백만원)

대안	총편익	총비용
대안 A	1,300	1,000

이 경우, 정책 A의 효익-비용 비율은 1.3이며 순효익은 300(백만원)이다. 따라서 대안 A는 수행할 가치가 있다고 판단할 수 있다.

대안이 여러 개 존재하는 경우에는 문제가 조금 더 복잡해진다. 기본적인 의사결정 기준은 효익-비용 비율 또는 순효익을 측정하여 그 값이 큰 순서대로 대안을 선택하는 것이다. 하지만 문제는 효익-비용 비율에 의한 우선순위와 순효익에 의한 우선순위가 다를 수 있다는 것이다. 예를 들어, 대안 4개에 대한 총비용과 총효익이 아래 〈표 6-26〉과 같다고 하자.

〈표 6-26〉 네 가지 대안들의 총효익과 총비용

(단위: 백만원)

대안	총효익	총비용
대안 A	1,300	1,000
대안 B	3,600	2,900
대안 C	1,600	1,100
대안 D	1,200	1,500

이를 바탕으로 계산된 효익-비용 비율과 순효익 및 그에 따른 우선순위는 아래 〈표 6-27〉과 같다.

〈표 6-27〉 효익-비용비와 순효익에 따른 우선순위

(단위: 백만원)

대안	효익-비용 비율	우선순위	순효익(백만 원)	우선순위
대안 A	1.3	2	300	3
대안 B	1.24	3	700	1
대안 C	1.45	1	500	2
대안 D	0.8	–	–300	–

여기서 대안 D는 효익-비용 비율이 1보다 작으므로(즉, 순효익이 0보다 작으므로) 고려할 가치가 없다. 나머지 대안들 간의 우선순위를 살펴보면, 효익-비용 비율의 경우 대안 C > 대안 A > 대안 B의 순서인 반면, 순효익 기준으로는 대안 B > 대안 C > 대안 A의 순서로 나타난다. 즉, 효익-비용 비율 기준으로는 대안 C가, 순효익 기준으로는 대안 B가 가장 최적이라고 할 수 있다. 이처럼 두 기준에 의한 결과가 일치하지 않는 것은 대안의 규모가 다르기 때문이다.

그렇다면 두 기준 중 어떤 것을 사용하는 것이 더 바람직한가? 이 질문에 답하기 위해 점층 효익-비용 비율(incremental benefit-cost ratio)에 대해 살펴보자. 점층 효익-비용 비율은 대안의 변경에 따른 비용의 한계효익(marginal benefit)을 의미하는 것으로, 두 대안씩 묶어서 한 대안에서 다른 대안으로 변경하였을 경우 발생하는 효익과 비용의 변화를 바탕으로 두 대안 사이의 우선순위를 결정하는 방법이다. 점층 효익-비용 비율을 계산하기 위해서는 대안들을 비용의 규모에 따라 오름차순으로 정리한다. 두 대안 P, Q가 있고, P의 비용이 Q의 비용보다 작다고 할 때, 두 대안에 대한 점층 효익-비용 비율은 아래와 같이 정의된다.

$$\frac{DB^{Q-P}}{DC^{Q-P}} = \frac{B^Q - B^P}{C^Q - C^P}$$

단, $C^Q > C^P$

점층 효익-비용 비율이 1보다 크다면, Q가 P보다 뛰어난 대안이라고 할 수 있다. 위의 〈표 6-27〉에 대한 점층 효익-비용 비율을 계산한 결과를 아래 〈표 6-28〉에 나타내었다. 비용의 오름차순으로 정렬하면 대안 A, 대안 C, 대안 B의 순서가 된다. 계산 결과 최종적인 우선순위는 대안 B > 대안 C > 대안 A의 순으로, 순효익 기준의 우선순위와 그 결과가 같음을 알 수 있다.

〈표 6-28〉 점층 효익-비용 비율 계산 결과

비교대상 대안	점층 효익-비용 비율	결과
대안 A - 대안 C	$\frac{1,600-1,300}{1,100-1,000}=3>1$	대안 C > 대안 A
대안 C - 대안 B	$\frac{3,600-1,600}{2,900-1,100}=1.11>1$	대안 B > 대안 C

읽고 생각하기

1:1의 기술 진보의 밝은 법칙과 어두운 법칙

주로 스칸디나비아 북부지역에 서식하는 레밍이라는 들쥐는 '맹목적'인 집단행동(herd behavior)으로 유명하다. 선두의 뒤를 쫓아 꼬리에 꼬리를 물고 달려가는 들쥐 레밍의 모습을 빗대어, 누군가 먼저 하면 나머지도 너도나도 따라 하게 되는 현상을 레밍 효과(Lemming effect)라고 부른다. 오늘날 기업들의 기술경쟁을 보면 레밍 효과가 연상된다. 기술의 진보에는 밝은 법칙과 어두운 법칙이 공존한다는 사실을 깨달을 겨를도 없이 모두가 '앞으로만' 달려나가고 있는 것이다.

기술진보의 밝은 면을 대표하는 법칙으로는 유명한 '무어의 법칙'을 들 수 있다. 1960년대 중반에 인텔(Intel)의 창업자 중 한 사람인 무어(Moore)는 "반도체 메모리 용량은 2년마다 2배씩 증가한다"는 '무어의 법칙'을 발표했다. 그로부터 한 세대가 지난 90년대 중반에 무어는 "18개월마다 2배씩 증가한다"로 수정한 '두 번째 법칙(Moore's Law-II)'을 내놓았다. 21세기로 접어들면서 삼성전자는 "매년 2배씩 증가한다"는 '신성장 법칙'을 제시했다. 디지털의 핵심부품인 메모리기술이 가속적으로 진보하는 현상은 분명히 좋은 소식이다.

부품기술의 진보는 곧 제품기술의 진보로 연결된다. 따라서 디지털 부품 기술에 통하는 무어의 법칙은 디지털 제품기술의 진보에도 적용된다. 하드디스크(HDD)의 용량이나 카메라폰의 화소(pixel)는 거의 매년 두 배로 늘어나는 추세를 보인다. LCD 디스플레이 기술도 1년 단위로 세대가 바뀌고, 세대가 바뀔 때마다 크기는 두 배로 늘어난다.

신(新)기술이 구(舊)기술을 대체하면 진보의 속도는 더 빨라진다. 예컨대 통신기술의 핵심인 전송속도는 반도체의 집적도보다 더 빠르게 진보한다. 전기신호 대신 빛을 전송 대상으로 하는 광섬유 기술을 사용해 전기적인 간섭이나 저항을 아예 없애기 때문이다. 따라서 "전송속도가 매년 3배씩 늘어난다"는 미래학자 '길더(Gilder)의 법칙'이 성립될 수 있다.

기술자체의 진보보다 기술의 부가가치나 파급효과의 증가를 설명하는 법칙은 더 밝은 메시지를 던져준다. 기술적 요인에 경제적 요인과 사회적 요인이 더해지기 때문이다. 예를 들어, 인터넷의 네트워크는 몇 배가 아니라 몇 제곱의 부가가치를 만들어낸다. "네트워크의 가치는 접속점 즉 사용자 수의 제곱에 비례한다"는 이더넷의 개발자 '메칼프(Metcalfe)의 법칙'이 등장하는 것이다. 사용자가 10명에서 11명이 되면 네트워크의 관리비용은 1.1배 증가하는데 그치지만 네트워크의 가치는 1.1의 제곱인 1.21배 증가한다.

그러나 기술의 진보가 가져오는 역작용을 묘사하는 어두운 법칙도 드물지 않다. 기술수준이 올라갈수록 기술의 경제적 가치는 오히려 내려가는 현상이 나타나기 마련이다. 무어의 법칙에 가속도가 붙는 사이 디지털 부품의 가격은 극적이라고 할 만큼 내려갔다. 트랜지스터 하나의 가격은 50년대에는 5달러를 넘었지만 지금은 0.0000001달러 수준까지 떨어졌다. 디지털 제품의 가격도 마찬가지다. 70년대에 'PC 매거진(Magazine)'의 컬럼니스트였던 매크론(Machrone)이 "PC의 성능이 아무리 좋아져도 가격은 항상 5000달러를 유지한다"는 '매크론의 법칙'을 발표한 이후 이 법칙은 15년 동안 살아있었다. 하지만 90년대 초에 3000달러로 떨어진 이후 PC 가격은 걷잡을 수 없는 속도로 내려갔다. 따라서 "같은 용량의 디지털제품 가격은 매년 30~40% 내려간다"는 '무어의 가격 역설의 법칙(Back Side of Moore's Law)'이 성립된다. 게다가 설비투자 규모도 기하급수적으로 커지고 있다. '무어의 제2법칙'으로 불리기도 하는 투자전문가 '락(Rock)의 법칙'은 "반도체의 제조 설비 비용이 4년마다 2배씩 증가한다"고 주장하고 있다. 갈수록 개발비용과 투자비용이 늘어나는데 반해 시장가격은 오히려 내려가는 추세는 기술진보가 드리우는 어두운 그림자이다.

레밍 효과가 유명해진 것은 집단이동이 결국 집단자살로 끝나기 때문이다. 달려가는 동안에 앞의 레밍은 뒤의 레밍들에 밀려 걸음을 멈출 수도 없고 대열에서 빠져나올 수도 없다. 마침내 대장정의 끝인 해안의 절벽에 이르러서도 거대한 레밍 집단은 차례로 바닷속으로 뛰어들 수밖에 없다. 집단적 경쟁의 비극적 종말을 보는 것 같은 섬뜩함이 느껴진다.

VLSI 리서치(Research)사의 CEO 허치슨(Hutcheson)이 "무어의 법칙에 끝이 있다면 그것은 기술성의 한계가 아니라 경제성의 한계일 것이다"라고 한 말은 시사하는 바가 크다. 앞으로 나아가는 '관성의 법칙'이 있다면 뒤로 당기는 '인력의 법칙'도 있기 마련이다. CTO(최고기술책임자)가 기술진보의 밝은 법칙만을 신봉하고 CFO(최고재무책임자)가 어두운 법칙만을 주장할 때 CEO의 전략적 균형감각이 중요해진다. 경쟁의 속도와 투자의 수준을 조절하는 일과 경쟁대열에 뛰어들고 빠져 나오는 최적의 시점을 결정하는 일이 모두 다 기술경영의 주제가 되는 이유가 여기에 있다.

– 조선일보 경영컬럼 – 박용태 교수의 테크노경영, 2007

요 약

1. 경제성의 평가는 경영프로젝트의 선정 문제뿐만 아니라, 새로운 설비의 도입 문제, 새로운 사업에 대한 투자결정 문제 등 광범위한 주제와 영역의 의사결정(decision-making) 문제를 포함한다.

2. 경제성 평가는 기준이나 목적에 따라 여러 가지 방법론이 활용될 수 있으며, 프로젝트의 성격에 따라 적합한 평가방법을 선택하여 활용하여야 한다.

3. 프로파일 모형은 비교대상이 되는 대안들에 대한 중요한 평가항목을 설정한 후 각 항목의 평가 결과를 직관적인 도형으로 표시하는 방법이다.

4. 점수 모형은 대안의 경제성을 점수로 측정하여 점수의 크기에 의해 대안의 우열을 결정하는 방식으로, 단순가산, 가중치가산, 연승, 가승 방식 등이 사용된다.

5. 계층분석과정(AHP) 모형은 평가 기준이 복잡한 계층구조를 보일 경우 대안들간의 쌍대비교를 계층별로 수행하여 이를 종합하는 평가기법이다.

6. 경제성 지표 모형은 투자수익률(ROI)을 기본 개념으로 하는 지표를 개발하여 그 지표의 값을 토대로 경제성을 평가하는 방법이다.

7. 자본예산 모형은 회수기간법(PBP), 순현가법(NPV), 내부수익률법(IRR) 등과 같이 미래의 현금흐름을 토대로 경제성을 평가하는 방법이다.

8. 위험분석 모형은 프로젝트의 경제성을 기대수익의 크기로 평가한 후 기대수익에 따른 위험도를 고려하여 평가하는 방법이다.

9. 의사결정 나무 모형은 복잡한 다단계의 수행과정을 크게 의사결정 마디와 상황발생 마디로 구성되는 나무 형태로 나누어 분석하고 평가하는 방법이다.

10. 수리계획법 모형은 제한된 가용자원을 개별 프로젝트에 배분하는 최적의 비율을 결정하는데 적합한 방법이다.

11. 비용-효익 분석 모형은 각 대안의 수행에 따른 모든 비용과 효익을 추정한 후 그 크기를 비교하는 방법으로 공공정책 수립에 있어서 널리 활용되는 방법이다.

복 습 문 제

1. 국내 휴대폰 제조업체인 S사는 2017년 시장 점유율 1위를 목표로 UP 3000과 TP 5100X 두 가지 신제품 개발 프로젝트를 고려하고 있다. 두 프로젝트에 투입되는 비용과 예상되는 현금 흐름은 다음과 같다.

(단위: 억원)

연(year)	UP 3000	TP 5100X
0	-600	-3000
1	800	2200
2	200	1600
4	200	800

S사의 재정문제상 두 가지 프로젝트를 동시에 진행시킬 수 없다고 한다. S사의 할인율(discount rate)을 10%, 최소 요구 내부수익율(Internal Rate of Return: IRR)은 20%로 가정할 때 다음 물음에 답하여라.

(1) 회수기간법(Payback Period: PBP)을 사용할 경우, 어떠한 프로젝트를 선택하는 것이 합리적인가?

(2) 순현가법(Net Present Value: NPV)을 사용할 경우, 어떠한 프로젝트를 선택하는 것이 합리적인가?

(3) 내부수익율법(Internal Rate of Return: IRR)을 사용할 경우, 어떠한 프로젝트를 선택하는 것이 합리적인가?

2. 무선통신 장비 제조업체인 L사는 새로운 무선통신 장비를 개발하기 위하여 다음과 같은 세 가지 무선통신 기술에 투자를 고려하고 있다. 세 가지 무선통신 기술 프로젝트에 투입되는 비용과 예상되는 현금 흐름은 다음과 같다.

(단위: 억원)

년(year)	FDMA	CDMA	TDMA
0	−20	−40	−60
1	50	40	40
2	30	100	80
3	10	80	200

L사의 할인율(discount rate)을 10%, 최소 요구 내부수익율(Internal Rate of Return: IRR)은 30%로 가정할 때 다음 물음에 답하여라.

(1) 회수기간법(Payback Period: PBP)을 사용하여 프로젝트의 우선순위를 정하여라.
(2) 순현가법(Net Present Value: NPV)을 사용하여 프로젝트의 우선순위를 정하여라.
(3) 만약 L사가 프로젝트에 투자할 수 있는 금액이 60억 원으로 한정되어 있을 경우 어떠한 프로젝트를 선택하겠는가? 또 그 이유는 무엇인가?

3. 컨설팅업체인 M사는 컴퓨터 제조업체인 TRM사로부터 자사 프로젝트의 우선 순위를 평가해 달라는 의뢰를 받았다. 현재 TRM사에서 기획하고 있는 프로젝트는 X1, X2, X3 총 세 가지로, M사는 각 프로젝트의 순위를 정하기 위하여 점수 모형(scoring model)을 사용하기로 결정하였다. 이를 위해 프로젝트 평가항목을 크게 기술성, 경제성, 환경성으로 구분하여 각 항목별 세부항목에 적절한 점수와 가중치를 배점한 뒤, TRM사와 협력하여 각 프로젝트 별로 적절한 평점을 부여하였다. 각 프로젝트의 평가항목별 평점은 다음과 같다.

대항목	소항목	배점	가중치	평점		
				X1	X2	X3
기술성	독창성	10	2.0	7	7	9
	기술수명	10	1.5	9	7	8
	독점성	10	1.0	5	7	6
경제성	시장성장성	10	2.0	6	9	10
	시장점유율	10	1.0	7	8	9
	수익성	10	1.5	8	7	9
환경성	경쟁 환경	10	2.0	9	8	7
	상업화 조건	10	1.0	10	9	6
	인프라 환경	10	1.5	9	10	7

(1) 단순가산 방식을 사용하여 프로젝트 우선순위를 정하여라.

(2) 가중치가산 방식을 사용하여 프로젝트 우선순위를 정하여라.

(3) 연승방식을 사용하여 프로젝트 우선순위를 정하여라.

4. H사의 프로젝트 매니저인 K씨는 신규 자동차 프로젝트를 추진하고자 한다. 현재 유력한 프로젝트로 A, B, C 세 가지가 제안되었으며, 이 중 어느 프로젝트를 추진할 것인지를 결정하기 위하여 기대수익, 위험도, 개발비용, 시장성 등의 요소를 고려하고자 한다. 이 요소들의 중요도에 대한 쌍대 비교 행렬은 다음과 같다.

기업성장	기대수익	위험도	개발비용	시장성
기대수익	1	5	2	1/3
위험도	1/5	1	4	1/2
개발비용	1/2	1/4	1	1/6
시장성	3	1/4	6	1

K씨는 A, B, C 세 가지 프로젝트 중 한 프로젝트만을 선택하여 추진하기로 결정하고, 위에서 제시된 4가지 요인별로 각 프로젝트의 쌍대 비교행렬들을 다음과 같이 구하였다.

기대수익	A	B	C
A	1	6	3
B	1/6	1	1/4
C	1/3	4	1

위험도	A	B	C
A	1	1/2	2
B	2	1	3
C	1/2	1/3	1

개발비용	A	B	C
A	1	1/4	1/2
B	4	1	3
C	2	1/3	1

시장성	A	B	C
A	1	5	1
B	1/5	1	1/5
C	1	5	1

(1) 위에서 제시된 요인들을 기반으로 H사의 의사결정 계층 구조를 제시하여라.

(2) 계층분석과정(Analytic Hierarchy Process: AHP)을 사용하여 K씨가 어떠한 프로젝트를 선택하는 것이 합리적인지를 제시하여라.

5. 다음은 하드디스크 제조업체 W사의 신제품 R7200과 N7200의 프로파일 모형이다. 이 모형은 두 신제품 중의 하나를 차기 모델로 선택하는데 적합하게 구성되어 있는가? 잘못된 점들을 기술하시오.

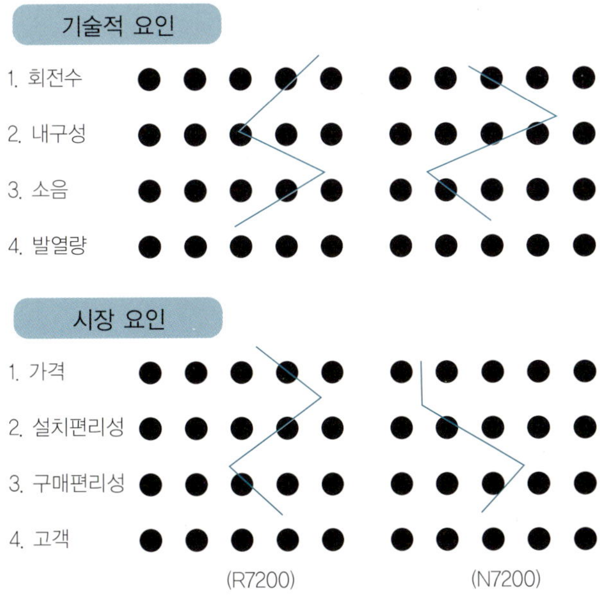

6. 3세대 이동통신 단말기 제조업체인 S사는 멀티미디어 DMB 폰을 새롭게 개발하려고 하고 있다. S사는 자금 유동성이 원활치 않기 때문에 경쟁사인 A, B, C 세 회사 중 하나와 공동개발을 하려고 한다. 그러나 공동개발에 따라 예상되는 수익과 확률은 모두 다르기 때문에 결정이 어려운 상황이다. 다음은 세 회사의 수익의 확률분포에 대해 S사가 조사한 결과 얻을 수 있었던 통계량들이다.

어떤 회사와 공동개발을 하는 것이 S사에게 가장 유리한가?

	평균	제곱평균	분산	표준편차
A	10		25	
B	12	181		
C	8			3

7. 하이파이(hi-fi) 이어폰 제조업체인 S사는 새로운 초박형 이어폰 개발 프로젝트를 두 기업으로부터 동시에 수주했다. 개발기간은 3년이며 S사는 계약비용으로 1억 원을 지불해야 한다. 현금흐름 측면에서는 차이가 있다. A사는 1년째에 1억 원을 투자하고, 2년, 3년째에 천만 원을 투자한다. B사는 1년, 2년째에 각 천만 원을, 3년째에 1억 2천만 원을 투자하기로 되어 있다.

(1) 현금흐름표(cash flow diagram)를 그리고, 내부수익률(IRR)을 구하라.

(2) 이자율이 10%, 15%일 때의 NPV를 구하라.

(3) 어떤 기업으로부터 프로젝트를 수주해야 할지를 결정하라.

8. A 공공기관에서는 교통 및 자동차 산업을 위한 미래 친환경 정책을 달성시키기 위하여, 고효율 저공해 차량 기술, 고효율 2차 전지기술, 지능형 물류 기술 3가지 프로젝트를 대안으로 결정하였다. 이들의 향후 3년간의 비용 및 효익은 아래와 같다고 할 때, 비용-효익 분석을 통해 1) 효익-비용비율, 2) 순효익, 3) 점층 효익-비용 비율 측면에서 가장 적절한 대안을 각각 제시하시오(단, 할인율은 5%라고 가정한다).

평균	분기	효익	비용
고효율 저공해 차량	0	-	300
	1	100	150
	2	150	85
	3	230	50
고효율 연료전지 기술	0	-	350
	1	150	280
	2	220	100
	3	300	-
지능형 물류 기술	0	-	300
	1	50	300
	2	250	150
	3	450	-

토 의 문 제

1. 〈복습 문제〉 1 문제에서 순현가법(NPV)을 사용한 경우와 내부수익률법(IRR)을 사용한 경우가 서로 다른 결과를 보이고 있다. 이 경우 S사의 의사 결정자는 어떠한 프로젝트를 선택하는 것이 바람직한가? 또 그 이유는?

2. 〈복습문제〉 2 문제에 있어서 내부수익률법(IRR)을 사용하여 프로젝트의 우선순위를 결정하는 것이 바람직한가? 그렇지 않다면 그 이유는?

3. 〈복습 문제〉 3 문제에 있어서 점수모형의 평가방식에 따라 프로젝트의 우선순위가 달라지게 된다. 이 경우 어떠한 프로젝트를 선택하는 것이 바람직한가?

CHAPTER 07

경영프로젝트의 통제

배경과 주요 내용

공학중심의 경영프로젝트는 주로 신제품을 개발하거나 새로운 서비스를 창출하는 과제를 다룬다. 또 기업이 만드는 대부분의 제품은 표준화된 규격을 따르지만 하나하나가 독특한 설계도를 필요로 하는 경우도 있다.

새로운 사업의 운영, 새로운 제품의 관리를 다루는 과제를 우리는 프로젝트(project)라고 부르고, 이러한 프로젝트의 기획과 통제를 다루는 주제가 바로 프로젝트 관리(project management)이다. 프로젝트 관리는 표준화된 제품의 반복생산과는 달리 나름대로의 원리와 기준에 의한 방법론과 기법을 요구한다.

먼저 프로젝트의 특성과 유형을 살펴보자. 특히 일상적인 경영활동과 대비한 프로젝트의 차별적 성격과 요인을 정리해 본다. 또 다양한 종류의 프로젝트를 어떻게 유형화할 수 있는지, 그리고 각 유형에서 관리의 초점은 무엇인지 알아본다.

이 장의 주요 내용은 PERT라는 기법을 중심으로 프로젝트의 일정을 관리하는 방법을 자세히 이해하는 일이다. PERT 기법은 전통적인 관리 기법과 비교하여 매우 과학적이고 체계적인 장점과 비교우위를 가지고 있다.

PERT의 첫 단계는 PERT 네트워크를 구성하는 과정이고, 두 번째 단계는 주 경로(critical path)를 찾는 과정이며, 마지막 단계는 평가와 검토의 과정이다. 각각의 단계에 대해서 자세히 살펴보도록 한다. 또 간단한 예제를 통해 실제로 PERT 기법을 적용하는 과정을 실습해 보도록 한다.

마지막으로 Stage-Gate 기법과 같이 R&D 프로젝트 관리에 초점을 맞춘 기법의 기본적 배경과 내용도 간략히 알아본다.

07 경영프로젝트의 통제

7.1 프로젝트 관리의 기본

1. 프로젝트의 특성

일상적인 경영활동은 대부분 표준화된 과제를 반복적으로 수행하게 된다. 여러 가지 내부 조건 및 외부 상황이 바뀌면서 신축적인 대응을 하기는 하지만, 기본적으로는 수요예측을 토대로 생산 및 판매 계획을 미리 수립한 후, 일정에 맞추어 정해진 규격의 제품을 생산하는 과정을 되풀이하는 것이다.

그러나 기업이 모두 표준화된 규격의 제품만을 만드는 것은 아니다. 앞에서 설명한 것처럼 제품의 종류는 MTS 제품에서 DTO 제품까지 다양하다. 이 가운데 DTO 제품의 대표적인 예가 바로 프로젝트(project)이다. 특히 기획한 신제품을 개발하는 과제라든가, 새로운 서비스나 사업을 창출하는 과제는 전형적인 프로젝트의 예라고 할 수 있다.

프로젝트의 특성을 좀 더 자세히 살펴보자. 첫째, 프로젝트는 일회성(one-time)과 유일성(unique)의 특성을 갖는다. 대부분의 경우 프로젝트는 한번으로 끝나며 똑같은 프로젝트가 반복되는 것은 아니다. 둘째, 프로젝트는 대규모(large-scale)이며 복잡한(complex) 특성을 보인다. 작은 규모의 프로젝트가 없는 것은 아니지만 일반적으로 프로젝트는 규모가 크고 그 내용이나 과정이 복잡하다. 셋째, 프로젝트는 구조성(structural)과 순서성(sequential)을 가진다. 규모가 크지만 그냥 큰 것이 아니라 매우 정교하고 명확한 구조에 따라 설계되고, 그 안에 존재하는 다양한 활동들은 정해진 순서에 의해 수행된다. 넷째, 프로젝트는 불확실성(uncertain)의 특성을 보인다. 프로젝트는 일정이나 자원을 관리하는 나름대로의 계획을 가지고 있지만 그 계획이 제대로 지켜지는 경우는 많지 않다.

2. 프로젝트의 유형

프로젝트의 범위는 매우 넓으며, 다양한 유형의 프로젝트가 존재한다. 구체적인 프로젝트의 유형에는 어떤 것들이 있을까?

[그림 7-1]에 도시되어 있는 것처럼, 프로젝트는 기술 집약도와 물류관리(logistics) 집약도의 수준에 따라 크게 세 가지 유형으로 나눌 수 있다. 첫째는 연구개발(R&D) 및 엔지니어링 프로젝트이다. 신제품(기술)의 개발, 소프트웨어 개발, 엔지니어링 작업 등이 여기에 해당된다. 이러한 유형의 프로젝트는 기술 집약도는 높은데 반해 물류관리는 별로 중요하지 않다. 따라서 고급인력의 관리, 과제의 일정관리 등이 핵심적인 관리 요소가 된다.

둘째는 하이테크(high-tech) 자본집약적 프로젝트이다. 여기에는 항공기, 조선, 공장(plant), 첨단건물 등을 제작하거나 건설하는 작업 등이 포함된다. 기술 집약도와 물류관리 집약도가 모두 높기 때문에 고급인력의 확보, 생산기술의 확보와 함께 물류관리 능력의 확보가 모두 중요하다.

셋째는 저급기술(low-tech) 노동집약적 프로젝트이다. 통상적인 건설공사나 소규모 설비제작 등이 이 유형에 속한다. 물류관리 집약도는 높지만 기술 집약도는 낮기 때문에 노무관리와 물류관리가 핵심적인 관리 요소이다.

〈표 7-1〉은 위의 프로젝트 유형별 관리 요소를 정리한 것이다. 이 책에서 우리

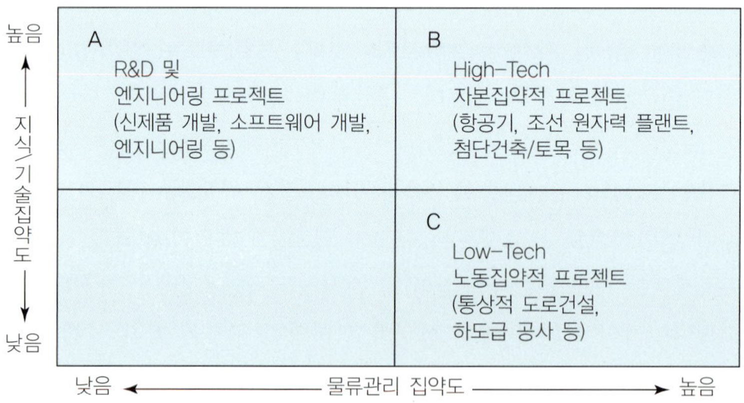

[그림 7-1] 프로젝트의 유형별 특성

가 경영프로젝트라고 부르는 것은 첫 번째 유형의 프로젝트를 의미한다. 즉 경영전략에 의해 새로운 사업 영역을 결정하고, 그 사업을 추진하기 위해 필요한 새로운 기술이나 제품을 개발하는 프로젝트를 가리키는 것이다. 그러나 다른 유형의 프로젝트에 대해서도 앞으로 설명한 일정관리 기법은 공통적으로 적용될 수 있다.

〈표 7-1〉 프로젝트의 유형과 관리 요소

유형	프로젝트	관리 요소
A	R&D 엔지니어링 프로젝트	고급기술인력의 확보, 프로젝트 관리 능력
B	High-Tech 자본집약적 프로젝트	고급인력자원의 확보, 고급 생산기술의 확보, 물류관리(Logistics) 능력
C	Low-Tech 노동집약적 프로젝트	노무관리, 물류관리(Logistics) 능력

3. 프로젝트의 단계

프로젝트의 성격에 따라 약간의 차이는 있지만 일반적으로 프로젝트는 창출-계획-수행-평가의 네 단계로 이루어진다. 각 단계에서 수행되어야 할 세부적인 활동들이 [그림 7-2]에 제시되어 있다.

먼저 첫 번째 단계에서는 새로운 프로젝트를 창출한다. 기술 및 산업 정보에 대한 전략적 분석을 토대로, 연구개발(내부) 및 기술도입(외부)을 위한 제안서(proposal)가 작성되고, 여러 제안서에 대한 경제성 평가에 의해 프로젝트가 선정된다.

두 번째 단계에서는 프로젝트 관리 계획을 수립한다. 먼저 프로젝트를 구성하는 세부 활동(activity)을 파악한 후, 개별 활동에 대한 일정관리 계획, 예산배분 계획, 자원배분 계획 등을 작성한다.

세 번째 단계에서는 실제로 프로젝트를 수행하면서 중간 점검을 한다. 당초 예정된 대로 진도가 관리되고 있는지, 예산은 차질 없이 집행되고 있는지를 정기적으로 평가하고 문제가 있을 경우 수정한다.

네 번째 단계에서는 프로젝트의 성과를 최종적으로 평가한다. 프로젝트가 완료된 시점에서 최종적인 결과를 정리하여, 종합적인 성과 평가를 실시하고, 프로젝트 완료 후의 사후관리 계획도 수립한다.

주요활동	세부활동
프로젝트 창출	• 기술예측 및 산업정보 수집 • 개발 전략 기획 • 연구개발/기술도입 제안서 작성 • 경제성 분석 및 프로젝트 선정
프로젝트 계획	• 일정(schedule)계획 • 예산(budget)계획 • 자원(resource)계획
프로젝트 수행	• 진도 및 예산 관리 • 중간평가 및 수정
프로젝트 평가	• 최종평가 및 보고 • 사후관리

[그림 7-2] 프로젝트 관리단계와 세부활동

7.2 프로젝트 일정관리

1. 전통적 관리 기법

앞에서 설명한 대로, 경영프로젝트의 관리는 프로젝트의 창출에서부터 사후평가까지 여러 단계를 거치면서 다양한 활동들을 포함한다. 그러나 이 책에서는 프로젝트 관리의 핵심이 되는 일정관리에 초점을 맞추어 그 내용을 자세히 설명하기로 한다. 프로젝트의 일정관리를 위해 오래 전부터 사용되어 온 전통적 기법은 간트 차트(Gantt chart)이다. 작업관리 분야의 선구자 가운데 한 사람인 Gantt가 제시한 이 차트는 구조와 내용이 매우 간단하다. [그림 7-3]에서 볼 수 있는 것처럼, 간트 차트는 프로젝트의 주요 활동을 파악한 후, 각 활동의 일정을 그것이 시작되고 끝나는 시점을 연결한 막대 모양으로 표시하여, 프로젝트의 전체적 내용과 흐름을 알 수 있게 만든 도표이다. 예를 들어 프로젝트가 A, B, C, D 네 개의 활동으로 구성된다면, 각 활동의 일정을 차트 위의 도표로 나타낼 수 있는 것이다.

그림에서 알 수 있는 것처럼 간트 차트는 누구나 이해하고 사용하기 쉽다는 장점이 있어 오래 전부터 프로젝트 관리의 대표적인 기법으로 사용되어 왔다. 그러나 간트 차트는 기본적으로 표준화 제품의 대량생산 체제하에서 개발되었다는 사실에 기인하는 몇 가지 단점들이 있다.

구체적인 문제점을 보면, 첫째 간트 차트는 평면적이고 총괄적인 도표여서 프로젝트 관리 범위가 제한적이다. 만일 프로젝트의 규모가 크고, 작업의 수가 많고, 구조가 복잡하면 그 내용을 간트 차트 위에 표현하기는 거의 불가능하다. 따라서 간트 차트는 소규모의 단순한 프로젝트의 관리에만 유용하다. 둘째, 간트 차트는 불확실하거나 가변적인 상황에 대한 신축적 대응이 매우 어렵다. 따라서 간트 차트는 안정적인 상황에서 수행하는 프로젝트에만 적용할 수 있다. 셋째, 간트 차트는 자원 배분의 효율성을 고려할 수 없다. 작업들 간의 우선순위를 어떻게 정할지, 어떤 작업이 급하고 어떤 작업이 여유있는지 등 관리에 필요한 정보를 수집하기가 어렵다.

2. 현대적 관리 기법

간트 차트의 단점을 보완하기 위해 개발된 현대적 관리 기법이 네트워크 차트(network chart)이다. 그리고 이어서 소개되겠지만, 네트워크 차트에 기반한 대표적인 기법이 PERT/CPM이다.

[그림 7-3]에서 볼 수 있듯이 기존의 간트 차트에 비해 네트워크 차트는 종합적이면서 분석적이다. 프로젝트의 전체적 구조를 잘 보여주면서, 동시에 작업들 간의 입체적 연관성도 알 수 있게 해 준다. 또 네트워크 차트의 심층적 분석을 통해 프로젝트의 일정 관리를 위한 다양한 추가 정보를 얻을 수도 있다.

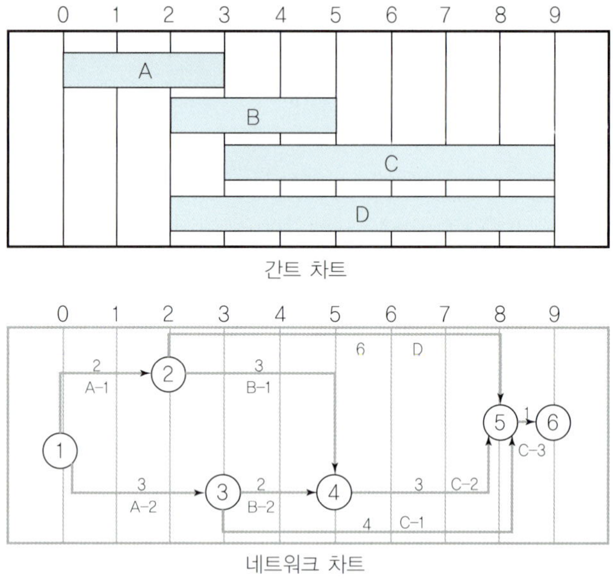

[그림 7-3] 전통적 간트 차트와 현대적 네트워크 차트

3. PERT/CPM 기법

대규모 프로젝트를 관리하는 네트워크 기법들이 개발되기 시작한 것은 1950년대 후반이며, 그중에서 가장 주목을 받은 것이 PERT(Program Evaluation and Review Technique)와 CPM(Critical Path Method)이다. PERT는 미 해군에서 개발되었으며, CPM은 거의 비슷한 시기에 DuPont사에 의해 개발되었다.

이 두 기법은 각각 따로 개발되었지만, 개별 활동들의 시간을 추정하는 방법이 PERT는 확률적이고 CPM은 확정적이라는 점 외에 큰 차이가 없어 서로의 장점을 수용하는 방향으로 발전해 왔다. 그 결과, 오늘날에는 두 기법이 통합되어 PERT/CPM 또는 그냥 PERT로 불린다.

(1) 전체적 흐름도

먼저 PERT의 전체적인 흐름을 보면, [그림 7-4]에 정리되어 있는 것처럼 크게 PERT 구성, PERT 분석, PERT 평가의 세 단계로 이루어진다.

첫 단계는 PERT 네트워크를 구성하는 과정이다. 이 단계를 통해 프로젝트가 어떤 개별 과업으로 이루어지며 각 과업이 어떤 순서로 연결되어 있는지를 알 수 있다. 두 번째 단계는 PERT 분석을 통해 가장 중요한 관리 대상이 되는 주경로(critical path)를 찾는 과정이다. 이 단계를 통해 각 세부 과업의 일정관리가 얼마나 중요한지를 알 수 있다. 또 프로젝트를 끝내는데 걸리는 시간이 어느 정도인지도 알 수 있다. 마지막 과정은 PERT 결과에 대한 평가를 토대로 전략적 의사결정을 내리는 과정이다. 이 단계를 통해 일정을 더 줄여야 하는지, 줄이면 어느 세부 과업부터 줄여야 하는지를 알 수 있다. 각각의 단계를 좀 더 자세히 살펴보자.

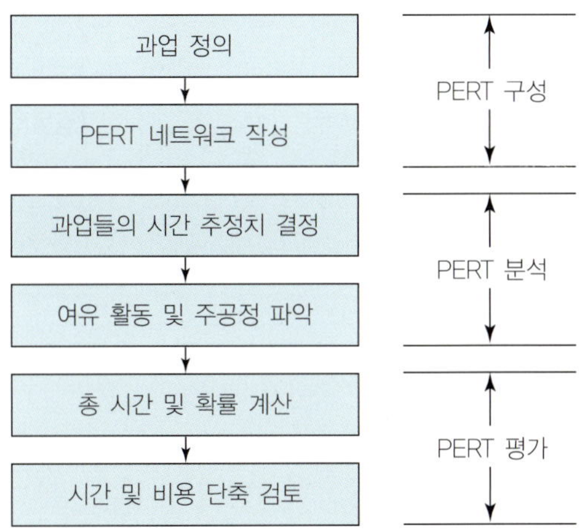

[그림 7-4] PERT의 전체적 흐름도(flow chart)

(2) PERT 네트워크의 구성

가. 과업의 정의

가장 처음 해야 할 과제는 프로젝트를 구성하는 요소 과업(task)을 파악하고 분류하는 일이다. 이 과제의 목적은 전체 프로젝트를 구성하는 요소 과업들의 연관구조를 파악하는데 있다.

개별 과업들의 전체적인 연계 구조를 파악하기 위해 자주 사용되는 도구가 과업구조도(Work Breakdown Structure: WBS)이다. [그림 7-5]에 WBS의 예가 도시되어 있다. 일반적으로 WBS는 계층 구조로 되어 있다. 자동차 신제품 개발 프로젝트라면 계층구조의 상위 레벨에 중요한 과업들을 배치한 후, 그 다음 레벨에는 바로 상위 레벨의 과업을 구성하는 보다 세부적인 과업들을 배열하는 식으로 작성하는 것이다.

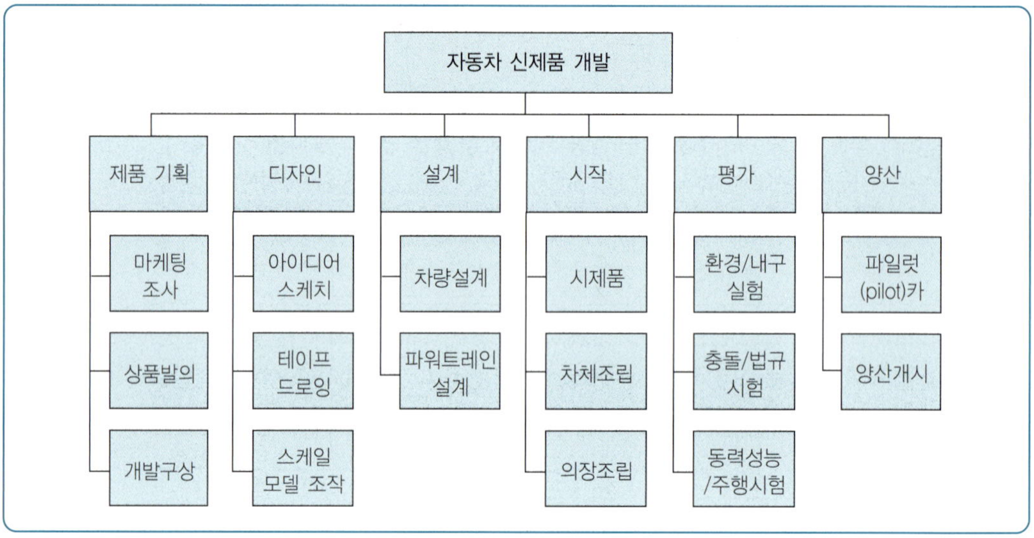

[그림 7-5] 과업구조도(WBS)의 예시

WBS를 작성하는데 있어 중요하지만 쉽지 않은 일이 요소 과업의 규모와 범위를 정하는 것이다. 즉, 과연 어느 정도의 크기로 개별 과업의 단위를 결정할 것인가 하는 문제이다. 이에 대한 기본적인 지침(guideline)은 다음과 같다.

첫째, 각각의 요소 과업의 형식과 내용을 표준화(standardization) 한다.

- 개별 과업은 흔히 SOW(Statement of Work)라고 불리는 표준 양식을 사용하여 과업의 핵심 정보를 명확히 파악한다. SOW에는 과제명, 책임자, 기간, 예산, 산출물 등의 정보가 포함된다.

둘째, 각각의 요소 과업을 시간적, 관리적 기준에서 균형화(balancing)한다.

- 개별 과업의 규모는 약 1~4주 이내의 완료시간 단위로 구성한다. 이때 1주 이내의 소규모 과업은 선행 또는 후행 과업과 통합하고, 4주 이상의 대규모 과업은 2개로 분할한다.
- 개별 과업의 규모는 각 과업의 관리자(manager)가 관리할 수 있는 적정

범위(span of control) 내로 구성한다.

- 개별 과업은 그 과업이 완료되었을 때 가시적이고 실질적인 산출물(substantial/tangible deliverable)이 만들어질 수 있는 규모로 구성한다.

WBS를 작성하는데 있어 요소 과업의 실질적인 내용을 결정하는 것은 프로젝트의 성격과 목적에 따라 달라질 수 있다. WBS의 유형은 크게 프로젝트 구조의 관점과 프로젝트 관리의 관점을 토대로 아래와 같은 다양한 형태와 방식으로 나눌 수 있다. 여기서 구조의 관점은 프로젝트 자체의 성격이나 목적의 차이에 따라 분류하는 접근을 가리키고, 관리의 관점은 프로젝트 운영의 초점이나 우선순위의 차이에 따라 분류하는 접근을 의미한다.

1) 프로젝트 구조의 관점

- ABS(Activity Breakdown Structure):

프로젝트의 성격이 시공이나 제작 중심인 경우에는 요소 과업을 '활동(activity)' 단위로 정의하는 것이 적합하다

- PBS(Product Breakdown Structure):

프로젝트가 신제품 개발 중심인 경우에는 요소 과업을 제품(product)을 구성하는 '부품' 들의 구성 관계를 토대로 정의하는 것이 바람직하다.

- TBS(Technology Breakdown Structure):

프로젝트가 대규모 시스템 개발 중심인 경우에는 요소 과업을 시스템을 구성하는 개별 '기술(technology)' 단위로 정의하는 것이 적합하다.

2) 프로젝트 관리의 관점

- OBS(Organization Breakdown Structure):

프로젝트의 조직 구성과 운영 측면에서는 전체 프로젝트를 상위의 큰 부문(department)과 하위의 작은 팀(team) 등으로 분해하여 전체적인 조직 구조를 이해하는 것이 효과적이다.

- CBS(Cost Breakdown Structure):

프로젝트의 예산편성과 비용관리의 측면에서는 전체 프로젝트의 예산을 비용

항목의 구성에 따라, 또는 비용조직(cost center)의 구성에 따라 분해하여 관리하는 것이 바람직하다.

나. 선행관계도의 작성

개별적인 요소 과업의 내용이 정의되면, 다음 작업은 각 과업 간의 순서구조를 도형으로 표시하는 선행관계도(precedence diagram)를 작성하는 일이다. 프로젝트의 개별 과업들은 반드시 먼저 해야만 하는 것이 있는가 하면, 나중에 해도 괜찮은 것도 있다. 또 바로 시작할 수 있는 과업이 있는가 하면, 앞의 일이 끝나야만 시작할 수 있는 과업도 있다. 선행관계도는 과업들 간에 일이 진행되는 순서를 시각적으로 보여주는 그림이다. 따라서 위에서 설명한 WBS가 요소 과업들의 계층적 관계를 파악하는데 유용하다면, 선행관계도는 개별 과업들의 순서 구조를 파악하는데 필요한 정보를 제공한다. 먼저 선행관계도를 작성하는 과정에 사용되는 용어와 기준을 살펴보자.

1) 마디와 가지

선행관계도는 크게 마디와 가지로 구성되는 그림이다. 마디(node)와 가지(arrow)의 정의와 용도는 〈표 7-2〉에 설명되어 있다.

〈표 7-2〉 마디와 가지의 표시와 의미

기호		의미
마디		원 모양으로 사건(event)을 나타낸다. 사건은 하나의 시점을 의미하는 것으로 네트워크 상에서 과업을 구분 짓고, 과업의 시작과 끝의 기준이 된다.
가지		가지는 화살표 모양으로 나타나며, 하나의 화살표가 프로젝트를 구성하는 과업 중의 하나를 의미한다. 화살표의 길이는 아무런 의미를 갖지 않는다.
		점선으로 표시된 화살표는 가상 과업(dummy task)을 표현하며 단지 과업들간의 선후관계만을 의미한다. 이들은 실제 과업이 아니기 때문에 과업 소요시간은 '0'이 된다.

실제로 마디와 가지를 다이어그램에 표시하는 간단한 예제를 보자. 먼저 〈표 7-3〉에는 A, B, C, D 네 과업의 작업내용과 선행 과업 정보가 제시되어 있다.

〈표 7-3〉 세부 과업의 관련 정보

과업	작업내용	선행과업
A	제품 요구사항 분석	없음
B	내부 설계사항 도출	A
C	외부 설계사항 도출	A
D	요구 자원 분석	B, C

〈표 7-3〉에서 알 수 있듯이 과업 A는 선행 과업이 없기 때문에 언제든지 시작할 수 있지만, 과업 B와 C는 과업 A가 종료되어야만 시작할 수 있다. 또 과업 D는 과업 B와 C가 모두 끝나야 시작할 수 있다. 이러한 선후관계를 바탕으로 선행관계도를 그리면 [그림 7-6]과 같다.

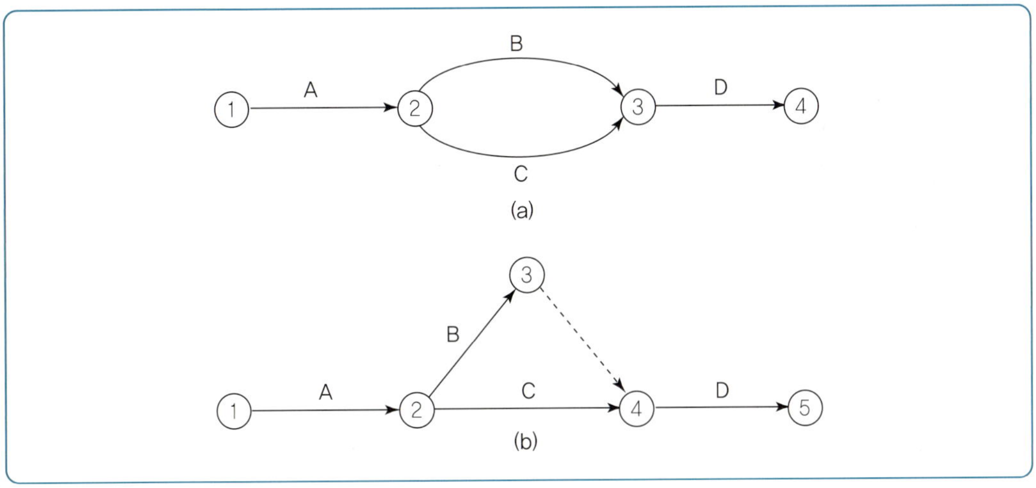

[그림 7-6] 선행관계도

[그림 7-6]에는 동일한 관계를 표현할 수 있는 두 가지 그림이 그려져 있다. 그림 (a)는 과업과 과업 간의 선후관계를 잘 표현하고 있으나, 마디 ②와 마디 ③을 연결하는 과업으로 B와 C, 두 개가 존재한다. 이처럼 마디와 마디를 연결하는 과

업이 2개 이상일 경우 다음에 수행할 PERT 분석 과정에 혼란을 줄 수 있기 때문에, PERT 네트워크에는 마디와 마디 사이에 존재하는 과업을 하나로 제한하는 것이 일반적인 규칙이다. 이를 위해 앞의 〈표 7-3〉에 설명되어 있는 가상 과업(dummy task)을 도입하여, PERT 네트워크를 재구성하면 (b)와 같다. 여기서는 마디 ③과 마디 ④ 사이에는 실제로는 과업이 없지만 과업 B와 C가 종료되는 시점이 마디 ④임을 나타내며, 여전히 과업 D가 과업 B와 C가 종료되어야만 시작할 수 있다는 정보를 정확히 설명하고 있다. 실제로 가상 과업은 과업들 간의 복잡한 선후 관계를 제대로 설명하기 위해 종종 이용된다.

(3) PERT 분석

선행관계도가 그려지면, 그 다음 단계는 각 과업의 소요 시간을 추정한 후, PERT의 알고리즘을 이용하여 주경로(critical path)와 여유시간을 파악하는 일이다.

가. 과업시간 추정

PERT와 같은 과학적 기법을 이용하여 일정을 관리하는 근본적 이유는 과업에 걸리는 시간을 정확히 알 수 없기 때문이다. 과업에 걸리는 시간을 추정(duration time estimation)하는 일은 일정관리에 매우 중요한 의미를 지닌다. 프로젝트를 구성하는 과업들의 소요시간을 추정하는 방법으로는 크게 두 가지를 들 수 있다. 첫째는 그 과업의 불확실성이 없기 때문에 단일 값으로 추정하는 방법(one-point estimation)이다. 둘째는 불확실성이 있기 때문에 세 개의 값으로 추정하는 방법(three-point estimation)이다. 이때 사용되는 세 개의 값은 최단 소요시간, 정상 소요시간, 최장 소요시간이다.

일반적인 시공 프로젝트처럼 과업 시간의 추정치가 상당히 높은 확실성을 가지고 있는 경우에는 단일 값 추정방법을 사용하고, R&D 과제처럼 소요기간의 예측이 매우 불확실한 경우에는 세 개의 추정 값을 사용한다. 세 개의 추정 값을 사용하는 경우에는 먼저 기댓값(expected value)을 계산한 후, 그 기댓값을 단일 값으로 전환하기 때문에 추가적인 계산작업이 필요하다. 따라서 여기서는 세 개의 추정 값을 중심으로 시간을 추정하는 방법을 살펴보자.

먼저 세 개의 추정 값은 각각 다음과 같이 정의된다.

- a = 최단 추정치(optimistic estimate): 모든 일들이 예정보다 더 순조롭게 진행된 경우에 소요 시간을 가장 낙관적으로(짧게) 추정한 값
- m = 정상 추정치(most likely estimate): 모든 일들이 예정과 별 차이 없이 진행된 경우에 소요 시간을 가장 현실적으로 추정한 값
- b = 최장 추정치(pessimistic estimate): 모든 일들이 예정보다 어렵게 진행된 경우에 소요 시간을 가장 비관적으로(길게) 추정한 값

추정 값은 각 과업의 책임자들이 가장 정확하게 예측할 수 있으므로, 프로젝트 관리자(project manager)는 각 과업의 책임자들로부터 추정치 정보를 수집하여 PERT 분석을 하게 된다.

일단 세 가지 추정 값들이 정해지면, 그 다음에는 가중 평균을 통해 기댓값을 계산한다. 이 기댓값이 곧 그 과업에 걸리는 시간의 추정치로 사용된다. 기댓값(t_e)은 다음과 같은 공식에 의해 계산된다.

$$t_e = \frac{a + 4m + b}{6}$$

위의 식은 과업의 소요 시간이 확률적으로 베타 분포(beta distribution)를 따른다는 가정에 근거를 두고 있다. 베타 분포를 가정하는 이유는 현장의 많은 프로젝트들의 소요 시간이 실제로 베타 분포에 가까운 분포를 하고 있고 또 베타 분포를 가정하면 위의 식처럼 간단한 공식으로 기대 값을 계산할 수 있기 때문이다.

다음으로는 분산 값(σ^2)을 계산한다. 분산(표준편차) 값은 프로젝트가 원래 계획된 시간 내에 완료될 가능성(확률)을 평가하는데 반드시 필요한 정보이다. 앞에서 설명한 베타 분포를 가정한 경우, 분산 값은 다음과 같은 식으로 간단히 구할 수 있다. 식에서 알 수 있듯이 분산 값은 최장 소요시간과 최소 소요시간 값의 차이가 클수록 커지는 속성을 지닌다.

$$\sigma^2 = \left(\frac{b - a}{6}\right)^2$$

다음의 〈표 7-4〉는 위와 같은 방법으로 소요 시간의 추정치를 계산한 간단한

예를 보여 준다. 표에서 볼 수 있듯이, A에서 F에 이르는 6개 과업에 대해 최단치, 정상치, 최장치의 세 값만 추정되면 각 과업의 기대치와 분산을 쉽게 계산할 수 있다. 또 [그림 7-7]은 이 프로젝트의 선행관계도를 나타낸다.

〈표 7-4〉 과업 시간의 추정과 기대시간-분산의 계산

과업	선행과업	최단치	정상치	최장치	기대시간	분산
A	없음	1	3	5	3	0.45
B	A	4	6	14	7	2.78
C	없음	3	5	7	5	0.45
D	C	2	3	4	3	0.11
E	A	5	7	15	8	2.78
F	B, E, D	7	8	9	8	0.11

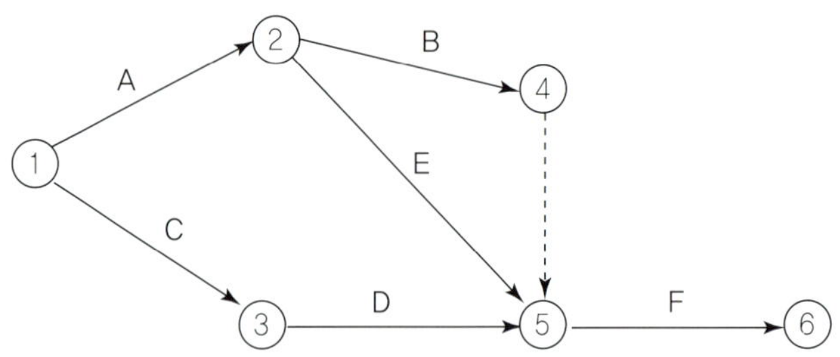

[그림 7-7] 선행관계도

나. 주경로와 여유시간의 파악

각 과업의 소요 시간이 추정되면, 그 다음의 작업은 PERT 알고리즘을 통해 주경로(critical path)와 여유시간(slack)을 찾아내는 일이다.

먼저 PERT 알고리즘에 사용되는 기본적인 용어를 알아보자.

- *ES*(earliest start time): 어느 과업을 기술적으로 가능한 한 빨리 시작할 수 있는 시간
- *EF*(earliest finish time): 어느 과업을 기술적으로 가능한 한 빨리 끝낼 수 있는 시간

- *LS*(latest start time): 어느 과업을 전체 프로젝트의 일정에 지장을 주지 않으면서 가능한 한 늦게 시작할 수 있는 시간
- *LF*(latest finish time): 어느 과업을 전체 프로젝트의 일정에 지장을 주지 않으면서 가능한 한 가장 늦게 끝낼 수 있는 시간
- *SLACK*(여유시간): 어느 과업이 가질 수 있는 여유시간으로 *LS*−*ES* 또는 *LF*−*EF*로 계산되는 값

이렇게 다양한 시간을 정의하는 이유는 어느 과업을 시작하고 끝내는 시점이 하나의 값으로 정해지지 않기 때문이다. 예를 들어 어떤 과업은 앞의 과업이 이미 완료되어 기술적으로는 바로 시작할 수 있지만, 다른 과업과의 관계를 볼 때 어느 정도 여유 시간을 가지고 천천히 시작해도 좋은 경우도 있고, 반대로 어느 과업은 다른 과업에 지장을 주지 않기 위해서는 무조건 특정 시점까지 마쳐야 하는 경우일 수도 있다.

이제 PERT 알고리즘으로 주경로와 여유시간을 찾아내는 과정을 보자. 이 과정은 크게 *ES*와 *EF*를 구하는 전진경로 계산과정(forward calculation), *LS*와 *LF*를 구하는 후진경로 계산과정(backward calculation)으로 구성된다. 두 개의 계산과정이 끝나면 계산된 여유시간을 바탕으로 주경로를 도출하게 된다.

1) 전진경로

전진경로는 PERT 네트워크에서 앞에서 뒤로 가며 계산하는 과정이다. 따라서 프로젝트가 개시되면 바로 시작할 수 있는 첫 번째 과업부터 전진경로 계산이 시작되며, 다음과 같은 규칙으로 *ES*와 *EF*를 계산한다.

- 첫 번째 과업의 가장 빠른 시간인 *ES*는 '0'으로 한다.
- 각 과업의 가장 빠른 완료 시간인 *EF*는 *ES*와 기대 값의 합으로 계산한다.

  $EF = ES + t_e$

- 각 과업의 선행 과업이 여러 개일 경우, *ES*는 선행 과업의 *EF* 가운데 가장 큰 값으로 한다. 이렇게 하는 이유는, 선행과업이 여러 개인 과업이 가장 먼저 시작할 수 있는 시간은 선행과업이 모두 완료된 시간이므로, *EF* 가운데 최댓값으로 정해야 하기 때문이다.

$$ES = \max [EF_1, EF_2, \cdots]$$

2) 후진경로

후진경로는 전진경로의 계산이 끝난 후, 반대로 뒤에서 앞으로 가면서 계산하는 과정이다. 따라서 후진경로 계산은 더 이상의 후행 과업이 없는 마지막 과업부터 시작하여 선행과업들의 시간을 거꾸로 계산하는 방법을 사용한다. 후진경로 계산은 다음과 같은 규칙으로 *LS*와 *LF*를 계산한다.

- 마지막 과업의 가장 늦은 완료 시간인 *LF*는 앞의 전진경로에서 구한 가장 빠른 완료 시간 *EF* 가운데 가장 큰 값으로 한다.
- 각 과업의 가장 늦은 시작 시간인 *LS*는 그 과업의 *LF*에서 기댓값을 뺀 시간으로 계산한다.

$$LS = LF - t_e$$

- 각 과업의 후행과업이 여러 개일 경우, *LF*는 후행과업의 *LS* 가운데 가장 작은 값으로 한다. 이렇게 하는 이유는, 후행과업이 여러 개인 과업이 프로젝트 전체 일정에 지장을 주지 않으면서 가장 늦게 완료할 수 있는 시간은 후행과업들의 *LS* 가운데 최솟값이 되어야 하기 때문이다.

$$LF = \min [LS_1, LS_2, \cdots]$$

앞의 〈표 7-4〉에서 사용한 예제를 가지고 PERT 알고리즘을 수행한 과정과 결과가 〈표 7-5〉에 제시되어 있다. 먼저 전진경로를 보면, 선행 과업이 없는 A와 C부터 시작한다. 이 경우 A와 C의 *ES*는 0이 된다. *ES*에 기대시간을 더하면 *EF*가 된다. 이러한 식으로 계속 나가 더 이상 후행 과업이 없는 마지막 과업 F의 *ES*와 *EF*를 계산하게 되면 전진경로가 종료된다. 선행 과업이 하나밖에 없는 경우는 간단하지만 여러 개인 경우는 좀 더 자세히 설명할 필요가 있다. 이 예제의 경우 F 과업은 B, D, E 세 개의 선행 과업을 가지고 있다. 따라서 앞에서 설명한 규칙처럼, F의 *ES*는 B, D, E 세 과업의 *EF* 가운데 최댓값인 11이 된다. 마지막 과업 F의 *EF*가 19라는 사실은 이 프로젝트를 마치는데 걸리는 총 시간이 19일이라는 정보를 제공한다.

다음으로 후진경로를 보면, 먼저 마지막 과업 F의 *LF*를 전진경로의 *EF* 가운데 최댓값인 19로 설정하고 시작한다. *LF*에서 기대시간을 빼면 *LS*가 계산된다. 이러한 식으로 계속 거꾸로 나가게 되면 더 이상 선행과업이 없는 마지막 과업 A와 C의 *LF*와 *LS*를 계산함으로써 후진경로도 종료된다. 후진경로에서도 후행과업이 하나인 경우는 간단하지만 여러 개인 경우는 주의를 요한다. 예를 들어 과업 A는 B와 E 두 개의 후행과업을 가지고 있다. 따라서 앞에서 설명한 규칙에 따라, A의 *LF*는 B와 E의 *LS* 가운데 최솟값인 3이 된다.

〈표 7-5〉 PERT 도표

과업	선행과업	t_e	*ES*	*EF*	*LS*	*LF*
A	없음	3	0	3	0	3
B	A	7	3	10	4	11
C	없음	5	0	5	3	8
D	C	3	5	8	8	11
E	A	8	3	11	3	11
F	B, E, D	8	11	19	11	19

3) 주경로와 여유시간

선행관계도에서 알 수 있듯이, PERT 네트워크 위에는 많은 경로(path)가 존재한다. 위의 간단한 예제에서도 처음에서 끝까지 갈 수 있는 경로는 세 개가 있다. 주경로는 PERT 네트워크 상에 존재하는 여러 경로 중에서 가장 소요시간이 긴 경로로 정의된다. 실제로는 과업 가운데 여유시간 즉 여유시간(slack)이 없는 과업들을 연결한 경로가 된다. 따라서 주경로를 도출하기 위해서는 먼저 각 과업의 여유시간을 계산하여야 한다.

여유시간은 *LS*−*ES* 또는 *LF*−*EF*에 의해 계산된다. *LS*−*ES* 식의 의미는 과업을 가장 늦추어서 시작하는 시간과 가장 빨리 시작하는 시간 사이에 여유시간이 존재함을 뜻한다. *LF*−*EF* 식은 과업을 가장 늦게 완료해도 되는 시간과 가장 빨리 완료하는 시간 사이에 여유 시간이 존재함을 의미한다. 그리고 두 식의 값은 항상 같다. 실제로 PERT 과정의 계산이 정확한지를 확인하기 위해서는, *LS*−*ES* 값이 *LF*−*EF* 값과 같은지를 보고 판단할 수 있으며, 만일 두 값이 같지 않다면 계산상에 잘못이 있음을 알 수 있다. 〈표 7-6〉은 앞의 예를 가지고 여유 시간을 계산한 결과를 보여주고 있다.

〈표 7-6〉 여유시간 계산 결과

과업	선행과업	t_e	*ES*	*EF*	*LS*	*LF*	여유시간
A	없음	3	0	3	0	3	0
B	A	7	3	10	4	11	1
C	없음	5	0	5	3	8	3
D	C	3	5	8	8	11	3
E	A	8	3	11	3	11	0
F	B, E, D	8	11	19	11	19	0

위의 결과를 보면, 과업 A, E, F의 여유 시간 값이 '0' 이며, 이 세 개의 과업을 연결한 경로가 곧 주경로가 된다. 이를 PERT 네트워크 상에 나타내면 [그림 7-8]과 같다. 그림 위에서 진한 선으로 표시된 경로가 주경로이다.

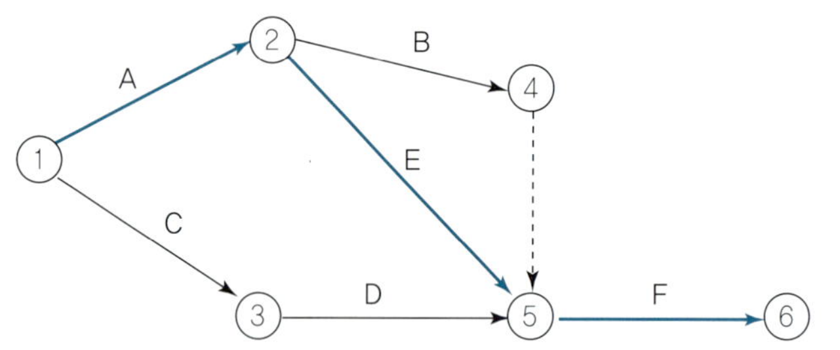

[그림 7-8] 주경로

프로젝트 관리에서 주경로가 중요한 의미를 갖는 이유는 크게 두 가지이다. 첫째, 주경로는 가능한 여러 경로 가운데 길이가 가장 긴 경로이고, 따라서 주경로의 길이를 알면 곧 프로젝트 전체의 소요 시간을 알 수 있기 때문이다. 둘째, 주경로 상에 있는 과업은 여유시간이 없는 과업, 즉 그 과업이 하루 늦어지면 프로젝트 전체의 완료 시간이 하루 늦어지는 중요한 과업이고, 따라서 많은 과업 가운데 특히 집중적으로 관리해야 하는 과업들이기 때문이다.

(4) PERT 평가 및 검토

주경로를 찾으면, 프로젝트 전체를 완료하는데 걸리는 시간을 계산할 수 있다. 위의 예에서는 19일이 프로젝트의 완료에 걸리는 총 시간이 된다. 하지만 이 값은 여전히 추정치이기 때문에 실제로 이러한 결과가 나올 가능성을 확률적으로 검토해 볼 필요가 있다. 또한 프로젝트 관리는 단순한 일정관리만을 의미하는 것이 아니기 때문에, 관련된 비용과 가용한 자원 등 다양한 요인에 대한 평가 및 검토가 이루어져야 한다.

가. 총 시간 및 확률 계산

확률 이론의 관점에서 보면, 각 과업에 걸리는 시간은 곧 하나의 확률 변수(random variable)가 된다. 따라서 프로젝트 시간에 대한 확률적 검토를 위해서는 베타 분포를 포함한 여러 가지 확률 이론과 가정에 대한 기본적인 지식이 필요하다. 그 가운데 특히 두 가지 가정과 이론에 대해서는 부연 설명이 필요하다. 이 설명을 좀 더 자세히 이해하기 위해서는 확률론이나 기초통계에 관한 교과서를 참고하는 것이 필요하다.

먼저, 과업 시간이 독립적(independent)이라는 가정이다. 즉 하나의 과업에 걸리는 시간은 다른 과업의 시간에 영향을 주지도 않고 영향을 받지도 않는다는 가정이다. 이 가정이 필요한 이유는, 아래의 식이 의미하듯이, 서로 독립인 확률 변수(X)들의 합의 분산은 곧 개별 변수의 분산을 더한 값과 같아지기 때문이다.

$$\mathrm{Var}(X_1 + X_2 + \cdots + X_n) = \mathrm{Var}(X_1) + \mathrm{Var}(X_2) + \cdots + \mathrm{Var}(X_n)$$

다음에는 이른바 중심극한 정리(Central Limit Theorem: CLT)에 대한 이해이다. 중심극한 정리를 간략히 정의하면, 여러 개의 변수들을 합한 값의 평균은 개별 변수들의 분포가 무엇이든 상관없이 정규 분포(normal distribution)를 따른다는 정리이다. 우리가 이미 알고 있는 것처럼, 프로젝트 관리의 경우 개별 과업의 소요시간은 베타 분포를 따른다고 가정하였다. 그러나 주공정의 전체 소요시간은 여러 과업들의 소요시간을 더한 값이기 때문에 중심극한 정리에 의해 정규 분포를 따르게 된다. 정규 분포를 따르게 되면, 그 다음에는 표준정규 분포(Z)표로부터 여러 가지 확률을 쉽게 계산할 수 있게 된다.

이제 프로젝트를 완료할 전체 시간의 확률을 알아보기 위해 다음과 같은 통계량을 사용한다.

– 총 기대 시간(t_{cp}): 주경로에 존재하는 각 과업들의 기대 소요시간(t_e)의 합

$$t_{cp} = \sum t_e$$

– 총분산(σ_{cp}^2): 주경로에 존재하는 각 과업들의 분산(σ^2)의 합

$$\sigma_{cp}^2 = \sum \sigma^2$$

– 프로젝트가 예정일(D)에 완료될 확률의 표준정규분포 값(Z)

$$Z = \frac{D - t_{cp}}{\sqrt{\delta_{cp}^2}}$$

위의 통계량을 사용하여 앞서 살펴본 예제를 다시 보자. 여기서는 프로젝트가 총 20일 안에 완료될 확률을 구하고자 한다.

$$t_{cp} = \sum t_e = 3 + 8 + 8 = 19$$

$$\sigma_{cp}^2 = \sum \sigma^2 = 0.45 + 2.78 + 0.11 = 3.34$$

$$Z = \frac{D - t_{cp}}{\sqrt{\delta_{cp}^2}} = \frac{20 - 19}{\sqrt{3.34}} = 0.547$$

우선 직관적으로 알 수 있는 정보는 프로젝트에 걸리는 시간이 19일로 예상된다면 프로젝트가 19일 내에 종료될 확률은 반반이므로 50%라는 사실이다. 따라서 20일 내에 끝날 확률은 적어도 0.5보다는 클 것이다. 그러면 얼마나 클까? 표준정규 분포표로부터 Z=0.547보다 작은 값의 확률은 약 0.70임을 구할 수 있다. 따라서 20일 내에 프로젝트가 완료될 확률은 약 70%이다.

나. 시간 단축

프로젝트 관리자의 입장에서는 프로젝트가 예정된 기간 내에 완료될 확률이 낮

은 경우 시간을 단축해야(crashing) 할 필요가 있다. 프로젝트가 예정보다 늦게 끝나면 지체에 따른 비용(penalty)이 들기 때문이다. 그러나 반대로 프로젝트의 시간을 줄이는 데는 추가적인 비용이 소요된다. 따라서 비용과 시간과의 상충(trade-off) 관계를 고려하여 의사 결정을 해야 한다.

비용과 시간의 정보를 토대로 실제로 시간을 단축시키는 과정은 단축이 가능한 과업 가운데 단축 비용이 가장 작은 과업부터 줄여나간다는 최소단축비용(Minimum Expediting Cost) 기준으로 진행된다. 이때 유의할 점은 반드시 주공정 위에 있는 과업만 줄여야 한다는 것이다. 왜냐하면 주공정 밖에 있는 과업은 여유시간이 있기 때문에 그 과업의 시간을 줄인다고 하더라도 프로젝트 전체 시간의 단축에 아무런 도움을 주지 못하기 때문이다. 위의 기준을 좀 더 자세히 정리하면 다음과 같다.

- 먼저 주경로 상에 있는 과업을 단축 대상으로 한다.
- 그 가운데 단축 처리 비용이 가장 작은 과업을 선택하여 단축한다.
- 일단 단축 작업이 일어나면 그 결과로 주경로가 바뀔 수 있기 때문에 PERT 알고리즘을 다시 수행하여 새로운 주경로를 찾는다.
- 새로운 주경로를 토대로 위의 과정을 반복한다.

그러면 실제로 프로젝트 관리에서 시간을 줄일 수 있는 방법에는 무엇이 있을까? 첫째는 인력의 재배치(re-allocation)이다. 앞에서 살펴본 것처럼 여유시간이 있는 작업은 유휴인력이 있게 마련이다. 따라서 여유시간이 있는 작업의 남는 인력을 시급한 작업에 투입하는 방법이 가능하다. 둘째는 작업시간을 늘리는 방법이다. 원래의 근무시간보다 늦게까지 일을 한다거나(overtime) 근무조(shift)를 추가로 편성하여 일할 수 있는 것이다. 셋째는 아예 외주를 주는 방법(outsourcing)이다. 때로는 내부에서 해결하는 것보다 외부의 인력이나 자원을 활용하는 것이 시간 단축에 더 효과적일 수 있다.

이때 제기되는 질문은 이 시간 단축의 과정을 언제까지 계속할 것인가 하는 문제이다. 시간 단축 작업을 종료하는 기준이나 조건으로는 다음 몇 가지를 들 수 있다. 첫째, 지연에 따른 문제가 해소되는 시점이다. 즉 시간이 충분히 단축되어 제 시간에 마칠 수 있게 되면 더 이상 작업 시간을 줄일 필요가 없게 되는 것이다.

둘째, 단축이 비경제적이 되는 시점이다. 단축에 따른 추가비용이 커져서 시간을 줄임으로써 얻는 이익보다 시간을 줄이는데 드는 비용이 더 커지게 되면 단축 작업을 중단해야 한다. 셋째, 시간 단축이 기술적으로 불가능해지는 시점이다. 아무리 자원을 추가로 투입하여도 시간을 줄이는 것이 기술적으로 불가능해지는 한계가 있기 마련이다. 이 한계에 다다르면 단축 작업은 종료될 수밖에 없다.

앞의 예제를 다시 사용하여 실제로 시간 단축을 실시하는 기준과 절차를 알아보자. 시간과 비용과의 관계를 토대로 기간 단축에 따른 비용의 변화를 살펴보기 위하여 먼저 다음의 값들에 대한 정보가 필요하다.

- NC(Normal Cost) : 정상 처리 비용
- CC(Crash Cost) : 단축 처리 비용
- NT(Normal Time) : 정상 소요 시간
- CT(Crash Time) : 단축 소요 시간

아래 〈표 7-7〉에 비용과 시간에 관한 정보가 나타나 있다.

〈표 7-7〉 정상처리와 단축처리 관련 정보

활동	시간(일)			비용(만원)		
	NT	CT	단축 가능 시간 (NT-CT)	NC	CC	단축 비용 (CC-NC)
A	3	2	1	100	120	20
B	7	5	2	220	250	30
C	5	4	1	300	350	50
D	3	3	0	200	200	0
E	8	6	2	90	100	10
F	8	8	0	140	140	0

이 프로젝트의 주경로는 A-E-F이며 프로젝트의 완료에는 총 19일이 소요된다. 프로젝트의 일정을 줄이기 위해서는 먼저 주경로를 구성하는 과업 중에서 단축할 과업을 선택해야 한다. 대상이 되는 세 개의 과업 중에서 F 과업은 시간을 단축하는 것이 기술적으로 불가능하기 때문에 제외하고, A와 E 중 단축 비용이

적게 드는 E를 먼저 하루만큼 줄인다. 주경로 상에 있는 과업을 줄였기 때문에 PERT 알고리즘을 다시 돌려 새로운 주경로를 찾아야 한다. 그 결과 A-B-F와 A-E-F의 총 소요 시간이 18일로 똑같이 되어 두 개의 주경로가 나타나게 되었다. 따라서 두 경로를 대상으로 비용과 시간의 관계를 분석한 결과, 이번에는 A를 줄이는 것이 가장 바람직한 것으로 평가되어 A를 하루 줄인다. 이와 같은 과정을 반복하여, 더 이상 프로젝트 일정을 줄이는 것이 기술적으로 불가능하거나 제 시간 내에 완료가 가능할 만큼 충분히 줄인 경우 종료한다.

4. PERT/CPM의 실제

앞에서 설명한 이론과 간단한 예제에 대한 이해를 바탕으로, 좀 더 현실적인 예제를 다루어보기로 하자. 모바일 기기를 제조하는 A사는 새로운 고객의 요구에 대응하기 위해 신제품을 개발하기로 하였다. A사의 제품은 이제까지 일반 고객을 상대로만 판매되어 왔으나, 공공기관의 업무용으로 판매될 경우 상당한 매출증대가 예상되어 그에 적합한 제품을 설계하려 한다. 따라서 이 프로젝트는 일반용과 정부용의 두 가지 타입의 제품을 설계하고 개발하는 것을 주요 내용으로 한다.

(1) PERT 네트워크의 구성

우선 프로젝트를 수행하기 위해 필요한 과업들을 정의하였다. 각 과업을 네트워크상에서 표현할 기호와 각 과업의 선행 과업을 정리한 정보가 〈표 7-8〉에 제시되어 있다. 또 위에서 정의한 과업들의 선후 관계를 보여주는 선행관계도가 [그림 7-9]에 도시되어 있다.

〈표 7-8〉 과업 관련 기본 정보

과업	기호	선행과업
제품 요구사항 분석	A	–
내부 설계	B	A
외부 설계	C	A
자원계획 수립	D	B, C
정부용 제품 디자인	E	D
일반용 제품 디자인	F	D
하드웨어 명세(spec) 개발	G	E
소프트웨어 명세 개발	H	E
일반용 제품 점검 회의	I	F
제품명세 요약 문서 작성	J	F
정부용 제품 점검 회의	K	G, H
고객대상 품평회	L	I, K
최종 설계안 작성/제출	M	J, L

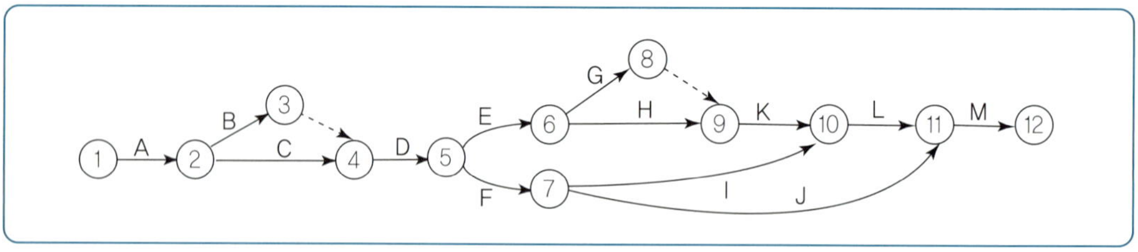

[그림 7-9] 선행관계도

(2) 시간 추정과 기대 시간 및 분산 계산

과업시간을 추정하기 위해 3점 추정 방법을 사용하였다. 다음의 〈표 7-9〉에 나타난 것처럼 최단 소요시간, 최장 소요시간 및 정상 소요시간을 추정하였고 이 정보로부터 기대 소요시간과 분산을 계산하였다.

〈표 7-9〉 시간 추정표

활동		최단(주)	최장(주)	정상(주)	기대(주)	분산(주)
제품 요구사항 분석	A	1	3	2	2	0.11
내부 설계	B	4	7	6	6	0.25
외부 설계	C	2	5	4	4	0.25
자원계획 수립	D	1	4	2	2	0.25
정부용 제품 디자인	E	3	6	4	4	0.25
일반용 제품 디자인	F	2	6	3	3	0.44
하드웨어 명세(spec)	G	1	4	2	2	0.25
소프트웨어 명세 개발	H	2	5	4	4	0.25
일반용 제품 점검	I	1	3	2	2	0.11
제품명세 문서 작성	J	1	3	1	1	0.11
정부용 제품 점검	K	1	3	2	2	0.11
고객대상 품평회	L	1	3	2	2	0.11
최종 설계안 작성/제출	M	1	4	3	3	0.25

(3) PERT 알고리즘 수행

먼저 전진경로 계산을 통해 *ES*와 *EF*를 계산한다. 첫 과업인 A의 *ES*를 0으로 하는 것을 시작으로, 모든 과업들에 대해 가장 빨리 시작할 수 있는 시간인 *ES*와 가장 빨리 끝마칠 수 있는 시간인 *EF*를 차례로 계산한다. 예를 들어 B의 경우, A가 선행 과업이므로 A가 끝나는 시점, 즉 프로젝트 시작으로부터 2주 후부터 시작이 가능하다. 그래서 *ES*는 2가 되고 여기에 기대 시간 6을 더하여 *EF*(2+6=8)를 구할 수 있다. 선행 과업이 여러 개일 경우, *ES*는 선행 과업의 *EF* 가운데 가장 큰 값으로 하여 *EF*를 계산한다.

모든 활동에 대해 *ES*, *EF*가 구해지면 다음에는 후진경로 계산을 통해 *LS*와 *LF*를 구한다. 먼저 마지막 과업인 M의 *LF*를 전진경로 계산에서 찾은 *EF* 중 가장 큰 25로 하는 것을 시작으로, 다른 모든 과업들의 *LS*, *LF*를 역방향으로 계산한다. 예를 들어 활동 *L*의 *LF*는 M이 L의 후행 과업이므로 M의 *LS*인 22가 되며, *LS*는 *LF*에서 *L*의 기대 시간인 2를 빼줌(22−2=20)으로써 구할 수 있다. 후행 과업이 여러 개일 경우, LF는 후행 과업의 LS 가운데 가장 작은 값으로 하여 LS를 계산한다.

마지막으로 각 과업의 여유시간은 $LS-ES$ 또는 $LF-EF$를 구함으로써 계산할 수 있다. 예를 들어 과업 C의 여유시간은 4−2=8−6=2와 같은 방법으로 구해진다. 〈표 7-10〉에 위의 계산 과정과 결과가 정리되어 있다.

〈표 7-10〉 PERT 계산표

과업		*ES*	*EF*	*LS*	*LF*	여유시간
제품 요구사항 분석	[A]	0	2	0	2	0
내부 설계	[B]	2	8	2	8	0
외부 설계	C	2	6	4	8	2
자원계획 수립	[D]	8	10	8	10	0
정부용 제품 디자인	[E]	10	14	10	14	0
일반용 제품 디자인	F	10	13	15	18	5
하드웨어 명세(spec)	G	14	16	16	18	2
소프트웨어 명세 개발	[H]	14	18	14	18	0
일반용 제품 점검	I	13	15	18	20	5
제품명세 요약 문서	J	13	14	21	22	8
정부용 제품 점검	[K]	18	20	18	20	0
고객대상 품평회	[L]	20	22	20	22	0
최종 설계안 작성/제출	[M]	22	25	22	25	0

주: □ 안의 과업들은 주경로 상의 과업들을 표시.

(4) 주경로 파악

주경로는 여유시간이 0인 과업들을 연결한 경로이다. 따라서 A – B – D – E – H – K – L – M이 주경로가 된다. [그림 7-10]에 파란색 선으로 주경로를 표시하였다.

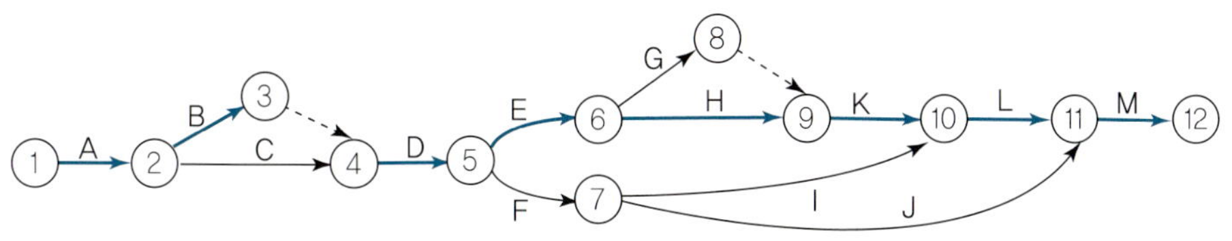

[그림 7-10] 주경로

(5) 프로젝트 기간 추정

이 프로젝트를 완료하기 위해 20주의 시간이 주어졌다고 하자. 그렇다면 이 프로젝트가 잘 진행되어 20주 안에 완료될 확률은 얼마나 될까? 이 확률은 아래와 같은 방법으로 구할 수 있다. 아래 식에서 분자의 25는 주경로에 속하는 과업들의 소요 시간을 모두 더한 것이고 분모의 1.58은 그 과업들의 분산을 합한 것이다. 따라서 표준 정규 분포의 확률변수 값 Z는 다음과 같다.

$$Z = \frac{20-25}{\sqrt{1.58}} = -3.98$$

이 값을 표준 정규 분포표에서 읽으면 확률은 0.000034이다. 즉, 현재 계획대로 프로젝트가 진행되면, 주어진 시간 내에 완료될 가능성이 거의 없음을 알 수 있다.

(6) 기간 단축(crashing)

앞에서 본 것처럼, 프로젝트를 기한 내에 완료하는 것은 거의 불가능한 것으로 나타났다. 그래서 프로젝트 팀은 추가적인 비용을 감수하면서 기간을 단축하기로 결정하였다. 단축 가능 시간과 단축 비용을 조사한 정보가 〈표 7-11〉에 제시되어 있다.

〈표 7-11〉 기간 단축 관련 정보

과업		정상 시간	단축 가능 시간	1주 단축비용
제품 요구사항 분석	A	2	1	10만원
내부 설계	B	6	2	20만원
외부 설계	C	4	2	20만원
자원계획 수립	D	2	1	30만원
정부용 제품 디자인	E	4	1	20만원
일반용 제품 디자인	F	3	1	20만원
하드웨어 명세(spec)	G	2	1	30만원
소프트웨어 명세 개발	H	4	2	15만원
일반용 제품 점검	I	2	1	25만원
제품명세 요약 문서	J	1	1	10만원
정부용 제품 점검	K	2	1	25만원
고객대상 품평회	L	2	1	18만원
최종 설계안 작성/제출	M	3	2	30만원

우선 단축의 대상이 되는 과업은 주경로 상에 있는 A – B – D – E – H – K – L – M 중 하나가 된다. 이 중, 단축 비용이 가장 낮은 A를 한 주 단축시키기로 하였다. 시간을 단축시킨 후 PERT 알고리즘을 다시 수행한 결과 주경로의 변화가 없었다. A는 더 이상 단축이 불가능하므로, 남은 B – D – E – H – K – L – M 가운데 단축 비용이 가장 작은 H를 단축시키기로 하였다. 같은 기준과 방법으로 시간 단축을 계속 수행할 수 있다. 그 이상의 과정은 각자가 실습하는 과제로 넘긴다.

5. Stage-Gate 기법

(1) 기본 개념

대규모 프로젝트의 일정을 관리하는 기법은 프로젝트의 규모와 성격에 따라 달라진다. 앞에서 설명한 PERT 기법은 전체 프로젝트를 수많은 세부 과업으로 명확하게 나눌 수 있고 또 그 과업들의 일정을 정밀하게 관리할 필요가 있는 경우에는 아주 효과적인 방법이다. 하지만 신제품 개발과 같이, 하나하나의 과업을 관리하는 것보다는 핵심적인 '단계'를 관리하는 것이 더 중요한 경우에는 다른 기법이 적합할 수도 있다. 신제품 개발 프로젝트의 관리 기법으로 제시된 대안으로는 Stage-Gate 기법(Cooper, 1993)을 들 수 있다.

Stage-Gate 기법에서는 프로젝트를 크게 stage와 gate로 구성한다. Stage는 전체의 프로젝트를 중요한 단계로 나누었을 때 각각의 단계를 의미한다. 예를 들어 신제품 개발 프로젝트가 아이디어 창출, 엔지니어링 설계, 시제품 개발, 성능 테스트, 양산 준비 등의 단계로 이어진다면, 각각의 단계가 하나의 stage가 된다. 앞에서 설명한 PERT와 비교하면, [그림 7-11]에서 보듯이 PERT의 여러 과업들을 하나의 집합으로 묶은 것이 stage라고 할 수 있다.

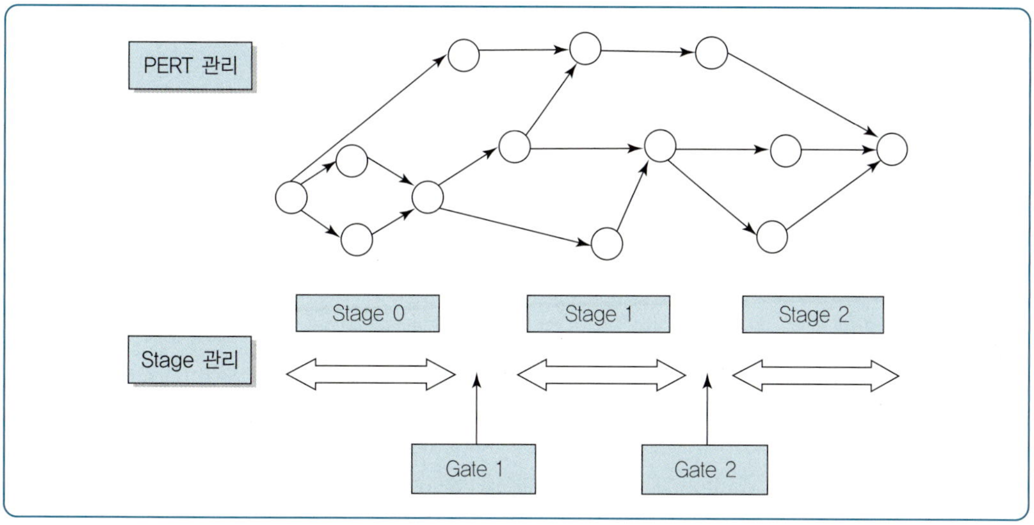

[그림 7-11] PERT와 Stage-Gate의 프로젝트 구성도 비교

Gate는 각 stage 사이에 존재하는 의사 결정 포인트이다. 하나의 stage가 끝나면 gate에서는 다음 stage로 넘어갈지 아니면 프로젝트를 종료할지를 결정하게 된다. 따라서 각각의 stage에서는 다음에 기다리고 있는 gate에서 정확한 의사결정을 할 수 있도록 분명한 결과물이 만들어져야 하고 필요한 정보도 수집되어야 한다.

Stage-Gate 기법과 PERT 기법의 핵심적 차이는 관리의 근본적인 목적이 다르다는데 있다. PERT는 프로젝트를 반드시 끝낸다는 전제 하에, 제 시간에 마칠 수 있는 '일정 관리'를 목적으로 한다. 이에 반해 Stage-Gate 기법은 프로젝트를 중간에 끝낼 수도 있다는 전제 하에, 단계마다의 '성공 가능성'을 올리는 것을 목적으로 한다.

따라서 [그림 7-12]에서 보는 것처럼, 프로젝트의 성격에 따라 초반의 연구개발 프로젝트는 Stage-Gate 기법이 더 바람직하다고 할 수 있다. 왜냐하면 이 단계에서는 프로젝트 자체의 구조가 그리 복잡하지 않을뿐더러 중요한 단계마다 계속 프로젝트를 진행할지 아니면 중간에 종료할지에 대한 의사 결정이 필요하기 때문이다. 하지만 후반의 엔지니어링이나 양산 프로젝트는 PERT 기법이 더 효과적이라고 할 수 있다. 왜냐하면 이 단계에서는 프로젝트의 구조가 매우 복잡하고 세부 활동간의 관계도 밀접하기 때문이다. 더구나 관리의 초점은 프로젝트의 진행 또는 종료에 관한 의사결정이 아니라 주어진 일정 내에 프로젝트를 완료하는데 있다.

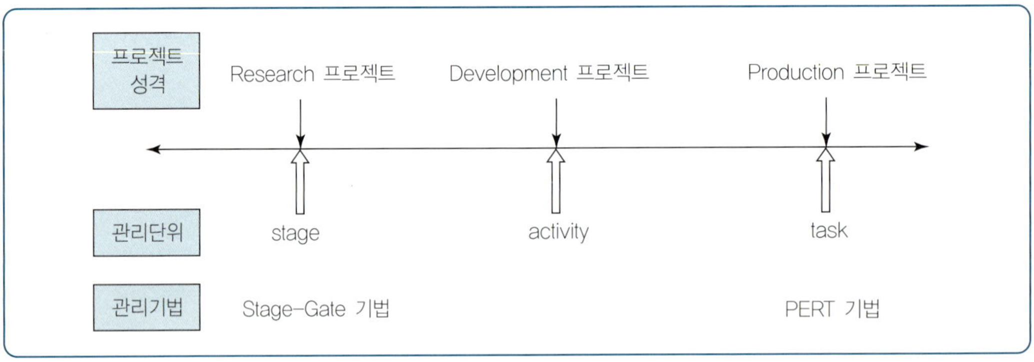

[그림 7-12] 프로젝트 성격에 따른 관리기법의 비교

(2) 예시

앞에서 설명한 것처럼, Stage-Gate 기법은 주로 연구개발 단계에 있는 프로젝트의 관리에 적합하다. 여기에서는 신제품 개발(NPD) 프로젝트 과정에 Stage-Gate 기법을 적용한 예를 살펴보자.

[그림 7-13]에 Stage-Gate의 구성도가 그려져 있다. Stage마다 중요한 활동(activity)들을 수행한 후, 이어지는 gate에서 그 활동의 결과를 정해진 기준에 따라 평가하여 다음 stage로 넘어갈지 아니면 그 자리에서 끝낼지를 결정하는 순

서로 구성된다. 다시 한 번 강조하지만 여기서 중요한 것은 각 stage가 예정된 일정대로 진행되고 있는지가 아니라 각 stage마다 예정된 기준에 맞게 성과를 내고 있는지이다.

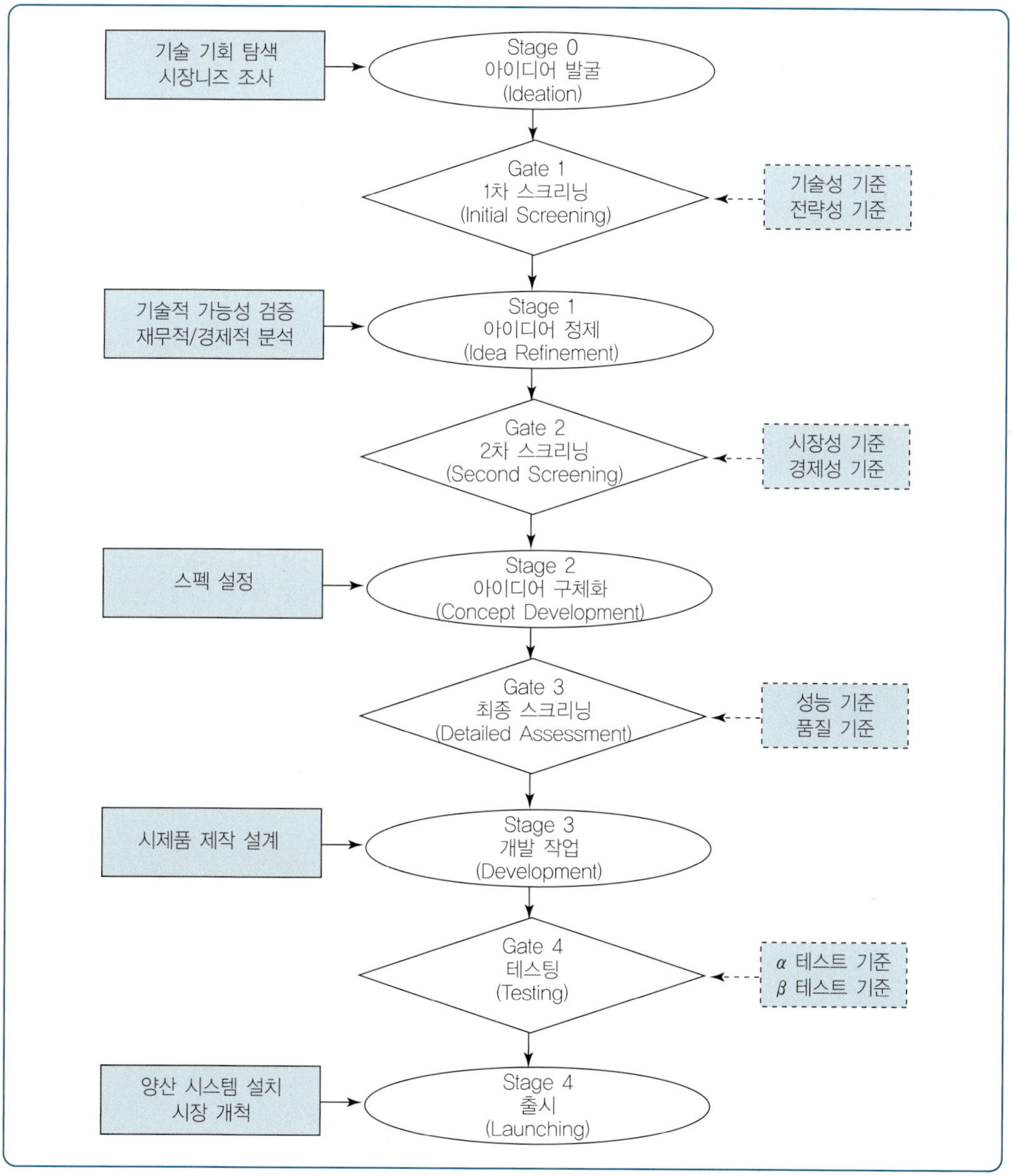

[그림 7-13] NPD 과정의 Stage-Gate 구성도

(3) 장단점

모든 기법들이 그런 것처럼, Stage-Gate 기법도 잠재적 장점과 단점을 모두 지니고 있다. 먼저 장점을 생각해 보면, Stage-Gate 기법을 통해 다음과 같은 실질적 효과를 기대할 수 있다. 첫째, 프로젝트의 평가와 중단을 통해 연구주제 선정의 적정성과 효과성을 올릴 수 있다. 일단 시작되면 프로젝트가 종료될 때까지 무조건 진행되는 것이 아니라 Gate마다 Go-Stop의 결정을 할 수 있기 때문에 중간단계에서도 경제성이나 기술성의 심각한 문제가 있는 프로젝트는 걸러낼 수 있다. 문제점의 조기 발견과 조기 의사결정이 가능해지는 것이다. 둘째, 연구의 방향이 명확해지고 수익성과 시장성에 대한 연구원들의 인식이 올라간다. 사업전략과 연계되지 않는 연구, 실용적 의미와 가치가 분명하지 않은 연구 등은 탈락할 위험이 크기 때문에 연구와 비즈니스가 연결된 R&BD 전략이 자리를 잡게 된다. 셋째, 연구 프로세스의 가시화를 통해 사업부문과 연구부문간의 투명성이 높아진다. 연구부문과 사업부문이 서로 긴밀하게 연결되어야 하기 때문에 두 부문 간의 벽이 무너지고 소통의 채널이 늘어나게 된다.

그러나 잠재적 문제점도 만만치 않다. 첫째, 중장기적으로 잠재효과가 높은 혁신적 아이디어와 미래형 과제가 축소 내지 고갈될 위험이 커진다. 프로젝트의 선정과 계속 여부를 결정하는 기준이 아무래도 상업성과 실용성에 초점을 맞추다 보면 창의적 아이디어나 미래형 주제 등은 처음부터 채택이 되지 않거나 중간에 탈락할 가능성이 커진다. 결국 기업의 중장기적 성장동력이 떨어질 수 있는 것이다. 둘째, Gate에서 빠져나올 수 있는 편법을 찾는 폐단이 발생할 수 있다. 일단 살아남는 것이 무엇보다 중요한 상황이 만들어지면 프로젝트 자체의 본질적 의미를 추구하기보다는 Gate의 평가기준에 맞추는 데 급급하게 된다. 셋째, 연구의식이 저하되고 연구시야가 좁아지는 문제가 발생한다. 연구원의 도전적 자세나 혁신적 의식보다는 그때그때 인기 있는 주제, 높은 관심을 받는 분야로만 몰리는 현상이 나타난다. 넷째, 실패로 인한 학습 기회가 줄어든다. 연구는 성공의 경험을 통해서도 지식을 축적할 수 있지만 동시에 실패의 교훈을 통해서도 학습효과(learning effect)을 얻을 수 있다. 하지만 Stage-Gate 기법을 도입하면 결국 성공한 프로젝트만 살아남고 실패한 프로젝트는 중간에 모두 사라지게 된다. 실패로부터 지식을 얻을 수 있는 학습 기회가 생길 수 없는 것이다.

요 약

1. 경영프로젝트는 새로운 사업의 운영, 새로운 제품의 관리를 다루는 과제를 의미하며 일회성, 유일성, 구조성, 순서성, 불확실성 등의 특성을 지닌다.

2. 프로젝트의 관리는 크게 프로젝트 창출, 프로젝트 계획, 프로젝트 수행, 프로젝트 평가의 주요 단계로 구성된다.

3. 일정관리는 프로젝트 관리의 핵심이 되는 활동으로 PERT와 같은 과학적이고 체계적인 방법론과 기법을 사용한다.

4. PERT의 수행은 여러 단계로 구성되며, 크게 과업을 정의하고 선행관계도를 작성하여 PERT 네트워크를 구성하는 작업과 과업시간을 추정하고 여유시간을 계산하여 주경로를 찾는 작업으로 이루어진다.

5. PERT 알고리즘은 크게 전진경로 계산과 후진경로 계산을 통해 주경로를 찾는 과정과 확률적 방법으로 예정된 시간 내에 프로젝트를 완료할 수 있는 가능성을 계산하는 과정으로 구성된다.

6. 예정된 시간 내에 프로젝트를 완료할 가능성이 낮은 경우, 프로젝트의 기간을 단축시키는 활동이 수반되기도 한다.

7. Stage-Gate 기법은 핵심적인 '단계'를 관리하는 것이 더 중요한 경우로 전체의 프로젝트를 중요한 단계로 나누는 stage와 각 단계의 의사결정을 하는 gate로 구분된다.

복 습 문 제

1. 프로젝트를 프로젝트의 특성 관점에서 정의하시오.

2. 프로젝트를 기술집약도와 물류관리 집약도의 수준에 따라 유형을 분류하고, 각 유형의 주요 관리요소와 각 유형별 대표적인 사례를 기술하시오.

3. 프로젝트 관리란 무엇이며, 프로젝트관리 단계별 주요활동과 이에 따른 세부 활동에 대하여 기술하시오.

4. 과업구조도 작성시 기본 지침과 현장에서 주로 사용하는 과업구조도의 종류에 대하여 기술하시오.

5. 프로젝트관리의 전통적 기법인 간트 차트(Gantt chart)의 장점과 단점을 기술하시오.

6. 현대적 프로젝트관리 기법인 PERT/CPM이 간트 차트에 비해 가지는 장점에 대하여 간단하게 기술하시오.

7. 아래 표는 수행하여야 할 프로젝트를 구성하는 과업과 과업들의 관계 및 개별 과업의 소요시간에 대한 추정 값이다. 이 정보를 이용하여 PERT 네트워크인 선행관계도(precedence diagram)을 그리시오.

과업	선행과업	소요시간(일)
A	없음	3
B	A	5
C	B	16
D	A	23
E	A	14
F	C, E	5
G	C, D	4
H	C	10
I	F, G, H	2

8. 다음은 신제품 개발 프로젝트의 일부 과업들의 선후 관계 및 과업의 소요시간에 대하여 기술한 것이다.

과업	선행과업	소요시간(일)
A	없음	32
B	없음	28
C	A	46
D	B	32
E	B	74
F	D	26
G	D	42
H	C, E, F	30

(1) 선행관계도(precedence diagram)을 그리시오.

(2) 전진경로 및 후진경로법을 이용하여 ES, EF, LS, LF를 구하시오.

(3) 주경로와 여유시간이 가장 많은 경로를 찾으시오.

9. 문제 2번에서 주어진 각 과업이 다음과 같은 소요시간의 추정치를 갖는다고 가정을 하자.

(1) 주경로의 기대시간은 얼마인가?

(2) 주경로에 대한 프로젝트 소요기간의 분산은 얼마인가?

(3) 이 프로젝트가 150일 이전에 완료될 확률은 얼마인가?

10. A사는 경영혁신 활동의 일환으로 BPR(Business Process Reengineering) 프로젝트를 수행하기로 하였다. 다음 표는 이를 수행하기 위한 일반적인 과업과 과업간의 선후관계 및 최단/최장/정상 소요시간의 추정치를 정리한 것이다. 표를 보고 물음에 답하여라(BPR은 치열해지는 경영환경 하에서 경쟁적 우위를 확보하기 위해 업무처리방식을 재설계하고 정보기술을 결합해 획기적인 경영성과를 이루고자 하는 경영혁신 기법을 말한다).

과업	기호	선행 과업	최단 소요시간(주)	최장 소요시간(주)	정상 소요시간(주)	기대 소요시간(주)	분산
기회의 정의	A	–	1	3	2		
목표의 설정	B	A	1	4	2		
범위의 설정	C	B	1	3	2		
프로젝트 팀 구성	D	C	1	4	2		
As-Is Process 분석	E	D	3	6	4		
고객만족 요인의 정의	F	D	2	5	4		
현 프로세스의 역량분석	G	E, F	4	7	6		
성능과 효율성 평가	H	E, F	3	6	4		
기능적 요구사항 도출	I	G, H	2	6	3		
기술적 요구사항 도출	J	G, H	2	6	3		
가능한 모든 프로세스 대안 도출	K	I, J	2	5	4		
Best practice 벤치마킹	L	I, J	2	5	3		
대안의 평가	M	K, L	1	4	2		
프로세스 설계 고안	N	M	3	6	4		
프로토타이핑	O	M	2	5	3		
최적 설계의 선정	P	M	1	3	2		
세부 설계의 완성	Q	N, O, P	4	7	6		
구현계획 수립	R	Q	2	5	4		

(1) 각 과업의 기대소요시간과 분산을 계산하여 위 표를 완성하라(MS Office Excel을 활용하면 간단히 계산할 수 있다).

(2) 완성된 표를 바탕으로 선행관계도(precedence diagram)을 작성하라.

(3) 본문에 제시된 방법을 활용하여 이 네트워크의 주경로를 파악하라.

(4) 이 프로젝트가 40주 내에 완성될 확률은 얼마인가?

11. 다음 표에 제시된 과업들은 NPD(New Product Development)의 세부 설계 이전까지의 일반적인 프로세스와 추가적으로 필요한 부가 과업들을 세부적으로 정리한 표이다. 아래 표를 바탕으로 다음 물음에 답하여라.

과업	기호	선행 과업	최단소요 시간(주)	최장소요 시간(주)	정상소요 시간(주)	기대소요 시간(주)	분산
제품 및 시장의 수요 정의	A	–	2	6	3		
프로젝트 개요 정리	B	A	3	6	4		
프로젝트 승인	C	B	1	3	2		
고객 니즈 정의	D	C	1	4	3		
경쟁 분석	E	C	1	4	2		
사업 및 플랫폼 전략 수립	F	C	1	3	2		
제품 요구사항 도출	G	D, E, F	2	5	4		
제품 콘셉트 개발	H	G	4	8	6		
운영 전략 수립	I	H	2	4	3		
주요 공급자 평가 및 선정	J	I	1	3	2		
제품 로드맵 작성	K	H	3	6	4		
비용 추정	L	H	2	5	3		
프로젝트 위험관리 계획	M	L	1	4	2		
사업 사례 분석	N	M	1	3	2		
콘셉트 설계의 재고	O	K	1	4	2		
시스템 수준 설계	P	J, N, O	5	7	6		
세부 설계	Q	P	4	8	6		

(1) 각 과업의 기대소요시간과 분산을 계산하여 위 표를 완성하라(MS Office Excel을 활용하면 간단히 계산할 수 있다).

(2) 완성된 표를 바탕으로 선행관계도(precedence diagram)를 작성하라.

(3) 본문에 제시된 방법을 활용하여 이 네트워크의 주경로를 파악하라.

(4) 이 프로젝트가 43주 내에 완성될 확률은 얼마인가?

(5) 프로젝트 팀은 제품 출시 시점을 4주 앞당기기 위해 추가적인 비용을 감수하고 몇몇 과업의 수행기간을 단축시키기로 하였다. 프로젝트 기간을 단축하기 위해서는 다음 표와 같이 추가적인 비용이 발생한다. 주어진 정보를 바탕으로 전체 프로젝트의 소요시간을 단축시키는 최적의 과정을 보이고 최종 프로젝트 계획의 소요시간과 주경로를 도출하라.

과업	기호	*ES*	*EF*	*LS*	*LF*	여유시간
제품 및 시장의 수요 정의	A	0	3	0	3	0
프로젝트 개요 정리	B	3	7	3	7	0
프로젝트 승인	C	7	9	7	9	0
고객 니즈 정의	D	9	12	9	12	0
경쟁 분석	E	9	11	10	12	1
사업 및 플랫폼 전략 수립	F	9	11	10	12	1
제품 요구사항 도출	G	12	16	12	16	0
제품 콘셉트 개발	H	16	22	16	22	0
운영 전략 수립	I	22	25	24	27	2
주요 공급자 평가 및 선정	J	25	27	27	29	2
제품 로드맵 작성	K	22	26	23	27	1
비용 추정	L	22	25	22	25	0
프로젝트 위험관리 계획	M	25	27	25	27	0
사업 사례 분석	N	27	29	27	29	0
콘셉트 설계의 재고	O	26	28	27	29	1
시스템 수준 설계	P	29	35	29	35	0
세부 설계	Q	35	41	35	41	0

토 의 문 제

1. 다음의 차이점들에 대하여 생각해 보시오.

   • CPM과 PERT • 경로와 주경로 • 과업과 가상과업 • 전진경로와 후진경로

2. 프로젝트의 특성에 따라 CPM이 PERT보다 선호될 수 있고, 또한 반대로 PERT가 CPM보다 선호될 수 있다. 이에 대하여 생각해 보자.

3. PERT/CPM이 완벽한 프로젝트 관리 기법인가? 이에 대하여 생각해 보자.

4. 프로젝트의 평가 및 검토 시, 시간과 비용 측면 외에 인력이나 장비 등도 주요한 검토 대상이 된다. 인력이나 장비와 같은 자원요소를 고려했을 경우에 생각해 볼 수 있는 문제에는 어떤 것들이 있는가?

5. 신제품 개발 혹은 혁신활동에 있어서 아래의 활동들을 Stage-gate 기법에 따라 분석할 때, 각 활동들이 포함되는 Stage를 구별하시오([그림 7-13] 참고).

   - 예비 시장 조사
   - 아이디어 경쟁력 분석
   - 고객 요구 조사
   - 기술 가능성 평가
   - 시제품 제작
   - 수명주기(life cycle) 계획

PART

Management of Business Activity 04

경영활동의 관리

구성도

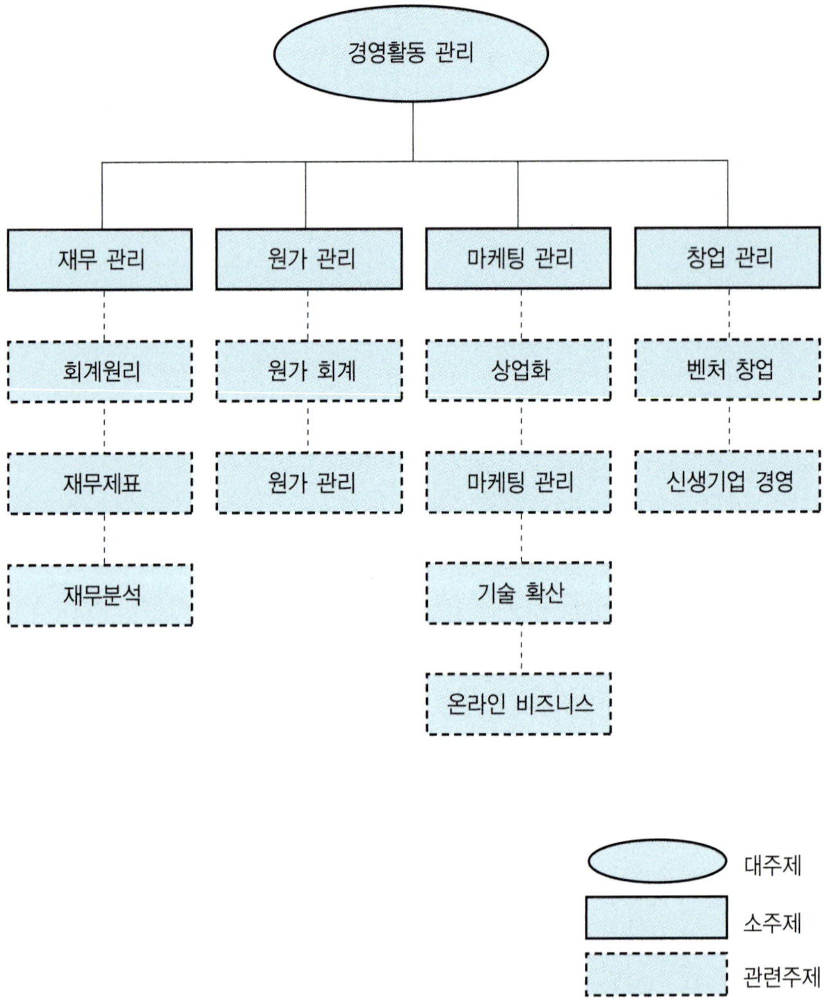
경영활동 관리
재무 관리
원가 관리
마케팅 관리
창업 관리
회계원리
재무제표
재무분석
원가 회계
원가 관리
상업화
마케팅 관리
기술 확산
온라인 비즈니스
벤처 창업
신생기업 경영
대주제
소주제
관련주제

CHAPTER

08

재무제표와 재무분석

배경과 주요 내용

우리는 흔히 재무상태표(대차대조표)와 손익계산서도 읽을 줄 모르는 사람에게 경영을 맡길 수는 없다는 말을 듣곤 한다. 또 생산현장이나 연구개발 현장에서 일하고 있는 수많은 선배들에게 설문조사를 해보면, 대학에 요구하는 새로운 강의 주제 중 가장 앞에 나오는 것이 재무제표와 재무분석이다. 재무제표야말로, 반드시 필요한 기본 지식임에도 불구하고 그동안 가장 무관심했던 주제라고 할 수 있다.

회계관리나 재무분석은 경영시스템의 관리에서 핵심적인 주제 중 하나이다. 하지만 다른 경영기능이나 분야와 비교하여 특히 회계(accounting) 자료가 어렵고 낯설게 느껴지는 이유는, 공인회계사나 회계담당 직원들만이 이해하고 사용하는 전문 용어로 되어 있기 때문이다. 또한 회계 활동 자체도 법에서 정한 엄격한 기준과 절차에 의해 이루어지기 때문에 일반인들이 쉽게 접근하기 어려운 것도 큰 이유가 된다.

그러나 오늘날 회계정보의 중요성과 재무분석의 필요성은 날로 커지고 있다. 경영시스템이 거대해지고 경영활동이 복잡해지면서 회계정보를 정확하고 신속하게 파악하지 못하면, 조직의 재무상태가 어떠한지, 경영성과는 어느 정도 올리고 있는지 등을 제대로 알 수 없기 때문이다.

따라서 CEO가 되기 위해서는 무엇보다 회계에 대한 기본 지식을 갖추어야 한다. CEO야말로 정확하고 신속한 회계정보를 토대로 기업의 미래에 관한 전략적인 의사결정을 하고, 외부의 환경 변화에 유연하게 대응하며, 기업 내부의 효율성과 생산성을 올리는 리더이자 관리자이기 때문이다. 나아가 균형적이고 종합적인 경영성과 평가도구인 균형성과표(BSC)의 구조와 과정에 대한 이해도 필요하다.

08 재무제표와 재무분석

8.1 회계시스템의 기본

1. 회계의 의의와 기능

경영시스템 안에서는 다양한 부문에서 다양한 경영활동이 이루어진다. 예를 들어 재무 부문에서는 자금을 조달하고, 연구개발 부문에서는 R&D활동을 하고, 생산 부문에서는 제품을 만들고, 마케팅 부문에서는 판매활동을 하게 된다. 경영시스템이 움직이기 시작하여 어느 정도의 시간이 흐르면, '은행에서 조달한 자금의 이자는 얼마를 지급해야 하고, 연구원들의 인건비는 얼마를 썼으며, 제품을 만드는데 필요한 재료비를 구입하는 데는 얼마가 들었고, 광고비는 어느 정도 지출했는지, 그래서 얼마나 많은 제품을 팔았고, 팔다 남은 재고는 어느 정도인지' 를 파악하여 경영성과가 잘 나타나고 있는지를 점검해야 하는 시점이 오게 된다. 이 활동이 바로 회계활동(accounting)이다.

회계의 정의는 시대의 흐름에 따라 많은 변화를 겪어 왔다. 우리가 흔히 말하는 회계의 정의는 입출금 장부를 관리하는 '부기(bookkeeping)' 또는 자금조달과 세금계산을 처리하는 '경리' 라고 말하는 전통적 관점에 기초한 것이다. 이 오래되고 좁은 관점에서는 회계를 '기업이 재무적 성격과 목적으로 행한 거래를 화폐가치로 측정하여, 표준화된 기준과 방식으로 기록하고 정리하는 작업' 으로 해석한다. 따라서 과거의 회계는 회계자료를 만드는 사람을 중심으로 하는 일종의 기능(skill)이자 기술(art)로 인식되었다.

그러나 최근 회계의 정의는 훨씬 넓고 다양해졌으며, 그 용도나 의의도 크게 확대되고 있다. 첫째, 회계활동의 범위와 대상이 넓어져, 단순한 자금의 입출력은 물론이고 투자자와 채권자의 관리, 경영성과의 평가, 경영과정의 투명성 확보 등

거의 모든 경영활동이 회계관리의 대상이 되고 있다. 둘째, 회계활동의 성격이 단순한 사실의 기록과 분류를 넘어 유용한 정보와 지식을 활용한 의사결정(decision-making) 문제로 바뀌고 있다. 셋째, 회계활동의 주체가 작성자로부터 사용자로 이행하고 있다는 사실도 지적할 수 있다.

이러한 전통적인 관점과 현대적인 관점을 종합하여, 회계는 '일정 시점에서 기업이 자금을 어떻게 조달하였으며, 운용할 수 있는 자금이 어느 정도인가를 살펴보고, 또한 일정 기간 동안 수익은 얼마나 올리고 비용은 얼마나 썼는가를 계산하여, 한편으로는 기업의 재무상태와 경영실적을 기업내부의 조직원과 기업외부의 이해관계자에게 알려주고, 다른 한편으로는 중요한 경영관리상의 의사결정에 필요한 유용한 정보와 지식을 획득하는 시스템적 경영활동' 으로 정의할 수 있다.

공학도에게 회계에 대한 기본적 이해가 중요한 이유는 무엇일까? 회계는 그 자체로서 경영의 목적이 되는 것은 아니지만, 기업의 다양한 경영부문과 활동이 모두 회계활동의 대상이 되고, 또 회계의 결과가 다른 경영활동과 부문에 큰 영향을 미치기 때문에 어느 활동 못지않게 중요한 경영활동의 하나라고 할 수 있다. 따라서 회계를 이해하지 못하는 사람은 우선 기업 전반의 재무상태와 경영성과를 알지 못하고, 또 다른 경영 조직 및 인력과 커뮤니케이션을 할 수 없기 때문에 CEO가 될 수 없다.

연구개발 부문도 이제는 필요한 만큼의 돈을 받아쓰기만 하는 Cost Center로 남아 있을 수 없다. 연구개발 투자가 왜 필요하고 어느 정도 필요한지를 설명할 수 있는 분명한 논리를 갖추어야 한다. 또 제품을 개발하고 생산하는 과정에서 원가의 구성과 흐름도 알아야 한다. 그것을 모르면 CTO가 되기 어렵다. 이런 것들이 모두 공학도가 자금의 흐름, 즉 회계를 이해해야 하는 이유이다.

2. 회계의 체계

[그림 8-1]에서 보는 것처럼 회계학은 크게 재무회계(financial accounting), 관리회계(managerial accounting) 및 원가회계(cost accounting)로 나뉘어진다. 회계학을 이렇게 나누는 기준은 '어떤 회계정보를 누구를 위해 분석하고, 정리하고, 보고하는가' 하는 회계의 목적과 대상의 차이에 의한 것이다.

재무회계는 '재무제표' 라고 하는 공식적이고 표준적인 회계보고서를 만들어서 기업 외부 이해당사자의 의사결정에 유용한 정보를 제공하는 회계활동을 다룬다.

외부의 이해당사자는 주로 투자자(주식시장), 채권자(금융기관), 정부(세무기관) 등을 들 수 있다. 따라서 재무회계는 한마디로 외부 보고(external reporting)를 목적으로 한다.

관리회계는 '원가분석 자료, 예산관련 자료, 수익분석 자료' 등을 만들어서 기업 내부 경영자의 의사결정에 유용한 정보를 제공하는 회계활동을 다룬다. 내부의 의사결정은 주로 경영계획의 수립과 경영과정의 통제에 관한 것이다. 따라서 관리회계는 한마디로 내부 보고(internal reporting)을 목적으로 한다.

원가회계는 한편으로는 외부보고용 재무제표를 작성하는데 필요하고, 다른 한편으로는 내부관리용 분석자료를 작성하는데 필요한 '원가자료'를 집계하고 배분하는 회계활동을 다룬다. 따라서 원가회계는 재무회계와 관리회계 모두에 필수적인 기본정보의 획득(information-gathering)을 목적으로 한다.

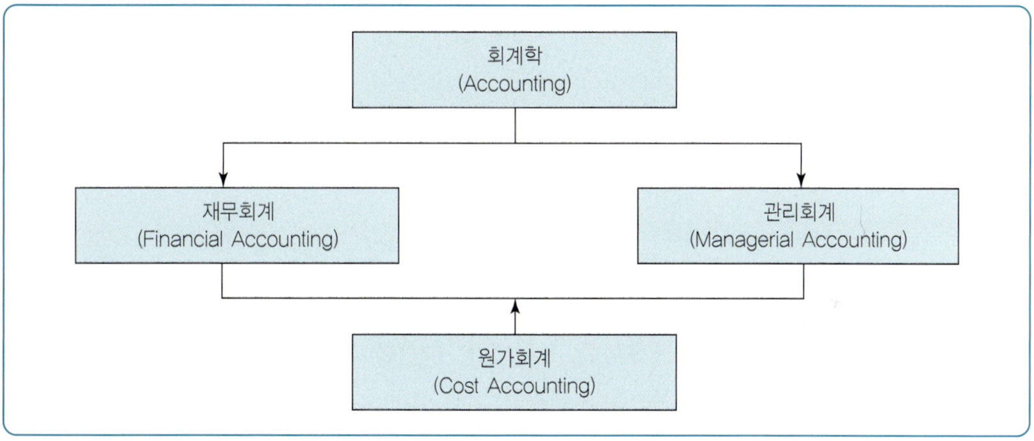

[그림 8-1] 회계시스템의 구조

3. 회계의 기본 용어와 개념

회계시스템의 내용과 형식을 이해하기 위해서는 먼저 회계에서 사용되는 기본적인 용어와 개념을 이해해야 한다. 전문적이고 실무적인 이해를 위해서는 훨씬 더 많은 회계 용어와 개념에 대한 공부가 필요하지만, 여기서는 반드시 짚고 넘어가야 할 핵심적인 용어만 살펴보기로 한다.

(1) 자산(assets)

자산은 쉽게 말해 기업이 경영활동을 위해 보유하고 있는 재산, 즉 경제적 자원을 의미한다. 그러나 모든 재산이나 자원이 회계상의 자산이 되는 것은 아니다. 자산이 되기 위해서는 다음 세 가지의 요건이 만족되어야 한다. 첫째, 미래의 경제적 효익(benefits)이 인정되어야 한다. 둘째, 경제적 효익의 크기를 화폐가치로 계산할 수 있어야 한다. 셋째, 재산과 자원에 대한 소유권이 분명해야 한다. 자산은 현금화의 가능성에 따라 1년 이내에 현금화가 가능한 유동자산과 1년 이후에 가능한 비유동자산(고정자산)으로 나눈다.

(2) 부채(liabilities)

부채는 흔히 빚, 채무라고도 불리는 것으로 기업이 미래에 다른 경제 주체에게 이전해 주어야 하는 자산이나 제공해 주어야 할 용역을 뜻한다. 따라서 부채는 기업의 경제적 의무(obligations)가 된다. 자산과 마찬가지로 부채도 1년 이내에 상환해야 하는 유동부채와 1년 이후에 상환할 비유동부채(고정부채) 나눈다.

(3) 자본(capital)

자본은 자산에서 부채를 빼고 남은 순재산, 즉 기업의 소유주나 주주들이 보유하고 청구할 수 있는 재산을 가리킨다. 자본은 크게 1) 소유주나 주주가 기업에 투자한 원금인 자본금, 2) 보유하고 있던 자본의 거래로 발생한 잉여금인 자본잉여금, 3) 영업활동으로 발생한 이익을 주주들에게 배당하고 남은 금액인 이익잉여금 등으로 나뉠 수 있다.

[그림 8-2]는 자산, 부채, 자본의 관계를 나타낸 것이다. 이후에 다시 언급되겠지만, 이 관계가 회계의 근간을 이루는 식(equation)의 하나인 재무상태표(대차대조표) 등식(balance sheet formula)과 자본등식(capital formula)을 나타낸다. 대차대조표 등식에서 자산은 자본과 부채의 합으로 이루어지며, 자본 등식의 관점에서 자본은 자산에서 부채를 뺀 값으로 정의된다.

◆ 재무상태표 등식

자산 = 자본 + 부채

◆ 자본 등식

자본 = 자산 − 부채

[그림 8-2] 자산-부채-자본의 관계: 재무상태표 등식과 자본 등식

(4) 수익(revenues)

수익은 기업의 경영활동을 통해 자산이 늘어나거나 부채가 줄어드는 금액을 의미한다. 회계에서 수입이라는 말 대신 수익이라는 용어를 쓰는 이유는 당장 현금이 들어오지 않아도, 즉 수입이 없어도 미래에 회수될 수 있는 경우를 포함하기 때문이다.

(5) 비용(expenses)

비용은 수익을 얻기 위한 활동에서 자산이 줄어들거나 부채가 늘어나는 금액을 뜻한다. 따라서 비용과 수익은 직접적으로 연결되어 있다.

(6) 원가(costs)

흔히 원가는 비용과 동의어로 사용되지만, 엄밀히 말하면 회계상에서는 다른 개념이다. 기업이 제품이나 서비스를 만드는 데는 원가가 들어간다. 이 원가 가운데 정해진 기간 내에 제품이나 서비스가 판매되어 수익이 발생되면, 거기에 사용된 원가는 비용이 된다. 그러나 판매가 되지 않아 재고의 형태로 남은 부분은 아직 비용이 되지 못하고 재고자산에 녹아있는 원가로 남아 있다. 그러나 시간이 지나 판매가 이루어지면 이 원가는 결국 비용이 된다. 즉 비용은 수익과 대비되는 개념이고, 원가는 자산에 대비되는 개념이다. 하지만 장기적인 관점에서 보면 원가와 비용이 같아지게 되기 때문에 같은 의미로 해석해도 큰 문제는 없다.

(7) 손익(profit/loss)

회계상의 손익은 두 가지 개념으로 정의할 수 있다. 첫째는 '손익법'의 개념으로, 일정 기간 동안에 발생한 모든 수익에서 모든 비용을 뺀 나머지 금액을 이익으로 정의한다. 이때 수익이 비용보다 크면 그 크기는 순이익이 되고 비용이 수익보다 크면 순손실이 된다. 둘째는 '재산법'의 개념으로, 기말의 순자산(기말자본)에서 기초의 순자산(기초자본)을 뺀 차액을 이익으로 정의한다. 이때 기말자본이 기초자본보다 크면 순이익이 되고, 작으면 순손실이 된다.

[그림 8-3]은 수익, 비용, 손익, 기초자본, 기말자본의 관계를 나타낸 것이다. 이 관계는 회계의 또 다른 근간을 이루는 손익법 공식과 재산법 공식을 도시하고 있다.

◆ 손익법 공식

총수익 − 총비용 = 순이익

◆ 재산법 공식

기말자본 − 기초자본 = 순이익

[그림 8-3] 수익-비용-손익의 관계: 손익법 공식과 재산법 공식

4. 회계의 공준

사실 회계 활동은 기업뿐 아니라 개인이나 가정에서도 이루어진다. 개인이 수첩에 돈 씀씀이를 기록하거나 가정에서 가계부를 쓰는 데는 의무적으로 지켜야 할 기준이나 규칙이 없다. 각자의 취향에 따라 양식을 만들고, 각자의 사정에 따라 매일 할 수도 있고 한 달에 한 번 할 수도 있다. 그러나 국내에만도 약 30만 개에 이르는 기업이 재무제표를 작성하여, 이를 내부의 경영자들에게 보고하고, 외부의 수많은 이해당사자들에게 발표하는 경우라면 사정은 달라진다. 만일 각각이 제멋대로의 기준이나 형식으로 회계활동을 한다면, 만든 사람 외에는 아무도 빠른 시간 내에 제대로 재무제표를 이해할 수 없을 것이다.

이러한 불편과 혼란을 없애기 위해서는 회계활동에 있어 통일된 기준과 절차가

필요하다. 재무보고서를 작성하고 또 해석하는 기준을 법률에 의해 강제적, 의무적으로 규정한 것이 바로 '회계기준'이다. 이러한 기준들의 세부적인 내용은 대차대조표 작성기준, 손익계산서 작성기준 등에 명시되어 있다. 따라서 법적 기준을 정확히 이해하고 잘 지키기 위해서는 고도의 전문성과 엄격한 윤리성을 갖춘 '공인된(certified)' 전문가, 즉 공인회계사를 필요로 한다.

회계기준의 철학적이고 원칙적인 근거와 배경이 되는 것이 '회계공준'이다. 최근에는 공준이라는 용어 대신 '전제'라는 용어를 사용하기도 한다. 공준(postulate)이란 공리적인 명제, 즉 토론이나 합의 이전에 자명한 명제로, 일반적인 회계공준에는 다음 네 가지가 있다.

첫째, 기업실체(business entity)의 공준이다. 이 원칙은 기업이 소유주와 별도로 독립적인 실체로 존재한다고 가정한다. 이 원칙이 있기 때문에, 회계에서는 자산, 부채, 자본, 이익 등을 소유주 개인의 것이 아니라 기업의 것으로 인식한다.

둘째, 계속기업(going concern)의 공준이다. 이 원칙은 기업이 한시적으로 존재하는 것이 아니라 영구히 지속된다고 가정한다. 이 원칙이 있기 때문에, 회계에서는 앞의 회계연도에서 남은 것을 지금 연도에서 인계하고, 또 지금의 연도에서 남은 것을 다음 연도로 넘길 수도 있으며, 자산의 가치도 가변적인 시가(時價)로 측정하지 않고 취득원가로 측정하는, 이른바 원가주의가 받아들여질 수 있는 것이다.

셋째, 화폐단위(monetary unit)의 공준이다. 이 원칙은 회계의 측정단위를 화폐액으로 하고, 화폐가치도 일정 기간 안정되어 있다고 가정한다. 회계에서 화폐를 측정단위로 채택하는 이유는 화폐가 가장 폭넓은 범위의 거래를 객관적으로 측정할 수 있는 장점이 있기 때문이다.

넷째, 회계기간(fiscal period)의 공준이다. 이 원칙은 회계의 측정과 보고를 법적으로 정한 일정 기간을 시간 단위로 행한다고 가정한다. 이 원칙에 따라 회계활동이 이루어지는 기간을 '회계연도'라고 하며, 일반적으로 이 기간은 1년이 된다. 그러나 같은 1년이라도 1월 1일부터 12월 31일까지일 수도 있고, 7월 1일부터 다음해 6월 30일까지일 수도 있다. 회계연도의 시작과 끝을 결정하는 것은 기업이 선택할 문제이다. 그러나 절대 다수의 기업들이 1월 1일부터 12월 31까지를 회계연도로 삼고 있다. 이러한 선택을 한 기업을 우리는 12월말 결산기업이라 부르며, 이 경우 연말에 재무제표를 작성하여 '결산보고'를 하여야 한다.

5. 회계의 절차

회계는 정해진 기간을 대상으로 정해진 절차에 따라 이루어져야 한다. 구체적으로 회계활동이 이루어지는 절차를 보자. [그림 8-4]에서 보는 것처럼, 회계활동은 거래에서 시작하여 재무제표의 작성까지가 정기적으로 되풀이되는 하나의 회계순환과정(accounting cycle)으로 설명될 수 있다. 전체적인 회계순환과정은 회계기간 중에 처리되는 거래-분개장-총계정원장과 회계기간 말에 처리되는 시산표-정산표-재무제표로 구성된다.

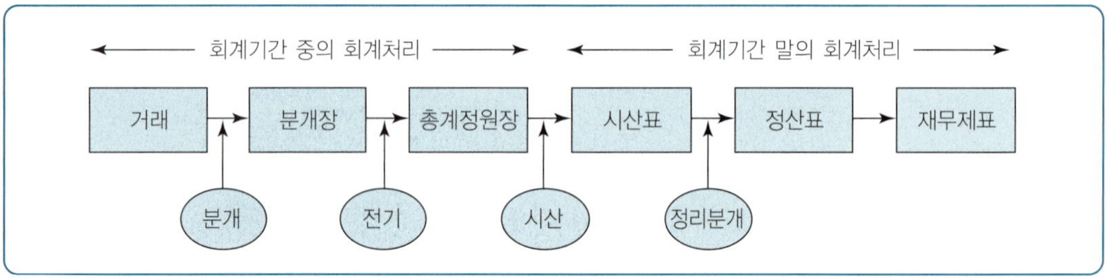

[그림 8-4] 회계활동의 절차

먼저 모든 회계활동은 거래(transaction)에서 시작된다. 경영활동의 성격에 따라 거래의 유형을 나누어 보면, 크게 교환거래, 손익거래, 혼합거래, 대체거래의 네 가지로 구성된다. 교환거래는 현금으로 상품을 구입하는 것과 같이, 자산, 부채, 자본만이 서로 증감하는 거래를 말한다. 손익거래는 상품을 매출하고 현금으로 물건값을 받는 경우처럼 수익과 비용의 발생만이 나타나는 거래이다. 혼합거래는 1억짜리 건물을 1억 5천에 매각하는 경우처럼 교환거래와 손익거래가 동시에 발생하는 거래를 의미한다. 대체거래는 기계를 서로 교환하는 경우처럼 현금의 수수가 없는 거래를 가리킨다.

이와 같이 회계에서 말하는 거래는 재무상태의 변화, 즉 '자산, 부채, 자본의 증가 또는 감소' 가 일어나거나 경영성과의 변화, 즉 '비용이나 수익의 발생' 이 일어나게 하는 사건(event)을 뜻한다. 여기서 자산의 증가와 감소, 부채의 증가와 감소, 자본의 증가와 감소, 수익의 발생, 비용의 발생의 가능한 경우들을 모으면 모두 8가지 경우가 나타나며 이를 거래의 '8요소' 라고 부른다.

기업의 경영활동에서 일상적으로 이루어지는 거래는 대부분 회계상의 거래도 된다. 그러나 경우에 따라서는 일상생활의 거래가 회계상의 거래가 되지 않을 수도 있고 반대로 회계상으로는 거래라 파악되지만 일상생활에서는 거래가 이루어지지 않은 경우도 있을 수 있다.

회계상의 거래는 '이중성'이라는 특성을 지닌다. 즉 모든 거래는 위에서 말한 8요소 가운데 2요소가 서로 대칭되는 모습으로 동시에 일어나도록 설계되어 있는 것이다. 예를 들어 어느 기업이 현금을 주고 상품을 구입했다고 하자. 그러면 한편으로는 자산(상품)의 증가가 일어나면서 다른 한편으로는 자산(현금)의 감소가 발생한다. 만일 외상으로 새로운 설비를 도입했다면, 한편으로는 자산(기계)의 증가가 일어나고 동시에 다른 한편으로는 부채(미지급금)의 증가가 일어나게 된다.

또한 거래의 내용은 계정(account)이라는 구체적이고 실질적인 기록 및 계산의 단위로 표현된다. 거래 자체는 '×××을 하여 ○○○를 하였다'는 식의 애매한 생활 용어로 나타나기 때문에, 회계에서는 분명한 해당 항목으로 분류하여 기록을 해야만 한다. 회계상의 계정은 크게 자산계정, 부채계정, 자본계정, 수익계정, 비용계정으로 구성된다. 각 계정은 다시 구체적인 계정과목으로 나누어진다. 예를 들어, 자산계정에 속한 계정과목으로는 현금, 외상매출금, 상품 등을 들 수 있다.

일단 거래가 일어나면 거래의 이중성을 고려하여 거래 내용을 차변(debit)과 대변(credit)으로 나누는 분개(journal entry)를 하게 된다. 실무적으로는 [그림 8-5]에서 볼 수 있는 것처럼, 분개장(journal)이라는 장부에 거래의 발생 순서에 따라 거래 내용을 기입하게 된다.

일자	계정과목	차변	대변
20×5. 3. 12	(상품)	3,850,000	
	(현금)		3,850,000
	상품을 현금으로 매입		

[그림 8-5] 분개장의 양식-예시

이때, 모든 거래를 분개한 차변의 합과 대변의 합을 최종적으로 집계하면 둘은 서로 같아야 한다. 이를 '대차 평형의 원리'라고 한다.

분개된 거래 자체는 단지 발생 순서대로 나열되어 있을 뿐이어서 전체적인 흐름을 파악하기가 매우 어렵다. 따라서 다양한 거래들의 분개 기록을 계정과목별로 집계할 필요가 있다. 모든 계정을 모아 놓은 장부를 총계정원장(general ledger)이라고 하는데 이 총계정원장으로 옮겨 적는 작업을 전기(posting)라고 한다. [그림 8-6]에 현금 계정에 대한 총계정원장의 예시가 나타나 있다.

현 금

1. 15 자본금	50,000,000	1. 17 유형자산	34,000,000
2. 24 차입금	20,000,000	2. 8 대여금	7,000,000
2. 28 급여	8,000,000		
잔액	20,000,000		

[그림 8-6] 총계정원장의 예시

다음으로 원장에 전기한 내용이 정확한지를 검토하는 작업이 필요하다. 이 작업은 대차 평형의 원리에 따라, 차변의 합계와 대변의 합계가 서로 일치하는지를 확인하는 방법으로 이루어진다. 이를 시산(trial balance)이라고 하며, 시산을 위해 작성하는 일람표를 시산표라고 한다.

마지막 작업은 결산(closing)이다. 결산은 회계연도가 종료된 후, 앞에서 말한 일련의 회계활동을 종합적으로 정리하여 재무제표라는 최종보고서를 작성하는 일을 말한다. 결산은 먼저 기존의 분개 자료를 마지막으로 보충 또는 추가하는 정리분개(adjusting entries)로 시작된다. 그 다음은 정산표(work sheet)를 만드는 작업이다. 정산표는 앞에서 정리분개한 결과를 결산이 용이한 형식으로 표현한 일람표를 뜻한다.

결산의 마지막 작업은 재무상태표와 손익계산서를 중심으로 한 결산보고서를 작성하는 일이다. 여기서 작성된 결산보고서는 한편으로는 기업의 사업성과를 외부에 알려주는 '영업보고'의 기본이 되고, 다른 한편으로는 재무제표의 적정성을 검토하는 '감사보고'의 대상이 된다.

8.2 재무제표

1. 재무제표의 기본 개념

앞에서 설명한 대로 재무제표(financial statements)는 회계활동의 마지막 단계에서 작성되는 최종 산출물이다. 경영활동의 일환으로 발생하는 모든 거래를 분개-전기-정산하여 마지막으로 집계, 정리한 자료인 것이다. 따라서 회계활동은 곧 재무제표를 만드는 일이라고 해도 크게 지나친 표현은 아니다.

개념적으로 본다면, 재무제표는 그 명칭이 의미하는 것처럼 상당히 포괄적인 용어이다. 즉 하나의 특정한 자료나 양식만을 가리키는 것이 아니라, 기업의 재무상태나 경영실적을 보여주는 다양한 자료나 보고서를 통칭하는 개념이다. 그러나 만일 재무제표의 종류나 범위를 기업의 자유에 맡긴다면 많은 문제가 생길 것은 자명하다. 따라서 재무제표의 종류를 법률로 정할 필요가 있다. 이러한 관점과 기준에 의해 작성 및 제출이 의무적화되어 있는 중요한 재무제표로는 재무상태표(대차대조표), 손익계산서, 현금흐름표, 자본변동표(이익잉여처분계산서) 등이 있다.

이 가운데 재무상태표와 손익계산서는 두 가지의 핵심적 재무제표로써, 회계전문가가 아닌 경우 재무제표라고 하면 이 두 가지를 뜻하는 것으로 해석해도 큰 문제가 없다. 따라서 재무상태표와 손익계산서는 뒤에서 자세히 다루도록 한다.

참고로 현금흐름표(statements of cash flows)는 현금의 유입 및 유출의 시점과 내용을 기입한 자료이다. 다른 재무제표가 언제 거래가 이루어졌는가를 근거로 하는 이른바 '발생주의(accrual basis)'를 따르는데 반해, 현금흐름표는 '현금주의(cash basis)'를 따른다. 발생주의를 따르면 실제로 거래가 이루어진 시점과 현금이 들어오고 나가는 시점이 다를 경우가 많다. 상품의 인도는 어제 이미 했음에도 불구하고, 대금을 받는 시점은 두 달 뒤가 될 수도 있다. 그러나 기업 입장에서는 실제로 들어오고 나가는 현금흐름의 정보가 유동성 관리에 보다 중요할 수 있다. 이러한 목적과 동기에서 작성되는 자료가 현금흐름표이다.

같은 재무상태표와 손익계산서라고 해도, 그것을 어디에 무엇 때문에 제출하느냐에 따라 서류의 이름과 제출처가 달라진다. 그것을 요구하는 주체가 외부의 잠재적 투자자이거나 정부의 감독기관이라면, 그 서류는 재무제표라는 이름으로 증권거래소나 금융감독원으로 보내져야 한다. 만일 기존의 주주들에게 보고하는 경우라면, 자료는 영업보고서라는 이름으로 주주총회에 제출된다. 법인세를 부과하기 위한 목적으로 요구된다면, 세무조정계산서라는 제목을 달아서 세무서에 보고해야 한다.

최근에는 연결재무제표(consolidated financial statement)라는 용어가 자주 사용되고 있다. 어느 신문의 기사를 인용해 보자. '12월 결산 법인 300개 사의 지난해 연결재무제표를 분석한 결과, 매출액은 개별재무제표에 비해 40%, 영업이익은 30% 증가하였다. 그러나 당기순이익은 2% 줄었고, 100%를 밑돌던 부채비율도 160%로 급등하였다.'

연결재무제표는 법률적으로는 독립이지만 실제로는 경제적 집합체 — 예를 들어 지배회사와 종속회사의 관계에 있는 — 인 2개 이상의 기업들의 재무제표를 결합하여 작성한 재무제표를 뜻한다. 쉽게 말해, 여러 개의 자회사를 거느린 모회사의 재무제표를 만들 때, 자회사의 영업실적에 따른 손익과 자본조달에 의한 부채를 모두 반영하고, 모회사와 자회사 간의 내부거래를 통해 부풀려진 실적을 제거한 후 작성한 재무상태표나 손익계산서를 말하는 것이다.

위의 기사에서 알 수 있듯이, 연결재무제표를 작성하면 개별재무제표와 비교하여 매출액이나 영업이익은 늘어날 가능성이 높다. 그러나 자회사의 경영성과가 저조할 경우 전반적인 순이익은 오히려 낮아질 수 있고, 또 자본구조가 부실할 경우 전체적인 부채비율이 올라갈 수도 있다. 따라서 여러 개의 기업이 영업구조나 자본구조의 측면에서 서로 밀접하게 관련되어 있을 때, 종합적인 성과나 실태를 파악하기 위해서는 여러 개의 개별재무제표보다 하나의 연결재무제표를 보는 것이 바람직한 것이다.

보다 구체적으로 연결재무제표를 작성하는 목적이나 배경으로는 첫째, 대기업집단의 전체적인 재무상황을 알 수 있다는 점, 둘째, 국제화 추세 내지 자본의 자유화 추세에 발맞춘다는 점, 셋째, 독과점을 방지하고 공정거래를 유도한다는 점, 넷째, 금융기관에서 여신관리를 하거나 증권시장에서 주가관리를 하는데 참고한다는 점 등을 들 수 있다.

2. 재무상태표(대차대조표)

(1) 재무상태표의 기본

최근 기업의 회계처리가 국제회계기준(IFRS)으로 바뀌면서 공식적으로는 대차대조표라는 용어 대신 재무상태표(statement of financial position)라는 용어를 사용하고 있다. 그러나 아직은 대차대조표라는 용어가 더 익숙하기 때문에 여기서는 두 용어를 함께 쓰기로 한다.

개인과 마찬가지로 기업은 '현재 우리 회사의 재산이 얼마나 되며 그 재산이 어떤 요소들로 구성되어 있는가?' 하는 문제에 깊은 관심을 가지게 되며, 회사 자체뿐만 아니라 이 회사에 투자를 했거나 투자를 할 사람들, 이 회사에 돈을 빌려 주었거나 빌려 줄 사람들에게도 중요한 관심사가 아닐 수 없다. 이 문제를 기업의 '재무상태(financial position)' 라고 한다.

그러면 어느 시점에서 기업의 재무상태를 어떻게 파악할 수 있을까? 회계에서는 재무제표 중 가장 첫 번째 자료인 재무상태표로 전반적인 재무상태를 알아볼 수 있다. 따라서 재무상태표는 '일정 시점에서 기업의 전반적인 재무상태를 토대로 재무구조의 건전성(양호도)을 파악할 수 있는 기본 자료' 로 정의할 수 있다.

재무상태표로부터 재무상태를 알아볼 수 있는 이론적인 근거는 무엇인가? 대차대조표는 앞에서 잠깐 언급한 것처럼 '재무상태표 등식(statement of financial position equation)' 이라고 불리는 회계등식을 토대로 설계되었다. 이 등식은 한 기업의 경제적 자원의 총합은 외부인에 대해 지고 있는 의무와 자체의 잔여지분을 합한 양과 같아야 한다는 가정을 전제로 한다. 따라서 기업의 자산은 크게 두 가지의 구성 요소, 즉 자산에 대한 외부인의 청구권(claims)인 부채와 기업 자체가 소유하고 있는 목록(inventory)인 자본으로 구성된다. 이 가정을 구체적인 등식으로 표현하면 [자산 = 부채 + 자본]이라는 재무상태표 등식이 되는 것이다.

재무상태표를 자산, 부채, 자본으로 나누는 것은 기업의 전반적인 재무상태를 몇 가지 부분으로 나누어 좀 더 자세히 살펴본다는 것을 뜻한다. 우선 '자산' 부분으로부터 그 기업의 전체적인 재력이 어느 정도인가를 알 수 있는 정보를 획득할 수 있다. 또 '자본과 부채' 부분으로부터는 그 기업의 자본이 누구의 어떤 돈으로 구성되어 있는가, 또는 그 기업의 지급능력이 어느 정도인가를 알 수 있는 정보를 획득한다.

재무상태표 등식을 구체적으로 표현하기 위해서는 몇 가지 일정한 '양식'과 '순서'를 따라야 한다. 첫째, 왼쪽의 차변에 자산을, 오른쪽의 대변에 부채와 자본을 배치한다. 둘째, 유동성과 고정성을 기준으로 항목을 세분화한 후 일반적으로 유동성 순위에 따라 배열한다. 예를 들어 자산의 경우라면, 유동성이 높은 자산부터 차례로 배치시킨다. 〈표 8-1〉에 이러한 양식과 순서에 의한 재무상태표의 기본구조가 나타나 있다.

〈표 8-1〉 대차대조표의 기본구조

자산 = 자금의 운용		부채와 자본 = 자금의 조달	
유동자산	• 당좌자산 • 재고자산	부채	• 유동부채 • 비유동부채
비유동자산	• 투자자산 • 유형자산 • 무형자산	자본	• 자본금 • 자본잉여금 • 이익잉여금 • 자본조정

(2) 재무상태표의 실제

재무상태표는 stock의 개념, 즉 '특정 시점'에 작성되는 것이다. 이는 다음에 얘기할 손익계산서가 '일정 기간'을 대상으로 하는 flow의 개념이라는 점과 대비된다. 따라서 재무상태표는 회계기간 마지막에 한 번 작성하는 것을 원칙으로 한다. 〈표 8-2〉에, 실제로 20×2년 말 및 20×3년 말에 공시된 A 기업의 대차대조표가 예시되어 있다.

〈표 8-2〉 재무상태표 예시 - A 기업

(단위: 백만원)

자산			자본 및 부채		
과목	20x2년	20x3년	과목	20x2년	20x3년
I. 유동자산	4,917	4,543	I. 부채	9,586	8,337
1. 당좌자산	3,688	3,081	1. 유동부채	3,589	3,510
2. 재고자산	1,229	1,462	2. 비유동부채	5,980	4,827
II. 비유동자산	13,054	13,224	3. 이연부채	17	0
1. 투자자산	2,886	3,991	II. 자기자본	8,385	9,430
2. 유형자산	9,669	8,930	1. 자본금	482	482
3. 무형자산	148	303	2. 자본잉여금	3,904	3,670
4. 이연자산	351	0	3. 이익잉여금	4,086	6,662
			4. 자본조정	87	1,384
자산총계	17,971	17,767	자본 및 부채 총계	17,971	17,767

3. 손익계산서

(1) 손익계산서의 기본

재무상태 다음으로 기업이 관심을 갖는 것은 '지난 한 해 동안 우리 회사는 얼마나 장사를 잘 해서 얼마의 이익을 남겼는가? 아니면 반대로 얼마나 손해를 보았는가?' 라는 질문이다. 이 질문은 기업 자체뿐 아니라 외부의 이해당사자에게도 매우 중요한 관심사이다. 이 주제를 회계에서는 '경영성과(results of business)' 라고 한다.

그러면 어느 기간 동안의 경영성과를 어떻게 측정할 수 있을까? 이러한 목적으로 작성되는 회계자료가 재무제표 가운데 두 번째 자료인 손익계산서(income statement)이다. 손익계산서는 '일정 기간 동안에 기업이 수행한 경영활동의 결과로 나타난 성과를 측정하여 수익성을 평가할 수 있는 기본 자료' 로 정의할 수 있다.

손익계산서로부터 경영성과와 수익성을 평가할 수 있는 이론적인 근거는 무엇인가? 앞에서 설명한 대로, 회계상의 이익은 손익법의 기준과 재산법의 기준을 동시에 포함한다. 손익계산서는 먼저 '회계상의 이익은 수익과 비용의 차이로 한

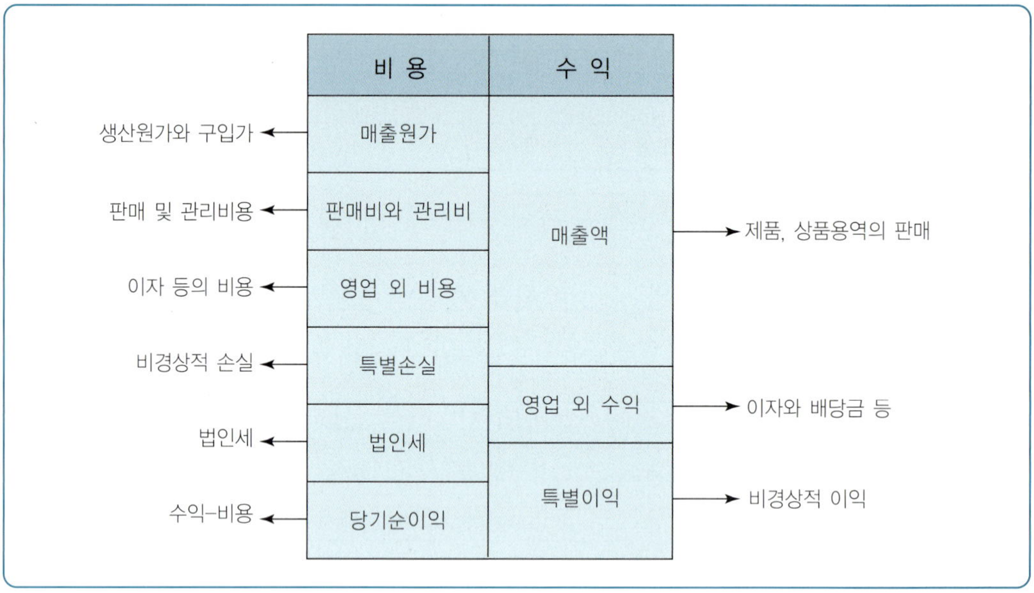

[그림 8-7] 계정식 손익계산서의 기본구조와 내용

다' 는 손익법을 토대로 한다. 이 원칙에 의해 [총수익 - 총비용 = 순이익] 이라는 손익법의 공식이 성립한다.

다음으로 손익계산서는 '회계상의 이익은 기말의 순자산(기말 자본)과 기초의 순자산(기초 자본)의 차이로 한다' 는 재산법을 토대로 한다. 이 원칙에 의해 [기말자본 - 기초자본 = 순이익] 이라는 재산법의 공식이 성립한다.

이러한 원칙과 방법을 기초로, 손익계산서의 작성은 일정 기간에 대해 '수익의 계산-비용의 계산-순이익의 결정' 이라는 순서를 통해 이루어진다.

관련 정보를 손익계산서에 기입하는 방법과 과정도 일정한 '양식' 과 '순서' 를 따라야 한다. 손익계산서의 양식은 크게 계정식(account form)과 보고식(report form)의 두 가지가 있다. 계정식은 재무상태표와 비슷하게 왼쪽의 차변에 비용을, 오른쪽의 대변에 수익을 표시한 후, 그 차이인 순이익을 차변의 맨 아래쪽에 표시하여 대차를 맞추는 형식이다. [그림 8-7]에 계정식에 의한 손익계산서의 기본구조와 내용이 제시되어 있다.

계정식 손익계산서가 수익과 비용을 대비시키는 손익법의 기본 정신을 잘 반영하기는 하지만, 실무적인 기업회계기준은 보고식의 사용을 원칙으로 한다. 보고식은 차변과 대변의 구분 없이, 수익과 비용을 몇 단계로 세분하여, 순차적으로 기입하는 형식이다. 즉 제일 위에 매출액을 적은 후, 매출총이익을 계산하고, 다시 영업이익을 계산한 후, 경상이익을 계산하고, 이어서 세전순이익을 계산한 후, 최종적으로 당기순이익을 계산하는 순서로 이루어진다. 최근에는 영업외수익과 영업외비용이라는 용어 대신 기타수익과 기타비용으로 부르기도 한다. 또 특별이익과 특별손실 항목은 삭제하기도 한다.

계정식과 비교한 보고식의 가장 큰 장점은 손익계산의 흐름과 경영활동과의 연계를 쉽게 알아볼 수 있다는데 있다. 매출이익의 계산은 구매 및 생산활동과 관련되어 있고, 영업이익의 계산은 판매활동과 관련되어 있으며, 경상이익의 계산은 재무활동과 관련되어 있다. 그리고 이 모든 활동은 넓은 의미의 경상활동이 된다. 그러나 그 이후에 세전이익 및 당기순이익의 계산은 기업 외의 요인들에 의해 결정되므로 비경상활동과 연계되어 있다. [그림 8-8]에는 보고식에 의한 손익계산서의 기본 구조와 각 항목에 관련된 경영활동이 표시되어 있다.

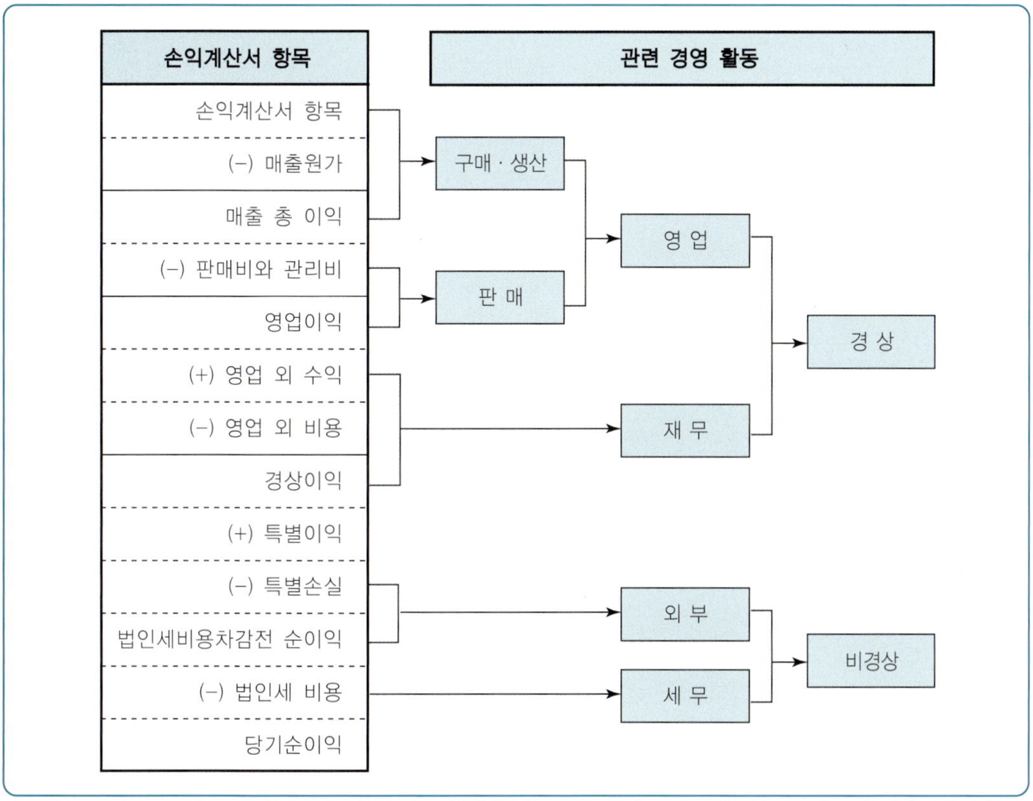

[그림 8-8] 보고식 손익계산서의 기본구조와 경영활동과의 연계

(2) 손익계산서의 실제

앞에서 설명한 대로, 재무상태표가 '특정 시점'을 대상으로 하는 stock 개념인데 반해, 손익계산서는 flow의 개념 즉 '일정 기간'을 대상으로 작성되는 것이다. 따라서 손익계산서는 ××××년 1월 1일~××××년 12월 31일의 기간으로 표시된다. 〈표 8-3〉에 실제로 공시된 A 기업의 20×2년 및 20×3년의 손익계산서가 예시되어 있다.

〈표 8-3〉 손익계산서 예시 – A 기업

(단위: 백만원)

손익계산서	20x2년	20x3년
I. 매출액	11,138	11,692
II. 매출원가	8,905	9,055
III. 매출총이익	2,232	2,637
IV. 판매비와 관리비	512	538
1. 인건비	37	46
2. 경비	149	162
3. 판매비	326	330
V. 영업이익	1,720	2,099
VI. 영업외수익	1,073	530
VII. 영업외비용	1,378	1,298
VIII. 경상이익	1,415	1,331
IX. 특별이익	1	958
X. 특별손실	24	0
XI. 법인세차감전순이익	1,392	2,288
XII. 법인세	270	651
XIII. 당기순이익	1,123	1,637

8.3 재무분석

1. 재무분석의 개념과 목적

재무상태표나 손익계산서가 기업의 재무상태나 경영성과를 파악할 수 있는 가장 기본적인 자료이기 때문에 두 재무제표에 대한 일차적인 분석을 토대로 기업의 전반적인 재무상태나 경영실적을 어느 정도는 이해할 수 있다.

그러나 재무제표가 제공할 수 있는 정보는 다음 두 가지 측면에서 제한적일 수밖에 없다. 첫째, 재무제표는 이미 분류된 항목별로 계산된 값을 독립적으로 기입한 것에 불과하기 때문에, 항목 간의 상호관계라든가 상대적인 비중 등을 파악하기 어렵다. 둘째, 재무제표는 과거에 일어났거나 현재 진행되고 있는 사실을 기록한 것이기 때문에, 그 자체로서는 과연 우리 기업이 '절대적'으로 좋은 상태인지 아니면 나쁜 상태인지, 다른 경쟁기업과 비교하여 성과가 '상대적'으로 좋은 것인지 나쁜 것인지를 알기가 어렵다. 예를 들어 재무상태표에서 유동비율이 높게 나온다고 해서 그것이 반드시 좋다 나쁘다라고 단정짓기 어려우며, 상당한 부채를 가지고 있다고 해서 그것이 빚을 전혀 안 쓰는 이른바 무차입 경영 전략보다 언제나 더 바람직하다라고 말할 수는 없는 것이다.

하지만 많은 자료와 경험을 근거로 바람직한 재무제표의 모습이 어떤 범위와 수준 안에 있어야 하는가를 얘기할 수는 있다. 특히 외부의 평가기관이나 감독기관은 나름대로의 공정하고 객관적인 기준치를 설정하고 있어서, 그 범위에 포함될 경우 기업에게 좋은 점수를 주고, 그 범위를 크게 벗어날 경우 나쁜 점수를 주고 있으며, 투자자들이나 대출기관은 이 점수를 토대로 의사결정을 하고 있다.

이러한 목적과 용도로 이루어지는 경영활동이 바로 재무분석(financial analysis)이다. 따라서 재무분석은 재무제표와 불가분의 관계에 있으면서 동시에 보완적인 관계에 있다. 재무분석 자체가 재무제표에 나타난 정보를 토대로 이루어지기 때문에 재무제표와 재무분석은 결코 분리하여 생각할 수 없다. 하지만 재무분석은 한걸음 더 나아가 재무제표가 제공할 수 없는 정보를 추가로 제공하기 때문에 보완적인 성격을 지니고 있다.

2. 재무비율 지표

(1) 재무비율 지표의 개념과 정의

재무분석에서는 정량적인 '비율(ratio)'을 계측하여 그것을 하나의 지표(index)로 사용함으로써 절대적 내지 상대적 평가를 하게 된다.

이론적으로 보면 재무비율은 무수히 만들어낼 수 있다. 그러나 가능한 모든 비율을 사용한다면 엄청난 시간과 노력이 필요할 뿐 아니라, 무의미한 값도 나올 수 있으며, 어떤 값들은 겉으로는 다른 지표이지만 실제로는 같은 의미를 갖는 경우도 생길 수 있다. 그래서 재무분석에서는 기업의 재무상태나 경영성과를 파악할 수 있는 몇 가지의 중요한 관점을 설정한 후, 각 관점에서 세부적으로 제시될 수 있는 여러 가지 비율들을 개발하여 사용하고 있다.

재무분석의 핵심적인 관점은 기업이나 개인의 성격과 목적에 따라 달라질 수 있으나 일반적으로 (1) 유동성 분석, (2) 레버리지(안정성) 분석, (3) 수익성 분석, (4) 활동성 분석으로 나뉠 수 있다. [그림 8-9]에 도시되어 있는 것처럼 처음 두 가지 분석은 재무상태표를 토대로 하며, 다음 두 가지 분석은 손익계산서를 토대로 한다.

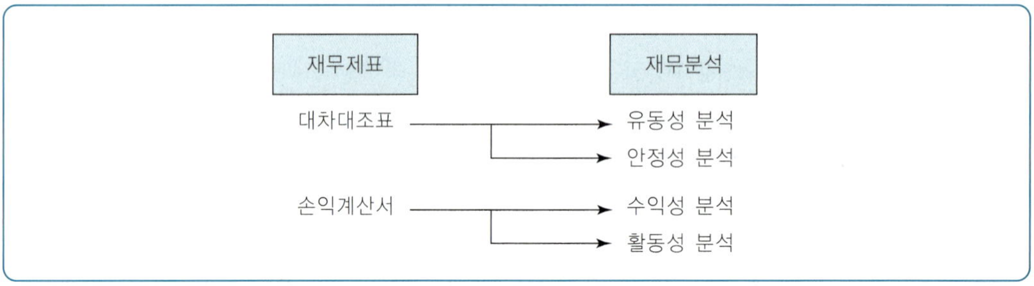

[그림 8-9] 재무제표와 재무분석

각 관점의 목적과 의미를 이해한 후, 구체적으로 사용되는 비율 지표에는 어떤 것들이 있는지 살펴보자. 먼저 〈표 8-4〉를 보면 재무비율의 분류, 목적 및 세부 지표가 요약되어 있다.

〈표 8-4〉 재무비율분석의 체계

분류	목적	세부지표
유동성 비율 (liquidity ratio)	단기 채무상환 능력을 측정	유동비율, 당좌비율 등
안정성 비율 (leverage ratio)	타인자본 의존도와 장기 채무상환 능력을 측정	부채비율, 자기자본비율 등
수익성 비율 (profitability ratio)	경영의 재무적(화폐적) 효율성을 측정	총자본이익률, 자기자본순이익률, 매출액이익률 등
활동성 비율 (activity ratio)	물리적 경영자원의 활용도 및 효율성을 측정	총자산회전율, 재고자산회전율, 비유동자산회전율 등

가. 유동성 분석

유동성(liquidity) 분석은 그 기업이 안고 있는 단기채무를 언제라도 바로 갚을 수 있는 능력이 어느 정도인가를 분석하는 것을 뜻한다. 여기에 사용되는 대표적인 지표로는 유동비율과 당좌비율을 들 수 있다.

1) 유동비율(current ratio)

유동비율은 유동자산을 유동부채로 나눈 값으로 정의된다.

$$유동비율 = \frac{유동자산}{유동부채}$$

유동자산은 단기채무를 상환하는 데 사용되기 때문에 유동비율이 높을수록 유동성이 높은 것으로 평가한다. 일반적으로 유동비율은 200% 이상이 안전도의 상한으로 평가되어 왔으며(2:1의 원칙), 그 근거는 매출채권이나 재고자산은 현금화에 걸리는 시간이 길고, 확실성이 낮기 때문에 유동자산 총액이 유동부채의 2배 이상은 되어야 신용도가 있다고 보기 때문이다. 이에 반해 100% 이하가 되면 유동성에 심각한 문제가 있다고 평가된다.

그러나 높은 유동비율이 채권자의 입장에서는 좋은 것으로 평가되지만, 경영자의 입장에서는 반드시 좋다고 평가할 수만은 없다. 유동자산에 대한 지나친 투자는 수익성을 저하시키는 요인이 될 수도 있기 때문이다. 이러한 상대성과 이중성의 문제는 다른 재무비율의 평가에도 적용된다.

2) 당좌비율(quick ratio)

당좌비율은 유동자산에서 재고자산을 뺀 당좌자산을 유동부채로 나눈 비율이다.

$$당좌비율 = \frac{당좌자산}{유동부채}$$

유동자산은 당좌자산과 재고자산을 모두 포함한다. 그러나 재고자산은 매출이 발생해야 현금화할 수 있으므로, 현금, 예금, 또는 외상매출금 등의 당좌자산에 비하면 유동성이 낮다고 할 수 있다. 따라서 재고자산을 포함한 유동자산보다 현금화가 용이한 당좌자산만으로 유동성을 평가하는 것이 보다 합리적이고 또 정확하다고 할 수 있다. 일반적으로 당좌비율이 100%를 넘으면 유동성이 우수하다고 말할 수 있는 반면, 50% 이하가 되면 문제가 있는 것으로 판단한다.

나. 레버리지/안정성 분석

레버리지(leverage) 또는 안정성(stability) 분석은 그 기업이 재무적으로 얼마나 안정되어 있는지, 반대로 말하면 파산할 위험이 어느 정도인지를 분석하는 작업을 말한다. 여기에 사용되는 대표적인 지표로는 부채비율과 자기자본비율을 들 수 있다.

1) 부채비율(debt to equity ratio)

부채비율은 부채(유동부채+비유동부채)를 자기자본으로 나누어 산출한다.

$$부채비율 = \frac{부채}{자기자본}$$

채권자의 입장에서는 위험요인을 줄이기 위해 부채비율이 낮기를 바라지만, 경영자의 입장에서는 비용이 낮은 부채를 많이 활용할 수 있도록 부채비율을 어느 수준까지 높이려고 하기 때문에 흔히 채권자와 경영자의 이해가 상반되는 비율이다. 일반적으로 부채비율이 100%보다 낮으면 매우 안정적인 것으로 평가하고, 200%를 넘는다면 위험 신호로 판단한다.

2) 자기자본비율(ratio of stockholders' equity)

자기자본비율은 자기자본을 총자본으로 나눈 값으로 정의된다.

$$자기자본비율 = \frac{자기자본}{총자본}$$

자기자본은 상환기간이 없고 이자가 없기 때문에 자기자본비율이 높을수록 기업의 재무상태는 안전하다고 할 수 있다. 특히 채권자의 입장에서 채권에 대한 안전도가 그만큼 높다는 것을 의미한다. 일반적으로 자기자본비율이 50%를 넘으면 매우 안정적이라고 평가하며, 20% 이하가 되면 위험한 것으로 판단한다.

자기자본비율은 부채비율과 함께 기업의 재무구조를 측정하는 중요한 지표로 이용된다. 특히 이 두 지표는 서로 직접적으로 연결되어 있다. 자기자본비율이 높을수록 부채비율은 낮아지고, 반대로 부채비율이 높아지면 자기자본비율은 낮아지는 역의 관계에 있는 것이다. 예를 들어 '우리나라 기업들의 평균 자기자본비율이 30%대에서 45%대로 올라가면서, 반대로 평균 부채비율은 200%에서 120%로 낮아졌다' 라는 신문기사는 이러한 관계를 잘 보여주고 있는 자료이다.

다. 수익성 분석

수익성(profitability) 분석은 그 기업이 얼마나 높은 수익을 내고 있는가를 평가하여 경영실적을 분석하는 작업을 말한다. 이를 위해 투자수익성 비율과 매출수익성 비율의 두 지표를 사용한다.

1) 투자수익성비율

투자수익성을 측정하는 첫 번째 지표는 자산활용도의 효율성을 나타내는 총자본순이익률(return on asset) 또는 총자산순이익률이다. 이 지표는 당기순이익을 총자본으로 나눈 비율로서, 투자수익률(Return On Investment: ROI)이라고도 한다. 여기서 사용되는 총자본이라는 용어는 자기자본과 타인자본을 합한 것이기 때문에 총자산과 동일한 뜻이다.

$$총자본순이익률(ROI) = \frac{당기순이익}{총자본}$$

두 번째 지표는 주주들의 투자에 대한 수익성을 나타내는 자기자본순이익률(Return On Equity: ROE)로, 주주에게 귀속되는 당기순이익을 자기자본으로 나누어 측정하며, 최소한 은행이자보다 높아야 투자의 의미가 있을 수 있다.

$$\text{자기자본순이익률(ROE)} = \frac{\text{당기순이익}}{\text{자기자본}}$$

이 지표들에 대한 평가 기준은 경기상황이나 금리수준에 따라 변하기 때문에 쉽지가 않다. 하지만 현장 전문가들의 의견에 의하면, 총자본순이익률이 5% 이상, 자기자본순이익률은 20% 이상이면 양호한 것으로 평가할 수 있다.

2) 매출수익성비율

매출수익성을 측정하는 지표는 매출액이익률이다. 이 지표는 매출액을 이익에 대비시켜 측정한다. 이 경우 이익을 어떻게 정의하는가에 따라 다음과 같은 세부 지표들이 사용된다.

매출액영업이익률(operating income to net sales)은 영업이익을 매출액으로 나누어 계산한 비율로서, 경영활동에 의한 경영성과를 측정하는 지표로 사용되고 있다.

$$\text{매출액영업이익률} = \frac{\text{영업이익}}{\text{매출액}}$$

매출액경상이익률(normal income to net sales)은 경상이익을 매출액으로 나누어 계산한 비율로서, 전체적인 경영활동의 성과를 측정하는 지표가 된다.

$$\text{매출액경상이익률} = \frac{\text{경상이익}}{\text{매출액}}$$

매출액순이익률(net income to net sales)은 당기순이익을 매출액으로 나누어 계산한 비율로서, 총투자수익률(ROI)을 결정하는 한 요인이 된다.

$$\text{매출액순이익률} = \frac{\text{당기순이익}}{\text{매출액}}$$

일반적으로 매출액영업이익률은 20% 이상, 매출액경상이익률은 10% 이상, 매출액순이익률은 5% 이상이면 대체로 양호한 것으로 평가된다.

라. 활동성 분석

활동성(activity) 분석은 그 기업의 경영활동이 얼마나 활발하게 수행되고 있는가를 알아보는 작업을 가리킨다. 흔히 활동성은 회전율(turnover)이라는 개념을 토대로 측정하게 된다. 따라서 활동성 분석에 사용되는 대표적인 지표로는 총자산회전율, 재고자산회전율, 비유동자산회전율 등을 들 수 있다.

1) 총자산회전율(total asset turnover)

총자산회전율은 총자본회전율이라고도 부르며, 매출액을 총자산으로 나눈 값으로 정의된다. 이 비율은 총자산이 1년 동안 매출을 통하여 몇 번 회전하였는가를 나타내어 자산이용의 효율을 총괄적으로 측정하는 비율이다. 일반적으로 자본집약적 산업의 회전율은 낮고 서비스산업의 회전율은 높기 때문에 일률적으로 말하기는 어렵지만, 1.5회를 넘으면 활동성이 좋은 것으로 평가한다.

2) 재고자산회전율(inventory turnover)

재고자산회전율은 매출액을 재고자산으로 나눈 비율로서 재고자산이 일정기간(보통 1년) 동안에 몇 번이나 현금 또는 외상매출금으로 전환되었는가를 측정하는 지표이다. 재고자산회전율이 낮다는 것은 재고자산에 과대투자가 되고 있어, 자금이 재고자산에 묶여 있는 기간이 장기화되고 있음을 뜻한다. 그러나 이 비율이 지나치게 높으면, 재고자산의 부족으로 예기치 못한 수요 변화에 대응하지 못할 위험이 있다. 회전율이 6회를 넘으면 양호한 것으로 알려져 있다.

3) 비유동자산회전율(fixed assets turnover)

비유동자산회전율은 매출액을 비유동자산으로 나눈 비율로서, 비유동자산의 효율적 이용 정도와 비유동자산 투자의 적정성 여부를 측정하는 지표이다. 이 비율이 높으면 비유동자산의 이용도가 양호하다고 평가할 수 있다.

(2) 재무비율 지표의 실제

앞에서 예시적으로 보여주었던 A 기업의 재무상태표(〈표 8-5〉)와 손익계산서(〈표 8-6〉)를 토대로, 실제로 재무비율 지표를 계측하여 보자.

〈표 8-5〉 재무상태표 예시 – A 기업

(단위: 백만원)

자산			자본 및 부채		
과목	20x2년	20x3년	과목	20x2년	20x3년
I. 유동자산	4,917	4,543	I. 부채	9,586	8,337
1. 당좌자산	3,688	3,081	1. 유동부채	3,589	3,510
2. 재고자산	1,229	1,462	2. 비유동부채	5,980	4,827
II. 비유동자산	13,054	13,224	3. 이연부채	17	0
1. 투자자산	2,886	3,991	II. 자기자본	8,385	9,430
2. 유형자산	9,669	8,930	1. 자본금	482	482
3. 무형자산	148	303	2. 자본잉여금	3,904	3,670
4. 이연자산	351	0	3. 이익잉여금	4,086	6,662
			4. 자본조정	87	1,384
자산총계	17,971	17,767	자본 및 부채 총계	17,971	17,767

〈표 8-6〉 손익계산서 예시 – A 기업

(단위: 백만원)

손익계산서	20x2년	20x3년
I. 매출액	11,138	11,692
II. 매출원가	8,905	9,055
III. 매출총이익	2,232	2,637
IV. 판매비와 관리비	512	538
1. 인건비	37	46
2. 경비	149	162
3. 판매비	326	330
V. 영업이익	1,720	2,099
VI. 영업외수익	1,073	530
VII. 영업외비용	1,378	1,298
VIII. 경상이익	1,415	1,331
IX. 특별이익	1	958
X. 특별손실	24	0
XI. 법인세차감전순이익	1,392	2,288
XII. 법인세	270	651
XIII. 당기순이익	1,123	1,637

가. 유동성 분석

20×3년도 A사의 유동비율과 당좌비율은 다음과 같이 계산할 수 있다.

- 유동비율 $= \frac{\text{유동자산}}{\text{유동부채}} = \frac{4,543}{3,510} = 1.294$

- 당좌비율 $= \frac{\text{당좌자산}}{\text{유동부채}} = \frac{3,081}{3,510} = 0.878$

A사의 유동비율은 129.4%, 당좌비율은 87.8%로 큰 문제는 없는 것으로 보인다. 아래 〈표 8-7〉은 20x2년부터 20×3년까지 A사의 유동성 분석결과 및 20x3년도 동종업계 평균값을 나타낸다. 전년도에 비해 유동비율과 당좌비율이 다소 낮아졌으므로 유동성이 감소했으나, 동종업계의 평균과 비교했을 때는 여전히 우수한 상태이다.

〈표 8-7〉 유동성 분석

유동성 지표	20x2년	20x3년	동종업계 평균
유동비율	1.370	1.294	0.953
당좌비율	1.028	0.878	0.146

나. 레버리지/안정성 분석

20x3년도 A사의 부채비율과 자기자본비율은 다음과 같이 계산할 수 있다.

- 부채비율 $= \frac{\text{부채}}{\text{자기자본}} = \frac{8,337}{9,430} = 0.884$

- 자기자본비율 $= \frac{\text{자기자본}}{\text{총자본}} = \frac{9,430}{17,767} = 0.531$

A사의 부채비율은 88.4%로, 대기업 평균이 198%, 수출기업 평균이 201%, 동종업계 평균이 193.1%임을 고려하였을 때 대단히 양호함을 알 수 있다. 또한 자기자본 비율 역시 50%를 상회하는 수준으로 매우 안전하다고 할 수 있다. 아래 〈표 8-8〉은 20x2년부터 20x3년까지 A사의 레버리지/안정성 분석결과 및 20x3년도 동종업계 평균값을 나타낸다. 전년도에 비해 부채비율이 낮아지고 자기자본 비율이 높아짐으로써, 재무구조가 보다 안정되고 있음을 알 수 있다.

〈표 8-8〉 레버리지/안정성 분석

안정성 지표	20x2년	20x3년	동종업계 평균
부채비율	1.143	0.884	1.931
자기자본비율	0.467	0.531	0.341

다. 수익성 분석

20x3년도 A사의 투자수익성비율과 매출수익성비율은 다음과 같이 계산할 수 있다.

• 투자수익성비율

– 총자본순이익률(ROI) $= \frac{\text{당기순이익}}{\text{총자본}} = \frac{1{,}637}{17{,}767} = 0.091$

– 자기자본순이익률(ROE) $= \frac{\text{당기순이익}}{\text{자기자본}} = \frac{1{,}637}{9{,}430} = 0.174$

• 매출수익성비율

– 매출액영업이익률 $= \frac{\text{영업이익}}{\text{매출액}} = \frac{2{,}099}{11{,}692} = 0.180$

– 매출액경상이익률 $= \frac{\text{경상이익}}{\text{매출액}} = \frac{1{,}337}{11{,}692} = 0.114$

– 매출액순이익률 $= \frac{\text{당기순이익}}{\text{매출액}} = \frac{1{,}637}{11{,}692} = 0.140$

투자수익성비율의 경우, ROI가 9.1%이고 ROE가 17.4%이다. ROE가 은행금리 수준을 넘는다면 기회비용을 웃도는 수익률을 달성했다는 의미이므로, A사는 비교적 높은 수익을 달성하고 있다고 분석된다. 매출액수익성비율의 경우, 동종업계 평균 매출액영업이익률이 8.6%, 매출액경상이익률이 5.1%, 매출액 순이익률이 4.8%임을 고려하였을 때, 모든 지표에서 동종업계 평균보다 훨씬 높은 수치를 보여주고 있으므로, 안정적인 수익구조를 갖고 있다고 판단된다. 아래 〈표 8-9〉는 20×2년부터 20x3년까지 A사의 수익성 분석결과 및 20x3년도 동종업계 평균값을 나타낸다. 전반적으로 수익성이 증가하는 추세이며 동종업계 평균의 두 배 이상이므로 A사의 수익성은 긍정적으로 평가된다.

〈표 8-9〉 수익성 분석

수익성 지표	20x2년	20x3년	동종업계 평균
총자본순이익률	0.063	0.091	-
자기자본순이익률	0.134	0.174	-
매출액영업이익률	0.154	0.180	0.086
매출액경상이익률	0.127	0.114	0.051
매출액순이익률	0.101	0.140	0.048

라. 활동성 분석

20×3년도 A사의 총자산회전률, 재고자산회전률, 비유동자산회전률은 다음과 같이 계산할 수 있다.

- $\text{총자산회전률} = \dfrac{\text{매출액}}{\text{총자산}} = \dfrac{11,692}{17,767} = 0.658$
- $\text{재고자산회전률} = \dfrac{\text{매출액}}{\text{재고자산}} = \dfrac{11,692}{1,462} = 7.997$
- $\text{비유동자산회전률} = \dfrac{\text{매출액}}{\text{비유동자산}} = \dfrac{11,692}{13,224} = 0.884$

A사는 업종의 특성상 총자산회전률과 비유동자산회전률이 구조적으로 낮다. 특히 총자산회전률의 경우 동종업계의 평균치인 0.8회보다 낮은 0.656로서 활동성이 낮다고 할 수 있다. 그러나 재고자산회전률은 8회 수준으로 매우 높아, 재고관리가 잘되고 있음을 보여주고 있다. 아래 〈표 8-10〉은 20×2년부터 20×3년까지 A사의 활동성 분석결과 및 20×3년도 동종업계 평균값을 나타낸다. 총자산회전률과 비유동자산회전률은 아직 낮지만 전년도에 비해 다소 증가하여, 자원의 활용도가 좋아지고 있음을 알 수 있다. 한편 20×3년도에 재고자산회전률은 감소하였으나 여전히 높은 수준으로 문제가 없다고 평가할 수 있다.

〈표 8-10〉 활동성 분석

활동성 지표	20x2년	20x3년	동종업계 평균
총자산회전률	0.620	0.658	0.812
재고자산회전률	9.063	7.997	-
비유동자산회전률	0.853	0.884	-

3. 시장가치 지표

(1) 시장가치 평가의 기본 개념

앞에서 설명한 여러 가지 재무비율은 기업의 경영 상태나 성과를 측정하는 기본적인 자료가 된다. 그러나 한편으로 생각하면, 어느 기업의 경영 상태나 실적은 재무비율보다 시장가치로 측정하는 것이 더 정확하고 현실적이라고 할 수 있다. 특히 외부의 투자자는 재무비율 외에도 시장의 여건, 산업의 특성 등을 종합적으로 고려하여 기업의 시장가치, 특히 주식시장의 주가를 결정한다.

최근 어느 신문 기사의 일부를 보자. '주식시장의 주요 투자 지표 가운데 주가순자산비율(PBR)과 주가수익비율(PER)이 낮고, 주당순이익(EPS) 증가율이 높은 종목이 주가 상승을 주도하였다. 이들 종목은 시장가치가 저평가되어 있는 반면, 성장성은 높은 특징을 보인다. 지난 6개월간의 주가상승률이 50%가 넘는 기업들을 보면, 대부분 PER가 1.8에서 3.5 사이, PBR이 0.2에서 0.3 정도인 것으로 나타났다.' 기업의 시장가치와 관련하여 이 기사에 나타난 지표들의 의미는 무엇일까?

기업의 시장가치(market value)를 나타내는 지표는 여러 가지가 있을 수 있겠지만, 실물경제에서 가장 큰 의미와 가치를 갖는 지표는 역시 주식의 시장가격, 즉 주가(stock price)라고 할 수 있다. 따라서 기업의 시장가치를 알기 위해서는 주가와 연결시켜 그 가치를 측정하고 분석하는 지표가 필요하다. 이러한 지표들은 한마디로 기업의 재무상태와 경영성과에 대하여 증권시장이 어떻게 평가하고 있는가를 나타내는 비율이다. 그러나 시장가치 지표는 증권시장과 투자자가 효율적이고 합리적이라는 가정을 토대로 하기 때문에, 실제로는 기업의 가치를 정확하게 반영하지 못할 수 있다는 한계점을 가지고 있다.

(2) 시장가치 평가의 지표

다양한 시장가치 평가 지표가 개발되어 사용되고 있지만, 다음 세 가지의 지표가 가장 대표적이라고 할 수 있다. 각각의 지표를 구체적으로 살펴보자. 설명의 편의를 위해 앞에서 인용한 A사의 20×3년 재무제표를 이용하기로 하고, 20×3년 말 시점에 A사의 발행주식수는 96,481주, 종가는 98,100원이라고 하자.

가. 주당순이익(Earning Per Share: EPS)

아래 식에 정의되어 있는 것처럼 주당순이익은 당기순이익을 평균발행 주식수로 나눈 값이다. 따라서 이 지표의 단위(unit)는 화폐단위(우리나라의 경우 ₩)가 된다. 여기서 순이익을 주식수로 나누는 이유는, 규모가 다른 기업의 수익성을 비교할 때는 이익의 절대규모만으로는 상대적 가치의 차이를 알기 어렵기 때문이다. EPS는 기업의 시장가치를 평가하는데 가장 먼저 사용되는 기본적 지표이다. 반드시 그런 것은 아니지만, 일반적으로 EPS가 높을수록 주가가 높은 경향을 보인다. A사의 경우에 EPS는 16,967원으로 계측된다.

$$\text{주당순이익(EPS)} = \frac{\text{당기순이익}}{\text{평균발행주식수}} = \frac{1{,}637}{96{,}481} = 0.016967(\text{백만원/주}) = 16{,}967(\text{원/주})$$

나. 주가수익비율(Price/Earning Ratio: PER)

다음 식에서 보는 것처럼, 주가수익비율은 주가를 EPS로 나눈 값으로, 이 지표의 단위는 배율이 된다. 이 비율은 자본시장이 어느 기업의 EPS 1원을 얼마의 시장가치로 평가하고 있는가를 보여준다. 즉, 어떤 주식의 PER이 상대적으로 낮다는 것은 그 주식의 EPS 1원이 자본시장에서 낮은 시장가치로 평가되고 있다는 것을 의미한다. 그러므로 PER이 낮으면 그 주식의 현실적인 시장가치가 본래의 내재가치보다 낮다고 할 수 있고, 결국 앞으로의 성장성, 즉 주가상승의 가능성이 크다고 해석할 수 있다. A사의 PER은 5.782배로 나타나고 있다.

$$\text{주가수익비율(PER)} = \frac{\text{주가}}{\text{주당이익}} = \frac{98,100}{16,967} = 5.782(\text{배})$$

다. 주가순자산 비율(Price to Book Ratio: PBR)

아래 식에 정의되어 있는 것처럼, 주가순자산 비율은 주가 대 장부가치비율이라고도 부르는 지표로, 주식가격을 1주당 장부가치(1주당 순자산, 즉 자기자본)로 나누어 계산하는 비율이다. 따라서 이 지표의 단위는 배율이 된다. 주식 같은 유가증권은 가격변동이 심하기 때문에 그때그때의 시가, 즉 시장가치와 회계상에 나타나 있는 장부가치가 다를 수밖에 없다. 그러므로 주가순자산 비율은 주식의 장부가치 1원이 자본시장에서 현재 얼마의 시장가치로 평가되고 있는가를 나타낸다. 일반적으로 수익성이 높은 기업은 장부가치보다 시장가치가 높게 나타나게 된다. 따라서 수익성이 비슷한 기업들 가운데 어느 기업의 PBR이 낮다면 그 기업의 주가가 상대적으로 낮게 평가되어 있다는 것을 의미한다. A사의 경우 PBR은 1.004라는 값을 보이고 있다.

$$\text{주가순자산비율(PBR)} = \frac{\text{주가}}{\text{1주당장부가치}} = \frac{\text{주가}}{\text{1주당순자산}}$$

$$= \frac{98,100}{9,430,000,000/96,481} = 1.004$$

(3) 시장가치 지표의 실제

시장가치 지표에 대해 좋고 나쁨을 판단하는 절대적 기준은 없다. 그러나 시장의 전문가들이 제시하는 일반적인 기준을 보면, 성장성을 나타내는 주당순이익은 전년도와 비교하여 증가율이 높으면 성장성도 높다고 볼 수 있다. 주가수익비율은 약 5배를 기준치로 하여, 이보다 낮으면 시장가치가 저평가된 것으로 판단한다. 주가순자산비율은 대략 1을 기준치로 하여, 그보다 낮으면 잠재적 시장가치가 높다고 본다.

아래의 〈표 8-11〉은 20×2년부터 20×3년까지 A사 시장가치의 변화 추세를 보여주고 있다. 전년도에 비해 주당순이익은 증가한 반면, 주가수익비율은 오히려 감소하였으며, 주가순자산비율도 소폭으로 감소하였다. 이러한 결과를 보면 전년도에 비해 현재의 주가가 상대적으로 낮게 평가되고 있으므로 앞으로 주가상승의 가능성이 커졌다는 사실을 알 수 있다.

〈표 8-11〉 시장가치 지표의 비교분석

시장가치 지표	20x2년	20x3년
주당순이익(EPS)	11,640	16,967
주가수익비율(PER)	7.526	5.782
주가순자산비율(PBR)	1.008	1.004

4. 균형성과표

(1) 균형성과표의 기본 개념과 배경

앞에서 살펴본 대로, 기업의 경영 상태나 성과를 측정하는 기준으로는 재무비율이나 시장가치지표 등 주로 재무적 관점에서 측정한 지표들이 많이 사용된다. 그러나 이러한 지표들은 주로 단기적 재무성과만을 강조하기 때문에, 기업이 장기적인 목표를 얼마나 달성하고 있는지, 미래가치를 창출할 수 있는 잠재력은 어느 정도 보유하고 있는지, 내부의 경영프로세스 관리와 외부의 고객 관리가 얼마나 잘 이루어지고 있는지 등의 전반적이고 전략적인 능력과 성과를 제대로 반영하지 못하는 문제를 안고 있다.

이러한 비판론에서 출발하여 균형적이고 종합적인 평가도구로서 제시된 것이 균형성과표(Balanced Scorecard: BSC)이다. 따라서 BSC는 단순한 평가지표가 아니라, 종합적인 성과측정 시스템의 성격을 지니며, 나아가 전략경영 시스템, 의

사소통 도구 등의 의미를 갖기도 한다.

(2) BSC의 계층구조

BSC는 크게, 경영전략과 목표의 설정, 핵심 성공요소의 파악, 핵심 성과지표의 개발이라는 계층구조로 이루어진다. 대부분의 재무비율 평가는 경영활동이 끝난 후에 사후적으로 수행되지만, BSC는 처음부터 사전계획과 사후평가를 연계시킨다는 점에서 근본적인 차이가 존재한다. 즉, 먼저 기업비전과 경영전략이 설정되고, 그에 따라 실천적인 목표가 수립되며, 그 목표의 달성에 필요한 핵심적인 성공요소(Critical Success Factor: CSF)를 파악한 후, 마지막으로 성공요인의 달성 여부를 측정할 수 있는 핵심적 평가지표(Key Performance Indicator: KPI)가 개발되는 것이다. 따라서 성공적인 BSC의 도입과 운영을 위해서는 전략-성공요소-평가지표 간의 인과관계를 명확히 파악하고, 또 각 지표가 전략적 목표의 달성에 어떤 기여를 하는가를 구체적으로 정의해야 한다. 아래의 [그림 8-10]은 BSC의 전체적인 계층구조를 나타낸 것이다.

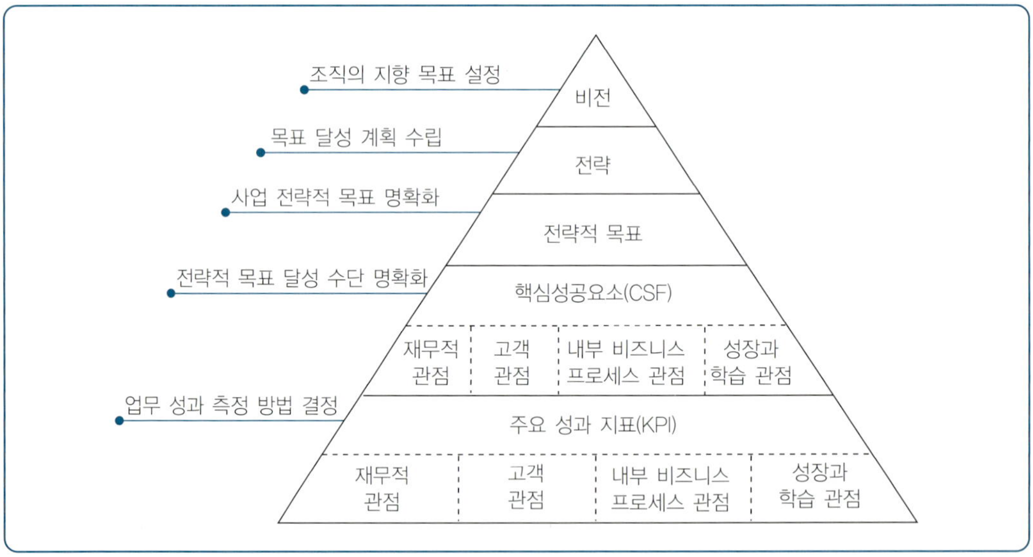

[그림 8-10] BSC 프레임워크

BSC는 단순한 평가지표의 개발이 아니라 전사적인 평가시스템의 구축이기 때문에, 장기간에 걸쳐 추진되는 중장기 프로젝트이다. 따라서 실행 과정에서 발생하는 많은 시행착오의 분석과 피드백 과정을 거쳐, 개별기업의 목적과 특성에 맞도록 개선하고 보완해야 한다. 또 BSC를 통한 성과관리 프로세스가 전략수립, 사업계획 수립, 자원 배분 및 평가보상 시스템과 밀접하게 연계되어 있는가를 지속적으로 모니터링하는 체제도 운영되어야 한다.

(3) BSC의 평가지표

전술한 대로, BSC는 종합적이고 균형적인 관점에서 경영성과를 측정할 수 있는 다양한 평가지표들을 제시한다. 보다 구체적으로, 경영성과는 크게 재무적 관점(financial perspective), 고객 관점(customer perspective), 내부 비즈니스 프로세스 관점(internal business process perspective), 학습과 성장 관점(learning and growth perspective)의 네 가지 균형적인 관점에서 측정된다. 아래 [그림 8-11]은 BSC의 네 가지 관점을 나타낸 것이다.

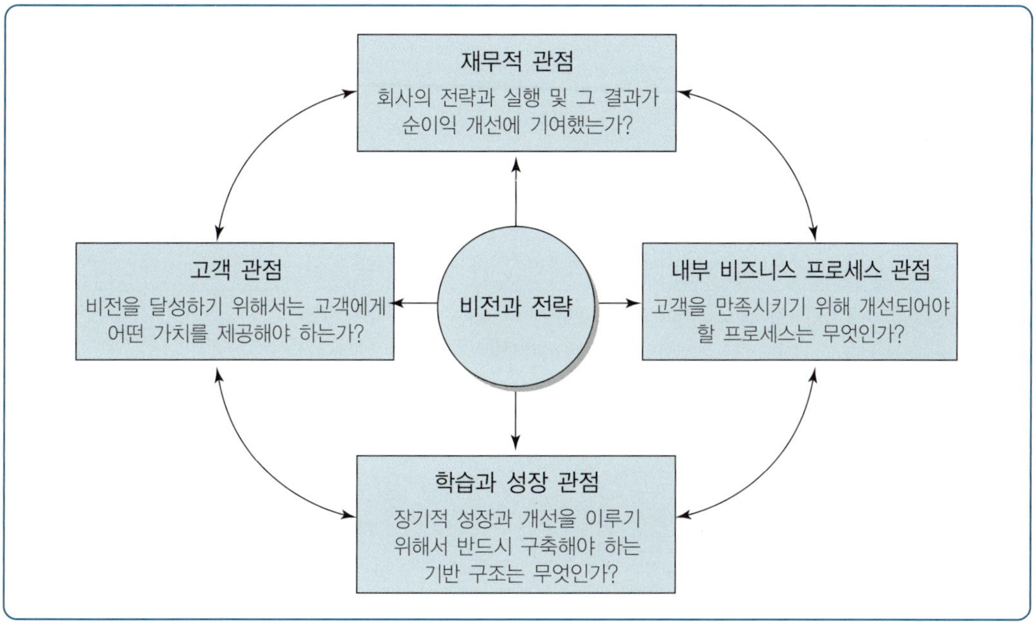

[그림 8-11] BSC의 네 가지 관점

각 관점별로 어떠한 지표들이 제시되고 있는지 알아보자. 다만 분명히 지적할 점은, 여기서 제시된 지표들은 다분히 표준적이고 예시적인 것들로서, 실제 BSC를 도입하는 개별기업의 목적과 특성에 따라 일부 지표만을 선별적으로 사용하기도 하고, 완전히 새로운 지표들을 개발하여 쓰기도 한다. 또는 손익계산서, 대차대조표, 현금흐름표 등의 거시적인 재무제표를 이용하기도 한다.

가. 재무적 관점(financial perspective)

재무적 관점에서의 평가지표는 '경영전략과 사업이 순이익의 개선에 얼마나 기여했는가?' 에 초점을 맞춘다. 따라서 이 관점에서의 평가지표들은 기존의 재무비율 지표와 비교하여 큰 차이가 없다. 그러나 BSC에서 유의할 점은 평가지표들을 크게 성장단계와 경영전략의 두 차원(dimension)으로 나누어, 각 영역별(case-wise)로 적합한 지표들을 차별적으로 제시하고 있다는 사실이다. 먼저 성장단계의 차원에서는 각 사업을 성장, 유지, 수확의 세 단계로 나누고, 다음으로 경영전략의 차원에서는 수익 성장성과 수익 믹스, 원가절감과 생산성 향상, 자산활용도와 투자전략성의 세 요소로 나눈다. 〈표 8-12〉는 성장단계와 경영전략의 매트릭스에서 각 셀(영역)별로 가장 적합한 평가지표들을 예시적으로 보여주고 있다.

〈표 8-12〉 재무적 관점의 주요 성과지표

		경영전략		
		수익 성장성- 수익 믹스	원가절감- 생산성 향상	자산활용도- 투자전략성
성장단계	성장	• 세분시장별 매출성장률 • 신제품/신서비스/신고객의 수익비율	• 종업원 1인당 수익	• 매출액 대비 투자비용 • 매출액 대비 R&D비용
	유지	• 목표고객에 의한 매출비율 • 새로운 응용 제품의 수익 비율 • 고객 및 제품별 수익성	• 경쟁사 대비 원가 • 원가절감율 • 간접비 비율	• 운전자본비율 • 자기자본순수익률(ROE) • 자산 활용률
	수확	• 고객 및 제품별 수익성 • 수익성 없는 고객 비율	• 단위원가	• 현금회수 • 산출량

나. 고객 관점(customer perspective)

고객 관점에서의 평가지표는 '기업비전과 목표를 달성하기 위해 어떤 고객을 얼만큼 확보하고 있는가, 고객을 어느 정도 만족시키고 있는가, 시장이나 고객 집단별로 얼만큼의 수익을 올리고 있는가?' 등이 핵심적인 기준이 된다. 〈표 8-13〉은 고객 관점의 주요 평가지표를 나타내고 있다.

〈표 8-13〉 고객 관점의 주요 성과지표

측정 기준	세부 지표
시장점유율	목표 시장 내에서 확보된 고객의 수와 매출액, 판매량 비율
고객확보율	절대적/상대적 측면에서 기업이 새로운 고객이나 사업을 유인하거나 획득하는 비율
고객유지율	절대적/상대적 측면에서 기존 고객과의 관계를 존속시키거나 유지하는 비율
고객만족도	고객의 만족 수준
고객수익성	고객집단 또는 세분시장에서의 순수익

다. 내부 비즈니스 프로세스 관점(internal business process perspective)

내부 비즈니스 프로세스 관점에서의 평가는 '기업내부의 효율성을 제고하고 외부의 고객을 만족시키기 위해 비즈니스의 프로세스가 얼마나 잘 운영되고 있는가'에 관한 것이다. 보다 구체적으로, 혁신 프로세스, 운영 프로세스, 판매 후 서비스 프로세스로 나누어 각 프로세스별로 서로 다른 성과측정 지표를 사용한다. 〈표 8-14〉는 내부 비즈니스 프로세스 관점의 예시적 평가지표를 나타낸 것이다.

〈표 8-14〉 내부 비즈니스 프로세스 관점의 주요 성과지표

측정 기준	세부 지표
혁신 프로세스	신상품 판매비율, 독점상품 판매비율, 제품개발 소요시간, R&D 수익성, 투자비 회수기간, 손익분기점
운영 프로세스	품질, 반품률, 품절률, 수율, 재고 회전률, 제품단가
판매 후 서비스 프로세스	A/S 응답시간, A/S 비용, A/S 만족도

라. 학습과 성장 관점(learning and growth perspective)

학습과 성장 관점에서의 평가는 '장기적 성장과 개선을 이루기 위해서 반드시 구축해야 하는 기반구조는 무엇이며 그 성과는 어느 정도인가'에 관한 것이다. 따라서 이 관점은 나머지 세 가지 관점에서의 전략적 목표를 달성하는데 필요한 하부 구조를 제공한다. 〈표 8-15〉는 학습과 성장 관점의 예시적 평가지표를 보여주고 있다.

〈표 8-15〉 학습과 성장 관점의 주요 성과지표

측정 기준	세부 지표
종업원 만족도	의사결정 참여도, 스태프에 대한 만족도, 성과에 대한 인정도
종업원 유지도	이직률, 퇴직률
종업원 생산성	직원 1인당 수익, 직원 1인당 부가가치
정보시스템 역량	경영정보시스템(MIS) 수준, 정보화 투자비, 지식공유 정도
동기부여 및 권한위임	1인당 제안 수, 권한위임건수

(4) 연구개발 부문의 BSC

BSC는 종합적이고 균형적인 관점에서 경영성과를 측정할 수 있는 도구이기 때문에 주로 기업 수준 내지 사업부문 수준에서 활용된다. 그러나 어느 정도의 규모가 되는 연구개발 부문이라면 BSC를 도입할 수 있는 충분한 조건을 갖추었다고 할 수 있다. 더구나 연구개발과 사업화를 연계하는 R&BD가 강조되는 상황에서는, 연구소의 평가도 단순한 연구개발 성과뿐 아니라 재무적 관점(financial perspective)과 고객 관점(customer perspective)의 성과도 포함되어야 한다. BSC 기반의 평가 시스템을 도입할 필요성이 커지고 있는 것이다.

그러나 연구소에서 BSC를 사용하려면 아무래도 연구개발 조직과 인력의 특성에 맞추어 평가의 관점(perspective)과 지표(KPI)를 부분적으로 조정해야 한다. 또 연구개발 부문이라고 하더라도 각각의 연구소는 규모, 분야, 임무 등이 다르기 때문에 그러한 특성도 반영해야 한다. 실제로 BSC 평가시스템을 도입한 많은 연구소들을 보면, 기본적인 구조는 비슷하지만 세부적인 관점과 지표는 각각의 상황과 특성에 따라 달라지는 것을 보게 된다.

예를 들어 민간연구소와 공공연구소 두 군데를 비교해 보면, 같은 재무적 관점이라고 하더라도 민간연구소의 지표는 매출의 증가, 이익의 증가 등을 제시한 반면 공공연구소는 재정상태의 건전성, 연구비 규모의 적정성 등을 제시하고 있다. 혁신성과도 민간연구소는 제품혁신 빈도, 공정혁신 빈도 등을 설정한 반면 공공연구소는 특허품질 지수, 논문품질 지수, 기술료 수입액 등을 설정하고 있다.

요 약

1. 회계는 한편으로는 기업의 재무상태와 경영실적을 기업내부의 조직원과 기업외부의 이해관계자에게 알려주고, 다른 한편으로는 중요한 경영관리상의 의사결정에 필요한 유용한 정보와 지식을 획득하는 시스템적 경영활동이다.

2. 회계는 목적과 대상의 차이에 따라 외부 이해당사자를 대상으로 하는 재무회계, 기업 내부 경영자를 대상으로 하는 관리회계, 재무회계와 관리회계 모두에 필수적인 원가정보의 획득을 목적으로 하는 원가회계로 나눌 수 있다.

3. 회계는 정해진 기간을 대상으로 정해진 절차에 따라 이루어지며, 회계 절차는 회계기간 중에 처리되는 거래-분개장-총계정원장과, 회계기간 말에 처리되는 시산표-정산표-재무제표로 구성된다.

4. 재무제표는 회계활동의 마지막 단계에서 작성되는 최종 산출물로 재무상태표, 손익계산서, 현금흐름표, 이익잉여금 처분계산서 등이 대표적인 재무제표이다.

5. 재무분석은 재무비율 지표, 시장가치 지표, 균형성과표 등의 추가적인 정보를 통해 기업의 재무상태나 경영성과를 파악하는 활동이다.

6. 재무비율은 크게 유동성 비율, 안정성 비율, 수익성 비율, 활동성 비율 등으로 나눌 수 있다.

7. 기업의 시장가치를 나타내는 대표적 지표로는 주식가격을 들 수 있으며 대표적인 시장가치 지표로는 주당순이익, 주가수익비율, 주가순자산 비율 등이 있다.

8. 균형성과표는 종합적이고 균형적인 관점에서 경영성과를 측정할 수 있는 도구로서, 경영성과를 크게 재무적 관점, 고객 관점, 내부 비즈니스 프로세스 관점, 학습과 성장 관점에서 평가한다.

복습문제

1. 회계학은 크게 재무회계, 관리회계, 원가회계로 나누어진다. 이들의 차이를 '어떤 정보를 제공하는가' 라는 회계목적과 '누구를 위해 보고하는가' 라는 회계대상의 관점에서 설명하라.

2. 회계기준이란 재무보고서를 작성하고 해석하는 기준을 법률에 의해 강제적, 의무적으로 규정한 것이다. 이때 회계기준의 철학적이고 원칙적인 근거와 배경이 되는 것이 회계공준이다. 네 가지 회계공준에 대해 간단히 설명하라.

3. 회계활동은 거래에서 시작되어, 거래의 특성에 따라 이를 차변과 대변으로 나누는 분개, 분개기록을 계정과목별로 집계하는 전기, 전기한 내용이 정확한지를 검토하는 시산, 분개자료를 마지막으로 보충 또는 추가하는 정리분개로 마무리된다. 각 과정에서 작성되는 다양한 일람표들을 순서대로 나열하고 간단히 설명하라.

4. 거래의 이중성과 대차평형의 원리에 대해 설명하라.

5. 재무제표와 현금흐름표의 가장 큰 차이점을 거래 발생 시점과 현금 입출 시점의 관점에서 설명하라.

6. 다음 표는 ㈜창민전기의 20x2년, 20x3년의 재무상태표와 손익계산서이다.

(단위: 억원)

자산			자본		
과목	20x2년	20x3년	과목	20x2년	20x3년
Ⅰ. 유동자산	227.3	241.5	Ⅰ. 부채	39.3	45.4
1. 당좌자산	208.9	224.1	1. 유동부채	33.8	40
2. 재고자산	18.4	17.4	2. 비유동부채	5.5	5.4
Ⅱ. 비유동자산	85.3	81.2	Ⅱ. 자기자본	273.4	277.3
1. 투자자산	32	26	1. 자본금	41.4	41.4
2. 유형자산	30.5	26.9	2. 자본잉여금	232.1	232.1
3. 무형자산	22.7	28.2	3. 이익잉여금	18.3	26.4
			4. 자본조정	−18.4	−22.6
자산총계	312.7	322.7	부채 및 자본총계	312.7	322.7

(단위: 억원)

손익계산서	20x2년	20x3년
I. 매출액	158.2	193.6
II. 매출원가	116.4	138.3
III. 매출총이익	41.8	55.3
IV. 판매비와 관리비	40.2	38.9
V. 영업이익	1.5	16.4
VI. 영업외수익	15.3	16.5
VII. 영업외비용	36.6	22.9
VIII. 경상이익	−19.7	10
IX. 당기순이익	−17.6	8

위의 표를 바탕으로 연도별 재무비율을 분석하여라.

7. 다음 표는 ㈜신창전기의 20x2년, 20x3년의 재무상태표와 손익계산서이다.

(단위: 백만원)

자산			자본		
과목	20x2년	20x3년	과목	20x2년	20x3년
I. 유동자산	33,454	46,798	I. 부채	70,368	83,873
1. 당좌자산	24,309	35,734	1. 유동부채	56,448	68,763
2. 재고자산	9,145	11,064	2. 비유동부채	13,920	15,110
II. 비유동자산	69,611	72,866	II. 자기자본	32,697	35,791
1. 투자자산	19,506	20,318	1. 자본금	7,585	7,585
2. 유형자산	48,604	50,041	2. 자본잉여금	15,108	15,405
3. 무형자산	1,501	2,506	3. 이익잉여금	10,134	13,028
			4. 자본조정	−131	−227
자산총계	103,065	119,664	부채 및 자본총계	103,065	119,664

(단위: 백만원)

손익계산서	20x2년	20x3년
I. 매출액	156,258	184,345
II. 매출원가	142,202	172,116
III. 매출총이익	14,056	12,229
IV. 판매비와 관리비	9,635	10,066
V. 영업이익	4,422	2,163
VI. 영업외수익	2,205	4,894
VII. 영업외비용	3,080	3,261
VIII. 경상이익	3,547	3,796
IX. 당기순이익	3,547	3,796

위의 표를 바탕으로 연도별 재무비율을 분석하여라.

토 의 문 제

1. 기업의 경영활동에서 일상적으로 이루어지는 거래는 대부분 회계상의 거래도 된다. 그러나 경우에 따라서는 일상생활의 거래가 회계상의 거래가 되지 않을 수도 있고 반대로 회계상으로는 거래로 파악되지만 일상생활에서는 거래가 이루어지지 않은 경우도 있을 수 있다. 각각의 예를 살펴보라.

2. 회계상의 거래는 이중성이라는 특성을 지닌다. 즉, 모든 거래는 대차관계와 손익관계가 동시에 일어난다. 회계상의 거래를 이중성이 있도록 설계하는 이유를 생각해 보라.

3. 재무분석이란 재무상태표와 손익계산서 등의 재무제표상의 계수를 분석하여 기업의 재무상태와 경영성과를 판단, 인식하는 것이다. 이때 재무비율이란 재무제표의 두 항목 이상을 선택하여 상호 간의 관계를 나타내는 것으로 가장 많이 사용되는 비율로 유동성 비율, 안정성 비율, 수익성 비율, 활동성 비율 등이 있다. 교재에 소개된 비율들 이외에 기업의 재무상태와 경영성과를 나타낼 수 있는 비율을 개발하고 그 의미를 토론해 보라.

4. 재무비율 외에 시장의 여건, 산업의 특성 등을 종합적으로 고려하여 기업의 시장가치를 결정하는 시장가치 지표들 중 교재에 소개된 EPS, PER, PBR를 제외한 지표를 개발하고 그 의미를 토론해 보라.

5. 재무제표의 항목들 간의 관계를 통해 기업의 재무상태와 경영성과를 판단하는 비율분석 기법의 장점과 단점에 대하여 생각해 보아라.

6. 〈복습 문제〉 문제 6번과 문제 7번의 결과를 바탕으로 ㈜창민전기와 ㈜신창전기의 재무비율을 연도별로 비교분석하고 두 회사 간에 어떠한 차이가 있는지 토의하라.

CHAPTER

09

원가관리

배경과 주요 내용

원가회계(cost accounting)는 한편으로는 외부 보고용 재무제표를 작성하는데 필요하고, 다른 한편으로는 내부 관리용 분석자료를 작성하는데 필요한 '원가 정보'를 제공하는 역할을 한다.

원가회계는 회계활동의 일부이기 때문에 앞 장에서 다룬 회계관리와 굳이 따로 분리할 필요가 없을 수도 있다. 하지만 원가회계는 주로 제품이나 서비스를 만드는 과정의 회계를 다루기 때문에, 실질적인 현장의 관리책임자는 이공계 출신인 경우가 많다. 따라서 원가회계에 대한 기본적 이해는 필수적으로 요구되는 지식이다.

그러나 공학기술에서 원가회계의 중요성을 강조하는 근본적인 이유이자 궁극적인 목적은 따로 있다. 공학기술에서는 원가회계의 전문가(cost accountant)가 되기를 기대하는 것이 아니다. 공학기술이 원하고 요구하는 것은 원가기획자(cost planner) 및 원가관리자(cost manager)가 되는 것이다.

기술의 눈부신 진보와 폭넓은 확산은 오늘날 제품과 서비스의 본질적인 특성을 바꾸어 놓고 있다. 또 제품과 서비스를 만드는 설비와 방식도 근본적으로 달라지고 있다. 그러나 아직 전통적인 회계시스템은 이러한 근본적이고 본질적인 변화를 제대로 반영하지 못하고 있다. 사회과학을 공부한 회계 전문가들은 기술적 전문성을 갖추지 못하고 있기 때문이다.

결국 공학기술의 역할과 의의는 회계정보를 '사후적'으로 정확히 계산하는데 있는 것이 아니라, 새로운 제품, 새로운 설비, 새로운 방법을 어떻게 개발하고 활용하여 원가를 '사전적'으로 기획하고 관리하는가에 있는 것이다.

09 원가관리

9.1 원가회계의 기본

1. 원가회계의 기본 개념

앞 장에서 설명한 대로, 원가회계(cost accounting)는 한편으로는 외부 보고용 재무제표를 작성하는데 필요하고, 다른 한편으로는 내부 관리용 분석자료를 작성하는데 필요한 '원가 정보'를 제공하는 역할을 한다. 즉 [그림 9-1]에 나타나 있는 것처럼, 원가회계는 재무회계와 관리회계 모두에게 필수적인 기본 정보를 만들어내는 선행 작업의 성격을 지닌다.

전통적인 의미의 원가회계는 제조기업의 제품원가를 계산하는 활동을 뜻하였다. 제조활동을 하지 않는 도소매상 기업의 경우에는 원가의 계산이 아주 간단하기 때문에 원가회계가 따로 필요하지 않다. 그러나 제조기업의 경우는 다양한 설비와 복잡한 공정을 통해 제품이 만들어지기 때문에, 재무제표를 정확히 작성하기 위해서는 원가회계의 역할이 중요하다. 따라서 과거의 원가회계는 재무회계의 일부로 간주되었다.

그러나 오늘날의 기업은 규모가 커지고, 경영 활동도 다양해지며, 기술 수준도 높아져 제조 기능과 다른 경영 기능과 서로 밀접하게 연결되어 있다. 따라서 원가 정보는 경영 활동 전반의 관리와 경영 전략의 수립에 핵심적인 자료로 인식되고 있다. 이러한 경향을 반영하여, 최근의 원가회계는 재무회계보다는 오히려 관리회계의 일부로 받아들여지고 있는 추세이다.

나아가 오늘날의 원가회계는 회계 활동의 범위를 넘어 관리 활동의 하나로 인식되고 있다. 이에 따라 전통적인 원가회계라는 이름 대신 보다 포괄적이면서도 전략적인 의미를 담은 원가관리(cost management)라는 명칭이 사용되고 있다. 이러한 추세의 배경에는 다음 두 가지의 요인이 자리잡고 있다. 첫째는 기술의 진보와 확산이다. 거의 모든 경영시스템에서 기술집약적인 제품이 생산되고, 자동화된 새로운 공정이 도입되고 있으며, 모든 거래내역이 정보시스템을 통해 관리되고 있다. 따라서 효과적인 원가 관리를 위해서는 회계전문가의 역할 못지 않게 엔지니어의 역할이 중요해지고 있다. 둘째는 신제품 개발을 위한 연구개발 투자의 증가이다. 전통적인 원가회계가 제조활동의 원가 계산에 초점을 맞추고 있었다면, 오늘날의 원가관리는 기술개발이나 엔지니어링 활동의 원가기획이나 원가설계에 초점을 맞추고 있다. 따라서 오늘날의 원가관리에서는 이공계 인력의 전문성이 필수적인 요소가 된다.

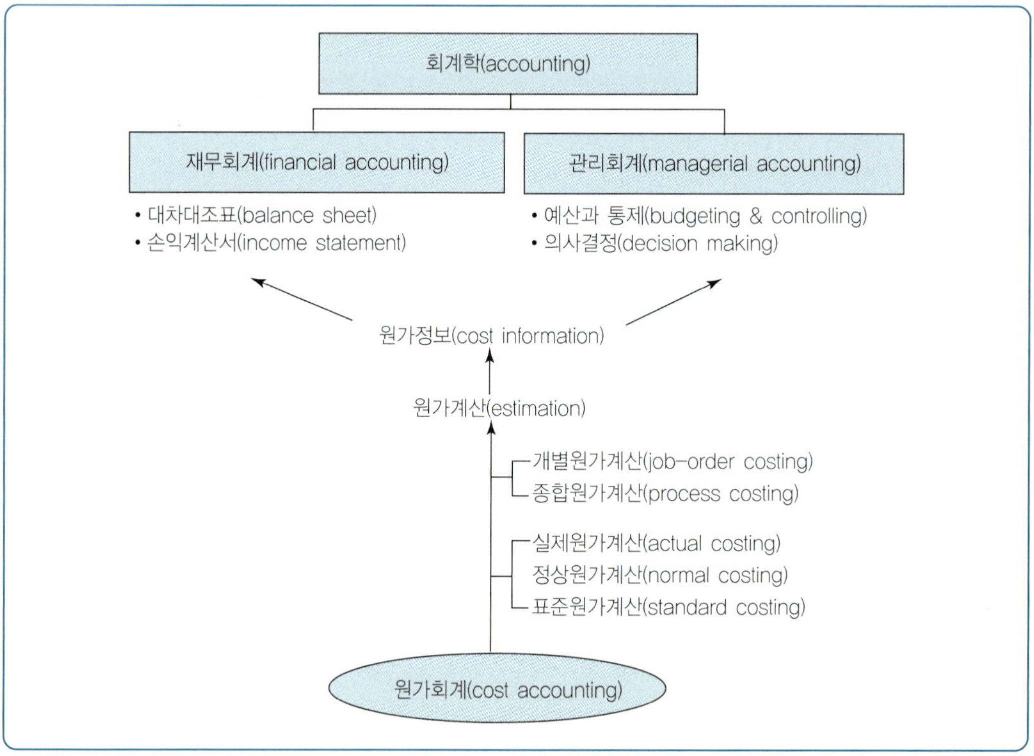

[그림 9-1] 회계시스템과 원가회계

2. 제조원가의 구성

원가회계의 핵심은 제조원가(manufacturing cost)를 계산하는 작업이다. 여기서 제조라고 하는 것은 하드웨어 제품을 생산하는 제조업 형태의 기업뿐 아니라, 소프트웨어 개발 기업, 서비스 형태의 기업 등을 망라하여 판매나 거래 대상을 만들어내는 행위에 공통적으로 적용되는 개념이다.

제조원가는 [그림 9-2]에서 알 수 있듯이, 먼저 직접비와 간접비로 구분된다. 직접비는 말 그대로 어떤 상품이나 서비스 하나하나를 만드는데 직접적으로 들어간 원가이다. 직접비는 다시 재료비와 노무비로 구성된다. 재료비는 원재료의 생산이나 구입에 들어간 비용이고, 인건비는 제조활동에 실제로 참여한 종업원들에게 지급된 비용을 뜻한다. 직접비에 반해 간접비는 개별 제품의 제조에 들어간 원가가 아니라, 제품 전체를 제조하는 과정에 간접적으로 녹아 들어간 원가이다. 공장 전체의 전기요금, 냉난방비 등은 대표적인 간접비의 예이다.

원가회계의 실질적인 내용은 간접비를 계산하는 작업이라고 해도 과언은 아니다. 왜냐하면 직접비는 제품 하나하나에 직접 투입되어 원가를 파악하기가 용이한 반면, 간접비는 모든 제품에 나누어 들어가므로 원가를 계산하기가 힘들기 때문이다.

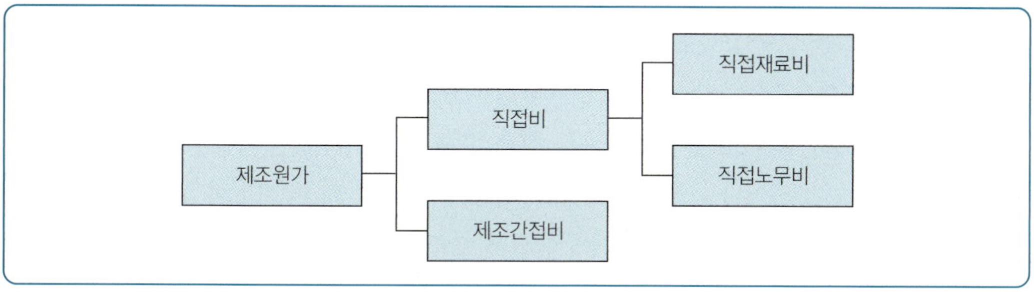

[그림 9-2] 제조원가의 구성

3. 제조과정과 원가

제조과정을 따라 만들어지는 대상의 형태나 성격이 바뀌게 되면 그에 따라 원가의 해당 계정도 바뀌게 된다. 이 과정을 [그림 9-3]을 토대로 간략히 살펴보자.

먼저 제조과정이 시작되는 단계에서는 제조 대상이 원재료 상태로 있게 되므로 해당 계정은 원재료 계정이 된다. 중간 단계로 넘어가면서, 직접재료비가 발생하고 제조 대상은 재공품(Work-In-Process: WIP)으로 바뀌게 된다. 여기에서 실질적인 제조 활동이 일어나므로 직접노무비와 제조간접비가 발생한다. 또한 해당 계정은 원재료 계정에서 재공품 계정으로 옮겨가게 된다. 마지막 단계에서는 제조 대상이 완제품으로 나오게 되고 동시에 해당 계정도 제품 계정으로 바뀐다.

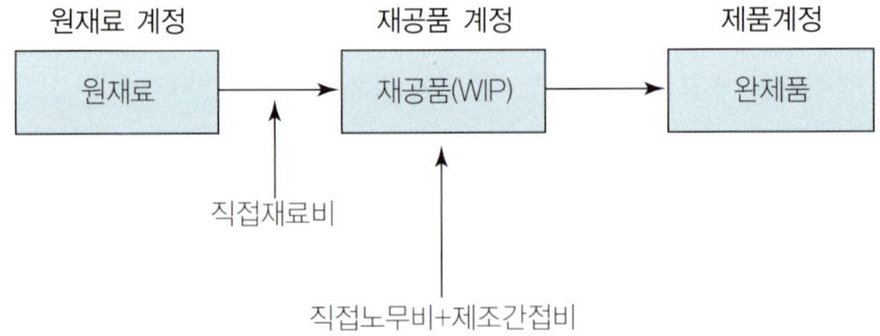

[그림 9-3] 제조과정과 관련 원가계정

4. 제조원가명세서

앞에서 설명한 내용을 토대로, 실제로 제조원가명세서가 어떻게 구성되어 있는지를 실례를 통해 살펴보자.

먼저 제조원가명세서는 내용상으로 [제조원가 = 직접비 + 간접비]의 기본식으로 구성된다. 또한 기간상으로 회계 기간 끝의 최종적인 계산은 항상 [기초 + 당기 - 기말]이라는 공식에 따른다. 즉 처음 시작될 때 이미 있던 양에 해당 기간 내에 생긴 양을 더한 후, 마지막에 남아 있는 양을 빼서 그 기간 내의 양을 계산한다는 기준을 적용하는 것이다.

이러한 원칙에 따라 먼저 직접비를 계산해 보자. 직접비는 재료비와 노무비로 구성된다. 직접재료비는 기초 재고액에 당기 매입액을 더한 후 기말 재고액을 빼서 계산한다. 직접노무비는 재고가 불가능하므로 그대로 당기의 사용액을 기입한다.

다음으로 간접비를 보자. 제조간접비에는 여러 가지 항목이 있지만 대표적으로 설비에 대한 감가상각비, 수선유지비, 수도광열비 등이 포함된다. 간접비의 계산 과정은 다소 복잡하기 때문에 다음에 자세하게 설명하기로 하자.

이제 위의 세 가지를 더하면 당기의 총제조원가가 계산될 수 있다. 여기에 [기초 + 당기 – 기말]이라는 공식을 재공품에 대해서도 적용한다. 즉 지난 기간에 재고로 남겼던 재공품 재고액을 더해 준 후, 다음 기간으로 넘길 기말 재공품 재고액을 빼 주는 것이다. 이렇게 하면 최종적으로 당기 제조원가가 계산된다. [그림 9-4]에 제조원가 계산의 실례가 제시되어 있다.

당기 제조원가는 재무제표와 바로 연결되어 있다. 먼저 손익계산서의 경우를 보자. 손익계산의 첫 단계는 매출액에서 매출원가를 빼서 매출 총이익을 계산하는 일이다. 이때 매출원가를 알기 위해서는 제조원가 정보가 필수적으로 요구된다. 다음으로 재무상태표의 경우, 자산 부분에는 항상 재고자산 항목이 포함되며 자본 부분에는 당기순이익 항목이 포함된다. 이들을 알기 위해서는 원가 계산에서 얻는 정보들이 반드시 필요하다. 따라서 원가 계산은 재무상태표와 손익계산서 작성의 필수적인 사전 작업이 되는 것이다.

I. 직접재료비		
1. 기초 원재료재고액	20,000	
2. 당기 원재료매입액	70,000	
3. 기말 원재료재고액	(10,000)	80,000
II. 직접노무비		150,000
III. 제조간접비		
1. 감가상각비	50,000	
2. 수선유지비	25,000	
3. 수도광열비	15,000	90,000
IV. 당기 총제조원가		320,000
V. 기초 재공품재고액		10,000
합계		330,000
VI. 기말 재공품재고액		(32,000)
VII. 당기 제조원가		298,000

[그림 9-4] 제조원가 계산의 실례

9.2 원가회계의 실무

지금까지 원가회계가 회계시스템 내에서 어떤 의미를 갖는지, 그리고 원가회계 정보가 재무제표와 어떻게 연계되어 있는지를 살펴보았다. 그러면 지금부터 원가를 계산하는 실무적 방법과 기준에 대해 알아보자.

앞에서 잠깐 언급한 대로, 원가회계의 실무는 결국 제조간접비를 어떠한 기준과 방법으로 하나하나의 제품에 분배하느냐를 결정하는 문제로 요약할 수 있다. 직접비는 원가의 소재가 분명하므로 개별 제품에 투입된 양을 그대로 분배할 수 있지만, 간접비는 모든 제품의 제조과정에 묻어 있기 때문에 어떻게 제품 각각의 원가로 나누어 계산할 것인가 하는 것이 회계실무의 핵심이 되는 것이다.

현장에서 원가계산을 하는 제도, 즉 간접비를 분배하는 방식은 보는 기준에 따라 다르게 설명할 수 있다. 따라서 먼저 원가계산 제도를 어떻게 분류할 수 있는지를 알아보고, 그 분류에 따라 구체적인 원가계산의 실무를 살펴보기로 하자.

1. 원가계산제도의 분류

(1) 생산활동의 성격에 따른 분류

회계실무에서 원가를 계산하는 제도는 크게 기업의 성격, 특히 생산활동의 성격에 따라, '작업별'로 원가계산이 이루어지는 개별원가 계산방식과 '공정별'로 원가계산이 이루어지는 종합원가 계산방식으로 나눌 수 있다.

가. 개별원가 계산방식

개별원가 계산(job-order costing)방식은 제조간접비를 개별 제품 단위로 나누어 분배하는 방식이다. 이 기준은 그 기업이 생산하는 제품 하나하나의 양식과 규격이 이질적이고 생산량도 다른 경우, 즉 DTO 제품이나 MTO 제품인 경우에 적용한다. 예를 들자면 토목건설 프로젝트를 수행하는 기업이나 대형 선박, 항공기, 대규모 기계설비 등을 제작하는 기업의 경우가 여기에 해당된다.

이 방식에서는 [그림 9-5]에 나타난 것처럼, 개별작업(job)별로 원가계산이 이루어지고 그것이 곧 제품 단위의 원가가 된다. 여기서 작업이란 투입되는 재료나 노동력을 확실하게 나누어 집계할 수 있는 단위를 의미한다. 따라서 하나의 작업은 하나의 제품이 될 수도 있고 여러 제품의 묶음일 수도 있다. 예를 들어 항공기 제작의 경우에는 비행기 1대가 개별작업이 되고, 트랙터 10대를 주문생산하는 경우는 10대가 개별작업이 된다.

따라서 간접비의 배분도 개별 작업별로 이루어진다. 기계장비를 생산하는 어느 공장이 있다면, 기계장비 한 대가 곧 하나의 작업(job)이 된다. 만일 한 해 동안 발생한 제조간접비가 10억 원이고 연간 생산량이 100대라면, 장비 한 대당 간접비는 10억 원을 100대로 나눈 값인 1,000만 원이 되는 것이다.

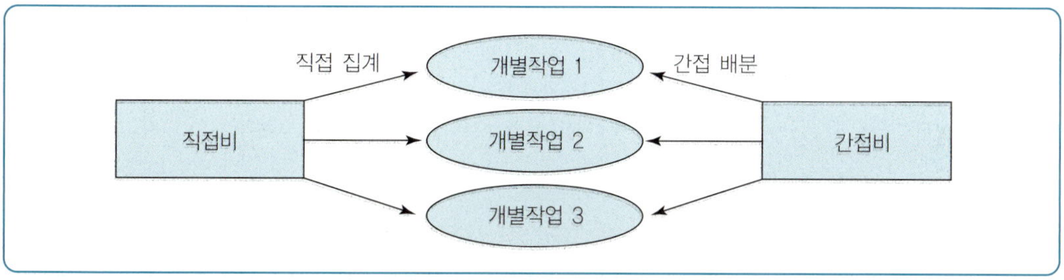

[그림 9-5] 개별원가 계산

나. 종합원가 계산방식

종합원가 계산(process costing)방식은 제조간접비를 표준화된 제조공정별로 배분하는 방식이다. 따라서 종합원가 계산은 기업이 생산하는 제품이 표준화된 경우, 즉 MTS 제품이거나 ATO 제품인 경우에 사용된다. 예를 들어 철강, 화학, 제지 등과 같이 일관공정을 가진 기업, 생산계획에 맞추어 일반 생활용품이나 식품음료를 대량으로 생산하는 기업, 자동차나 가전제품 같이 라인에서 물건을 조립하는 기업 등이 여기에 해당된다.

이 방식에서는 [그림 9-6]에 나타난 것처럼, 공정별로 원가를 계산한다. 일단 공정별로 원가를 계산한 후에, 그 공정을 지나간 제품의 수로 나누면 그것이 최종적으로 제품 단위의 원가가 된다. 예를 들어 TV 공정에서 한 해 동안 발생한 제조간접비가 10억 원이고 연간 생산량이 10,000대라면, TV 한 대당 간접비는 10억 원을 10,000대로 나눈 값인 100만 원이 되는 것이다.

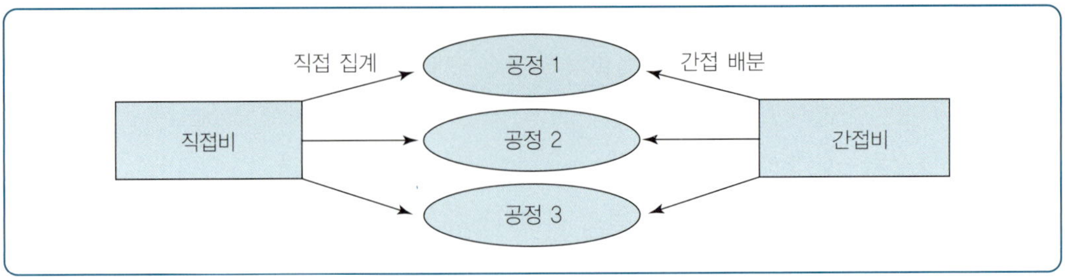

[그림 9-6] 종합원가 계산

(2) 간접비 배분 기준에 따른 분류

원가계산 방식은 제조간접비를 어떤 기준에 의해 배분하느냐에 따라 나눌 수도 있다. 이 기준에 의하면 간접비를 나누는 기준은 크게 직접노무비 기준, 직접노동시간 기준, 기계시간 기준의 세 가지를 들 수 있다.

전통적인 원가회계에서 간접비를 노무비(시간)나 기계시간의 비율로 분배하는 기준은 '조업도'에 따라 간접비를 나눈다는 원칙에 근거하고 있다. 즉 어느 작업이나 공정의 조업도가 높다면 당연히 간접비도 많이 투입되었다고 가정할 수 있으므로, 그 비율로 간접비를 분배하는 것이 합리적이라는 논리이다. 이때 조업도를 측정하는 지표로서, 사람이 얼마나 많이 참여하는가(노무비 또는 노무시간), 혹은 기계를 얼마나 오래 사용하였는가(기계시간)를 사용하는 것이다.

가. 직접노무비 기준

이 기준은 제조간접비를 직접노무비 사용량에 비례하여 분배한다. 이 기준의 기본 가정은 어느 제품의 생산에 많은 인력이 투입되었으면 제조간접비도 거기에 맞추어 많이 배분하는 것이 타당하다는 논리에 근거하고 있다. 따라서 이 기준은 노무비의 비중이 큰 노동집약적 기업에 적합하다.

나. 직접노동시간 기준

이 기준은 제조간접비를 직접노동시간에 비례하여 분배한다. 인력의 사용량을 분배 기준으로 한다는 점에서 이 기준은 앞의 직접노무비 기준과 근본적인 차이는 없다. 다만 비용과 시간이 항상 일치하는 것은 아니기 때문에 실제 계산에서 약간의 차이가 날 수는 있다. 이 기준도 역시 노동집약적 기업에 적용된다.

다. 기계시간 기준

이 기준은 제조간접비를 기계시간의 사용량에 비례하여 분배한다. 이 기준은 어느 제품의 생산에 많은 기계가 오래 사용되었다면 간접비도 거기에 따라 많이 배분하는 것이 타당하다는 논리에 근거하고 있다. 따라서 이 기준은 기계설비의 비중이 큰 자본집약적 기업에 적합하다.

(3) 원가요소의 실제성에 따른 분류

세 번째 분류 기준은 원가의 파악을 어느 시점에서 하는지 또 무엇을 위해 원가계산을 하는지를 보는 것이다. 이 기준에 의하면, 원가계산 제도는 크게 실제원가(actual cost) 기준, 정상원가(normal cost) 기준, 표준원가(standard cost) 기준의 세 가지로 나눌 수 있다. 〈표 9-1〉에 각 기준의 성격과 목적이 요약되어 있다.

가. 실제원가 기준

실제원가 기준은 실무에서 우선적으로 사용하는 기준으로, 원가를 실제로 발생한 사실에 따라 계산하는 제도이다. 원가가 발생한 '역사적' 자료를 이용하기 때문에, 이 제도는 당연히 회계연도 말에 적용할 수밖에 없다. 이 제도의 목적은 재무제표를 작성하기 위한 원가정보를 수집하는데 있다. 모든 기업은 반드시 재무제표를 작성해야 하기 때문에 이 제도에 의한 원가계산은 의무사항이다.

나. 정상원가 기준

정상원가 기준은 회계연도가 끝나기 전에 미리 원가정보를 수집하여 경영활동에 전략적으로 활용하기 위해 사용하는 제도이다. 따라서 실제원가 제도가 모든 기업의 의무사항인데 비해 이 제도는 선택사항이다.

정상원가 제도는 직접비는 실제 발생액으로 계산하지만 간접비는 예상배부액을 사용하여 계산한다. 따라서 회계연도 중간에서도 간접비를 계산하지 않고 원가정보를 비교적 정확하게 파악할 수 있다. 이 제도는 기업이 생산하는 제품이 DTO나 MTO 형태일 때 적용된다.

다. 표준원가 기준

정상원가와 마찬가지로 표준원가 제도도 회계연도가 끝나기 전에 미리 원가정보를 수집하기 위해 사용하는 기준으로, 제도적으로도 하나의 선택사항이다.

표준원가 제도는 직접비와 간접비 모두를 미리 만들어진 표준원가를 사용하여 계산하는 제도이다. 이 제도는 생산제품이 MTS형일 때 자주 사용된다. 왜냐하면 MTS 제품은 표준화된 규격을 가지고 있고 공정에 의해 반복 생산을 해 왔기 때문에, 원가정보에 대한 데이터가 풍부하고, 따라서 원가계산도 실제 원가가 발생하기 전에 비교적 정확하게 파악할 수 있기 때문이다.

〈표 9-1〉 원가요소의 실제성에 의한 원가계산제도의 분류

원가요소	실제원가 (actual)	정상원가 (normal)	표준원가 (standard)
직접재료비	실제 발생액	실제 발생액	표준원가
직접노무비	실제 발생액	실제 발생액	표준원가
제조간접비	실제 발생액	예상 배부액	표준원가
목적	재무제표	경영관리 MTO형	경영관리 MTS형

2. 원가계산의 실제

이제 간단한 예제를 가지고 실제로 간접비를 배분하고, 원가를 계산하는 절차를 살펴보자. 어느 기업에서는 2004년 5월 중에 A-100, A-200, A-300의 세 가지 작업을 수행하였다. 제조원가에 대한 정보는 아래의 〈표 9-2〉와 같다.

〈표 9-2〉 제조원가 정보

구분	A-100	A-200	A-300	계
직접재료비(원)	300,000	300,000	400,000	1,000,000
직접노무비(원)	500,000	300,000	800,000	1,600,000
직접노동시간(시간)	1,250	750	2,000	4,000
기계시간(시간)	1,400	1,200	2,400	5,000
제조간접비(원)	2,000,000			

먼저 직접노무비 기준, 직접노동시간 기준, 기계시간 기준의 세 가지 간접비 배부기준의 차이에 따라 '제조간접비 배부율'이 어떻게 정해지는지를 보자.

- 직접노무비 기준 배부율:

  배부율 = 제조간접비/직접노무비 = 2,000,000/1,600,000 = 125(%)

- 직접노동시간 기준 배부율:

  배부율 = 제조간접비/직접노동시간 = 2,000,000/4,000 = 500(원/시간)

- 기계시간 기준 배부율:

  배부율 = 제조간접비/기계시간 = 2,000,000/5,000 = 400(원/시간)

이제 배부기준에 따라 작업별 제조원가를 계산하여 보자.

- 직접노무비 기준 작업별 제조원가

구분	A-100	A-200	A-300	계
직접재료비(원)	300,000	300,000	400,000	1,000,000
직접노무비(원)	500,000	300,000	800,000	1,600,000
제조간접비(원)	625,000	375,000	1,000,000	2,000,000
합계(원)	1,425,000	975,000	2,200,000	4,600,000

- 직접노동시간 기준 작업별 제조원가

구분	A-100	A-200	A-300	계
직접재료비(원)	300,000	300,000	400,000	1,000,000
직접노무비(원)	500,000	300,000	800,000	1,600,000
제조간접비(원)	625,000	375,000	1,000,000	2,000,000
합계(원)	1,425,000	975,000	2,200,000	4,600,000

- 기계시간 기준 작업별 제조원가

구분	A-100	A-200	A-300	계
직접재료비(원)	300,000	300,000	400,000	1,000,000
직접노무비(원)	500,000	300,000	800,000	1,600,000
제조간접비(원)	560,000	480,000	960,000	2,000,000
합계(원)	1,360,000	1,080,000	2,160,000	4,600,000

위에서 보듯이, 간접비 배부기준이 직접노동비나 직접노동시간의 경우에는 원가계산의 차이가 없다. 그러나 기계시간을 기준으로 하는 경우에는 상당한 차이가 발생한다. A-100과 A-300의 원가가 줄어드는 반면, A-200의 원가는 늘어난다. 그 이유는 각 작업에서 사용한 인력과 기계의 비중이 다르기 때문이다.

9.3 원가관리

1. 원가관리의 배경과 의의

앞에서 언급한 대로, 오늘날의 원가회계는 단순한 회계(accounting) 개념으로부터 보다 폭넓은 관리(management) 개념으로 이행하고 있다. 이러한 변화가 일어나고 있는 배경과 원인으로는 첫째, 전통적 원가회계가 안고 있는 문제점에 대한 비판이 제기되고 있는 점, 둘째, 원가의 구성요소와 원가관리의 대상이 바뀌고 있는 점, 셋째, 원가결정의 시점이 달라지고 있는 점을 들 수 있다. 이를 좀 더 자세히 살펴보자.

(1) 전통적 원가회계의 문제점

1980년대 이후 전통적인 원가회계 시스템에 대한 비판이 나타나기 시작하였다. 이 비판론이 제기하고 있는 전통적 원가회계의 문제점들을 정리하면 다음과 같다.

첫째, 전통 회계는 비재무적 요인을 경시하고 있다. 화폐단위로 잴 수 없는 품질, 고객만족, 시장점유율 등이 전혀 반영되지 않고 있다는 지적이다. 둘째, 원가계산 방식과 기준이 낡아 원가 자체가 부정확하게 계산된다는 지적이다. 만일 원가의 계산이 잘못된다면 가격 책정(pricing), 제품 비중의 구성(product mix) 등의 전략적 의사결정에 오류를 가져오게 된다. 셋째, 원가 정보를 얻어내는 시점이 지연된다는 문제점이 있다. 회계연도 말에 원가 정보를 찾아내면 그 의미를 경영활동에 반영하기에는 너무 늦다는 것이다. 넷째, 전통적 회계시스템은 단기적 수익성만을 지나치게 강조한다는 단점이 있다. 특히 미국과 같이 전문경영자의 능력 평가가 장기적인 구조 개선보다 단기적인 수익성 중심으로 이루어지면, 많은 기업들이 매출원가 절감을 위해(당기 순이익을 늘리기 위해), 실제 수요보다 더 많은 양을 생산하게 된다. 이렇게 되면 결과적으로 불필요한 과잉 재고자산을 안게 되는 것이다.

(2) 원가 구성/대상의 변화

오늘날의 경영시스템을 전통적인 시스템과 비교해 보면, 제품의 수명주기에서 원가를 구성하는 비중이 근본적으로 달라지고 있음을 알 수 있다. [그림 9-7]에서 보듯이, 과거에는 원가의 비중이 수명주기상의 후반부인 생산비용에 집중되어 있었으나 최근에는 전반부인 연구개발이나 기획설계 쪽으로 이행하고 있다.

또 원가관리의 대상이 되는 활동에 있어서도 생산과정의 확인(seeing)보다 개발단계의 기획(planning)이 더욱 중요하게 인식되고 있다. [그림 9-8]에 제시되어 있는 것처럼, 전통적 원가 관리의 초점은 생산과정의 중간점검, 생산완료 이후의 검사 쪽에 있었으나, 오늘날의 원가관리는 생산 이전의 기획과 설계 쪽에 초점을 맞추는 추세이다.

원가의 구성요소도 달라지고 있다. [그림 9-9]에 나타나 있는 것처럼, 과거의 원가는 주로 직접비를 중심으로 구성되었다. 하지만 최근의 원가구성을 살펴보면 간접비의 비중이 갈수록 커지고 있다는 사실을 발견할 수 있다.

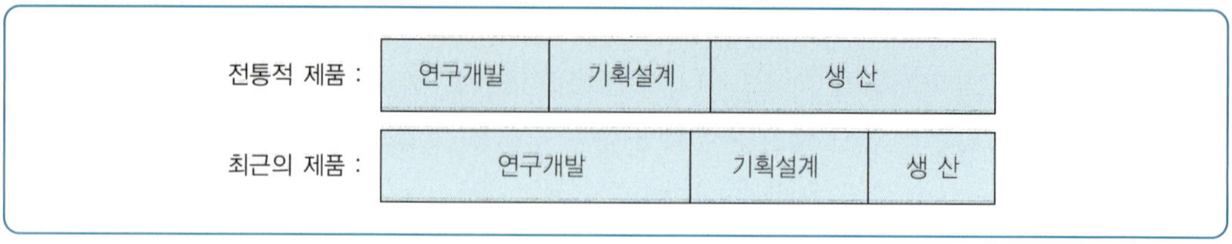

[그림 9-7] 제품 수명주기에서의 중요도(원가비중) 변화

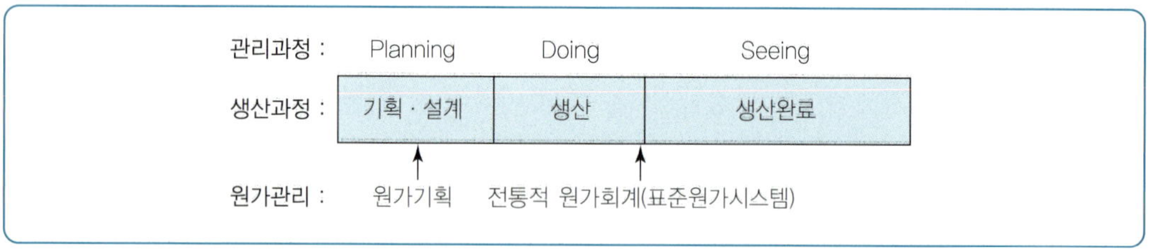

[그림 9-8] 원가관리대상의 초점 변화

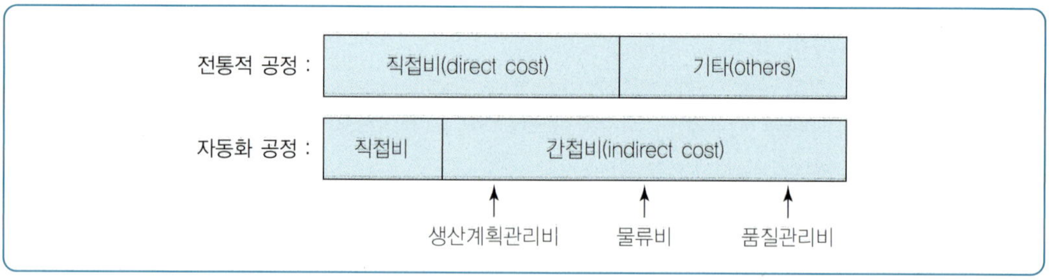

[그림 9-9] 원가구성요소의 변화

(3) 원가 결정시점의 변화: 원가 수명주기

원가회계 시스템의 근본적인 변화를 가져오는 또 하나의 요인으로 원가 수명주기(cost life cycle)라는 개념이 도입된 점을 들 수 있다. [그림 9-10]에 도시되어 있는 것처럼, 원가의 수명주기 상에서 원가를 '발생' 시키는 시점과 원가를 '결정' 하는 시점이 다르다는 점을 인식하기 시작한 것이다.

전통적 원가회계는 발생시점을 토대로 한다. 즉 70~80%의 원가가 실제로 발생하는 시점이 생산 및 판매 단계이기 때문에, 생산 및 판매 단계가 원가회계가 중심이 되었던 것이다. 그러나 최근의 원가관리는 결정시점을 토대로 한다. 즉

70~80%의 원가는 이미 개발이나 설계단계에서 결정이 되어 버리기 때문에, 원가를 결정할 수 있는 여지가 20~30% 밖에 남지 않은 생산 및 판매 단계에서 원가를 '계산' 하기보다는 개발 및 설계단계에서 원가를 '기획' 하는 것이 훨씬 중요하다고 보는 것이다. 원가뿐 아니라 품질, 신뢰도, 납기 등도 이 단계에서 이미 결정이 된다는 점도 강조된다.

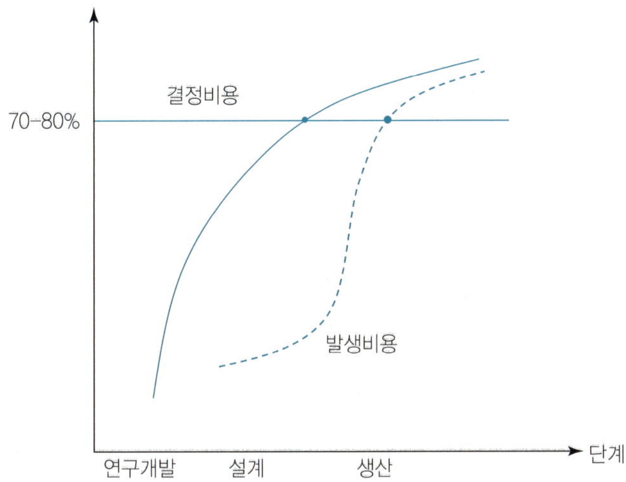

[그림 9-10] 원가 수명주기(cost life cycle)의 발생비용과 결정비용

2. 원가기획과 목표원가

원가기획(cost planning)은 전통적인 원가회계가 최근의 원가관리로 확대되고 있는 추세를 반영하는 가장 대표적인 활동이다. 또한 원가기획이라는 활동을 구체적으로 실현하는 중요한 기법이 목표원가(target costing)이다. 원가기획의 개념과 목표원가의 내용에 대해 좀 더 자세히 알아보자.

(1) 원가기획의 정의

원가기획은 다음 두 가지의 핵심적 개념을 담고 있다. 첫째, 상품기획, 연구개발 및 설계 등 경영활동의 초기 단계에서 원가를 근본적으로 절감하는 활동이다.

둘째, 원가뿐 아니라 품질, 신뢰성, 납기 등을 지속적으로 개선하는 활동이다.

이를 위해 원가기획에서는 개발·설계에 착수하기 전에 목표원가(target cost)를 설정하여 그 범위 내에서 개발과 설계가 이루어지도록 하고, 만일 목표원가를 달성하기 어려우면 가치공학(Value Engineering: VE)을 통해 원가구조를 개선하려고 노력한다.

(2) 목표원가(target costing)

목표원가는 원가기획을 구체적으로 실현하는 수단이다. 목표원가의 개념과 이론이 나오게 된 배경에는 제품의 가격을 결정하는 사고방식과 전략의 차이가 있다.

전통적 사고는 '비용-더하기(cost-plus)' 개념에 입각하고 있다. 기술지향 관리 시스템(push system)이라고도 불리는 이 개념은 '좋은 제품을 만들면 팔린다' 라는 가정 하에, 원가가 얼마가 들더라도 좋은 제품을 만드는 것에 초점을 두었다. 따라서 개발과 설계 과정에서 원가를 기획하는 활동은 없고, 판매가격은 실제원가에 필요이익을 더해(cost-plus) 정하는 것이 일반적이었다. 판매가격을 설정하는 식은 다음과 같다.

$$판매가격 = 실제원가 + 필요이익$$

그러나 새로운 사고는 '가격-빼기(price-minus)' 개념을 토대로 하고 있다. 시장지향 관리 시스템(pull system)이라고 불리는 새로운 개념은 '어떻게 팔릴 것을 만들 것인가?' 하는 문제의식에서 출발하여, 잠재고객이 받아들일 수 있는 성능과 디자인의 요구 수준을 개발과 설계가 이루어지기 전에 파악한 후, 그 정보를 개발과 설계 과정에 반영한다. 또한 고객이 원하는 판매가격을 먼저 설정한 후, 거기에서 필요이익을 빼서(price-minus) 목표원가를 산정하고, 그 목표에 맞추어 개발과 설계 과정을 관리하게 된다. 목표원가를 도출하는 식은 다음과 같다:

$$판매가격 - 필요이익 = 목표원가$$

(3) 목표원가의 예제

신제품 A의 기본정보는 아래와 같다.

- 목표 가격(target price) = 80,000원 / 단위
- 기대 매출량(expected sales volume) = 2,000단위
- 필요 이익률(required profit) = 10%
- 추정 총원가(total estimated cost) = 170,000,000원

위 정보를 토대로 목표원가를 계산해 보자.

- 총 기대매출액(total expected sales) = 80,000×2,000 = 160,000,000원
- 총 필요이익(total required profit) = 160,000,000×10% = 16,000,000원
- 단위당 필요이익(required profit per unit) = 16,000,000÷2,000 = 8,000원

따라서 단위당 목표원가(target cost per unit) = 80,000−8,000 = 72,000원이 된다.

다음으로 가치공학을 통한 원가절감 목표액을 계산해 보자.

- 단위당 추정원가(estimated cost per unit) = 170,000,000÷2,000 = 85,000원

따라서 단위당 원가절감 목표액은 단위당 추정원가 85,000에서 단위당 목표원가 72,000을 뺀 13,000원이 된다. 다시 말해, 13,000원이라는 원가를 연구개발이나 엔지니어링 단계에서 줄여야 하는 것이다. 이 역할은 당연히 이공계 출신인 연구원이나 엔지니어의 몫이다. 또한 이 역할을 제대로 수행할 때, 공학도가 진정한 의미의 원가기획자나 원가관리자가 되는 것이다.

(4) 목표원가와 가치공학

목표원가 관리의 궁극적이고 실질적인 목표는 정확한 회계정보의 수집을 넘어 목표원가에 맞추어 신제품을 개발하거나 기존제품을 개선하는데 있다. 목표원가를 실현하고 품질과 신뢰도를 확보하기 위해 사용되는 기법들을 가치공학(Value Engineering: VE)이라고 부른다. 가치공학의 실제를 간략한 예를 통해 살펴보자.

단계 1: 목표(to-be)원가와 현행(as-is)원가의 분해

아래의 〈표 9-3〉에서 보는 것처럼, 먼저 전체 원가를 수명주기에 따라 이루어지는 중요한 활동별로 나누어 분배한 후, 현재의 원가와 목표 원가의 차이를 분석한다.

〈표 9-3〉 활동별 목표원가 및 현행원가

원가수명주기의 활동	목표원가($)	현행원가($)	차이
연구개발	3.60	5	1.40
설계 및 제작	36.90	50	13.10
판매	18.00	23	5.00
서비스 지원	9.00	10	1.00
일반 간접비	22.5	26	3.5
계	90.00	114	24.00

단계 2: 부품-기능별 원가파악: 설계 및 제작의 경우

다음으로는 각각의 활동에 대해, 제품을 구성하는 주요 부품별로 원가구성 비율을 계산한다. 예를 들어 설계 및 제작 활동을 보자. 현재 이 활동에서 발생하는 원가는 50이다(〈표 9-4〉 참조). 이 원가를 주요 부품별로 분해하면 〈표 9-4〉에서 보는 것과 같다.

〈표 9-4〉 설계 및 제작활동의 주요부품별 원가

부 품	기 능	원 가	
		금액($)	비율(%)
부품 1	분쇄 및 여과	9	18
부품 2	보관 및 저장	2	4
부품 3	보온	3	6
부품 4	개폐	9	18
부품 5	가열	4	8
부품 6	예약 및 시간관리	23	46
계		50	100

단계 3: 부품 및 기능의 상대적 중요도 결정

다음에는 부품과 기능의 상대적 중요도를 결정한다. 먼저 기능의 중요도를 정해보자. 이 과정에서는 앞에서 설명한 QFD와 같은 기법을 활용하여 기능과 고객 니즈 간의 상관성을 조사한다. 고객 니즈 간의 상관성이 높은 기능이 상대적으로 높은 중요도 값을 받게 된다. 〈표 9-5〉의 마지막 열(column)에서 보는 것처럼, 중요도 전체를 100%라고 했을 때, 가공의 기능성이라는 기능은 20% 정도의, 사용 편리성이라는 기능은 16% 정도의 중요도를 받은 것으로 나타났다.

다음에는 각 기능의 상대적 중요도 값을 각 부품의 기여도에 따라 〈표 9-5〉와 같이 분해한다. 다시 가공의 기능성을 보자. 상대적 중요도는 20%이었다. 이 값을 각각의 부품이 이 기능에 기여한 정도에 따라 나누면 부품 1에 8%, 부품 2에 4%, 부품 4에 4%, 부품 5에 4%씩의 값이 주어진다. 마지막으로 각 부품에 부여된 중요도 값을 모두 합하면 그 부품의 중요도 값을 도출할 수 있다. 예를 들어 부품 1의 경우에는 가공의 기능성에서 8%, 사용의 편리성에서 3% 하는 식의 값을 받았고 그 값들을 합산하면 18%가 된다.

〈표 9-5〉 기능별 각 부품의 상대적 중요도

	부품 1	부품 2	부품 3	부품 4	부품 5	부품 6	상대적 중요도
가공의 기능성	8%	4%	–	4%	4%	–	20%
사용의 편리성	3%	5%	–	8%	–	–	16%
기능의 신축성	–	2%	1%	2%	–	3%	8%
…	…	…	…	…	…	…	…
상대적 중요도	18%	21%	4%	22%	7%	28%	100%

단계 4: 가치공학(VE) 대상 및 활동의 결정

이 단계에서는 각 부품별로 가치공학의 대상과 활동을 결정한다. 각 부품의 원가구성 비율은 이미 앞에서 파악이 되어 있다. 이 비율과 바로 앞에서 산정한 상대적 중요도를 비교하면 그 부품의 가치지수(Value Index: VI)를 계산할 수 있다. 가치지수는 상대적 중요도를 원가구성 비율로 나눈 값이다. 예를 들어 부품 1

의 경우, 원가구성 비율은 18%이고 상대적 중요도도 18%이다. 따라서 가치지수는 1이다. 부품 2의 경우, 원가구성 비율이 4%인데 반해 상대적 중요도는 21%나 된다. 그러므로 가치지수는 5.25가 된다. 이에 반해 부품 3의 가치지수는 0.67에 불과하다. 보편적인 VE 활동의 지침은 가치지수가 1을 넘으면 상대적 중요도에 비해 원가구성 비율이 낮으므로 기능을 강화해야 한다고 하고, 반대로 1보다 작으면 중요도에 비해 원가가 차지하는 비중이 너무 크기 때문에 원가를 절감해야 한다고 한다. 이는 다음 〈표 9-6〉과 같이 요약된다.

〈표 9-6〉 가치공학 대상 및 활동 결정

부 품	원가구성 비율(%)	상대적 중요도 (%)	가치지수(VI)	VE 활동
부품 1	18	18	1.0	-
부품 2	4	21	5.25	기능 대폭 강화
부품 3	6	4	0.67	원가 대폭 절감
부품 4	18	22	1.22	기능 강화
부품 5	8	7	0.875	원가 절감
부품 6	46	28	0.61	원가 대폭 절감

3. 활동중심 원가

(1) 활동중심원가 제도의 개념과 배경

활동중심 원가제도(Activity Based Costing: ABC)는 전통적인 원가계산 방식의 단점과 오류를 근본적으로 개선하려는 시도로 제시된 새로운 원가계산 방식이다. 아직 공식적인 재무제표의 작성 과정에 적용되지는 못하고 있지만, 적지 않은 기업들이 생산과 마케팅의 전략적 의사결정을 위해 ABC에 의한 원가계산을 하고 있다.

ABC라는 새로운 원가계산 기준과 방식이 제시된 배경은 오늘날의 경영시스템에서 간접비(overhead)의 비중이 갈수록 커지고 있고, 또 간접비의 내용이 달라지고 있기 때문이다.

최근에 간접비의 양이 커지고 질이 바뀌는 이유는 다음의 요인들 때문이다. 첫째, 물류관리 비용(logistical transaction cost)이 증가하고 있다. 제조과정에서 발생하는 부가가치보다 물류관리 과정에서 발생하는 부가가치가 더 커지면서, 물류관리에 드는 간접비의 비중이 높아지고 있는 것이다. 둘째, 생산관리 비용(balancing transaction cost)이 증가하고 있다. 시장수요를 정확히 예측하고 그것을 토대로 수요와 공급의 균형을 맞추는 생산관리 비용이 간접비의 중요한 항목으로 등장하고 있는 것이다. 셋째, 품질관리 비용(quality transaction cost)이 증가하고 있다. 이제는 가격 못지않게 품질이 경쟁력의 핵심요소가 되고 있고, 따라서 품질관리 비용도 무시할 수 없는 간접비의 원인이 되고 있다. 넷째, 설계변경 비용(change transaction cost)이 증가하고 있다. 끊임없이 변하는 고객의 요구에 맞추어 원래의 설계도나 가공방식을 변경해야 할 일이 늘어나고 있고, 그에 따라 설계변경 비용의 비중도 커지고 있는 것이다. 위에서 제시된 비용들은 모두 간접비의 전형적인 요소들이다.

(2) ABC의 간접비 배분 기준

ABC는 전통적인 원가회계에서 사용하고 있는 간접비의 배분기준이 근본적으로 잘못되었다고 주장한다. ABC에 의하면 오늘날의 간접비는 다음 두 가지 특성을 가지고 있다. 첫째, 간접비는 생산량과 관계 없는 요인(non-volume factor)에 의해 결정된다. 즉 간접비는 생산량(매출량)에 비례하는 것이 아니라, 제품 및 공정구조의 다양성과 품질에 의해 결정된다는 것이다. 둘째, 간접비는 생산과정과 관계없는 요인(non-production factor)에 의해 결정된다. 즉 간접비는 생산요인이 아니라 물류관리나 시장유통 요인에 의해 결정된다는 것이다.

과거의 전통적인 간접비 배분 기준이 생산량과 생산과정에 의해 결정되는 노무비, 노무시간, 기계시간 등을 토대로 하고 있는 것을 생각하면, ABC가 얼마나 다른 관점과 기준을 토대로 하고 있는지를 이해할 수 있다.

그러면 구체적으로 ABC는 어떤 간접비 배분 방식과 기준을 사용하고 있는가? ABC는 모든 원가 항목들을 같은 계층에서 보지 않고, 성격에 따라 크게 네 가지의 계층으로 나눈다. 〈표 9-7〉에 요약되어 있는 것처럼 첫 번째 계층은 제품 하나하나의 단위 수준에서 발생하는 원가로, 직접비가 여기에 해당된다. 두 번째 계층은 묶음(batch) 단위로 발생하는 원가로, 기계설비의 준비(set-up) 비용, 물류

이동 비용, 품질관리 비용 등의 간접비가 여기에 해당된다. 세 번째 계층은 제품라인(product line) 단위에서 발생하는 원가로, 원재료 구매, 고객 관리 등의 활동에 드는 간접비가 여기에 해당된다. 네 번째 계층은 공장 전체의 단위에서 발생하는 원가로, 전기, 냉난방, 공장관리 등에 소요되는 간접비가 여기에 해당된다.

ABC의 핵심은 위에서 말한 계층에 따라 간접비의 배분 기준을 달리 적용하는 데 있다. 묶음 단위로 발생하는 간접비는 그 묶음 단위에서 집계한 후 묶음 단위로 나누어 계산하고, 제품라인 단위에서 발생하는 간접비는 해당 제품라인에서 집계한 후 그 라인의 생산량으로 나누어 계산하는 식으로 간접비를 배분하는 것이다.

〈표 9-7〉 활동의 계층 분류

수준(level)	활동(activity)	원가(cost)
1	단위(unit) 수준 활동	• 직접비(direct cost)
2	묶음(batch) 수준 활동	• 기계설비 준비(set-up) 비용 • 물류이동 비용 • 검사 비용
3	제품라인(product line) 수준 활동	• 구매 비용 • 고객 관리 비용
4	공장(plant) 수준 활동	• 전기, 냉난방 비용 • 공장관리 비용

(3) ABC의 예시

어느 기업은 세 가지 제품 A, B, C를 생산하여 판매하고 있다. 각 제품의 특성이 〈표 9-8〉에 제시되어 있다. 보다시피 각 제품은 생산단위와 생산량이 크게 다르다. 이런 상황에서 각 제품의 원가계산을 전통적 원가계산제도와 ABC의 차이를 중심으로 살펴보는 것이 이 예제의 목적이다.

〈표 9-8〉 각 제품의 특성 관련 정보

제품	종류	주문(생산) 단위	연간 생산량
A	MTS 제품	10,000	200,000
B	ATO 제품	150	50,000
C	MTO 제품	10	10,000

여기서 전통적 원가계산은 모든 제품에 대해 노무비 사용량을 기준으로 간접비를 배분한 것으로 가정하고, ABC는 앞에서 설명한 기준으로 원가를 네 단계로 나누어 A, B, C 제품마다 다른 배분 기준을 적용하였다. 자세한 원가계산 과정은 생략하였고 그 결과만을 정리한 것이 〈표 9-9〉에 나타나 있다.

〈표 9-9〉 원가계산의 비교

제품	전통적 원가계산				ABC 원가계산			
	재료비	노무비	간접비	계	재료비	노무비	간접비	계
A	6,000	2,000	12,000	20,000	6,000	2,000	6,000	14,000
B	7,000	2,000	12,000	21,000	7,000	2,000	12,000	21,000
C	9,000	4,000	20,000	33,000	9,000	4,000	87,000	100,000

전통적 원가계산 제도에 의하면, A, B, C 각 제품의 원가는 각각 20,000, 21,000, 33,000으로 나타난다. 그러나 ABC를 적용하면, A, B, C 각 제품의 원가는 각각 14,000, 21,000, 100,000으로 나타난다. B 제품의 경우는 두 방식 간에 원가의 차이가 없다. 그러나 A 제품의 경우는 ABC에서 더 작아지는 반면, C 제품에서는 무려 3배 정도 커진다.

이러한 현상이 일어나는 이유는 A, B, C 각 제품의 성격이 다르고 따라서 간접비의 구성에도 큰 차이가 있기 때문이다. A 제품과 같은 소품종 대량생산 공정에서는 간접비의 비중이 줄어들지만, C 제품과 같은 다품종 소량생산 공정에서는 간접비의 비중이 크게 올라간다. 따라서 이러한 특성을 간접비 배분 과정에 반영한 ABC에서는 전통적 원가계산 제도와 비교하여 원가의 크기에 큰 차이가 발생하는 것이다.

4. 연구개발 회계와 예산

(1) 연구개발비의 회계처리 기준

원가회계에서 공학도들에게 특별한 의미를 갖는 분야 중 하나가 연구개발 회계이다. 많은 공학도들이 직접 내지 간접으로 연구개발(R&D) 활동에 참여하고 있기 때문에, 연구개발 회계에 대한 기본적인 이해는 매우 중요하고 필요하다. 또 기술경쟁이 심화되면서 많은 기업들이 연구개발 투자와 인력을 늘리고 있는 추세여서, 연구개발비의 회계처리는 기업 전체의 원가관리에서도 상당히 큰 비중과 역할을 차지하고 있다.

연구개발비는 '신제품 또는 신기술의 연구개발 활동과 관련하여 발생한 비용'을 가리킨다. 회계에서 연구개발에 투입된 돈을 어떻게 해석할 것인가에 대해서는 크게 두 가지의 서로 다른 주장이 양립하고 있다. 하나는 '자산설' 이고 다른 하나는 '비용설' 이다. 자산설은 연구개발 비용을 자산(asset)으로 보는 견해이다. 즉 연구개발비는 단기간에 효과가 나타나지 않는 일종의 장기적 투자로서, 이를 통해 미래의 경제적 효익을 얻을 수 있기 때문에 자산으로 해석해야 한다는 주장이다. 이에 반해 비용설은 연구개발비를 단순한 비용(cost)으로 보는 견해이다. 즉 연구개발은 본질적으로 성공가능성이 낮고 또 미래의 경제적 효익도 불분명하기 때문에, 그때그때의 비용으로 처리해야 한다는 주장이다.

두 가지 주장 모두 나름대로 일리가 있기 때문에 우리나라의 회계기준은 자산설과 비용설을 절충한 형태로 되어 있다. 부분적으로 자산설을 채택하는 이유는, 자산설이 기업의 연구개발 의욕을 고취하는 효과가 있기 때문이다. 연구개발 투자는 속성상 그 효과가 수익으로 나타나기까지 많은 시간이 걸린다. 따라서 만일 연구개발비 전액을 그 해의 비용으로 처리한다면, 손익계산서 상의 이익이 크게 줄어들게 되고, 결국 많은 기업들이 연구개발 투자를 삭감하거나 심지어는 포기하게 된다. 그러나 연구개발 투자의 일부를 자산으로 해석하여 감가상각비로 처리하게 하면, 세금감면 효과가 있고 따라서 연구개발 투자를 늘리는 인센티브가 될 수 있다. 예를 들어 연구개발비 가운데 신제품의 개발에 필요한 실험장비의 구입은 자산으로 잡아 감가상각비로 처리하고, 연구원의 월급은 당기 비용으로 처리하는 식으로 회계 처리기준을 적용하면, 자산설과 비용설이 모두 담겨있는 절충형이 되는 것이다.

실제로 연구개발 회계처리를 하기 위해서는 먼저 연구개발에 속하는 활동과 연구개발에 속하지 않는 활동으로 구분하는 작업이 이루어져야 한다. 구분이 모호한 경우도 있지만, 회계상으로 연구개발에 속하지 않는 활동으로는 연구개발활동보다는 일상적인 제조활동으로 간주해야 하는 활동에 드는 비용, 신제품이 아니라 기존제품의 품질 개선에 드는 비용이나 기존제품의 설계 변경에 드는 비용 등을 들 수 있다. 이러한 활동에 드는 비용은 단순한 당기 비용으로 처리한다.

연구개발에 속하는 활동은 다시 비용으로 처리하는 활동과 자산으로 처리하는 활동으로 나누어야 한다. 여기서 제시되는 기본적인 원칙은 연구개발비 가운데 경상적인 것은 비용으로 처리하고, 비경상적인 것은 자산으로 처리한다는 것이다.

여기서 비용으로 처리한다는 말은 성격에 따라 판매비 및 관리비로 처리하거나 제조원가로 처리한다는 것을 의미한다. 비용에 해당되는 대표적 활동으로는 먼저 연구개발 인건비와 재료비를 들 수 있다. 연구개발에 직접 종사하는 인력의 급여나 퇴직금, 연구개발 활동에 투입되는 원재료, 시약, 소모품 등이 여기에 해당된다. 다음으로는 기초연구(basic research) 비용을 들 수 있다. 새로운 지식이나 방법을 탐구하는 활동은 미래의 경제적 효익이 불분명하기 때문에 자산으로 볼 수 없고 비용으로 처리해야 한다.

반면, 자산으로 처리한다는 말은 감가상각비로 처리한다는 것을 의미한다. 자산에 해당되는 활동들로서는 시제품을 만들고 시험하는데 드는 비용, 소규모 시험공장을 만드는데 드는 비용, 연구용 장비를 구입하는데 드는 비용, 응용소프트웨어를 개발하는데 드는 비용 등을 들 수 있다. 그러나 자산으로 처리하기 위해서는 이러한 비용들이 어느 신제품이나 신기술을 개발하는데 사용되었는지를 분명하게 식별할 수 있어야 하고, 또 해당기업은 그 신제품이나 신기술을 생산하고 판매하려는 의도가 확실히 있다는 사실을 입증할 수 있어야 한다.

(2) 연구개발의 예산

순서상으로 보면 연구개발 회계에 앞서 이루어지는 활동이 연구개발 예산(budgeting)이라고 할 수 있다. 왜냐하면 회계활동은 편성된 예산에 맞추어 비용이 제대로 집행되고 있는지를 중간 내지 사후에 검토하는 작업의 성격이 강하기

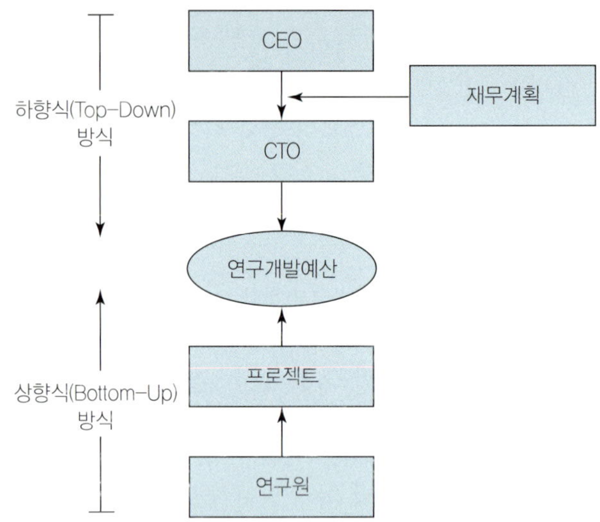

[그림 9-11] 연구개발예산 체계도: 하향식 방식과 상향식 방식

때문이다.

[그림 9-11]에 도시되어 있는 것처럼 연구개발 예산은 하향식(top-down) 방식과 상향식(bottom-up) 방식이 혼합되어 있는 특성을 지닌다. 먼저 하향식 방식의 특성을 보자. 다른 부문도 어느 정도 그렇기는 하지만, 특히 연구개발 예산은 정책적이고 전략적인 요인이 많이 작용한다. 앞에서 논의가 된 것처럼, R&D 비용이 과연 장기적 자산이냐 아니면 일시적 비용이냐에 대한 CEO의 전사전략(corporate strategy)에 따라 연구개발 예산의 규모와 성격은 달라질 수 있다. 예를 들어, 어느 분야의 사업을 할 것이냐 말 것이냐에 대한 CEO의 선택에 따라 투자 영역이 달라질 수 있고, 그 결정에 따라 R&D 투자의 규모도 달라진다. 또 기능전략 수준에서도 기술전략(technology strategy)과 재무전략(finance strategy)의 연계에 의해 재원조달 방식과 시기가 결정될 수 있다.

다음으로 상향식 방식의 특성을 보자. 연구개발의 구체적인 주제를 결정하고 프로젝트를 설계하는 것은 기술적 전문성을 보유하고 있는 연구개발 인력들의 몫이기 때문에, 개별연구원들의 의견과 지식이 예산편성 과정에 반영될 수밖에 없다. 즉 개별 과제의 합에 따라 R&D 투자의 규모가 큰 영향을 받게 되는 것이다.

앞에서 언급한 대로 연구개발 예산을 편성하는 방식은 크게 상향식 방식과 하향식 방식으로 나눌 수 있다. 상향식 방식은 전사적 차원에서 연구개발 예산의 전반적 규모를 결정하는 과정에서 적용되는 기준이다. 여기에도 개별기업의 성격과 목적에 따라 다양한 기준이 사용되고 있으나, 크게 보면 매출 기준, 이익 기준, 인력 기준, 경쟁사 기준으로 나눌 수 있다. 대표적인 기준들의 구체적 내용을 간략히 설명하면 아래와 같다.

가. 매출액 기준법

매출액 기준법은 기업의 총매출의 일정 부분(비율)을 연구개발 예산으로 배정하는 기준이다. 이때 일정 부분으로 정하는 비율이 연구개발집약도(R&D Intensity)가 된다. 연구개발집약도는 총매출 가운데 연구개발에 투자하는 금액의 비율을 말한다. 따라서 매출액 기준법에 따르면 연구개발예산은 다음과 같이 표시된다.

$$\text{연구개발예산} = \text{예상매출액} \times \text{연구개발집약도}(\%)$$

나. 매출량 기준법

매출량 기준법은 매출액이 아니라 매출량에 비례하여 연구개발 예산을 배정하는 기준이다. 따라서 매출량 기준법에 따르면 연구개발예산은 다음과 같이 표시된다.

$$\text{연구개발예산} = \text{예상매출량} \times \text{단위당 연구개발비}(\text{cost/unit})$$

다. 이익 기준법

이익 기준법은 매출의 크기보다는 이익의 크기에 비례하여 연구개발 예산을 배정하는 기준이다. 즉 총이익 가운데 연구개발에 투자하는 금액의 비율을 정한 후 그 비율에 따라 예산을 배정하는 접근이다. 따라서 이익 기준법에 따르면 연구개발예산은 다음과 같이 표시된다.

$$\text{연구개발예산} = \text{예상이익} \times \text{이익대비 연구개발투자 비율}(\%)$$

라. 연구개발인력 기준법

연구개발인력 기준법은 실제 연구개발에 참여하는 연구원의 규모에 비례하여 연구개발 예산을 배정하는 기준이다. 따라서 연구개발인력 기준에 따르면 연구개발예산은 다음과 같이 표시된다.

연구개발예산 = 연구원수×일인당 연구개발비(cost/person)

마. 벤치마킹법

벤치마킹법은 기업 내부의 여건이나 기준에 의해 절대적 예산규모를 결정하는 것이 아니라, 선도기업이나 경쟁기업의 연구개발 투자 규모와 비교하여 상대적 예산규모를 결정하는 접근이다.

이와 같은 다섯 가지 하향식 방식과는 달리, 상향식 방식은 개별 연구원이나 연구단위에서 제안한 R&D 프로젝트의 예산을 합하여 전체적인 연구개발 예산을 산정하는 방식이다. 이 방식은 흔히 프로젝트 할당법이라고도 불린다.

실무에서는 하향식 방식과 상향식 방식을 혼합한 혼합(mixed) 방식을 적용하는 것이 일반적이다. 한편으로는 하향식(top-down) 방식에 의해 전사적 경영전략을 반영한 종합예산이 편성되고, 다른 한편으로는 상향식(bottom-up) 방식에 의해 모든 프로젝트의 개별예산을 합산하게 된다. 이때 대부분의 경우는 상향식 방식에 의한 요구금액의 합계가 하향식 방식에 의해 설정된 전체예산을 초과하게 된다. 따라서 프로젝트 선정 및 예산조정 위원회(committee)의 조정 절차를 거쳐, 최종적으로 연구개발 예산이 확정되는 것이다.

이 과정에서, 최근에 관심을 끌고 있는 예산편성 기준이 ZBB(Zero-Based Budgeting) 방식이다. 연구개발 과제는 대부분 연속성을 필요로 하기 때문에, 다음해의 예산 편성은 금년도의 예산을 기초(base)로 하여 증가 또는 감소를 결정하는 것이 일반적이다. 그러나 ZBB 방식은 매 회계연도마다 전년도의 예산을 고려하지 않고, 이른바 zero base에서 예산을 편성하는 방식을 의미한다. ZBB 방식을 적용하게 되면, 신규과제이든 계속과제이든 아무런 차별 없이 동일한 기준으로 평가하여 순위를 결정하게 되며, 연구인력과 자원의 분배도 탄력적으로 이루어지게 된다. 따라서 ZBB 방식은 환경변화에 신축적으로 대응할 수 있고, 자원을 효율적으로 활용할 수 있다는 장점이 있다. 그러나 연구개발의 일관성이 떨어지고, 핵심기술보다 주변기술의 개발이 중심이 되어 장기적인 기술경쟁력이 저하될 위험이 있다.

요약

1. 오늘날의 원가회계는 제조기업의 제품원가를 계산하는 전통적 개념과 영역을 넘어 전략적 기술경영의 핵심적 관리 활동의 하나로 인식되고 있다.

2. 원가회계의 핵심은 제조원가를 계산하는 작업이며, 제조원가는 먼저 직접비와 간접비로 구분되고 직접비는 직접재료비와 직접노무비로 구성된다.

3. 제조원가의 계산은, 내용상으로 [제조원가 = 직접비 + 간접비]의 기본식으로 구성되며, 기간상으로 회계 기간 끝의 최종적인 계산은 [기초 + 당기 − 기말]이라는 공식을 따른다.

4. 원가계산 제도는 생산활동의 성격에 따라 개별원가 계산방식, 종합원가 계산방식으로 분류되고, 간접비 배분기준에 따라 직접노무비 기준, 직접노동시간 기준, 기계시간 기준으로 분류되며, 원가요소의 실제성에 따라 실제원가 기준, 정상원가 기준, 표준원가 기준으로 분류된다.

5. 원가기획은 상품기획, 연구개발 및 설계 등 경영활동의 초기 단계에서 원가를 관리하는 활동으로서, 목표원가를 설정하는 접근을 사용한다.

6. 목표원가 관리는 가치공학의 한 기법으로 목표원가를 실현하는 동시에 신제품을 개발하거나 기존 제품을 개선하여 품질과 신뢰도를 확보하는 것이다.

7. 활동중심 원가제도(ABC)는 원가 항목들을 단위 수준에서 발생하는 원가, 묶음 단위로 발생하는 원가, 제품라인 단위에서 발생하는 원가, 공장 전체의 단위에서 발생하는 원가로 계층화하여 간접비를 배분하는 새로운 원가계산 방식이다.

8. 연구개발비의 회계관리는 연구개발비를 자산으로 해석하는 자산설과 비용으로 해석하는 비용설의 두 가지 관점이 있으며, 실제로는 자산설과 비용설을 절충한 형태로 이루어진다.

복 습 문 제

1. 두 개의 제조부문 A, B를 갖고 있는 ㈜기경기업에서는 2017년 6월 중에 P-100, P-200, P-300의 세 가지 작업에 착수하여 완성하였다. 각 작업과 관련하여 2017년 6월 중에 발생한 제조원가 및 기타자료는 다음과 같다.

	P-100	P-200	P-300	합계
직접재료비(원)	300,000	300,000	400,000	1,000,000
직접노무비(원)	500,000	300,000	800,000	1,600,000
직접노동시간				
A 부문(시간)	250	200	350	800
B 부문(시간)	60	40	100	200
기계 시간				
A 부문(시간)	200	300	400	900
B 부문(시간)	500	400	300	1,200
생산제품수(개)	150	100	50	
제조간접비(원)	A 부문- 800,000 / B 부문 - 1,200,000			

(1) ㈜기경기업에서는 공장전체 제조간접비 배부율을 사용하며, 직접노무비를 기준으로 하여 제조간접비를 배부할 경우 다음을 계산하여라.

a. 제조간접비 배부율

b. 작업별 총제조원가와 제품 단위당 원가

(2) ㈜기경기업이 부문별 제조간접비 배부율을 사용하며, A 부문에서는 직접 노동시간을, B 부문에서는 기계 시간을 기준으로 하여 제조부문에 배분할 경우 다음을 계산하여라.

a. 제조간접비 배부율

b. 작업별 총제조원가와 제품 단위당 원가

(3) ㈜기경기업에서는 새롭게 활동중심 원가제도(ABC)를 도입하기 위하여 6월 중에 각 부문에서 발생된 제조간접비를 다음과 같이 4가지 활동 분야로 구분하여 집계하였다.

활동 분야	원가동인	A 부문	B 부문	합계
활동 E	A 부문 직접 노동시간	350,000	450,000	800,000
활동 F	B 부문 직접 노동시간	200,000	400,000	600,000
활동 G	A 부문 기계 시간	190,000	170,000	360,000
활동 H	B 부문 기계 시간	60,000	180,000	240,000
합계		800,000	1,200,000	2,000,000

위의 표를 활용하여 ㈜기경기업에 대하여 다음을 계산하여라.

a. 활동별 제조간접비 배부율

b. 작업별 총제조원가와 제품 단위당 원가

2. 가정용 컴퓨터 제조업체 D사는 학생층을 겨냥한 교육용 컴퓨터 신모델을 출시하려고 하고 있다. 경쟁사들과 가격경쟁이 심하기 때문에 목표가격과 원가를 엄격하게 통제할 필요가 있다. 다음은 신모델의 기본 가격정보다. 단위당 목표원가를 계산하라.

[목표 가격 = 640,000원, 기대 매출량 = 50,000단위, 필요 수익률 = 20%]

토 의 문 제

1. 활동중심 원가제도(ABC)가 도입되게 된 배경을 간략히 제시하고, 활동중심 원가제도가 기존의 전통적 원가계산제도에 비하여 지닌 장점을 기술하시오.

2. 가치공학의 핵심은 제품, 부품, 혹은 활동들의 중요도, 즉 가치와 원가를 비교하여 불필요한 기능은 축소하고, 필수적인 기능들은 향상시키기 위함이다. 이때, 가치를 측정할 수 있는 요소(metric)와 중요도를 평가할 수 있는 방법론들에 대하여 논의해보시오.

CHAPTER

10

상업화와 마케팅

배경과 주요 내용

경영프로젝트의 기획과 관리의 결과로 우리는 산출물(output)을 얻게 된다. 상업화(commercialization)는 기술적으로 성공한 개발 성과 또는 외부로부터 도입한 기술이라는 산출물을 상품으로 전환하여 시장에 출시하는 일련의 과정으로 정의할 수 있다. 더 나아가 가격이나 유통 전략을 수립하고, 고객이 실질적인 구매행동을 할 수 있도록 홍보하고 유인하는 활동을 포괄하여 마케팅(marketing)이라고 부르기도 한다.

전통적으로 공학기술은 상품화나 마케팅으로부터 멀리 떨어져 있었다. 기술개발이 공학의 몫이라면, 사업은 경영학의 역할이라는 고정관념이 자리잡고 있었던 것이다. 그러나 기술과 제품, 기술과 시장이 하나로 연결되는 것이 오늘날의 추세임을 생각하면, 이제는 공학이 곧 판매 공학(sales engineering)을 포함해야 하는 시대가 도래하고 있다.

상업화의 구체적인 내용에는 무엇이 있을까? 우선 신제품을 시험(testing)하여 최종적으로 출시하는 작업이 필요하고, 다음으로 이른바 마케팅 믹스(marketing mix)라고 불리는 상업화 전략을 수립하는 과정이 수행되며, 이와 더불어 영업 레버리지, 재무 레버리지 등의 레버리지 분석도 중요하다. 각각의 주제에 대해 좀 더 자세히 알아본다.

마케팅 활동은 한마디로 표현한다면 STP 전략을 수립하고 마케팅 믹스를 구성하는 일이라고 할 수 있다. 시장세분화(S)–타겟팅(T)–포지셔닝(P)으로 이어지는 STP 전략과 제품(product), 가격(price), 유통(place), 촉진(promotion)의 이른바 4P 구성에 대해 알아본다.

하이테크 마케팅(high-tech marketing)은 전통적인 마케팅과 대비되는 개념이자 용어로서 최근에 많은 관심을 끌고 있다. 전통적인 기술수용 수명주기와 새롭게 부각되고 있는 하이프 사이클 등에 대해 알아본다. 또 IT의 발전과 확산에 따라 전자상거래(e-commerce)와 온라인 비즈니스모델이 마케팅의 새로운 영역을 창출하고 있다. 특히 공학적 관점에서 비즈니스 모델을 설계하는 기준, 설계 과정, 비즈니스 모델 특허 등의 주제에 대한 이해는 매우 중요하다.

10 상업화와 마케팅

10.1 상업화 활동

1. 상업화의 정의와 유형

상업화(commercialization)는, 기술적으로 성공한 연구개발 성과 또는 외부로부터 도입한 기술을 상품으로 전환하여 시장에 출시하는 일련의 과정으로 정의할 수 있다. 최근 기술경영 분야에서 상업화의 중요성이 강조되는 이유는, [그림 10-1]에서 보듯이, 연구개발(R&D)과 시장(market) 사이에 존재하는 이른바 죽음의 계곡(valley of death)이 점점 넓어지고 또 깊어지기 때문이다. 이 기간은 투자 대비 수익성이 가장 낮을 때이다. 연구개발과 시제품 제작에 이미 엄청난 투자가 이루어졌지만 본격적인 출시까지는 아직 많은 시간이 걸리고 또 출시 이후에도 성공적인 비즈니스로 연결된다는 보장도 없기 때문이다. 따라서 아무리 뛰어난 기술이 만들어지고, 아무리 넓은 시장이 있더라도 기술과 시장을 이어주는 상업화 과정이 제대로 이루어지지 않으면 그 기술은 깊은 계곡 속으로 사장될 위험이 크다. 이러한 문제에 대응하여, 요즘은 전통적인 R&D에 상업화를 추가한 R&BD(Research and Business Development)라는 새로운 개념이 등장하고 있다. 분명한 상업화의 전략과 계획이 있는 경우에만 R&D 활동을 시작하자는 뜻이다.

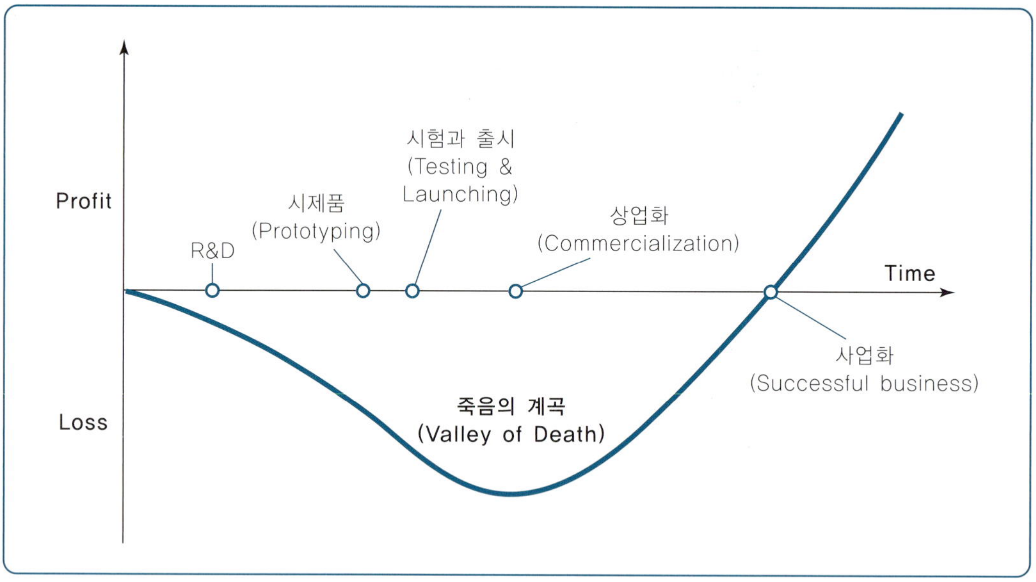

[그림 10-1] 상업화 과정의 죽음의 계곡

상업화라는 용어는 매우 포괄적인 개념으로, 실제로는 다양한 유형이 존재한다. 상업화의 유형을 신제품의 구체적 특성의 차이에 따라 나누어 보면 〈표 10-1〉과 같다. 여기에서 사용되는 기준은 위험도의 크기와 상업화 기획의 수준이다. 상업화의 기획은 다시 기술기획, 공정기획 및 시장기획으로 세분된다. 이 기준을 토대로 상업화의 유형을 나누어 보면 크게 개량형 신제품, 다양화 신제품, 신규진입 신제품, 창업형 신제품으로 나눌 수 있다.

개량형 신제품은 기존제품을 부분적으로 개선하는 수준의 상업화로, 위험도가 가장 낮고, 상업화의 기획에 있어서도 기술기획이나 공정기획은 거의 없고 어느 정도의 시장기획만이 필요하다. 다양화 신제품은 기존 제품라인 내에서 새로운 제품을 만들어내는 상업화로, 위험도는 중간 정도이고 상당한 수준의 시장기획이 필요한 경우이다. 신규진입 신제품은 새로운 시장을 개척하는 유형의 상업화로, 전반적인 위험도가 매우 높다. 또 기존 공정을 사용할 수 없기 때문에 공정기획도 크고, 신규시장을 개척하기 위한 시장기획도 매우 크다. 창업형 신제품은 아예 새로운 기능과 용도를 가지는 신제품으로 창업을 하는 경우로, 위험도가 매우 높다. 창업 단계이기 때문에 대규모 공정을 기획할 필요는 없지만, 기술기획이나 시장기획은 매우 크다.

〈표 10-1〉 상업화의 유형과 상업화 기획

유형	위험도	기술기획	공정기획	시장기획
개량형 신제품	낮음 (small)	작음 (small)	작음 (small)	보통 (medium)
다양화 신제품	중간 (medium)	보통 (medium)	작음 (small)	큼 (large)
신규진입 신제품	높음 (large)	보통 (medium)	큼 (large)	매우 큼 (very large)
창업형 신제품	매우 높음 (very large)	큼 (large)	보통 (medium)	매우 큼 (very large)

2. 상업화의 활동

상업화는 다양한 경영 활동을 포괄하는 종합적인 개념이다. 일단 개발이 완료되어 상업화 단계로 넘어오면 우선 신제품의 성능과 신뢰성을 시험한(testing) 후, 최종적으로 출시하는(launching) 작업이 필요하다. 동시에 매출 계획, 자금 조달 계획을 수립하기 위한 영업 레버리지 분석 및 재무 레버리지 분석도 중요하다. 상업화 이후의 단계는 마케팅 활동으로 이루어진다. 그 전체적인 과정을 흐름도(flowchart) 형태로 요약한 것이 [그림 10-2]이다.

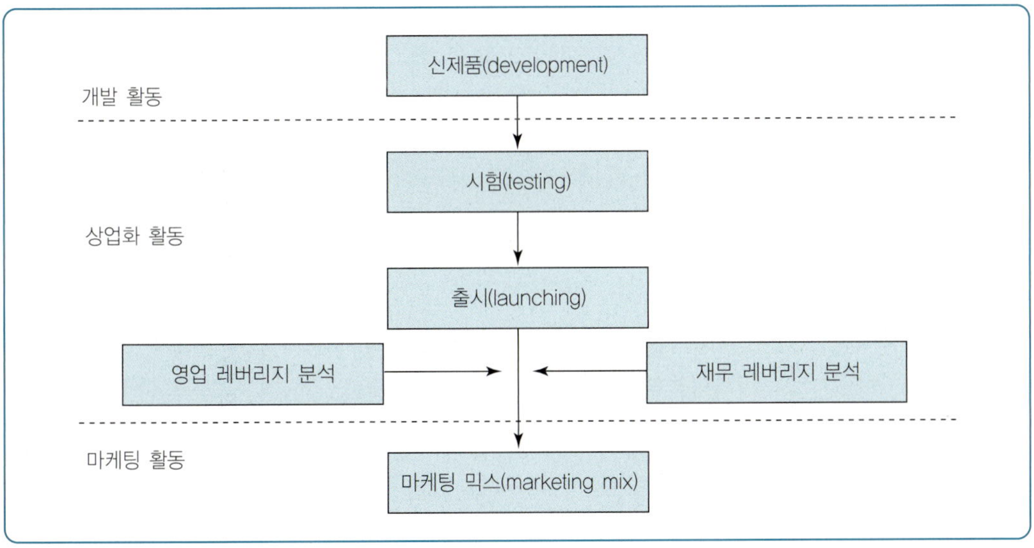

[그림 10-2] 상업화의 전체적 프로세스

(1) 시험과 출시의 과정

출시(launching)는 개발이 완료된 신제품을 처음 시장에 내놓는 활동을 의미한다. 출시가 이루어지기 위해서는 신제품의 기술적 성능과 경제적 가치를 조사하고 확인하는 시험(testing) 작업이 선행되어야 한다. 신제품의 시험 작업은 크게 성능 테스트(performance test)와 시장 테스트(market test)로 나눌 수 있다. 시험 절차를 거쳐 최종적인 출시가 이루어지는 전체적 과정은 [그림 10-3]에 나타나 있다.

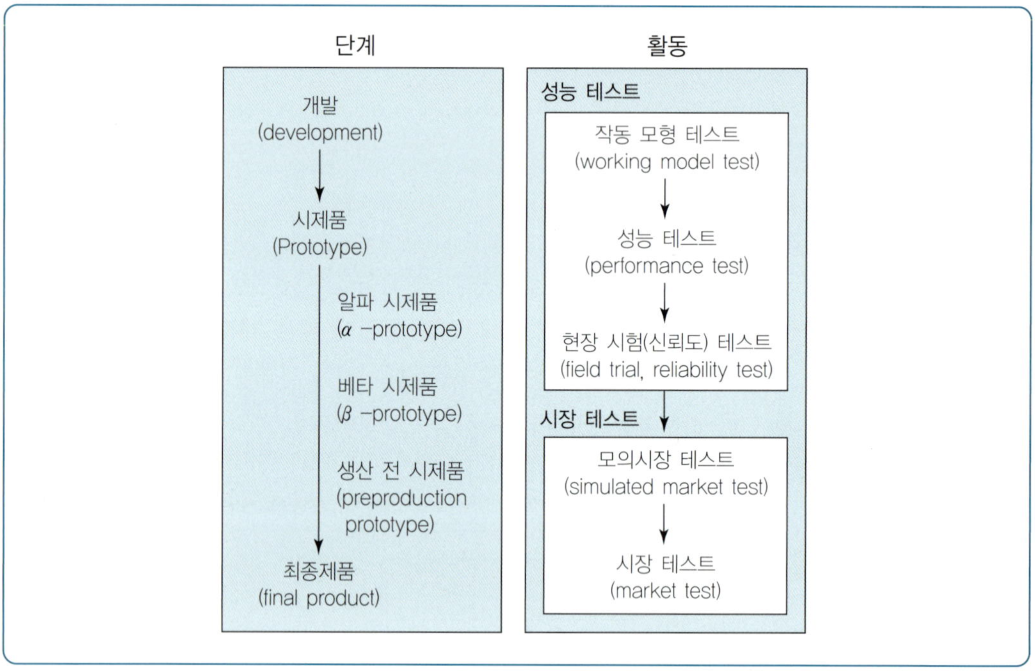

[그림 10-3] 출시 절차의 흐름도(flowchart)

가. 성능 테스트

먼저 성능 테스트(performance test)의 구체적인 내용을 알아보자. 개발 단계에서는 먼저 개별부품이나 하부 시스템(sub-system)별 성능을 시험하는 작동 모형 시험(working model test)을 수행한다. 이 단계의 시험은 작동 모형(working model)이 작동이 되는지 안 되는지를 알아보는 수준에서 간단하게 이루어진다.

다음의 시제품(prototype) 제작 단계에서는 크게 3가지의 시험이 이루어진다. 첫 번째 시험은 알파 시제품(α-prototype)을 대상으로 핵심기능의 성능을 시험하는 성능 테스트를 하는 것이다. 이 시험은 제품이 원래의 설계도대로 작동하는지(whether product works as intended)를 평가하는 것이다. 알파 시제품은 최종제품과 같은 재질과 형상으로 된 부품을 사용하지만, 부품의 가공은 양산공정이 아니라 실험공정에서 하게 된다. 두 번째 시험은 베타 시제품(β-prototype)을 대상으로 실제 상황, 특히 극한 상황에서 제대로 작동하는지를 시험하는 현장시험 테스트(field trial test)를 하는 것이다. 베타 시제품의 경우, 필요한 부품의 가공은 이미 양산공정에서 하지만, 최종적인 조립은 수작업으로 하게 된다. 세 번째 시험은 생산 전 시제품(preproduction prototype)을 대상으로 공정 능력과 수준을 점검하는 시험을 하는 것이다. 생산 전 시제품은 부품의 가공과 조립 모두를 실제의 양산공정에서 하지만, 공정 능력의 일부만을 가동하는 방식을 통해 제작한다.

나. 시장 테스트

다음으로 시장 테스트(market test)에 대해서 알아보자. 성능 테스트가 주로 기술적인 측면을 평가하는 것이라면, 시장 테스트는 상업성과 경제성에 초점을 맞추어 평가한다. 따라서 시장 테스트는 연구개발 단계와 본격적인 상업화를 연결하는 중요한 의미를 가진다. 시장 테스트는 크게 모의시장 테스트(simulated market test)와 시장 테스트(market test)의 두 단계로 나눈다. 물론 이 두 단계를 반드시 거쳐야 되는 것은 아니며 필요와 성격에 따라 하나를 선택하여 수행할 수도 있다.

모의시장 테스트는 주로 뒤에서 설명할 시장 테스트의 예비 단계로 수행되는 작업이다. 따라서 이 테스트를 테스트 시장 전 테스트(pre-test market test)라고 부르기도 한다. 이 테스트는 크게 두 단계로 이루어진다. 첫 번째 단계는 실험실 단계(laboratory stage)라고 한다. 여기서는 먼저 소규모의 가상 시장(simulated market)을 설치하고 잠재적인 소비자들을 초청한다. 이들을 대상으로 신제품의 디자인과 기능 등을 상세히 알려준 후, 실험적인 구매 행동을 하도록 유도한다. 구매를 하지 않는 소비자들에 대해서는 신제품에 대한 의견과 구매를 하지 않은 이유를 물어본다. 두 번째 단계는 모의테스트가 끝나고 참가자들이 집으로 돌아간 후 일정 기간이 경과한 후에 실시한다. 이 단계는 추적조사 단계

(callback stage)라고 부른다. 이때에는 실험에 참여한 소비자들을 대상으로 전화조사를 실시하여 신제품의 사용 경험과 반복구매 의사를 파악한다. 물론 이러한 과정을 통해 수집한 정보는 신제품의 기술적 문제를 해결하고, 효과적인 출시 전략을 수립하는데 활용한다.

시장 테스트는 대규모 시장 진출에 앞서 마지막으로 실시하는 시험이다. 이 테스트는 표본 시장을 선별하여 실제로 신제품을 시험적으로 판매하면서, 시장의 구매 반응을 살펴보고, 향후의 구매 추세를 예측하는 활동이다. 따라서 테스트 시장에 내놓을 신제품은 실제로 출시할 제품과 동일한 것이어야 한다. 테스트 시장은 주로 전체 시장을 대표할 수 있는 중소도시를 선정하거나, 구매 성향이 가장 민감한 지역을 고르게 된다. 테스트 시장은 위의 모의테스트 시장과 비교하여 현실성이 높다는 것이 가장 큰 장점이다. 그러나 시간과 비용이 많이 걸리고, 신제품의 정보가 경쟁기업에게 너무 일찍 유출될 위험성이 높다는 사실이 단점으로 지적된다.

(2) 매출계획: 영업 레버리지 분석

본격적인 상업화에 앞서 가장 먼저 관심을 가지게 되는 질문은 도대체 어느 정도의 매출을 올려야 수지를 맞출 수 있는가 하는 것이다. 이 질문에 대한 대답은 상업화를 위한 초기투자의 크기를 결정하는데 유용한 정보를 제공해 준다. 특히 영업장소나 판매설비 같은 비유동자산에 대한 투자가 손익에 어떤 영향을 미치는가 하는 문제는 상업화 과정에서 반드시 분석해야 할 주제이다. 이 문제를 다루는 것이 바로 영업 레버리지(operating leverage) 분석이다.

레버리지(leverage)는 우리말로 지렛대라는 뜻이다. 영업 레버리지 분석이라는 용어는 매출액과 영업이익의 관계에서 비유동자산(고정비)이 레버리지, 즉 지렛대의 역할을 하는 관계를 살펴보기 때문에 붙여진 이름이다. 즉 상업화에 필요한 초기투자로서 고정비를 늘리고 줄이는 것이 매출과 이익에 어떤 영향을 미치는가를 알아보는 것이다. 이를 영업레버리지도(Degree of Operating Leverage: DOL)라고 하며 정량적으로는 다음의 식으로 표현된다.

영업레버리지도(DOL) = 영업이익의 변화율 / 매출액의 변화율

다른 한편으로, 영업 레버리지 분석은 원가(cost)-매출(volume)-이익(profit)의 세 요소를 대상으로 하기 때문에 첫 글자를 따서 CVP 분석이라고도 하고, 손익이 같아지는 시점(Break-Even Point: BEP)을 찾기 때문에 BEP 분석이라고도 불린다. 따라서 여기에서는 영업 레버리지 분석을 상업화 활동의 일부로 다루지만, 다른 교과서에서는 원가회계의 일부로 해석하기도 하고, 재무관리의 일부로 다루기도 한다.

가. 영업 레버리지 분석의 기본

영업 레버리지 분석은 먼저 다음 몇 가지 가정과 조건을 토대로 한다.

- 첫째, 총비용(Total Cost: TC)은 고정비(Fixed Cost: FC)와 변동비(Variable Cost: VC)로 나뉜다. 상업화의 관점에서 보면 고정비는 생산설비를 위한 초기투자에 해당되고, 변동비는 생산과 매출이 늘면서 비례하여 증가하는 재료비나 인건비에 해당된다.
- 둘째, 변동비는 선형(linear)으로 변한다고 가정한다. 즉 단위당 비용은 불변이어서 10개의 변동비가 100이면 100개의 변동비는 정확하게 10배 늘어난 1,000이 된다.
- 셋째, 기초재고나 기말재고는 없다고 가정한다. 즉 재고수준이 항상 동일하거나 아예 없다고 보는 것이다.

[그림 10-4]에는 위에서 설정한 가정을 토대로 한 영업 레버리지 도형이 도시되어 있다. 수익을 나타내는 선과 비용을 나타내는 선이 모두 직선이며, 이 두 선이 만나는 점이 손익분기점이 된다.

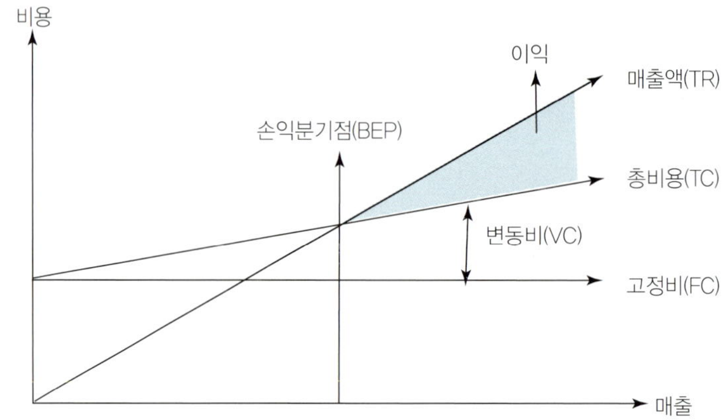

[그림 10-4] 영업 레버리지 도형

나. 단일품목 손익분기점

먼저 비교적 간단한 경우로 상업화 제품이 한 가지인 경우를 생각해 보자.

1) 기본 공식

손익분기 분석은 총비용과 총수익이 같아지는 점을 찾는 문제이기 때문에 총비용(TC)과 총수익(TR)을 계산해야 한다. 먼저 상업화에 드는 총비용은 고정비(FC)와 변동비(VC)의 합이며, 변동비용은 단위당 변동비(V)에 매출량(Q)을 곱하면 계산할 수 있다. 이 관계는 다음의 식으로 표현된다.

$$TC = FC + VC = FC + V \cdot Q$$

다음으로 총수익(Total Revenue: TR)은 단위당 가격(P)에 매출량(Q)을 곱하면 된다. 이제 총비용과 총수익이 같아지는 점에서 손익이 분기된다는 사실은 다음 식으로 표현된다.

$$TC = FC + VC = FC + V \cdot Q = P \cdot Q = TR$$

따라서 매출량을 기준으로 손익분기점(BEP) Q^* 를 계산하면 다음과 같다.

$$Q^* = FC / (P - V)$$

여기서 (P – V)를 공헌 이익(contribution margin)이라 부른다.

같은 식을 이용하여, 매출량이 아니라 매출액을 기준으로 손익분기점 R* 을 계산하면 다음과 같이 표현할 수 있다.

$$R^* = FC / (1 - V/P)$$

여기서 (1 – V/P)를 공헌이익률(contribution margin ratio: CMR)이라 부른다.

2) 예제

어느 기업이 신제품을 출시하기 전에 영업 레버리지 분석을 실시하기로 하였다. 영업장을 임대하는데 700,000원, 판매설비를 임대하는데 200,000원이 들어서, 고정비는 총 900,000원이 소요되었다. 제품 한 단위를 만들어 파는데 들어가는 변동비는 1,200원이고, 단위당 가격은 1,800원으로 책정하였다. 손익분기가 되는 매출량은 얼마인가?

위의 식 Q* = FC / (P – V)에 따라 손익분기 매출량은 다음과 같이 계산된다.

$$Q^* = 900{,}000 / (1{,}800 - 1{,}200) = 1{,}500 \text{ (개)}$$

3) 민감도 분석

상업화를 위한 영업 레버리지 분석은 단지 손익분기점을 찾는 문제를 넘어 다양한 질문에 해답을 구하는 민감도 분석(sensitivity analysis)을 동시에 하게 된다. 대표적인 분석 주제를 보자.

첫째, 손익분기를 넘어 목표 이익을 설정하면 매출량은 얼마나 늘어야 될까?

둘째, 고정비, 변동비의 변화가 있으면 어떻게 될까?

셋째, 판매가격을 변화시키면 어떻게 될까?

이런 질문들은 위의 식 자체를 바꾸는 것이 아니고, 값을 바꾸는 것이기 때문에 답을 구하는 방법과 절차는 같다. 예를 들어 목표 이익(profit)이 설정되면 위의 식에서 분자가 FC로부터 FC + profit로 바뀌게 되고, 따라서 새로운 매출량을 계산할 수 있다. 따라서 별다른 어려움 없이 다양한 민감도 분석을 함으로써, 상업화에서 발생할 수 있는 여러 가지 상황에 대한 전략적 대응을 할 수 있다.

다. 복수품목 손익분기점

만일 여러 가지의 복수품목(sales mix)의 제품을 상업화하는 경우라면 어떻게 영업 레버리지 분석을 할까? 먼저 다음 〈표 10-2〉의 예제를 보자. 여기서는 가격과 비용이 다른 A, B, C 세 가지 제품을 대상으로 한다.

〈표 10-2〉 복수품목의 관련 정보

제품	가격/단위(원)	변동비/단위(원)	매출비중(%)	고정비(원)
A	1,000	750	20	1,500,000
B	2,000	1,600	50	
C	3,000	2,100	30	

복수품목의 손익분기점을 매출액 기준으로 계산하면 다음 식이 된다.

$$R^* = FC / \text{가중 공헌이익률}$$

여기서 가중 공헌이익률은 여러 품목의 공헌이익률을 매출비중에 따라 가중 평균한 값으로 WCMR(Weighted Contribution Margin Ratio)로 표기된다.

실제로 손익분기점을 계산하는 절차를 살펴보자. 이 과정은 크게 3단계로 이루어진다.

1) 1 단계: 각 제품의 공헌이익률(CMR)을 계산한다.

제품 A : $CMR_A = 1,000 - 750 / 1,000 = 0.25$

제품 B : $CMR_B = 2,000 - 1,600 / 2,000 = 0.20$

제품 C : $CMR_C = 3,000 - 2,100 / 3,000 = 0.30$

2) 2 단계: 모든 제품의 가중 공헌이익률(WCMR)을 계산한다.

$WCMR = \Sigma\ CMR_i \times 매출비중_i$

$= (0.25 \times 0.2) + (0.20 \times 0.5) + (0.30 \times 0.3) = 0.24$

3) 3 단계: 손익분기점을 계산한다.

$R^* = 1{,}500{,}000 / 0.24 = 6{,}250{,}000$ (원)

이를 매출비중에 따라 분배하면 A = 1,250,000(원), B = 3,125,000(원), C = 1,875,000(원)이 된다.

라. 영업 레버리지 분석

단순한 손익분기점의 계산 과정을 넘어 영업 레버리지 분석의 전략적 의미를 생각해 보기로 하자. [그림 10-5]에서 보듯이 A, B, C 세 유형은 고정비와 변동비의 구조가 다르고, 따라서 영업 레버리지도 상이하다.

A 유형은 노동집약적인 기업 또는 제품에 해당되는 경우이다. 노동집약적 유형은 일반적으로 고정비가 작기 때문에 영업레버리지도가 낮은 경향을 보인다. 또 변동비는 크지만 고정비가 작아 손익분기점에 제일 먼저 도달한다. 따라서 상업화에 따른 위험도는 상대적으로 낮다. 그러나 손익분기점 이후에는 공헌이익, 즉 (P − V)가 작기 때문에 영업 이익의 수준은 제일 낮다.

반면에 C 유형은 자본집약적인 기업 또는 제품에 해당되는 경우이다. 자본집약적 유형은 고정비가 크기 때문에 영업레버리지도도 높다. 한편 변동비는 작지만 고정비 투자가 많아 손익분기점이 가장 크다. 하지만 손익분기점 이후에는 공헌이익, 즉 (P − V)가 크기 때문에 이익의 증가율 또한 가장 크다.

B 유형은 A 유형과 C 유형의 중간 정도에 해당되는 경우이다. 따라서 B 유형은 A 유형과 C 유형의 장단점을 동시에 지니고 있다고 볼 수 있다.

어떤 유형을 선택할 것인지는 상업화의 대상이 되는 제품의 특성과 시장의 상황에 따라 달라진다. 만일 향후의 매출이 비교적 낮을 것으로 예상되면, 고정비의 투자를 줄여서 낮은 영업레버리지도를 유지하는 것이 바람직하다. 그러나 예상매출이 크다면, 고정비에 대한 투자를 늘려 높은 영업레버리지도를 추구하는 것이 유리하다. 결국 영업 레버리지 분석을 하는 일차적인 목적은 손익분기점을 찾는

데 있지만, 더 나아가 영업레버리지도에 대한 분석을 통해 가장 바람직한 상업화의 전략 방향을 결정하는 과제를 포함한다.

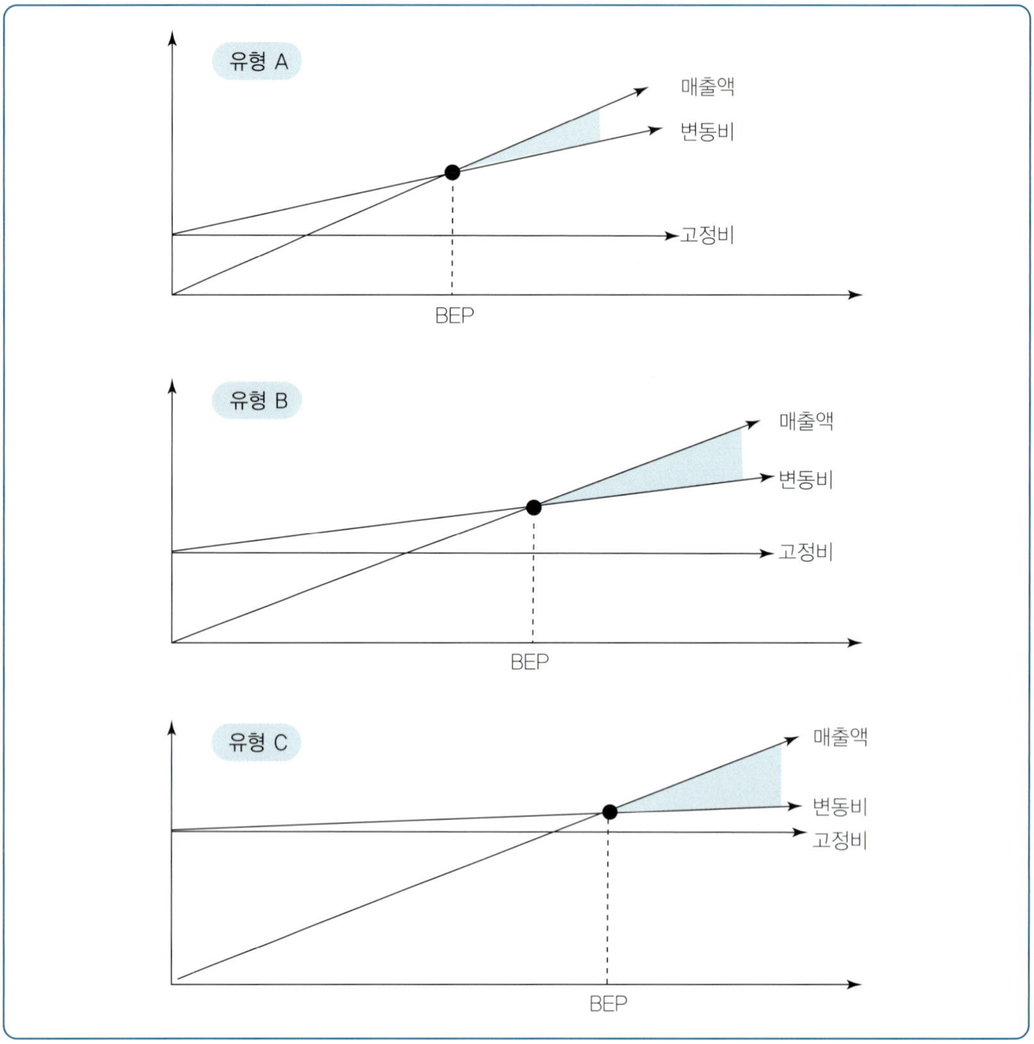

[그림 10-5] 세 기업 유형의 손익분기 도표

(3) 재무 레버리지 분석 : 자금조달 계획

가. 재무 레버리지 분석의 기본

예상매출에 기초한 영업 레버리지 분석과 함께 상업화의 또 다른 분석 주제는 자본조달에 관한 재무 레버리지(financial leverage) 분석이다. 일반적으로 상업화에 필요한 자본은 자기자본과 타인자본으로 구성된다. 재무 레버리지 분석은 영업이익과 순이익의 관계에서 타인자본을 지렛대, 즉 레버리지의 역할로 삼는 분석이다. 타인자본을 많이 쓰면 이자와 같은 고정적인 재무비용이 늘어나 상업화의 위험성도 올라간다. 그러나 만일 시장 상황이 좋아서 영업이익이 커지면, 타인자본의 비중이 커질수록 자기자본의 투자수익률은 오히려 높아지기 때문에 현명한 선택이 될 수 있다. 이러한 효과를 재무레버리지도(degree of financial leverage: DFL)라고 하며 정량적으로는 다음의 식으로 표현된다.

재무레버리지도(DFL) = 주당이익의 변화율 / 영업이익의 변화율

상업화 과정에서 재무 레버리지를 분석해야 하는 이유는 상업화를 위해 자본을 조달할 때 자기자본도 쓰지만 은행과 같은 타인자본을 쓰기도 하기 때문이다. 이럴 때 자기자본과 타인자본의 적절한 구성 비율을 찾는 것은 상업화의 중요한 의사결정 문제의 하나이다. 즉 상업화 이후의 시장 상황에 대한 예측 결과에 따라 순전히 자기자본으로 필요한 자금을 조달하는 것이 유리한지, 아니면 가능한 한 많은 타인자본을 동원하는 것이 유리한지를 미리 결정할 필요가 있는 것이다.

나. 자본분기점 분석

앞에서 설명한 대로, 일반적으로 자기자본으로 조달하는 것은 주식을 발행하여 자본을 조달하는 것을 뜻한다. 이에 반해 타인자본으로 조달하는 것은 금융기관으로부터 돈을 빌리거나 채권을 발행하여 자본을 조달하는 것을 의미한다.

어느 방식이 좋은 것인지, 또는 두 방식을 모두 사용할 때 어떤 비율로 나누는 것이 좋은지를 판단하기 위해서는 평가 지표가 필요하다. 재무 레버리지 분석을 위해 사용하는 지표는 주당순이익(Earnings Per Share: EPS)이다. 앞 장에서 살펴본 것처럼 EPS는 세후 순이익을 발행주식 수로 나눈 값이다. 따라서 EPS는 자기자본의 투자수익률을 판단할 수 있는 좋은 지표가 된다.

여러 가지의 자본조달 방식이 있을 때, EPS를 동일하게 하는 영업이익의 수준을 자본분기점(Financial Break-Even Point: FBEP) 또는 재무손익분기점이라고 부른다. 또는 이 점에서는 자본조달 방법 간의 선호도 차이가 없기 때문에 자본조달 무차별점(indifference point)이라고 하기도 한다. [그림 10-6]에서 보듯이, 자본조달 방법이 다른 A안과 B안은 재무레버리지도가 서로 다르며, 따라서 가운데의 어느 점에서 자본분기점을 맞게 된다.

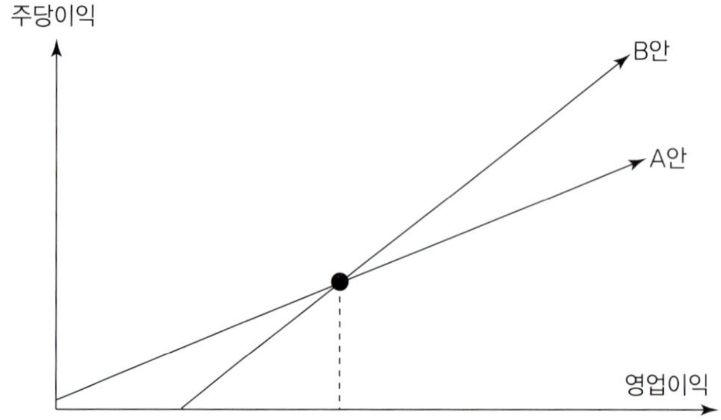

[그림 10-6] 재무레버리지도와 자본분기점

이 관계를 보다 구체적으로 살펴보기 위해 다음의 예를 보자.

어느 기업이 새로 개발한 제품의 상업화를 계획하면서 두 가지 자본조달 방법을 고려하고 있다. 첫 번째 방법은 100% 자기자본으로 조달하는 방식으로, 주당 5,000원으로 주식 40만 주를 발행하여 총 20억 원을 조달하는 방법이다. 두 번째 방법은 자기자본과 타인자본을 섞어 조달하는 방식으로, 주당 5,000원으로 주식 20만 주를 발행하여 10억 원을 조달하고, 나머지 10억 원은 10%의 이자율로 은행에서 조달하는 방법이다. 법인세율은 50%라고 가정하자.

실제 상업화가 이루어져 영업이익이 변할 때, EPS가 어떻게 변하는지 보자. 〈표 10-3〉은 첫 번째 방법의 결과를 보여주고 있고, 〈표 10-4〉는 두 번째 방법의 결과를 보여주고 있다.

첫 번째 방식은 전적으로 자기자본으로 상업화를 하는 방법으로서, 이 경우 영업이익이 늘어나는 배율과 EPS가 늘어나는 배율이 같다. 이에 비해 두 번째 방식은 자기자본과 타인자본을 함께 쓰는 방법으로, 이 경우에는 영업이익과 EPS가 변하는 비율이 동일하지 않다.

앞에서 언급한 것처럼 두 방법의 EPS를 동일하게 해 주는 영업이익의 수준을 자본분기점이라고 한다. 자본분기점을 계산하는 식은 아래와 같다.

$$\frac{(\text{자본분기점}-I_1)(1-T_1)}{N_1} = \frac{(\text{자본분기점}-I_2)(1-T_2)}{N_2}$$

단, I_1 = 방식 1의 고정재무비용(이자), I_2 = 방식 2의 고정재무비용(이자)

T = 법인세율, N_1= 방식 1의 발행주식 수, N_2= 방식 2의 발행주식 수

〈표 10-3〉 방식 1의 재무 레버리지 분석표

(단위: 만원)

영업이익	10,000	20,000	30,000	40,000
영업이익 배율	1.0	2.0	3.0	4.0
은행이자 (−)	0	0	0	0
세전이익	10,000	20,000	30,000	40,000
법인세 (−)	5,000	10,000	15,000	20,000
세후이익	5,000	10,000	15,000	20,000
EPS	125	250	375	500
EPS 배율	1.0	2.0	3.0	4.0

〈표 10-4〉 방식 2의 재무 레버리지 분석표

(단위: 만원)

영업이익	10,000	20,000	30,000	40,000
영업이익 배율	1.0	2.0	3.0	4.0
은행이자 (−)	10,000	10,000	10,000	10,000
세전이익	0	10,000	20,000	30,000
법인세 (−)	0	5,000	10,000	15,000
세후이익	0	5,000	10,000	15,000
EPS	0	250	500	750
EPS 배율	0	1.0	2.0	3.0

예제에 대해 아래의 식을 가지고 자본분기점을 찾아보자.

(자본분기점-0)(1-0.5)/400,000 = (자본분기점-10,000)(1-0.5)/200,000

위의 식을 풀면 자본분기점 = 20,000(만원)을 얻을 수 있다. 실제로 위의 표들을 보면 영업이익이 20,000(만원)일 때 EPS가 같아지는 것을 알 수 있다.

손익분기점 분석과 마찬가지로 자본분기점 분석도 영업이익, 금융비용(이자율), 법인세 등의 수준을 바꾸어 가면서 어떤 일이 일어나는가를 파악하는 민감도 분석을 할 수 있다.

다. 재무 레버리지 분석

앞에서 본 것처럼 자본조달 방법이 달라지면, 영업이익 변화율과 EPS 변화율이 일정하게 변하지 않는다. 그 이유는 타인자본인 고정적인 재무비용(이자)이 지렛대의 역할을 하기 때문이다. 이렇게 영업이익이 늘어나면서 세후이익의 변화율이 점점 확대되는 것은 재무 레버리지 효과에 의한 것이다.

자기자본을 많이 가지고 상업화를 하는 것이 유리한지, 아니면 타인자본을 많이 가지고 상업화를 하는 것이 유리한지는 상황에 따라 다르다. 예제에서 보는 것처럼 영업이익이 20,000 이하일 때는 첫 번째 안이 유리한 반면에, 20,000 이상이 되면 두 번째 안이 유리하다.

일반적으로 타인자본의 의존도가 높으면 재무 레버리지도가 올라간다. 재무 레버리지도가 크면 클수록, 영업이익의 변화에 따른 자기자본의 이익률도 크게 변한다. 따라서 투자수익성과 위험도 간에는 상충관계(trade-off)가 존재한다. 시장 상황이 좋을수록 자기자본의 투자수익성도 더 좋아지지만, 반대로 시장 상황이 나쁠수록 자기자본 투자의 위험도는 더욱 올라간다. 따라서 상업화 이후의 상황이 좋아서 큰 영업이익이 발생할 것으로 예상되면, 전적으로 자기 돈을 가지고 사업을 하는 것보다 타인자본을 쓰는 것도 좋은 방법이 된다. 그러나 그 반대의 경우라면, 보수적이고 안정적인 자본조달 방법을 선택하는 것이 바람직하다.

10.2 마케팅 관리

1. 마케팅의 정의와 범위

넓은 의미로 해석하면 상업화(commercialization)도 마케팅(marketing) 활동의 일부로 볼 수 있다. 그러나 여기서 두 활동을 분리하여 정의한다면, 상업화는 개발된 신기술이나 신제품을 시장에 내놓기 전에 기술적, 경제적 요소를 시험(test)하고, 양산을 위한 공정을 구축하며, 영업이나 재무 레버리지를 분석하는 등의 출시 준비 활동을 가리키는데 반해, 마케팅은 출시 이후에 시장과 소비자를 관리하는 활동을 의미한다.

〈표 10-5〉에 요약되어 있는 것처럼 초기의 마케팅은 판매(selling)와 동의어로 사용되었다. 즉 제품의 공급자인 기업의 관점에서 좋은 제품을 광고하고 판매하는 활동이 곧 마케팅 활동인 것으로 인식되었다. 그러나 최근에 시장 구조와 고객 성향이 점점 다양화, 복잡화되면서, 공급자 중심의 단순한 판매 활동을 넘어 소비자 중심의 통합적 마케팅, 과학적 마케팅이 강조되는 추세이다.

〈표 10-5〉 판매 활동과 마케팅 활동의 차이

	성격	초점	범위
판매	기업지향적	제품 특성	판매, 촉진(promotion)
마케팅	시장지향적	고객 요구	통합 마케팅(integrated marketing)

2. 마케팅 활동의 구조

앞에서 언급한 대로, 오늘날의 마케팅은 다양한 주제와 기능을 포괄하고 있다. 그러나 마케팅의 핵심적 활동을 요약한다면, [그림 10-7]과 [그림 10-8]에 도시되어 있는 전체적 틀로 표현할 수 있다.

우선 구체적인 마케팅 활동을 시작하기 전에, 시장 조사(market research)와 소비자 분석(consumer analysis)이 선행되어야 한다. 시장 조사가 거시적이고 외형적인 분석을 다룬다면 소비자 분석은 개별적이고 내면적인 분석을 다룬다.

본격적인 마케팅 활동 자체도 다양한 주제를 포함하지만, 한마디로 표현한다면 STP 전략의 수립과 4P의 마케팅 믹스(marketing mix)를 결정하는 과정이라고 할 수 있다. 먼저 STP 전략은 시장세분화(Segmentation: S), 표적시장 선정(Targeting: T), 포지셔닝(Positioning: P)으로 이어지는 마케팅 전략을 가리킨다. 다음에는, 이 전략을 토대로 흔히 4P로 불리는 제품(product), 가격(price), 유통(place), 촉진(promotion)의 구성을 결정하게 된다.

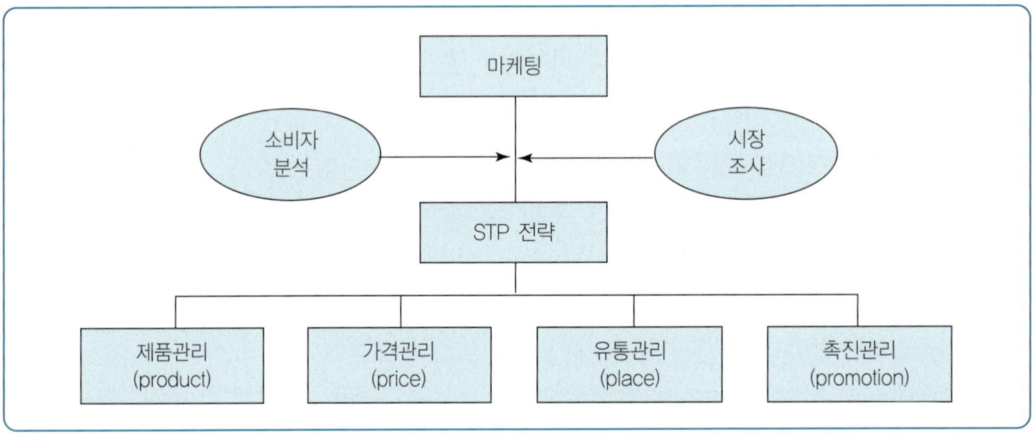

[그림 10-7] 마케팅 활동의 전체적 틀

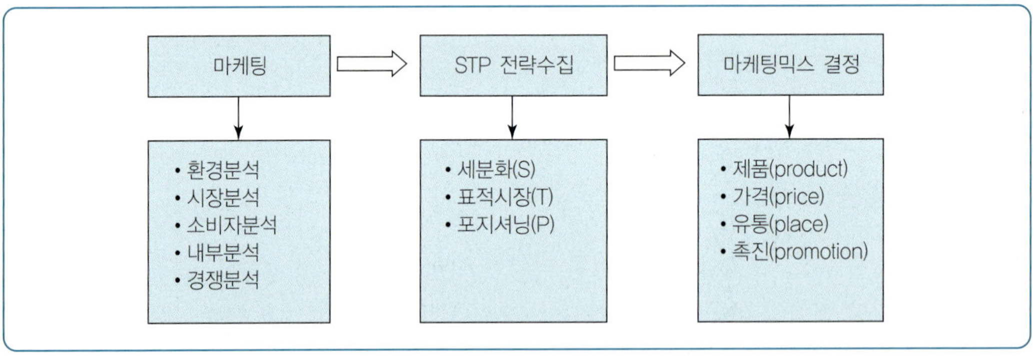

[그림 10-8] 마케팅 활동의 과정

3. 시장조사와 소비자 분석

앞에서 언급한 대로 시장 조사(market research)와 소비자 분석(consumer analysis)은 마케팅 활동을 전개하기에 앞서 사전 준비로 이루어지는 활동들이다.

(1) 시장 조사

시장 조사는 시장의 특성과 현황을 설명하는 정보를 수집, 분석 및 보고하는 활동을 의미한다. 시장 조사의 구체적 내용으로는 시장 가능성의 평가, 시장 점유율의 분석, 시장 특성의 분석, 지역별 특성의 조사, 점포의 조사 등을 들 수 있다.

시장 조사보다 더 포괄적인 개념은 마케팅 조사(marketing research)이다. 마케팅 조사는 시장 조사뿐 아니라 나아가 경제 및 사회환경 조사, 경쟁기업 조사, 제품 특성 및 유통 시스템 조사 등을 포함한다. 마케팅 조사에 자주 사용되는 대표적인 조사 방법을 간략히 소개하면 다음과 같다.

가. 설문 조사(survey research)

설문 조사는 조사 방법 가운데 가장 폭넓게, 가장 자주 사용되는 방법으로, 대규모의 일반 소비자들을 대상으로 설문지를 통해 정보를 수집하는 방법이다. 이때 수집하는 정보의 주요 내용으로는 크게 제품 관련 변수와 소비자의 인구통계학적 변수를 들 수 있다.

설문 조사는 매우 과학적이고 체계적인 조사 설계(research design)를 토대로 수행되어야 한다. 설문 조사의 일반적인 절차와 각 단계에서 해야 할 세부 과제가 [그림 10-9]에 도시되어 있다. 설문 조사에 대한 구체적인 이론은 이 책의 범위를 벗어나므로, 기초 통계학의 자료측정 및 수집방법, 표본추출방법, 통계분석 방법 등을 참조하는 것이 필요하다.

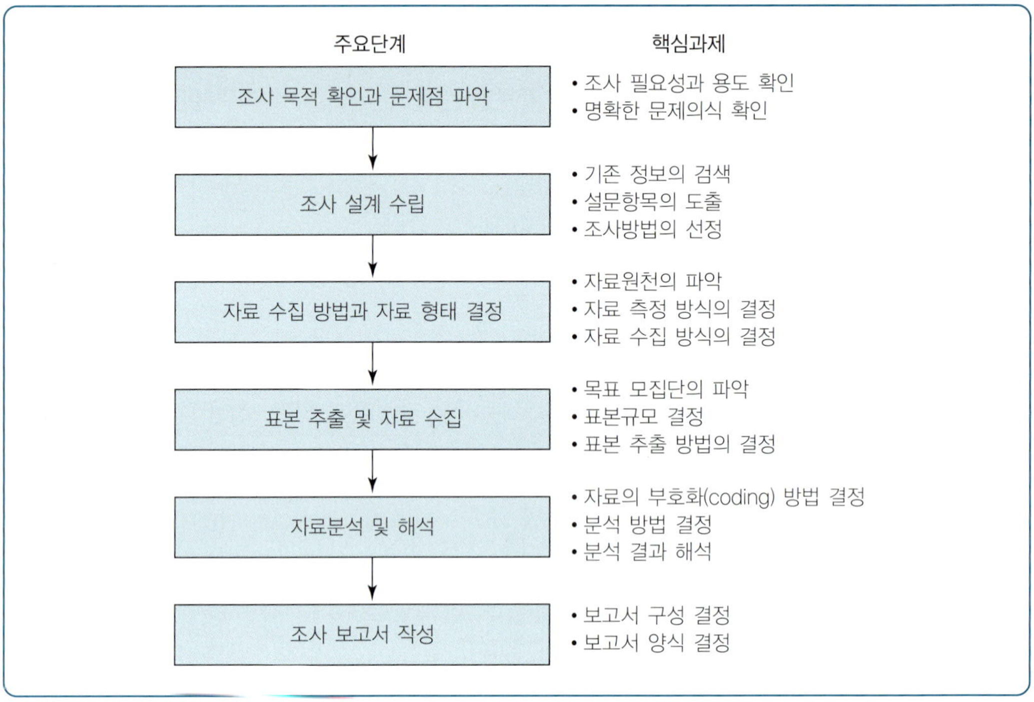

[그림 10-9] 설문 조사의 설계

나. 면접 조사(interview)

설문 조사가 대표적인 정량적(quantitative) 조사 방법이라면, 면접 조사는 대표적인 정성적(qualitative) 조사 방법이다. 이 방법의 장점은 핵심적인 정보에 대한 심층적인 조사와 분석이 가능하다는 점이다. 또 설문 조사에서 얻을 수 없는 심리적, 개인적 정보를 얻을 수 있다는 점도 장점이 된다. 반면에 단점으로는 조사 범위가 한정적이고, 결과에 대한 객관성을 확보하기 어렵다는 점을 들 수 있다.

다. 패널 조사(panel research)

패널 조사는 기업과 일종의 계약을 맺은 후, 정기적, 지속적으로 시장정보를 제공하는 소비자 집단 즉 패널(panel)을 대상으로 하는 조사 방법이다. 이 방법은 같은 집단으로부터 반복적으로 정보를 수집하기 때문에, 일관성이 유지되고, 동시에 시간의 흐름에 따른 변화 과정과 추세(trend)를 파악할 수 있다는 장점이 있다.

라. CLT(Central Location Test) 조사

CLT 조사는 정해진 공간에 면접 장소를 설치한 후, 몇 명의 면접원들이 선별된 소비자들을 대상으로 직접 면접을 하는 방식으로 조사를 실시하는 방법이다. 따라서 설문 조사와 면접 조사의 장점을 적절히 결합한 방법이라고 할 수 있다.

(2) 소비자 분석(consumer analysis)

시장 조사가 거시적이고 외형적인 시장 환경을 다루는데 비해, 소비자 분석은 소비자 개개인의 개별적이고 내면적인 특성과 경향을 다룬다. 따라서 소비자 분석은 마케팅 활동의 일부이기도 하지만 동시에 신제품 기획 및 개발 활동과도 밀접한 관련을 맺고 있다.

소비자 분석이 중점적으로 다루는 연구영역의 한 가지는 누가, 무엇을, 어디서, 언제, 어떻게, 왜 구매하는가 하는 등, 소비자 행동의 외적 패턴을 분석하는 것이다. 예를 들어 어떤 제품에 대해 1) 어떤 연령, 직업, 성별을 가진 사람이 구매하는가? 2) 소비자들은 어떤 용도와 혜택을 기대하고 구매하는가? 3) 제품을 구매하는 지방은 어떻게 분포되어 있으며 특정 지방에서는 어느 주거(생활) 지역에서 주로 구매하는가? 4) 소비자들은 얼마나 자주 구매를 하며 어떤 제품과 다른 제품간에는 구매 패턴이 비슷한가, 아니면 상이한가? 5) 구매자와 비구매자 간에 성향, 학력, 소득, 직업 등의 유사점과 차이점은 무엇인가? 등이 구체적인 분석 주제가 된다.

소비자 분석의 또 다른 연구영역은 지각, 기억, 태도 등, 소비자 행동의 내적 요소를 분석하는 것이다. 예를 들어 1) 신제품에 대한 정보가 소비자에게 어떤 경로와 방식으로 전달되는가? 2) 신제품에 대한 정보가 어떤 메커니즘에 의해 지각되고 기억되는가? 3) 어떤 요인과 기준에 의해 구매 동기가 유발되는가? 4) 어떻게 마케팅에 유리한 태도를 유지하도록 하고 반면에 불리한 태도를 바꾸도록 유도할 것인가? 등이 구체적인 분석 주제가 된다.

소비자 분석은 공학도들이 심층적으로 다루기에는 쉽지 않은 영역이다. 주로 심리학적이고 통계학적인 지식과 감각이 많이 요구되기 때문이다. 또한 분석 방법과 과정도 일반적인 공학의 실험 방법이나 접근과는 큰 차이가 있다. 그러나 앞에서 언급한 대로 소비자 분석이 연구개발의 기획 과정에 중요한 정보를 제공한다는 측면에서, 소비자에 대한 이해는 갈수록 중요한 과제로 인식되고 있다.

가. 소비자 행동(consumer behavior) 분석

소비자 분석의 다양한 주제 가운데 중요한 하나는 소비자 행동 분석이다. 소비자 행동은 크게 배분 행동, 구매 행동, 사용 행동으로 나뉜다. 첫째, 배분 행동(allocation behavior)은 소득이나 자원을 크게 저축과 소비로 나누는 기준과 성향, 소비를 다시 세부적인 항목으로 나누는 행동 양식을 뜻한다. 둘째, 구매 행동(buying behavior)은 소비자 행동의 중심적인 주제로, 크게 상품 선택 행동, 상표 선택 행동, 구매량 및 구매시기 결정 행동, 구매지역(상호) 선택 행동 등으로 나눌 수 있다. 마지막으로 사용 행동(use behavior)은 소비자가 구매를 한 후 실제 사용 과정에서 보여주는 반응이나 다음의 구매 활동으로 연결시키는 경향을 말한다.

마케팅 활동의 실무에서는 소비자 행동에 대한 분석을 토대로 각 행동 단계에 적합한 마케팅 전략을 수립해야 한다. 먼저 배분 활동을 분석하여 개별 소비자의 구매 성향과 추세에 맞추어 전체적인 매출액과 제품 라인별 매출 규모를 예측해야 한다. 다음으로 구매 활동을 분석하여 상품별, 시기별, 지역별 마케팅 전략을 차별적으로 수립하고, 마지막으로 사용 행동에 대한 분석을 토대로, 사후 관리 전략 및 시장 확대 전략을 작성해야 한다.

나. 구매결정 과정 분석

소비자 분석의 또 하나 중요한 주제는 구매결정 과정을 분석하는 것이다. 구매를 결정하는 과정을 유형화하는 기준에는 여러 가지가 있을 수 있지만 학습(Learn: L), 감성(Feel: F), 사용(Do: D), 세 가지 행동의 순서와 우선순위의 차이에 따라 나누는 접근을 생각해 보자:

• L-D-F 유형

먼저 제품에 대한 상세한 정보를 수집한 후 실제 사용을 해 보고 마지막으로 감성적인 느낌에 따라 구매하는 유형이다. 기술적 내용이 복잡하고 용도가 전문화된 제품이나 새롭게 출시된 신제품의 구매가 이 유형에 해당된다.

• F-L-D 유형

먼저 제품으로부터 감성적으로 좋은 인상을 받고 제품에 대한 정보를 토대로 신뢰도를 얻은 후 사용한 경험에 따라 구매하는 유형이다. 성능보다는 디자인이 중요한 감성공학적 제품의 구매가 여기에 속한다.

• D-L-F 유형

먼저 사용을 해 보고 제품 정보를 확인한 후 느낌에 따라 구매하는 유형이다. 비싸지 않은 생활용품의 구매가 이 유형에 속한다.

물론 위에서 제시한 세 유형 외에도 다른 유형들이 있을 수 있다. 따라서 마케팅 활동의 실무에서는 다양한 유형들을 분류한 후, 해당 제품이 어느 유형에 해당되는지를 파악하고, 그 유형에 맞는 구매 행동의 순서와 우선순위를 결정하는 전략을 구사해야 한다.

(3) 기술수용 모형(Technology Acceptance Model)

사용자와 소비자들이 하이테크 기술과 제품을 수용하는 태도와 행동을 분석하는 것도 중요한 주제의 하나이다. 이 주제의 핵심 내용은 크게 기술수용 요인과 기술수용 과정이다. 즉, 신기술과 신제품을 채택하는데 영향을 미치는 요인이 무엇이며, 의사결정은 어떤 과정을 거쳐 진행되는지를 알아보는 것이다.

1970년대 이후, 주로 IT 분야를 중심으로 급속하게 신기술이 쏟아져 나오는데 비해 실제로 기업이나 개인이 신기술을 받아들이는 속도는 늦어지면서 신기술의 수용(acceptance)이 어떤 요인에 의해 어떤 과정으로 진행되는지에 대한 관심이 높아졌다. 이 주제와 관련하여 Davis(1989)가 제시한 기술수용 모형(Technology Acceptance Model: TAM)은 가장 폭넓게 사용되고 있는 기본 모형이다.

고객들이 새로운 기술을 처음 접할 때 그것을 언제 어떻게 구매할 것인지를 결정하는데 영향을 미치는 요인들은 많다. 그러나 기술수용 모형에서는 가장 중요한 두 개의 요인으로 인지된 유용성(perceived usefulness)과 인지된 사용 용이성(perceived ease of use)을 가정하고 있다. 여기서 인지된 유용성은 '이 기술을 사용할 경우 내 일의 성과가 어느 정도 좋아질 것인가에 대한 믿음'을 의미하고 인지된 사용 용이성은 '별다른 노력이나 어려움 없이 이 기술을 사용할 수 있는가에 대한 믿음'을 뜻한다.

[그림 10-10]에 도시되어 있는 것처럼, 이 두 가지 요인에 의해 고객은 신기술에 대한 태도(attitude)가 정해지고 이것이 다시 행동의도(behavioral intention)로 연결되며 결국 실제 사용(actual use)으로 이어진다고 본다. 아무래도 신기술은 많은 사람들에게 낯설기 마련이고 따라서 실제로 사용하기 전에 그것이 얼마나 쓸모 있으며 또한 얼마나 쉽게 사용할 수 있는지에 대한 믿음이 구매 행동에 큰 영향을 미친다는 것이다. 신기술의 이용자는 그 기술과의 상호작용이 쉬울수록 자신감이 생기고 그 자신감은 곧 신기술의 사용에 긍정적인 영향을 미칠 가능성이 높다.

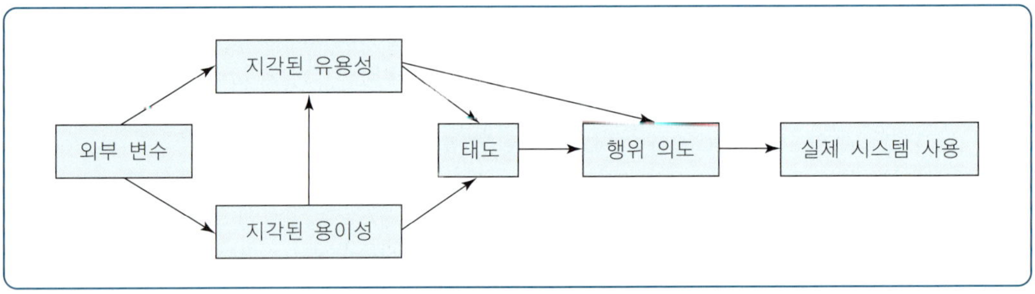

[그림 10-10] 기술수용 모형(TAM)의 기본 구조

위에서 보는 것처럼, 원래의 기술수용 모형은 매우 단순한 구조로 되어 있다. 따라서 처음 이 모형이 제시된 이후 다음 몇 가지 주제를 중심으로 계속해서 보완 내지 확장이 이루어지고 있다. 첫째는, 태도-의도-행동으로 이어지는 과정을 좀 더 정교하게 만드는 것이다. 각각이 과연 순차적 관계로 되어 있는지 아니면 상호작용 관계로 되어 있는지, 이 과정에 다른 단계가 추가되어야 하는지 등을 알아보는 것이다. 둘째는, 인지된 유용성이나 용이성에 영향을 미치는 외부 변수(external variables)가 무엇이냐를 찾는 작업이다. 당연한 말이지만, 사용자에게 주어지는 다양한 외부 변수들의 종류나 수준에 따라서 유용성이나 용이성에 대한 인식은 달라질 수밖에 없다. 셋째는, 기술수용 모형이 잘 적용되는 신기술은 어떤 것들이 있으며 반대로 잘 적용되지 않은 신기술은 어떤 것들이 있는지를 알

아보는 일이다. 신기술도 종류가 매우 다양하다. 같은 IT 분야라고 하더라도 소프트웨어 기술일 수도 있고 하드웨어 기술일 수도 있다. 더구나 온라인 시대를 넘어 모바일 시대로 접어들면 그 종류는 더욱 많아진다. 이 때 기술수용 모형이 어느 정도 유효한지를 분석하는 것도 흥미로운 연구주제가 되는 것이다.

4. STP 전략

(1) STP 전략의 기본 개념

지금까지 우리는 소비자(consumer)의 생각과 행동에 대해 알아보았다. 결국 신제품이나 신기술을 최종적으로 구매하는 것도 소비자이고 사용하는 것도 소비자이므로 소비자 개인에 대한 이해는 상업화 과정에 중요한 정보를 제공한다. 이제는 범위를 넓혀 소비자들의 집합인 시장에 대해 알아보기로 하자.

시장의 가장 큰 특성은 크고 복잡하다는 것이다. 따라서 어떤 신기술이나 신제품도 단번에 시장 전체를 공략할 수는 없다. 전체 시장 중에 가장 공략하기 쉬운 부분을 찾아서 먼저 진출한 후 단계적으로 범위를 넓혀나가야 한다. 이 과정에서 기본적으로 사용되는 전략이 STP 전략이다.

STP는 시장세분화를 가리키는 Segmentation(S), 표적시장의 선정을 의미하는 Targeting(T), 포지셔닝을 뜻하는 Positioning(P)의 앞 글자를 모은 용어이다(Kotler, 2001). 마케팅 전략의 출발은 전체 시장을 여러 요인과 기준에 따라 나누는 것에서 시작하여, 세분된 시장 가운데 집중적으로 공략할 시장, 즉 표적시장을 선택한 후에, 표적시장 안에서 우리의 차별적 위치와 경쟁우위를 확보하는 순서로 이루어져야 한다는 것이다.

STP 전략이 제시된 배경에는 시장환경과 제품특성의 변화가 자리잡고 있다. 전통적인 마케팅은 모든 시장과 고객을 아우르는 대량생산(mass production)과 대중 마케팅(mass marketing)을 토대로 하였다. 이미 대부분의 제품이 표준화되어 제품 간의 차이를 느끼기 어려운 상황에서는 시장을 나누기보다는 오히려 모아서(aggregation) 마케팅 비용을 절감하는 것이 더 유리한 전략이라고 생각한 것이다. 그러나 오늘날의 환경과 특성은 근본적으로 달라지고 있다. 고객의 구성은 갈수록 다양화되고 있고, 시장경쟁은 더 치열해지고 있으며, 제품의 수명은 더 짧아지고 있다. 이러한 상황에서는 선택과 집중의 마케팅 전략이 더 중요해질 수 밖에 없다.

(2) STP 전략의 과정

단계 1: 시장세분화(Segmentation)

STP 전략의 첫 단계는 시장을 나누는 일이다. 시장은 크게 보면 이질적 구성원들의 집합이다. 그러나 자세히 들여다보면 비교적 동질적인 소그룹들로 나눌 수 있다. 마케팅의 대상이 될 수 있을 정도의 규모를 형성하는 이런 소그룹들을 찾는 것이 곧 시장세분화이다. 시장규모가 크지 않더라도 분명한 개성과 충분한 구매력을 갖춘 작은 그룹이 있다면 틈새시장(niche market)으로서의 가치를 찾을 수도 있다.

물론 시장세분화 전략이 반드시 바람직한 것만은 아니다. 우선 시장조사와 분석에 상당한 비용이 들고, 제품의 개발과 생산에 더 많은 원가가 들어간다. 또 하나의 시장을 선택함으로써 다른 시장을 포기해야 하는 기회비용도 발생한다. 따라서 모든 경우에 반드시 시장을 세분하는 것이 아니라, 전체 시장을 유사한 특성을 지닌 그룹으로 나눌 수 있는지를 보고 세분화 여부를 결정해야 한다. 시장을 나누기로 한 경우에도, 분명한 기준과 정확한 정보를 토대로 세분화가 이루어져야만 비용보다 더 큰 효과를 볼 수 있다.

시장을 나누는 기준으로 가장 일차적으로 사용되는 변수로는 측정과 분석이 쉬운 인구통계 변수, 지역 변수 등을 들 수 있다. 연령별로 나누거나, 성별로 나누거나, 지역별로 나누는 식이다. 더 나아가서는 브랜드 선호도나 구매빈도 등과 같은 고객행동 변수들과 품질, 가격, 디자인 등과 같은 상품속성 변수 등을 사용하기도 한다. 실질적인 시장세분화를 위해서는 전문적인 시장조사 기법들을 활용해야 하므로 대부분 전문가의 도움을 받게 된다.

단계 2: 표적시장 선정(Targeting)

시장세분화가 이루어진 후에는 표적시장을 선택하게 된다. 현실적으로 세분시장 모두를 대상으로 각각의 특성과 수요에 맞춘 제품을 개발하거나 생산할 수는 없다. 따라서 가장 적합한 그룹을 골라서 그 그룹만을 대상으로 한 마케팅에 집중하게 된다. 이것이 바로 STP 전략의 두 번째 단계인 표적시장선정이다.

표적시장을 선택하는 일은 한마디로 시장의 매력도와 기업(제품)의 적합도를 비교하여 연관성이 가장 높은 시장을 고르는 작업이다. 시장의 매력도를 보여주는 변수로는 시장규모, 성장성, 경쟁 정도, 시장의 반응 정도, 시장의 동질성 등을 들 수 있다. 기업(제품)의 적합도를 나타내는 변수로는 기술의 적합성, 마케팅의 적합성, 원가의 적합성, 제품의 동질성, 가용자원의 수준 등을 들 수 있다. 여기서 주의할 점은 반드시 하나의 표적시장만을 선택할 필요는 없다는 것이다. 경우에 따라서는 먼저 일차(primary) 표적시장을 고른 후 추가적으로 이차(secondary) 표적시장을 고를 수도 있다.

단계 3: 포지셔닝(Positioning)

STP 전략의 마지막 단계는 포지셔닝, 즉 기업과 제품의 위상을 확보하는 일이다. 표적시장이 정해지면, 다음에는 실질적이고 구체적인 방법을 통해 고객이 그 기업(제품)의 차별적 경쟁우위를 분명히 인식하게 만들어야 한다. 이것이 바로 포지셔닝이다.

포지셔닝도 여러 기준과 관점에서 말할 수 있지만 STP에서 말하는 포지셔닝은 주로 브랜드(brand) 포지셔닝이다. 오늘날의 고객들은 수많은 채널을 통해 수많은 제품과 기술에 대한 정보에 노출되어 있기 때문에 구매 의사결정 과정에서 혼란을 겪기 마련이다. 따라서 많은 경우 제품 내부에 숨어있는 내용물을 보고 선택하는 것이 아니라 외부에 드러난 '브랜드'를 보고 선택하는 경향이 강하다. 결국 시장 내에서 그 제품이 차지하는 위상은 브랜드라는 이름으로 인식되는 것이다. 그러므로 포지셔닝은 잠재고객의 인식 속에 브랜드라는 이름으로 기업(제품)의 차별적 위상을 명확하게 알려주는 작업이다.

주의할 점은 포지셔닝은 일회적인 활동이 아니라는 것이다. 성공적인 포지셔닝을 위해서는 신제품이 출시되기 전에 미리 분명한 브랜드 포지션을 설정하고, 제품이 출시된 이후에도 수명주기의 단계에 따라서 포지션의 변화와 그에 따른 마케팅 전략의 변화를 모색해야 한다. 즉, 장기적인 계획 하에 신축적이고 전략적인 포지션 관리가 중요하다. 그래야만 충성도 높은 고객을 오랫동안 유지하면서 브랜드 자산의 가치를 올릴 수 있다.

5. 마케팅 믹스

(1) 마케팅 믹스의 기본 개념

시장 조사와 소비자 분석을 토대로 STP 전략이 수립된 후에 이루어지는 마케팅 활동은 마케팅 믹스(marketing mix)를 결정하는 일이다. 마케팅 믹스는 마케팅의 전략과 방법을 결정하는 핵심 요소(ingredient)들의 최적 조합(optimal mix)을 의미한다. 따라서 마케팅 믹스를 정하는 일은 앞의 STP에서 선정한 표적 시장에서 차별적 경쟁우위를 확보할 수 있는 구체적이고 실질적인 대안을 찾는 일이라고 할 수 있다.

마케팅 믹스의 핵심 요소가 무엇인가는 기업 특성이나 환경 조건에 따라 달라질 수 있다. 그러나 마케팅 실무에서 가장 일반적으로 사용되는 요소는 흔히 4P라고 불리는 제품(product), 가격(price), 유통(place), 촉진(promotion)의 네 가지이다. 〈표 10-6〉에 4P에 대한 설명이 요약되어 있다. 결국 마케팅 믹스는 위의 네 요소에 대해 매출액이나 수익성을 극대화시킬 수 있는 최적의 수준이나 방식을 선택하는 의사결정을 뜻한다.

〈표 10-6〉 4P 분석

P	전략	분석요소
Product	제품전략	제품특성, 수명주기, 제품계열, 상표
Price	가격전략	가격설정, 가격조정/변경
Place	유통전략	유통형태, 유통경로, 물류관리
Promotion	촉진전략	광고/홍보, 판매원관리

(2) 마케팅 믹스의 구성

이론적으로 존재할 수 있는 마케팅 믹스는 무수히 많다. 예를 들어 각 요소마다 가능한 대안이 10개씩이라고 하면, 가능한 믹스의 수는 10×10×10×10 = 10,000가지가 된다. 특히 가능한 대안의 내용을, 정성적이 아니라 정량적인 수치로 표현한다면 가지 수는 훨씬 많아진다.

따라서 마케팅 믹스를 구성하는 과정은 몇 개의 단계로 나누어 수행된다.

1) 1 단계: 마케팅 믹스를 구성하는 핵심 요소를 결정한다.

2) 2 단계: 각 요소에 대한 정량화를 통해 가능한 대안을 설정한다.

3) 3 단계: 목적함수를 극대화하는 각 요소의 최적값이나 방식을 결정한다.

4) 4 단계: 요소 간 상호관계를 고려하여 전체적인 믹스를 조정한다.

예를 들어, 마케팅 믹스를 다음과 같은 집합 형식으로 나타내 보자. 여기에서는 마케팅 믹스의 핵심 요소로서 제품특성, 제품가격, 유통비용, 촉진비용의 네 가지를 선정하였다.

마케팅 믹스(marketing mix) = (P_1, P_2, P_3, P_4)

P_1 = 제품특성의 수준

P_2 = 제품가격의 수준

P_3 = 유통비용의 수준

P_4 = 촉진비용의 수준

다음으로 각 요소의 값을 정량화하여 가능한 대안의 수를 줄인다. 위 예제에 대해, 각 요소를 정량적인 수치로 나타내었다고 가정하자. 예를 들어 촉진비용 P_4는 신문, 잡지, TV의 세 가지 광고매체 가운데 어느 것을 선택하느냐에 따라 그 값이 금액으로 결정된다. 이렇게 하면 촉진비용에 대해 가능한 대안의 수는 세 가지가 된다. 같은 방법으로 제품특성, 제품가격, 유통비용에 대해서도 정량화를 통해 가능한 대안의 수를 한정한다.

일단 각 요소의 수준이 결정되면, 전체적인 수익성이나 매출액을 계산할 수 있는 목적함수(objective function)를 설정한 후, 목적함수의 값을 극대화하는 요소별 최적값을 찾는다. 즉 다양한 마케팅 믹스의 조합 가운데 목적함수를 극대화 시키는 조합을 찾는 것이다. 이를 위해서는 앞에서 설명한 선형계획 모형이 이용될 수 있다. 물론 정교한 수리 모형을 동원하지 않고 정성적이고 직관적인 방법으로 최적의 조합을 결정할 수도 있다.

마지막으로 개별 요소들의 관계를 고려하여 부분적인 조정을 한다. 이 단계가 필요한 이유는 경우에 따라 요소들 간에 종속적이거나 상충적인 관계가 존재하기 때문이다. 예를 들어 제품 특성이 올라가면 가격도 올라가게 되고, 고가의 제품인 경우에 촉진비용도 커지는 게 일반적이다. 따라서 한 요소의 수준이 결정되면 다른 요소의 값이 가질 수 있는 범위가 제한되어, 최종적으로 조정을 해야 하는 경우가 생길 수 있다.

읽고 생각하기

발명자의 최초 선택과 사용자의 최종 선택

어떤 발명품의 최초 용도와 최종 용도가 다른 경우는 드물지 않다. '무엇에 쓰는 물건'인지 아예 모르고 만든 경우도 있고, 당초에는 '여기에 쓰는 물건'으로 만들었지만 나중에는 '저기에 쓰는 물건'으로 바뀐 경우도 있다. 기술사학자 바살라(G. Basalla)는 축음기와 테이프 레코더를 대표적인 예로 들고 있다. 축음기를 발명한 에디슨은 이 새로운 기계의 실용성을 입증하기 위해 '10가지의 용도'를 우선순위에 따라 제시했는데, 가장 첫 번째가 '속기사 대신 말을 받아쓰게 한다'였고 그 다음이 '맹인에게 책을 읽어주게 한다'였다.

실제로 이 발명품은 '받아쓰기 기계'로 출시되었다. 그러나 시장의 소비자가 최종적으로 선택한 용도는 '음악을 재생하는 기계'였다. 테이프 레코더도 같은 전철을 밟았다. 소니(Sony)는 이 크고 비싼 발명품의 용도를 찾을 수가 없어 처음에는 법무성에 '재판과정을 기록하는 기계'로 팔았고 다음에는 '언어교육용 기자재'로 학교에 납품했다. 당시 미국에서는 '테이프 레코더의 999가지 용도'를 알려주는 안내책자가 나오기도 했다. 테이프 레코더의 최종 용도를 '축음기를 대체하는 음악재생 기계'로 선택한 것은 이번에도 사용자였다.

실용화 과정을 거치면서 없던 용도가 새로 생길 수도 있다. 초기 축음기의 재생시간은 2분에 불과했고 초기 카메라는 무려 10초의 노출시간을 필요로 했다. 초기 타자기는 펜보다 오히려 느렸다. 이 정도 성능으로는 '어디에도' 쓸 데가 없다. 하지만 기술적 한계가 극복되면서 '여러 곳에' 쓸 데가 생기고 소비자가 선택할 수 있는 용도도 다양해진다. 안 보이던 진화의 경로가 새롭게 나타나는 것이다.

문제는 '막연한' 용도가 '분명한' 용도로 변하는데 걸리는 시간이다. 1877년 발명된 축음기가 1891년 주크박스(jukebox)라는 음악재생기로 자리잡기까지는 15년 가까운 시간이 필요했다. 1940년대 말에 발명된 테이프 레코더가 1960년대 초에 음악녹음 장비로 정착하는데도 10여 년의 시간이 흘렀다. 오늘날 경영환경에서, 발명품의 용도를 찾아내는데 걸리는 '탐색시간'과 용도를 바꾸는데 걸리는 '전환시간'을 인내할 수 있는 기업은 많지 않다. 소비자의 니즈와 시장의 흐름에 맞춰 처음부터 용도가 분명한 신제품을 만들어야 살아남을 수 있는 것이다.

그렇다면 해답은 무엇인가? 먼저 '소비자 아이디어'를 수집하는 방법을 들 수 있다. 최근에 관심을 끌고 있는 역혁신(reverse innovation) 방식은 신제품의 용도를 아예 소비자가 선택하게 한다. 소비자들이 '먼저' 아이디어나 요구사항을 데이터베이스에 입력하면 공급자가 '나중에' 그것을 개발과정에 반영하는 '거꾸로'의 방식을 사용한다. 구매자가 자신이 원하는 가격의 제품을 '먼저' 올리면 조건이 맞는 판매자가 '나중에' 선택하는 역시장(reverse market)의 개념을 제품개발에 원용한 것이다.

다음으로 '소비자 전문가'를 활용하는 방식도 유용하다. 토플러(Toffler)가 예견한 것처럼, 최근의 소비자들은 전문가에 뒤지지 않는 제품지식과 사용경험을 토대로 생산(producer)과 소비(consumer)를 동시에 추구하는 이른바 '프로슈머(prosumer)'로 진화하고 있다. 그중에서도 소비자 중의 소비자란 뜻의 '알파 소비자(alpha consumer)'는 신제품의 진로를 선도하는 집단이다. 이들은 스스로 디자인도 하고 자신만의 브랜드도 만들고 시장의 흐름도 끌고 간다. 이미 출시된 신제품을 남들보다 일찍 받아들이는 수준의 '초기채택자(early adopter)'보다 기술적 전문성도 높고 사회적 영향력도 높다.

따라서 이들을 개발과정에 참여시키면 신제품의 경로는 훨씬 분명해질 수 있다.

'소비자 피드백'을 반영하는 것도 효과적인 방식이다. 특히 소프트웨어 기업을 중심으로 확산되고 있는 '영원한 베타(perpetual beta)' 개념은 주목할만하다. 시제품(prototype)은 먼저 설계도대로 작동하는지를 보는 '알파(α) 테스트'와 실제 상황에서도 제대로 작동하는지를 보는 '베타(β) 테스트'의 순서를 거친다. 따라서 베타 테스트를 통과한 시제품은 곧 최종제품을 의미한다. '영원한 베타'는 시제품을 잠재고객에게 던져준 후 되돌아오는 피드백 정보를 수시로 반영하여 항상 베타의 상태로 유지하는 방식을 가리킨다. 개발전문가를 중심으로 최종제품을 '빨리 그리고 자주 출시하는(release early and release often)' 폐쇄적(closed) 전략에서 사용자와 '함께 만들고 같이 고치는(make together and fix together)' 개방적(open) 전략으로 전환하는 것이다.

다윈(Darwin)은 유명한 '종(種)의 기원'에서 "지구상에 마지막까지 살아남을 종은 가장 힘센 종도, 가장 머리가 좋은 종도 아니고 환경변화에 가장 잘 적응하는 종"이라고 했다. 이 명제는 생물체의 진화뿐 아니라 인공물의 진화에도 성립된다. 하지만 진로가 '주어지는' 생물체의 자연선택과 달리 인공물의 인위선택에는 '쓸모'에 맞게 '만들어지는' 진로가 존재한다. 시장이 가리키는 진로를 가장 잘 따라가는 신제품이 시장에서 살아남고 이 진로를 가장 빨리 알아내는 기업이 시장을 이끌어간다.

– 조선일보 경영컬럼 – 박용태 교수의 테크노경영, 2007

10.3 하이테크 마케팅

하이테크 마케팅(high-tech marketing)은 전통적인 마케팅과 대비되는 개념이자 용어로서 최근에 많은 관심을 끌고 있다. 오늘날의 새로운 기술과 제품의 가장 큰 특징은 기술집약적이며 또한 수명주기(life cycle)가 짧다는 사실이다. 또 고객집단의 분포도 기존제품의 시장보다 더 세분화되는 경향을 보인다. 하이테크 마케팅은 이러한 사실을 토대로, 전통적인 마케팅에서 설명하기 어려운 새로운 기준과 방식으로 마케팅을 다루어 보자는 움직임을 대변하는 것이다.

신제품의 시장 확산 과정을 이론적, 경험적으로 분석한 연구는 오래 전부터 있어 왔다. 특히 20세기 전반부를 거쳐 폭넓은 분야에 적용되기 시작한 확산 이론(diffusion theory)은 마케팅 분야의 제품 확산 연구에도 큰 영향을 미쳤다. 그러나 하이테크 마케팅이란 개념이 처음 제시된 것은 1990년대 초 실리콘밸리의 벤처기업들을 배경으로 하고 있다. 따라서 하이테크 마케팅은 자주 벤처 마케팅(venture marketing)이란 이름으로도 불린다.

1. 기술수용 수명주기

하이테크 마케팅의 핵심은 기술수용 수명주기(Technology Adoption Life Cycle: TALC)라는 분석의 틀에 있다. [그림 10-11]에서 알 수 있는 것처럼, 첨단기술 제품이 시장에서 수용되는 과정을 실증적으로 분석해 보면, 전체적으로 종 모양의 곡선(bell-shaped curve)으로 나타난다.

고객 집단 내에서 신제품을 수용하는 양상에 차이가 발생하는 요인으로는 다음 몇 가지를 들 수 있다. 첫째, 개인적 성향이다. 신제품을 수용하는 태도는 개인적 차이가 클 수 있다. 특히 혁신적(innovative)인 것에 대한 선호도의 차이가 중요한 요인이 될 수 있다. 둘째, 집단적 영향이다. 그 제품을 이미 수용한 소집단의 반응과 영향력의 크기에 따라 아직 수용하지 않은 소집단의 수용 태도가 달라질 수 있다. 셋째, 시장적 특성이다. 신제품의 차별적 용도와 혜택, 가격 경쟁력, 유통망 등에 따라 신제품의 수용 여부가 결정될 수 있다. 넷째, 기술적 특성이다. 신제품이 보유한 기술적 비교우위나 기존 제품과의 호환성(compatibility) 등이 큰 영향을 미칠 수 있다.

이러한 요인에 따라 신기술과 신제품을 수용하는 고객 집단(customer group)을 수용의 시점과 성향에 따라 크게 다섯 부류로 나눌 수 있다.

1) 혁신자(innovators) : 신제품의 출시와 거의 동시에 수용하는 고객으로 직업상의 이유로 신제품의 성능을 테스트하거나 연구개발에 참고하는 목적을 가진 사람들, 신기술에 대한 매니아 그룹 등이 여기에 속한다. 이들의 성향은 실험적이라고 할 수 있다. 전체 고객에서 혁신자 그룹의 비중은 2.5% 정도이다.

2) 초기수용자(early adopters) : 신제품의 이름이 알려지고 그 차별성이 시장에 인식되기 시작하면, 매우 적극적으로 이를 수용하는 사람들을 가리킨다. 이들의 성향은 선도적이라고 할 수 있다. 전체 고객에서 초기수용자가 차지하는 비중은 13.5% 정도이다.

3) 전기다수(early majority) : 신제품의 성능과 가치가 시장의 초기수용자들로부터 인정 받고 규격과 품질이 표준화되면, 비교적 일찍 이를 수용하는 다수의 사람들이 여기에 속한다. 이들의 성향은 실용적이라고 할 수 있다. 전체 고객에서 전기다수가 차지하는 비중은 34% 정도이다.

4) 후기다수(late majority) : 신제품이 시장에 상당히 확산되고 이미 과반수의 고객들이 사용함으로써 제품의 신뢰도를 충분히 인식하고 있을 뿐 아니라, 다수의 기존 수용자들로부터 직접적 또는 간접적 압력을 느끼게 되면, 이를 수용하는 다수의 사람들이 여기에 속한다. 이들의 성향은 보수적이라고 할 수 있다. 후기다수가 차지하는 비중은 34% 정도이다.

5) 비수용자(laggards) : 신제품의 확산이 거의 포화상태에 이르러 압도적인 다수가 수용하고 있음에도 여전히 구제품의 사용을 고집하고 있는 사람들이 여기에 속한다. 이들의 성향은 지나치게 보수적이며 매사에 회의적이라고 할 수 있다. 비수용자가 차지하는 비중은 16% 정도이다.

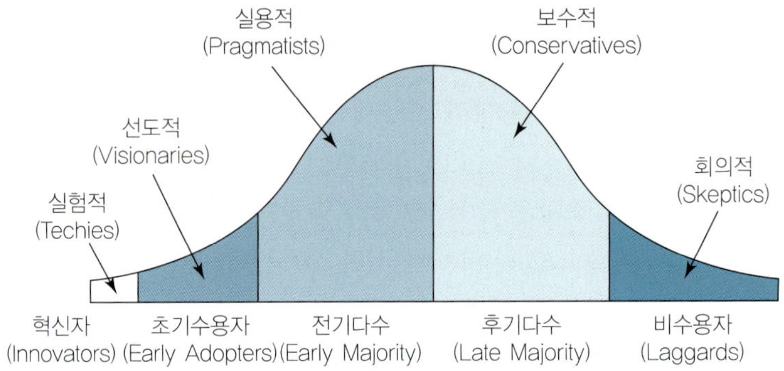

[그림 10-11] 기술수용 수명주기와 고객 집단의 분포

2. 캐즘 이론

하이테크 마케팅의 핵심은 캐즘 이론(chasm theory)에 있다. 이 이론은 과학적인 논리에 의한 것이 아니고 시장의 관찰에서 도출한 실증적이고 경험적인 것이다.

[그림 10-12]에 도시되어 있는 것처럼, 캐즘 이론은 신기술 수용의 수명주기 상에서 크게 세 개의 틈(crack)이 존재한다는 가정에서 출발한다. 각각의 틈이 어디에 존재하고 왜 발생하는지 살펴보자.

– 첫 번째 틈

첫 번째 틈(first crack)은 혁신자와 초기수용자 사이(gap between innovators and early adopters)에 존재한다. 이 틈이 발생하는 이유는 신기술(신제품)의 잠재적 가치와 용도가 실질적인 효용으로 나타나지 않고 있기 때문이다.

– 세 번째 틈

세 번째 틈(third crack)은 전기다수와 후기다수 사이(gap between early majority and late majority)에 존재한다. 이 틈이 생기는 이유는 성숙 내지 포화된 시장에서 표준화 제품을 저가격으로 제공할 수 있는 공정비용, 유통비용의 절감을 실현하지 못했기 때문이다.

- 두 번째 틈

수명주기 상에서는 두 번째이지만 마지막으로 설명하는 이유는 앞의 두 틈이 상대적으로 크기가 작고 폭이 좁은 틈인데 반해, 두 번째 틈(second crack)은 크기도 매우 크고 폭도 넓어 넘기가 어렵기 때문이다. 따라서 이 틈을 특별히 crack이 아니라 캐즘(chasm)이라고 부른다. 이 틈은 초기수용자와 전기다수 사이(gap between early adopters and early majority)에 존재한다. 이 틈은 두 그룹 사이에 신제품 수용의 목적과 성격에 있어서 근본적인 차이가 존재하기 때문에 발생하게 된다. 기술적인 측면에서 호환성이 없거나 부족한 점도 중요한 이유가 된다. 초기수용자는 조직의 변화를 위한 급진적 혁신(radical innovation)의 도구로 신기술(신제품)을 수용한다. 하지만 전기다수가 신제품을 수용하는 목적은 기존 경영시스템을 유지하면서 단지 생산성과 효율성을 올리기 위한 점진적 혁신(incremental innovation)의 도구로 사용하기 위한 것이다.

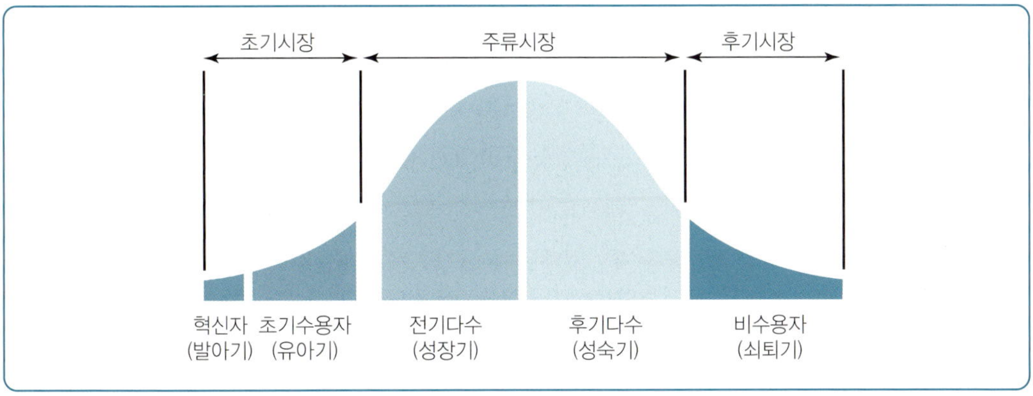

[그림 10-12] 기술수용 수명주기와 캐즘(chasm)

3. 하이테크 마케팅 전략

결국 하이테크 마케팅은 신기술 수용의 수명주기에 존재하는 틈들을 어떻게 극복하여 지속적인 성장을 이룰 수 있는가 하는 문제를 다루는 것이다. 앞 절에서 설명한 것처럼, 각각의 틈이 생기는 원인과 배경은 알려져 있다. 따라서 결론은 그 원인을 해소하는 전략과 방법을 제시하는 데 있다.

먼저, 첫 번째 틈을 뛰어넘는 방법은 신기술의 유일하고도 확실한 활용도를 제시하는 것이다. 여러 가지에 폭 넓게 쓰일 수 있다는 말은 바꾸어 말하면 어디에도 유일하게 또 확실하게 쓰일 수 없다는 말과 같다. 벤처기업의 초기 성공 요인을 가장 명확하게 제시한 지침은 '영양제(vitamin)'가 아니라 '진통제(pain-killer)'를 팔아야 한다는 말이다. 누구나 먹으면 좋지만 안 먹는다고 생명에 지장은 없는 비타민보다는 고객집단은 작지만 고통을 겪고 있는 사람은 안 먹으면 견딜 수 없는 진통제를 팔아야 분명한 초기시장을 확보할 수 있는 것이다. 따라서 초기수용자를 끌어들이기 위해서는 신기술의 집중적인 활용 범위와 차별적 성능을 분명히 알려주는 마케팅 전략이 필요하다. 이러한 전략을 하이테크 마케팅에서는 Bowling Alley 전략이라고 부른다. 볼링(Bowling)을 칠 때 첫 번째 핀을 제대로 맞추게 되면 나머지 핀들은 볼링 공에 의해서라기보다는 다른 핀들에 의해서 쓰러지게 된다는 원리를 표현하는 용어이다.

다음으로, 세 번째 틈을 극복하기 위해서는 단품(single product)이 아니라 패키지 상품(package)을 제공하고 유통망을 정비하는 전략이 효과적이다. 이미 표준화된 제품라인이 확신되어 있기 때문에 새로운 기능을 창출하기는 어렵지만, 기존 기능을 연계하는 통합시스템을 제공하는 것은 가능하다. 또 이 단계의 경쟁요소는 가격과 납기이기 때문에, 유통망과 생산공정을 정비하여 비용을 절감하고 납기를 단축하는 것이 매우 중요하다.

마지막으로 두 번째 틈, 캐즘(chasm)을 넘기 위해서는 집중화를 통해 선도적인 시장지배력을 확보하는 전략이 절대적으로 필요하다. 틈새시장(niche market)을 찾아 공략의 목표(point of attack)로 삼은 뒤, 가용한 모든 자원을 여기에 쏟아 부어 승부를 걸어야 이 거대한 캐즘을 넘어설 수 있다는 것이다. 이때 틈새시장에는 시장확대의 틈새(application niche)와 주제개발의 틈새(thematic niche)가 있을 수 있다. 시장확대의 틈새는 신기술을 응용할 수 있는 새로운 시장을 찾아내는 접근이다. 예를 들어, 컴퓨터 기술의 적용을 출판시장이나 금융시장으로 확대하는 경우가 여기에 해당된다. 주제개발의 틈새는 신기술의 성능이나 설계도를 새롭게 바꾸는 접근이다. 예를 들어, 고정용을 휴대용으로 바꾼다든가 폐쇄 시스템(closed system)을 개방 시스템(open system)으로 전환하는 경우가 여기에 해당된다.

4. 하이프 사이클

유망기술(emerging technology)이 처음 출현하여 사회와 시장의 관심을 끌면서 퍼져나가는 양상을 개념적 내지 시각적으로 표현하는 또 다른 모형으로 하이프 사이클(Hype Cycle)을 들 수 있다. 이 모형은 IT 조사기관인 Gartner사가 제시한 것으로 Gartner사는 실제로 매년 그 해의 사이클을 발표하고 있다.

Hype라는 용어는 과대광고 또는 선풍적 관심을 뜻하는 말로, 주로 인터넷이나 SNS와 같은 커뮤니케이션 매체를 통해 어떤 대상에 대한 의견이나 평가가 급속도로 퍼져나가는 현상을 가리킨다. 따라서 그 용어가 의미하는 것처럼, 하이프 사이클은 신기술에 대한 사람들의 관심이나 열기가 시간의 흐름을 따라 변화하는 패턴을 보여주는 곡선이다. 흔히 획기적인 신기술이 등장하면, 그것이 마치 세상을 금방 바꾸어놓을 것처럼 엄청난 관심을 끌다가 갑자기 열풍이 사라진 후 시간이 어느 정도 지나고 다시 되살아나는 현상을 보게 된다. 이러한 패턴을 시각적 모형으로 보여주는 것이 바로 하이프 사이클이다.

[그림 10-13]에서 보는 것처럼, 하이프 사이클은 크게 5단계로 이루어진다. 각 단계의 이름과 현상을 간략하게 설명하면 아래와 같다.

1) 단계 1: 기술 촉발(Technology Trigger) 단계

새로 출현한 기술이 시장(전문가)의 관심을 받기 시작하는 시기로서, 초기의 개념적 모델과 1세대 제품에 대해 미디어의 홍보가 대중의 관심을 유인하는 단계이다. 대중의 긍정적(positive) 관심이 커지고 있지만 아직 상용화 된 제품은 없고 상업적 가치도 검증되지 않은 상태이다.

2) 단계 2: 기대의 정점(Peak of Inflated Expectations) 단계

일부의 성공 사례가 과장되어 알려지면서 시장과 대중의 지나친 기대와 비현실적인 낙관론이 최고조에 다다르는 시기이다. 여기저기에서 이 기술의 가치와 효용에 대해 엄청난 관심을 보이고 실제로 일부 기업이 사업화에 뛰어드는 단계이다. 물론 아직은 대부분의 기업들이 주의 깊게 추이를 지켜보고 있으며 일부에서는 비판적이거나 부정적인 의견들도 나오기 시작한다.

3) 단계 3: 실망(Trough of Disillusionment) 단계

실험적 시도와 상품화 노력이 뚜렷한 성과를 만들어내지 못함에 따라 대중의 관심이 급격히 감소하고 실망감이 확산되는 시기이다. 한마디로 거품이 꺼지는 단계로서, 제품화를 시도한 기업들은 대부분 사업화를 중단하거나 포기하게 된다. 하지만 소비자가 만족할만한 수준의 2세대 제품의 출시에 성공한 기업들은 지속적으로 투자를 이어간다.

4) 단계 4: 계몽(Slope of Enlightenment) 단계

신기술/신제품의 가시적인 성공 사례들이 늘어나면서 사람들의 관심을 서서히 회복하는 시기이다. 다시 말해, 꺼진 불이 다시 살아나기 시작하는 단계이다. 3세대의 후속제품들이 출시되기 시작하면서 시장에 진입하는 기업들이 증가하게 된다.

5) 단계 5: 안정화(Plateau of Productivity) 단계

유망기술이 이제 시장의 지배제품(dominant design)으로 안정적인 정착단계 진입하는 시기이다. 실제로 제품/기술을 채택하는 고객들의 비율이 20~30%에

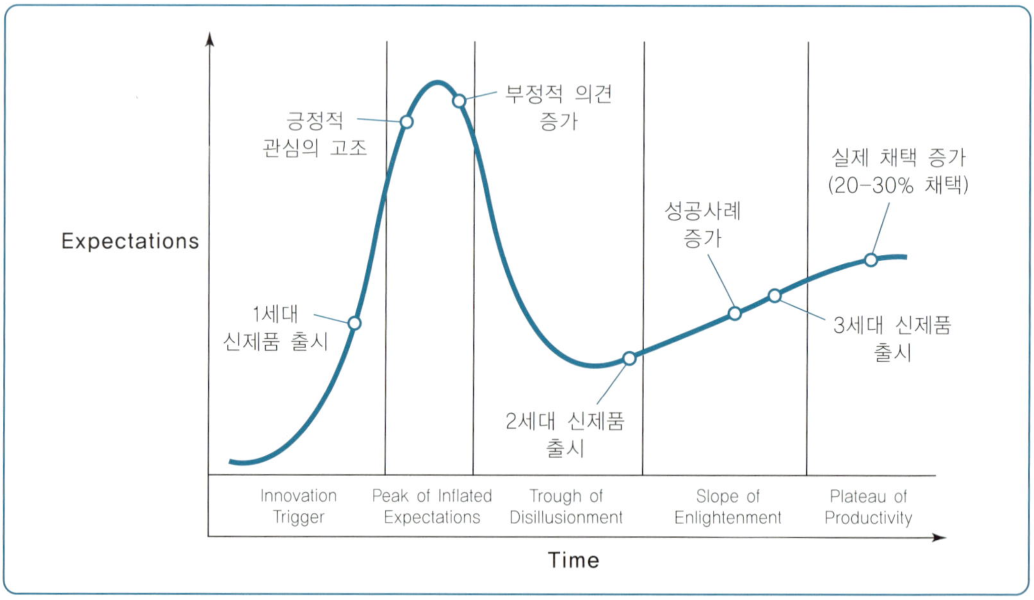

[그림 10-13] Hype Cycle의 기본 구조

이르게 되면서 본격적으로 시장이 열리는 단계이다. 나아가 안정적인 구기술을 대체 또는 위협하는 혁신적 신기술이 출현할 가능성도 생겨난다.

주의할 점은, 이 곡선은 말 그대로 시장이나 고객의 관심을 가리키는 것이지 실질적인 구매나 채택을 뜻하는 것은 아니라는 것이다. 실제로 위의 그림에서 Y축은 판매량이나 채택자 수가 아니라 관심도 내지 기대치(expectation)로 되어 있다. 물론 관심이 높고 낮은 정도가 실질적인 채택의 증가나 감소로 어느 정도는 연결된다고 볼 수 있지만 둘 사이에는 크기의 차이도 있을 수 있고 또 시간의 차이(lag)도 있을 수 있다. 더구나 대중의 관심이 높다 또는 낮다는 것을 정량적인 지표로 정확하게 측정하는 것도 쉬운 일은 아니다. 또 이러한 사이클이 잘 적용되는 기술이나 제품도 있지만 그렇지 않은 분야도 많이 있다. 더구나 이 사이클은 단지 눈에 보이는 현상을 곡선으로 그린 것에 불과하기 때문에 과학적 근거나 이론적 설명이 부족하다는 비판도 받고 있다.

그러나 이 사이클은 유망기술의 현재 단계를 진단하는 도구로서 또한 유망기술의 미래단계를 예측하는 도구로서 유용하게 활용될 수 있다. 즉, 이 사이클을 매년 단위로 새로 그린다면 어떤 유망기술이 작년에는 어느 단계에 있다가 올해는 어느 단계에 서 있는지를 파악하고, 내년에는 어느 단계로 진행될지를 예측할 수 있는 것이다.

10.4 기술확산

1. 기술확산의 기본 이론

앞에서 살펴본 모형들은 신제품이나 유망기술의 상업화 과정에서 고객과 시장이 어떤 반응을 보이는지를 개념적(conceptual)으로 제시한 것들이다. 물론 이러한 개념적 예측도 마케팅 전략의 수립에 필요한 정보를 제공한다. 그러나 나아가 신기술과 신제품이 시장에 나와서 어떤 방향과 속도로 펴져나가는지를 정량적으로 예측할 수 있다면 실질적이고 구체적인 마케팅 전략의 수립에 큰 도움이 될 것이다. 이러한 필요성 때문에 시간의 흐름에 따라 신기술이나 신제품이 확산되는 패턴을 정량적으로 추정 내지 예측하려는 시도가 계속되어 왔다. 이러한 패턴을 수리적으로 표현한 것을 흔히 기술확산 모형(technology diffusion model)이라고 한다.

기술확산 모형은 기본적으로 신기술과 신제품의 확산은 '커뮤니케이션 채널(communication channel)을 통해 이루어진다' 는 가정을 토대로 한다. 이 채널은 다시 외부의 매스미디어 채널과 내부의 대인 채널이라는 두 가지 채널을 통해 확산된다고 본다. 예를 들어 혁신적인 스마트폰이 시장에 나오면, 사람들은 한편으로는 광고나 전문 사이트를 참고하여 나름대로 관련정보를 얻기도 하고 다른 한편으로는 이미 스마트폰을 구매한 사람들의 입소문을 듣기도 한다. 전자가 외부 매스미디어 채널이고 후자가 내부의 대인 채널이다. 이 두 가지 채널이 확산 과정에 어떤 영향을 미치는 가를 정량적으로 분석한 함수 모형을 가지고, 미래에 얼마나 많은 사람들이 그 제품(기술)을 받아들일 것인가를 예측하는 것이 기술확산 모형의 주요 주제이다.

2. 기술확산의 수리모형

기술확산 모형의 기본적 아이디어나 방법은 앞에서 살펴본 기술예측의 곡선적합 모형과 크게 다를 바가 없다. 과거의 자료들을 plotting하여 곡선(curve)을 만든 후, 그 곡선에 가장 잘 맞는 함수를 찾는 식이다.

기술확산 모형은 앞에서 설명한 커뮤니케이션 채널의 역할에 따라 크게 세 가지 경우로 나누어 볼 수 있다. 첫째는, 기술확산이 외부 채널만을 통해 일어난다고 보는 경우이다. 즉, 광고나 인터넷으로 얻은 정보만을 가지고 본인이 스스로 구매 결정을 한다고 보는 것이다. 따라서 이미 얼마나 많은 기업 또는 개인이 그 기술을 채택하였는가는 확산에 아무런 영향을 미치지 않는다. 여기서 수리적 내용은 설명하지 않겠지만, 이때는 간단한 지수함수(exponential function)를 가지고 확산 패턴을 예측할 수 있다.

둘째는, 반대로 기술확산이 내부 채널만을 통해 일어난다고 보는 경우이다. 밖에서 얻을 수 있는 객관적 정보는 무시하고 이미 사용하고 있는 사람들의 입소문을 통해서만 구매 여부가 결정된다고 가정한다. 즉 전체 모집단에서 얼마나 많은 사람들이 이미 구매하였는지가 아직 구매하지 않은 사람들의 의사 결정에 직접적인 영향을 미친다고 보는 것이다. 이때는 앞의 기술예측에서 설명한 것처럼 로지스틱(Logistic) 모형이나 곰페르츠(Gompertz) 모형을 쓰게 된다. 따라서 이 경우에는 기술예측과 기술확산 사이에 기본모형과 방법론의 차이가 없다고 할 수 있다.

셋째는, 기술확산이 외부와 내부 채널 모두의 영향을 받아 일어난다고 보는 경우이다. 가장 현실적이고 균형적인 모형이다. 이때 사용되는 대표적 모형이 Bass 모형이다. 물론 Bass 모형 외에도 여러 가지 모형들이 있지만 수리적으로 복잡할 뿐만 아니라 대부분 Bass 모형을 부분적으로 변형한 것이기 때문에 여기서는 Bass 모형만을 자세히 알아보기로 한다.

3. Bass 모형

(1) 개념적 모형

앞에서 언급한 것처럼, Bass 모형은 잠재적인 신기술의 채택자들은 두 가지 형태의 커뮤니케이션 채널에 의해 영향을 받고, 그 영향의 차이에 따라 크게 두 그룹으로 나눌 수 있다고 가정한다. 외부 채널에 영향을 받는 그룹은 남의 얘기와 상관없이 본인이 얻은 객관적 정보를 토대로 독자적인 구매 결정을 한다. 따라서 이 그룹을 혁신자(innovator)라고 부른다. 이에 반해 내부 채널에 영향을 받는 그룹은 이미 구매한 다른 사람들을 모방하여 구매 결정을 하기 때문에 모방자(imitator)라고 부른다.

[그림 10-14]에서 보는 것처럼, 전체 채택자의 수는 외부 채널의 그룹(혁신자)과 내부 채널 그룹(모방자)을 합한 값이 된다. 시간의 흐름에 따라 채택자의 수가 어떻게 변하는가를 보여주는 분포 곡선은 종모양 곡선(Bell-shaped curve)으로 나타난다. 채택자의 수는 지속적으로 증가하다가 최고점에서부터 서서히 감소하기 시작한다. 최고점 T*는 채택자의 수가 가장 많은 시점이다. 시간의 흐름에 따라 채택자의 수를 누적함수로 표현하면 S-curve를 얻을 수 있다. 종모양 곡선에서 최고점인 T*는 S-curve에서는 변곡점에 해당한다. 또한 확산 초기에 일정 상수만큼의 채택자가 존재하며, 시점 0에서 2T*까지의 분포는 T* 시점을 중심으로 대칭(symmetric)이라고 가정한다.

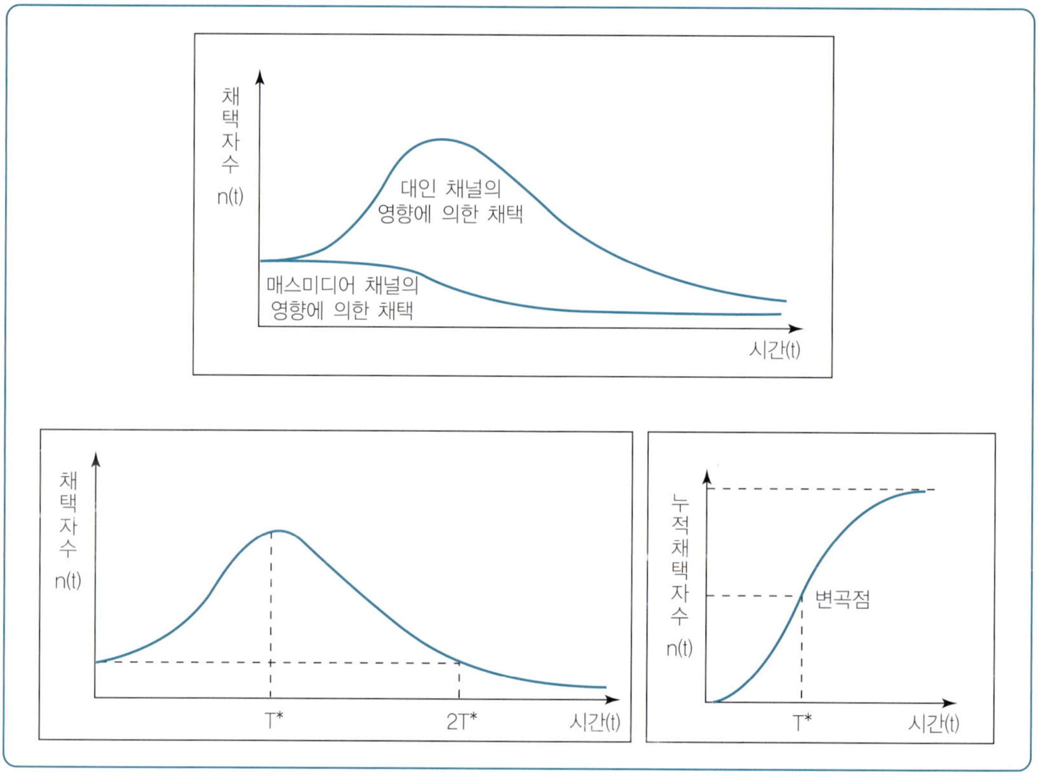

[그림 10-14] Bass 모형의 개념적 구조

(2) 수리적 모형

정량적인 분석을 위해서는 앞의 개념적 모형을 수리적 모형으로 변환해야 한다. 이 과정은 본서의 범위를 넘어서는 수학과 통계학 지식을 필요로 하기 때문에 간략히 요점만 설명하기로 한다.

우선 어느 시점에서 고객이 그 제품을 구매할 가능성은 하나의 확률(probability) 문제가 되므로 함수(function)로 표현할 수 있다. 신제품이 처음 시장에 출시된 시점을 0이라고 하고, 시점 0에서 시작하여 그 제품을 구매하게 될 시점 t까지 걸리는 시간의 누적함수를 F(t)라고 하자. 따라서 누적함수 F(t)의 밀도함수는 f(t)가 된다(누적함수와 밀도함수에 대한 기본적인 지식은 기초통계학 교과서를 참조하길 바람). 한편 신제품을 채택할 수 있는 잠재고객의 총 수, 즉 모집단(population)을 m이라고 하자. 그러면 시점 t에서의 채택자 수는 mf(t) = n(t)로 나타낼 수 있다. 그러므로 누적 채택자 수는 mF(t) = N(t)로 쓸 수 있다. 또한 n(t)는 N(t)의 미분값이 된다. 그렇게 되면 다음과 같은 Bass 모형의 기본식이 성립한다.

$$n(t) = \frac{dN(t)}{dt} = p[m - N(t)] + \frac{q}{m}N(t)[m - N(t)]$$

이 식을 잘 들여다 보면 어느 시점에서 신제품이 확산되는 비율은 모집단 안에서 이미 그 제품을 채택한 고객과 아직 채택하지 않은 고객의 크기가 어떻게 변하는가에 따라 결정된다는 사실을 알 수 있다. 즉 아직 채택하지 않은 고객의 크기인 m−N(t)가 변화율을 결정하게 되는 것이다. 그 이유는 매우 분명하다. 아직 제품이 확산될 여지가 많이 남아있을 때는 빠른 속도로 퍼져 나가다가 더 이상의 여지가 없어지는 수준에 오면 천천히 확산될 것이기 때문이다.

어느 특정 시점에서 보면, 모집단까지 남은 값인 m−N(t)는 바로 계산이 되는 값이다. 하지만 이 값을 '변화율'로 표현하려면 그 앞에 계수가 붙어야 한다. 문제는 이 변화율의 계수를 어떻게 정량적으로 나타낼 것인가에 있다. 이 계수가 어떻게 결정되는가에 따라 함수의 모형이 달라지기 때문이다.

위에서 설명한 것처럼, Bass 모형은 외부 채널로부터 영향을 받는 혁신자 그룹과 내부 채널로부터 영향을 받는 모방자 그룹은 계수가 다르다고 가정한다. 먼저 앞의 $p[m - N(t)]$는 이미 채택한 사람의 수인 N(t)의 영향을 받지 않는 혁신자 그룹의 채택을 나타내며, 다음으로 뒤의 $\frac{q}{m}N(t)[m - N(t)]$는 이전의 채택자 수인 N(t)의 영향을 받는 모방자 그룹의 채택을 의미한다. 그러므로 앞의 계수 p를 혁신계수(coefficient of innovation)라고 하며, 뒤의 계수 q를 모방계수(coefficient of imitation)라고 부른다.

(3) 모수 추정

이제 위의 식에 들어있는 세 개의 모수, 즉 외부영향의 혁신계수(p), 내부영향의 모방계수(q), 잠재시장 규모(m)를 추정해야 한다. 이 작업은 주로 과거의 데이터를 수집한 후 회귀분석을 이용하게 된다.

(4) 예제

S사는 노트북을 설계, 제조하여 판매하는 기업으로 최근 성능이 향상되고 무게가 줄어든 새로운 모델을 출시하였다. S사는 다양한 마케팅 활동을 통해 신제품의 출시를 알렸으며, 그 결과 신제품의 초기 판매량은 매우 양호한 것으로 나타나고 있다. 〈표 10-7〉은 지난 21주간의 판매 자료이다. S사 기획실에서는 향후 10주간의 생산계획을 수립하기 위해 신제품의 초기 판매 자료를 이용하여 Bass 모형을 만들고, 그 결과를 토대로 미래 수요를 예측하고자 한다.

〈표 10-7〉 S사의 신제품 판매량

주(시간)	누적수요(N(t))	수요(n(t)=N(t)−N(t−1))
1	108,398	66,063
2	181,798	73,400
3	277,862	96,064
4	454,622	176,761
5	662,825	208,202
6	881,100	218,275
7	1,112,008	230,908
8	1,347,294	235,286
9	1,628,972	281,678
10	1,911,804	282,832
11	2,211,165	299,361
12	2,543,117	331,952
13	2,885,009	341,892
14	3,245,181	360,172
15	3,609,419	364,238
16	3,989,215	379,796
17	4,373,477	384,262
18	4,758,789	385,312
19	5,145,513	386,724
20	5,533,536	388,023
21	5,927,397	393,861

모수의 추정을 위해서는 SAS, SPSS 등의 다양한 통계 패키지를 사용할 수 있다. 회귀분석을 수행한 결과, 결정계수 R^2의 값이 0.9605로 모형의 설명력이 높으며, 모수들도 모두 통계적으로 유의한 것으로 나타나고 있다. 따라서 이 결과를 토대로 잠재시장 m, 혁신계수 p, 모방계수 q를 구하면, 다음 〈표 10-8〉과 같다.

〈표 10-8〉 Bass 모형의 추정 결과 (p, q, m)

모수	p	q	m
추정치	0.008586157	0.14	10,047,517

〈표 10-8〉에서 보면, 올해 S사가 출시한 신제품의 혁신계수는 약 0.0086, 모방계수는 약 0.14, 잠재시장의 규모는 10,047,517 정도로 나타났다. 또 [그림 10-15]에서와 같이, 추정한 모수를 토대로 미래 시점에서의 누적 채택자 수를 예측할 수도 있다.

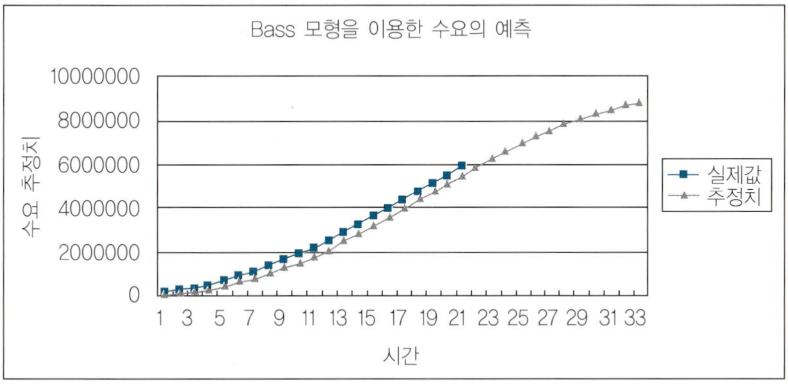

[그림 10-15] Bass 모형의 예측치

한편, 모형의 설명력과 예측의 정확도가 얼마나 높은지를 검증하기 위해 예측값과 실제값을 비교한 결과가 [그림 10-16]에 도시되어 있다. 그림에서 보면 실제값과 추정치가 거의 일치함을 알 수 있다.

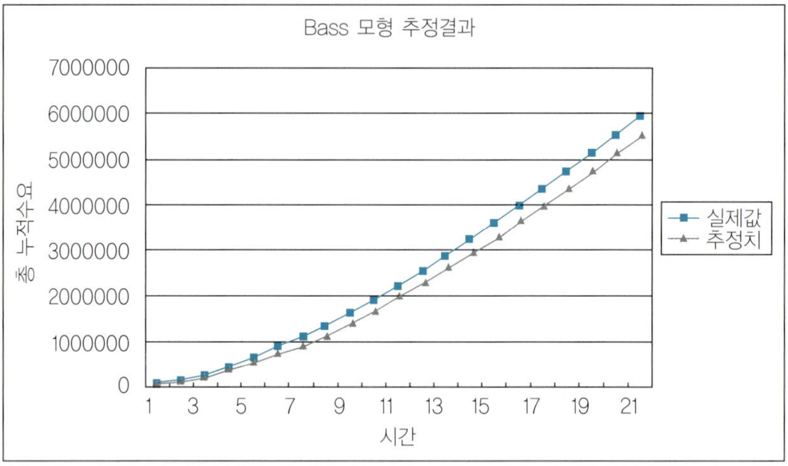

[그림 10-16] Bass 모형의 실제값과 추정치

10.5 온라인 마케팅

1. 온라인 마케팅의 정의

웹(World Wide Web: WWW)의 등장은 마케팅의 방식과 영역에 있어 가히 혁명적인 변화를 가져오고 있다. 마케팅의 정의가 과거의 공급자 중심의 판매 관리에서 현재의 소비자 중심의 통합 마케팅으로 이행한 것처럼, 과거의 오프라인(off-line) 마케팅은 오늘날의 온라인(on-line) 마케팅에 의해 그 독점적 지위를 위협 받고 있고, 그러한 추세는 앞으로 더욱 확산될 것으로 전망된다. 이미 웹사이트 기반의 인터넷 마케팅(internet marketing)을 넘어 다양한 모바일 기기를 활용한 모바일 마케팅(mobile marketing)이 떠오르고 있다. 특히 온라인 마케팅의 태동과 발전은 정보통신기술(ICT) 기반의 기술혁신을 토대로 하기 때문에, 공학도의 기여도가 크고 또 실질적인 역할도 중요한 특성을 지닌다.

넓은 의미의 온라인 마케팅은 다양한 주제를 포함한다. 인터넷 마케팅, 데이터베이스 마케팅, 원투원 마케팅(One to One Marketing), 고객관계 관리(Customer Relationship Management: CRM) 등도 새롭게 부각되는 마케팅의 방식이자 주제이다. 기업의 웹사이트나 개인의 블로그(blog)를 이용한 마케팅, 검색엔진을 이용한 마케팅, 소셜 미디어(social media)를 이용한 마케팅 등 다양한 방식이 활용될 수도 있다. 최근에는 스마트폰이나 웨어러블(wearable) 기기를 활용한 모바일 마케팅도 확대되고 있는 추세이다. 웹 마케팅에 대응되는 앱(App) 마케팅도 이미 중요한 마케팅 수단이 되고 있다. 그런 의미에서는 온라인 마케팅이라는 용어보다는 디지털 마케팅(digital marketing)이라는 용어가 더 적절한 표현일 수도 있다.

그러나 여기에서는 좁은 의미의 온라인 마케팅으로 전자상거래(Electronic Commerce: EC)를 의미하는 것으로 한다. ICT 기술의 혁신을 따라 온라인 마케팅의 도구나 방식이 계속 변화하여 왔지만 그 뿌리는 전자상거래에 있기 때문이다. 전자상거래라는 용어는 1989년 미국 국방성이 구매 · 조달 프로젝트를 수행하는 과정에서 처음 사용되었다. 초기에는 VAN(Value Added Network)을 이용한 기업 간 거래 또는 기업-정부 간 거래의 전자문서 교환(Electronic Data Interchange: EDI)이 주를 이루었다. 그러나 웹과 브라우저의 출현으로 전자상거래에 인터넷이 활용되면서, 기존의 기업 및 정부 간의 거래뿐만 아니라 기업과 개인 간의 거래에까지 그 적용 범위가 확대되어 오늘에 이르고 있다. 더구나 오늘날의 모바일 환경에서는 전자상거래의 내용과 대상이 끝없이 확대되고 있다.

전자상거래의 기법과 내용은 ICT의 발전에 따라 계속 확장되고 변형되고 있기 때문에 통일된 정의는 있을 수 없다. 하지만 다음 몇 가지의 정의가 전자상거래의 기본 개념을 설명하고 있다고 볼 수 있다. EC(1997)의 경우에는 매우 포괄적인 개념으로, '전자적으로 이루어지는 모든 비즈니스' 로 전자상거래를 정의하고 있다. 반면에 OECD(1997)의 경우는 '인터넷과 같은 개방된 네트워크를 통하여 일어나는 상업적 거래의 집합' 으로 그 범위를 한정하여 정의하기도 한다. 우리나라의 산업자원부에서는 '재화나 용역의 거래에 있어 전부 또는 일부가 전자문서의 교환 등 전자적 방식에 의해 처리되는 거래' 로 정의하고 있다.

2. 온라인 마케팅의 장단점

그렇다면 기존의 오프라인 마케팅과 비교하여 온라인 방식에 의한 전자상거래가 지니는 장점과 비교우위는 무엇인가? 마케팅의 관점에서 보았을 때, 온라인 거래는 판매자(seller)와 구매자(buyer) 양쪽 모두에게 이점을 제공한다.

먼저 판매자의 입장에서 보자. 첫째, 온라인 거래는 판매공간의 제약을 제거 내지 완화할 수 있다. 사이버(cyber) 공간을 활용하기 때문에 비싼 임대료라든가 전시공간이 필요하지 않다. 둘째, 판매시간의 제약을 없앨 수 있다. 날짜와 시간에 상관없이 언제나 판매가 가능하다. 셋째, 비용과 가격의 비교우위를 확보할 수 있다. 오프라인에서 발생하는 여러 가지 비용을 절감할 수 있기 때문에 상대적으로 저렴한 가격으로 제품이나 서비스를 판매할 수 있다.

다음으로 구매자의 입장에서 보자. 첫째, 온라인 채널을 통해 구매정보를 쉽고 폭넓게 얻을 수 있다. 가격정보를 이용한 비교구매는 물론, 상품의 성능, 디자인, 유통채널 등 구매에 필요한 다양한 정보를 쉽게 얻을 수 있다. 둘째, 판매자와 마찬가지로 구매자도 시간적, 공간적 제약을 받지 않는다. 언제, 어디서든 원하는 제품을 구매할 수 있으며 오프라인과 비교하여 가격도 저렴하다.

판매자와 구매자 이외에도 광고업체, 물류업체, 중개업자 등 다양한 개인이나 기업이 새로운 사업 기회를 창출할 수 있다. 인터넷이나 SNS 채널은 비용과 시간 면에서 매우 효율적인 광고수단이며 잠재적인 광고효과도 매우 큰 것으로 평가되고 있다. 또 온라인 거래는 빠르고 정확한 배송이 필수적이므로, 온라인 상거래의 활성화는 곧 물류수송 분야의 성장과 연결된다. 또한 온라인 거래의 핵심적 요소 가운데 정보의 중개기능을 빼놓을 수 없다. 인터넷이나 SNS 상에 범람하는 수많은 정보를 가공하고 분류하여 각 개인이 원하는 맞춤형 정보로 제공하는 일도 새로운 사업 영역으로 떠오르고 있다.

물론 온라인 거래가 좋은 점만 가지고 있는 것은 아니다. 기존의 오프라인 상거래와 비교하여, 상대적인 단점이나 잠재적인 문제점도 많이 존재한다. 첫째는 상품정보의 신뢰성 문제를 들 수 있다. 구매자가 직접 상품의 성능, 디자인, 품질 등을 확인할 수 없기 때문에, 온라인 상에서 제공된 정보와 실제로 구매한 상품의 내용 간에는 차이가 발생할 위험이 있다. 둘째는 거래내용에 대한 신뢰성 문제이다. 거래량이나 가격 등을 바꾸거나 판매와 구매 사실을 부인하거나 하는 일들이 발생할 가능성이 존재한다. 셋째는 대금 결제의 안정성과 정확성 문제이다. 온라인 거래에서는 전자적인 대금결제 방식을 사용해야 하는데 이 과정에서 여러 가지 기술적 문제가 발생할 수 있다. 넷째는 보안성의 문제이다. 고의로 경쟁기업의 영업기밀(confidentiality)을 캐낸다거나 실수로 누설될 위험성도 있다.

3. 전자상거래 시장 유형

전자상거래의 분류체계는 분류의 관점과 목적에 따라 다양하게 제시될 수 있다. 몇 가지의 중요한 분류체계를 살펴보자.

(1) 사업 주체에 의한 분류

이 분류체계는 누가 거래의 주체로서 전자상거래에 참여하는가에 따라 여러 유형으로 나누는 기준이다. 이 기준에 의해, [그림 10-17]에 도시되어 있는 것처럼 기업 간(Business to Business: BtoB) 거래, 기업과 소비자 간(Business to Customer: BtoC) 거래, 기업과 공공기관 간(Business to Government: BtoG) 거래, 개인과 공공기관 간(Customer to Government: CtoG) 거래, 개인과 개인 간(Customer to Customer: CtoC) 거래 등으로 나뉜다.

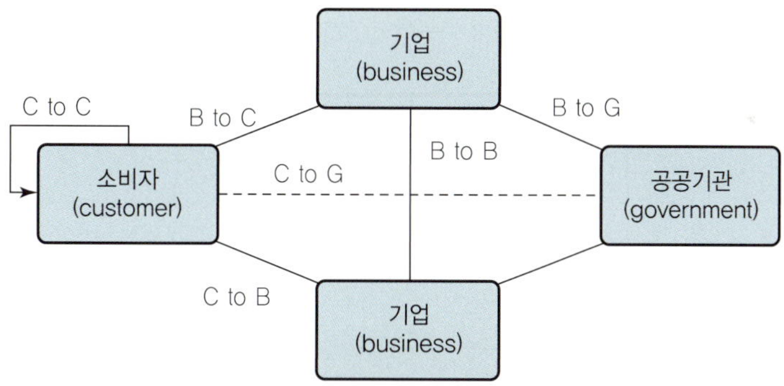

[그림 10-17] 사업주체에 따른 전자상거래 분류도

(2) 시장 주도권에 의한 분류

이 분류체계는 참여주체뿐 아니라 그 시장을 통제하는 시장 주도권이 누구에게 있는가에 따라 여러 유형으로 나누는 접근이다. 여기서 말하는 주도권이란 제품 및 서비스에 대한 시장 구매력, 가격 결정력 등을 나타낸다.

이 기준에 의하면 전자상거래는 크게 판매자 주도형 시장(seller-controlled marketplace), 구매자 주도형 시장(buyer-controlled marketplace), 중개상 주도형 시장(neutral marketplace)의 세 유형으로 나뉜다. 이를 도형으로 정리하면 [그림 10-18]과 같다.

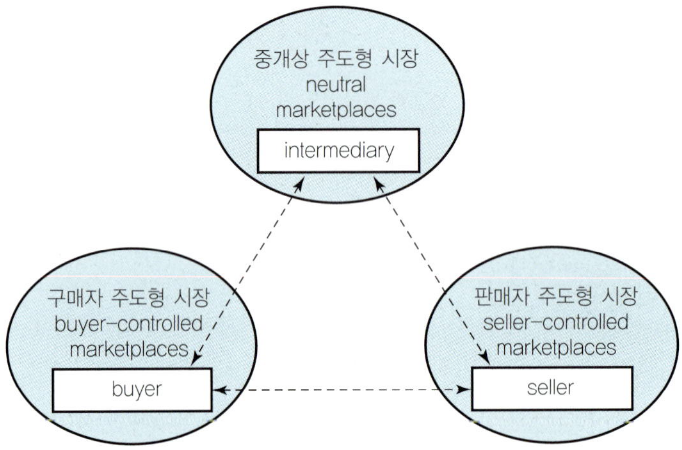

[그림 10-18] 시장 주도권에 의한 전자상거래 분류도

(3) 산업 특성에 의한 분류

또 다른 분류기준은 인터넷 산업 내에서 각각의 유형이 지니는 특성이나 역할을 기준으로 나누는 접근이다. 이 기준에 의한 분류는 다양하게 제시될 수 있으나 크게 다음의 네 가지로 나누는 것이 일반적이다.

첫째, 전자상거래를 위한 하부구조로서의 네트워크 구축을 지원하는 '인터넷 인프라 산업(internet infrastructure layer)' 이다. 둘째, 이미 구축된 인프라 기반 위에서 온라인 상의 사업이 기술적으로 가능하도록 소프트웨어 등의 서비스를 제공하는 '인터넷 애플리케이션 산업(internet application layer)' 이다. 셋째, 인터넷상의 구매자와 판매자가 만날 수 있도록 정보를 중개하는 역할을 하는 '인터넷 인터미디어리 산업(internet intermediary layer)' 이다. 넷째, 인터넷을 통하여 기업이나 소비자에게 제품 및 서비스를 판매하는 기업의 집합인 '인터넷 상거래 산업(internet commerce layer)' 이다.

4. 온라인 마케팅의 진화

온라인 마케팅과 전자상거래는 활용되는 기술의 변화 추세에 따라 끊임없이 진화하고 있다. 다시 말해 상거래의 수단이 바뀌고 있는 것이다. 그러나 거래 수단의 변화는 가치의 원천이나 시장의 초점도 변화시킨다.

첫 번째 유형이자 현 시점의 주류를 차지하고 있는 유형은 Web-based(W) commerce이다. W-commerce는 인터넷 채널을 통해 유선(wired)의 네트워킹으로 상거래를 하는 방식이다. 이 유형은 상거래의 가치를 낮은 비용과 빠른 속도에서 창출한다. 또 폭넓은 고객층을 대상으로 한다.

두 번째 유형이자 막 떠오르고 있는 유형은 Mobile(M) commerce이다. M-commerce는 스마트폰과 같은 모바일 채널을 통해 무선(wireless) 네트워킹으로 상거래를 하는 방식이다. 거래의 가치는 이동성과 개인화(personalization)에서 찾으며 선별적(targeted)인 고객층을 대상으로 한다.

마지막 유형이자 차세대 유형으로 주목 받고 있는 유형은 Ubiquitous(U) commerce이다. U-commerce는 멀티캐스트(multi-cast) 채널을 통해 유비쿼터스 네트워킹으로 상거래를 하는 방식이다. 거래의 가치는 투명성(transparency)과 통합성(convergence)에 있으며 다양하고 이질적인 고객 집단을 대상으로 한다.

5. 온라인 비즈니스 모델

온라인 거래를 전통적인 오프라인 상거래와 구분하게 하는 핵심적인 개념과 용어가 바로 비즈니스 모델(Business Model: BM)이다. 물론 비즈니스 모델은 모든 상거래에 어떤 형태와 방식으로든 존재하는 것이고 따라서 오프라인 상거래에도 이미 적용되어 온 개념이다.

그러나 최근에 비즈니스 모델이라는 용어가 큰 관심을 끌게 된 이유는 오프라인 방식의 거래가 온라인에서도 기술적으로 가능해 지면서, 비즈니스의 범위가 확대되고 비즈니스의 방식이 다양화되었기 때문이다. 실제로 최근 몇 년 동안 온라인 비즈니스 모델에 대한 학문적, 실무적 관심은 폭발적으로 확대되어 왔으며, 비즈니스 모델이 특허의 중요한 영역이 되는 정도까지 발전하고 있다.

(1) 비즈니스 모델의 정의

비즈니스 모델은 많은 논의에도 불구하고 다양한 견해가 엇갈리고 있고, 따라서 보편적인 정의가 없는 실정이다. 그러나 이미 많은 전문가들의 견해가 제시되어 있기 때문에, 어느 정도 표준적이고 공통적인 이해의 기반은 형성되어 있다고 할 수 있다.

예를 들어 Rappa(2004)는 '비즈니스 모델은 기업이 매출을 발생시키는 사업의 방식' 이라는 포괄적인 정의를 제시하고 있다. Slywotzky(1996)는 '고객에게 가치를 전달하고 이를 통해 수익을 창출하는 총체적인 시스템' 으로 비즈니스 모델을 규정하고 있다. 보다 구체적으로 Timmers(1998)는 '첫째, 다양한 사업 참여자들의 정의 및 역할을 설명하고, 둘째, 제품, 서비스, 정보의 흐름 구조를 알려주고, 셋째, 참여자들의 잠재적인 수익과 이익의 원천이 표현되어 있는 내용' 으로 정의하고 있다. Zott & Amit(2010)는 '비즈니스의 기회를 최대로 활용하여 가치를 창출하기 위한 거래(transaction)의 내용, 구조 및 거버넌스의 설계' 라는 정의를 제시하고 있다.

위의 정의들을 종합해 보면 BM은 '기술적 가능성(technical feasibility)이라는 요소와 상업적 타당성(commercial viability)이라는 요소' 로 구성된 온라인 기반의 사업 구조와 절차라고 요약할 수 있다. 즉 비즈니스 모델로 인정 받기 위해서는 과연 이 모델이 온라인 상에서 기술적으로 작동할 수 있는가 하는 기술성의 문제와 거래를 통해 필요한 수익을 창출할 수 있는가 하는 상업성의 문제에 대한 해답을 모두 제시해야 한다.

(2) 비즈니스 모델의 분류

앞에서 살펴본 비즈니스 모델의 정의를 토대로 실질적인 비즈니스 모델의 유형을 나누어 보면 다음과 같다.

가. 제품 및 정보의 흐름에 따른 분류

Julta 등(1999)은 제품이나 정보의 근원지인 공급자로부터 최종적인 소비자에게까지 전달되는 과정의 차이에 따라, 크게 세 가지의 비즈니스 모델을 제시하고 있다. 이 유형은 가장 기본적인 형태로서, 세 가지 모델의 결합에 따라 끊임없이 새로운 모델이 창출될 수 있다.

첫째는 전자 브로커(e-broker) 모델로서, 공급자와 소비자 사이에서 중개인 역할을 하는 비즈니스 유형을 의미한다. 둘째는 제조업체(manufacturer) 모델로, 특화된 제품을 직접 생산하고 동시에 전문적인 마케팅 부서를 가지고 있는 제조업체의 비즈니스를 가리키는 모델이다. 셋째는 경매형(auction) 모델로, 상품을 구매하고자 하는 측에서 먼저 제품의 구입가격을 제시한 후 공급자가 그 가격에 동의하는 일련의 절차에 의해 제품의 거래가 이루어지는 비즈니스를 의미한다.

제품 및 정보의 흐름에 따른 BM의 분류를 앞에서 설명한 시장 주도권에 따른 전자상거래의 분류와 대비시키면 1:1의 연계가 가능하다. 즉 전자상거래의 판매자 주도형 거래는 비즈니스 모델의 제조업체 모델과 연결되고, 전자상거래의 구매자 주도형 거래는 비즈니스 모델의 경매형 모델과 연결되며, 전자상거래의 중개상 주도형 거래는 비즈니스 모델의 전자 브로커 모델과 연결된다.

나. 사업운영 방식에 따른 분류

Bambury(1998)는 웹 상에 나타나는 비즈니스 모델을 오프라인상에 존재하던 비즈니스 모델이 웹으로 이식된 경우와 웹 상에서 새롭게 창출된 비즈니스 모델의 두 가지로 나눈 후, 각각의 경우에 해당되는 세부적인 비즈니스 모델들을 〈표 10-9〉와 같이 제시하고 있다.

이 분류 기준은 다양한 비즈니스 모델을 순수 온라인 방식과 온-오프 혼합 방식으로 나누었다는 측면에서 중요한 의미를 지닌다. 즉, 온라인 기술 혁신이 상거래 방식이나 비즈니스 형태에 어떤 영향을 미칠 수 있으며, 또 어떤 새로운 가능성을 제공할 수 있는지를 파악할 수 있는 전략적 정보를 제공하는 것이다.

〈표 10-9〉 Bambury의 분류

구분	모델
인터넷에 이식된 오프라인 비즈니스 모델 (transplanted real-world model)	우편 주문형 모델(the mail-order model)
	광고 기반형 모델(the advertising-based model)
	구독형 모델(the subscription model)
	무료 시험판 모델(the free trial model)
	직접 마케팅 모델(the direct marketing model)
	부동산 모델(the real estate model)
	인센티브 체계 모델(incentive scheme model)
	기업 간 거래 모델(business to business model)
	모델 간 조합(combinations of the above models)
순수 인터넷 비즈니스 모델 (native Internet business Model)	도서관 모델(the library model)
	무료 소프트웨어 모델(the freeware model)
	정보 교환 모델(the information barter model)
	디지털 제품 배달 모델(digital products and the digital delivery model)
	접속 제공 모델(the access provision model)
	웹 호스팅 및 기타 인터넷 서비스(web site hosting and other internet services)

다. 가치사슬 구조에 따른 분류

Timmers(1998)는 앞에서 언급한 비즈니스 모델의 정의에 따라, 가치사슬(value chain)의 요소들을 통합 내지 결합하는 방식의 차이를 기준으로 〈표 10-10〉과 같이 11가지의 비즈니스 모델을 제시하고 있다.

이 분류체계는 비즈니스 모델의 분류 기준 가운데 가장 먼저 제시된 것으로서, 상거래의 가치(value)와 가치사슬(value chain)을 분류 기준으로 사용한 점에서 중요한 의미를 지닌다. 즉, 비즈니스 모델의 형태를 가치사슬의 구조라는 관점에서 유형화 함으로써, 비즈니스 모델의 분석과 설계 과정에 유용한 정보를 제공하고 있는 것이다.

〈표 10-10〉 Timmers의 11가지 비즈니스 모델

비즈니스 모델	세부 설명
e-shop	재화와 서비스의 판매를 중심으로 하는 상점형 비즈니스
e-procurement	재화와 서비스의 전자적 제공 및 알선 중심의 조달형 비즈니스
e-auction	전통적 경매 방식을 전자적으로 실행하는 경매형 비즈니스
e-mall	전자소매 상점의 집합인 모형 비즈니스
3rd party marketplace	제3자 위탁 방식의 비즈니스
virtual communities	가상공동체를 구성하고 멤버로부터 나오는 가치를 활용하는 비즈니스
value chain service provider	가치사슬 내의 특정 기능을 특화하여 제공하는 비즈니스
value chain integrator	정보흐름 단계 사이의 부가가치를 이용하기 위해 가치사슬의 단계를 통합하는 비즈니스
collaboration platforms	기업 간 협업을 위한 전자적 환경과 tool을 제공하는 비즈니스
information broker	네트워크 상에서 발생하는 데이터로부터 부가가치를 창출하는 정보 서비스 비즈니스
trust service	제3자에 의한 전자 인증 및 공증을 대행하는 신뢰제공 서비스 비즈니스

라. 수익창출 방식에 따른 분류

비즈니스 모델은 수익이 창출되는 방식과 수익이 존재하는 원천에 따라 여러 가지 유형으로 나눌 수 있다. 이 경우의 비즈니스 모델은 넓은 의미의 비즈니스 모델과 따로 분리하여 특히 수익 모델(profit model)이라고 부르기도 한다. 예를 들어 Rappa(2004)는 〈표 10-11〉에 요약되어 있는 것처럼, 비즈니스 모델을 크게 9개의 유형으로 나눈 후, 각 유형에 적합한 수익 모델을 제시하고 있다.

이 분류체계는 상거래의 궁극적 목적인 수익성을 분류 기준으로 제시한 점에서 가장 실용적이고 경제적인 의미를 지닌다. 즉, 비즈니스 모델이 어디에서 수익을 발견할 수 있고, 또 어떤 방법으로 수익을 창출할 수 있는가를 분석함으로써, 기존 비즈니스 모델의 수익성을 개선하거나 새로운 비즈니스 모델의 수익성을 확보할 수 있는 정보를 제공하는 것이다.

〈표 10-11〉 Rappa의 비즈니스 모델과 수익 모델

비즈니스 모델	수익의 원천	
	주요수익	세부 적용 수익
중개형 모델 (brokerage model)	거래수수료	판매자 입점 시에 상점개설 대행 수익, 제품 추가 시 리스트 게재 수익
광고형 모델 (advertising model)	광고수익	
정보중개형 모델 (infomediary model)	고객정보판매	
상인형 모델 (merchant model)	제품판매수익	
제조업체형 모델 (manufacturer model)	제품판매수익	
제휴형 모델 (affiliate model)	고객/매출 유도로 인한 일정 수수료	
커뮤니티형 모델 (community model)	광고수익, 고객정보판매	스폰서(sponsorship)
구독형 모델 (subscription model)	회원 가입비, 종량 요금(pay per use)	
실용성 모델 (utility model)	서비스 이용료	

(3) 비즈니스 모델의 설계

위에서 살펴본 것처럼, 비즈니스 모델은 매우 다양한 유형으로 만들어질 수 있다. 그러나 어떤 유형에 속하더라도 그것이 하나의 비즈니스 모델로 인정받기 위해서는 제대로 된 비즈니스의 구조와 방식을 갖추어야 한다. 비즈니스 모델이 단순한 사업 아이디어의 메모 내지 설명서라면 특별한 구조나 기준이 필요하지 않을 것이다. 그러나 그것이 하나의 모델(model)이 되기 위해서는 체계적인 모델링(modeling) 과정을 거쳐야 한다. 다시 말해서, 비즈니스 모델을 만드는 일은 비즈니스의 추상적인 개념도(concept)를 만드는 것이 아니라 실질적인 설계도(design)를 만드는 작업인 것이다.

그렇다면 비즈니스 모델은 어떻게 설계할 수 있을까? 또는 설계해야 하는가? 물론 이 질문에 대해 유일한 정답이 있을 수는 없다. 같은 시장에서 같은 고객을 대상으로 하는 사업이라고 해도 각각의 비즈니스 전략이나 방식이 다른 것처럼, 비즈니스 모델을 하나의 기준으로 설계할 수는 없기 때문이다. 따라서 여러 가지의 설계 가이드라인들이 제시되어 있다. 그 중에 Zott & Amit(2010)가 제시한 가이드라인을 좀 더 자세히 알아보도록 하자.

먼저 비즈니스 모델의 설계는 [그림 10-19]에서 보는 것처럼, 두 가지의 설계 변수(design parameter)로 구성된다. 하나는 설계 요소(design element)이고 다른 하나는 설계 주제(design theme)이다. 이 두 가지의 조합이 명확하고 적절하게 반영되어야 하나의 비즈니스 모델로서의 조건을 만족시킬 수 있다는 것이다.

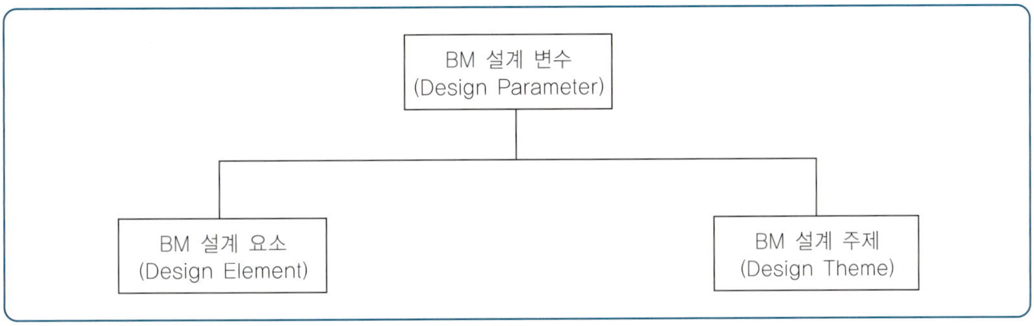

[그림 10-19] 비즈니스 모델의 설계 변수

가. 설계 요소(design elements)

설계 요소는 비즈니스 모델의 구조적(structure) 모양과 과정적(process) 내용을 보여주는 것들이다. 즉, 비즈니스 내에서 이루어지는 다양한 활동(activity)의 종류와 그들 간의 상호작용이나 네트워크 관계가 설계도에 제시되어야 하는 것이다. 가장 핵심적인 설계 요소로는 비즈니스 시스템의 내용, 구조 그리고 거버넌스를 들 수 있다.

- 시스템의 내용(system contents)

  비즈니스 운영에 필요한 경영활동들의 집합을 가리킨다. 즉, 비즈니스가 이루어지기 위해서는 어떤 활동들이 수행되어야 하는가(what activities should be performed)라는 질문에 대한 답을 보여주어야 한다.

– 시스템의 구조(system structure)

경영활동 간의 순서와 연계구조, 그리고 우선순위를 의미한다. 즉, 각각의 활동들은 어떻게 연결되어 있으며 어떤 순서로 진행되는가(how should they be linked and sequenced)에 대한 설명이 담겨야 한다.

– 시스템의 거버넌스(system governance)

경영활동의 운영과 관리주체, 그리고 내부조직 체계와 외부 파트너와의 협력관계를 뜻한다. 다시 말해, 각각의 경영활동을 누가 그리고 어디서 하는가(who should perform them and where)라는 질문에 대한 대답을 제시해야 한다.

나. 설계 주제(design theme)

설계 주제는 비즈니스 모델의 가치창출과 경쟁우위에 관한 것들이다. 위에서 설명한 설계 요소들이 하나의 비즈니스 모델이 만들어지기 위한 기본적인 필요조건이라면 설계 주제는 그 비즈니스 모델이 성공적인 사업으로 연결되기 위한 충분조건이라고 할 수 있다. 설계 주제로는 독창성(novelty), 보완성(complementarity), 효율성(efficiency), 그리고 잠금효과(lock-in)를 들 수 있다.

– 독창성

경쟁기업이나 다른 비즈니스 모델과 비교하여 차별적으로 설계되어야 한다는 뜻이다. 위에서 제시한 설계 요소와 연결시켜 설명하면, 새로운 비즈니스 내용을 담아야 하고, 경영활동 간의 새로운 연결도 만들어져야 하고, 활동 주체들의 구성이나 역할도 달라져야 한다는 것이다.

– 보완성

경영활동 간의 시너지 효과를 가리킨다. 즉, 각각의 경영활동들을 따로따로 분리하여 수행하는 것보다 시스템으로 묶어서 수행하는 것이 더 큰 부가가치를 창출할 수 있도록 설계되어야 한다는 것이다.

– 효율성(efficiency)

거래비용이 최소화 되도록 비즈니스 모델을 설계해야 한다는 것을 의미한다. 비즈니스 프로세스를 재설계한다든가, 외부의 자원을 아웃소싱 하는 등의 새로운 방식을 통해 비즈니스의 효율성을 극대화할 수 있도록 설계해야 하는 것이다.

- 잠금효과(lock-in)

  외부의 제삼자(third parties)들을 비즈니스의 참여자들로 끌어들일 수 있어야 한다는 것이다. 경쟁기업과 비교하여 훨씬 더 강력한 망 외부효과(network externality)를 구축하거나 다른 경쟁기업이나 서비스로 옮겨갈 수 없을 정도로 높은 전환비용(switching cost)을 부과하는 방식으로 고객과 시장을 잡아놓을 수 있어야 한다.

다. 설계 과정(design process)

앞에서 설명한 설계 요소와 설계 주제가 정해지면, 실제로 비즈니스 모델을 설계하게 된다. 비즈니스 모델의 규모가 작거나 구조가 단순하면 파워포인트 같은 간단한 도구를 이용하여 설계도를 작성할 수 있다. 그러나 만일 비즈니스모델이 크고 복잡해지면 시스템의 설계 과정에 사용되는 전문적인 도구(tool)를 사용할 수도 있다.

예를 들어 웹 사이트를 개발하는 과정을 생각해 보자. 큰 건물을 짓기 위해서는 설계도가 필요한 것처럼 크고 복잡한 웹 사이트를 개발하기 위해서는 먼저 웹 사이트의 전체적 구조와 과정을 설명하는 설계도가 필요하다. 사이트의 주요 서비스는 무엇이며, 각 서비스 간의 관계는 어떻게 되어 있으며, 관련 데이터베이스는 어떻게 연결되어 있으며, 어떤 기능들이 어떤 순서로 서비스를 만들어내는지 등을 보여주는 설계도가 있어야 하는 것이다. 따라서 크고 복잡한 비즈니스 모델의 경우라면, 설계도를 쉽고 간편하게 그릴 수 있도록 도와주는 도구가 필요할 수도 있다.

설계도를 만들기 위해서는 먼저 비즈니스 시스템의 구성 요소가 정해져야 한다. 그래야만 큰 그림 위에 각 요소들을 배치하고 요소들 간의 연결고리를 표현할 수 있기 때문이다. 〈표 10-12〉에 요약되어 있는 것처럼, 일반적으로 시스템의 구성요소로는 크게 자원(resources), 프로세스(process), 목표(goals)의 세 가지를 들고 있다. 이 요소들은 비즈니스 시스템의 설계 과정에도 그대로 활용될 수 있다.

〈표 10-12〉 비즈니스 모델 시스템의 구성 요소

요소	하위요소	설명
비즈니스 자원 (resources)	물리적 자원	실제공간을 차지하는 재화
	추상적 자원	비즈니스에 필요한 아이디어나 개념
	정보	재화, 개념, 다른 정보를 표현해놓은 것
	인력	프로세스 내에서 활동하는 인력
비즈니스 프로세스 (process)	활동	단위 프로세스
	이벤트	특정 시점 프로세스 변화의 기록
비즈니스 목표 (goals)	정성적 목표	수치화하여 표현할 수 없는 목표
	정량적 목표	수치화하여 표현할 수 있는 목표

비즈니스 모델의 구성요소들이 정해지면 각각의 관계를 보여주는 구조도를 작성할 수 있다. 비즈니스 모델의 전체적 모양을 한 번에 볼 수 있는 큰 그림이 만들어지는 것이다. 예를 들어, 광고매출 서비스라는 비즈니스 모델에 대해 위에서 설명한 자원, 프로세스, 목표가 모두 포함된 비즈니스 모델의 다이어그램이 [그림 10-20]에 도시되어 있다. 여기서, 입력과 산출, 자원과 프로세스 등의 표기가 다른 모양으로 되어 있는 것을 볼 수 있다. 이 큰 그림을 발판으로 하여, 각각의 구

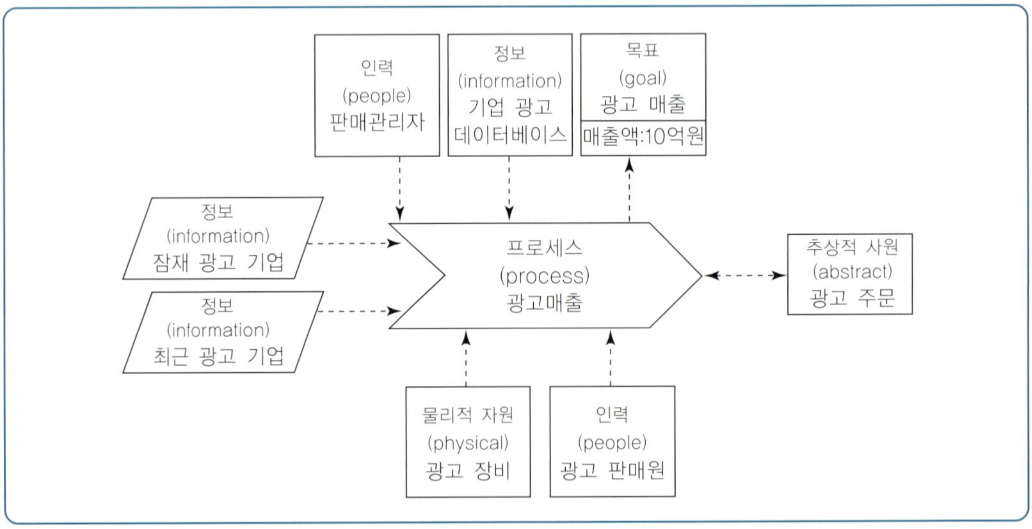

[그림 10-20] 목표-자원-프로세스를 나타낸 다이어그램

성 요소에 대해 보다 구체적이고 세부적인 그림들을 계속 만들어 나가면서 비즈니스 모델의 설계 과정이 진행되는 것이다.

6. 비즈니스 모델 특허

(1) 기본 개념

새로운 비즈니스의 개발은 단순한 아이디어의 결과물을 넘어 하나의 지적 재산(Intellectual Properties: IPRs)으로 권리화 할 수 있다. 흔히 지적 재산은 가시적이고 물리적인 기술과 제품의 경우에만 해당되는 것으로 생각하기 쉽지만 비즈니스의 구조와 방식도 이제는 중요한 지적 재산의 대상이 되고 있다. 다양한 비즈니스 아이디어 가운데 지적 재산, 특히 특허(patent)의 대상이 되는 것은 주로 온라인 비즈니스 모델이다. 온라인상에서 새로운 비즈니스 아이디어를 만들거나 새로운 비즈니스 기술을 개발한 것도 엄연한 특허의 대상이 되는 세상이다. 이를 영업 방법 또는 비즈니스 모델(Business Model 또는 Business Method: BM)이라고 한다. 그러므로 앞에서 말한 비즈니스 모델의 약어인 BM은 포괄적인 개념을 뜻하는 것에 비해 여기서 말하는 BM은 특허의 관점에서 바라보는 매우 구체적인 방식을 가리킨다.

BM 특허에서 주목해야 할 점은, 비즈니스의 아이디어나 개념 자체가 곧 특허

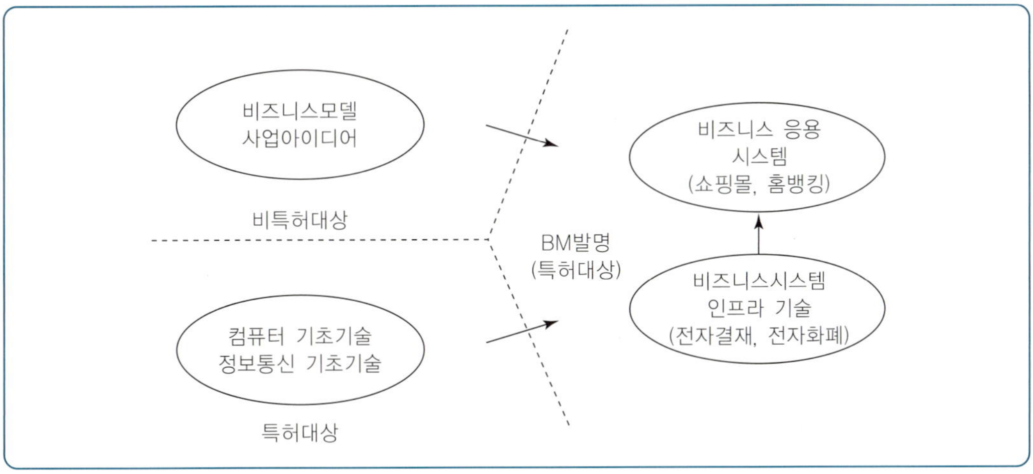

[그림 10-21] BM 특허의 범위

의 대상이 되는 것은 아니라는 점이다. [그림 10-21]에서 보는 것처럼, 사업 아이디어 자체는 특허의 대상이 아니다. 그 아이디어를 실제 사업으로 구현할 수 있는 비즈니스 응용시스템(예를 들어 쇼핑몰이나 홈뱅킹의 설계), 비즈니스 인프라기술(예를 들어 전자결재, 전자화폐 등), 비즈니스 기초기술 등이 뒷받침 되어야 하나의 특허로 인정받을 수 있는 것이다. 뒷부분의 사례에서 볼 수 있듯이, BM 특허는 '비즈니스 방법 및 그 장치에 관한 발명으로서, 특히 컴퓨터 및 네트워크상의 인터넷 규정 및 그 관련 기술을 응용한 인터넷상의 비즈니스 방법 및 그 장치에 관한 것' 과 같이 구체적인 기술적 요소가 포함되어야 한다.

따라서 엔지니어링의 관점에서 보면, BM 특허는 중요한 의미를 지닌다. 온라인 기술의 진보가 특허의 성격을 어떻게 바꾸어 놓았고 특허의 영역을 어떻게 넓혀 놓았는지 알 수 있기 때문이다. 이제 새로운 비즈니스 아이디어가 온라인 기술을 토대로 하나의 특허로 완성되는 과정은 이미 엔지니어링의 중요한 주제가 되고 있다. 더구나 최근 BM 특허의 등록건수가 크게 증가하면서 이와 관련된 분쟁도 늘어나고 있는 추세이다. 이제 온라인상의 BM 특허 침해문제는 미국, 일본 등과 마찬가지로 우리나라에서도 중요한 전략적 이슈로 부각되고 있다.

하지만 비즈니스의 아이디어나 방식을 반드시 특허의 형태로 관리할 필요는 없다. 노하우(know-how)와 같이, 특허로 등록하기는 어렵지만 권리의 보호가 필요한 경우에는 특허 대신 정보재산권을 선택할 수도 있다. 정보재산권은 흔히 영업비밀(trade secret)이라고 한다. 특허와 비교하여 영업비밀은 여러 가지의 장점이 있다. 첫째, 특허권은 반드시 등록절차를 거쳐야 하는데 반해, 영업비밀은 별도의 등록절차 없이 바로 인정된다는 점이다. 물론 영업비밀로 인정받기 위해서는 외부에 유출이 안 되도록 비밀유지가 잘 되고 있다는 사실을 입증할 수 있어야 한다. 둘째, 특허는 출원 및 보호범위가 제한적이지만, 영업비밀은 기술적 지식뿐 아니라 마케팅 방법, 경영관리 기법 등 기업이나 개인이 보유하고 있는 모든 노하우를 포함한다. 셋째, 특허권의 유효기간은 20년으로 제한되어 있지만, 영업비밀은 비밀이 유지되는 한 보호기간의 제한이 없다.

이러한 장점에도 불구하고 영업비밀의 치명적인 단점은 독점권이 없다는 사실이다. 같은 비즈니스 아이디어나 기술을 다른 사람이 정당한 방법으로 개발하거나 취득할 경우, 이를 제재할 방법이 없다. 결국 기업이나 개인이 보유하고 있는 아이디어나 기술을 특허로 관리할 것인지, 아니면 영업비밀로 관리할 것인지는 전략적 선택의 문제라고 할 수 있다.

(2) 핵심 요건

BM 특허도 특허이기 때문에 특허가 되기 위한 일반적인 요건인 신규성, 진보성, 경제성을 갖추어야 한다. 우선 신규성은 '새로운 것' 이어야 한다는 요건이다. 특허권은 새로운 발명의 상세한 내용을 공개하고 그 대가로 얻는 독점권이므로 우선 특허의 대상이 되는 발명이 새로운 것이어야 한다. 따라서 인터넷상의 비즈니스 모델이더라도 이미 실시 중이거나 알려진 방법은 신규성이 없어 특허가 될 수 없다. 또한 새로 개발된 인터넷 비즈니스 모델은 그 모델을 개방하기 전에 우선 특허출원을 해야 한다. 출원이 되기 전에 이미 세상에 알려져 있는 기술은 특허가 되지 않기 때문이다.

그 다음은 진보성이다. 진보성은 '더 나은 것' 이어야 한다는 요건이다. 예를 들어 오프라인상에 이미 나와 있던 비즈니스 모델을 인터넷(on-line)으로 바꾸어 실행한다고 해서 특허가 될 수 있을까? 새롭게 바꾸었다는 것만으로는 충분하지 않다. 새로 바꾸어 기존의 방법보다 효율성이 올라가거나 비용이 줄어들거나 하는 효과가 있어야 특허가 될 수 있다.

마지막은 경제성이다. 즉, 산업상 이용 가능성이 있어야 특허로 인정받을 수 있다는 것이다. 있다. 예를 들어, 인터넷상에서 개인적 취미에 관한 것이라거나 실험적 목적으로만 쓰는 발명은 특허 등록이 불가능하다. 물론 개인적 또는 실험적 동기에서 만든 것이라도 산업상 이용이 가능하다는 사실을 입증할 수 있으면 그 발명은 특허의 대상이 될 수 있다.

(3) 활용 전략

'비즈니스 모델 특허 묻지마 출원', '사업 아이디어도 특허 전쟁', 'e-Biz 특허 시장 붐빈다' 등의 기사에서 볼 수 있는 것처럼, BM 특허의 범위는 갈수록 넓어지고 전략적 중요성도 높아지고 있다. 따라서 BM 특허의 용도도 다양해지고 있는 추세이다. 실제로 BM 특허는 다음과 같은 다양한 목적으로 활용될 수 있다.

첫째는 공격적 목적이다. 기업은 시장을 선점하기 위해 또 새로운 영역을 독점적으로 개척하기 위해 BM 특허를 활용한다. 따라서 공격적 목적은 곧 가장 적극적인 특허관리 전략과 방식이라고 할 수 있다. 둘째는 방어적 목적이다. 때로는 스스로 새로운 시장을 개발하거나 새로운 서비스 상품을 출시한 계획이 없음에도 불구하고, 경쟁기업의 부상을 견제하고 새로운 서비스의 등장을 예방하기 위해 BM 특허를 관리하기도 한다. 따라서 방어적 목적은 가장 소극적인 전략과 방식이라고 할 수 있다. 셋째는 경제적 목적이다. 외부의 수요자에게 판매하기 위해, 또는 서로 공유하고 교환하기 위해 BM 특허를 관리하기도 한다. 넷째는 간접적 목적이다. BM 특허가 출원된 사실만으로도 기업의 홍보효과가 올라간다. 또 벤처기업 지정, 코스닥 상장, 기업 신용평가 등에서 BM 특허를 중요한 자산으로 활용할 수 있다.

사례 비즈니스 모델 특허 사례

인터넷상의 원격 교육 방법 및 그 장치(특허 등록제10-191329호)

요약

본 발명은 원격 교육 방법 및 그 장치에 관한 것으로서, 특히 컴퓨터 및 네트워크상의 인터넷 월드와이드웹(WWW) 규정 및 그 관련 기술을 응용한 인터넷상의 원격 교육 방법 및 그 장치에 관한 것이다. 본 발명은 WWW를 이용한 원격 교육 장치를 구현하고, 학습 평가 및 관리 기능을 내장하여 시간과 공간의 제약을 극복하고, 사용자들의 학습을 평가 및 관리하는 효과가 있다.

청구범위

청구항 1.

인터넷상의 WWW를 기반으로 한 원격 교육 장치에 있어서, 사용자가 원하는 데이터를 서버 장치에 요구하며 그 데이터를 화면에 디스플레이하여 검색하고, 사용자가 그 데이터를 수행하도록 한 단말 장치 및 상기 단말부로부터 요구된 데이터를 전송하며 사용자가 수행한 데이터를 평가하여 관리 및 저장하는 서버 장치를 포함하는 것을 특징으로 하는 인터넷상의 원격 교육 장치

청구항 4.

인터넷상의 WWW를 기반으로 한 원격교육방법에 있어서,

(1) 사용자의 입력 데이터를 처리하는 제1단계

(2) 사용자의 학습 데이터를 처리하는 제2단계

(3) 사용자의 시험 데이터를 처리하는 제3단계를 포함하는 것을 특징으로 삼는 인터넷상의 원격 교육 방법.

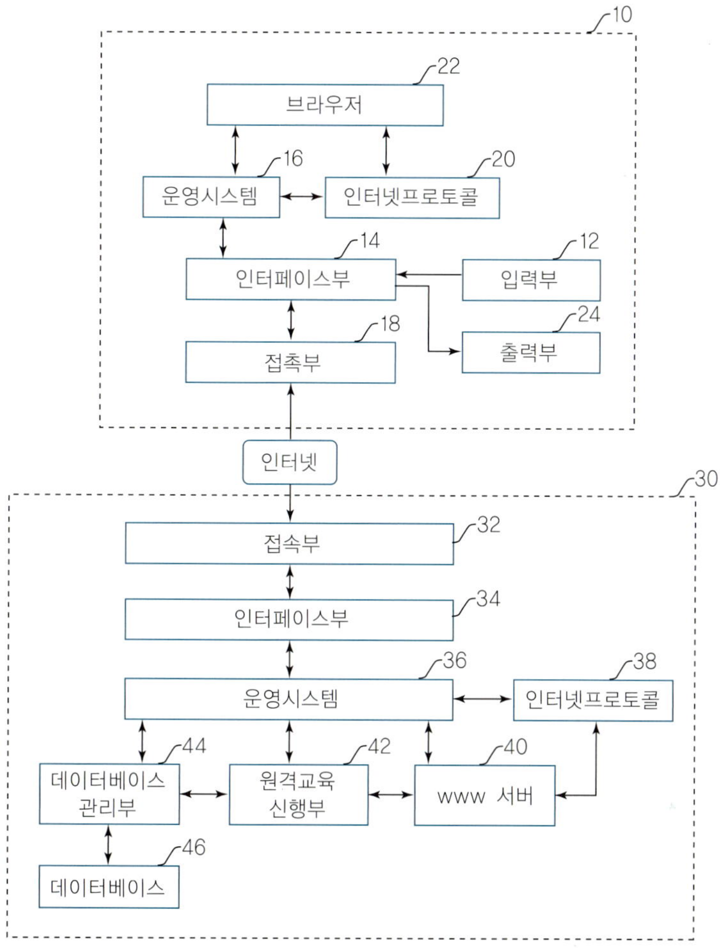

[도표 10-1] 본 발명에 따른 인터넷상의 원격 교육 장치를 나타내는 구성도

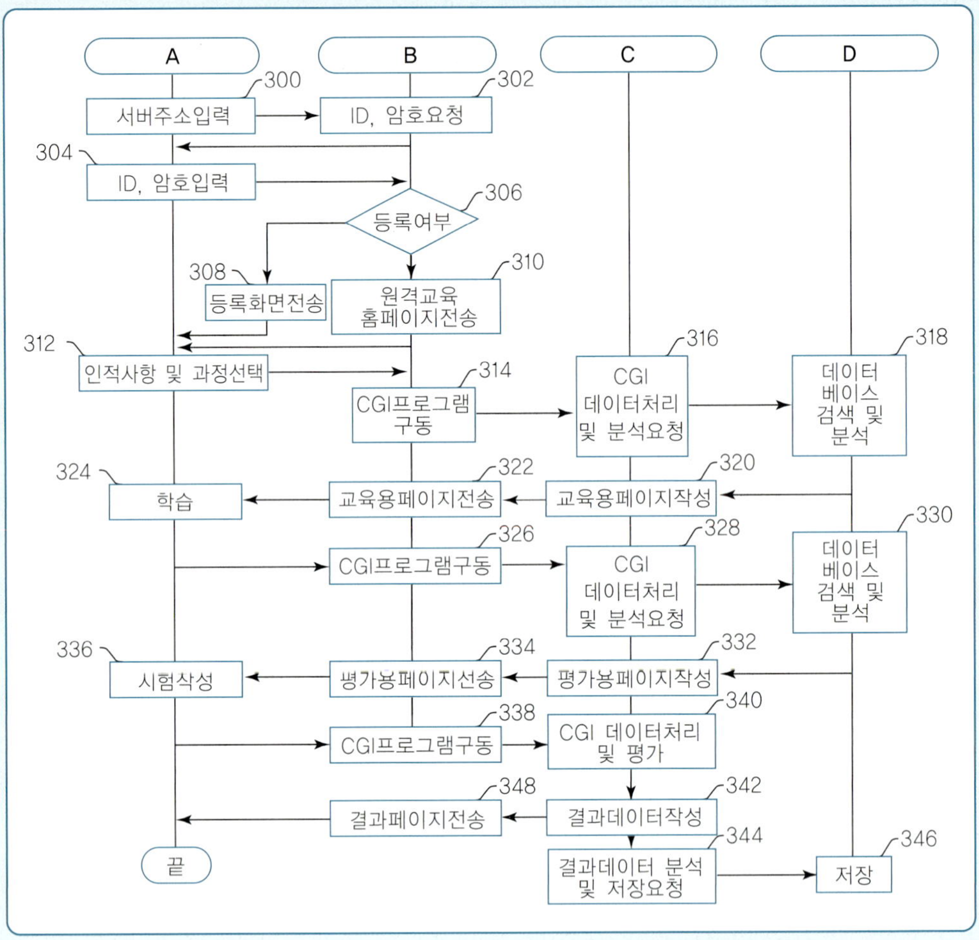

[도표 10-2] 도표 10-1에 제시된 장치들 중 특정한 장치들의 동작 흐름을 나타내는 흐름도

요약

1. 상업화는 연구개발 성과 또는 외부로부터 도입한 기술을 상품으로 전환하여 시장에 출시하는 일련의 과정을 의미한다.

2. 상업화 활동은 크게 신제품의 성능과 신뢰성을 시험하는 활동과 매출 계획을 수립하기 위한 영업 레버리지 분석과 재무 레버리지 분석 활동으로 구성된다.

3. 영업 레버리지 분석은 상업화에 필요한 초기투자 중 고정비와 변동비의 적절한 구성을 찾는 활동이고, 재무 레버리지 분석은 초기투자 중 자기자본과 타인자본의 적절한 구성을 찾는 활동이다.

4. STP는 시장세분화(segmentation), 표적시장 선정(targeting), 사업 포지셔닝(positioning)이라는 일련의 세 가지 활동으로 이루어진다.

5. 마케팅 믹스(4P)는 제품 관리, 가격 관리, 유통 관리, 촉진 관리라는 네 가지 핵심 활동으로 이루어진다.

6. 하이테크 마케팅은, 기술수용 수명주기 관점에서 고객집단을 수용의 시점과 성향에 따라 혁신자, 초기수용자, 전기다수, 후기다수, 비수용자로 나눈 후 수명주기 상에 존재하는 틈(캐즘)을 극복하는 방법을 다룬다.

7. 기술확산은 기술이 시장에서 어떤 방향과 속도로 퍼져나가는지를 예측하여 마케팅 전략을 세우기 위한 중요한 정보를 제공하기 위함이며, 외부와 내부 확산 채널의 영향을 고려하는 Bass 모형이 대표적으로 활용된다.

8. 전자상거래는 온라인 마케팅의 좁은 의미로 사용되며 전자적으로 이루어지는 모든 비즈니스로 정의되며, 전자상거래 시장의 유형은 사업주체, 시장 주도권, 산업특성, 기술 변화 등의 기준에 의해 다양한 방식으로 분류될 수 있다.

9. 비즈니스 모델(BM)은 기술적 가능성과 상업적 타당성이라는 요소로 구성된 온라인 기반의 사업구조와 절차를 말하며, 제품 및 정보의 흐름, 사업운영 방식, 가치사슬 구조, 수익창출 방식 등의 기준에 의해 다양한 유형으로 분류될 수 있다.

복 습 문 제

1. 신제품은 그 특성에 따라 개량형 신제품, 다양화 신제품, 신규진입 신제품, 창업형 신제품으로 나눌 수 있다. 위험도, 기술기획, 공정기획, 시장기획 측면에서 각각의 특성을 실생활에서 예를 들어 분석해 보아라.

2. 제품의 전체적인 출시절차를 간단히 설명하고 그 과정에서 만들어지는 α-prototype과 β-prototype 두 가지 시제품을 시제품 활용도와 완성도의 측면에서 비교하여 설명하라.

3. 보아전자는 최근 신제품 출시를 계획하고 있다. 그리고 이를 위해서 생산부지를 임대하는데 800만원, 생산설비를 구축하는데 200만원, 영업장을 임대하는데 400만원, 판매설비를 임대하는데 400만원을 투자하였다. 제품 한 단위를 만들어 파는데 소요되는 재료비는 1,200원이다. 또한 인건비와 설비의 감가상각비를 포함한 제조비는 개당 800원 정도로 예상하고 있다. 시장조사 결과 신제품에 대한 가격은 개당 3,000원 정도가 가장 적당한 것으로 판단되었으므로 이를 신제품 출시 가격으로 책정하였다.

   (1) 이때 손익분기가 되는 매출량은 얼마인가?

   (2) 신제품 출시 첫 해에 보아전자의 목표 이익은 200만원이다. 목표이익을 달성하기 위해서는 올해 신제품을 몇 개나 판매해야 하는가?

   (3) 지대상승으로 인해 생산부지와 영업장의 임대료가 각각 10%씩 상승하였다. 이때 손익분기가 되는 매출량은 얼마나 증가하는가? 또한 목표이익 200만원을 달성하기 위한 매출량은 얼마나 변화하는가?

   (4) 시장 조사 결과 제품의 비용을 3,000원에서 3,200원까지 상승시켰을 때 손익분기점은 어떻게 변화하는가?

4. 관악유통은 올해 다음 네 가지 신제품을 출시할 예정이다. 네 제품들은 동일 설비를 통해 생산되고 동일 영업장에서 판매된다. 생산부지를 임대하는데 1,000만원, 생산설비를 구축하는데 200만원, 영업장을 임대하는데 400만원, 판매설비를 임대하는데 650만원을 투자하였다. 다음 정보를 통해 손익분기점을 계산해 보라.

유형	가격/단위(원)	변동비/단위(원)	매출비중(%)
A. 다이어트 환타	1,500	1,200	20
B. 맥콜300	2,000	1,600	50
C. 카앗스	3,000	2,100	20
D. 레몬 콜라	1,000	750	10

5. 산공상사는 신기술을 도입한 NC기계를 상업화하기 위한 자본조달 방법으로 두 가지 대안을 고려하고 있다. 첫 번째 대안은 주당 6,000원으로 주식 50만주를 발행하여 총 30억 원을 조달하는 방법이다. 두 번째 대안은 주당 6,000원으로 주식 25만주를 발행하여 총 15억 원을 조달하고 나머지 15억 원을 은행에서 대출받는 방법이다. 시중금리는 4% 수준이며 법인세율은 30%이다.

(1) 자기자본만을 이용하는 첫 번째 대안과 타인자본을 이용하는 두 번째 대안에 대해 자본분기점을 구하라.
(2) 영업이익이 1억 원일 때 첫 번째 대안과 두 번째 대안 중 어떤 것을 선택하는 것이 보다 바람직한지에 대해 논하라.
(3) 신제품 출시를 앞두고 있는 현재, 산공상사는 금리상승으로 인해 은행의 이자율이 5%로 하락했음을 발견하고 투자전략을 점검해야 할 필요를 느꼈다. 다른 모든 조건이 동일할 때 금리상승은 자본분기점을 어떻게 변화시키는가?
(4) 경기활성화를 위해 정부는 법인세율을 30%에서 20%로 인하하였다. 다른 모든 조건이 동일할 때 법인세율의 변화는 자본분기점을 어떻게 변화시키는가?

6. 마케팅 활동을 상업화 및 판매 활동과 비교하여 설명하여라.

7. 소비자 행동 분석 중 지식(L), 감정(F), 사용(D)의 세 가지 행동의 순서와 우선순위의 차이에 따라 나누는 접근법에 대해 설명하고 각 유형에 적합한 제품의 특성을 간단히 서술하라.

8. 마케팅 믹스의 4가지 핵심 요소에 대해 간단히 설명하고 각 요소를 분석하기 위한 세부사항들을 나열하라.

9. 하이테크 마케팅에 있어 신기술과 신제품을 수용하는 고객집단은 수용시점과 성향에 따라 크게 다섯 부류로 나눌 수 있다. 각 집단의 명칭과 그 특성에 대해 간단히 설명하라.

10. 신기술 수용의 수명주기 상에서는 세 개의 틈이 나타난다. 각각의 특성과 하이테크 마케팅 측면에서 이를 극복하기 위한 전략을 간단히 제시하라.

11. A 기업의 MP3 플레이어의 분기별 판매량이 아래와 같을 때 다음에 답하시오.

분기	분기별 판매량(천개)	누적 판매량(천개)
1	304	984
2	336	1,320
3	733	2,053
4	807	2,860
5	860	3,720
6	2,016	5,736
7	4,500	10,236
8	5,311	15,547
9	6,155	21,702
10	6,451	28,153
11	14,043	42,196
12	8,526	50,722
13	8,111	58,833
14	8,729	67,562
15	21,066	88,628
16	10,549	99,177
17	9,815	108,992
18	10,200	119,192
19	22,121	141,313
20	10,644	151,957
21	11,011	162,968
22	11,052	174,020
23	22,727	196,747
24	11,010	207,757
25	10,200	217,957
26	10,200	228,157
27	21,000	249,157

(1) Bass 모형을 사용할 때, A 기업의 MP3 플레이어의 혁신계수와 모방계수, 그리고 잠재시장 규모를 추정하고, 모형의 적합성을 평가해보시오.

(2) 제조업의 다른 상품들의 혁신계수, 모방계수, 잠재시장 규모가 아래와 같을 때, A 기업의 MP3 플레이어의 경우 어떠한 특성이 있는지 토의해보시오.

	혁신계수	모방계수	잠재시장 규모(천개)
냉장고	0.002617	0.21566	40,001
TV	0.027877	0.25105	96,717
에어컨	0.010399	0.41861	16,895

토 의 문 제

1. 영업 레버리지 분석을 위해서는 여러 가지 가정이 필요하다. 이러한 가정의 타당성 여부를 토의해 보아라.

2. 보아전자는 생산설비를 자동화하고자 하는 방안을 고려하고 있다. 생산설비를 자동화할 경우 생산설비 구축비가 200만원에서 600만원으로 상승하는 대신, 제조비가 개당 800원에서 600원으로 줄어든다.

   (1) 시장의 수요가 당분간 평균 19,000개 정도로 일정하다고 가정했을 때 총이익의 관점에서 자동화된 생산설비를 도입할지에 대한 의사결정을 내려보아라. 또한 총이익의 관점에서 이를 판단하는 것이 바람직한지에 대해 토의해 보아라.

   (2) 자동화 설비의 도입이 유리하다는 판단을 내리기 위해서는 매출량이 최소한 얼마 이상이 되어야 하는가?

3. STP의 각 단계를 설명하고, STP가 시장 환경 분석과 마케팅 믹스의 연결 고리로서 중요한 이유를 토의해보시오.

4. 마케팅 활동은 마케팅 믹스라고 하는 4P로 설명될 수 있다. 즉, 마케팅 활동은 제품의 관리, 가격의 관리, 유통의 관리, 촉진의 관리라는 네 가지 활동으로 이루어진다. 4P가 마케팅 활동의 모든 측면을 설명해 줄 수 있을지에 대해서 토의해 보아라.

5. 신기술 수용의 수명주기 상에서 Chasm이 발생했을 때 이를 잘 극복하여 지속적으로 성장을 이룬 기업/제품과 그렇지 못한 기업/제품의 사례를 찾아 토의해 보아라.

6. 기술확산과 관련한 모형으로는 Bass 모형을 제외하고도 현재까지 다양한 모형들이 논의되고 있다. 기술확산을 위해 논의된 모형들을 나열해보고, 각 모형들의 장단점과 적절하게 사용될 상황을 정리해보시오.

7. 비즈니스 모델 중 가장 유명한 모델은 Timmers가 제시한 11가지의 모델이다. 각각의 모델에 해당하는 온라인 기업들을 주변에서 찾아보아라.

8. W-commerce, M-commerce, U-commerce 각각에 내포된 특징(nature)을 제시하고, 은행의 거래 시스템이 위의 세 가지 관점에서 어떻게 진화되어 왔는지(혹은 어떻게 진화할 수 있는지) 토의해보시오.

CHAPTER

11

창업과 신생기업 관리

배경과 주요 내용

상업화나 마케팅에서 entrepreneur의 혁신가적 정신과 발명가적 기술을 토대로 새로운 기업을 독립적으로 설립할 때 우리는 그 기업을 흔히 벤처기업이라고 한다. 또 벤처기업의 운영과 관리에 관한 이론과 실무를 벤처경영이라고 부른다.

대학을 졸업하면 으레 기업이나 연구소에 취직을 하는 것으로 알고 있었던 학생들에게, 창업을 통해 벤처기업을 설립하고 경영하는 길이 열린 것은 거의 혁명적인 사건이라고 할 수 있다. 그러면서 벤처경영은 오늘날 넓은 의미의 공학교육, 좁은 의미의 기술경영의 중요한 화두의 하나로 자리매김하고 있다.

하지만 창업관리나 벤처경영은 아직 단단한 학문적 기반을 이루지 못한 채, 실무적 매뉴얼 수준에 머무르고 있는 것도 사실이다. 벤처의 본질적 특성이 그렇듯이, 어쩌면 벤처경영이라는 학문을 정립하는 것은 불가능할지도 모르고 무의미할지도 모른다.

그러나 이론이든 실무든 벤처경영의 기본적 내용과 핵심적 주제를 살펴보는 것은 반드시 필요한 일이다. Entrepreneur는 누구이며, 벤처기업은 무엇이며, 어떤 유형으로 나눌 수 있는가? 벤처기업의 성공을 사전에 파악할 수 있는 요인은 무엇이며 성공의 가능성을 올리기 위해서는 어떤 요소를 잘 관리해야 하는가? 등을 알아본다. 또 신생기업이 성장하는 과정은 어떻게 나눌 수 있으며 각 과정에서 집중적으로 관리해야 하는 경영 요소는 무엇인가도 정리해 본다.

마지막으로 최근 독자적 벤처기업의 설립 못지 않게 관심을 끌고 있는 기존기업의 사내창업에 대해서도 그 동기와 유형을 중심으로 살펴보도록 한다.

11 창업과 신생기업 관리

11.1 벤처창업의 기본 개념

창업과 벤처경영이 경영학은 물론, 공학교육의 새로운 화두로 떠오르고 있다. 주제의 내용이나 방법론의 관점에서 보면 분명히 경영학의 일부로 볼 수 있는데, 많은 창업자가 이공계 출신이고 또 대부분의 사업 아이템이 기술 중심적인 제품이나 서비스라는 점에서 보면 공학과도 밀접한 연계를 맺고 있다. 더구나 아직 신생 학문이기 때문에 무엇을 어디까지 다루어야 하는지에 대해서도 명확한 체계나 기준이 없는 실정이다.

벤처경영이라고 불리는 연구와 실무의 전체적 내용은 크게 다음 몇 가지의 주제로 구성된다. 이러한 구성의 기준은 일반적으로 경영시스템이 생겨나고 커가는 성장과 진화의 과정을 토대로 한 것이다. 첫째는 창업자라는 사람과 벤처기업이라는 조직의 정의와 특성을 분석하는 것이다. 둘째는 사업기회의 포착과 평가의 요소를 정리하는 것이다. 셋째는 실제로 벤처기업을 설립하는 창업 실무를 이해하는 것이다. 넷째는 경영실무로서 신생기업의 성장 단계에 대응하는 관리요소와 기준을 제시하는 것이다.

1. 기업가 정신

우리가 흔히 상업화라고 할 때는 이미 운영되고 있는 기존의 기업 내에서 새로운 제품이나 서비스를 개발하여 시장에 내놓는 경우를 가리킨다. 그러나 최근에는 독립적인 기업을 새로 설립하여 획기적인 신기술이나 아이디어를 상업화하는 방식도 자주 등장하고 있다. 이러한 방식으로 새로운 경영시스템을 세우는 것을 벤처창업이라고 하고, 이러한 방식으로 새로운 경영시스템을 설립하고 경영해 나가는 사람을 혁신적 기업가, 즉 entrepreneur라고 부르며, 새로 설립된 기업은 벤처기업이라고 한다. 먼저 벤처기업이 활발하게 생겨난 배경과 역사를 간략히 살펴보고 혁신적인 기업가의 특성을 알아보도록 한다.

(1) 벤처기업의 진화

역사적으로 볼 때, 벤처기업의 설립이 하나의 경제현상이자 사회현상으로 부각된 경우는 이미 여러 번 있었다. 제일 먼저, 혁신가 또는 벤처기업이라는 개념을 제시한 사람은 20세기 전반의 경제학자인 슘페터(Schumpeter)라고 할 수 있을 것이다. Schumpeter는 우선 19세기 말에 출현한 자본가의 특성과 역할에 주목하였다. 그때까지의 전통적인 인식에 의하면 경제시스템은 토지(land), 노동(labor), 자본(capital)이라는 생산 요소로 구성된다. 이 가운데 토지와 노동은 생산(production)에만 기여할 뿐 경제의 변화나 발전에는 영향을 미치지 못한다. 남아있는 요소인 자본의 역할도 만일 돈을 빌려주고 이자를 받는 소극적 의미에 그치고 따라서 자본가도 단순히 돈을 빌려주는 사채업자에 불과하다면 별다른 영향을 줄 수 없다.

자본이 경제의 변화와 발전을 견인하는 요인이자 원동력이 되는 것은 자본의 역할이 단지 하나의 생산요소에 그치는 것이 아니라 새로운 생산기술과 방식을 만들어내기 위한 자금(fund)으로 사용된다는 의미이다. Schumpeter는 이러한 정신을 지니고 있고 또 그러한 역할을 수행하는 자본가를 혁신가(entrepreneur)라고 명명하였다. 또 새로운 제품(new product), 새로운 공정(new production method), 새로운 시장(new market), 새로운 재료(new material), 새로운 산업조직(new industry organization)을 통해 일어나는 본질적, 근본적 변화를 '창조적 파괴(creative destruction)' 라고 불렀다. 즉, 창조적 파괴의 주체가 바로 혁신적인 기업가인 것이다.

Schumpeter가 주목한 시점이 19세기 말이었다면 본격적 의미의 기술혁신이 일어나고 실질적인 벤처 붐이 일어난 것은 20세기 초, 근대적인 의미의 기업인 주식회사들이 생겨난 시점이라고 할 수 있다. 산업자본주의가 정착되면서, 전통적인 수공업 중심의 소규모 기업 형식을 벗어나 자동화 생산이라는 획기적인 기술혁신을 토대로 주식회사 형태의 기업들이 생겨난 것이 벤처기업의 원형인 것이다. 또 그 당시 Ford나 Carnegie 같은 창업자들은 전형적인 entrepreneur라고 할 수 있다.

두 번째 벤처 붐은 1950년대 미국의 Boston 지역을 중심으로 일어났다. 2차 대전 기간 동안 국방기술의 개발에 참여하였던 많은 연구자와 과학자들이, 전쟁의 종식과 함께 할 일을 잃어버리게 되자 창업에 뛰어든 것이다. 많은 기업들이 위치하였던 Boston Route 128 지역은 최초의 벤처 단지 성격을 지니고 있다.

세 번째 벤처 붐은 1970년대 미국의 Stanford 대학을 중심으로, Silicon Valley 지역에 신기술 혁신기업들이 들어서면서 일어났다. 이 지역은 대학과 기업 외에도 경영이나 금융에 관한 전문기업들이 함께 입주하면서, 오늘날까지 가장 거대하고 가장 대표적인 벤처 단지로 자리잡고 있다.

이러한 맥락에서 본다면, 현재 우리나라를 포함하여 세계적으로 활발히 일어나고 있는 벤처 붐은 네 번째 붐이라고 할 수 있다. 과거의 벤처 붐과 비교하여 최근의 벤처 붐이 보여주는 근본적인 차이는 형태와 방식이 매우 다양하고 복잡하다는 점이다. 지역적인 제한도 별로 없고, 영업방식과 조직구조도 매우 신축적이다. 특히 IT의 확산, BT나 NT 같은 신기술의 등장, 공학적 배경을 가진 젊은 entrepreneur의 증가 등은 오늘날의 벤처 붐을 전통적인 벤처 붐과 차별화시키는 핵심적인 요인이 되고 있다.

(2) 기업가 정신

신기술 창업은 혁신적인 기업가인 이른바 entrepreneur에 의해 시작된다. 따라서 창업의 주역이자 신생기업의 관리자는 바로 entrepreneur이다. 혁신(innovation)을 설명할 때 가장 자주 인용되는 Schumpeter(1942)의 '창조적 파괴(creative destruction)' 과정에서 가장 중심적인 역할을 수행하는 것이 바로 entrepreneur인 것이다.

Entrepreneur의 개념은 [그림 11-1]에서 볼 수 있듯이, 관련되어 있는 유사 개념과의 비교를 토대로 설명할 수 있다. 창의성이 어느 정도인가 또 관리기술과 경영네트워크의 수준이 어느 정도인가에 따라 크게 네 가지 유형의 잠재적 창업가를 생각할 수 있다. 발명가(inventor)는 창의성은 높으나 관리능력이 취약한 경우이다. 반대로 창의성은 낮으나 관리능력이 좋고 인적 네트워크를 잘 갖추고 있는 사람은 관리자(manager)라고 한다. Entrepreneur는 두 가지가 모두 높은 경우이다. 한편으로는 창의성이 높아 발명가적 자질을 갖추고 있으면서, 동시에 경영관리 능력과 지식도 좋은 관리자적 자질도 겸비하고 있어야 entrepreneur가 될 수 있는 것이다.

[그림 11-1] 잠재적 창업자의 유형

이러한 정의와 가정을 바탕으로, 성공적인 entrepreneur의 특성과 자질을 정형화하려는 연구가 많이 수행되었다. 흔히 제시되는 요인들로는 높은 성취욕과 목표 지향성, 사업기회를 포착하는 안목, 상황을 거시적으로 분석하고 전략적으로 판단하는 능력, 어느 정도 위험과 모험을 즐기는 성격, 높은 사회성과 폭넓은 네트워크 관리 능력, 높은 독립성과 강한 책임감, 좌절과 시련에 대한 대처 능력 등을 들 수 있다.

그러나 성공적인 entrepreneur의 특성을 정형화하는 것은 불가능하고 또 위험한 일이다. 사업의 특성, 기술의 특성, 지역의 특성, 상황적 요인 등에 따라 상당히 다를 수가 있기 때문이다. 더욱 중요한 것은 선천적인 특성이 아니라 다양한 경험과 폭넓은 지식을 통해 경영자적 관리 능력을 키우고, 뛰어난 기술자산을 확보함으로써 경쟁력을 강화하는 것이라고 할 수 있다.

2. 벤처기업의 정의

(1) 개념적 정의

Entrepreneur의 모험가적 정신과 발명가적 기술력을 토대로 새로운 기업을 독립적으로 설립할 때, 그 기업을 흔히 벤처기업이라고 부른다. 벤처창업을 넓은 의미의 창업, 즉 단순히 새로 회사를 세우거나 가게를 여는 것과 구분하는 이유도 신기술, 모험가 정신 등의 특성과 조건이 만족되기 때문이다. 또 벤처기업을 일반적인 중소기업과 구분하는 이유도 대부분의 중소기업이 잠재적 성장성은 낮지만 사업내용이 명확한 영역에 존재하는 반면, 벤처기업의 경우 사업내용은 불분명하지만 잠재적 성장성이 높은 영역에 위치하고 있기 때문이다.

그러나 벤처기업이라는 명칭은 다분히 편의적이고 실무적인 용어이며, 보다 공식적이고 구체적인 명칭과 정의가 다음과 같이 다양하게 제시되어 왔다.

- 기술기반의 신생기업(New Technology-Based Firm: NTBF)
- 첨단기술의 소기업(High-Technology Small Firm: HTSF)
- 연구개발 집약기업(high R&D-intensity firm)
- 벤처자본 투자기업(high venture capital ratio firm)

이러한 명칭과 정의가 담고 있는 핵심적인 키워드(keyword)는 새롭다(new), 작다(small), 기술집약적이다(technology-based), 위험이 큰 반면 수익도 크다(high-risk, high-return) 등이다. 이러한 키워드를 종합하여 벤처기업을 정의한다면 '기업가 정신을 바탕으로 첨단 기술이나 새로운 아이디어를 개발하고, 외부의 자본을 조달하여, 위험성은 매우 높지만 성공할 경우 큰 수익이 기대되는 틈새시장을 개척해 나가는 신생기업' 이라고 정의할 수 있다.

(2) 제도적 정의

위에서 살펴본 정의는 정성적이고 개념적인 것들이어서 실무적으로 해석하고 적용하기는 어려운 문제가 있다. 이러한 문제를 해결하기 위해 제도적으로 규정한 벤처기업의 정의가 있다. 제도적인 기준에 의해 일단 벤처기업으로 지정이 되면, 다양한 정책적 지원을 받을 수 있는 기회가 주어진다.

우리나라의 경우, 벤처기업의 법적 정의는 다양한 조건을 포함하고 있다. 물론 시의적 수요와 여건의 변화에 따라 조건의 내용이 약간씩 달라지기는 하지만, 기본적으로 기술 및 경영혁신에 관한 능력이 우수한 중소기업 중 특히 아래의 조건들 중 하나를 갖춘 기업을 말한다.

- 벤처 캐피탈 투자 기업: 자본 구성에서 벤처 캐피탈의 투자 비중이 10% 이상

인 기업

- 연구개발 투자 기업: 연구개발비가 5천만 원 이상이고, 매출액 대비 연구개발 비율이 높으며 부설연구소를 보유한 기업
- 신기술 개발 기업: 특허권을 이용하여 사업화 하는 기업으로서 평가기관으로부터 기술성 및 사업성이 우수한 것으로 평가 받은 기업

3. 벤처기업의 창업형태

법적 기준에 의해 벤처기업으로 분류된 경우라 하더라도, 구체적이고 실질적인 벤처기업의 형태와 방식은 매우 다양하다. 자주 발견되는 대표적인 벤처기업의 유형을 몇 가지 살펴보자.

(1) 독자창업형

전형적인 벤처기업의 창업 형태로, 전문 기술과 경영 능력을 가진 한 사람의 창업자가 기술개발과 경영관리를 동시에 책임지는 경우이다. 자본조달이나 경영자문을 위해 벤처 캐피탈을 사용하고 외부전문가가 참여하는 것이 일반적이다.

(2) 공동창업형

처음부터 이공계 출신 창업자는 기술개발과 생산활동을, 경영관리와 자본조달 능력이 있는 자본가가 경영을 담당하는 양분 체제로 창업한 경우이다. 두 창업자 사이에 이해관계가 상충되는 경우, 벤처 캐피탈이나 경영 컨설턴트가 중재자의 역할을 맡기도 한다.

(3) 전문경영형

이공계 출신의 기술전문가가 창업한 후, 본인은 CTO로서 기술개발에 전념하고, 외부의 전문경영인을 CEO로 영입하여 경영관리를 맡기는 경우이다. 기술과 경영을 분리한다는 면에서 공동창업형과 유사하지만, 전문경영인은 창업자로서의 지분을 가지고 있지 않다는 점이 근본적인 차이점이다.

(4) 분업형

기술개발, 인사 및 조직관리, 생산관리, 재무관리를 모두 다른 개인이나 기관이 전문성에 따라 나누어 담당하는 경우이다. 분업에 따른 효율성과 기능 분산에 따른 혼란이 동시에 존재한다.

(5) 외부주도형

벤처 캐피탈의 주도적 역할을 토대로, 내부에서 개발한 기술이 아니라 외부기술을 도입하여 창업하는 경우이다. 흔히 벤처 캐피탈과 개인 투자자들이 합작 형태로 창업을 하고, 전문경영인을 영입하여 관리를 맡기는 방식으로 운영된다.

(6) 흡수합병형

외부기업과 기존 벤처기업의 전략적 이해가 일치할 경우, 외부기업이 벤처기업을 흡수 또는 합병하여 자회사나 사업부 형태로 운영하는 방식을 말한다. 최근에 M&A 방식이 활성화되면서 급속하게 증가하고 있는 유형이다.

4. 창업 기회의 포착과 평가

벤처 창업의 첫걸음이자 성공의 열쇠는 최적의 창업 기회를 포착하는 것이다. 창업 기회의 핵심적인 필요조건은 크게 두 가지, 적절한 시점(right time)과 적절한 규모(right size)이다.

[그림 11-2]에 도시되어 있는 것처럼, 기회의 창(window of opportunity)은 시간과 규모가 적절히 조합되어 있는 영역에 존재한다. 성공적인 창업의 기회는 항상 열려있는 것이 아니다. 정확한 시점을 말할 수는 없지만, 새로운 시장이 처음 생겨나서 어느 정도의 시간이 경과하여 본격적인 성장의 조짐이 보일 때 기회의 창은 열리기 시작한다. 그 시점에 창업을 해야 성공 가능성이 그만큼 높아진다. 또 일단 열린 기회의 창이 한없이 열려있는 것은 아니다. 시간이 경과하여 시장이 성숙 내지 포화기에 접어들면 기회의 창은 닫히기 시작한다. 그 시점에는 이미 새로운 기회의 창을 찾아 다른 시장으로 옮겨가야 하는 것이다.

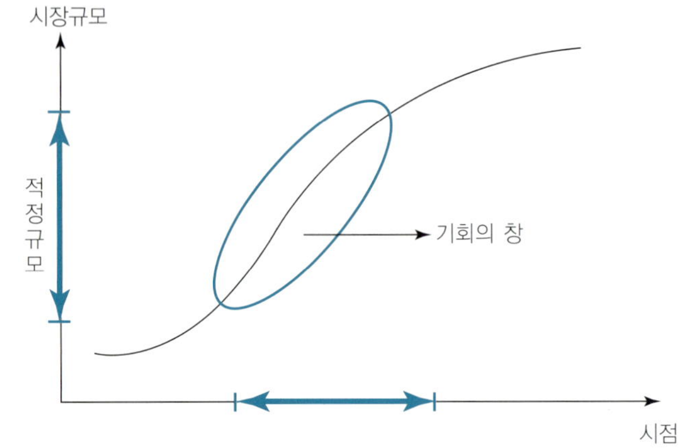

[그림 11-2] 기회의 창(window of opportunity)

그러면 어떤 요인과 기준으로 성공적인 창업의 가능성을 평가할 것인가? 물론 신제품이나 서비스가 창업에 적합한지, 성공적으로 고도성장을 달성할 수 있을지를 정확하게 평가할 수 있는 절대적인 기준은 없다. 그러나 많은 성공적인 창업 사례에 대한 분석과 전문가들의 경험적 지식을 토대로, 어느 정도 신뢰성 있는 평가 지침(rules of thumb)을 제시하는 것은 가능하고 또 필요하다. 〈표 11-1〉에 이러한 내용을 요약한 지침이 제시되어 있다.

우선 이 지침은 평가요소를 크게 성장성, 수익성, 시장구조, 경쟁우위, 조직구조의 중점 요소로 나눈 후, 각 중점 요소별로 다시 세부 요소를 제시하는 식으로 되어 있다. 물론 평가요소의 선정과 분류는 주관적인 것이며 상황과 여건에 맞추어 신축적으로 조정할 수 있다. 또 각 요소에 대한 평가 기준도 긍정적인 기준과 부정적인 기준으로 나누어 판정하는 체크리스트 형태로 설계되었다. 여기서 긍정적인 판정과 부정적인 판정으로 나누는 기준은 임의적이라는 사실을 분명히 이해해야 한다. 좀 더 명확한 평가를 위해서는 각 요소별로 점수(score)를 설정하여 정량화시키는 접근법을 사용할 수도 있다.

현실적으로 모든 요소에 대해 긍정적인 평가를 할 수 있는 경우는 있을 수 없다. 내부의 조건이 긍정적이면 외부의 시장 환경이 부정적일 수 있고, 또 프로젝트 자체에 대한 평가가 긍정적이면 프로젝트를 수행할 인력과 조직 구성에 대한 평가가 부정적일 수 있다. 결국 최종적인 평가는 체크리스트에서 얼마나 많은 요소에 대해 긍정적인 평가를 할 수 있는지, 반대로 얼마나 많은 요소에 대해 부정적인 평가를 할 수밖에 없는지, 또 긍정적이고 부정적인 요소들의 중요성이 어느 정도인지에 따라 종합적인 판단을 내려야 한다.

〈표 11-1〉 창업 기회의 평가 기준

중점 요소	세부 요소	긍정적 기준	부정적 기준
성장성	잠재수요	명확(identified)	모호(unfocused)
	성장율	30% 이상	10% 이하
	수명주기	도입기	성숙기
	시장점유율	20% 이상	5% 미만
수익성	투자회수	초기투자 이상(plus)	초기투자 이하(minus)
	손익분기	2년 이내	3년 이상
	매출액 이익율	40% 이상	20% 이하
	내부수익률	20% 이상	10% 이하
시장구조	경쟁형태	불완전(imperfect)	완전(perfect)
	진입장벽	저(low)	고(high)
	시장철수	선택적(optional)	비선택적(rigid)
경쟁우위	자본조달	가능(fundable)	불가능(unfundable)
	4P 통제력	강(strong)	약(weak)
	독점권	강(exclusive)	약/무(none)
조직구조	경영진	전문적/신축적	비전문적/경직적
	팀	강(strong)	약(weak)
	조직화	조직화(organized)	개인화(solo)

11.2 창업 실무

1. 사업계획서의 작성

실제로 창업을 하기 위해 필요한 활동은 다양하지만, 가장 처음에 이루어져야 하면서 동시에 가장 중요한 과제는 사업계획서(business plan)를 작성하는 일이다. 사업계획서는 창업자나 벤처기업 내부적으로는 경영전략과 목표를 인식하는 지침의 역할을 하고, 외부의 잠재적 투자자나 고객에게는 투자유치나 시장개척을 위한 홍보자료의 역할을 하기 때문에, 사업계획서의 작성 자체가 매우 중요한 경영활동의 하나가 된다.

사업계획서의 작성 과정에서 고려되어야 할 중요한 지침들을 정리하면 다음과 같다. 첫째, 사업계획서는 고객과 투자자의 관점에서 쉽고 명료하게 작성되어야 한다. 종종 이공계 출신의 창업자가 시장성과 사업성보다는 기술적 전문성을 중심으로 지나치게 자세한 설명서를 제시하는 경우를 보게 된다. 사업계획서가 누구를 위해 왜 작성되는지를 생각하면 이러한 사업계획서의 문제점을 쉽게 이해할 수 있다. 둘째, 사업계획서는 반드시 필요한 핵심적 정보만을 담아야 한다. 대부분의 고객과 투자자들은 바쁘고 급하다. 따라서 불필요한 정보를 장황하게 늘어놓아 양적으로 우수한 자료보다는 짧지만 요점을 제대로 알려주는 사업계획서를 선호한다. 물론 설명을 위해 꼭 필요한 보완자료가 있으면 부록으로 처리하는 것은 무방하다. 셋째, 사업계획서는 현실적이고 합리적인 관점에서 작성되어야 한다. 계획을 위한 계획에 그치는 비현실적인 목표를 제시하거나, 확실한 대안이 마련되지 않은 상태에서 이상론적인 방법론을 강조하는 접근은 오히려 신뢰성을 저해하는 부작용을 낳는다.

사업계획서의 구조와 내용에 대해 공식적이고 표준적인 규정이 있는 것은 아니다. 그러나 일반적인 지침을 토대로 사업계획서 안에 포함되어야 핵심적인 내용과 순서를 정리해 보면 다음과 같다.

(1) 전체적 지침

우선, 사업계획서의 전체적 지침(general guideline)을 서술한다. 제품 및 기술 내용에 대한 단순하고도 보편적인 설명을 제공하고, 객관적이고 현실적인 자금조달 및 운용계획을 제시하며, 위험요소에 대한 심층적 분석과 현실적 대안을 제시하여야 하고, 향후 기술개발의 가능성과 시장성장의 잠재력을 강조한다.

(2) 필수적 요소

다음으로 시장성 분석과 기술성 분석 결과, 경영기능별 계획과 전략이 필수적 요소(key components)로 포함되어야 한다.

(3) 구체적 내용

사업계획서에 포함되어야 하는 구체적 내용(contents)은 다음 〈표 11-2〉와 같다.

〈표 11-2〉 사업계획서에 포함되어야 하는 구체적 내용

항목	구체적 내용
1. 기업의 전반적 프로파일 소개	기업의 상호, 임무, 목표, 기본전략 제시
2. 요약	전체 사업계획서에 대한 요약으로, 개발 동기, 사업 내용, 제품 특성, 기대 효과, 사업 목표, 경영 전략 등을 간명하게 서술
3. 시장/산업 분석	시장 규모와 성장 전망, 경쟁자 분석, 제품의 시장진입/침투 가능성 서술
4. 사업설명서	제품/서비스의 내용, 사업 규모와 범위 서술
5. 마케팅 계획	4P 전략(판매, 가격, 유통, 촉진/광고), 국내판매/수출 측면에서의 마케팅 계획 서술
6. 생산계획 및 설비투자계획	생산설비 및 생산계획, 원자재/부품 공급계획 제시
7. 인원 및 조직계획	소유형태, 경영자 권한, 주요 주주의 명세서로, 조직체계도, 직무별/직위별 인력구성과 분포를 기술
8. 재무계획 및 자금계획	추정손익계산서, 추정재무상태표, 자금소요 예측, 현금흐름, 손익분기점분석, 조달 및 상환 계획 제시
9. 위험의 평가	내부의 약점 평가, 외부의 위협요인 평가, 대응 방안 제시

2. 창업절차

(1) 개인기업의 창업절차

개인기업의 창업절차는 매우 간단하다. 제도적인 규정에 따라 설명한다면 [그림 11-3]에 도시되어 있는 것처럼, '신규로 사업을 개시하는 자, 즉 개인기업은 업종을 관장하는 주무부처에 필요한 인허가를 받은 후, 사업 개시일로부터 20일 이내에 관할세무서에 사업자 등록신청서를 제출하여 사업자 등록증을 교부 받음으로써 설립' 된다.

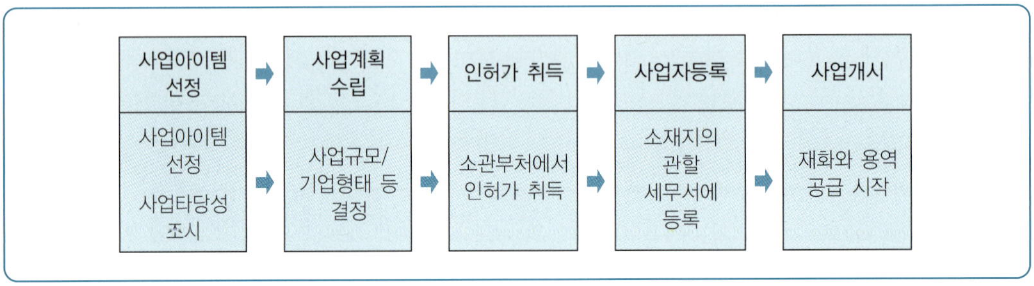

[그림 11-3] 개인기업의 설립절차

(2) 법인기업의 창업절차

일반적으로 얘기하는 창업은 벤처기업이라는 법인의 설립을 의미한다. 법인설립은 개인설립에 비해 과정과 규정이 좀 더 복잡하다. 우선 전체적인 절차를 요약하면 [그림 11-4]와 같다.

가. 발기인 및 공모주주의 구성

창업의 가장 첫 단계는 발기인과 공모주주를 구성하는 일이다. 발기인 및 공모주주의 구성 요건에 특별한 제약은 없다. 전원이 특수관계인이라도 문제점은 없으며, 미성년자도 발기인이 될 수 있다.

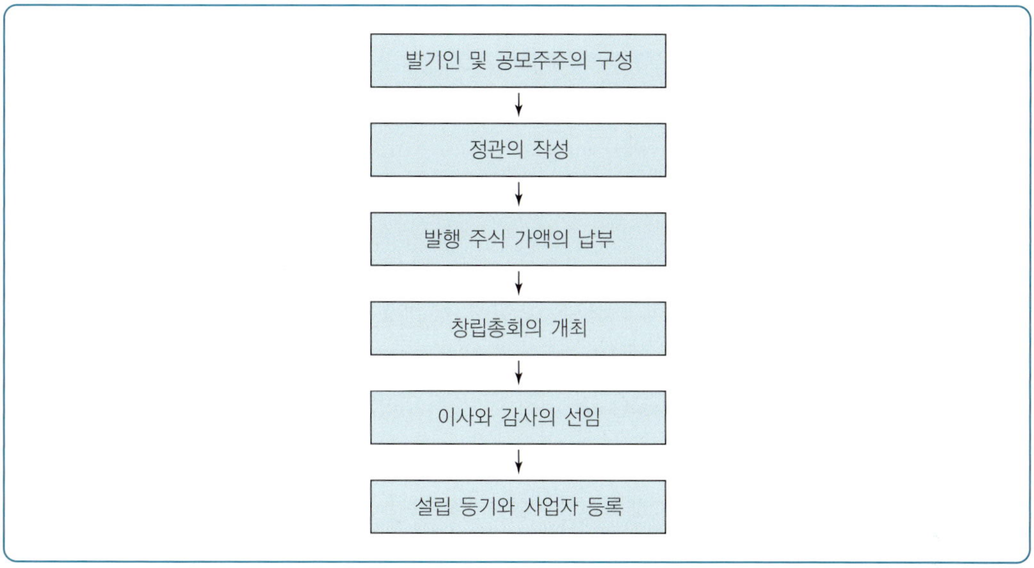

[그림 11-4] 법인설립 절차도

나. 정관의 작성

다음 절차는 정관을 작성하는 일이다. 실무적으로는 이미 표준화된 정관의 형식을 따르기 때문에 어려운 점은 없다. 정관에 포함되어야 할 사항은 사업목적, 상호, 자본금, 본점소재지, 사업연도 등이다.

다. 창립총회의 개최

투자금액, 즉 주금의 납입과 현물출자의 이행이 완료되면 창립총회가 소집된다. 일반적으로 총회의 결의는 인수된 주식의 과반수 출석에 출석 주식의 3분의 2 이상으로 한다. 창립 총회에서는 이사와 감사를 선임한다.

라. 설립등기와 사업자등록

마지막 절차는 설립등기를 하고 사업자등록을 하는 일이다. 설립등기는 이사의 공동 신청으로 한다. 사업자등록 신청은 사업장을 관할하는 세무서에 신청한다.

11.3 신생기업 경영

1. 신생기업의 성장 패턴

신생기업의 성장 패턴은 다양하다. 큰 어려움 없이 처음부터 끝까지 순탄하게 성장하는 경우는 극히 드물다. 오히려 팽창과 위축을 거듭하면서 중장기적으로 성장하거나 중도에 도태되는 경우가 훨씬 더 많다. 이렇게 다양한 패턴을 크게 몇 가지로 분류한다면, [그림 11-5]의 네 가지 유형으로 요약할 수 있다.

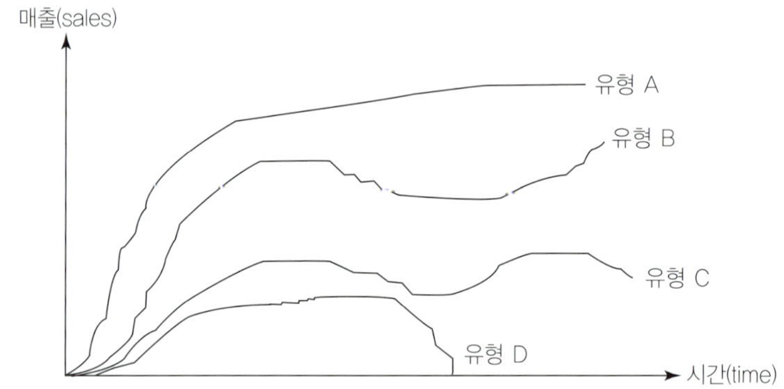

[그림 11-5] 신생기업의 전형적 성장패턴(growth pattern)

A 유형은 창업 이후 큰 문제 없이 지속적으로 성장하는 경우이다. 가장 바람직하기는 하지만 현실적으로는 거의 존재하지 않는 유형이다. B 유형은 초기에 부분적인 성공과 실패를 거듭하다가, 장기적으로는 안정적인 성장으로 나가는 경우이다. 성공적인 벤처기업에 가장 자주 발견되는 유형이다. C 유형은 초기에 일시적인 성공과 실패를 반복하다가 결국은 위축 내지 도태되는 경우이다. 현실적으로 가장 빈도가 높은 경우라고 할 수 있다. 마지막의 D 유형은 창업 이후 곧 바로 실패하는 유형으로 가장 바람직하지 않은 경우이지만 동시에 의외로 많이 발견되는 경우이기도 하다.

2. 신생기업의 성장 단계

벤처기업은 본질적으로 늘 불안정하며 끊임없이 변화하는 특성을 지닌다. 따라서 벤처기업의 경영관리에 대한 정형적이고 표준적인 이론과 지침을 제시하는 것은 매우 어려운 일이다. 이러한 이유 때문에, 벤처기업의 성장 과정을 몇 개의 단계로 나누어 분석하는 연구가 주로 이루어져 왔다. 이러한 접근의 근본적인 목적은 성장 단계별 특성과 조건을 분석함으로써, 각 단계에 적합한 경영관리의 초점과 전략을 찾는데 있다.

벤처기업의 성장 단계와 관련하여 자주 인용되는 Churchill과 Lewis(1983)의 분류는 크게 5단계로 구성된다. 첫 번째는 존재(existence)의 단계로서, 제품과 서비스를 개발하고 일차적인 조직을 구성하며 종자돈(seed money)을 확보하는 단계이다. 두 번째는 생존(survival)의 단계로서, 틈새시장을 확보하여 손익분기를 달성하는 단계이다. 세 번째는 성공(success)의 단계로서, 나름대로 확고한 시장 영역을 점유하면서 독자적인 경영체제를 구축하는 단계이다. 네 번째는 도약(take-off)의 단계로서, 고도 성장을 통해 중견 수준의 기업으로 커나가는 단계이다. 마지막은 성숙(maturity)의 단계로서, 지속적 성장보다는 효율적 안정을 중시하는 단계이다.

앞의 5단계 분류체계와 유사하기는 하지만, 이를 3단계로 단순화시킨 분류체계도 많이 사용된다. 여기에서는 성장단계를 크게 창업기(start-up stage), 성장기(early growth stage), 성숙기(growth-maturity stage)의 세 단계로 나눈다. 앞의 5단계에서 존재와 생존을 묶어서 창업기로 하고, 성공과 도약을 묶어서 성장기로 한 것이 다른 점이라고 할 수 있다.

3. 신생기업의 단계별 경영전략

벤처기업은 성장 단계를 따라 여러 가지 문제점과 위기상황에 부딪치고 다양한 형태의 위험요소를 안게 된다. 이러한 문제와 도전을 해결하기 위해서, 성장 단계별로 차별적이고 동태적인 경영 전략이 요구된다. 위에서 본 것처럼 신생기업의 성장 패턴이 성공과 실패의 반복으로 나타나는 근본적 이유도 단계별로 적절한 경영전략이 수립되고 구사되었는지에 따라 성공과 실패가 결정되기 때문이다. 각 단계에 관련된 경영관리의 초점에 따라, 구체적인 경영 전략 요소와 관리 수단을 제시하면 아래와 같다.

(1) 창업기

창업기는 새로운 기술과 획기적 신제품을 바탕으로 사업을 시작하는 단계이다. 따라서 무한한 기회 요인과 함께 시간과 자원의 제약으로 인한 다양한 경영 위험이 존재한다. 그러나 이러한 위험을 해결할 수 있는 내부의 경영시스템과 외부의 지원조직이 취약하기 때문에 체계적인 계획과 보완적인 방법이 필요하다. 보다 구체적으로 경영관리의 초점을 제시하면 다음과 같다.

- 단순하고 명확한 경영 목표와 조직 구조를 결정한다.
- 현실적이면서 전략적인 사업계획서를 작성한다.
- 기술개발과 엔지니어링에 필요한 초기자본(seed capital)을 확보한다.
- 외부 지원조직과의 네트워크를 형성한다.

(2) 성장기

성장기는 시간적으로 가장 길면서 또한 내용적으로 가장 복잡하기 때문에, 다시 세 개의 세부 단계로 나뉠 수 있다. 첫 단계는 '성장 초기'로서, 기술개발에 성공하여 제품을 출시하고 생산 관리에 집중하는 단계이다. 이 단계는 창업기의 관리 위험이 남아 있으면서 동시에 추가적인 위험 요인들이 발생하는 시기로 위험관리가 매우 중요하다. 구체적인 지침으로는 다음을 들 수 있다.

- 초기 시장 확보를 위한 집중적이고 선택적인 마케팅 관리에 주력한다.
- 양산과 부품확보에 필요한 자본 조달 채널을 확보한다.
- 창업 경영자의 전반적인 관리 능력을 제고하고 전문적 관리인력을 보강한다.

다음 단계는 '성장 중기'로서 시장 수요가 급속히 확대되면서 매출 수익과 생산 비용이 동시에 증가하는 시기이다. 따라서 창업기나 성장 초기와 비교하여 그 규모와 성격이 상당히 다른 위험 요소들이 발생하면서, 시스템적 경영 관리의 중요성이 본격적으로 제기된다. 구체적인 지침으로는 다음을 들 수 있다.

- 조직구조를 재편하고 전문 경영진의 영입을 추진한다.
- 본격적인 인센티브 시스템을 도입한다.

- 체계적인 생산 및 재고 관리 시스템을 운영한다.
- 과학적인 재무 관리 시스템을 구축한다.

마지막 단계는 '성장 후기'로서, 기업 규모와 사업 영역이 크게 팽창하는 시점이다. 일시적이고 부분적인 방식으로 조직과 사업을 관리할 수 있는 단계를 넘어섰기 때문에, 기업 규모에 맞는 조직 구조와 관리 기준을 도입해야 할 단계이다. 구체적인 지침으로는 다음을 들 수 있다.

- 과학적 조직설계 이론에 맞추어 조직 구조를 전면적으로 재편한다.
- 분산형 관리체제를 토대로 효과적인 통제 시스템을 구축한다.
- 전략적 제휴, 인수합병(M&A) 등 사업확장이나 사업전환의 가능성을 검토한다.

(3) 성숙기

성숙기는 성장세가 둔화되고 일정한 수준의 매출과 안정적 형태의 조직이 유지되는 시점이다. 따라서 성장의 동력(dynamism)이 떨어지고 관료화로 인한 조직의 경직성이 나타나기 시작하는 단계이다. 이 단계에서의 중요한 경영 전략은 다음과 같다.

- 조직의 활성화를 위한 인력관리 프로그램을 신설한다.
- 생산성 제고와 비용 절감을 위한 관리통제 시스템을 강화한다.
- 새로운 성장 동력을 창출하기 위한 사업 전략을 개발한다.
- 사내 벤처제도의 도입을 검토한다.

4. 자금 조달

(1) 자금 흐름의 특성

기존기업과 비교하여, 벤처기업에서 자금이 투입되고 수익이 창출되는 양상은 기본적으로는 유사하지만 세부적으로는 상당히 다르다. [그림 11-6]에서 보는 것처럼, 영업 손익분기점(operating breakeven point)에 다다른 후에도 한참이 지나서야 비로소 현금흐름의 분기점(cash breakeven point)을 넘어서게 된다. 그만큼 초기의 자금관리가 어려운 것이다.

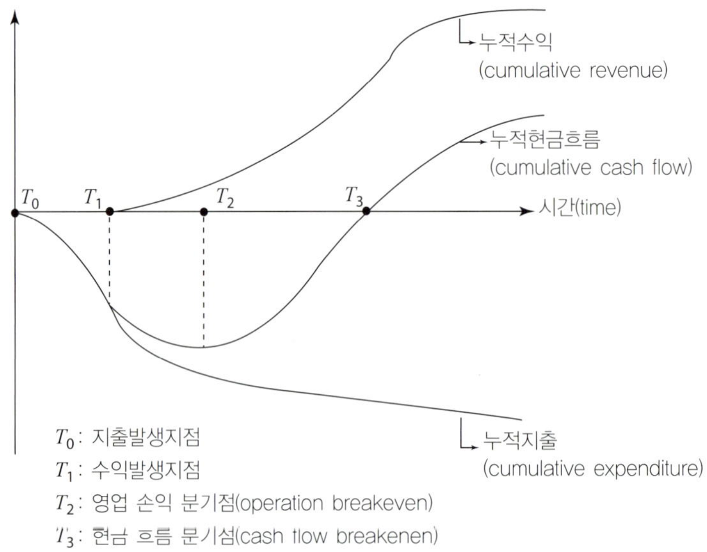

[그림 11-6] 벤처기업 현금흐름의 일반적 패턴

자금 흐름의 측면에서 벤처기업의 가장 큰 특성은 변동의 폭이 더 크고 변동속도가 더 빠르다는 점이다. 이런 특성은 곧 자금 흐름의 예측을 어렵게 하고 체계적인 관리시스템의 운영을 힘들게 만든다. 따라서 무엇보다 자금 관리의 신축성이 중요하다. 또 다른 특성은 자본 시장의 범위와 자본 조달의 방식이 제한적이라는 점이다. 현실적으로 벤처기업이 자본을 조달할 수 있는 창구는 많지 않으며, 또 조달에 성공할 가능성도 매우 낮다. 따라서 본격적인 사업의 수행에 앞서 반드시 자금조달의 가능성(feasibility)이 확보되어야 한다.

(2) 단계별 자금 수요

일반적으로 기업은 창업에서 시작하여 수명주기를 따라 끊임없이 변화한다. 따라서 기업 경영의 초점과 우선순위는 수명주기상의 각 단계별로 달라지게 된다. 신생기업에 필요한 자본도 예외는 아니어서, 각 단계별로 자금의 수요와 공급

패턴이 다르다. 벤처기업의 경우, 기업의 수명주기 상으로는 대부분 초기의 창업 단계에 속하지만 자금 계획은 중장기적인 관점에서 수립되어야 한다. 즉, 수명주기 상의 각 단계별 자금 흐름을 정확히 예측하고, 이를 토대로 자금관리 계획이 수립되어야 하는 것이다.

〈표 11-3〉 단계별 자금수요

기업 단계 (stage of firm)	창업 기업 (start-up firms)	성장 기업 (growth firms)	성숙 기업 (mature firms)
자금수요 단계 (stage of finance)	초기 단계 자금 (early-stage finance)	중기 단계 자금 (later-stage finance)	후기/성숙 단계 자금 (late-stage finance)
자금수요 내용 (contents of finance)	초기(seed) 자금수요 - 아이디어 개발, 연구개발을 위한 소규모 자금	이차 단계 (second-stage) 자금수요 - 생산시설의 일차 확장을 위한 자금	방향전환 (turn-around) 자금수요 - 조직 개편을 위한 자금
	창업(start-up) 자금수요 - 제품개발과 초기 마케팅을 위한 창업 자금	삼차 단계 (third-stage) 자금수요 - 수요증가에 따라 생산시설의 본격적 확장을 위한 자금	차입매수 (leveraged buy-out: LBO) 자금수요 - 지분매수를 위한 자금
	일차 단계 (first-stage) 자금수요 - 상업화를 위한 초기제품 생산을 위한 자금	연결(bridge) 자금수요 - 기업상장을 앞둔 단계의 자금	인수합병(M&A) 자금수요 - 기업합병이나 민영화를 위한 자금

단계별 자금 수요의 구체적 성격과 내용이 〈표 11-3〉에 요약되어 있다. 표에서 알 수 있듯이 자금의 수요는 크게 초기의 창업 단계, 중기의 성장 단계, 후기의 성숙 단계로 나누어 볼 수 있다. 흔히 초기의 창업 단계에서 필요한 자본이 조달되면 성장기 이후에는 수익의 창출을 통해 자체적으로 조달이 가능할 것으로 예상하지만, 실제로는 끊임없이 새로운 자금 수요가 생겨난다. 오히려 중기 이후에 발생하는 자금의 수요는 그 규모가 더 클 뿐 아니라 위험도도 더 높을 수 있다.

(3) 자금 조달 방법

그러면 단계별로 필요한 자본을 조달하는 방법에는 어떤 것들이 있을까? 일반적으로 기업이 자금을 조달하는 형태는 크게 자체적으로 조달하는 내부금융과 외부에서 조달하는 외부금융이 있다. 그러나 벤처기업의 경우 내부의 자금축적이 취약하기 때문에 대부분 외부의 공급원으로부터 자금을 조달 받는 외부금융의 방식을 취하게 된다.

외부금융은 다시 직접금융과 간접금융으로 나뉜다. 직접금융이란 기업이 직접 자금을 공급받고 그 대가로 주식, 회사채, 기업어음과 같은 신용증권을 발행하여 주는 형태이며, 간접금융이란 은행과 같은 금융중개기관이 자금을 조달하여 그것을 기업에 중개 공급하는 형태이다.

직접금융을 통하여 자금을 조달하는 경우에는 주로 일반투자자를 주주로 끌어들여 자금을 조달하는 형식을 취하는데, 크게 신주발행을 통한 자금 조달방법, 증권거래소나 코스닥 등에 기업을 공개하여 대규모 증자 자금을 조달하는 방법, 기업인수합병(M&A) 등을 통하여 자금을 조달하는 방법의 크게 세 가지 방법이 사용된다.

간접금융을 통해 자금을 조달하는 방법도 정부의 정책금융으로부터 조달하는 방법, 은행과 같은 일반금융으로부터 조달하는 방법, 불특정 다수인으로부터 사채 발행을 통해 자금을 조달하는 방법의 세 가지로 구분될 수 있다.

마지막으로 엔젤(angel)을 통한 자금조달도 가능하다. 엔젤은 '신생 벤처기업의 창업 단계나 기업화 초기단계에 필요한 자금을 제공하고 경영지도를 해 주는 개인투자자 또는 개인 벤처 캐피탈리스트(venture capitalist)' 를 가리킨다.

엔젤은 역할에 따라 리드 엔젤(lead angel)과 서포트 엔젤(support angel)로 구분된다. 리드 엔젤은 벤처기업 지원에 주도적인 역할을 하는 엔젤로, 벤처기업에 자금을 지원할 뿐만 아니라 직접 경영에 참가하는 경우가 많다. 이에 반해 서포트 엔젤은 전문지식을 가지고 창업자를 지원하는 엔젤이다.

개인으로서의 엔젤은 기관으로서의 벤처캐피탈과 비교하여 그 기능과 성격에 차이가 있다. 벤처캐피탈이 주로 상업화와 시장출시가 확실한 후기 단계에 투자하는 반면, 엔젤은 초기의 불확실한 시기에 투자하여 고위험-고수익(high risk-high return)의 경향을 보인다.

11.4 사내 벤처

1. 사내 벤처의 정의와 목적

사내 벤처는 창업자에 의해 독립적인 벤처기업 형태(external independent venture)로 창업이 이루어지는 것이 아니라, 기존 기업 내에서 별도의 조직을 구성하여 신규 사업을 시작하는 방식(internal corporate venture)의 창업을 뜻한다.

미국의 경우에는 이미 오래 전부터 사내 벤처 사업을 성공적으로 수행해 온 기업들이 다수 존재하며, 대표적인 사례로는 3M과 Kodak의 경우를 들 수 있다. 3M은 이른바 25% Rule을 설정하여, 각 사업부별로 최근 4년간의 신제품 매출 비중이 전체 매출의 25% 이상이 되도록 유도함으로써 사내 벤처 제도를 정착시켜 왔다. 이를 뒷받침하기 위해 15% Rule을 도입하여, 모든 연구원이 전체 시간의 15%는 완전히 자유로운 상황에서 새로운 발상을 할 수 있도록 하고 있다. 또한 다양한 후원(sponsorship) 활동을 통해 아이디어를 상업화할 수 있는 기회를 제공하고 있다. Kodak은 사내에 새로운 아이디어를 상업화할 수 있는 제도와 조직이 잘 갖춰져 있는 것으로 유명하다. 사내에는 New Opportunity Development Division이 있고 사외에는 자회사인 Eastman Technology Inc. 이 있어서 좋은 아이디어를 발굴하고, 또 신제품으로 연결할 수 있는 고리의 역할을 하고 있다.

한때 최고조에 달했던 독립 벤처에 대한 열기가 누그러지면서, 최근에 들어서는 국내에서도 사내 벤처의 효과성과 필요성에 대한 관심이 높아지고 있다. 특히 우리나라와 같이 대기업 중심의 산업 조직이 자리잡고 있는 상황에서는 대기업의 사내 벤처 또는 대기업-벤처기업의 연계 형태의 벤처가 바람직한 한국형 모델이라고 생각하는 견해도 많이 있다.

사내 벤처가 생겨나는 목적과 배경은 무엇일까? 그것은 한마디로 사내 벤처를 운영하는 기업 자체의 이해(corporate' s motivation)와 사내 벤처에 참여하는 종업원의 이해(entrepreneur's motivation)가 맞아 떨어지기 때문이다.

기업 입장에서 사내 벤처를 권장하는 이유로는 다음 몇 가지를 들 수 있다.

- 사업영역 및 기술 포트폴리오(portfolio)의 다각화
- 신규시장 진입

- 기존제품의 고부가가치화
- 사내 창업가 정신(intrapreneurship)의 확산과 기술혁신 동기의 부여
- 사내 연구개발 및 생산자원과 시설의 효과적 활용
- 고급 인력유출의 방지와 잠재적 경쟁자 출현의 예방

한편 종업원 입장에서 사내 벤처에 참여하는 이유로는 다음 몇 가지를 생각할 수 있다.

- 개인 창업과 비교한 기술적 위험과 투자 위험(risk)의 감소
- 기업자원의 활용

결국 사내 벤처 프로그램이 성공적으로 운영되기 위해서는 다음 몇 가지의 요건이 만족되어야 한다. 첫째, CEO의 관심과 의지가 무엇보다 중요하다. 둘째, 여러 분야 간의 협력과 참여를 통한 다학제적(multi-disciplinary) 팀워크가 구성되어야 한다. 이러한 팀워크는 개인들의 자발적인 의사 못지않게 전체적인 조직문화의 육성과 효과적인 관리제도의 개발이 있어야만 가능하다. 셋째, 보상제도와 평가시스템이 잘 갖춰져야 한다. 성공한 사내 벤처에 대한 적절한 보상과 실패한 벤처에 대한 정당한 평가가 동시에 필요하다.

2. 과정과 방법

사내 벤처가 한 가지 형태와 방식으로 설립되고 운영되는 것은 아니다. [그림 11-7]에 도시되어 있는 것처럼, 실제로 사내 벤처 사업을 구성하고 전개하는 유형은 크게 네 가지로 나눌 수 있다.

첫 번째 유형은 프로젝트형이다. 기존 사업부에서 일부 인력이 파견되어 소규모의 한시적인 프로젝트 팀이나 태스크 포스(task force) 조직을 구성한 후 기본적인 사업계획서를 작성하여 경영진에게 제출하는 방식이다. 참여 인력은 프로젝트가 종료된 후 원래 소속되었던 사업부로 복귀한다.

두 번째 유형은 사내 확대형이다. 이 유형도 소극적인 형태의 사내 벤처로, 신제품 아이디어를 가장 적합한 기존 사업부 하나가 채택한 후, 해당 사업부를 확대/

재편하는 방식이다. 이 경우 참여 인력은 그 사업부에 소속되며 성공할 경우 적절한 보상이 제공된다.

세 번째 유형은 사내 기업형이다. 사내에 벤처 아이템을 발굴하고 평가하는 별도 조직이 있어 여기에서 새로운 아이디어가 채택되면 새로운 사업부를 신설하여 소규모 사내기업을 육성하는 방식이다. 이 경우 참여 인력은 신 사업부로 전출된다.

네 번째 유형은 별도 법인형이다. 가장 적극적인 형태로, 벤처 아이템이 발굴되면 본사가 창업에 필요한 자금과 경영기술을 제공하여 새로운 자회사(spin-off)로 독립시키는 방식이다. 참여 인력은 아예 퇴직을 하고 신규 법인에 취업하게 된다.

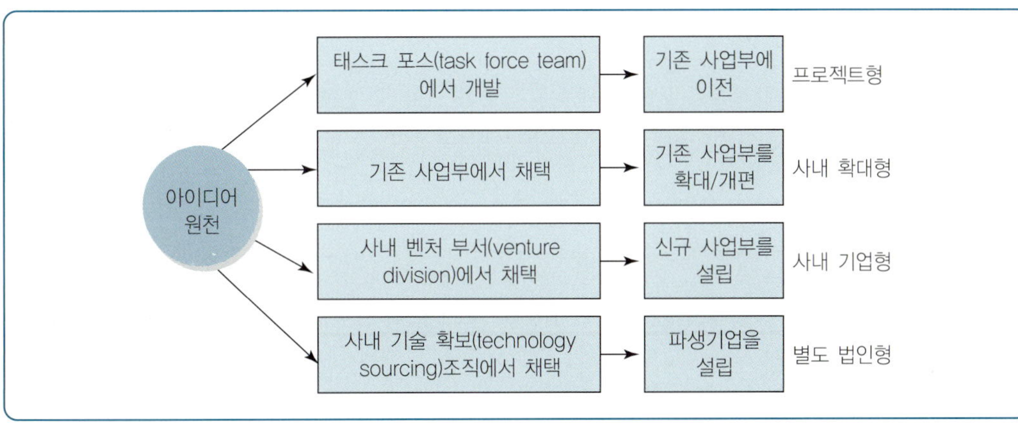

[그림 11-7] 사내 벤처의 유형

요약

1. 벤처창업은 새로운 기업의 설립을 통해 획기적인 신기술이나 아이디어를 상업화하는 활동을 뜻하며, 새로운 경영시스템을 설립하고 경영해 나가는 사람을 혁신적 기업가(entrepreneur)라고 한다.

2. 벤처기업은 창업 형태에 따라 독자창업형, 공동창업형, 전문경영형, 분업형, 외부주도형, 흡수합병형 등의 유형으로 나눌 수 있다.

3. 창업을 위한 사업계획서에는 기업의 전반적 프로파일 소개, 전체 사업계획서에 대한 간략한 요약, 시장과 산업 분석, 사업 설명서, 마케팅 계획 등과 같은 다양한 내용이 논리적, 구조적으로 제시되어야 한다.

4. 신생기업의 성장 단계는 크게 창업기, 성장기, 성숙기의 세 단계로 나눌 수 있으며 각 단계에 가장 적합한 관리 기준과 방식을 적용해야 한다.

5. 사내 벤처는 독립적 신생기업의 설립이 아니라 기존기업 내에서 벤처조직을 구성하여 운영하는 방식을 뜻한다.

6. 사내 벤처는 프로젝트형, 사내 확대형, 사내 기업형, 별도 법인형 등 다양한 유형으로 나눌 수 있다.

복습문제

1. 잠재적 창업자의 4가지 유형에 대하여 설명하여라.

2. 벤처기업에 관한 개념적 정의 및 우리나라의 벤처기업에 관한 제도적 정의는 무엇인가?

3. 신생기업의 성장단계별로 요구되는 금융수요 단계를 설명하여라.

4. 사내 벤처를 정의하고, 사내 벤처가 생겨나는 목적과 배경에 대하여 설명하여라.

5. 사내 벤처의 3가지 유형에 대하여 설명하여라.

토 의 문 제

1. 사업계획서에 포함되어야 할 내용 및 지침에는 어떤 것이 있을지 생각해 보아라.

2. 신생기업의 성장단계별 경영 전략 요소와 관리 수단을 논하라.

PART 05

Management of Business Assets

경영자산의 관리

구성도

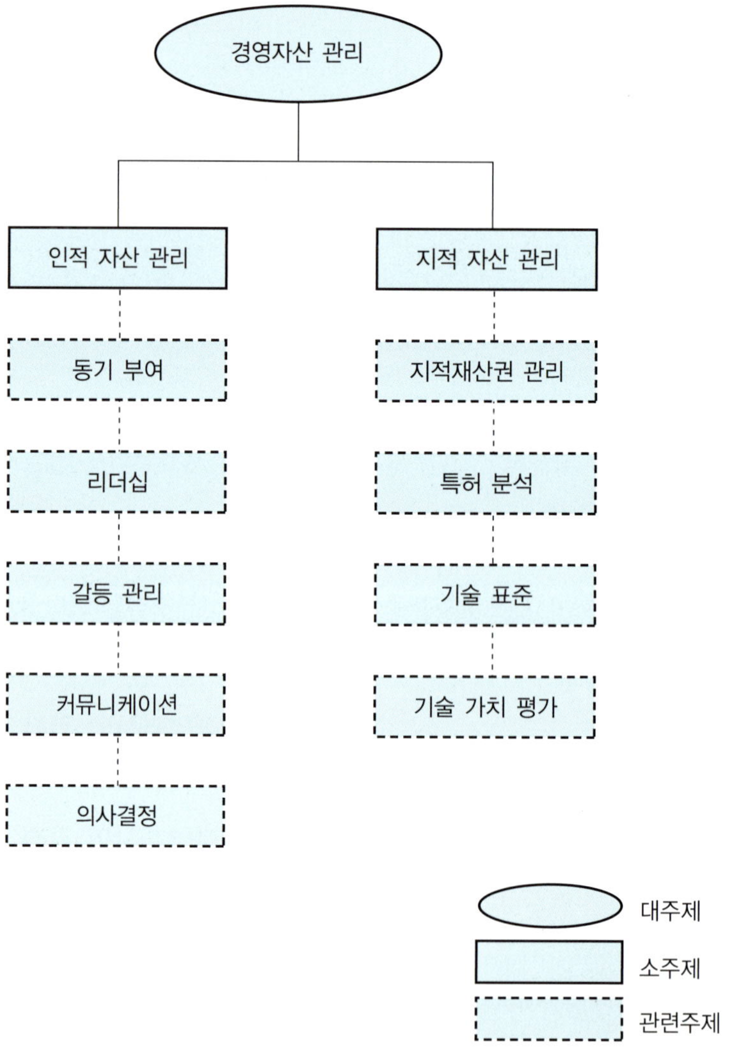
경영자산 관리
인적 자산 관리
지적 자산 관리
동기 부여
리더십
갈등 관리
커뮤니케이션
의사결정
지적재산권 관리
특허 분석
기술 표준
기술 가치 평가
대주제
소주제
관련주제

CHAPTER

12

인적 경영자산의 관리

배경과 주요 내용

공학적 전문성을 갖춘 사람이 CEO가 되지 못하는 가장 큰 이유 중의 하나가 사람들을 잘 다루지 못하기 때문이라고 한다. 그리고 그러한 문제의 근본적인 원인의 하나는 공학 분야가 사람을 이해하고 사람을 분석하는 문제에 대해 한번도 제대로 된 이론을 접해 보지 못했기 때문이라고 할 수 있다.

공학은 기술을 다루는 학문이고 공학의 가치는 기술적 전문성에 있다. 그러나 구슬이 서말이라도 꿰어야 보배라는 말처럼 아무리 좋은 기술, 새로운 기술이라고 하더라도, 그것을 만드는 것도 사람이고 그것을 쓰는 것도 사람이다. 결국 사람을 이해하지 못하면, 아무리 기술적 전문성이 뛰어나다고 하더라도 경영자로서의 성공은 이루기 어렵다.

더구나 기업은 서로 다른 수많은 사람들이 모여 있는 복잡한 조직이다. 수직적 상하관계가 있는가 하면 수평적 동료관계도 있다. 이들은 다양한 방식과 채널을 통해 지시하기도 하고, 보고하기도 하며, 의견을 나누기도 한다. 모든 조직원들은 나름대로의 성격과 가치관을 가진 채, 생각하고 행동한다. 때로는 하나로 뭉쳐 대단한 성과를 거두기도 하고, 때로는 심각한 갈등 속에 갈라서기도 한다. 기업을 나서면 외부의 또 다른 조직의 사람들과 만나 새로운 사회적 관계를 형성한다.

기업조직 내의 개인과 단위조직이 움직이는 양상을 이론적으로 분석하는 주제를 '조직행위론'이라고 부른다. 이 이론에서는 동기부여 이론, 리더십 이론, 갈등 이론, 커뮤니케이션 이론, 의사결정 이론 등을 주요 내용으로 다룬다.

조직행위의 중심에는 항상 리더가 있다. 기업조직의 리더가 바로 CEO라는 점을 인식한다면 조직행위에 대한 이해가 CEO의 가장 중요한 능력이자 덕목이 된다는 사실은 자명하다.

12 인적 경영자산의 관리

12.1 조직행위론의 기본

경영시스템을 구성하고 운영하는 주체는 사람이다. 따라서 경영시스템이 보유하고 있는 가장 중요한 자산(assets)은 곧 인적 자산이라고 해도 과언이 아니다. 인적 자산을 모아 놓은 공간을 조직(organization)이라고 한다면, 인적 자산의 관리는 곧 조직의 관리라고 할 수 있다.

앞의 제2장에서 설명한 대로 경영학의 조직이론은 크게 조직구조론(theory of organizational structure)과 조직행위론(theory of organizational behavior)으로 나눌 수 있다. 조직구조론이란 경영시스템의 가시적이고 물리적인 형태를 어떻게 구성할 것인가를 다루는 분야이다. 거시적인 조직구조를 계층적 상하관계로는 어떻게 나눌 것인지, 수평적인 부문관계로는 어떻게 세분할 것인지 등을 중요한 연구주제로 다룬다.

이에 반해 조직행위론은 일단 조직구조론에 의해 경영시스템이 구성되어 조직원들이 각자의 위치로 배치된 후, 경영활동이 이루어지는 과정에서 조직원들의 개인적이고 심리적인 행위들을 어떻게 분석하고 관리할 것인가를 다루는 분야이다.

조직행위론의 역사는 곧 조직생활을 하기 시작한 인류의 역사와 같다고 할 수 있을 만큼 매우 길다. 그러나 오늘날 우리가 경영학의 한 분야로서 조직행위론을 본격적으로 받아들이기 시작한 계기는 1920년대 말에 태동된 인간관계론(human relations)이라고 할 수 있다. 20세기 초에 시작된 과학적 관리(scientific management)는 현대경영학의 정착과 발전에 엄청난 영향을 끼쳤다. 공장의 생산성을 제고하기 위해 종업원들의 작업관리, 동작관리 등을 체계적으로 분석한 과정과 결과는 비로소 경영학이라는 학문을 '과학적'으로 할 수 있고 또 해야 한다는 명제의 가능성과 타당성을 알려준 것이다. 이 연구의 연장선상에서 생산성을 높이기 위한 최적의 작업환경과 조건을 조사한 일련의 연구들이 이루어졌다. 그리고 그 결과 생산성은 조명, 온도, 습도 등의 외부조건보다는 '인간의 심리적이고 내면적 요소'에 의해 더 큰 영향을 받는다는 사실이 밝혀졌다. 이들의 주장은 '인간관계론'이라는 이름으로, 하나의 중요한 연구영역으로서 자리를 잡게 되었다.

인간관계론은 그 후 '행동과학(behavioral science)'으로 발전하였다. 인간의 심리와 행동에 대한 이해는 다양한 지식과 이론, 과학적이고 체계적인 분석 방법 등이 뒷받침되어야 한다는 사실을 깨닫게 된 것이다. 따라서 경영학 외에 심리학, 사회학, 정치학, 인류학 등이 참여하게 되고, 보다 정교하고 복잡한 방법론이 활용되면서 다학제적 과학(multi-disciplinary science)의 성격을 띠게 되었다.

조직행위론의 발전에 큰 영향을 미친 또 다른 이론은 이른바 상황이론(contingency theory)이다. 조직의 규모와 구조가 대형화, 복합화되고 조직을 둘러싼 외부환경이 크게 바뀌면서 어느 경우에나 항상 바람직한 방법이나 기준이 있는 것이 아니라, 그때그때 상황에 따라 최적의 방식이 달라져야 한다는 주장이 제기된 것이다.

가장 최근에 각광받는 조직행위론의 주제는 '개인의 창의성'과 '조직 문화'라고 할 수 있다. 세상의 변화에 따라 기업조직의 겉모습도 달라지고 조직 내부의 사람들도 신세대 젊은이들로 바뀌고 있는 상황에서, 조화와 협력을 강조하는 전통적인 조직이론은 개인의 창의성과 자율성을 침해하고, 나아가 기업의 성장성과 생산성을 저하시킬 수 있다는 주장이 제기되고 있는 것이다. 또한 조직의 합리성이나 기능성보다는 비전, 공감대, 가치관 등의 문화적 요인들의 중요성이 강조되고 있는 추세이다.

지금까지 살펴본 것처럼, 조직행위론은 본질적으로 다양한 세부 주제를 포괄하고 있다. 본 장에서는 이 내용을 크게 (1) 동기부여 이론, (2) 리더십 이론, (3) 갈등 이론, (4) 커뮤니케이션 이론, (5) 의사결정 이론으로 나누어 살펴보기로 한다.

12.2 동기부여 이론

1. 기본 배경

동기부여(motivation) 이론은 조직원들이 어떤 욕구나 보상에 의해 어떠한 행동을 보이고 그 성과는 어떠한가를 분석하는 이론이다. 이 이론은 조직행위론의 다양한 이론 가운데에서도 가장 기본적인 이론이다. 왜냐하면 사람의 행동은 결국 어떤 자극에 의해 욕구가 생기고, 그에 의해 행동의 동기가 생기며, 그 결과 구체적인 행위가 일어나기 때문에, 그 매커니즘(mechanism)의 이해야말로 조직행위론 연구의 출발점이 되기 때문이다.

경영학에서 동기부여 이론이 중요한 위상을 차지하게 된 이유는 그것이 경영성과와 직결되기 때문이다. Lewin(1938)에 의하면, 개인의 '행위 자체'는 개인의 특성과 환경 요인을 두 변수로 하는 함수이지만, 개인의 '성과'는 개인의 능력(특성)과 환경 요인 외에 동기부여라는 새로운 변수가 포함되는 함수이다. 따라서 경영시스템의 성과를 제고하기 위해서는 적절한 동기부여 제도가 도입되어야 한다.

동기부여 이론은 크게 내용 이론(content theory), 과정 이론(process theory), 좌절 이론(frustration theory)으로 나누어 살펴볼 수 있다. 이를 일반적으로 발견되는 행위의 단계와 대비시켜 설명하면, 내용 이론은 행동이 일어나기 전의 초기 단계에서 동기를 유발하는 '욕구가 무엇(what)이냐'를 다루는 이론이고, 과정 이론은 행동이 일어나는 중간 단계에서 '어떻게(how) 동기가 유발되느냐'를 다루는 이론이며, 마지막으로 좌절 이론은 행동이 완료된 후기 단계에서 욕구가 제대로 만족되지 못했을 때 '어떤 반응을 보이는가'를 다루는 이론이다.

2. 내용 이론

내용 이론(content theory)은 동기를 유발하는 '욕구(needs)'의 내용과 요인을 찾아내는 것을 핵심적인 과제로 삼고 있다. 내용 이론에는 이미 잘 알려진 다음과 같은 기본 이론들이 있다.

(1) Maslow의 욕구 5단계 이론

가. 이론의 내용

1940년대에 제시된 Maslow의 욕구 5단계 이론은 내용 이론 가운데 가장 오래되고 널리 알려진 이론이다. Maslow는 인간의 욕구가 아래와 같이 하위 욕구에서 시작하여 상위 욕구로 옮겨가는 5단계의 계층으로 구성되어 있다고 주장한다.

1) 생리적 욕구(physical needs): 생존을 위한 의식주의 기본 욕구와 신체적인 본능을 추구하는 욕구
2) 안전과 안정 욕구(security needs): 물질적 안정과 신분의 보장, 안전한 작업 조건, 외부의 위협으로부터 안전을 추구하는 욕구
3) 사회적 소속감 욕구(social needs): 조직 내에서 느끼는 소속감, 다른 사람들과의 친화, 우정 등을 추구하는 욕구
4) 인정과 존경 욕구(esteem needs): 타인으로부터 인정받고 존경받는 느낌, 중요한 업무를 부여받고 느끼는 책임감, 다른 사람을 관리하고 지도하며 느끼는 만족감 등을 추구하는 욕구
5) 자아실현 욕구(self-realization needs): 자신의 잠재적 능력과 이상적 자아를 실현하고 싶은 욕구

나. 이론의 의의

Maslow의 이론이 오늘날까지도 가장 널리 받아들여지고 있는 이유는 인간의 욕구를 세분하여 순서화하고 단계화한 사실 때문이다. 즉 인간의 욕구는 하위의 욕구에서부터 상위의 욕구까지 계층적 구조로 이루어져 있으며, 인간은 하위의 욕구에서 출발하여 점진적으로 상위의 욕구를 충족시켜 나가는 단계적 구조로 이루어져 있다는 점을 명확하게 설명한 점이 큰 설득력을 얻은 것이다.

Maslow의 이론은 크게 두 가지 면에서 조직관리에 심대한 영향을 미쳤다. 첫째, 맞춤형식 동기부여 전략을 제시한 점이다. 즉 욕구는 단계화, 순서화되어 있기 때문에 개별 조직원들의 위상이 어디이며 처한 상황이 어떠한가를 파악하여 각자의 욕구에 맞는 동기를 부여하는 방법을 도입하게 하였다. 둘째, 자원배분의 효과성과 효율성을 높인 점이다. 동기부여에 필요한 자원은 제한되어 있으므로,

모든 욕구를 한꺼번에 만족시켜주는 방법보다 각자의 특성에 맞추어 자원을 선별적, 집중적으로 배분할 수 있는 기준과 방법을 개발하게 하였다

그러나 욕구 5단계설은 몇 가지 문제점과 한계를 안고 있다. 첫째는 욕구의 분류체계가 갖는 모호성이다. 과연 인간의 다양한 욕구를 다섯 단계로 나눌 수 있는지 또는 나눌 경우 두 단계의 중간쯤에 있는 애매한 욕구들은 어떻게 처리할 것인지 하는 비판이 제기될 수 있다.

둘째는 인간의 욕구가 대체적이 아니라 중복적일 수 있다는 사실이다. 다시 말해 하나의 욕구가 만족되면 그것을 버리고 다른 욕구를 구하는 것이 아니라, 두 가지 욕구를 모두 추구할 수 있다는 것이다.

셋째는 욕구와 행동의 관계를 1대1로 연결시키기 어렵다는 사실을 들 수 있다. 즉 하나의 행동은 하나의 욕구에 의해서만 이루어지는 것이 아니라, 여러 가지 욕구가 복합적으로 작용하여 이루어진다는 것이다.

마지막으로 동일한 개인의 경우도 시점이나 상황에 따라 원하는 욕구가 얼마든지 달라질 수 있다는 점이다. 따라서 누구에게는 어떤 방식이 동기부여에 가장 적합한가 하는 문제의 답을 찾기가 매우 어려울 수 있는 것이다.

(2) Alderfer의 ERG 이론

1970년대에 제시된 Alderfer의 ERG 이론은 한마디로 Maslow의 5단계 이론을 3단계로 축소한 것이다. 즉 사람의 욕구는 존재 욕구(Existence: E), 관계 욕구(Relations: R), 성장 욕구(Growth: G)로 나눌 수 있다는 것이다.

ERG 이론은 욕구 5단계 이론과 비교하여 전반적인 내용은 별 차이가 없지만 구체적이고 실천적인 면에서는 두 가지의 차이가 있다. 먼저, ERG 이론은 욕구를 상위와 하위의 계층 관계로 나눌 뿐 아니라, 욕구의 내용이 구체적인가, 추상적인가의 특성 차이로도 나눈다. 즉 상위의 욕구는 추상적이어서 파악하기가 어려운데 반해 하위의 욕구는 매우 구체적이어서 그 내용을 알기가 쉽다는 것이다. 다음으로, ERG 이론은 여러 욕구가 서로 독립적인 관계에 있는 것이 아니라 복합적으로 연계되어 있다고 주장한다. 특히 추상적 욕구(성장이나 관계)가 만족되지 않을 경우, 더 상위의 추상적 욕구를 추구하기 보다 더 하위의 구체적인 욕구를 더 많이 충족함으로써 이를 보상하고자 하는 경향이 있음을 지적하고 있다.

그러나 크게 보아 ERG 이론은 Maslow의 5단계 이론이 안고 있는 장점과 단점을 비슷하게 공유하고 있다고 할 수 있다.

(3) McClelland의 성취-친교-권력 동기 이론

McClelland는 욕구 5단계 이론 가운데 상위의 욕구만을 대상으로, 크게 성취 욕구(need for achievement), 친교 욕구(need for affiliation), 권력 욕구(need for power)로 나눈다. 이 이론에 의하면 조직행위에 참여하는 개인은 크게 성취 지향형, 친교 지향형, 권력 지향형의 세 가지 부류로 나눌 수 있으며, 각 부류에 적합한 동기부여의 내용과 방식이 달라져야 한다고 주장한다. 특히 이 이론은 친교나 권력 욕구보다는 성취 욕구가 중요하다는 전제 하에, 성취 욕구에 의해 동기를 부여할 수 있는 교육훈련의 필요성을 강조하고 있다.

(4) Herzberg의 2요인 이론

가. 이론의 내용

Maslow의 5단계 이론과 함께 가장 많이 알려진 또 하나의 이론이 바로 1960년대 말에 제시된 Herzberg의 2요인 이론이다. 이 이론은 동기부여를 결정하는 다양한 요인 내지 변수들을 크게 위생 요인(hygiene factor)과 동기 요인(motivation factor)으로 나눈 후, 동기부여를 위해 이 두 가지 요인의 관리를 달리 해야 한다고 주장한다.

이 이론의 출발점은 사람이 만족한다는 것과 불만족한다는 것은 다른 차원이라는 사실에 있다. 즉 모든 경우에 욕구가 제공되어 불만족한 것이 없어지면 곧 만족한 상태가 되는 식이 아니라, 처음부터 제공되면 만족이 생기는 요인들과 제공되지 않으면 불만족이 생기는 두 가지 요인들로 나뉘어져 있다는 것이다.

이러한 가설 하에, 위생 요인은 그것이 제공되지 않을 경우 '불만족'이 생기는 요인들로, 다른 말로는 불만족 요인이라고 할 수 있다. 구체적으로 임금, 감독과 통제, 작업환경과 근로조건 등이 여기에 속한다. 반대로 동기 요인은 그것이 제공될 경우 '만족'이 생기는 요인들로, 다른 말로는 만족 요인이라고 할 수 있다. 예를 들어 책임감, 인정과 존경, 직무의 내용과 수준, 성장과 자아성취 등이 여기에 속한다.

나. 이론의 의의

Herzberg 이론의 의의는 욕구와 만족에 대해 Maslow의 가설을 근본적으로 달리 해석한 점이라 할 수 있다. 즉 Maslow는 욕구가 만족되지 않으면 불만족 상태가 되며, 이 욕구가 만족되면 바로 만족 상태로 바뀐다고 가정한다. 그러나 Herzberg는 처음부터 불만족 상태와 만족 상태를 서로 다른 개념으로 설정한 후, 위생 요인의 수준과 내용이 좋아지면 불만족 상태는 해소되지만, 그것이 곧 만족 상태로 바뀌는 것은 아니라는 점을 지적하고 있다.

Herzberg의 이론은 동기부여의 실무에 있어 외형적인 경영환경과 내부적인 직무설계의 중요성을 인식시킨 점에서 큰 공헌을 하였다. 즉 불만족의 해소 내지 완화를 위해서는 근로조건이나 임금체계와 같은 위생 요인의 개선이 필요하다는 점과, 만족의 극대화를 위해서는 직무의 재설계, 책임과 자율의 확대 등과 같은 동기 요인의 부여가 필요하다는 점을 인식하게 한 것이다.

그러나 Maslow의 이론과 마찬가지로 Herzberg의 이론도 몇 가지 비판과 한계를 안고 있다. 우선, 과연 동기부여의 요인을 두 가지로 나눌 수 있는지, 두 요인의 경계선 상에 있는 요인들은 어떻게 처리할 것인지가 모호하다. 또 불만족 요인과 만족 요인이 서로 대체 관계에 있을 경우에는 어떻게 해석할 것인지, 개인의 가치관과 외부상황에 따라 요인을 분류하는 기준이 다른 경우에는 어떻게 할 것인지 등의 질문에 대해서도 명확한 대답을 제시하지 못하고 있다.

(5) McGregor의 X-Y 이론

가. 이론의 내용

동기부여의 내용 이론에 또 하나의 중요한 공헌을 한 것이 1960년대 초에 발표된 맥그리거(McGregor)의 X-Y 이론(X-Y theory)이다. 이 이론은 앞에서 살펴본 다른 이론들이 욕구의 요인이나 변수를 유형화한 것에 반해, 인간 자체를 유형화한 면에서 근본적인 차이가 있다.

이 이론은 인간 유형을 크게 X형 유형(X theory)과 Y형 유형(Y theory)으로 나누는 것에서 출발한다. X형 유형은 인간성에 대한 전통적 견해를 대변하는 유형으로, 사람은 본능적, 태생적으로 소극적이며 수동적이어서 지도력도 없고 창의성도 부족하며 자율적으로 일하기보다는 시키는 일이나 하는 존재로 규정한다.

이에 반해 Y형 유형은 McGregor 자신이 주장한 유형으로, 사람은 적극적이며 능동적이어서 좋은 여건만 주어지면 책임감을 가지고 자율적으로 일을 하며 창의성을 발휘할 수도 있고 적극적인 리더가 될 소지도 있다는 것이다.

나. 이론의 의의

McGregor의 X-Y 이론은 실제로 기업의 조직개발과 인력양성 프로그램의 설계에 큰 영향을 미쳤다. 이 이론이 받아들여지기 전에는 대부분의 기업이 조직원을 X형으로 전제한 후, 엄격한 관리방식과 제도를 시행하고 감독과 통제시스템을 강화하는 것이 바람직하다고 믿었다. 그러나 이 이론이 도입된 이후에는, 많은 기업들이 개개인에게 스스로 업무의 목표를 설정하고 직무를 설계하게 하며 권한과 책임을 확대하고 자율적인 평가를 하도록 유도하는 동기부여 프로그램들을 도입하였다.

그러나 이 이론도 개인적 차이를 어떻게 고려할 것인지, 어떻게 X형과 Y형을 명확하게 나눌 수 있는지와 같은 의문점을 해소하기 어려운 문제점과 한계를 안고 있다.

3. 과정 이론

과정 이론(process theory)은 지금까지 살펴본 내용 이론에 대한 비판에서 출발하였다. 내용 이론이 동기부여에 관한 욕구, 즉 '무엇(what)'을 분석하는 데는 많은 공헌을 하였지만 어떻게 동기를 유발할 것인가, 즉 "어떻게(how)"에 대해서는 적절한 대답을 하지 못했다는 문제 의식에서 시작하여, 동기부여의 과정과 방법을 다루는 연구 분야인 과정 이론이 제시된 것이다.

내용 이론과 과정 이론은 서로 보완적인 성격을 지닌다고 할 수 있다. 내용 이론이 동기유발의 본질적 속성을 분석한다면, 과정 이론은 동기유발의 과정적, 환경적 요인들을 분석함으로써 동기부여 이론의 전체적 틀을 완성하고 있는 것이다. 과정 이론과 관련해서는 다음의 두 가지 이론이 대표적 이론들로 알려져 있다.

(1) 기대 이론(expectation theory)

기대 이론은 동기가 부여되기 위해서는 행동을 통해 얻어지는 '성과의 가치와 그 성과를 얻을 수 있는 가능성'에 의해 결정되는 기대이익이 어느 일정 수준을 넘어서야 한다는 가정을 토대로 하고 있다. 이 가정을 식으로 표현하면 아래와 같다.

동기부여 M(motivation) = 가치의 크기 V(value) × 달성의 가능성 E(expectancy)

기대 이론에서는 동기부여가 일정 수준 이상이 되기 위해서는 가치의 크기와 달성의 가능성 모두가 균형적으로 어느 수준 이상이 되어야 한다고 주장한다. 예를 들어 가치는 매우 크지만 실현 가능성이 거의 없다거나, 실현 가능성은 매우 높지만 가치의 절대 크기가 미미하다면 동기부여의 효과가 크게 떨어지게 된다. 따라서 기대 이론은 동기부여 프로그램을 설계할 때, 성과에 대한 보상의 크기와 성과를 달성할 수 있는 가능성을 어떻게 결정할 것인가 하는 문제의 중요성을 일깨우고 있다.

기대 이론의 단점은 보상의 크기나 달성 가능성을 객관적이고 합리적으로 결정하기 어렵다는 데 있다. 개인마다 가치의 크기를 측정하는 기준이 다르고, 또 달성의 가능성을 사전에 정확하게 예측하기도 쉽지 않다는 문제점이 있다.

(2) 공정성 이론(equity theory)

공정성 이론은 기대 이론의 문제점을 보완하기 위해 제시된 이론이다. 즉 '다른 사람들과의 비교'를 통해, 기대 이론이 안고 있는 개인적 주관성과 비합리성을 해소하거나 완화할 수 있다는 것이다.

구체적으로 한 개인이 받은 보상의 크기를 O라고 하고 투입한 양을 I라고 했을 때, O/I의 비율이 개인들 간에 같으냐 다르냐에 따라 크게 세 가지 반응이 나타날 수 있다.

- 본인의 비율이 다른 사람들의 비율과 동일할 때, 만족감을 느낀다.
- 본인의 비율이 지나치게 크다고 느낄 때, 죄책감을 느낀다.
- 본인의 비율이 지나치게 작다고 느낄 때, 불만족을 느낀다.

따라서 공정성 이론의 기본 가정은 모든 사람이 공정한 기준과 방식으로 평가되고 보상받는다는 인식을 주어야만 만족감을 느끼면서 동기부여가 될 수 있다고 주장한다. 보상의 크기는 절대적 수치의 차이가 아니라 상대적인 느낌의 차이가 된다는 것이다. 결국 공정성 이론은 동기부여 프로그램의 설계 과정에서, 절대적 보상의 크기를 확대하는 것 못지 않게 상대적 보상의 공정성을 확보하는 것이 중요하다는 점을 지적하고 있다.

그러나 공정성 이론도 주관성의 한계를 벗어나지 못한다는 문제를 안고 있다. 왜냐하면 공정성이라는 것 자체가 주관적인 판단에 의해 결정되기 때문이다. 사람마다 상대적 차이를 인식하는 기준이 다르고 또 차이에 대해 반응하는 태도가 상이할 수 있는 것이다.

4. 욕구좌절

내용 이론과 과정 이론이 적절히 반영된다고 해서 항상 동기가 유발되고 욕구가 만족되는 것은 아니다. 오히려 더 이상 동기는 유발되지 않고 불만이 쌓이게 되어 불안정하고 부정적인 반응을 보이게 되는 경우도 있다. 즉 욕구좌절(frustration)의 행동들이 나타나게 되는 것이다. 따라서 동기부여와 욕구좌절은 동전의 앞면, 뒷면과 같이 서로 밀접하게 연관되어 있지만, 상반된 위치에 존재하는 개념이다.

욕구좌절의 반응과 행동은 다양하지만, 크게 다음과 같은 전형적인 유형들로 나눌 수 있다. 물론 개인에 따라서는 어느 한 가지 반응이나 행동을 보이기보다는 여러 가지가 복합적으로 나타나기도 한다. 따라서 조직 구성원 하나하나가 욕구좌절의 상태에서 어떤 반응과 행동을 보이는가를 알아내는 것이 조직관리의 중요한 과제가 된다. 결국 욕구좌절에 관한 실증연구의 궁극적인 목적은 각 개인의 욕구좌절 행동 유형을 사전에 정확히 인지하여 각 유형에 가장 근접한 실제 행동을 예측하고, 가장 적합한 대응방안을 제시하는데 있는 것이다.

(1) 공격 행동(aggression): 타인에 대해 폭력적이고 공격적인 언행을 보이는 유형

(2) 대체 행동(coping): 욕구좌절을 가져온 상황을 대체할 수 있는 다른 상황이나 경우에서 대리 만족을 얻는 유형

(3) 합리화 행동(rationalization): 본인의 잘못이나 무능함을 인정하지 않고 끊임없이 변명을 하는 유형

(4) 퇴행(regression): 잠을 자거나, 울거나, 폭식을 하는 등의 퇴행적 행동을 하는 유형

(5) 회피 행동(resignation): 욕구좌절을 유발한 상황이나 상대를 의식적으로 피하는 유형

(6) 고착 행동(fixation): 욕구좌절을 유발한 상황이나 문제를 의도적으로 반복하여 끝까지 이겨내려고 집착하는 유형.

12.3 리더십 이론

1. 기본 배경

리더십 이론의 핵심은 리더(leader)와 관리자(manager)를 구분하는 인식에서 출발한다. 주어진 업무를 효과적, 효율적으로 관리하여 주어진 시간 내에 주어진 수준으로 완수하면 성공적인 관리자가 될 수 있다. 그러나 리더는 성공적인 관리자인 동시에, 더 나아가 조직원들에게서 존경을 받고 조직원들에게 비전을 제시할 수 있어야 한다. 따라서 성공적인 리더는 당연히 성공적인 관리자가 되지만, 성공적인 관리자라고 해서 곧 바람직한 리더라는 보장은 없다. 주어진 일은 잘 관리하지만 부하들의 존경도 받지 못하고 조직의 미래에 대한 비전도 없는 관리자도 얼마든지 있을 수 있는 것이다.

따라서 리더십 이론은 업무를 설계하고 관리하는 경영자로서의 관리적 관점, 한 조직을 다스리는 최고책임자로서의 사회적 관점, 다양한 조직원들의 생각과 행동을 조화시키는 조정자로서의 조직행위적 관점을 포괄하게 된다.

이러한 기본 지식을 전제로 리더십 이론의 발전 및 확대 과정을 정리하면, 크게 리더의 개인적 특성을 살펴보는 특성 이론(traits theory), 리더와 구성원 간의 행위를 분석하는 행위 이론(behavior theory), 리더의 행위와 상황적 특성 간의 관

계를 중시하는 상황 이론(contingency theory)으로 나누어 설명할 수 있다.

2. 특성 이론

특성 이론(traits theory)은 가장 초기에 리더십 이론의 주류를 이루었던 이론이다. 이 이론은 모든 성공적인 리더는 보통 사람과 달리 공통적으로 보유하고 있는 특성이 있다는 가정 하에, 그 특성이 무엇인가를 찾아내는 데 초점을 맞추었다. 따라서 이 이론은 카리스마 이론, 위인 이론 등의 이름으로 불리기도 한다.

〈표 12-1〉에 제시되어 있는 것처럼, 이 이론에서는 리더의 특성을 크게 신체적 특성, 성격적 특성, 사회적 특성으로 나눈 후, 관련된 세부적인 분석대상들을 제시하고 있다.

〈표 12-1〉 특성 이론의 분석 대상

주요 특성	분석 대상
신체적 특성	연령, 신장, 체중, 용모, 지능 등
성격적 특성	지배욕, 성취욕, 독립성, 사교성 등
사회적 특성	학력, 집안 배경, 출신지역 등

이 이론은 리더의 특성과 조직의 유효성 간에는 어느 정도 유의한 관계가 있다는 실증분석의 결과를 제시하고 있지만 실무적인 유용성은 매우 제한적이다. 우선 예외적인 경우가 너무 많아 일반화시키기 어렵다. 또 나중에 언급되겠지만, 리더의 특성이라는 것은 상황과 여건의 변화에 따라 얼마든지 바뀔 수 있다.

3. 행위 이론

행위 이론(behavior theory)은 특성 이론의 다음 단계에서 주류를 이루었던 이론이다. 이 이론은 초기의 특성 이론에 대한 비판에서 출발하였다. 즉 모든 성공적인 리더에게 공통적으로 존재하는 특성이 있는 것은 아니며, 성공적인 리더는 몇 가지의 '행위 유형(style)'으로 나눌 수 있을 뿐이라고 주장한다. 그러므로 이 이론의 목표는 가장 바람직한 리더의 유형이 무엇인가를 찾아내는데 있다.

행위 이론은 리더의 유형을 나누는 기준으로, 크게 '인간중심' 차원과 '과업중심' 차원을 제시한다. 즉 사람을 중시하는 리더의 유형이 있는가 하면, 일을 중시하는 리더의 유형도 있다는 것이다. 다음에 각 차원의 상대적 중요도를 '높다' 또는 '낮다'로 구분하면 크게 네 개의 영역(유형)을 구성할 수 있다.

이러한 분석의 틀을 토대로 다양한 실증 연구가 수행되었다. 예를 들어 오하이오 주립 대학과 미시간 대학이 중심이 되어 수행한 연구는 인간중심의 차원으로 배려(consideration)라는 변수를, 과업중심의 차원으로 구조(structure)라는 변수를 사용하여 리더십의 4분면을 구성하였다. 한편 일본에서 제시된 PM 이론은 성과 기능(Performance: P)과 유지 기능(Maintenance: M)의 4분면으로 리더를 유형화하고 있다.

Blake와 Mouton의 관리격자 모형(managerial grid model)은 앞의 연구들을 한 단계 더 발전시킨 모형이다. 이 연구에서는 인간관계 행동과 과업주도 행동의 두 차원을 이용하여 리더의 유형을 크게 다섯 가지로 나누고 있다. [그림 12-1]에 나타난 것처럼, 일 중심으로 부하를 무조건적으로 끌고 가는 과업형 리더에서부터 조직의 화합과 부하들에 대한 배려만을 중시하는 컨트리클럽형 리더까지 다양한 리더가 있을 수 있다.

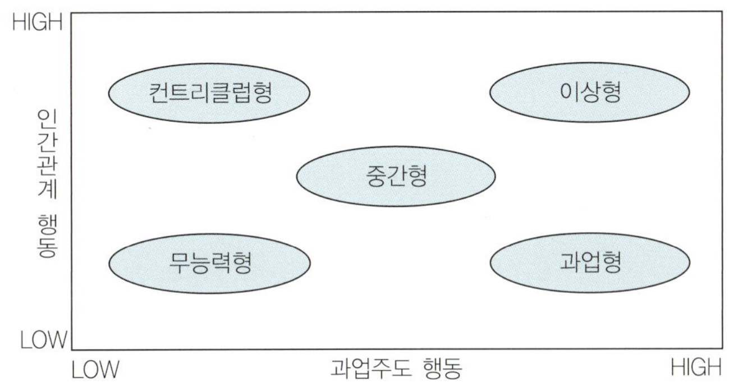

[그림 12-1] 관리격자(managerial grid) 모형

행위 이론이 특성 이론보다 좀 더 과학적이고 체계적이라는 점은 분명하다. 그러나 행위 이론의 연구결과들은 리더의 행동 유형과 부하의 만족도나 조직의 성

과 사이에 일관되고 의미있는 관계가 있다는 사실은 제시하지 못하고 있다. 예를 들어 리더의 과업주도 행동은 경우에 따라서 부하의 만족도에 긍정적인 영향을 미치기도 하고 부정적인 영향을 미치기도 한다. 인간관계 행동이 성과에 미치는 영향과 관련해서도 상반된 결과가 도출된 경우가 많았다. 이러한 문제점들이 결국 다음에 설명할 상황 이론의 출현으로 연결되었다고 할 수 있다.

4. 상황 이론

앞에서 언급한 대로 행위 이론은 리더의 스타일과 조직의 성과 간에 일관된 상관관계가 존재한다는 사실을 보여주지 못했다. 경우에 따라 '사람' 중심의 리더가 좋은 성과를 내기도 하고, 반대로 '일' 중심의 리더가 성공적인 경우도 있으며, 두 가지를 균형적으로 추구하는 리더가 이상적인 사례도 있었다. 이러한 문제의식을 토대로, 리더십 이론에서 가장 최근에 제시된 이론이 상황 이론(contingency theory)이다.

상황 이론은 다양한 내부 요인과 상황 변수에 따라 적합한 리더십의 유형이 달라진다고 주장한다. 즉 성공적인 리더십은 리더 개인에 관련된 변수와 경영 상황에 관련된 변수를 동시에 포함하는 함수가 된다는 것이다.

이때 상황(situation)을 설명할 수 있는 변수들로서는 조직 자체의 변수, 조직원의 변수, 과업의 변수, 리더의 변수 등을 들 수 있다. 이러한 변수들을 이용하여 실제로 수행된 몇 가지 연구 결과를 살펴보자.

먼저 Fiedler(1967)의 연구를 보자. 상황 이론은 말 그대로, 상황을 여러 가지 경우로 나누는 것에서 출발한다. Fiedler는 구성원의 관계(leader-member relations), 과업의 구조(task structure), 리더의 권한(leader's position power)이라는 세 변수를 설정한 후, 각각의 변수에 대해, 좋다-나쁘다, 구조적이다-비구조적이다, 강하다-약하다의 두 경우로 나누어 2×2×2의 8가지 상황을 도출하였다. 그러나 8가지 상황은 너무 복잡하기 때문에, 상황의 호의성(favorableness of situation) 정도에 따라 8가지의 상황을 3가지의 조합으로 단순화하였다. 그리고 각 조합별(상황별)로 어떤 유형의 리더십이 가장 효과적인가를 분석하였다. Fiedler의 연구결과에 의하면 매우 호의적이거나 반대로 매우 비우호적인 상황에서는 '과업지향적' 리더가, 중간 정도로 호의적인 상황에서는 '관계지향적' 리더가 바람직한 것으로 나타나고 있다.

유사한 연구로는 Hersey와 Blanchard(1982)의 연구를 들 수 있다. 이 연구에서는 상황을 결정하는 변수로 부하 직원의 성숙도(maturity/readiness) 한 가지만을 설정하였다. 즉 부하 직원의 지적 능력, 책임감, 자신감 등을 기준으로, 성숙도를 낮음, 약간 낮음, 약간 높음, 높음의 네 가지 상황으로 나눈 후, 성숙도가 낮을수록 '일' 중심의 리더십이, 반대로 높을수록 '인간' 중심의 리더십이 효과적이라는 사실을 실증적으로 보여주고 있다.

12.4 갈등 이론

1. 기본 배경

기업을 구성하는 가장 작은 단위는 개인이며, 개인들이 모여 다양한 소집단들이 생겨난다. 모든 개인과 집단은 나름대로의 가치관을 가지고 있고, 구체적인 업무 목표가 부여되며, 정해진 직급이나 역할을 갖게 된다. 그러나 개인과 개인 간, 개인과 집단 간, 집단과 집단 간에 가치관, 목표, 이해관계 등이 서로 다를 수 있으며, 이 과정에서 갈등(conflict)이 일어나고 두 당사자는 갈등 상태에 놓이게 된다. 갈등의 원인은 무엇이며 갈등의 유형에는 어떤 것들이 있고 갈등을 관리하는 바람직한 전략은 무엇인가를 다루는 연구 주제가 바로 갈등 이론(conflict theory)이다.

갈등 이론의 핵심은 갈등의 수준과 조직의 생산성 간에는 깊은 상관 관계가 있다는 사실을 인식하는 데에서 출발한다. 흔히 사람들은 갈등은 무조건 바람직하지 않은 것이며, 따라서 갈등을 반드시 없애야 한다는 생각을 하고 있다. 그러나 갈등은 순기능과 역기능을 동시에 가지고 있다. 어느 정도의 갈등은 조직 전체에 활력을 제공하고, 개인의 창의성을 제고하며, 나아가 조직 혁신의 계기를 만들 수 있다. 따라서 [그림 12-2]에 나타난 것처럼, 적정 수준의 갈등은 오히려 집단의 유효성을 올릴 수 있다. 결국 갈등이 너무 없어서 조직의 활기가 없는 것도 바람직하지 않으며, 갈등이 너무 심각하여 조직이 제대로 굴러가지 않는 것도 좋지 않으므로, 최적의 수준으로 갈등을 관리할 수 있는 전략을 수립하기 위해서 갈등 이론에 대한 연구가 필요하다.

갈등 이론은 먼저 갈등의 원인을 알아보고, 다음으로 유형을 개인적 갈등, 집단 내 갈등, 집단 간 갈등으로 나누어 정리한 후, 마지막으로 갈등관리 전략을 제시하는 순서로 이루어진다.

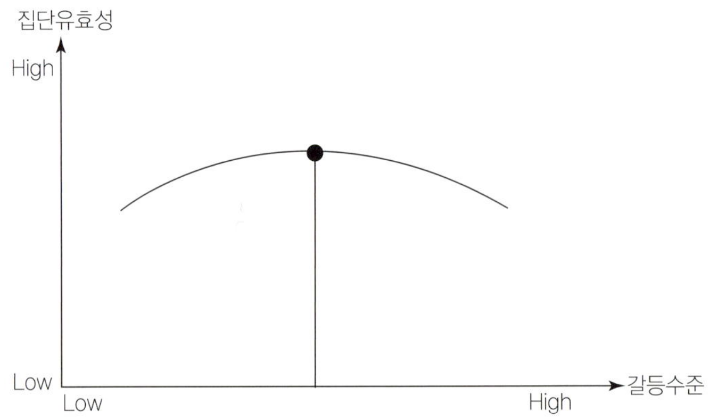

[그림 12-2] 갈등수준과 집단유효성

2. 갈등의 원인

갈등이 발생하는 원인은 크게 개인적 요인과 조직적 요인으로 나눌 수 있다. 개인적 요인은 성격의 차이, 가치관의 차이, 능력과 기술수준의 차이 등 각자가 선천적 내지 후천적으로 지니고 있는 정신적, 신체적 능력과 태도의 차이를 들 수 있다. 개인적 요인이 조직적 요인에 비해 덜 중요한 것은 아니지만, 현실적으로 기업 차원에서 진단하고 해결하기는 훨씬 어려운 문제이다.

이에 비해 조직적 요인은 기업 자체의 구조적, 관리적 이유로 발생하기 때문에 개인적 요인에 비해 문제점의 분석과 해결방안의 제시도 상대적으로 분명하고 용이하다. 가장 대표적인 조직적 요인으로는, 업무의 상호의존성(interdependence)을 들 수 있다. 같은 목표를 달성하기 위해 기업 내부의 조직이나 개인은 함께 협력해야 하고 그 과정에서 서로 의존관계에 놓이게 된다. 만일 조직과 개인 간의 협력에 문제가 발생하면 상호의존성에 의해 갈등이 유발될 가능성이 매우 높다. 또 다른 요인으로는 자원의 공유(common resources)를 들 수 있다.

예산, 설비, 공간 등의 자원이 한정된 상황에서, 그 자원을 분배하고 공유하는 과정에 갈등의 소지가 존재하는 것이다. 업무와 역할의 부조화도 중요한 갈등의 요인이 된다. 주어진 역할에 대한 전문성이 부족하거나 적성이 맞지 않을 때, 본인에게 주어진 지위나 역할이 본인의 판단이나 의사와 다를 때, 개인 간에 또 조직 간에는 갈등이 발생하게 된다. 마지막으로 보상 시스템도 갈등의 원인이 될 수 있다. 평가기준과 보상체계가 공정하거나 투명하지 못할 때 갈등이 유발될 위험성이 높다.

3. 갈등의 유형

갈등이 생겨나고, 나타나는 양상은 매우 다양하지만 크게 두 가지 관점과 기준에서 유형화할 수 있다. 첫째는, 갈등의 성격에 따라 나누는 접근이다. 즉, 갈등이 어떤 관계나 요인에 의해 발생하는가에 따라 여러 가지 유형으로 나눌 수 있는 것이다. 둘째는, 갈등의 대상에 따라 나누는 접근이다. 즉 갈등을 일으키고 경험하는 주체가 누구인가에 따라 갈등을 구분할 수 있다. 아래에 각각의 관점과 기준에 의해 유형화한 갈등의 구체적 내용이 요약되어 있다.

(1) 갈등의 성격에 따른 분류

- 수직적 갈등(vertical conflict): 조직 계층의 상하 간에 일어나는 갈등
- 수평적 갈등(horizontal conflict): 동일한 계층 내 다른 개인/집단 간에 일어나는 갈등
- 라인-스탭 갈등(line-staff conflict): 라인(기능) 조직과 스탭 조직 간에 일어나는 갈등
- 역할 갈등(role conflict): 개인의 선호/특성과 주어진 역할의 괴리에서 일어나는 갈등

(2) 갈등의 대상에 따른 분류

- 개인과 개인 간 갈등: 개인 간의 목표, 역할, 성격 등의 차이에서 일어나는 갈등

- 개인과 집단 간 갈등: 개인의 목표나 역할과 집단의 목표나 역할의 상충에서 일어나는 갈등
- 집단과 집단 간 갈등: 집단 간 이해의 상충, 자원 배분 과정의 경쟁 등을 원인으로 하는 갈등.

4. 갈등관리의 전략과 방안

그러면 적정 수위를 넘어선 갈등을 해소 내지 완화하기 위해서 무엇을 어떻게 해야 하는가? 먼저 갈등관리의 기본 전략을 생각해 보자. 갈등의 관리에는 크게 두 가지의 상반된 전략이 존재한다. 첫째는 Win-Win 전략으로, 갈등 당사자 양쪽이 모두 일정 수준 이상의 성과를 얻는 방향을 추구하는 것이다. 둘째는 Win-Lose 전략으로, 갈등 당사자 가운데 어느 한 쪽이 성과를 독점하는 반면 다른 한 쪽은 일방적인 피해자가 되도록 유도하는 전략이다. 각 전략의 기본 목표와 내용의 차이가 〈표 12-2〉에 요약되어 있다.

〈표 12-2〉 갈등관리의 두 가지 전략

	Win-Win 전략	Win-Lose 전략
기본 원칙	갈등이 상호문제임을 명확히 인식	해결은 승부에 있음을 명확히 인식
목표	공동의 성과와 이익 추구	각자 자신의 이익만을 추구
전략	- 양측의 주장, 목표를 정확히 통보 - 한쪽에 위협/불이익이 되는 행동과 조치 회피 - 각자 요구의 융통성, 양보 가능성을 정확히 통보	- 각자의 주장, 목표에 대한 거짓/부정확한 정보 제공 - 위협적 행동과 조치 구사 - 각자 요구에 양보/타협의 여지가 없음을 분명히 통보

다음으로 갈등을 관리하고 해결하는 구체적인 방안을 살펴보자. 가장 간단한 방법은 문제의 원인을 근본적으로 해소하는 길이다. 자원의 공유문제로 갈등이 발생하였다면 자원을 확충하면 되고, 역할의 상충 때문에 갈등이 우발되었다면 서로에게 맞는 역할을 다시 부여하면 된다. 그러나 이러한 방안은 이상주의적 희망사항에 불과하고, 대부분의 상황에서는 주어진 제약조건(constraint) 하에서 현실적인 방안을 찾을 수밖에 없다.

갈등관리의 방안은 갈등 자체를 외면하는 소극적인 방안에서부터 제도와 규정

을 통해 갈등을 해결하는 공식적인 방안까지 다양하다. 또 협상과정이나 조정기능의 개입을 통해 양자의 이해를 적절히 절충하는 방안과, 반대로 승자와 패자로 분명히 갈라놓는 방안으로 나눌 수도 있다. 보다 상위의 새로운 목표를 설정함으로써 현재의 갈등 구도를 근본적으로 변화시키는 방안도 사용될 수 있다. 〈표 12-3〉은 갈등관리의 전형적인 방안과 각 방안의 문제점을 요약한 것이다.

〈표 12-3〉 갈등관리 방안

방안	문제점
갈등의 외면/무시(avoidance)	갈등의 악화
갈등의 축소(smoothing)	근본적인 해결 불가능
양보와 협상(compromising)	양측 모두에 최적안 도출 실패
한쪽 강조/한쪽 무시(forcing)	패배감과 적대감정 유발
제도화(formalizing)	조직의 경직성
상위목표(superordinate Goal)	목표의식의 혼란

12.5 커뮤니케이션 이론

1. 기본 배경

기업 내에 존재하는 많은 개인들은 다양한 방식으로 각자의 의견을 교환하고 정보를 공유한다. '조직 내의 개인이나 집단 간, 또는 조직과 외부 간에 정보와 의사가 전달되고 교환되는 과정'을 커뮤니케이션이라고 정의하면, 커뮤니케이션의 양식과 구조를 분석하고, 효과적인 커뮤니케이션 방식을 모색하는 연구주제를 다루는 것이 커뮤니케이션 이론(communication theory)이다.

전통적인 커뮤니케이션 이론은 개인과 개인 간의 직접적이고 미시적인 '개인 간(inter-personal) 커뮤니케이션'에 초점을 맞추었으나, 최근의 이론은 조직 전체의 관점에서 효과적이고 효율적인 커뮤니케이션 시스템의 설계를 강조하는 '조직(organizational) 커뮤니케이션' 으로 확장되고 있다. 또한 IT의 폭넓은 확산에 따라 기존의 오프라인(off-line) 방식의 커뮤니케이션뿐 아니라, 온라인(on-line) 방식의 커뮤니케이션도 연구의 대상이 되고 있는 추세이다.

커뮤니케이션은 커뮤니케이션의 내용(message), 내용을 보내는 사람(sender), 내용을 받는 사람(receiver), 보내는 수단(medium)의 네 가지 핵심 요소로 이루어진다. 그 외에 송신자가 메시지를 체계적인 심볼로 전환하는 기호화(coding), 수신자가 이를 다시 이해할 수 있도록 바꾸는 해독(decoding), 수신자의 반응을 의미하는 피드백(feedback) 등도 커뮤니케이션의 관련 요소라고 할 수 있다. 따라서 커뮤니케이션 이론은 이러한 요소의 구성 방식이나 순서의 차이에 따라 다양한 커뮤니케이션 채널 유형을 제시한 후, 가장 효과적 커뮤니케이션 전략을 제시하는 순서로 진행된다.

2. 커뮤니케이션 방식과 채널

커뮤니케이션이 이루어지는 내용이나 양상은 크게 송신자와 수신자가 어떤 방법으로 커뮤니케이션을 수행하는가에 관한 '커뮤니케이션 방식' 과 송신자와 수신자가 어느 위치에서 어떤 순서로 커뮤니케이션을 수행하는가에 관한 '커뮤니케이션 채널' 로 설명할 수 있다.

(1) 커뮤니케이션 방식

커뮤니케이션의 방식은 송신자가 수신자에게 어떤 방법으로 메시지를 표현하는가 하는 관점과 송신자와 수신자 간의 의사소통이 어느 방향으로 이루어지는가 하는 관점으로 나누어 볼 수 있다.

송신자가 수신자에게 메시지를 전달하는 방식은 크게 언어적 방법과 비언어적 방법으로 나눈다. 먼저 언어적 방법은 구두(oral)에 의한 방법, 문서(written)에 의한 방법, 전자적(electronic) 방법으로 세분된다. 비언어적 방법은 신호나 기호와 같은 상징적(symbolic) 언어, 제스처나 행동에 의한 신체적(body) 언어, 악수나 포옹과 같은 접촉(touching) 언어 등으로 구성된다.

의사소통의 방향성은 송신자가 수신자에게 한 방향으로 메시지를 전달하는 일방적(one-way) 소통과 송신자와 수신자가 메시지를 서로 주고 받는 양방향

(two-way) 소통으로 나눌 수 있다.

커뮤니케이션 방식의 최근 추세는 한마디로 메시지 전달 방법에 있어 전자적 방법의 사용이 늘어나고 있는 경향과 의사소통의 방향에 있어 양방향 소통이 강조되고 있는 현상으로 요약할 수 있다.

(2) 커뮤니케이션 채널

커뮤니케이션 채널은 커뮤니케이션에 참여하는 당사자들이 누구이며 그들이 어떤 위치와 순서에 의해 커뮤니케이션에 참여하고 있는가를 보여주는 양상을 의미한다. 이 양상은 크게 세 가지의 형태로 이루어진다. 첫째는 하향식(downward)으로, 계층구조를 중심으로 상위 계층에서 하위 계층으로 메시지가 일방적으로 전달 내지 통보되는 형태이다. 둘째는 상향식(upward)으로, 하위 계층으로부터 상위 계층으로 메시지가 보고되고, 제안되는 형태이다. 셋째는 수평식(horizontal)으로, 조직 계층 내에서 동일 계층에 있는 참여자들 사이에 메시지가 파급, 공유되는 형태이다.

보다 구체적인 커뮤니케이션 채널은 [그림 12-3]에 도시되어 있는 것처럼 크게 다섯 가지 유형으로 나눌 수 있다.

첫째, Chain형은 한 명의 커뮤니케이션 주역을 정점으로 하여, 참여자들이 상하 간의 계층 구조로 형성되어 있는 유형이다. 이 유형은 전통적인 라인 조직에서 전형적으로 발견된다.

둘째, Y형은 한 명의 커뮤니케이션 주역을 정점으로 하여, 참여자들이 계층 구조를 보이는 점에서는 Chain형과 같지만 하위 계층에서 두 개의 가지로 나뉘어 Y자 모습을 보이는 것이 다른 점이다.

셋째, Circle형은 커뮤니케이션의 주역이 따로 없고 참여자들 간의 서열이 없는 상황에서, 모든 참여자가 특정한 방향이나 순서 없이 일렬로 연결되어 있는 유형이다.

넷째, Wheel형은 커뮤니케이션의 주역이 가운데 위치한 상황에서, 나머지 구성원들은 외곽에서 가운데의 커뮤니케이션 주역과 개별적으로 연결되어 있는 유형이다.

다섯째, Network형은 커뮤니케이션의 주역이 따로 없고 참여자들 간의 계층도 없다는 점에서 Circle형과 유사하지만, 참여자 모두가 양방향으로 커뮤니케이션 네트워크를 구성하는 점이 다르다.

각 유형의 장단점을 요약하면 〈표 12-4〉와 같다. 표에서 보는 것처럼 각각의 채널 방식은 커뮤니케이션의 신속성, 정확성, 집중도, 만족도 측면에서 장단점들을 가진다. 따라서 어떤 채널이 가장 바람직한가에 대한 선택의 문제는, 커뮤니케이션이 이루어지는 상황이라는 외부적 요인과 커뮤니케이션이 다루고 있는 메시지의 특성이라는 내부적 요인에 따라 달리 결정되어야 한다.

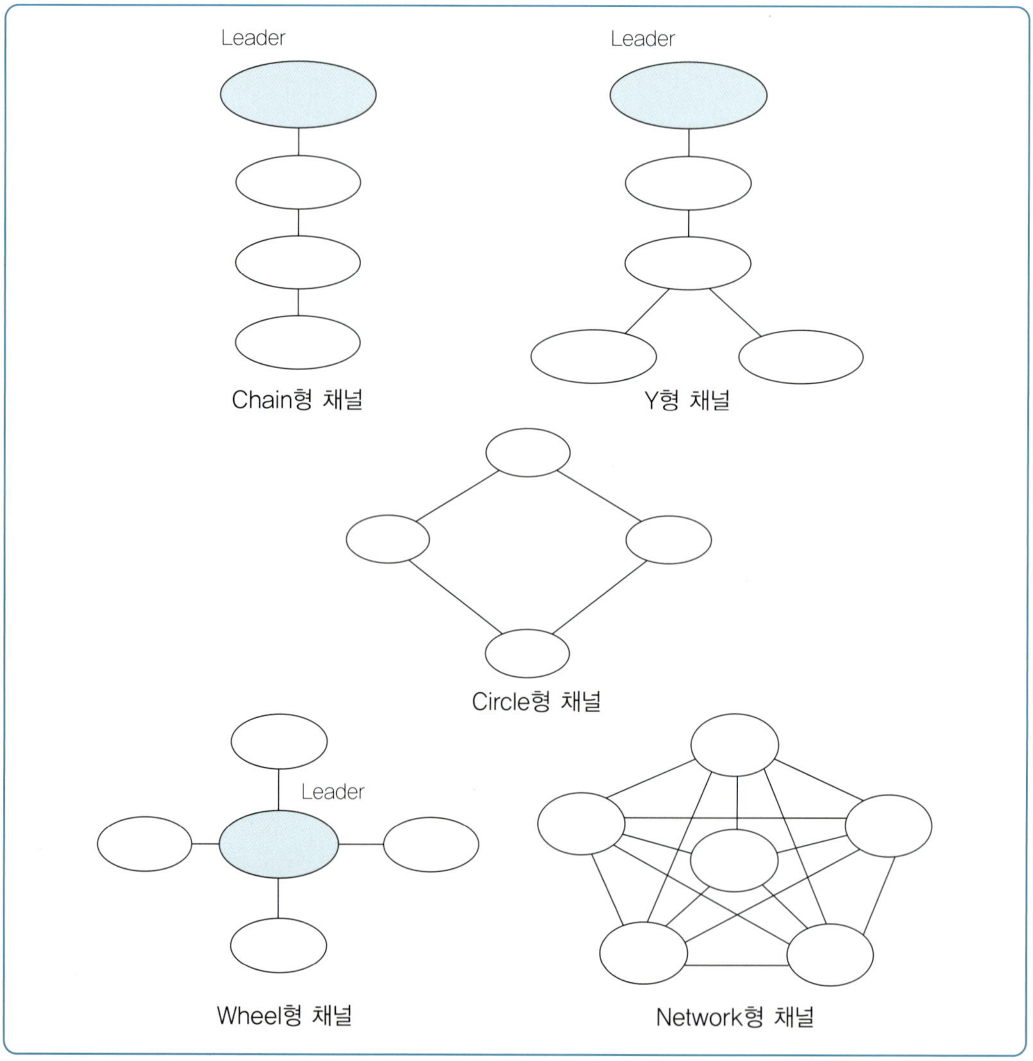

[그림 12-3] 커뮤니케이션 채널 유형

〈표 12-4〉 커뮤니케이션 유형의 장단점

	Chain형	Y형	Circle형	Wheel형	Network형
정보전달의 신속성	높음	높음	낮음	높음	낮음
정보전달의 정확성	낮음	낮음	높음	낮음	높음
정보전달의 집중도	높음	높음	낮음	높음	낮음
정보전달의 만족도	낮음	낮음	높음	낮음	높음

12.6 의사결정 이론

1. 기본 배경

일반적으로 의사결정(decision-making)은 '주어진 문제를 해결할 수 있는 복수의 대안 가운데 최적의 대안을 선택하는 활동' 으로 정의할 수 있다. 따라서 모든 사람은 언제 어디서나 의사결정을 할 수밖에 없고 또 실제로 하게 된다. 그러나 조직행위론에서 의사결정 이론을 얘기할 때는 '기업이 직면하고 있는 경영상의 기회나 문제에 대해, 기업이 보유하고 있는 자원과 안고 있는 제약조건 하에서 가능한 복수의 대안(alternatives)을 도출한 후, 조직원들의 참여를 통해 최적의 대안을 선정하는 일련의 경영활동' 을 뜻한다.

최근의 의사결정 이론은 최적의 대안을 선정하는 활동을 넘어서, 선정한 대안을 '실행(implementation)하고 그 결과를 평가한 후(evaluation) 피드백을 제공하는 활동' 까지를 포함시키는 추세이다. 따라서 의사결정 이론은 '의사결정 과정' 이론과 '사후관리 과정' 이론으로 구성된다고 할 수 있다.

개인의 의사결정과 달리 기업의 의사결정은 다음 세 가지의 특성을 지닌다. 첫째, 문제나 기회의 수준과 범위가 다양하다는 점이다. 개인의 경우와 달리 많은 조직원들이 모인 기업의 경우에는 동일한 대상에 대해서도 계층에 따라 또 업무에 따라 그것을 인식하는 수준과 범위가 다를 수 있다. 둘째, 최적의 대안을 선택하는 의사결정의 기준은 합리성(rational)과 경제성(economic)을 토대로 한다는 점이다. 주관적이고 감성적일 수 있는 개인의 경우와 달리, 기업의 의사결정 기준은 반드시 합리적인 절차에 의해 이루어지고 경제적인 기준에 의해 평가되어야 한다. 셋째, 의사결정은 시의성(timely)이 있어야 한다는 것이다. 합리적이고 경제적인 것도 중요하지만, 때로는 신속하게 의사가 결정되어야 하는 경우도 많다.

이러한 점들을 염두에 두고 먼저 의사결정의 유형을 알아본 후, 집단 의사결정과 개인 의사결정의 차이와 장단점을 살펴보도록 하자.

2. 의사결정의 유형

의사결정은 그 성격과 목적에 따라 여러 가지 유형이 존재할 수 있다. 따라서 효과적인 의사결정 전략을 선택하기 위해서는 어떤 유형의 의사결정 문제를 다루고 있는지, 각 유형의 차별적 특성이 무엇인지 등을 정확히 파악해야 한다.

의사결정의 유형은 먼저 의사결정 문제가 어느 정도 정형화되어 있는가의 차이에 따라, 크게 정형적 의사결정과 비정형적 의사결정으로 나눌 수 있다. 두 유형의 차이가 〈표 12-5〉에 요약되어 있다.

〈표 12-5〉 의사결정 문제의 정형화/구조화 정도에 따른 유형

	정형적 의사결정	비정형적 의사결정
문제의 특성	일상적, 보편적	유일성, 참신성
구체화 방식	원칙이나 절차에 의해 사전에 명시	문제의 정의 후 창의적, 신축적으로 결정
의사결정 계층	하위층	고위층
조직형태	안정적, 구조화된 문제를 다루는 조직	불안정적, 복잡한 문제를 다루는 조직

다음으로 의사결정의 유형은 어떤 종류와 성격의 경영 활동을 대상으로 하는가에 따라, 전략적(strategic) 의사결정, 관리적(managerial) 의사결정, 업무적(operational) 의사결정으로 나눈다. 〈표 12-6〉에 각 유형의 특성이 정리되어 있다.

〈표 12-6〉 경영활동 성격의 차이에 따른 의사결정의 유형

	전략적 의사결정	관리적 의사결정	업무적 의사결정
목표	경쟁력의 극대화	기업자원의 조직화	업무의 효율화
의사결정 주제	다각화 전략, 재무 전략, 투자 결정, 성장목표와 시기	조직 구조, 물류 시스템, 자원 조달, 인력 배치	일정 계획, 생산 방식, 설비 배치
특성	중앙집권적, 비반복적, 비구조적, 불확실성	이중적, 상충적, 조직목표 간 갈등	반복적, 구조적

3. 집단 의사결정과 개인 의사결정

의사결정 이론의 또 하나의 중요한 주제는 집단 의사결정과 개인 의사결정의 차이를 비교, 평가하는 일이다. 의사결정에 있어 어느 한 개인의 전문성과 합리성에 의존하는 것이 더 효과적인지, 아니면 여러 사람의 상호작용에서 얻어지는 정확성과 만족감에 의존하는 것이 더 효과적인지에 대한 논의는 오랫동안 의사결정 이론의 중심적 주제로 자리잡고 있다.

전통적인 의사결정 이론에서는 문제의 내용과 성격을 가장 잘 이해하고 있는 특정 개인이 의사결정을 주도하는 방식이 효과적이라는 견해가 우세했다. 그러나 최근 의사결정 문제의 규모가 커지고 구조가 복잡해지면서, 개인 의사결정보다는 많은 조직원이 공동으로 참여하여 전문성을 분담하는 집단 의사결정 방식이 바람직하다는 의견이 다수가 되고 있는 추세이다.

집단 의사결정은 개인 의사결정에 비해 장점과 단점을 동시에 지니고 있다. 그 구체적 내용이 〈표 12-7〉에 제시되어 있다. 따라서 기업은 의사결정 문제의 성격과 목적에 따라 집단 의사결정의 장점과 단점을 비교한 후 최종적인 선택을 하여야 한다.

〈표 12-7〉 집단 의사결정의 장단점

집단 의사결정의 장점	집단 의사결정의 단점
• 다양한 지식과 경험을 활용 • 구성원 간의 자극과 상승효과 • 의사결정 과정의 전문화 • 결정에 대한 만족과 참여의식 • 커뮤니케이션 기능의 원활화	• 시간과 에너지 낭비 • 특정 구성원의 지배, 편견 • 최적안의 폐기 위험성 • 의견 충돌로 인한 갈등 • 신속한 행동의 어려움

요 약

1. 조직행위론은 조직원들의 개인적이고 심리적인 행위들을 어떻게 분석하고 관리할 것인가를 다루는 학문이다.

2. 동기부여 이론은, 조직원들이 특정 욕구나 보상에 대해 어떠한 행동을 보이고 그 성과는 어떠한가를 분석하는 이론이며 크게 내용 이론, 과정 이론, 좌절 이론으로 나눌 수 있다.

3. 리더십 이론은, 관리적 관점, 사회적 관점, 조직행위적 관점에서 리더를 분석하고 연구하는 이론으로, 크게 특성 이론, 행위 이론, 상황 이론으로 나눌 수 있다.

4. 갈등 이론은 갈등의 원인, 유형, 관리 등에 대한 이론으로, 갈등의 발생 원인과 배경에 따라 다양한 유형으로 나눌 수 있고 각 유형의 특성에 따라 적절한 해결 방안을 제시할 수 있다.

5. 커뮤니케이션 이론은 커뮤니케이션의 양식과 구조를 분석하고 효과적인 커뮤니케이션 방식을 모색하는 연구로서, 커뮤니케이션 채널을 다양한 유형으로 나누고 각 유형의 장단점을 분석하는 것을 주요 내용으로 한다.

6. 의사결정 이론은 문제를 해결할 수 있는 복수 대안 가운데 최적의 대안을 선택하는 기준과 방식을 다루며, 의사결정 문제의 정형화 정도에 따라 정형적 의사결정과 비정형적 의사결정으로, 경영활동의 성격에 따라 전략적 의사결정, 관리적 의사결정, 업무적 의사결정으로 나눌 수 있다.

복 습 문 제

1. Maslow의 욕구 5단계 이론, Herzberg의 2요인 이론의 문제점에 대하여 간략하게 설명하라.

2. 욕구좌절 이론의 반응과 행동에 대하여 간략하게 설명하라.

3. 성공적인 리더와 성공적인 관리자의 차이에 대하여 간략하게 설명하라.

4. 갈등의 순기능과 역기능에 대하여 간략하게 설명하라.

5. 갈등의 해결 방안의 종류와 그것의 문제점에 대하여 간략하게 설명하라.

6. 커뮤니케이션의 유형별 장단점에 대하여 간략하게 설명하라.

7. 전략적 의사결정, 관리적 의사결정, 업무적 의사결정을 목표, 주제, 특성에 입각하여 간략하게 설명하라.

토 의 문 제

1. A 회사에 근무하고 있는 K씨에게는 L, P, C라는 부하직원이 있다. K씨는 관리자의 입장으로써, 세 명의 부하직원에게 가능한 한 동기유발을 시켜야 한다. 세 명에 대한 간단한 소개를 하자면 아래와 같다.

L	P	C
- 결근률이 높음 - 가족과 함께 하는 시간을 가장 우선시 함 - 가족의 의식주를 위하여 일을 함 - 회사가 요구하는 최소한의 기준에만 맞추려고 함 - 책임감이 없음	- 가족을 소중히 하지만 회사의 규율을 중요시 함 - 충성심이 높고 일을 알아서 함 - 창조적이지 못함 - 적극적이지 못하고 부끄러움이 많음	- 적극적으로 돈을 버는 사람 - 일한만큼 보상받기를 원함 - 돈을 더 준다면 60시간이라도 회사에서 일한다고 함 - 가족이 있지만 회사에서 일한만큼 봉급 인상이 안되었다는 이유로 회사를 그만둔 적이 있음

L, P, C에게 적당한 동기부여 방법을 앞에서 배운 이론에 맞추어 설명하라.

2. A 회사는 종이를 전문적으로 생산하는 규모가 큰 회사이다. 지난 10년 동안 종이업계는 침체기에 접어들었으나, A회사는 10년 동안 꾸준한 성장을 하고 있고, 업계에서도 시장점유율을 80% 차지하고 있는 것으로 나타났다. 사장은 많은 돈을 벌었으며, 직원들의 임금 수준도 매우 높은 편이다. 최근 업무가 밀려 직원들이 야근을 계속하고 있는 실정이므로 평균임금은 더 올라갈 것이고, 조만간 새로운 인센티브 플랜을 발표할 생각이다. 사장은 이 회사의 동기부여가 참 잘 되어있다고 생각했는데, 어느 날 노조에서 불만이 들어왔다. 불만의 내용을 정리해보면 아래와 같다.

- 우리는 야근에 진저리가 났다.
- 새로운 인센티브 플랜도 알고 보면, 너무 비합리적이다. 이런 제도하에서 우리는 더 열심히 일을 할 수 없다.
- 소문에 의하면 당신은 다른 지역에 땅을 사놓고 공장은 조만간 문을 닫고 그리로 옮겨간다는 소문이 있다. 그렇다면, 우리가 일할 이유가 무엇이 있나?

(1) 동기유발 이론에 비추어 종업원들의 불만을 분석하라.

(2) 이 사례를 기대이론에 적용하여 설명하라.

(3) 사장의 입장에서 이 같은 사원들의 불만을 해결할 수 있는 방법은 무엇이 있는지 설명하라.

CHAPTER 13

지적 경영자산의 관리

배경과 주요 내용

인적 자산이 경영자산의 핵심이라는 사실은 오래 전부터 인식되어 왔지만, 지적 자산도 인적 자산 못지않게 중요한 경영자산이라는 사실을 깨닫기 시작한 것은 비교적 최근의 일이다. 기술, 정보, 지식 등의 지적 자산은 회계(accounting)의 관점에서도 경제적 가치를 인식할 수 있고 경영전략(strategy)의 관점에서도 경쟁 우위의 핵심적 요소가 되고 있다. 이러한 추세에 발맞추어 이제 지적 자산의 경영은 기술경영의 독자적인 영역으로 자리잡고 있다.

공학이 산출하는 결과물이 곧 지적 자산이라는 사실을 생각할 때, 지적 자산의 의미와 성격을 이해하고 나아가 지적 자산을 전략적으로 관리하는 일이야말로 기술의 가치와 위상을 올리는 문제로 직결된다.

우선 지적재산권(IPRs)의 분류체계를 알아보고 지적재산권이 될 수 있는 요건과 특성을 알아본다. 또 지적재산권 관리의 실무적 내용과 개념적 접근의 최근 동향은 무엇이며 이에 따른 전략적 대응은 어떻게 해야 하는지를 살펴보도록 한다. 특히, 특허와 표준의 관계와 의미에 대해서도 알아본다.

기술지식의 분석과 가공이라는 측면에서 특허지도(PM)의 중요성이 갈수록 커지고 있다. 특허정보를 명확하고 구체적인 목적에 따라 가공하여 그 결과를 시각적인 형태로 정리하여 경영적, 권리적, 기술적 목적으로 활용하는 내용에 대해 자세히 알아본다.

기술표준의 중요성도 인식해야 한다. 특허를 출원하여 기술지식의 독점권을 확보하는 것도 중요하지만 표준을 통해 기술지식을 폭넓게 확산시키는 것도 중요한 기술경쟁 전략이다.

마지막으로 기술가치 평가(technology valuation)에 대해 알아본다. 학문적으로든 실무적으로든 이미 기술가치 평가는 지적 자산 관리의 중요한 이슈가 되고 있다. 기술가치를 평가하는 방법에는 어떤 것들이 있으며 각각의 장단점은 무엇인지 정리해 본다.

13 지적 경영자산의 관리

13.1 지적 자산의 개념과 내용

앞 장에서 살펴본 것처럼, 경영 자산, 곧 인적 자산 관점은 오래 전부터 존재하여 왔으며 실제로 경영학의 중요한 주제로 다루어져 왔다. 경영은 사람이 하는 것이며 따라서 사람이 가장 가치있는 자산이라는 인식이 뿌리깊게 자리잡고 있었던 것이다. 그러나 최근에 지적 자산이 인적 자산 못지않게 중요한 경영 자산이라는 새로운 인식이 대두되고 있다. 특히 지식기반경제의 도래, 기술집약적 기업의 부상, 정보통신기술의 확산에 따라, 기술, 정보, 지식 등으로 구성되는 지적 자산의 중요성이 강조되고 있는 것이다.

이 책의 전체적 구성에서 본다면, 지적 자산의 관리는 경영시스템의 관리 과정에서 마지막 부분에 위치한다. 경영 조직을 구성하고, 경영 프로젝트를 기획하며, 경영 프로젝트를 개발한 후, 그 최종적인 성과물로 창출되는 것이 지적 자산이며, 그 성과물을 관리적(operational), 전략적(strategic) 목적으로 관리하는 과제가 곧 지적 자산의 관리이기 때문이다.

지적 활동의 성과물을 '자산(assets)'으로 바라보는 경향은 크게 세 가지 관점을 근거로 하고 있다. 첫째, 경영 회계의 관점이다. 회계학에서는 자산의 요건으로 1) 경제적 효익(benefit)이 인정되고, 2) 소유권이 분명히 존재하며, 3) 가치를 화폐단위로 측정할 수 있어야 한다는 점을 들고 있다. 과거에는 지적 성과물이 위의 요건을 만족시키지 못한다고 생각했고, 따라서 회계시스템에서 지적 성과물을 자산의 범위에 포함시키지 않는 것이 관행이었다. 그러나 오늘날의 지적 성과물은 대부분의 경우 회계에서 말하는 자산의 요건을 만족시키고 있다. 따라서 회계적 관점에서 볼 때 지적 성과물도 자산으로 인식되고 있는 것이다. 둘째, 경영 전략의 관점이다. 오늘날 지적 자산은 경쟁 우위의 핵심적 요소가 되고 있다. 또 지적 자산은 시장을 선점하거나 방어하는 무기로 활용될 수 있고, 보완적 기술자산의 확보를 위한 라이센싱(licensing) 과정에서 협상력의 근거가 되기도 한다. 셋째, 지식 경영의 관점이다. 기술자산은 곧 지식자산의 원천이 된다. 연구개발의 성과물로 끝나는 것이 아니라 새로운 지식을 만들어낼 수 있는 재생산의 바탕이 되는 것이다.

지적 자산 관리의 주제는 다양하지만 여기에서는 특허 경영을 중심으로 한 지적재산권의 관리, 특허분석을 중심으로 한 기술정보의 관리, 기술표준(technical standards), 기술가치(valuation) 등에 대해 알아보기로 한다.

13.2 지적재산권의 관리

1. 지적재산권의 정의와 체계

지적재산권 또는 지적 소유권(Intellectual Property Rights: IPRs)은 지적 자산의 가장 구체적이고 공식적인 형태이다. 앞으로는 지적재산권이라는 용어 대신 지식 재산권이라는 용어를 공식적으로 사용한다는 특허청의 발표도 있었다. 지적재산권은 '지적 활동을 통해 얻어진 결과물에 대해 배타적인 소유권을 인정하는 법적, 제도적 장치' 로 정의할 수 있다. 일반적인 재산권이 토지나 상품과 같은 유형자산에 대한 소유권을 가리키는데 반해, 지적재산권은 유체물에 체화되어 있는 무형의 지적 요소에 대한 소유권을 의미하는 것이다.

지적재산권에는 구체적으로 어떤 것들이 있는가? 지적재산권의 분류체계는 보는 관점에 따라 달라질 수 있지만, [그림 13-1]에 도시된 것이 가장 보편적이고, 공식적인 분류체계이다. 각각의 내용을 좀 더 자세히 알아보자.

(1) 전통적 지적재산권

전통적인 지적재산권은 크게 산업재산권과 저작권으로 나눈다. 먼저 산업재산

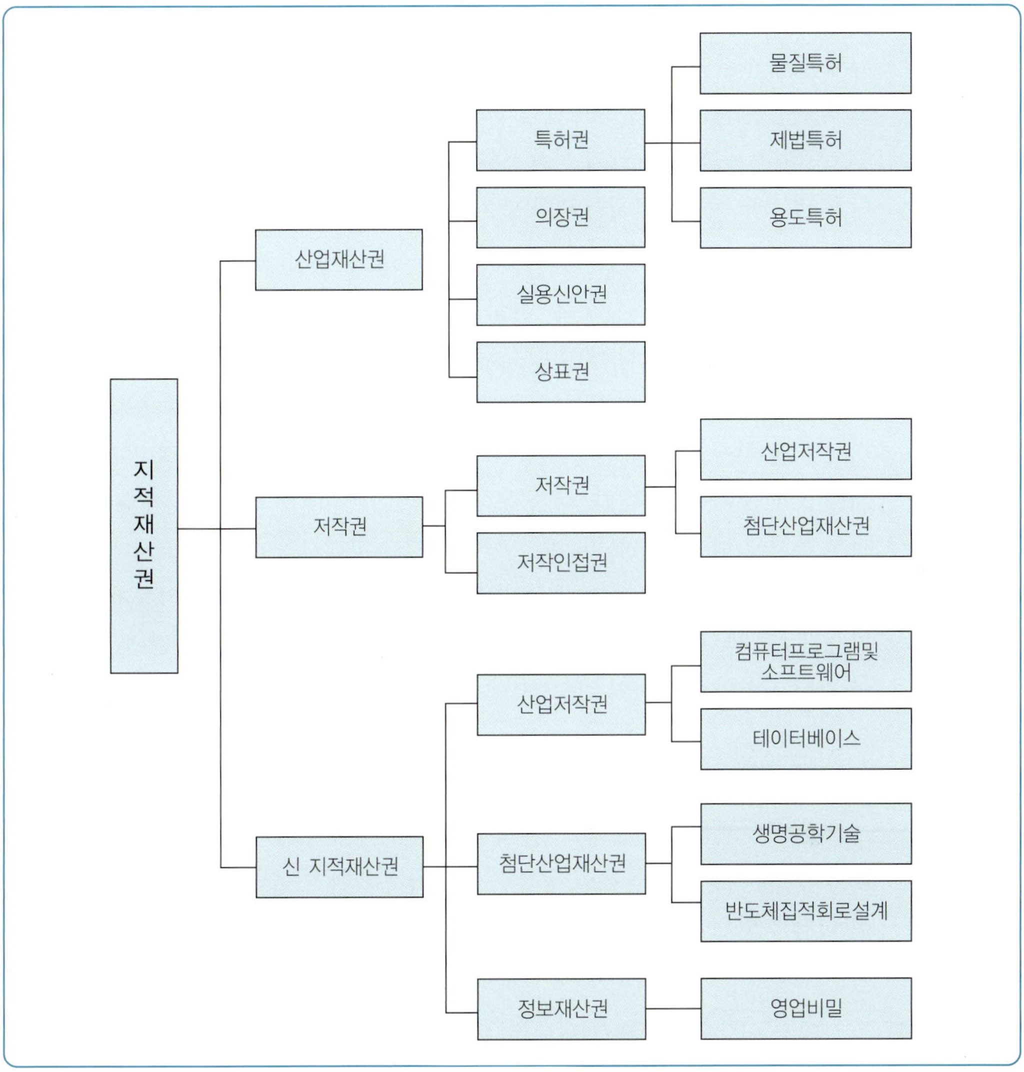

[그림 13-1] 지적재산권의 분류체계

권은 특허권(patent), 실용신안권(utility model), 의장권(design), 상표권(trademark)으로 구성된다. 저작권은 저작권(copyright)과 저작인접권(neighboring right)으로 구성된다.

가. 특허와 실용신안

특허는 그 대상인 발명에 대해, 일정한 요건 하에서 일정 기간 동안 독점적이고 배타적인 권리를 부여하여 발명자를 보호하는 제도이다. 그 대신 특허 발명의 상세한 내용을 특허 공포를 통하여 일반 국민들에게 공개해야 한다. 통상 20년으로 되어 있는 특허의 유효기간이 만료되면 일반인들이 자유롭게 그 기술을 사용할 수 있다. 특허권은 크게 물품 자체에 대한 발명(물질 특허), 그것의 용도에 대한 발명(용도 특허), 그것을 만드는 방법에 대한 발명(제법 특허)으로 나눈다.

실용신안은 특허제도와 마찬가지로 기술적 창작에 해당되는 실용신안에 대해 권리를 보호해 주는 제도이다. 특허권과 실용신안권의 차이는 발명의 질적 수준이 다르다는 점에 있다. 대발명(major invention)으로 불리는 특허에 비해 소발명(minor invention)으로 불리는 실용신안은, 특허만큼의 경제적 가치나 기술적 진보는 없지만 실제 생산 및 사용 과정에서 기능 및 용도의 부분적이고 실용적인 개선이 이루어진 경우이다. 예를 들어, 아날로그 시계를 디지털 시계로 바꾸는 기술은 특허에 해당되지만, 두 나라 이상의 시간이 표시될 수 있도록 시계판의 모양을 바꾸는 기술은 실용신안에 해당된다. 미국이나 영국과 같이 기초과학 중심의 기술진보를 추구해 온 나라는 실용신안을 인정하지 않지만, 독일, 일본, 우리나라와 같이 산업기술 중심의 기술발전을 해 온 국가들은 아직도 이를 인정하고 있다.

나. 의장권

의장이란 제품의 평면적, 입체적 형태에 대해서 아름다움을 느끼게 하는 것이다. 따라서 의장권은 물품의 형상, 모양, 색채 또는 이들의 결합으로 시각을 통하여 미감을 일으키게 하는 공업적 고안을 보호 대상으로 한다. 따라서 의장권은 제품의 실용적 가치보다 미적 가치가 중요한 산업에서 그 중요성이 크다.

산업적 의장은 물품의 외관만을 보호하며, 그 자체가 기술적 구조나 실용적 기능과는 관련이 없다는 점에서 특허와 구분된다. 그러나 실제로는 기술적 사항이 형상이나 외관을 결정하는 경우도 많으므로, 기술적 사항 및 구조는 특허로, 형상이나 모양은 의장으로 각각 중복하여 보호받는 사례도 많다.

다. 상표권

상표란 제품의 생산자 또는 판매자가 자신이 그 상품의 출처임을 밝히고, 자기의 상품과 타인의 상품을 식별하기 위하여 사용하는 기호, 문자, 도형, 상징 등을 말한다. 따라서 상표권은 상표에 대한 권리를 인정하는 제도이다. 상표권은 영업적인 목적 이외에도, CI(Corporate Identity) 작업을 통해 경영 이념, 사업 특성, 사원 정신과 같은 기업의 문화적 요소들을 반영하는 목적으로 활용되기도 한다.

라. 저작권

저작권 제도는 학문적, 예술적 저작물의 저작자를 보호함으로써 학문과 예술의 발전에 이바지하기 위한 제도이다. 따라서 저작권을 가진 저작물에 대해서는 무단 사용이나 복제 및 변경이 금지되어 있고, 저작권자는 저작물의 사용에 대해 금전적 보상을 요구할 수 있다.

저작권은 원래의 저작에 대한 권리를 말하며, 저작인접권은 원래 저작물에 대한 추가적인 작업에서 발생한 부가가치에 대한 권리를 가리킨다. 예를 들어 노래를 처음 만든 작곡가는 저작권을 갖지만, 나중에 그 노래를 편곡한 편곡자는 저작인접권을 갖는다. 등록이 되어야만 권리가 인정되는 특허권과 달리, 저작권은 창작한 날부터 저절로 권리가 발생한다. 또 통상적인 특허권의 유효기간이 20년인데 반해, 저작권은 저작자의 생존기간은 물론 사후 50년 동안 권리가 보장된다.

(2) 신 지적재산권

최근의 지적재산권 분류도에는 기존의 산업재산권과 저작권 외에 신 지적재산권이 추가된다. 이 분야는 과거의 산업재산권이나 저작권으로 분류하기 어려운 새로운 기술이나 새로운 주제들을 수용하기 위해 신설된 영역이다.

우선 기존의 저작권이 다루지 못했던 컴퓨터 프로그램, 소프트웨어, 데이터베이스 등의 저작권을 산업저작권으로 분류한다. 이 기술들은 그 명칭이 시사하는 대로, 한편으로는 저작권의 성격을 지니고 있고, 다른 한편으로는 특허권의 성격을 지니고 있다. 또 생명공학이나 반도체 설계 등의 신기술 분야에서 창출되는 산업재산권을 첨단 산업재산권으로 분리한다. 본질적인 성격은 산업재산권이지만, 새롭게 등장한 첨단기술 영역을 다루기 때문에 특별히 첨단산업재산권으로 부르는 것이다.

마지막으로는 노하우(know-how)와 같이 특허로 등록하기는 어렵지만 권리의 보호가 필요한 주제를 위해 신설한 영역으로 정보재산권이 있다. 정보재산권은 흔히 영업비밀이라고 한다. 특허와 비교하여 영업비밀은 여러 가지의 장점이 있다. 첫째, 특허권은 반드시 등록을 받아야 하는데 반해, 영업비밀권은 별도의 등록절차가 없이 바로 인정된다는 점이다. 물론 영업비밀로 인정받기 위해서는 외부에 유출이 안되도록 비밀유지가 잘 되고 있다는 사실을 입증할 수 있어야 한다. 둘째, 특허는 출원 및 보호범위가 제한적이지만, 영업비밀은 기술적 지식뿐 아니라 마케팅 방법, 경영관리 기법 등 기업이나 개인이 보유하고 있는 모든 노하우를 포함한다. 셋째, 특허권의 유효기간은 20년으로 제한되어 있지만, 영업비밀은 비밀이 유지되는 한 보호기간의 제한이 없다. 이러한 장점에도 불구하고 영업비밀의 치명적인 단점은 독점권이 없다는 사실이다. 같은 기술이나 지식을 다른 사람이 정당한 방법으로 개발하거나 취득할 경우, 이를 제재할 방법이 없다. 결국 기업이나 개인이 보유하고 있는 지적 자산을 특허로 관리할 것인지, 아니면 영업비밀로 관리할 것인지는 전략적 선택의 문제라고 할 수 있다.

2. 지적재산권의 보호와 관리

(1) 지적재산권의 요건과 절차

지적재산권, 특히 특허로 인정받기 위해서는 나름대로의 엄격한 심사 과정을 거쳐야 한다. 출원된 기술이 특허로 등록되기 위해서는 크게 다음 세 가지의 요건이 만족되어야 한다. 첫째, 유용성(산업이용 가능성)의 요건이다. 아무리 이론적으로 새롭고 뛰어난 것이라 해도, 산업현장에 활용되어 경제적 가치를 제공할 수 없다면 지적재산권이 될 수 없다. 둘째, 신규성의 요건이다. 지적재산권이 되기 위해서는 기존 기술과 비교하여 이론적, 실질적으로 새로운 면이 분명하게 제시되어야 한다. 셋째, 진보성의 요건이다. 새로운 것은 필요 조건이며, 나아가 기존 기술이나 방법과 비교하여 개선되고 발전된 면이 확실하게 부각되어야 한다. 실제로 출원된 기술들이 특허로 등록되지 못하는 가장 큰 이유는 진보성이 부족하기 때문이다.

특허를 인정하고 보호하는 제도의 실질적인 기준이나 절차는 국가별로 부분적인 차이가 있다. 그러나 지역이나 국가를 막론하고, 다음 세 가지 기본 원칙은 보편적으로 지켜지고 있다. 첫째, 속지주의의 원칙이다. 지적재산권은 출원하고 등록한 국가에 한하여 그 효력을 인정하는 원칙이다. 이 원칙 때문에 국내 기업이 보유하고 있는 특허는 외국에서 인정되지 못하며, 따라서 해당국에서의 국제 특허를 따로 등록해야 한다. 둘째, 등록주의의 원칙이다. 지적재산권은 출원하고 등록하는 절차를 거쳐야만 효력이 인정된다는 원칙이다. 아무리 좋은 기술과 방법을 보유하고 있어도, 공식적인 특허심사 절차를 거쳐 등록이 되지 않으면 독점적인 권리를 인정하지 않는 것이다. 등록주의에 반하는 개념이 사용주의의 원칙이다. 이 원칙은 설사 등록이 되어 있지 않더라도, 실제로 사용하고 있다는 증거가 있다면 인정할 수 있다는 원칙이다. 그러나 사용주의 원칙을 인정하는 국가는 거의 없는 실정이다. 셋째, 선출원주의의 원칙이다. 지적재산권은 제일 먼저 출원한 사람(기관)에게 부여한다는 원칙이다. 따라서 설사 먼저 발명한 사람이 있다고 하더라도 출원을 늦게 하면, 먼저 출원한 타인에게 지적재산권을 빼앗기게 된다. 선출원주의에 반하는 개념이 선발명주의이다. 미국을 비롯한 일부 국가에서는 선발명주의를 인정하고 있지만 일반적으로는 선출원주의만 인정하고 있다.

한편, 앞에서 설명한 대로 지적재산권은 출원 및 등록의 절차를 밟아야만 권리를 인정받을 수 있다. 이 절차는 몇 단계의 과정을 거쳐야 되기 때문에 상당한 시간이 소요되고 또한 까다로운 기준을 통과해야 하기 때문에 출원 대비 등록율도 낮다. 복잡한 절차를 요약하면 [그림 13-2]와 같이 크게 출원-심사-등록의 세 단계로 구성된다.

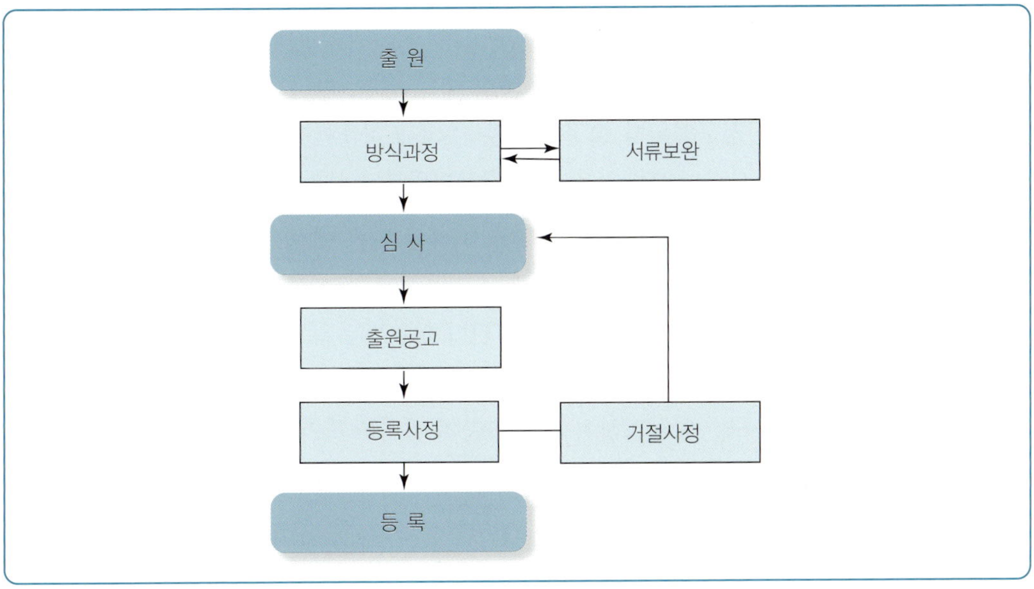

[그림 13-2] 특허의 출원과 등록 절차

우선 출원은 발명의 내용을 서면으로 제출하는 것을 의미하는데, 출원서류는 크게 기본정보를 기입한 출원서, 발명의 개요를 서술한 요약서, 구체적인 내용을 설명한 명세서로 구성된다. 다음으로 심사는 출원된 특허에 대해 서류상에 문제가 없는지, 기술적으로 위에서 말한 요건을 만족시키는지를 평가하여, 통과를 시키든지 아니면 거절을 하든지를 결정하는 것을 뜻한다. 마지막으로 등록은 심사를 통과한 기술에 대해 공식적인 권리를 부여하는 것을 말한다.

출원에서 등록의 중간 과정에서 심사 지연의 문제점을 보완하기 위해 생긴 제도가 출원공고이다. 출원공고는 출원 후 1년 6개월이 경과한 시점에서 출원내용을 미리 공개함으로써, 다른 사람이 동일 기술을 출원하는 것을 예방하고, 무단으로 사용하는 것을 경고하는 효과를 거둘 수 있다. 또 출원자에게는 사실상의 권리 행사를 앞당길 수 있는 길을 열어 주기도 한다.

(2) 권리 범위

지적 재산권, 특히 특허로 등록이 되었다고 해서 모든 내용이 독점적이고 배타적인 권리를 인정받는 것은 아니다. 권리를 인정받기 위해서는 특허 발명에서 자신이 주장하는 명확한 권리 범위를 밝혀야 한다. 이것을 특허의 청구범위라고 한다. 청구범위에 기재되지 않은 사항은 설사 특허 문서의 다른 부분에 나타나 있더라도 배타적 권리를 행사할 수 없다. 그렇다고 권리 범위를 너무 넓게 설정을 하면 오히려 특허 자체를 인정받지 못할 수도 있다. 따라서 특허 문서를 작성할 때는 무엇보다 청구범위의 설정에 많은 주의를 기울여야 한다. 거꾸로 경쟁기업의 특허에 대한 대응방안을 찾을 때도 청구범위부터 살펴보아야 한다.

청구범위의 작성은 크게 두 단계로 이루어진다. 먼저, 가능한 가장 넓은 범위를 확보할 수 있게 청구항을 설정한다. 이것을 흔히 독립 청구항이라고 부른다. 다음으로, 넓은 범위 안에서 구체적인 범위의 청구항들을 설정한다. 이것을 종속 청구항이라고 한다. 먼저 독립항으로 넓은 범위의 경계선을 만든 후, 넓은 영역 안에서 종속항들을 여러 개 설정하여 확실한 자기 영역을 차지하는 전략인 것이다.

하나의 특허 문서를 예로 들어 이 과정을 좀 더 자세히 알아보자. 특허를 출원하면 제일 먼저 발명의 명칭을 제시하게 된다. 예를 들어, '휴대전화 단말기의 구동신호를 이용한 제어장치 설계 및 그 방법' 이 특허의 이름이 될 수 있다. 그 다음으로는 발명의 내용을 요약한 부분이 들어간다. 다시 예를 들어보면, '기존의 단말기에서는 이러이러한 방법으로 했기 때문에 별개의 방식으로 제어한다. 본 발명은 저러저러한 방법으로 하기 때문에 이 부분과 저 부분이 상호 연동하여 동작하며, 따라서 다양한 방식으로 동작이 가능하게 하는 것이다' 는 문장이 발명의 요약이 될 수 있다.

이어서 청구항을 설정하게 된다. 우선 청구항 1은 앞에서 설명한 독립항이 된다. 가장 넓게 권리 범위를 설정하는 것이다. 예를 들면 '무엇을 구동하기 위한 중앙처리부; 제어신호를 출력하는 구동회로부; 구동신호를 이용한 제어장치' 의 식으로 중요한 기술 내용을 폭넓게 포함시킨다. 이어지는 청구항 2, 청구항 3, 청구항 4 등은 종속항이다. 따라서 앞의 청구항 1에 종속되는 구체적인 권리 내용들을 차례로 적는다. 예를 들어, 청구항 2는 '제 1항에 있어…', 청구항 3은 '제 2항에 있어…', 청구항 4는 '제 3항에 있어…' 등의 식이다.

청구항 5는 또 다른 독립 청구항을 배치한다. 예를 들어, '복수의 디스플레이를 설정된 방식으로 배치하는 방법, 복수의 디스플레이의 점멸을 제어하는 방법, 휴대전화 단말기의 구동신호를 이용한 디스플레이 제어방법' 과 같은 식으로 설정한다. 앞에서와 마찬가지로, 이어지는 청구항 6, 청구항 7 등에는 종속 청구항들을 추가한다.

3. 특허 경영(Patent Management)

(1) 기본개념과 배경

좁은 의미로 보면 특허는 단순히 연구개발의 지적 성과물이나 생산과정에서 도출된 기술적 부산물이다. 따라서 그 기술을 보유한 개인이나 기업이 자체적으로 사용하면 그만이고 또 다른 개인이나 기업이 그 기술을 도용하지 않으면 문제가 생길 이유가 없다. 그러나 특허의 중요한 속성은 그것이 단순한 기술적 '능력' 을 넘어서는 지적 '재산' 이라는 점이다. '이 기술로 이러이러한 일을 할 수 있는 능력' 을 보유하고 있다는 사실과 '이 기술은 이러한 정도의 가치를 지니는 재산' 을 보유하고 있다는 것은 다른 얘기가 된다. 더구나 기술의 범위와 시장의 영역이 계속해서 넓어지면 지적 재산의 효용과 가치도 점점 커지게 된다, 특허의 관리가 소극적인 기술관리의 주제에서 적극적인 경영관리의 주제로 바뀌는 것이다.

특허가 단순한 기술적 문제가 아니라 전략적 문제가 되는 첫 번째 계기는 경쟁 위험(competition risk)이다. 특허를 제대로 관리하지 않으면 시장경쟁에서 치명적 위험에 노출될 수 있다. 아무리 기술개발 능력이 뛰어나고 기술활용 경험이 풍부해도 그 기술의 사용권리가 없으면 시장에서 일종의 '불법 영업'의 위험에 노출되게 된다.

더구나 글로벌 경쟁의 수준이 되면 위험의 규모와 범위는 더욱 커지고 넓어진다. 특허분쟁의 규모가 커지고 싸움이 격렬해지면 특허전쟁(patent war)까지 일어나는 것이다. [그림 13-3]에서 보는 것처럼, 오늘날의 특허분쟁은 다국적 기업 간의 국제적 범위에서 일어나고 있다. 또 어느 한쪽이 상대편을 일방적으로 몰아붙이는 경우도 있지만 서로가 양방향으로 싸움을 벌이는 경우도 허다하다. 물론 특허분쟁의 역사는 그 뿌리가 깊어서, 비행기(flying machine) 발명에 관한 특허분쟁, 전화기(telephone) 발명에 관한 특허분쟁 등과 같이 오래된 사례들도 많이 알려져 있다. 그러나 특허분쟁이 본격적으로 번지기 시작한 것은 ICT분야의 기술혁신이 쏟아져 나오는 디지털 시대로부터이다. 하드웨어 기술에 소프트웨어 기술까지 더해지면서 특허분쟁이 일어날 수 있는 영역이 갈수록 넓어지고 있는 것이다.

위험은 시장의 경쟁기업으로부터만 발생하는 것이 아니다. 최근에는 특허괴물

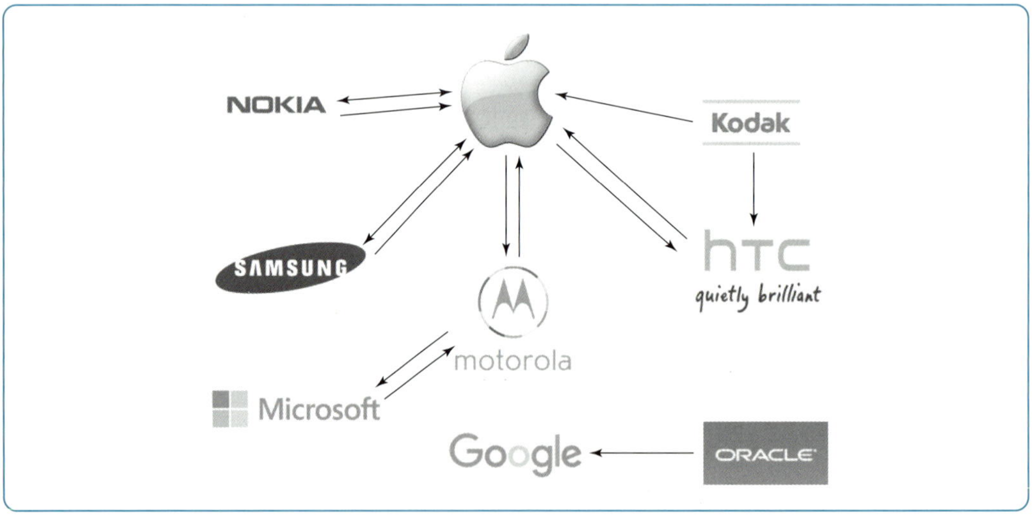

[그림 13-3] 특허분쟁 지도 - 스마트폰

(patent troll)이라는 별칭으로 유명한 특허관리 전문회사도 잠재적 위험의 대상이다. NPE(Non-Practicing Entity)로 불리는 이 기업들은, 제품을 제조하거나 판매하지 않고 개인 또는 기업으로부터 특허기술을 사들여 특허권을 침해한 기업에게 소송을 제기하여 막대한 이익을 얻는 회사들이다.

특허가 전략적 관리의 대상이 되는 또 다른 계기는 경영자산(managerial assets)의 의미에 있다. 특허가 지적 자산이 되는 순간, 사용의 권리는 물론 매매의 권리, 교환의 권리, 협상의 권리도 생겨난다. 신제품의 개발에 필요한 기술을 보유하는 것에서 그치는 것이 아니라 그 기술을 이용하여 다양한 경영활동을 전개할 수 있는 기회를 찾을 수 있는 것이다. 우선 작은 돈을 들여 만들었지만 당장 쓸데가 없는 기술이라면 그 기술을 필요로 하는 다른 기업에게 비싼 값을 받고 팔 수도 있다. 기술거래의 기회가 생기는 것이다. 내가 가진 기술을 주는 대신 남이 가진 기술을 받을 수도 있다. 아니면 나의 기술과 남의 기술을 함께 공유할 수도 있다. 기술교환의 기회를 찾는 것이다. 거래나 교환과정에서 협상의 무기로 사용할 수도 있다. 많은 특허를 보유하고 있을수록 협상력이 올라갈 수 있는 것이다.

특허가 경영의 대상이 되는 배경에는 기술포트폴리오(technology portfolio)의 중요성도 큰 자리를 차지한다. 오늘날의 융합(convergence) 현상은 기술 간 융합을 넘어, 기술과 산업 간, 산업과 산업 간의 경계가 무너지면서 기술자산의 성격과 내용이 갈수록 다양해지고 복잡해지는 추세이다. 융합 제품과 복합 제품이 증가하면서, 실제로 한 개의 신제품을 개발하는데 필요한 특허의 수도 크게 증가하고 있다. 하나의 예로, 하이브리드 자동차의 새로운 모델 개발에 필요한 특허의 수는 5만 8,000개가 넘는 것으로 알려져 있다. 이 중에는 기계관련 특허는 물론 재료관련 특허, 전기전자관련 특허, 컴퓨터관련 특허, 나아가 디자인까지도 포함된다. 한마디로 기술자산의 포트폴리오가 구성되어야 하나의 제품이 만들어질 수 있는 것이다. 따라서 기술자산의 관리도 통합적 관점에서 접근해야 한다. 연구개발 부문의 기술중심 관리에서 내부자원과 외부자원을 아우르는 전사적 차원의 전략적 접근이 필요한 것이다.

(2) 특허경영의 목적과 과제

지적 자산, 특히 특허경영의 목적은 크게 세 가지로 나눌 수 있다. 첫째는 공격적 목적이다. 기업은 시장을 선점하기 위해 또 새로운 사업 영역을 개척하기 위해

지적 자산을 관리한다. 따라서 공격적 목적은 곧 가장 적극적인 관리 전략과 방식으로 연결된다. 둘째는 방어적 목적이다. 기업은 스스로 새로운 신기술을 개발하고 시장을 확대할 계획이 없음에도 불구하고, 경쟁기업의 부상을 견제하고 새로운 기업의 출현을 예방하기 위해 지적 자산을 관리하기도 한다. 따라서 방어적 목적은 가장 소극적인 전략과 방식으로 이루어진다. 셋째는 경제적 목적이다. 기업은 지적 자산을 외부의 수요자에게 판매하기 위해, 또는 서로 공유하고 교환하기 위해 지적 자산을 관리하기도 한다.

지적 자산 관리의 목적이 다양해지고 복잡해지면서, 지적 자산 관리의 체제와 방식도 과거와 다른 양상을 보이고 있다. 새로운 변화의 경향과 주제를 요약하면 다음 몇 가지를 들 수 있다. 첫째, 포괄적 접근이다. 전통적인 하드웨어(hardware) 특허와 더불어 소프트웨어(software) 특허, 개념(concept) 특허 등을 묶어서 특허를 패키지(package)화, 시스템(system)화 하는 경향이 두드러지고 있다. 또 기술이나 제품 자체뿐 아니라 공정이나 제조과정(Process and Production Methods: PPMs)에 관한 기술도 특허로 관리하는 추세이다. 둘째, 전략적 접근이다. 미래 지향적 선행 출원, 방어 특허의 출원, 보완적 거래를 위한 출원 등, 보다 전략적인 목적의 특허 관리가 강화되고 있다. 또 이해가 일치하는 여러 기업의 전략적 제휴를 통해 개별기업의 독자적 관리보다 기업연합의 집단적 관리를 모색하는 것도 새로운 추세이다. 셋째, 조직적 접근이다. 과거에는 연구개발 조직의 지원부서 수준으로 운영되었던 특허관리 조직이 최근에는 전담부서의 신설 내지 확대로 발전되고 있는 추세이다. 단순한 행정 지원 조직의 기능을 넘어, 특허정보의 분석 기능, 신제품개발과의 연계 기능 등을 담당하는 중요한 조직으로 부상하고 있다.

13.3 특허분석과 특허지도

1. 특허분석

기술 자산의 일차적 용도는 신기술의 개발이나 신제품의 출시에 있다. 나아가 시장경쟁의 위험을 줄이고 기술경쟁력을 올리는 것도 중요한 용도이다. 그러나 그에 못지않게 중요한 용도는 새로운 지식의 원천으로 활용하는 것이다. 기술 자원, 특히 특허는 그 자체로서 귀중한 지식의 원천(source)이 된다. 즉, 기존의 기술지식을 활용하여 새로운 기술지식을 창출하고, 나아가 그 지식을 바탕으로 더욱 새로운 기술을 만들어내는 연쇄작용을 일으키는 것이다. 또한 기술 자원의 전략적 가치도 매우 크다. 기술의 동태적 패턴을 파악하고 기술의 구조적 내용을 분석하면, 경쟁전략이나 마케팅전략의 수립에 유용한 정보를 얻을 수 있다.

특허분석(patent analysis)은 특허라는 기술문서를 분석하여 경영전략이나 개발계획의 수립에 유용한 정보를 추출하는 것을 가리킨다. 특허는 그 자체로는 평면적인 문서(text)의 형태로 되어 있다. 따라서 그 안에서 바로 유용한 의미를 찾기는 쉽지 않다. 무엇인가 분석의 과정을 거쳐야 한다. 그것이 바로 특허분석이다.

2. 특허지도의 정의와 배경

특허를 분석할 수 있는 방법은 여러 가지가 있겠지만 가장 핵심이 되는 방법은 특허지도(Patent Map: PM)의 작성이다. 특허지도는 한마디로, 특정 기술 또는 제품에 관한 특허정보를 명확하고 구체적인 목적에 따라 가공하여, 그 결과를 시각적인 형태로 정리한 도표라고 할 수 있다. [그림 13-4]에 나타나 있는 것처럼, 특허지도는 특허 자료가 보유하고 있는 서지적 사항과 실질적인 기술 내용을 정리/분석/가공한 자료를 도표화하여 경영적, 권리적, 기술적으로 이용하게 된다.

특허정보를 시각적으로 지도화하는 것은 원시 자료(raw data)의 형태로 존재하는 정보를 그대로 분석하는 것에 비해 다음과 같은 장점이 있다. 첫째, 정보 파악의 용이성이다. 방대하고 복잡한 양의 자료를 2차원 평면의 형태로 시각화하는 것은 단순한 테이블의 형태로 표현하는 것보다 훨씬 이해하기 쉽다. 둘째, 정보

기억의 우수성이다. 짧은 시간 안에 전체 데이터의 구조를 한 눈에 인지할 수 있고, 지도로부터 얻은 결과를 기억하기 쉽다. 셋째, 정보 창출의 풍부함이다. 자료의 양을 감소시켜 가공함으로써, 원시 자료의 형태로 존재할 때보다 데이터가 가지고 있는 잠재적 의미를 탐색하기 용이하다. 요약하면, 일반적으로 방대한 양의 자료에는 항상 잡음(noise)이 존재하기 마련인데, 특허지도는 잡음을 걸러내는 과정을 거쳐 불필요한 정보를 제거한 후, 핵심적인 특성과 의미만을 도출하는 것이다.

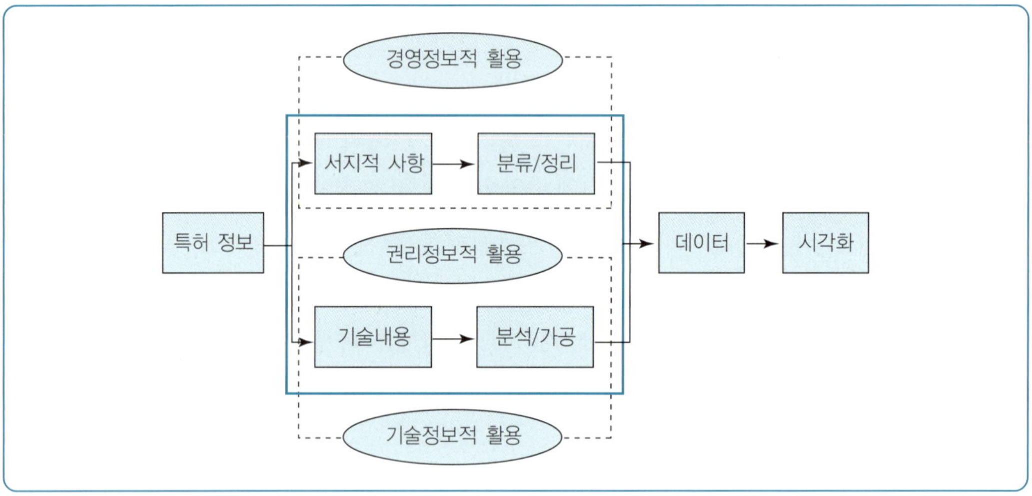

[그림 13-4] 특허지도의 작성 절차

특허지도는 1960년대 후반 일본 특허청에서 특허정보를 도표화하여 기술동향을 시각적으로 표현한 것에서 출발하여, 1970년대 중반 이후 WIPO 주관으로 그 활용이 세계적으로 확산되기 시작하였고, 현재는 연구기획이나 연구개발, 기술관리, 특허 관리 등에 널리 활용되고 있다. 국내에서는 1980년대 초에 도입된 이후, 최근 들어 급속하게 활용도가 증가하고 있다.

3. 특허지도의 목적과 종류

(1) 특허지도의 목적

특허지도의 목적과 형태는 경영자, 관리자, 개발자 등 기술정보의 사용자가 누구인가에 따라 크게 경영정보, 기술정보, 권리정보 획득 등의 세 가지로 나눌 수 있다. 먼저 경영자는 기업의 중장기 전략을 수립하는 과정에서, 기술변화의 경향과 경쟁기업의 동향을 파악하고 신시장 개척의 가능성을 조사하는 등 경영전략적 관점과 목적에서 기술정보를 필요로 한다. 한편 기술 관리자의 경우, 보유 기술을 체계적으로 관리하고 신기술 개발 과정에서 권리적 측면을 지원하는 업무를 수행하기 때문에, 특허취득 및 침해 가능성 파악, 특허의 상대적 가치나 실용성 평가, 기술권리의 범위 확인 등의 목적으로 특허지도를 활용한다. 이런 목적으로 작성된 특허지도는 특허 분쟁을 사전에 예방하고 기술 분쟁 발생 시 공격 및 방어할 수 있는 자료가 될 뿐만 아니라, 크로스 라이센스(cross license)의 과정에서 협상력의 근간이 되기도 한다. 기술 개발자의 경우에는 특허지도의 이용이 더욱 직접적이고 실질적이라고 할 수 있다. 기존 특허들의 검색을 통해 공백 기술을 발견하고, 중복 연구를 방지하는 등 신기술 및 신제품 개발의 기획 목적으로 특허지도를 활용하게 된다.

따라서 특허지도는 사용자의 위치나 작성목적에 따라 크게 다음의 세 종류로 나눌 수 있다. 첫째, 경영정보 지도이다. 이 지도에는 기술동향 지도, 신규참여 기업 지도, 경쟁기업 동향 지도 등과 같이 기술 전체나 기업 수준의 동향을 분석하는 지도가 포함된다. 둘째, 기술정보 지도이다. 신제품 개발 동향 지도, 기술분포 지도, 분류상관 지도와 같이 기술의 특성이나 연계성에 관련된 정보를 제공하는 지도들이 여기에 속한다. 셋째, 권리정보 지도이다. 권리기간 지도, 인용관계 지도, 권리청구 항목 지도 등과 같은 기술의 전유권(appropriability) 확보 및 관리와 연관된 지도들이 여기에 포함된다.

〈표 13-1〉은 다양한 종류의 특허지도를 분류하고 그들의 세부 목적을 정리해 놓은 것이다.

(2) 특허지도의 형태

특허지도의 구체적인 형태는 주로 연도, 출원 개수, 국가 등의 자료를 변수로 하여 2차원이나 3차원 그래프로 도시하거나, 기술 변화의 흐름도(flowchart), 표(table) 등의 형식으로 표현된다. [그림 13-5]는 앞에서 제시한 세 가지 종류의 특허지도 중 대표적인 지도의 예를 각각 제시한 것이다.

〈표 13-1〉 특허지도의 종류와 세부 목적

종류	주요 용도	세부 목적	종류
경영정보 지도	경영/연구개발 전략 수립	- 전반적 기술변화 경향 파악 - 경쟁기업의 동향 파악 - 신시장 개척 전략 수립 - 연구개발 경쟁력 조사	- 기술동향 지도 - 신규참여 기업 지도 - 경쟁기업 동향 지도
기술정보 지도	신기술 및 신제품 개발 기획	- 공백기술 발견 - 기술 파급효과 파악 - 중복연구 방지	- 신세품개빌 동향 지도 - 기술분포 지도 - 분류상관 지도
권리정보 지도	기술권리 확보 및 예방	- 특허취득 및 침해 가능성 파악 - 특허망 구축 - 특허 위치(position) 평가 - 기술권리범위 확인	- 권리기간 지도 - 인용관계 지도 - 특허 패밀리 지도 - 청구항목 지도

첫 번째로 제시한 지도는 대표적인 경영정보 지도의 예로서, 정보통신 산업의 제품과 관련하여 연도별로 특허 등록 추이를 정리한 것이다. 이 지도를 통해 경영자는 기술 동향을 파악하고, 장기적 기술 전략 수립의 기초 자료를 획득하게 된다. 두 번째 지도는 기술정보 지도의 대표적인 예로서, 안테나 신기술 개발의 흐름을 연도별로 정리한 것이다. 이 지도는 연구개발 기획 과정에서 관련기술의 분포 상황이나 개별 기술 간의 관련성을 파악하는데 활용될 수 있다. 세 번째 지도는 권리정보 지도의 하나로서, 권리 침해 소송이 발생했던 특허들의 리스트와 세부적인 저촉 사항 및 분쟁 상대 기업의 정보들을 정리한 것이다. 이 지도는 기술 관리자가 해당 기업이 보유한 특허의 기술 권리를 관리하는데 유용한 정보를 제공한다.

• 경영정보 지도(map) : 특허 출원 동향

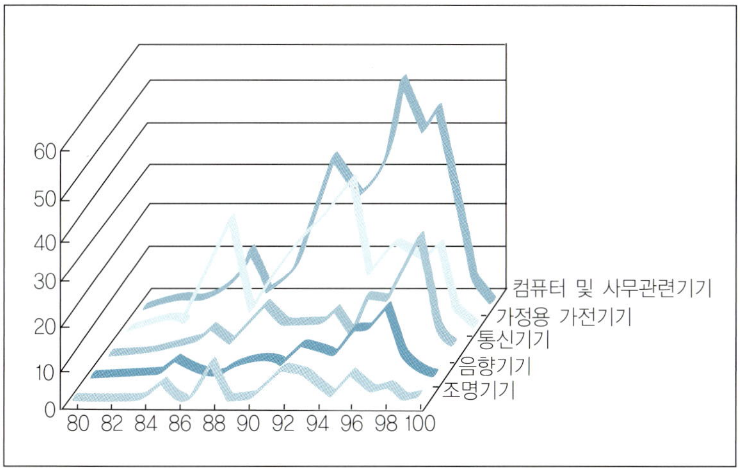

• 기술정보 지도(map) : 기술 진보 추세

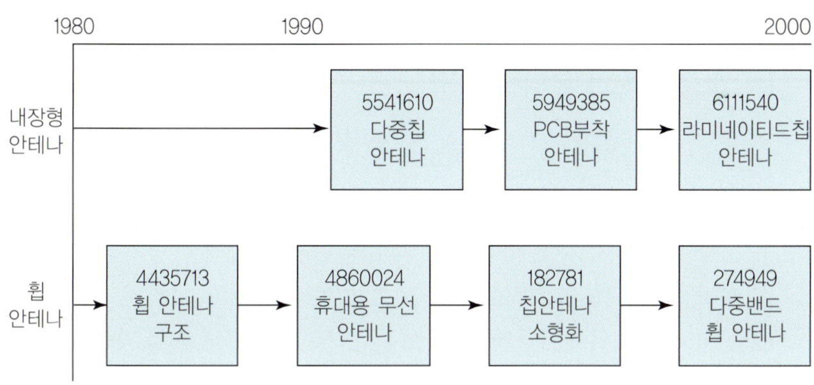

• 권리정보 지도(map) : Claim 현황지도

순번	권리					저촉범위	저촉 모델
		출원	공개	공고	해외		
1	특허	52-142185 (77.11.29)	54-75215 (79.6.15)	57-3542 (82.7.29)	한국 미국 서독 영국 홍콩 싱가폴	Cross Arm	DSG-0972 EL.FL DSE-1422 DSE-1492 DSE-1592 DSE-1692
2	실용	53-79108 (78.6.9)	54-180627 (79.12.30)	58-17323 (83.4.6)		Coil SPT에 Cross Arm을 체결하는 구조	DSG-0972 EL.FL DSE-1422 DSE-1492 DSE-1592

[그림 13-5] 대표적 특허지도

4. 특허지도의 작성 절차

(1) 작성 목적과 범위의 결정

앞에서 서술한 대로, 특허지도의 목적은 활용주체별로 상이할 수 있다. 기업의 기술 동향을 파악할 것인지, 기술 저촉 여부를 검색할 것인지, 공백 특허의 특성을 도출할 것인지 등에 따라 특허지도의 종류와 형태는 달라진다. 따라서 가장 먼저 해야할 일은 특허지도의 작성 기준과 활용 목적을 결정하는 것이다. 이 결정에 따라 작성자는 특허지도의 주제(theme)를 선정하고, 활용 자료의 범위를 설정하게 된다.

예를 들어 핸드폰 기술에 대한 각 기업의 기술 동향을 파악하고 싶다면, 핸드폰 기술의 종류, 분석 대상 기업, 분석 연도 등을 결정해야 할 것이다. 지도의 장점은 이해하기 쉬운 형태로 자료를 정리하는 것이므로, 분석 범위를 확장하기 보다는 목적에 맞게 의미 있는 자료로 제한하여 작성하는 것이 매우 중요하다.

(2) 자료의 수집

특허자료는 한국의 특허청, 미국의 USPTO(U.S. Patent Trade Office), 유럽의 EPO(Europe Patent Office), 일본의 JPO(Japan Patent Office) 등과 같은 국내외 특허청의 데이터베이스를 직접 이용하거나, 이를 가공하여 정보를 제공하는 제3의 데이터베이스를 통해서 수집할 수 있다. 특허자료의 내용은 작성 목적에 부합하는 지도를 그릴 수 있는 범위에서 정해져야 한다. 그러기 위해서는 앞 단계에서 결정된 분석 범위에 부합하는 세부 기술 분야, 출원연도, 출원인, 국가, 특허인용관계 등의 자료에 대한 데이터베이스를 구축하고 용도에 맞게 가공해야 한다.

(3) 특허지도의 작성

특허지도의 형태가 표, 그래프, 흐름도 등 다양하고, 지도의 작성 방법도 전문가들의 집중적인 토의를 거쳐 수작업으로 하는 방법과 컴퓨터 소프트웨어를 이용하여 자동적으로 작성하는 방법 등 여러 가지 방법이 존재하기 때문에, 일률적인 작성 과정을 제시하기는 어렵다. 그러나 보편적으로 이루어지는 작성과정은 다음의 세 단계로 이루어진다.

첫 번째 단계는 개별 특허들의 정보를 정리한 요약 카드를 작성하는 일이다. 두 번째 단계는 이들을 다시 연도별, 국가별, 기업별, 기술 분류별 등 작성 목적에 따라 군집화(grouping)하는 일이다. 세 번째 단계는 군집화된 분류 기준들을 조합함으로써 다양한 형태의 특허지도를 작성하는 일이다. 위의 과정은 수작업으로 하기도 하고, Excel과 같은 소프트웨어를 이용하기도 한다. 특허지도 작성의 실무는 기술적으로 어느 정도의 전문성이 필요하기 때문에, 관련 매뉴얼을 참조하는 것이 필요하다.

(4) 특허지도의 해석과 활용

특허지도는 작성보다 해석 및 활용이 더 중요하다. [그림 13-6]은 특허지도 활용의 한 예시로서, LCD 기술의 한국과 일본의 특허 출원 추이를 도시한 그래프이다. 한국의 LCD 특허 출원의 경우, 90년대 중반까지는 300~400개의 수준을 유지하다가, 90년대 후반에는 IMF의 영향으로 기술개발 투자가 주춤했지만,

2000년 이후 다시 꾸준한 기술 발전을 해오고 있다. 이에 비해 일본은 90년대 전반까지는 증가와 감소를 거듭하다가, 90년대 후반부터 집중적인 투자로 액정기술을 발전시키고 디지털 기술과의 접목을 이뤄내면서 급속한 신장세를 나타내고 있다. 이러한 특허지도의 분석을 통해, 기술개발 동향을 파악하고 기술 예측이나 기술 전략 수립에 활용할 수 있다.

(5) 특허지도의 고도화

위에서 살펴본 예는 특허지도의 아주 간단한 활용도를 보여준 것이다. 그러나 앞에서 설명한 대로, 특허지도는 다양한 형태로 작성되고 또 다양한 목적으로 이용된다. 동시에 데이터 분석 방법론과 지도 작성 방법론의 측면에서도 많은 발전과 개선이 이루어지고 있다. 이러한 요인들이 결합되면서 앞으로 특허지도의 활용도는 크게 확산될 것으로 전망된다.

특히 지금까지의 특허지도가 서지적 정보, 즉 기술 분야, 출원자, 연도 등의 피상적인 정보를 주로 다루어온 데 반해, 최근의 특허지도는 실질적인 기술 내용의 분석과 가공에 초점을 맞추고 있다. 이러한 작업을 위해서는, 인용 분석(citation

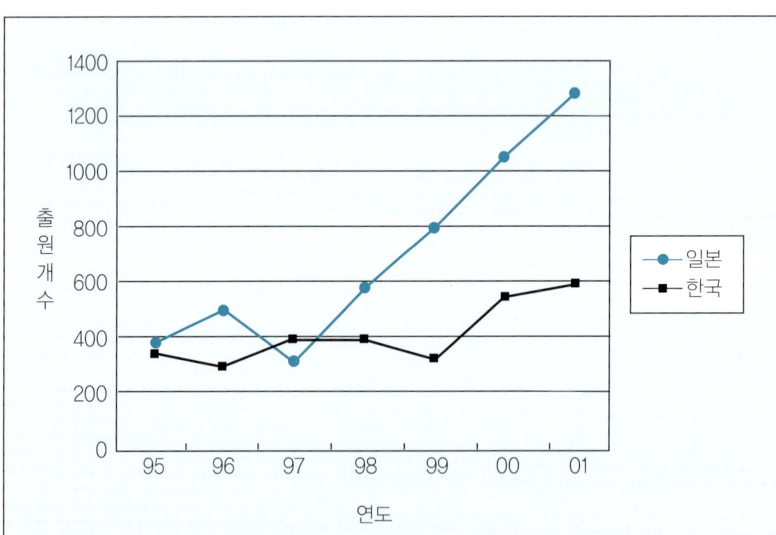

[그림 13-6] 한국과 일본의 LCD 특허 동향

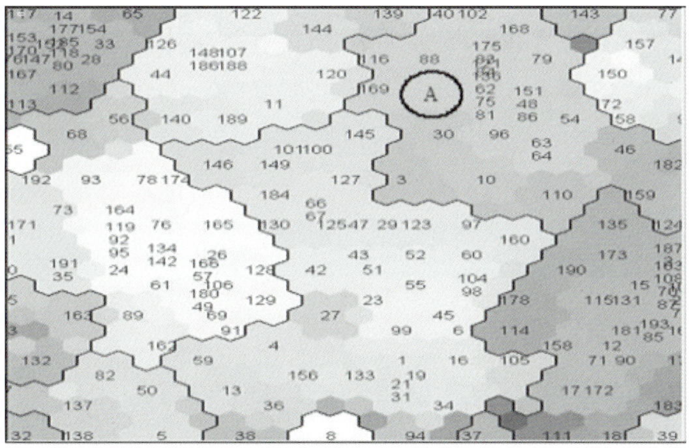

[그림 13-7] 기술포트폴리오 특허지도의 예시

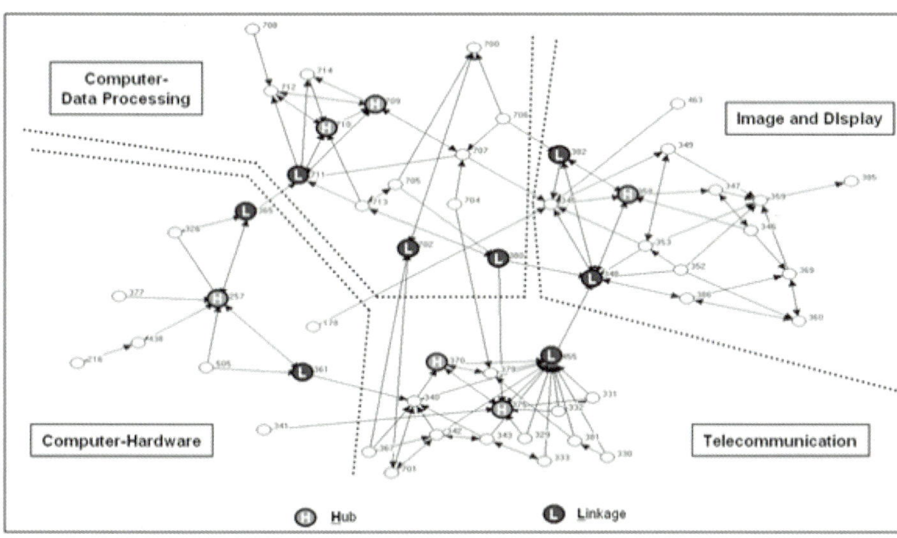

[그림 13-8] 기술 네트워크 특허지도의 예시

analysis), 키워드 분석(keyword analysis) 같은 일차적 분석기법은 물론, 개별적인 기술용어나 구조를 심층적으로 분석할 수 있는 고도의 텍스트 마이닝(text-mining) 기법과 시각화(visualization) 기법이 필요하다. 특히 빅 데이터(big data) 시대의 출현과 함께 다양한 형태와 용도의 특허지도가 만들어지고 있다.

[그림 13-7]과 [그림 13-8]에서는 텍스트 마이닝 기법과 시각화 기법을 활용한 새로운 형태의 특허지도를 예시적으로 볼 수 있다.

13.4 기술표준

1. 기술표준의 정의와 배경

하나의 신기술이 신제품으로 연결되고 그것이 하나의 새로운 시장을 만들어내는 데는 오랜 시간과 많은 단계를 거치게 된다. 수많은 과학적 알고리즘과 기술적 솔루션들이 등장하고 치열한 경쟁을 하게 된다. 그 과정에서 기술적 우위, 경제적 장점, 시장의 선호도 등에 의해 이른바 지배제품(dominant design)이 등장하고 그 제품(기술)을 중심으로 시장이 통합된다. 이러한 시장지배적 기술이나 디자인이 바로 '기술표준(technical standards)' 이다.

아무리 뛰어난 기술도 표준으로 채택되지 못하면 시장에서 사라지게 된다. 1980년대 초반, VCR 방식의 표준을 둘러싼 Beta 방식과 VHS 방식의 경쟁은 전설적인 사례이다. 기술적 우위를 확보한 Beta 방식이 표준 전쟁에서 밀려 시장에서 사라진 사실은 표준의 중요성을 잘 말해주고 있다. 운영체계(OS)의 사례도 유명하다. Apple, IBM, HP 등이 서로 다른 운영체계를 놓고 경쟁하고 있던 1985년에 MS사의 운영체계 Windows가 나왔을 때를 기억해 보자. 그 당시에 Windows가 지배적 표준이 될 것으로 예측한 사람은 거의 없었다. 그러나 IBM과 Apple이 자사제품에만 쓸 수 있는 폐쇄적 운영체계를 고집한 사이 Windows는 어떤 컴퓨터와도 호환될 수 있는 개방적 표준을 지향하여 시장을 석권할 수 있었다.

시장이 글로벌화되고 국제무역에 대한 의존도가 높아질수록 표준의 효과와 영향은 더 크고 넓어지게 된다. 상품과 서비스의 교역이 국제표준의 사용여부에 의해 촉진되기도 하고 반대로 제한되기도 한다. 특히 신기술 분야의 경우, 국제표준을 둘러싼 선점경쟁은 표준외교라는 용어가 나올 만큼 치열해지고 있다.

표준은 이론적으로는 순기능이 크다고 할 수 있다. 기술표준을 정함으로써 연구개발에 대한 중복투자를 줄일 수 있고, 기술의 확산을 촉진할 수도 있으며, 연구개발의 미래방향과 영역을 미리 제시하는 효과를 가져올 수 있다. 그러나 현실적으로는 표준의 역기능도 매우 크다. 우선 표준을 보유하거나 주도한 기업들에 의한 독점의 폐해가 나타날 수 있다. 또 소비자의 선택권을 제약할 수 있다. 더구나 경우에 따라서는 열등한 기술이 마케팅 능력을 토대로 우수한 기술을 도태시키고 기술표준이 되는 문제가 발생할 수도 있다.

2. 기술표준의 방식

그렇다면 기술표준은 어떤 방식이나 기준에 의해 결정이 되는 것일까? 기술표준의 방식은 크게 표준의 주체가 누구냐에 따라 나눌 수도 있고, 표준이 미치는 지역적 범위에 따라 나눌 수도 있다.

(1) 주체에 의한 분류

표준의 주체가 누구냐의 관점에서 기술표준을 나누면 크게 다음 두 가지 방식이 존재한다.

- 공식 표준(de jure standard): 국제표준화기구(ISO), 유엔국제통신동맹(ITU) 등과 같은 국제기구에서 세계표준으로 채택한 경우의 표준이다. 이동통신 분야에서 시스템, 서비스, 네트워크 등에 관한 표준은 대부분 여기에 해당된다.
- 사실 표준(de facto standard): 시장에서 지배적 기업(들)이 제시한 기준이나 방식이 폭넓게 받아들여지면서 자연적으로 형성된 표준을 가리키다. 마이크로소프트의 운영체계인 Windows가 대표적인 예이다

(2) 지역에 의한 분류

표준을 만들거나 받아들이는 지역적 범위가 어디까지냐에 따라 다음 세 가지의 표준으로 나눌 수 있다.

- 국제 표준(international standard): ITU, ISO, IEC 등과 같은 범세계적

국제기구에서 정한 표준으로 가장 광범위한 지역을 포함한다

- 지역 표준(regional standard): 유럽, 북미, 아시아 하는 식으로 특정지역 내에서 효력을 지니는 표준을 가리킨다.
- 국가 표준(national standard): 특정 국가의 정부나 표준협회 등에서 해당 국가만을 대상으로 정한 표준으로 가장 좁은 지역을 포함한다.

3. 표준과 특허

(1) 표준과 특허의 관계

그렇다면 앞에서 살펴본 특허와 여기서 말하는 표준은 어떤 관계를 맺고 있을까? 자연스러운 일이지만, 특허와 표준은 밀접하게 관련되어 있다. 먼저 '단계'의 측면에서 둘은 서로 연결되어 있다. 즉, 연구개발과 상업화에 이르는 전체적 사이클 위에서 순서의 차이를 두고 연결되면서 동시에 중간단계에서는 서로 중복되기도 하는 것이다. [그림 13-9]에서 보듯이 특허는 아무래도 앞 단계에서 생겨난다. 기초과학이나 기반기술의 개발과정에서 물질특허, 제법특허, 용도특허 등이 만들어진다. 한편, 표준은 기술개발의 성과물이 제품의 개발이나 공정의 혁신

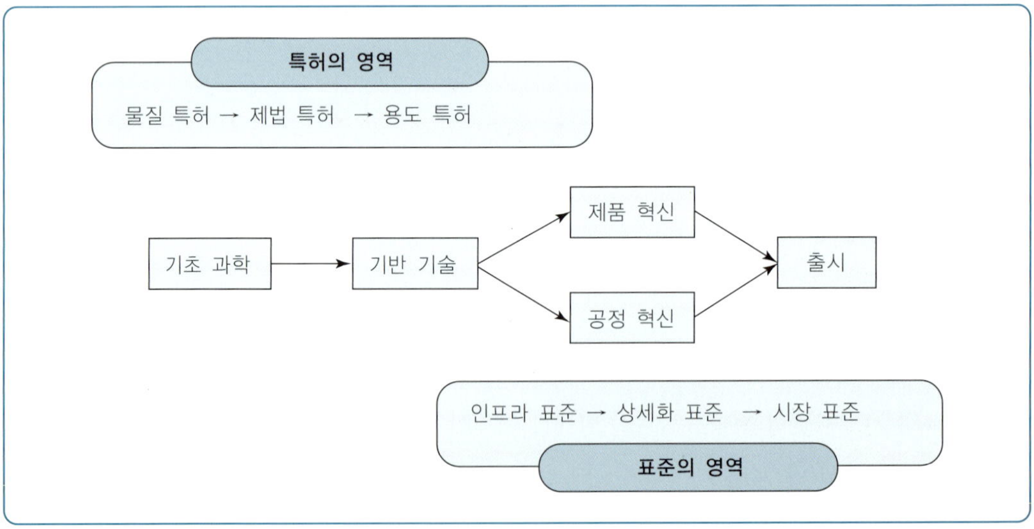

[그림 13-9] 특허와 표준의 관계도

으로 연결되는 뒤의 단계에서 나타난다. 생산에 필요한 인프라의 표준, 제품 스펙(spec)에 관한 표준, 그리고 시장에서의 표준으로 이어진다.

다음으로 '성격' 의 측면에서도 특허와 표준은 관련되어 있다. 특허와 표준은 기술개발의 효율성을 올리고 경제적 효용을 늘린다는 공통적인 목적에 바탕을 두고 있다 따라서 한편으로는 서로 보완적인 관계를 맺고 있다. 하지만 다른 한편으로는, 표준이 시장 전체를 대상으로 기술자산의 공유화를 추구하는데 반해 특허는 특허권자만을 대상으로 사유화를 강조한다는 측면에서 서로 상충적인 관계에 있기도 하다.

(2) 표준특허(Essential Patent)

표준특허는 기술표준임과 동시에 특허로 등록된 기술, 즉 표준에 사용되는 특허를 가리키는 용어이다. 즉, 특허문서에서 제시한 청구항들 중에 적어도 하나 이상의 청구항이 표준문서와 연계되어 있는 특허가 표준특허이다.

좀 더 쉽게 설명을 해보자. 시장에 서로 상이한 기술이 공존하게 되면 호환성의 문제가 발생한다. 사용범위의 제한도 있고 국제무역의 장애가 되기도 한다. 그러면 국제기구가 나서서 기술표준을 만든다. 모든 국가, 모든 기업, 모든 제품이 같은 규격을 사용하게 되는 것이다. 일단 기술표준이 만들어지면, 표준 규격을 구현하기 위해서 다양한 기술들을 활용하게 된다. 이 때, 구현을 위해 필수적으로(essential) 사용되어야만 하는 특허가 있다면 그 특허가 바로 표준특허가 되는 것이다. 그런 의미에서 표준특허는 필수특허로 불리기도 한다. 필수적으로 사용되는 특허가 아니라면 일반특허가 된다.

앞에서 언급한 대로 특허와 표준은 서로 상충적인 문제를 일으킬 수 있다. 이를 해결하는 보완적 대안으로 표준특허를 생각할 수 있다. 특허가 표준이 되면, 한편으로는 특허기술이 한 곳에만 독점되지 않고 넓은 범위로 신속하게 확산되고 보급되는 장점이 있다. 모든 기업이 표준규격을 만족시키기 위해 그 기술을 사용해야 하기 때문이다. 다른 한편으로는 시장의 확대를 통해 특허권자가 수익을 얻을 수 있는 가능성이 넓어진다는 장점이 있다. 시장 전체에게도 그렇고 특허권자에게도 그렇고, 모두에게 도움이 될 수 있는 것이다. 따라서 특허만의 싸움, 표준만의 싸움을 넘어 표준특허를 확보하기 위한 경쟁이 더욱 중요해지고 있다.

읽고 생각하기

기술전쟁의 승자는 누구? World-First?, World-Best?, World-Most?

과학의 세계에서 '동시발견(simultaneous discovery)'은 드문 일이 아니었다. 동시발견은 말 그대로 하나의 과학현상이나 이론을 두 사람 이상이 동시에 발견한 경우를 말한다. 동시발견은 종종 '우선권' 논쟁으로 연결됐다. 미적분의 발견을 둘러싼 뉴튼(Newton)과 라이프니츠(Leibniz)의 싸움이 대표적인 예다. 원래 사이가 좋았던 것으로 알려진 두 사람은 서로가 상대방이 자신의 것을 도용했다고 주장하면서 사이가 벌어지게 됐고, 거기에 주변 인물들까지 가세하면서 패싸움으로 번졌을 뿐 아니라, 급기야는 영국과 독일 양국의 국민감정까지 나빠지는 큰 사건으로 발전하였다. 반면 생물학의 진화이론에 있어서는 아름다운 장면이 연출되기도 하였다. 다윈(Darwin)과 월러스(Wallace) 두 사람이 따로따로 발견하였지만 논문은 동시에 발표한 것이다. 그러면서 서로에게 최초 발견의 주인자리를 양보하였다. 하지만 과학의 세계에서는 설사 싸움이 일어난다 해도 우선권은 '명예'의 논쟁에 그친다.

기술의 세계로 넘어가면 '동시발명(simultaneous invention)'이 '독점권' 싸움으로 이어지곤 한다. 과학은 명예지만 기술은 권리이고, 명예는 여러 명이 나눌 수 있지만 권리는 한 사람만이 독점하기 때문이다. 전화기의 발명에는 세 인물이 등장한다. 먼저 전화기의 발명자로 알려져 있는 벨(Bell)이 있다. 그러나 벨보다 앞서 전화기를 만든 사람은 독일의 무명과학자 라이스(Reis)라고 한다. 하지만 라이스 생존 당시의 사람들은 전화기를 장난감으로 보았기 때문에, 그는 '잊혀진 1등'에 머물렀다. 벨과 거의 비슷한 시기에 그레이(Gray)라는 발명가도 전화기를 만들었다. 하지만 벨보다 특허출원이 조금 늦어서 '아쉬운 2등'으로 남고 말았다. 라이스는 선(先)발명(first-to-invent)이었지만 출원을 못한 잘못으로, 그레이는 선(先)출원(first-to-file)에 실패한 불운으로 탈락하면서 벨만 주인공이 된 것이다.

기술에서 시장의 세계로 들어가면 기술의 주인이 달라질 수 있다. '상업화(commercialization)의 순서'에 따라 주인이 뒤바뀌는 것이다. 시장의 세계에서는 누가 먼저 특허를 얻었느냐보다 누가 먼저 시장에 진출했느냐가 관건이 된다. 사실 벨이 전화기의 주인이 된 것은 단지 특허를 먼저 출원했기 때문만은 아니다. 그가 누구보다 앞서 전화기를 유용한 통신수단으로 바꾸어서 거대한 통신시장을 만들었기 때문이다. 특허의 세 가지 요건은 신규성, 진보성, 경제성이다. 이 중 앞의 두 가지 요건, 즉 더 새로워야 한다는 것과 더 나아야 한다는 것은 기술적 조건일 따름이다. 세번째 요건, 즉 실용성이 있어야 한다는 시장적 조건을 만족해야만 가치있는 기술이 되는 것이다.

시장의 세계에서 기술의 진정한 주인이 되기 위해서는 마지막 관문 하나를 더 통과해야 한다. 바로 글로벌 시장의 표준(standard) 싸움이 남아있는 것이다. 1970년대 VTR 재생방식을 둘러싸고 소니(Sony)의 베타(β) 방식과 JVC(마쓰시타의 자회사)의 VHS 방식간에 벌어진 10년간의 표준전쟁을 보자. 이 사례는 출시를 먼저 하였다고 또 기술적으로 앞섰다고 반드시 시장의 주인이 되는 것이 아님을 생생히 보여준다. 그 당시 베타 방식은 이미 시장에 먼저 진입한 상태였고 화질도 더 좋다는 평가를 받고 있었다. 그러나 JVC는 다른 각도에서 접근하였다. 화질의 차이는 소비자가 거의 느끼지 못할 만큼 작은 것이며, 따라서 중요한 것은 '기술의 문제'가 아니라 '느낌(perception)의 문제'라고 판단한 것이다. 그리고 주위 업체들을 경쟁상대로 배척하지 않고 사업파트너로 묶었다. 어느 하나의 기술을 앞세우고 나머지가 따라갈 것이 아니라 가장 좋은 기술을 향해 모두 모이자고 설득한 것이다. 결국 시장의 표준은 VHS 방식으로 굳어졌고, JVC 연합이 시장을 늘려가는 사이에 외로운 소니는 VTR 시장에서 퇴출되었다.

유사한 예는 끝이 없다. 일본이 아날로그 방식을 HDTV 표준으로 하여 시장을 선점하였지만 후발주자인 미국이 디지털 방식의 HDTV 표준으로 시장을 점령한 사례, PC시장에서 선도적 표준전략을 구사한 애플(Apple)과 공개적 표준전략을 구사한 IBM의 싸움에서 윈도의 성공과 함께 결국 IBM이 시장을 장악한 사례는 잘 알려져 있다. 인터넷의 시대로 넘어오면 브라우저 표준을 둘러싼 넷스케이프와 MS(마이크로소프트)의 경쟁이 유명하다. 한때는 넷스케이프의 네비게이터가 시장의 80% 이상을 점유했다. 하지만 MS가 끼워팔기 전략을 구사하면서 어느덧 익스플로러가 압도적인 표준으로 자리잡게 되었다.

흔히 오늘날의 기술전쟁에서는 '승자가 모든 것을 가진다(Winner takes all)'고 한다. 문제는 승자가 과연 누구냐, 다시 말해 기술의 진정한 주인이 누구냐에 있다. 기술적으로 가장 빨라야 하는 것(world-first)과 가장 좋아야 하는 것(world-best)은 주인이 되기 위한 필요조건이다. 하지만 완전한 주인이 되기 위해서는 시장적으로 가장 널리 쓰이는 것(world-most)이라는 충분조건을 만족시켜야 한다. 기술전쟁에서 최후의 승자가 되기는 참으로 어려운 일이다.

– 조선일보 경영컬럼 – 박용태 교수의 테크노경영, 2007

13.5 기술가치 평가

1. 기술가치의 의의와 특성

최근 학문적으로든 실무적으로든 기술가치의 평가(technology valuation)가 지적 자산 관리의 중요한 이슈로 대두되고 있다. 공공기관의 경우 연구개발 과제의 평가와 선정, 정책자금의 지원 대상의 선정, 연구결과의 실용화 및 기술이전 등을 위해 기술평가 사업을 강화하고 있다. 민간 부문에서도 기술자산의 가치평가와 투자, 기술시장을 통한 첨단기술의 거래, 기술도입 및 라이센싱(licensing) 등을 위해 기술가치 평가를 중요한 업무의 하나로 인식하기 시작하고 있다.

기술가치 평가는 특정기술 자체의 가치 또는 그 기술이 중요한 부분을 차지하면서 창출된 관련기술의 경제적 가치(technology property value)를 평가하는 것을 말한다. 그러나 기술의 가치를 객관적이고 정량적인 지표로 측정하는 일은 본질적으로 매우 어려운 과제이다. 심지어 기술가치의 평가는 과학(science)의 영역이 아니라 예술(art)의 영역이라고 말하는 전문가도 있다. 기술가치의 평가가 어려운 이유를 몇 가지 생각해 보자.

첫째, 기술은 무형적(intangible) 특성을 지니고 있다. 볼 수도 없고 만질 수도 없는 대상의 가치를 측정하는 일은 주관적일 수밖에 없다. 둘째로, 기술이라는 상품(commodity)은 수요-공급관계의 불균형으로 인해 시장에서 거래되기가 어렵다. 기술거래는 기술을 가지고 있는 사람이 주도하는 공급자 시장(supplier's market)의 성격을 지니고 있기 때문에 수요-공급의 균형에서 적정한 시장가격이 형성되기 어려운 것이다. 셋째, 첨단기술은 불확실성과 위험도가 높기 때문에 이미 이루어진 기존 투자의 가치와 앞으로 발생할 미래시장의 가치를 측정하기 어렵다. 넷째, 기술거래는 자주 하나의 묶음(package)으로 이루어지기 때문에, 개별기술 자체만으로 그 가치를 측정하는 것은 효용성에 한계가 있다. 다섯째, 산업이나 기술 분야마다 그 가치가 달라지는 특성이 있어 한 가지 방법이나 기준을 모든 분야에 일반적으로 적용할 수 없는 문제도 존재한다.

기술가치와 유사한 개념은 무형자산 가치라는 용어이다. 초기의 지적 자산 개념은 주로 기술 자산에 초점을 맞추었으나, 점차 경영조직 전체가 보유하고 있는 자산 개념으로 확장되었고, 최근에는 유형(tangible)의 자산에 대응하는 무형(intangible)의 자산을 총칭하는 개념으로 사용되고 있다. 따라서 무형자산은 기술 자산은 물론 지적 자본(intellectual capital), 지식 자본(knowledge capital), 비재무적 자산(non-financial assets) 등을 포괄한다.

2. 기술가치 평가기법

기술가치의 평가 자체가 주관성을 지니고 있는 것처럼 기술가치를 평가하는 방법도 매우 다양하다. 이렇게 다양한 방법들은 크게 직관, 인터뷰, 현장조사 등을 통한 정성적 방법(qualitative method)과 공식이나 기준에 의해 수치를 계산하는 정량적 방법(quantitative method)으로 양분할 수 있다. 앞에서 언급한 대로 기술가치를 정량화한다는 것이 매우 어렵기 때문에, 실제에 있어서는 정성적 기법들이 자주 사용된다. 그러나 최근의 관심은 정량적 평가방법의 개발과 확산에 있고 따라서 여기에서는 정량적 방법을 중심으로 평가기법을 살펴보기로 한다.

〈표 13-2〉는 대표적인 정량적 방법들의 핵심적 내용을 설명하고 있다. 대부분의 방법들은 앞에서 경제성 평가 방법론을 소개할 때 이미 다루었던 것들이다. 프로파일, 지표, 점수 등의 값을 측정하여 기술의 가치를 간접적으로 표현하는 접근법이다. 예를 들어, A 기술의 가치는 85점인데 반해, B 기술의 가치는 92점이라고 한다든가, 이 기술은 세계 최고 기술과 비교하여 2년 정도 뒤쳐진 상황이라고 한다든가 하는 식으로 가치를 평가하는 것이다. 이러한 방법들은 여러 기술들의 우열을 비교하거나 여러 기술들 가운데 하나를 선정하는 경우에는 유용하게 사용될 수 있다.

그러나 기술가치 평가의 궁극적인 목적은 주어진 특정 기술의 가치를 금액으로 측정하는데 있다. '이 기술은 도대체 얼마짜리 기술인가?', '이 기술을 사는 데는 얼마를 지불해야 하는가 또는 파는 데는 얼마를 받아야 하는가?', '이 기술을 담보로 대출을 해주려면 얼마까지 해줄 수 있는가?' 하는 등의 질문에 답을 해 주어야 하는 것이다. 이 문제에 대한 유일하고 보편적인 해답을 제시할 수는 없다. 하지만 기본 이론에 대한 이해는 매우 중요하므로, 기술의 가치를 금액으로 측정하는 방법들을 좀 더 구체적으로 알아보기로 하자.

〈표 13-2〉 기술가치 평가기법

평가기법	측정기준	세부내용
프로파일법	상대비교(comparison)	쌍대비교(paired comparison)를 토대로 주요항목에 대한 비교대상 기술 간의 우열을 시각적으로 표현
벤치마킹법	비율(ratio), 격차(gap)	선도기술(최고수준)에 대한 기준점을 설정한 후 선도기술과 비교한 평가대상기술의 수준을 비율 또는 격차로 표현
지표법	지표(index)	기술가치를 종합적으로 측정할 수 있는 지표를 개발한 후 주요항목에 대한 평가대상기술의 값을 대입하여 종합적인 지표의 값을 산정
평점법	점수(score)	기술가치를 설명할 수 있는 주요항목을 설정한 후 각 항목별로 평가대상기술의 점수를 부여한 후 이를 합하거나 곱하여 종합적인 평점을 산정
금액법	화폐가치(monetary value)	기술가치를 직접적인 화폐가치로 산정 - 비용접근법, 시장접근법, 수익접근법

3. 금액법

금액법, 즉 화폐가치법은 기술의 가치를 직접적인 화폐가치(monetary value)로 측정하는 접근이다. 금액을 이용한 평가방법에는 크게 비용접근법, 수익접근법, 시장접근법 등이 있으며, 최근에는 실물옵션(real option) 기법도 이용되고 있다. 각각에 대한 구체적인 설명은 아래와 같다.

(1) 비용접근법

비용접근법의 기본 개념은 어떤 기술 자산이 보유하고 있는 가치와 동일한 수준의 가치를 얻기 위한 필요한 금액을 산출함으로써, 해당 자산의 미래 이익을 측정할 수 있다는 사고에 근거하고 있다. 쉽게 말해 '이 기술을 개발하는데 얼마 들었으니 이 기술의 가치는 개발비용 + α 로 하는 것이 합리적이고 현실적이다' 라는 주장이다. 구체적으로는 대상 기술자산과 동등한 가치를 갖는 다른 기술자산을 다시 만들기 위해 필요한 비용인 재생산원가(cost of reproduction new: CRN) 또는 다른 곳에서 취득하는데 필요한 대체원가(cost of replacement:

COR)가 곧 기술가치가 된다고 가정한다.

비용접근법의 가장 큰 장점은 회계 자료나 시장 자료가 확보되어 있는 경우 측정이 용이하다는 점이다. 즉 평가기술을 개발하기까지 소요된 물적, 인적 자원의 가치를 합산한 후 이를 현재가치로 환산하는 방법이므로, 자료의 신뢰도만 보장된다면 측정과정은 비교적 단순하다. 그러나, 비용접근법은 다음 몇 가지의 단점과 한계를 안고 있다. 첫째, 비용접근법은 '비용'을 근거로 하기 때문에 기술자산에서 얻을 수 있는 미래의 경제적 이익이 어느 정도 되는가를 직접적으로 평가하지 않으며, 또한 경제적 이익을 유지할 수 있는 기간도 평가액의 계산과정에 직접 반영되지 않는다. 둘째, 비용접근법은 미래의 경제적 이익에 관한 추세나 변화요인에 관한 정보도 고려하지 않는다. 즉 사회구조나 시장구조적 요인을 반영할 수 없다. 셋째, 기대수익의 획득에 수반되는 위험을 고려하지 못한다.

(2) 시장접근법

시장접근법은 기술거래 시장에서 이루어졌거나, 이루어지고 있는 거래의 정보를 종합해서 기술자산의 가치를 평가하는 방법이다. 즉 평가대상이 되는 기술자산과 동등 내지 유사하다고 판단되는 기술자산들이 시장에서 실제 거래되는 가치를 토대로, 해당기술의 가치를 간접적으로 결정하는 접근이다. '이 기술과 같은 기술이 이미 얼마에 팔렸으니 이 기술의 가치도 거기에 맞추면 된다'라는 논리이다.

시장접근법은 시장정보가 많고 거래과정이 투명한 시장이 존재하는 경우, 합리적이고 효율적인 기준이나 방법이 될 수 있다. 따라서 부동산이나 자동차 등과 같이 거래시장이 활성화되어 있는 경우에는 매우 유용한 방법이다. 그러나 유사거래의 빈도가 낮고 관련정보가 부족한 경우, 또는 평가 대상 간의 이질성이 높고 호환성이 낮은 경우에는 효용이 떨어지는 단점이 있다.

(3) 수익접근법

수익접근법은 금액법 가운데 가장 현실성과 유용성이 높은 기법이다. 이 방법의 기본원리는 기술자산의 가치를 해당기술의 내용기간(life cycle) 동안 거둘 수 있는 경제적 이익(현금유입에서 현금지출액을 공제한 것)의 현재가치로 평가하는 것이다. '이 기술의 가치는 이 기술을 만드는데 얼마가 들었는지, 또는 비슷한 기술이 얼마에 팔렸는지에 따라 결정되는 것이 아니라, 이 기술을 가지고 앞으로 얼마나 많은 돈을 벌 수 있느냐에 달려 있다'는 주장이다.

수익접근법은 전통적인 경제성 평가에서 사용되는 순현가법(NPV)이나 내부수익율법(IRR)의 원리를 기술가치평가에 원용한다. 즉 기술의 활용을 통해 들어오고 나가는 현금의 흐름을 토대로 가치를 측정하는 것이다. 따라서 수익접근법의 주요 구성요소는 기술자산으로 발생되는 현금흐름의 총액, 현금흐름이 일어나는 기간, 기대수익 실현에 관한 위험도의 세 가지이다.

〈표 13-3〉 수익접근법에 의한 기술가치의 평가표

(단위: 백만원)

연도	매출예측	수익기여액	세후공헌액	할인율	현재가치
1	1,500	150	90	0.9141	1,371
2	3,000	300	180	0.7618	2,285
3	4,000	400	240	0.6384	2,539
4	4,500	450	270	0.5290	2,381
5	4,700	470	282	0.4408	2,072
6	4,900	490	294	0.3674	1,800
7	5,000	500	300	0.3061	1,531
8	5,150	515	309	0.2551	1,314
9	5,400	540	324	0.2126	1,148
10	5,600	560	336	0.1722	992
11	5,800	580	348	0.1476	856
12	6,000	600	360	0.1230	738
13	6,300	630	378	0.1025	646
14	6,500	650	390	0.0854	555
현재가치의 합계					20,228

수익접근법의 가장 큰 장점은 실용적이고 현실적이라는 점이다. 그러나 단점으로는 다음의 세 가지를 들 수 있다. 첫째, 위험도는 다양한 변수에 의해 결정되기 때문에 이를 정확하게 산정하기가 어렵다는 점이다. 둘째, 미래의 현금흐름에 관한 크기와 시기를 정확히 예측하기 어렵다는 점이다. 셋째, 기술자산의 기여도는 실질적인 활용의 범위나 수준에 따라 달라질 수 있기 때문에 명확하게 파악하기가 어렵다는 점이다.

(4) 예시: 수익접근법

다음의 〈표 13-3〉은 A 기술의 상품화에 따른 향후 14년 동안의 매출에 대한 예측이며, 그 이후는 특허권이 만료되어 경제적 수익을 기대할 수 없다. 이 기술이 총수익에 기여하는 기여도가 10%로 설정되어 있으며 동 금액에서 법인세가 공제된다. 할인율이 20%라 가정할 때, A 기술의 가치를 수익접근법을 이용하여 측정하면 얼마가 될까?

〈표 13-3〉에 요약되어 있는 A 기술의 기술가치 계산 과정을 보자. 먼저 해당기술을 사용한 사업이나 제품의 예상매출액이 제일 왼쪽 열에 제시되어 있다. 다음 열은 매출의 10%로 설정된 수익기여액을 나타낸다. 모든 수익접근법의 핵심은 해당기술의 수익기여액을 결정하는데 있다. 어떤 기술이라고 하더라도 그 기술이 100% 수익에 기여할 수는 없다. 이때 과연 그 기술이 수익에 어느 정도 기여했는가를 결정하는 것이 중요하고도 어려운 문제가 되는 것이다. 관련된 사업이나 제품의 수익으로부터 사용 기술의 공헌도를 결정하기 위해서는 먼저 기술이 사용되는 사업이나 제품 내에서의 유용도, 기술자체의 본질적 특성과 시장적 가치, 경쟁사업, 경쟁기업과의 상대적 비교 등 다양한 요인들을 종합적으로 평가하여야 한다. 실제로 지금까지 제시된 다양한 기술가치 평가방법의 차별성은 해당기술의 수익 기여도를 결정하는 기준과 방식의 차이에 있다고 해도 과언이 아니다.

일단 수익 기여도가 결정되면, 그 후의 과정은 세금을 공제한 순 공헌액을 계산하고, 할인율(discount rate)에 의해 현재가치로 환산한 후, 최종적인 기술가치를 계산하는 순서로 이어진다. 이 예제에서 각 연도별로 현금유입과 유출을 고려한 순현가(net present value)를 계산한 후, 이를 합산하면 해당기술의 가치는 20,228,000,000원으로 산정된다.

4. 옵션 모형

옵션(option)이란 그것을 산 사람이 일정기간 동안 미리 약정한 가격, 즉 행사가격으로 자산을 사거나 팔 수 있는 권리이다. 옵션은 말 그대로 권리일 뿐이지 의무가 아니며, 따라서 하나의 선택권이다. 옵션은 미래에 행사할 수 있는 선택권이므로 만일 미래에 전개되는 상황이 의사결정권자에게 유리하면 받아들이고 불리하면 받아들이지 않아도 된다. 이때 살 수 있는 권리를 콜옵션(call option), 팔 수 있는 권리를 풋옵션(put option)이라고 한다.

기술가치 평가에 옵션 개념을 도입한 이유는 기술가치가 본질적으로 옵션(options)의 요소를 포함하기 때문이다. 우선 R&D 투자는 프로젝트 중간에 확대나 포기가 가능하기 때문에 옵션의 성격을 지닌다. 또 프로젝트 기간이 길어지면 매출규모를 정확하게 추정하기 어렵고 할인율을 적용하기 쉽지 않은 경우도 많다. 이럴 경우에 기술가치의 평가를 위해서는 전통적인 접근법보다 옵션 개념으로 접근하는 것이 더 바람직할 수 있는 것이다. 그러나 옵션 이론과 기법을 이용하여 기술의 가치를 평가하는 것은 수리적으로 어려운 문제이기 때문에 여기서는 기본적인 개념만을 설명하기로 한다.

간단한 예제를 보자. 어떤 기업이 특허를 이용하여 R&D를 수행하고 상업화하였을 때 기대되는 이익과 비용에 따라 그 특허의 구매여부를 결정하고자 한다. 초기의 특허 구매비용은 1억 원이고, 도입기술을 기업의 목적에 맞도록 변형하는데 추가로 1.5억 원의 R&D 비용이 소요된다. R&D 비용은 반드시 발생하는 것이 아니라 상업화를 위해 구매를 하는 경우에만 발생하는 옵션가격의 성격을 지닌다.

상업화 비용은 특허의 구매비용을 포함하여 R&D 결과에 따라 세 가지 경우가 발생한다. R&D 결과가 좋을 경우에는 4억 원(C1)이, 보통일 경우에는 8억 원(C2), 크게 좋지 않을 경우에는 12억 원(C3)이 소요된다. 마지막으로 기술의 상업화로 발생되는 수익은 시장의 상황에 따라 달라진다. 시장의 상황이 좋지 못할 때(P1)는 5억 원의 수익만이 발생하는 반면, 시장의 상황이 좋을 때(P2)는 13억 원의 수익이 발생한다.

이때 각각의 경우에 따라 기대되는 수입(가치)은 아래와 같다.

- 경우 1: P1C1 = 5억원 - 4억원 = +1억원

- 경우 2: P1C2 = 5억원 - 8억원 = -3억원

- 경우 3: P1C3 = 5억원 - 12억원 = -7억원
- 경우 4: P2C1 = 13억원 - 4억원 = +9억원
- 경우 5: P2C2 = 13억원 - 8억원 = +5억원
- 경우 6: P2C3 = 13억원 - 12억원 = +1억원

여섯 가지 경우가 발생할 확률은 동일하다고 가정하고 전통적인 방법으로 기술평가를 진행해 보자. 각각의 발생확률이 동일하기 때문에 투자의 가치는 아래의 식과 같다. 평균 기대수익은 1억 원이고 R&D 비용으로 1.5억 원이 소요되므로 총 투자가치가 음이 된다. 즉, 상업화를 하지 않는 것이 바람직하다는 결론을 얻게 된다.

$$EV_{traditional} = \frac{1}{6}(1-3-7-9+5+1)-1.5 = 1-1.5 = -0.5(\text{억원})$$

다음으로 옵션가격 결정 방법을 적용해 보자. 옵션가격 결정 방식을 이용하게 되면, 기업은 무조건 상업화를 결정하는 것이 아니라, 상업화 비용과 기대수익을 예측하여 기대수익이 양의 값을 가질 경우에만 상업화를 진행한다. 즉, 투자옵션을 행사하는 것이다. 따라서 만일 상업화를 하지 않는 경우에는 수입은 당연히 0이 된다. 이런 식으로 계산하면 평균 기대수익은 아래 식에서 보듯이 2.67억 원이 되고, R&D 비용으로 1.5억 원을 투자하였으므로 총 투자가치는 1.17억 원이 된다.

$$EV_{real\_option} = \frac{1}{6}(1+0+0+9+5+1)-1.5 = 2.67-1.5 = 1.17(\text{억원})$$

위의 예와 같이, 전통적인 방법과 옵션 방법은 그 결과가 크게 달라질 수 있다. 이런 상황에서는 투자결정 문제이든 가치평가 문제이든 옵션 관점에서의 가치평가 기법과 전통적인 평가기법 가운데 하나만을 선택할 것이 아니라, 두 방법을 서로 보완적으로 사용하는 것이 바람직한 접근이다.

요약

1. 지적 자산의 관리는 기술정보의 관리, 연구개발 성과의 관리, 무형적 지식의 관리 등 다양한 지적 재산과 정보의 관리를 의미한다.

2. 지적재산권이란 지적 활동을 통해 얻어진 결과물에 대해 배타적인 소유권을 인정하는 법적, 제도적 장치로서 특허와 저작권 같은 전통적 지적재산권과 산업저작권 및 첨단산업재산권, 노하우 등과 같은 새로운 지적재산권으로 구성된다.

3. 지적 자산의 관리 목적으로는 크게 공격적 목적, 방어적 목적, 경제적 목적 등을 들 수 있다.

4. 특허지도는 특정 기술 또는 제품에 관한 특허정보를 명확하고 구체적인 목적에 따라 가공하여 그 결과를 시각적인 형태로 정리한 도표로서, 크게 경영정보 지도, 기술정보 지도, 권리정보 지도 등으로 나눌 수 있다.

5. 기술 표준은 기술적 우위, 경제적 장점, 시장 선호도 등에 의해 시장을 지배한 기술이나 디자인으로, 최근에는 특허와의 장점을 결합한 표준특허가 경쟁 요소로 주목받고 있다.

6. 기술가치 평가는 특정기술 자체의 가치 또는 그 기술이 중요한 부분을 차지하면서 창출된 관련기술의 경제적 가치를 평가하는 활동을 뜻하며, 프로파일법, 벤치마킹법, 지표법, 평점법, 금액법, 옵션모형 등의 다양한 기법이 활용된다.

복 습 문 제

1. 특허지도 작성 절차를 정리해 보시오.

2. 기술의 가중치와 평가점수가 다음과 같을 때 두 기술을 평점법으로 평가하시오. (평가점수는 5점 만점으로 산정하였다.)

특성항목	가중치	기술 1		기술 2	
		평가점수	득점	평가점수	득점
사업화 가능성	10	3	30	2	20
제품의 판매 가능성	5	4	20	5	25
제품의 가격경쟁력	10	5	50	4	40
제품의 시장성	5	4	20	1	5
제품의 부가가치 실현가능성	10	2	20	1	10
판매에 대한 법적 인허가	10	3	30	3	30
타기술의 필요성	3	4	12	3	9
유사제품의 출현가능성	3	1	3	4	12
제품의 모방 난이도	5	4	20	1	5
생산에 필요한 원료 확보능력	10	2	20	2	20
생산설비투자 필요성	5	3	15	5	25
손익분기 조기달성가능성	4	2	8	5	20
투자의 매력 정도	5	5	25	1	5
생산효율성	10	2	20	1	10
수출 가능성	5	2	10	1	5
	100		303		241

3. Mecha 전자는 2016년에 개발한 기술을 바탕으로 다음 표와 같은 재무 성과를 예상하고 있다. 초과이익에 대한 기술 기여도는 20%라고 하며 이자율은 5%라고 할 때 Mecha 전자가 개발한 기술의 가치를 평가하라. 자본비용은 전액 기술개발에 투자하였으며 발생하였으며, 감가상각비의 절감도 100% 기술개발의 결과이다.

(단위: 억만원)

연도	매출액	생산비용	법인세	자본비용	감가상각비절세효과
2017	18	12	2	1	0
2018	31	19	7	1.5	1.5
2019	52	26	13	2	2

4. 새로운 LCD Back light 기술의 개발 결과, 첫해의 10억 원의 매출 이후 향후 10년간 매년 전년도 대비 10억 원씩 추가적인 매출이 예상된다. 기술의 기여도가 15%이며 법인세율은 10%이다. 할인율이 5%일 때 기술의 가치를 구하여라.

5. A 기업이 스마트폰 기능 향상을 위해 자체 플랫폼을 개발하는 프로젝트를 계획하고 있다. 이때, 연구개발비용은 80억 원으로 예상되며, 연구개발 결과에 따라 상업화 비용과 시장수익을 예상해본 결과는 아래와 같다.

상업화 비용

- 우수한 플랫폼이 개발될 경우 : 50억 원
- 보통의 플랫폼이 개발될 경우 : 80억 원
- 열등한 플랫폼이 개발될 경우 : 140억 원

시장 수익

- 경쟁자의 기술개발이 미흡할 경우 : 250억 원
- 경쟁자의 기술개발이 보통일 경우 : 200억 원
- 경쟁자의 기술개발이 우수할 경우 : 150억 원

이와 같은 경우, 옵션 모형을 사용하여, 총 투자가치를 구하시오. 또한, 이를 옵션 모형을 적용하지 않은 경우와 비교하여 보시오.

토 의 문 제

1. 미국 특허 자료를 검색하여(USPTO) 한국이 2016년에 출원한 "LCD"를 제목에 포함하는 특허를 수집하시오. (미국 공식 특허 검색 사이트: http://www.uspto.gov/patft/)

2. 한국과 미국과 일본이 미국에서 출원한 클래스 349의 2012~2016년까지의 특허 수를 조사하고 이를 그래프로 표시하시오.

3. 표준특허를 통해 시장을 선점하면서도, 많은 수익을 얻은 사례를 조사하고 정리하라.

참고문헌

국내문헌

강석호, '생산운영관리', 경세원, 1998.

공정거래위원회, '2006년 시장구조 조사분석결과', 공정거래위원회, 2008.

과학기술부, '한국과학기술기획평가원, 과학기술예측조사(2005~2030) – 미래사회전망과 한국의 과학기술: 기회와 도전', 한국과학기술기획평가원, 2005.

곽수근, '회계원리', 신영사, 1999.

김상훈, '하이테크 마케팅', 박영사, 2004.

김세헌, '현대경영과학', 무역경영사, 1997.

김우철 외, '일반통계학', 영지문화사, 1996.

김원수, '마케팅관리론', 경문사, 1995.

김인수, '거시조직이론', 무역경영사, 1995.

김재일, '인터넷마케팅', 박영사, 2001.

남상오, ' 회계원리', 다산출판사, 1997.

노나카 이쿠지로, '지식경영', 21세기 북스, 1998.

박순달, '경영과학', 민영사, 2000.

박정식, '현대재무관리', 다산출판사, 1991.

산업자원부, http://www.mocie.go.kr

삼성종합기술원-서울대학교, '연구개발전략', 삼성종합기술원, 2003.

서울대학교 산업공학과 기술경영연구실, '기술로드맵: 이론과 실무', 서울대학교 산업공학과 기술경영연구실, 2004.

서울대학교 산업공학과 기술경영연구실, '특허지도: 이론과 실무', 서울대학교 산업공학과 기술경영연구실, 2004.

선우석호, '재무관리', 율곡출판사, 2004.

송상엽, 오경수, '원가 · 관리회계', 등용문출판사, 1995.

신유근, '현대경영학', 다산출판사, 1996.

오라클솔루션연구회, 'e-비즈니스 시스템', 교우사, 2001.

이상문 외, '벤처창업과 성장전략', 박영사, 2001.

이재규 외, '전자상거래원론', 법영사, 1999.

이학식, 현용진, '마케팅', 법문사, 1999.
임종원, '현대마아케팅관리론', 무역경영사, 1993.
임종원 외, '소비자행동론', 경문사, 2004.
임창희, '조직행동', 학현사, 1997.
장세진, '경영전략', 박영사, 1996.
정갑영, '산업조직론', 박영사, 1991.
정승화, '벤처창업론', 박영사, 2000.
조동성, '21세기를 위한 전략경영', 서울경제경영, 2002.
조동성, '21세기를 위한 경영학', 서울경제경영, 2004.
조동성, '알기쉬운 경영전략', 비봉출판사, 1993.
조순, 정운찬, '경제학 원론', 법문사, 1993.
최정환, 이유재, '죽은 CRM 살아있는 CRM', 한언, 2001.
최종태, '현대인사관리론', 박영사, 2000.
통계청, http://www.nso.go.kr
황규대 외, '조직행동의 이해', 박영사, 2003.

국외문헌

Besanko, D., Dranove, D. and Shanley, M., 'Economics of Strategy', John Wiley & Sons, 1996.
Blake, R. and Mouton, J., 'The Management Grid', Gulf, 1964.
Boer, P., 'The Valuation of Technology: Business and Financial Issues in R&D', John Wiley & Sons, 1999.
Brealey, R. and Myers, S., 'Principles of Corporate Finance', McGrawHill, 2003.
Burgelman, R. and Maidique, M., 'Strategic Management of Technology and Innovation', Irwin, 1988.
Burke, R., 'Project Management: Planning & Control Techniques', John Wiley & Sons, 1999.
Chase, R. and Aquilano, N., 'Production and Operations Management: A Life Cycle Approach', Irwin, 1989.
Chesbrough, H., 'Open Innovation: The New Imperative for Creating and Profiting from Technology', Harvard Business School Press, 2003.

Clark, C., 'The Conditions of Economic Progress', Macmillan & Co. Ltd., 1951.

Clark, K. and Wheelwright, S.(eds.), 'Managing New Product and Process Development: Text and Cases', The Free Press, 1993.

Cooper, R., 'Winning at New Products', Addison-Wesley Publishing, 1993.

Cooper, W., Seiford, L. and Tone, K., 'Data Envelopment Analysis: Theory, Methodology, and Applications, References and DEA-Solver Software', Kluwer Academic Publishers, 2000.

Crawford, M., 'New Products Management', Irwin, 1994.

Drucker, P., 'The Coming of the New Organization', Harvard Business Review Press, 1998.

Efraim, T., 'Expert Systems and Applied Artificial Intelligence', Macmillan, 1992.

Eriksson, H. and Penker, M., 'Business Modeling with UML Business Patterns at Work', John Wiley & Sons, 2000.

Ettlie, J., 'Managing Technological Innovation', John Wiley & Sons, 2000.

Fenn, J. and Raskino, M., 'Mastering the Hype Cycle: How to Choose the Right Innovation at the Right Time', Harvard Business School Press, 2008.

Fiedler, F.E., 'A Theory of Leadership Effectiveness', McGraw Hill, 1967.

Fitzsimmons, J. and Fitzsimmons, M., 'Service Management: Operations, Strategy, and Information Technology', McGraw-Hill, 1998.

Hax, A. and Majluf, N., 'Strategic Management: An Integrative Perspective', Prentice-Hall, 1984.

Hayter, A., 'Probability and Statistics', Duxbury, 2002.

Hersey, P. and Blanchard, K.H., 'Management of Organizational Behavior: Utilizing Human Resources', Prentice Hall, 1982.

Hillier, F. and Lieberman, G., 'Introduction to Operations Research', McGraw-Hill, 1995.

Hoffman, W., 'The Growth of Industrial Economics', in Henderson, W. and Chaloner, W. (eds.), Manchester University Press, 1958.

Horngren, C., 'Introduction to Management Accounting', Prentice-Hall, 1984.

Kaplan, R. and Norton, D., 'The Balanced Scorecard: Translating Strategy into Action', Harvard Business School Press, 1996.

Kline, S. and Rosenberg, N., An Overview of Innovation in Landau, R. and Rosenberg, N.(eds.), The Positive Sum Strategy: Harnessing Technology for Economic Growth, National Academy Press, 1986.

Kotler, P. and Armstrong, G., 'Principle of Marketing', Prentice-Hall, 2001.

Krajewski, L. and Ritzman, L., 'Operations Management: Strategy and Analysis', Addison-Wesley, 1987.

Krause, L., 'Japan and the World Economy', in Patrick, H. and Rosovsky, H.(eds.), Asia's New Giant, The Brookings Institution, 1976.

Kuhn, T., 'The Structure of Scientific Revolution', University of Chicago Press, 1970.

Law, A. and Kelton, W., 'Simulation Modeling and Analysis', McGraw Hill, 1982.

Lehmann, D., 'Market Research and Analysis', Irwin, 1989.

Lewin, K., 'Principles of Topological Psychology', McGraw Hill, 1936.

Lewin, K., 'Conceptual Representation and the Measurement of Psychological Force's, Duke University Press, 1938.

Lundvall, B., 'National Systems of Innovation', Pinter, 1992.

Maddox, K., 'Web Commerce: Building a Digital Business', John Wiley & Sons, 1998.

Martino, J., 'Technological Forecasting and Decision Making', North-Holland, 1983.

McGregor, D., 'The Human Side of Enterprise', McGraw-Hill, 1960.

Miller, W. and Morris, L., '4th Generation R&D: Managing Knowledge, Technology, and Innovation', John Wiley & Sons, 1999.

Moore, G., 'Crossing the Chasm', Harper Business, 1991.

Myers, P., 'Knowledge Management and Organizational Design', Butterworth Heinemann, 1996.

Nelson, R. and Winter, S., 'An Evolutionary Theory of Economic Change', Harvard University Press,1982.

Nickels, W., McHugh, J. and McHugh, S., 'Understanding Business', McGraw Hill, 2012.

OECD, 'Technology and the Economy: The Key Relationships', Paris, 1992.

OECD, 'The Measurement of Scientific and Technological Activities : Using Patent Data as Science and Technology Indicators: Patent Manual', Paris, 1994.

OECD, 'The Knowledge-based Economy', Paris, 1996.

OECD, http://www.oecd.org

Otto, K. and Wood, K., 'Product Design', Prentice-Hall, 2001.

Petty, W., 'Political Arithmetick', 1690.

Polany M., 'Personal Knowledge: Towards a Post-critical Philosophy', University of Chicago Press, 1962.

Porter, M., 'Competitive Strategy', The Free Press, 1980.

Rogers, E., 'Diffusion of Innovations', The Free Press, 1995.

Rosegger, G., 'The Economics of Production & Innovation', Butterworth Heinemann, 1996.

Rosenberg, N., 'Exploring the Black Box', Cambridge University Press, 1994.

Roussel, P., Saad, K. and Erikson, T., 'Third Generation R&D: Managing the Link to Corporate Strategy', Harvard Business School Press, 1991.

Saaty, T., 'The Analytic Hierarchy Procss: Planning, Priority Setting, Resource Allocation', McGraw-Hill, 1980.

Salamatov, Y., 'TRIZ: The Right Solution at the Right Time: A Guide to Innovative Problem Solving', Insytec B.V., 1999.

Scheuing, E., 'New Product Management', Merrill Publishing, 1989.

Schilling, M., 'Strategic Management of Technological Innovation', McGraw-Hill, 2007.

Schmookler, J., 'Invention and Economic Growth', Harvard University Press, 1966.

Schumpeter, J., 'Capitalism, Socialism and Democracy', Harper & Row, 1943.

Schumpeter, J., 'The Theory of Economic Development: An Inquiry into Profits, Capital Interest, and Business Cycle', Harvard University Press, 1961.

Shillito, M., 'Advanced QFD: Linking Technology to Market and Company

Needs', John Wiley & Sons, 1994.

Sowa, J., 'Conceptual Structures', Addison-Wesley, 1984.

Taha, H., 'Operations Research: An Introduction', Prentice-Hall, 1997.

Taylor, F., 'Scientific Management', Harper & Row, 1911.

Tiwana, A., 'The Knowledge Management Toolkit', Prentice-Hall, 2000.

Turban, E., 'Expert Systems and Applied Artificial Intelligence', Macmillan, 1992.

Turner, W., Mize, J., Case, K. and Nazemetz, J., 'Introduction to Industrial and Systems Engineering', Prentice-Hall, 1993.

Tushman, M. and Anderson, P., 'Managing Strategic Innovation and Change', Oxford University Press, 1997.

Ulrich, K. and Eppinger, S., 'Product Design and Development', McGraw-Hill, 1995.

Urban, G. and Hauser, J., 'Design and Marketing of New Products', Prentice-Hall, 1993.

Utterback, J., 'Mastering the Dynamics of Innovation', Harvard Business School Press, 1996.

von Hippel, E., 'The Sources of Innovation', Oxford University Press, 1988.

Wagner, H., 'Principles of Management Science', Prentice-Hall, 1975.

Webb, A., 'Managing Innovative Projects', Chapman & Hall, 1994.

Wheelwright, S. and Clark, K., Revolutionizing Product Development, Free Press, 1992.

Wiig, K., 'Knowledge Management Foundation', Schema Press, 1993.

Woolf, H., 'Websters' s New World Dictionary of the American Language', G and C Mrriam, 1990.

참 고 논 문

Abagail, M. and Siegel, D., Corporate Social Responsibility: A Theory of the Firm Perspective, Academy of Management Review, 26, 2001.

Adler, P., Technology Strategy: A Guide to the Literatures, Research on Technological Innovation, Management and Policy, 4, 1989.

Alderfer, C., An Empirical Test of a New Theory of Human Needs, Organizational Behavior and Human Performance, 4, 1969.

Bambury, P., Taxonomy of Internet Commerce, First Monday, 3(10), 1998.

Bartlett, C. and Ghoshal, S., Matrix Management: Not a Structure, a Frame of Mind, Harvard Business Review, July-August 1990.

Bass, F.M., A New Product Growth Model for Consumer Durables, Management Science, 15, 1969.

Berger, C. et al., Kano's Methods for Understanding Customer-defined Quality, Center for Quality of Management Journal, 2(4), 1993.

Black, F. and Scholes, M., The Pricing of Options and Corporate Liabilities, Journal of Political Economy, 81, 1973.

Bouchereau, V. and Rowlands, H., Quality Function Deployment: The Unused Tool, Engineering Management Journal, 10(1), 2000.

Busenitz, L. and Barney, J., Differences between Entrepreneurs and Managers in Large Organizations: Biases and Heuristics in Strategic Decision-making, Journal of Business Venturing, 12(1), 1997.

Charnes, A., Cooper, W. and Rhodes, E., Measuring Efficiency of Decision Making Units, European Journal of Operational Research, 2(6), 1978.

Chase, R., The Customer Contact Approach to Services: Theoretical Bases and Practical Extensions, Operations Research, 21(4), 1981.

Chesbrough, H., The Era of Open Innovation, MIT Sloan Management Review, 44(3), 2003.

Clark, K., The Interaction of Design Hierarchies and Market Concepts in Technological Innovation, Research Policy, 14, 1985.

Davenport, T., Coming Soon: The CKO. InformationWeek, September 5, 1994.

Davis, F. D., Perceived Usefulness, Perceived Ease of Use, and User Acceptance of Information Technology, MIS Quarterly, 13 (3). 1989.

Dosi, G., Technological Paradigms and Technological Trajectories: A Suggested Interpretation of the Determinants and Directions of Technical Change, Research Policy, June, 1982.

Downes, L. and Nunes, P., Big Bang Disruption, Harvard Business Review, March, 2013.

Green, P. and Srinivasan V., Conjoint Analysis in Marketing: New Developments with Implications for Research and Practice, Journal of Marketing, 54(4), 1990.

Herzberg, F., The Motivation–Hygiene Concept and Problems of Manpower, Personnel Administrator, 27, 1964.

Herzberg, F., One More Time, How Do You Motivate Employees?, Harvard Business Review, Jan.–Feb., 1968.

Julta, D., Bodorik, P., Hajnal, C. and Davis, C., Making Business Sense of Electronic Commerce, IEEE Computer, 32(3), 1999.

Kocaoglu, D., Research and Education Characteristics of the Engineering Management Discipline, IEEE Transactions on Engineering Management, 37(3), 1990.

Martin, H., Big Data for Development: A Review of Promises and Challenges, Development Policy Review, 34(1), 2016.

Martino, J., A Review of Selected Recent Advances in Technology Forecasting, Technological Forecasting and Social Change, 70(8), 2003.

Maslow, A., A Theory of Human Motivation, Psychological Review, 50 (4), 1943.

McClelland, D., Achievement Motivation Can Be Developed, Harvard Business Review, 43, 1965.

Nonaka, I., A Dynamic Theory of Organizational Knowledge Creation, Organization Science, 5, 1994.

Rao, H., Salem, A. and DosSantos, B., Introduction: Marketing and the Internet, Communications of ACM, 41(3), 1998.

Rappa, M., The Utility Business Model and the Future of Computing Services, IBM Systems Journal, 43(1), 2004.

Park, Y., Toward the Linkage Between Technology and Social Science: Practical Disciplines and Educational Models, Bulletin of Science, Technology & Society, 19(1), 1999.

Pavitt, K., Patterns of Technical Change: Towards a Taxonomy and Theory, Research Policy, 13(6), 1984.

Porter, M. and Kramer, M., Creating Shared Value, Harvard Business Review, January-February, 2011.

Rangone, A., An Analytical Hierarchy Process Framework for Comparing the Overall Performance of Manufacturing Departments, International Journal of Operations & Production Management, 16(8), 1996.

Rothwell, R., Successful Industrial Innovation: Critical Factors for the 1990s, R&D Management, 22(3), 1994.

Schmenner, R., How Can Service Business Survive and Prosper?, Sloan Management Review, 27(3), 1986.

Shostack, L., How to Design a Service, European Journal of Marketing, 16(1), 1982.

Stevens, G. and Burley, J., 3,000 Raw Ideas Equals 1 Commercial Success, Research Technology Management, 40(3), 1997.

Timmers, P., Business Models for Electronic Markets, Electronic Markets, 8(2), 1998.

Tyndale, P., A Taxonomy of Knowledge Management Software Tools: Origins and Applications, Evaluation and Program Planning, 25, 2002.

Utterback, J. and Abernathy, W., A Dynamic Model of Product and Process Innovation, OMEGA, 3(6), 1975.

von Hippel, E., Lead Users: A Source of Novel Product Concepts, Management Science, 1986.

Weer, C. and Greenhaus, J., Dual Career Ladders in Organizations, Technology and Innovation Management, 13, 2015.

Zott, C. and Amit, R., Business Model Design: An Activity System Perspective, Long Range Planning, 43, 2010.

찾 아 보 기

ㄱ

ㅅ

ㅇ